保育白書 2023

全国保育団体連絡会・保育研究所　編

『保育白書』2023年版の発刊にあたって

保育白書の概要

本白書は、全国保育団体連絡会と保育研究所が、子どもの権利保障の拡充の視点から共同で編集を行っている民間白書です。1976年の創刊以降、毎年刊行を重ね、2023年版は48冊目となります。保育に関わる研究者、団体役員、個人が共同で編集委員会を形成し、執筆を分担するなどして、上梓に至っています。

本文・資料編の概要と活用の仕方

本白書の構成は以下のようになっています。

第１章の「最新データと解説＝保育の今」で、保育にかかわるさまざまな状況や制度を最新のデータ・情報をもとに解説しています。今年版では、新たに１節に「保育のデジタル化と保育DX」項を追加したほか、新しい状況に合わせた論稿を用意し、また記述の更新を行いました。

第２章は、特集「保育から異次元の少子化対策を問う」です。政府は、岸田首相が提起した異次元の少子化対策の具体的な内容として、「こども未来戦略方針」を2023年6月13日に閣議決定しました。2030年代に入るまでの６～７年が「少子化傾向を反転できるかどうかのラストチャンス」ということで、この方針に盛られた内容を可能な限り前倒しして「こども・子育て支援加速化プラン」に取り組むとしています。しかし、その方針は本当に、子どもの権利保障の拡大につながるのでしょうか？特集の各論稿で、検討を試みました。

第３章は、小特集「人権を尊重する保育」です。不適切保育の問題と、ジェンダー平等の観点から保育を見直す視点を提示しました。ぜひ、保育のあり方を問い直すために、各施設で読み合わせなどをすることを提起したいと思います。

第４章の「調査編」は、保育研究所が独自に調査している都道府県の単独補助一覧、主要都市の保育料表を解説とともに掲載しています。

第５章「資料・統計編」は、新たに発足したこども家庭庁の組織図や、こども未来戦略方針など、情勢に関わる最新情報の掲載に努力しました。

さらなる情報を求めて

年刊の本白書だけでは、めまぐるしく変化する保育情勢をフォローすることは困難といえます。

本白書と併用して、月刊『保育情報』（編集・保育研究所／発行・全国保育団体連絡会／発売・ちいさいなかま社）や、全国保育団体連絡会ＨＰ（https://www.hoiku-zenhoren.org/）に随時掲載される、全保連ニュース、保育研究所の保育関連情報データベース（https://www.hoikuzenhoren.org/nurture/database/）のご活用をおすすめします。

本白書が、保育制度の学びや研究、論議、要求運動の進展に寄与することを願っています。

2023年７月５日

『保育白書』2023年版　編集委員会

2023年版　キーワード　さくいん

『保育白書』2023年版において注目すべきおもな言葉を提示しました。

2023年版保育白書

CONTENTS もくじ

第1章●最新データと解説＝保育の今　9

新制度関連資料

統計資料

保育研究所からのお知らせ

「保育関連情報データベース」を開設中

保育研究所はホームページに「保育関連情報データベース」を開設しています。

このデータベースでは、子ども・子育て支援新制度に関する各種会議資料をはじめ、関連法案等の政府・国会関係の資料、新制度に対する弁護士会や学会の意見書などを紹介しています。

加えて、こども家庭庁・内閣府・文部科学省等が発表した保育行政にかかわる調査や報告など、保育に関する情報も幅広く収集して提供しています。

保育をめぐる情勢は、日々変化しています。これらの動きに対応して研究や運動を進めるには、各種の情報を正確にかつ迅速に入手することが求められます。当研究所はこれらの保育研究や運動に資するために、引き続き保育に関する政府・自治体の方針や調査・統計資料、関係団体の意見や提言、運動団体の見解等を「データベース」に登録する予定です。ぜひ、ご活用ください。

2023 年 7 月現在、保育関係データが約 2,040 件登録されています。アクセス方法は、「全国保育団体連絡会」のホームページ（https://www.hoiku-zenhoren.org/）から「保育関連情報データベース」へと進んでください。「資料名」、「出所」もしくは「キーワード」でも検索できます。

また、ご意見やご要望がございましたら当研究所までご連絡ください。

Chapter

1

最新データと解説

保育の今

1 幼い子ども・家族の今

A 少子化の動向

●予想より早い出生数の80万人台割れ

厚生労働省の2022年人口動態統計（概数）によると、2022年の出生数は77万747人、前年より４万875人減で1899年の統計開始以来初の80万人割れとなった。合計特殊出生率（女性１人が生涯に産むと予想される子ども数で、その年の各年齢〈15～49歳〉の女性の出生率を合計したもの）は1.26（概数）で、2021年の1.30（確定値）より0.04ポイント低下し、出生数・率ともに７年連続減少となっている●図表1-1A1。出生数を母の年齢（５歳階級）別にみると、45歳以上で前年より増加したのみで、晩産化がいっそう進んでいる。

婚姻件数は、２年連続増加の50万4,878組（前年比3,740組増）だが、前々年より増加数は少ない。平均初婚年齢は男性31.1歳（前年＋0.1歳）、女性29.7歳（前年＋0.2歳）で男女ともに上昇した。第１子出生時の母の平均年齢は30.9歳で前年と変わらない。

●若年世代への実効性ある総合的支援策を

少子化（出生数の減少）が加速している。政府は、若年人口が急激に減少する2030年代に入るまでが少子化反転のラストチャンスだとして、次元の異なる少子化対策「こども未来戦略方針」（282頁）を閣議決定したが、この間の対策の検証をふまえた実効性のある支援策は乏しく、財源についても先送りされたままである。

また、出生数は減少しているが、夫婦の平均子ども数を示す「完結出生児数」は2015年の時点で1.94人と1972年の2.2人から大きく変わっていない。一方で50歳時未婚率は2020年時点で男性28.2%、女性17.8%と1985年の男性3.9%、女性4.3%から大きく増加している*。既婚者や子育て家庭への支援にとどまらない「結婚・子育ての将来展望を描けない」若年世代への総合的な支援施策も含めた対策の検討が必要だ。　（実方伸子）

＊国立社会保障・人口問題研究所「人口統計資料」

図表 1-1A1　出生数及び合計特殊出生率の年次推移

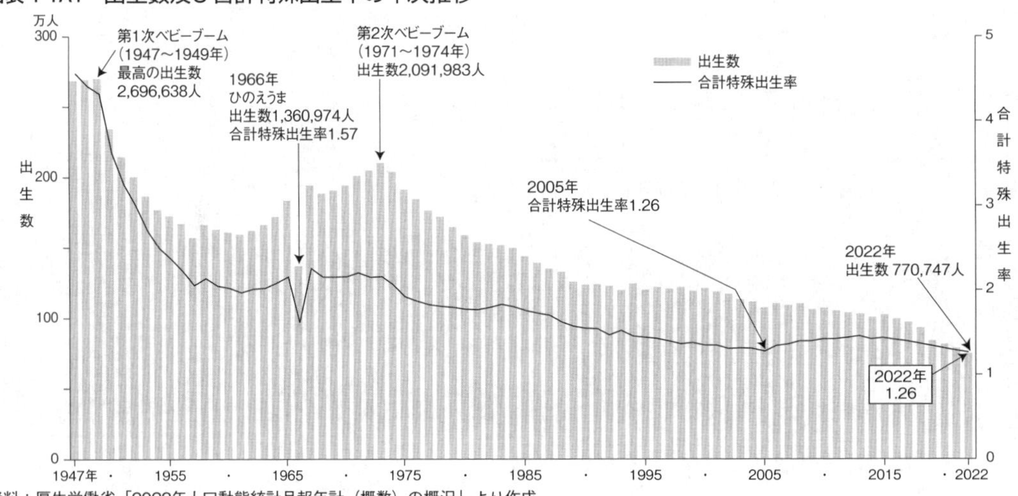

資料：厚生労働省「2022年人口動態統計月報年計（概数）の概況」より作成

1 幼い子ども・家族の今

B 現代子育て事情

●子どもを生み育てにくい国、日本

内閣府は少子化対策の推進に寄与するためとして、2000年度から５年ごとに「少子化社会に関する国際意識調査」（日本、フランス、ドイツ、スウェーデン）を実施しており、少子化の背景をなす重要な要素としての結婚、子育て観等について国民意識とその変化を考察している。

2020年度調査では、「子どもを生み育てやすい国だと思うか」について、「そう思わない」の割合が、４か国の中で最も高くなっている●図表1-1B1。また、「子育てに対する楽しさ・つらさ」では、「楽しさを感じるときの方が多い」がどの国も多数を占めるが、日本は「楽しさよりつらさを感じるときの方が多い」も２割をこえ、４か国中、最も高い。特に「子育てで負担に思うこと」では日本は「子育てに出費がかさむ」が最も高い（55.6%）が、「身体や精神の疲れ」と答える人が15年で倍増しており、疲労感が、子育てが楽しく感じられない要因の一つになっていると思われる●図表1-1B2。

●家事関連時間─夫微増でも妻の負担変わらず

●図表1-1B3は、６歳未満の子どもを持つ夫・妻の家事・育児時間の推移である。諸外国と比べて短いといわれる夫の家事・育児時間は、若干の増加が見られるが、妻については、家事時間の減少と育児時間の増加が相殺され、20年間、ほぼ変わっていない。共働き家庭が多数を占めるなか、家事・育児における妻の負担軽減が求められている。　（実方伸子）

図表 1-1B1　子どもを生み育てやすい国だと思うか（４か国比較）

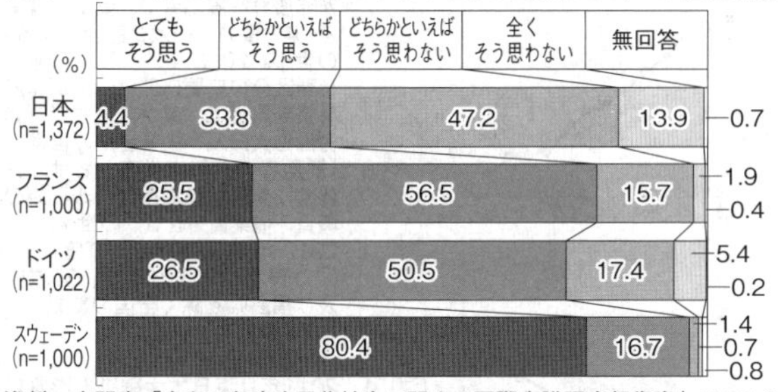

資料：内閣府「令和２年度少子化社会に関する国際意識調査報告書」2021.3

図表 1-1B2　子育てで負担に思うこと─身体や精神の疲れ

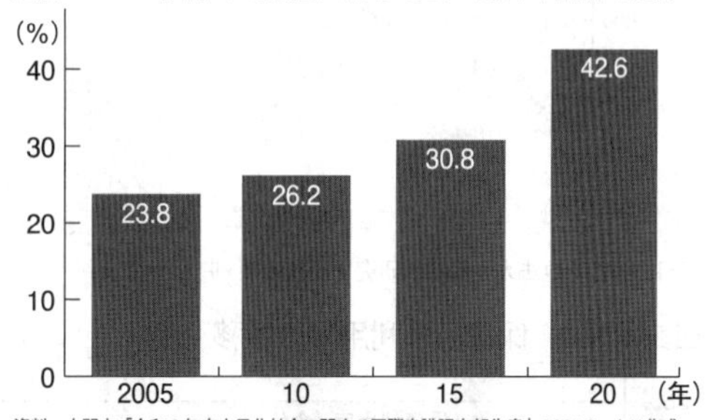

資料：内閣府「令和２年度少子化社会に関する国際意識調査報告書」2021.3 より作成

図表 1-1B3　６歳未満の子どもを持つ夫・妻の家事時間及び育児時間の推移（2001 ～ 2021 年）

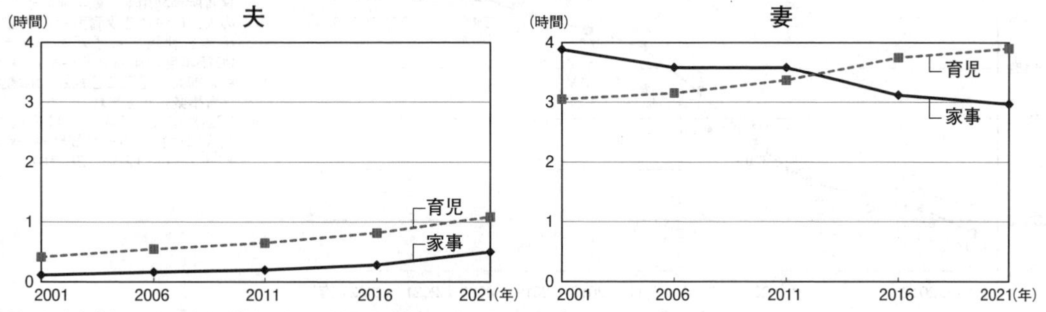

資料：総務省「令和３年社会生活基本調査 生活時間及び生活行動に関する結果」2022.8

1 幼い子ども・家族の今

C 増える共働き世帯と増大する保育需要

保育所等利用率が全年齢で半数超える

●コロナ禍による就労状況の変化

総務省「労働力調査」（基本集計2022年平均結果）によれば、男女就業者数は前年比10万人増（男性12万人減、女性22万人増）し、特に女性の就業率（15歳以上人口に占める就業者の割合）は、15～64歳（生産年齢人口）で72.4％（前年71.3％）となった。共働き世帯数は、1997年に妻が無業の世帯を逆転して上昇を続け、現在は２倍以上になっている●図表1-1C1。

●保育所等利用率半数超える

就学前児童の保育所等利用率は年々高まっている。保育所等関連状況取りまとめによると2022年の保育所等利用児童総数は272万9,899人。少子化の影響か前年比１万2,172人（0.4％）の減少となったが、保育所等利用率は全年齢平均で50.9％とはじめて半数を超えた●図表1-1C2。特に１・２歳児（56.0％）の割合が高くなっている。

（実方伸子）

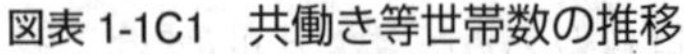

図表 1-1C1　共働き等世帯数の推移

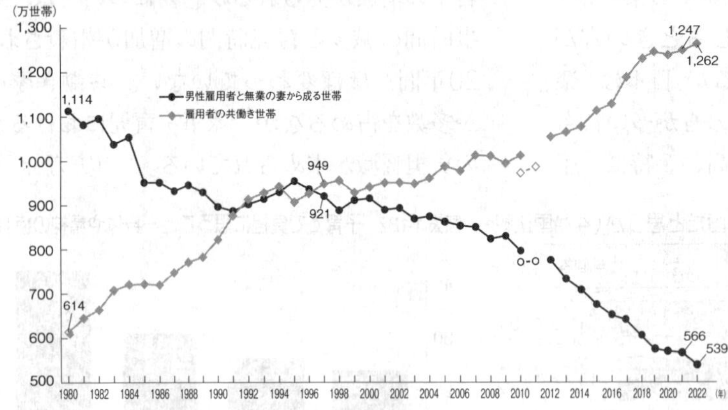

資料：独立行政法人労働政策研究・研修機構 HP より作成

（注）1. 1980 年から 2001 年までは総務庁「労働力調査特別調査」（各年２月。ただし、1980 年から 1982 年は各年３月）、2002 年以降は総務省「労働力調査（詳細集計）」より作成。「労働力調査特別調査」と「労働力調査（詳細集計）」とでは、調査方法、調査月等が相違することから、時系列比較には注意を要する。
2.「男性雇用者と無業の妻から成る世帯」とは、2017 年までは、夫が非農林業雇用者で、妻が非就業者（非労働力人口及び完全失業者）の世帯。2018 年は、就業状態の分類区分の変更に伴い、夫が非農林業雇用者で、妻が非就業者（非労働力人口及び失業者）の世帯。
3.「雇用者の共働き世帯」とは、夫婦共に非農林業雇用者（非正規の職員・従業員を含む）の世帯。
4. 2010 年及び 2011 年の値（◇、○の表示）は、岩手県、宮城県及び福島県を除く全国の結果。

図表 1-1C2　保育所等利用率の推移

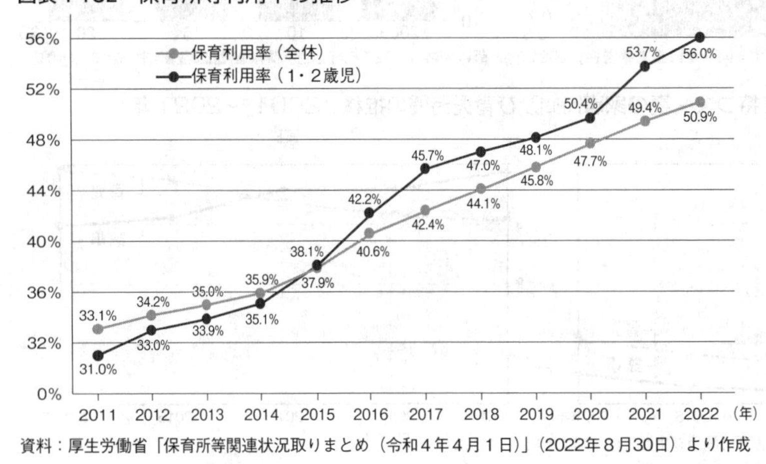

資料：厚生労働省「保育所等関連状況取りまとめ（令和４年４月１日）」（2022年８月30日）より作成

（注）1. 2011年は東日本大震災の影響により、全国結果ではなく、岩手県、宮城県及び福島県の８市町分を除いて集計している。
2. 保育所等利用率…就学前の子どもの人口に占める保育所等の施設・事業を利用する子どもの割合。2015年度の調査から従来の保育所に加え、認定こども園、地域型保育事業等が含まれている。
3. 2020・2021年４月１日の就学前人口は総務省統計局HP統計トピックスNo.125・126参照。

1 幼い子ども・家族の今

D 子どもの年齢別保育の利用率

●低年齢児保育・保育所保育の伸長

●図表1-1D1は、就学前の子どもの人口に占める、保育所やその他の施設、事業を利用する子どもの割合（これを保育利用率、以下利用率とする）を年齢別に示したものである。2011年と2021年の10年間の比較を行った。

就学前児童全体の利用率を見ると、2011年60.6%（32.7＋2.8＋25.1）から、2021年76%（36.9＋16.4＋4.2＋18.5）と、10年間で15.4ポイント上昇している。年齢別では低年齢児の伸長が目立ち、ゼロ歳児と１・２歳児の利用率は、ほぼ倍加している。

施設推移を見ると、幼稚園の減少、保育所等の伸長が目立つが、2015年の新制度導入以降は、認定こども園の拡大が顕著になった。しかし、「保育を必要とする」２・３号認定の子どもに着目すると、2021年の就学前児童全体の保育所利用率は36.9%であり、認定こども園等の利用率は16.4%（この中には１号認定の子どもも含まれているので、2・３号認定の子どもに限ると更に少ない）で、依然として「保育を必要とする」子どもの受け入れ先は保育所が中心となっている（詳しくは65頁）。

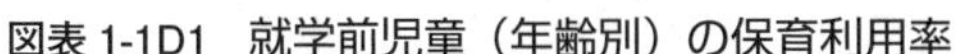
図表 1-1D1 就学前児童（年齢別）の保育利用率

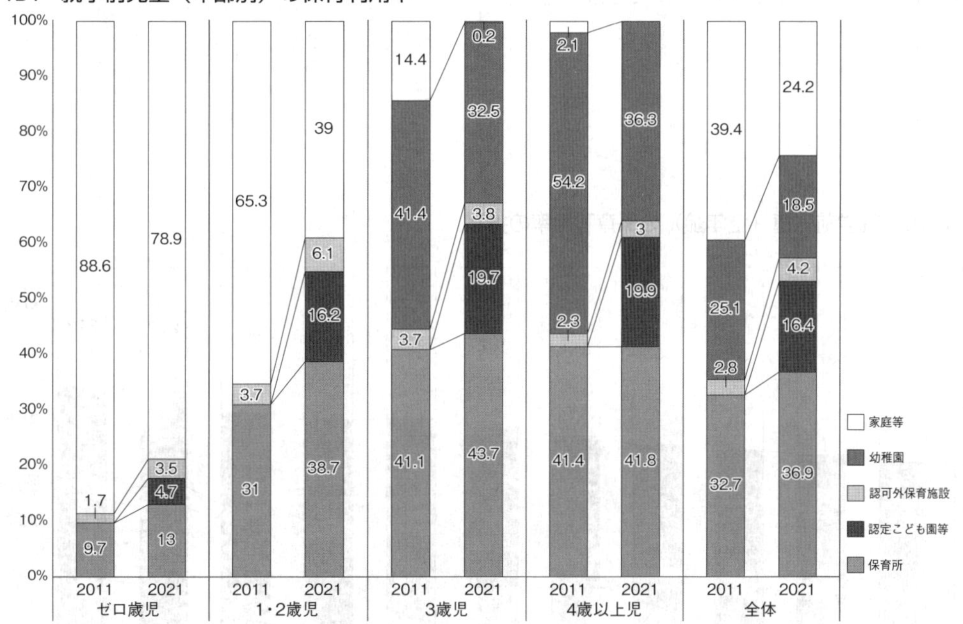

（注1）保育所利用児童数は「福祉行政報告例（厚生労働省〈各年４月１日現在〉）」（概数）による。
（注2）認定こども園等の利用児童数は全年齢において、幼保連携型認定こども園のほかに、地方裁量型の在園児数を含む。３歳未満児については、さらに、幼稚園型認定こども園、地域型保育事業の利用児童数も含む。
認定こども園および地域型保育事業の利用児童数は内閣府「認定こども園に関する状況について〈2021年４月１日現在〉」と厚生労働省「保育所等関連状況取りまとめ〈2021年４月１日現在〉」の数値から算出。
（注3）認可外保育施設利用者数は厚生労働省「認可外保育施設の現況取りまとめ（各年３月31日現在）」による。ただし、2021年の数には事業所内保育施設が含まれているが、2011年の数には含まれていない。
（注4）幼稚園利用児童数は「学校基本調査（文部科学省〈各年５月１日現在〉）」による。
（注5）就学前児童数（０～５歳児人口）は人口推計（総務省統計局〈各年10月１日現在〉）をもとに、以下のような修正を加え４月１日現在の人口を推計した。A歳児人口＝10月１日現在のA歳児人口×$\frac{6}{12}$+10月１日現在の（A+1）歳児人口×$\frac{6}{12}$
（注6）合計は100%にならない場合がある。

●利用率増加も質の格差は未だに課題

●図表1-1D2は、就学前児童（全年齢）の保育利用率について、2011～2021年の推移を示したものである。2019年10月以降、幼児教育・保育の限定的な「無償化」が実施された。この影響もあってか、それまでなだらかな上昇であった就学前児童全体の利用率は、2019年から2020年にかけて4.2ポイント増と大幅に上昇している。

しかしながら、施設種別に着目すると、保育所、幼稚園が共に0.6ポイント増なのに比して、認定こども園等が1.7ポイント増、認可外保育施設が1.3ポイント増であり、これらの施設が利用率を引き上げているといえる。特に認可外保育施設の上昇幅は過去10年間で最大である。認可外保育施設も限定的に「無償化」の対象になったことは多少なりとも影響しているのではないだろうか。

「認定こども園等」には、地域型保育事業も含まれている。地域型保育事業とは、小規模保育事業、家庭的保育事業、事業所内保育事業、居宅訪問型保育事業を指し、2021年4月1日の段階での利用児童数は90,452人で、就学前児童の1.7%である。

また、認可外保育施設は、ベビーホテル、認可外の事業所内保育施設（院内保育施設）、認可外の居宅訪問型保育事業、その他の認可外保育施設のことである。これらの施設や事業の保育条件、環境、質はあまりにも多様である。

全体の利用率は2021年も微増傾向が続いているが、保育の実施主体や施設・事業が多様化し、公的な保育の後退、格差の拡大という課題は未だ残っている。

全ての子どもが公的に保障された十分な条件での保育を無償で受けられるよう、公的保育の拡充と条件整備を求めていくべきである。

（浜田真一）

図表 1-1D2　就学前児童（全年齢）の保育利用率の推移

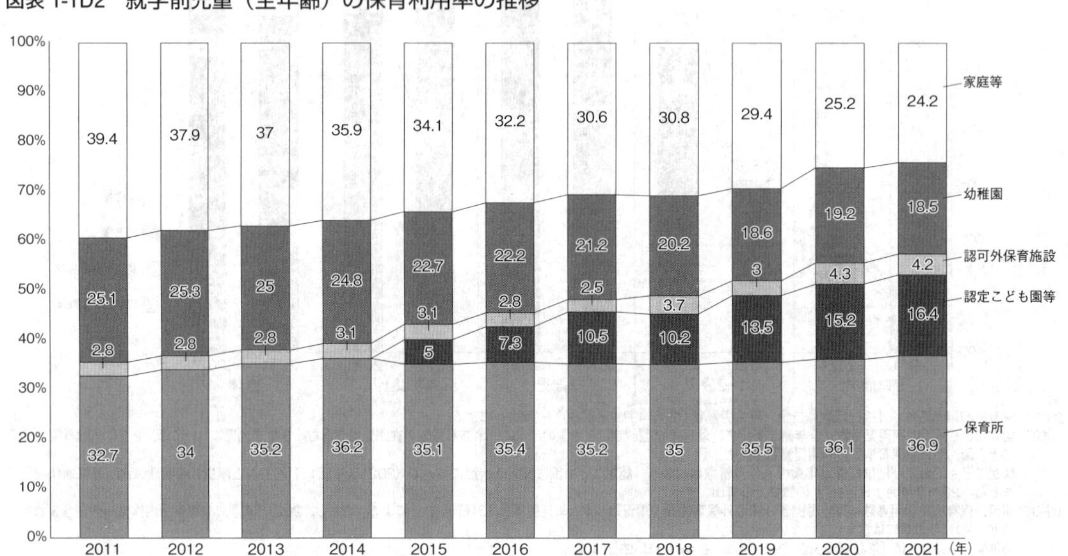

（注1）2011年、2021年の数値は本稿図表1-1D1から、2012～2020年は『保育白書』2012～2020年の図表「就学前児童の保育状況」の数値による。
（注2）いずれの数値も図表1-1D1（注1～5）と同じ計算方法で算出されている。

1 幼い子ども・家族の今

E 育児休業と保育

●男性の育休取得率改善をめざす法改正

育児休業は、子どもが１歳（保育所に入所できないなど、一定の場合、最長で２歳）に達するまで（父母ともに育児休業を取得する場合は、子どもが１歳２か月に達するまでの間の１年間<パパ・ママ育休プラス>）、申出により育児休業の取得を可能とする制度である。2021年、男女ともに仕事と育児の両立をめざして、「育児休業、介護休業等育児又は介護を行う労働者の福祉に関する法律」（育児・介護休業法）が改正され、2022年４月１日より順次施行されている。

改正内容は、①有期雇用労働者の育児休業取得要件の緩和、②産後パパ育休の創設、③育児休業の分割取得、④育休取得状況の公表義務づけ、などである●図表1-1E1。

●育休整備と労働・保育環境整備をあわせて

2021年度の女性労働者の育休取得率は85.1%、で3.5ポイント上昇したが、この10年間は、ほぼ80%台で変わらない。有期契約労働者（女性）は68.6%であった。男性労働者の取得率が上昇しているが、2021年度は13.97%にとどまる●図表1-1E2。

育休を利用しない理由に収入の問題がある。育休中の所得保障には法の規定がなく、個々の就業規則などに委ねられているが、本人加入の雇用保険から育児休業給付金が支給される。休業中に事業主から支払われた賃金が、休業開始時賃金月額の13%以下の場合、育休開始時から６か月間は賃金の67%、それ以降は50%が支給される。

また、育休取得によって上の子が保育園を退園させられる「育休退園」について、国は育休中の上の子の保育は、「①就学前など子どもの発達上環境の変化に留意する必要がある場合、②保護者の健康状態やその子どもの発達上環境の変化が好ましくないと考えられる場合、など市町村が児童福祉の観点から必要と認めるときを想定」（子ども・子育て支援新制度自治体向けFAQ19版）としているが、対応は自治体に委ねられている。

子育てしやすい環境の整備には、育休制度だけでなく労働・保育環境等を含めての整備が課題といえる。

（実方伸子）

図表 1-1E1　育児休業制度の概要

	産後パパ育休（2022年10月1日〜）育休とは別に取得可能	育児休業制度（2022年10月1日〜）	育児休業制度（改正前）
対象期間取得可能日数	子の出生後8週間以内に4週間まで取得可能	原則子が1歳（最長2歳）まで	原則子が1歳（最長2歳）まで
申出期限	原則休業の2週間前まで	原則1か月前まで	原則1か月前まで
分割取得	分割して2回取得可能（初めにまとめて申出ることが必要）	分割して2回取得可能（取得の際にそれぞれ申出）	原則分割不可
休業中の就業	労使協定を締結している場合に限り、労働者が合意した範囲で休業中に就業することが可能	原則就業不可	原則就業不可
1歳以降の延長		育休開始日を柔軟化	育休開始日は1歳、1歳半の時点に限定
1歳以降の再取得		特別な事情がある場合に限り再取得可能	再取得不可

資料：厚生労働省「育児・介護休業法改正ポイントのご案内」より作成

図表 1-1E2　育児休業取得率の推移（男性）

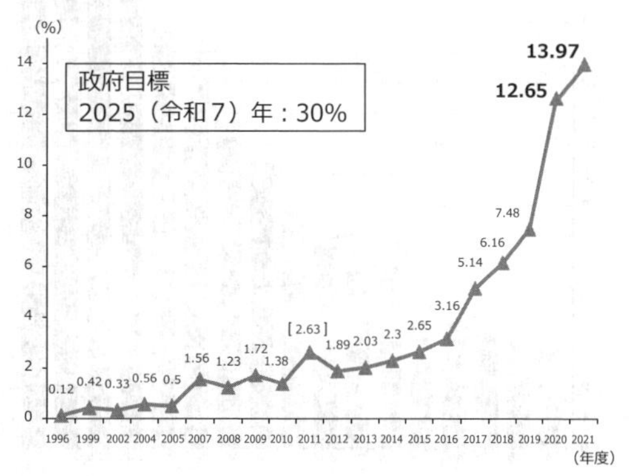

(注) 2011年度の［ ］内の割合は、宮城県、岩手県、福島県を除く全国の結果
資料：厚生労働省「雇用均等基本調査」より作成

1 幼い子ども・家族の今

F　子どもの虐待・貧困問題

●児童相談所における虐待対応の状況

2022年から23年にかけて、保育現場における虐待が相次いで明るみに出た。家庭において年間20万件超の虐待が発見されるなか、保育現場でも同じ根を持つ問題が生じている。体罰、すなわち暴力を容認する感覚が家庭にも保育現場にもいまだ残っている。

では家庭における虐待を詳しく見ていこう。厚生労働省「令和３年度福祉行政報告例の概況」によると2021年度の「児童相談所における児童虐待相談の対応件数」は20万7,660件で●図表1-1F1、前年度に比べ2,616件増加した（1.3%増）。2021年度も過去最多を更新したことになる。年齢、虐待種別、主な虐待者については以下の通りで、基本的に例年と同様の傾向が見られる。

子ども（被虐待者）の年齢別対応件数●図表1-1F2で、最も多いのは「７～12歳」７万935件（34.2%）だが、「０～２歳」が３万8,752件（18.7％）、「３～６歳」が５万2,615件（25.3%）で、乳幼児期の２つのカテゴリーを合わせると約45%で、全体の半数近くがここに該当する。虐待の発見・対応において、保育所等は大きな役割を担っていると言える。

虐待の相談種別●図表1-1F3では、増加傾向にある「心理的虐待」が昨年度から3,400件ほど増え、12万4,724件となり、全体の６割を占めている。以下、「身体的虐待」４万9,241件、「保護の怠慢・拒否（ネグレクト）」３万1,448件、「性的虐待」2,247件となっている。

心理的虐待の増加の背景にあるのが、夫婦間におけるドメスティック・バイオレンス（DV）の社会問題化である。子どもがいる家庭でのDVは「面前DV」または「DV目撃」と言われ、心理的虐待に当たる。DVへの社会的対応が重視され、通報・相談が増加し、同時に面前DVへの意識も高まったことによって、心理的虐待の数値が急増することになった。児童虐待相談の年齢別・相談種別構成割合●図表1-1F4を見ると０～２歳児においては心理的虐待が７割を超えているが、このほとんどが面前DVだと思われる。

児童虐待相談における「主な虐待者」●図表1-1F5は、「実母」47.5%、「実父」41.5%、「実父以外の父親」5.4%、「実母以外の母親」0.5%となっている。2010年ごろまでは実母が６割、実父が約３割だったが、その後、実父が増え、実母と実父がほぼ同数となっている。これも父親による面前DV（心理的虐待）

図表 1-1F1　児童相談所における児童虐待相談の対応件数の推移

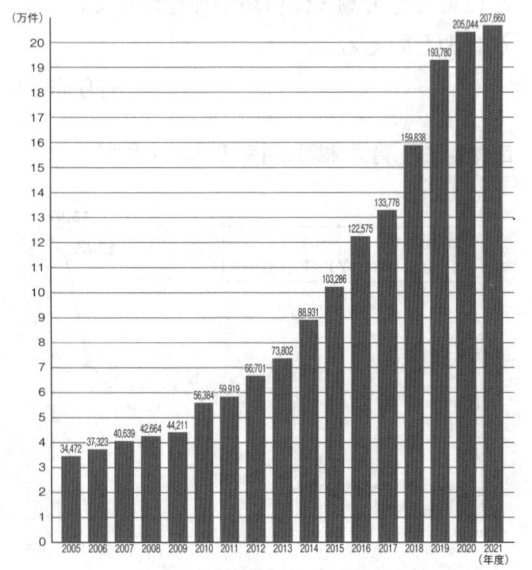

（注）2010年度は東日本大震災の影響により、福島県を除いて集計した数値。
資料：厚生労働省「福祉行政報告例の概況」（各年度）より作成

図表1-1F2
被虐待者の
年齢別対応件数

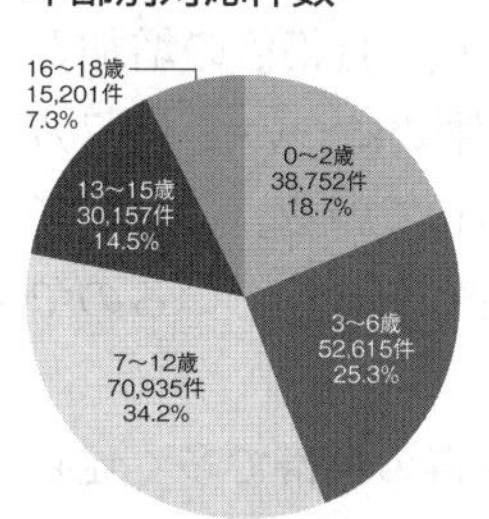

図表1-1F3
児童虐待の
相談種別対応件数

図表1-1F5
児童虐待相談における
主な虐待者別構成割合

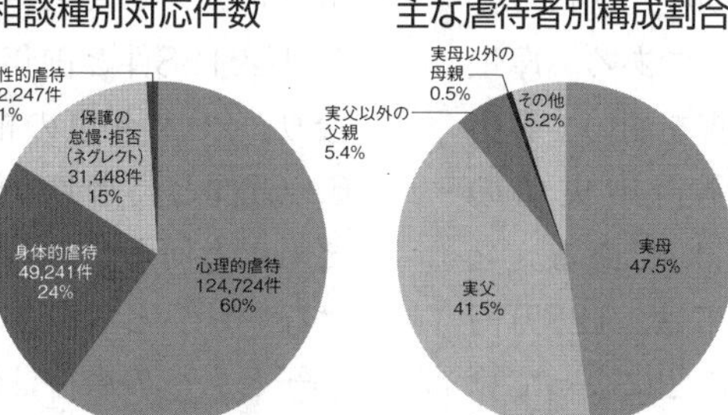

資料：円グラフはすべて厚生労働省「2021（令和3）年度福祉行政報告例の概況」より作成

図表1-1F4　児童虐待相談の年齢別・相談種別構成割合（0～6歳のみ抜粋）

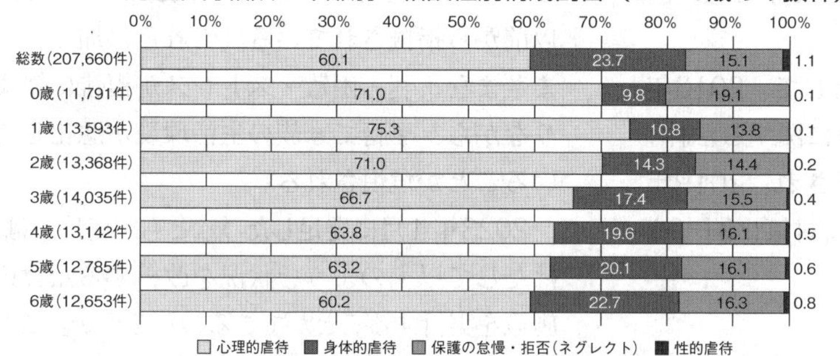

資料：厚生労働省「2021（令和３）年度福祉行政報告例の概況」より作成

の増加が影響した結果だと考えられる。

「子ども虐待による死亡事例等の検証結果等について（第18次報告）」(2022年９月）によると、2019年4月1日から2020年３月31日までの間に発生または表面化した子ども虐待による死亡事例は78人であった。また、2020年４月１日から2021年３月31日までの間に発生または表面化した子ども虐待による死亡事例は66例（77人）であった。そのうち「心中以外の虐待死」が49人、「心中による虐待死」が28人であった。心中以外の虐待死事例では「０歳」が32人（65.3%）で最も多く、３歳未満は35人（71.4%）と７割を超える状況であった。子どもの死因となった虐待の類型については、「身体的虐待」が21人（42.9%）、「ネグレクト」が22人（44.9%）であった。「主たる加害者」については、「実母」が29人（59.2%）と最も多く、次いで「不明」が11人（22.4%）であった。「実父」は４人（8.2%）であった。

●虐待の背景の一つとしての貧困とその実態

●図表1-1F6は日本の貧困率の年次推移である。貧困状態にある子どもは「６人に１人」(2012年）とも「７人に１人」(2015、2018年）とも言われ、「子どもの貧困」問題として多くの人に「見える」ようになってきた。この「子どもの貧困」も、子どもへの虐待とともに、なかなか解決への糸口が見えないなか、コロナ禍や物価高騰によってさらに深刻な問題となっている。

子どもの貧困率は1985年から増加傾向にあったが、2012年をピークに減少に転じている。しかし、「一億総中流」とされていた1980～90年代においても10%以上の貧困率であったことに注目すべきであり、また近年の減少傾向もコロナ禍によって再び増加に転じてしまうことが危惧される。

なお、ここでいう「貧困」は、世界共通で

図表1-1F6　貧困率の年次推移

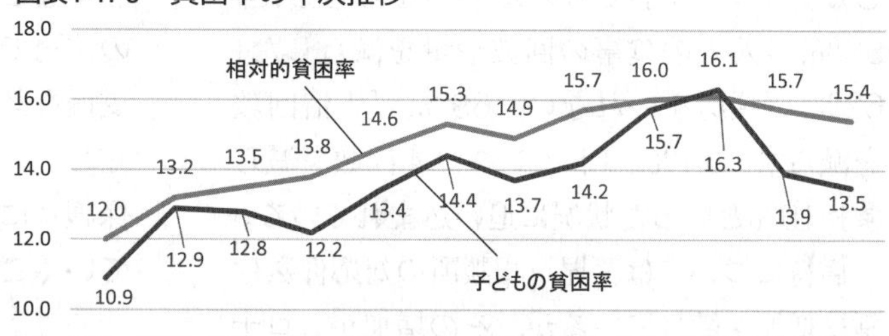

資料：厚生労働省『2019年国民生活基礎調査の概況』より作成

使用されることの多い相対的な貧困基準（所得の中央値の50％または60％）を用いた、いわば「相対的な所得の貧困」である。厚生労働省による国民生活基礎調査を用いて算出された2018年の貧困線（所得中央値の50％）は127万円（１人世帯）である。２人以上の世帯の貧困線については、127万円に世帯人数の平方根を乗じることによって算出され、２人世帯だと180万円、３人世帯だと220万円、４人世帯だと254万円となる。この貧困線未満の所得で生活する子どもの割合が、「子どもの貧困率」となる。

「子どもの貧困」への対応として、2013年に「子どもの貧困対策の推進に関する法律」が成立、2019年６月に改正され、2019年11月には新たな「子供の貧困対策に関する大綱」が策定されている。

●いま保育に何ができるか

コロナ禍、そして物価高騰は子育て家族に多くの影響をもたらした。子どもの貧困率などの統計に反映され、詳細な検証が可能となるのはこれからだろうが、すでに深刻な状況が広がっている。

2022年10月に「シングルマザーサポート団体全国協議会」がひとり親家庭（約2,800世帯）を対象として行った調査では次のような結果が判明している。買い物について、経済的な理由で買えないことがあったものとして、「子どもの服や靴」が81%、「肉や魚など」が75%、「米などの主食」も56%に上った。その結果、「子どもの食事の量や回数を減らした」７%、「子どものおやつを減らした」36%、「大人の食事の回数や量を減らした」62%、「暖房をいれない」69%、「入浴回数を減らす」34%、「トイレを流す回数を減らす」19%といった状況に追い込まれている。

虐待については、児童相談所の対応件数は常に増加を続けているが、その増加がコロナ禍の影響かどうか判断することは難しい。しかし、DV相談件数（内閣府男女共同参画局調べ）については、2020年度の相談件数が18万2,188件と前年度から約1.5倍の増加となり、2021年度の相談件数についても17万6,967件と高水準で推移している。これが子どもにも何らかの影響をもたらしているのではないか、と危惧される。

子どもへの虐待は低所得の世帯で多く見られる傾向にある、DVが行われた家庭では子どもへの虐待も同時に発生する傾向にあるなど、貧困・虐待・DVの相互関係については以前から指摘されている。これらに加え、さまざまな不利・困難・ストレスが複雑に絡まりながら、子育て家族の生活環境が悪化していることが危惧される。

2023年４月に発足した「こども家庭庁」は、はたして以上のような状況を改善するだけの施策を実行することができるのだろうか。こども家庭庁は、子ども虐待への対応、子どもの貧困対策、そして保育政策などを一元的に担うとされているが、これまで子どもの虐待・貧困については、財源的な裏付けが非常に乏しいなか、不十分な施策しか行われてきていないのが実情である。政府は「次元の異なる少子化対策」を実施するとしているが、格差を放置したままの、貧困対策なき少子化対策になることが危惧される。いま特に必要なのは子育て家庭への経済的支援である。児童手当の拡充に加え、児童扶養手当の増額やさらなる奨学金制度の充実などが求められるだろう。

コロナ禍はようやく落ち着いたように見えはするが、深刻な状況は続いている。貧困や虐待などへの対応は保育現場におけるメインの業務ではないかもしれないが、保育所等の支援を必要としている子ども・家族は多数存在している。厳しい状況にある子どもとその保護者に対して、保育ができることを模索していくことが求められている。

（小西祐馬）

1 幼い子ども・家族の今

G 保育施設における子どもの死亡事故

教育・保育施設での死亡事故や重大事故についての報道が後を絶たない。国は事故防止策の一環として、「重大事故」を死亡事故と治療に要する期間が30日以上の負傷や疾病を伴う重篤な事故等と定義し、発生後の国への速やかな報告を施設や自治体に義務付けている（2017年11月の児童福祉法施行規則改正により、認可の施設や事業に加え認可外保育施設等についても報告が義務となっている）。報告された重大事故は毎年１月１日から12月31日の期間で取りまとめられ、その翌年に内閣府子ども・子育て本部が『教育・保育施設等における事故報告集計』（以下報告集計）として公表を行っている。

報告集計の公表時期は年々遅くなる傾向にあり、過去３年間では2020年６月、2021年６月、2022年７月にそれぞれその前年分のとりまとめ資料が公開されており、いずれも内閣府のホームページで閲覧可能である。今年度（2022年に発生した事故の取りまとめ）は本稿の執筆時点（2023年６月末）において未だ公表されていないため、現在公開されている最新の資料は2022年７月７日に公表された『令和３年教育・保育施設等における事故報告集計』（2021年分）となっている。

資料は発生件数の統計が主であり、総数（2021年の報告数は2,347件、前年より332件増）の他は重大事故の施設種別ごとの件数と、おおまかな事故種別（死亡・意識不明・骨折・火傷・その他）ごとにそれぞれ何件起こったか、また年齢・活動・場所・死因の各観点からの件数が掲載されているのみである。2021年のうちに報告された死亡事故は５件（前年と同数。なお、うち１件は2019年５月に起こったものであり、報告が遅かったため今回の報告に含まれたと考えられる）であったが、それらについても１件ごとに内容が記載されているわけではないため、報告集計資料のみからでは個別の事故について概要を知ることができない。

一方、教育・保育施設等での重大事故や安全対策への社会からの関心は高まっており、事故報告の義務化も影響して、重大事故発生時や発覚時の自治体による公表、事後検証の進捗状況等が報道される機会は増えている。

保育施設等での事故遺族と専門家等の支援者で組織する「赤ちゃんの急死を考える会（ISA）」（以下　ISA）は、毎年の報告集計が公表された後に、死亡と意識不明が起こった事故について、統計の元となっている各自治体から国に提出された「事故報告書」を情報公開請求で入手している。ISAではそれらの事故を個別に分析することにより、事故に至る背景や年度の重大事故の傾向を明らかにし、再発防止に向けた啓発活動や保育制度改善のための国・行政への申し入れを行っている。

本稿では、2021年に国に報告された死亡事故５件について、報道で明らかにされた情報、個別の事故報告書の開示内容、自治体が設置した組織による事後検証が行われた後の検証報告書の内容をふまえて、再発防止の観点から詳述する。

なお、2020年以前の死亡事故の概要や個別事故の報告内容については、過去の『保育白書』や月刊『保育情報』に報じている。

●死亡事故の状況と背景

情報公開で入手した資料と検証報告書をもとに、死亡事故５件の発生時の状況や当日の経過を一覧表にまとめたものが●図表1-1G1である。５件中４件は全国規模で報道があり、特にa、bの事故については多くの記事があった。前年（2020年）の死亡事故の特徴としては認可施設での食べ物による窒息事故が複数発生したことがあげられる一方、今回はバス置き去りでの熱中症、遊具での首の挟まりなど施設外や屋外での事故が複数含まれている。認可外の施設における事故発生率は例年同様に高く、低年齢児の午睡中の事故が１件報告されている。５件全てが自治体によって設置された組織によって検証が行われており、報告書も各ホームページで公開されている。以下、それぞれの事故についての概要と背景にあった問題点を述べる。

a）認可保育所（福岡県中間市）・５歳男児、バス内置き去りによる熱中症

2021年７月29日に発生し、即日大きく報道された事故である。保育所は保護者のバス利用要望に沿うために16人乗りの自家用バスを２便運行していた。当初は添乗保育士がいたが、早朝に出勤可能な保育士が不足し、保育所での朝の受入体制を維持する必要があることで園長が一人で運転するようになっていた。職員の中には、園長が一人で送迎バスを運行することを不安視していた保育士もいたが、園長から「保護者の了承もあるので大丈夫」等言われ、何も言えなかったとのこと

図表 1-1G1　保育・教育施設等で 2021 年に起こった死亡事故５件の内訳

	施設の種別	死亡事故の発生状況
a	認可保育所（福岡県中間市） 検証報告有	【５歳男児／（在籍子ども数）139名／（事故発生時の体制）登園バス乗車園児７名：保育従事者２名（うち有資格者１名）】 8:00頃園長が運転するバスに乗車→8:35頃駐車場に到着、保育士が他の園児６名を降車させる→園長は車内を確認せず、後方で横になっていた本児に気付かずバスを施錠→17:15保護者が降園バスに迎えに来ており事故発覚→17:20登園バスで本児発見→救急搬送、熱中症で死亡確認（死亡推定時刻13時頃）
b	認可保育所（岡山県岡山市） 検証報告有	【２歳男児／（在籍子ども数）96名／（事故発生時の体制）２歳児17名:保育従事者３名（うち有資格者３名）】 9:50頃２歳児17名が園庭で遊び始める→10:15 ０歳児の部屋から泣き声を聞いた保育士１名が一旦離れ、すぐ戻るが、２歳児１名のおむつ替えのため再度離れる→10:20大型遊具から出てこない園児に気付き保育士１名が様子を見に行く→遊具内設置の柵と天井部分の間の隙間に首をひっかけた状態で発見、頭を引き抜く→10:23救急通報し、看護師がAEDと胸骨圧迫を行う→10:27病院へ搬送される→１か月後死亡
c	認可外（愛知県・無届の施設） 検証報告有	【１歳５か月男児／（在籍子ども数）６名／（事故発生時の体制）０歳～２歳の異年齢７名：保育従事者１名（うち有資格者０名）】 12:00頃、姉（室内のブランコで遊んでいた）が手に持っていたチョコチップスティックパンをほしがる→受け取ってソファーへ→咳が止まらないことに台所にいた園長が気付き、様子を見るとソファーに座っていた状態から脱力し、前のめりに倒れる→抱き上げると顔は真っ青で口元は紫色、のどにパンが見える→胸や背中を叩くが取れず、指で出そうとするとパンのかけらが取れたが意識は戻らず→体に力なく呼吸や心音が弱まる、胸骨圧迫と人工呼吸→園長の自家用車で近くの診療所へ→12:40頃病院へ救急搬送→14:17死亡
d	認可外（岩手県） 検証報告有	【１歳０か月児／（在籍子ども数）12名／（事故発生時の体制）０～１歳の異年齢４名:保育従事者２名（うち有資格者１名）】 体温は平熱、入園間もなく、ぐずって泣いていた→10:00頃おやつ→11:20頃昼食→13:00頃から午睡、ぐずるのでほふく室で１名が添い寝、身体は横向きで顔は保育者と反対向き→15:50頃添い寝していた保育者が起きてきた他の園児のおむつ替えのため離れる→戻って顔色白く唇が紫でぐったりしている様子を発見→16:10頃救急通報、人工呼吸→16:16救急隊到着→病院で死亡確認
e	認可外（神奈川県横浜市・ボランティアによる育児支援グループ） 検証報告有 （2019年５月発生）	【０歳11か月男児／（事故発生時の体制）２名：保育従事者１名（うち有資格者０名）】 ９時頃、当該児ときょうだい児（２歳）を受け入れる→9:15きょうだい児が保育者へ渡したかばんの中にあったおやつを見つける→9:30頃きょうだい児がおやつを食べる間、本児はリビングルームでおもちゃで遊んでいた→おやつ後は３人でリビングルームで折り紙などして遊ぶ→保育者のペット（犬）がリビングルームからダイニングルームへ移動し、本児が這って追いかけた→本児がダイニングルームの床に座り、嘔吐を３回繰り返し、意識不明に→9:53保護者への連絡と救急車の要請、胸骨圧迫→病院へ搬送、11:28死亡確認→司法解剖の結果、サボテンの花が開花後に萎んだものを気管に詰まらせたことによる窒息と判明。

資料：各自治体提出の事故報告書、内閣府の公表内容、検証が実施されたものは報告書の記載内容から作成。「赤ちゃんの急死を考える会（ISA）」作成

であった。

通園にバスを利用している児童がバスに乗っていないときはそのことを情報共有するようにしていたが、本児に関するやりとりについては事後の検証においても確認されていない。また保育所ではバスカードが作成されていたが、園長は乗車時の回収を行っていなかった。

園長は、バスが保育所に到着した際に他の園児が泣いていたことに気を取られ、車内をよく点検せず施錠してしまい、本児は到着後一番にバスを降りたと思ったと証言している。また乗車名簿はあるが、降車時のチェックはしていなかった。

降車時には保育士が園児を迎えに行くことになっており、事前にホワイトボードで欠席児を把握することで児童数を認識し、降車の際に数えることで確認することになっていた。当日は当然ながら欠席者の中に本児は含まれていなかった。

本児が入室しないことで無断欠席のような状態となったが、そのような場合の確認や連絡体制が統一されておらず、園長や保護者への出欠確認も行われないまま、担任は出席簿に本児は事故欠（体調不良以外の欠席）であると記載した。そのことで、本児がクラスに入室していないことを誰も気に留めない状況となってしまった。その約９時間後、迎えの時間に本児の母親が現れたことで事態が明らかになるまでの間、本児はバス車内に放置されていた。

以上のように、この保育所では事故の原因となる問題が日常的に多数存在していた。人手不足を理由にバス送迎で複数体制をとっていなかったこと、バスカード管理や乗降時の人数点検が杜撰であったこと、降車時の車内点検を怠っていたこと、児童の出欠管理や連絡が徹底されていなかったこと、もしこれらのうちいずれかが普段から適正に行われていれば、事故は防げたはずである。杜撰な安全管理意識によって幼い命が犠牲になってしまったことが悔やまれてならない。

b）認可保育所（岡山県岡山市）・２歳男児、園庭遊具での首挟まり

園庭に設置された大型複合遊具の内側、外からは死角になりやすいところで事故は起こった。それまでに遊具内部の当該箇所を園児が三輪車で通り抜けようとして天井部分に頭をぶつけることが複数あったため、遊具を設置した事業者に依頼して遊具内の３か所に柵を新たに設けた。この際、それぞれの柵と天井との間に約20cmの隙間ができた。検証報告書によると、柵を設置する際の図面や打合せ簿等、保育所側が事業者にどのような内容で依頼したかを確認できる資料は残っていなかった。

事故発生時の職員配置は基準を満たしており、２歳児クラス17人に対して担任保育士３名が保育にあたっていた。しかし他のクラスの応援や２歳児の用便などで複数回園庭から離れることがあり、検証報告書ではこのことで園児への注意が希薄になり、発見を遅らせてしまった可能性が指摘されている。また、事故が発生した遊具の箇所には、ロッククライミングのボルトで園児が怪我をしないためにプラスチック製の遊具が置かれており、そのため園庭から死角にもなりやすかった。保育士はその遊具で遊ぶ園児同士のトラブル回避を重点的に見守っていたため、事故が起こった箇所についての注意は薄かった。検証報告書には「これまで事故が起きていなかったことで、事故発生箇所についての危険意識の低さと、死角になっている状態認識の薄さが重なったことが本件事故の発見を遅らせ、重大事故につながった可能性がある」との記載がある。

遊具の安全管理に関しては、「保育所保育指針」においては「安全点検表を作成して、施設、設備、遊具、玩具、用具、園庭等について、安全性の確保や機能の保持、保管の状況など具体的な点検項目、点検日及び点検者を定めた上で、定期的に点検することが必要」「遊具の安全基準や規格などについて熟知し、専門技術者による定期点検を実施することが重要である」と記載されているが、具体的な基準については触れられていない。国から発出されている通知等にはその参考にされるものとして国土交通省の「都市公園における遊具の安全確保に関する指針」が示され、また「教育・保育施設等における事故防止及び事故発生時の対応のためのガイドライン」の資料（参考例８）には、埼玉県上尾市の「施設内設備のチェックリスト」「遊具のチェックリスト」が掲載されている。事故が起こった保育所では、事故予防の研修を実施し、施設や設備について独自に作成したチェックシートを用いて点検は実施されていたということであるが、遊具の損傷の有無の確認に主眼が置かれており、今回の柵の設置自体に不備があるとの認識がなかった。地面に足もついて安全であるという思い込みがあり、保育士は大型遊具の内部で遊ぶ園児の存在は認識するも、内部の様子を見守るまでには至っていなかったということであった。

c）認可外保育施設（愛知県・無届の施設）・１歳５か月男児、パンによる窒息の疑い

行政に届出がされていない施設で起こった事故であり、県は警察からの照会で認可外保育施設であることを把握している。すなわち、行政からの指導監督が一度も入っていなかった施設である。保育士資格やベビーシッター等講習の受講歴のない園長が、当日は自身の孫を含む０～２歳の７人を一人であずかっていた。本児の保護者は日本在住の外国籍の人々のネットワークを通じて施設を知り、他の利用者も口コミを通じて集まっていたとのことである。保育時間は平日の６時から19時半までで、園長の自宅の一階部分に保育室を２室設置して全体保育をしていた。送迎や朝食も園長が１人で提供していた。

事故発生時、園長は台所で昼食の調理をしていたため、はじめは本児がほしがっていたのはおもちゃであると思っていたが、姉が手渡したものを見てそれが朝食として与えていたチョコチップ入りのスティックパンの残りであると認識した。そして本児がパンを貰い、長いソファーの横から上にのぼったことは見ていたが、どの時点でパンを食べたかは不明であり、おそらく喉に詰まった時に発した声についてもテレビの真似をしているのだろうと思っていた。

本児の意識が消失し心肺停止状態に陥った際に救急車を呼ばずに自家用車で病院に連れていった理由として、園長はその時は救急車を呼ぶより、自分で連れて行く方が早いと思ったという趣旨のことを述べている。この背景には２、３年前に起こったおもちゃの誤嚥事故の際に自家用車で病院に連れていきピンセットで除去してもらい、大事には至らなかったことがあると想定されるが、これとは別に、園長が日本語による意思疎通が困難であったことが119番通報を妨げる要因になったとも考えられる。

本件では、１人の無資格者が複数の低年齢児をみていたという保育体制や発生時の対応の問題が本児の死亡という最悪の事態につながったことは言うまでもないが、もしこの地域の子どもたちや保護者が国籍にかかわらず安心して保育が受けられる場所に繋がれていれば、あるいはこの園が地域の保育や子育て支援行政と連携できる機会があり、必要な手続きや支援、指導を受けながら運営ができるような環境にあれば、事態はまったく違っていたであろう。外国籍や日本語を母語としない人々やそのコミュニティへの地域からの情報提供の在り方など、問いかけるものが多い事故である。

d）認可外保育施設（岩手県）・1歳0か月、睡眠中

情報公開された事故報告書はほぼ空白であったが、発生年月日（2021年11月22日）と特徴から検索すると岩手県が本件とみられる事故の検証を行っており、今年（2023年）3月に検証報告書も公開されていることがわかった。報道がされているかどうかは把握できていない。

本児は入園からまだ1か月に満たなかったこともあり、ぐずったり泣いたりしていたようである。午睡時はそれを理由に一人別室で寝かされていた。寝かしつけの際は職員が添い寝をし、その後も交代して見守っていたことになっているが、検証報告書には本児の体は横向きで、顔は沿い寝していた職員の反対側を向いていたという記述があり、これは寝かせ方として不適切である。また、睡眠時に子どもを一人にしないことはガイドラインや通知にも示されている基本事項であるが、この施設では睡眠時の安全確保や観察の方法を定めておらず、本児に添い寝していた職員はその後他の園児の対応のためその場を離れており、職員の証言が事実であればまさにその10分から15分程度の間に異変が起こっていたということである。

事故発生後に県が行った立ち入り調査の結果、睡眠中の乳幼児の顔色や呼吸の状態をきめ細かく観察することや、年齢に応じた午睡等チェック表等を活用し記録することが不充分として文書による指摘がなされている他、安全確保、職員の研修、感染症対策など計5つの点において指摘がされていた。事故以前の指導状況としては、2018年の調査時に4点の文書による指摘、2019年に口頭による指摘がされていた。立ち入り調査としては2020年が事故以前では最新となっており、ここでは指摘事項はなかったということであるが、睡眠チェック表等の活用やマニュアル整備の状況等、施設の具体的な取組状況は詳細に確認されていなかったということである。

事故当日の保育状況と事前・事後の立ち入り調査での指摘事項からも、本件は安全や事故予防に対する意識が低く、杜撰な保育の下で起こった事故であると言わざるを得ない。このような施設への踏み込んだ対応が早急に検討されるべきである。安全確保への違反がみられる施設には年1回以上の実地の抜き打ち監査を実施し、改善が不充分であれば事業停止などの直接的な指導を行う等の策を講じなければ、子どもの命や健康が危険に晒され続けることになってしまう。

e）認可外保育施設（神奈川県横浜市・ボランティアによる育児支援グループ）・0歳男児、サボテンの花による窒息

2019年5月きょうだい児2人を1人の無資格の保育者が自宅であずかっていた際の事故である。保育者のペットの犬の同伴、窓際に置かれたサボテンの鉢植え、背もたれの高さが1メートルのソファ設置など、低年齢児を複数あずかるには不適切な環境の中で事故は起こった。

本件の保育者は育児支援グループのボランティア活動であるという自認のもと活動しており、認可外保育施設として届出の必要があるとの認識がなかった。一方、ボランティア団体として活動するにあたり、社会福祉協議会の助成金を申請し、利用していた。当該育児支援グループが複数年にわたって掲載されている子育て情報紙があり、区役所はその制作に協力している形になっていたが、実際の作成に直接関わっておらず、掲載された団体ついての認可外保育施設の設置届の有無は確認されていなかった。このような施設は他にも存在すると考えられる。

保育者は、横浜市の子育てサポートシステムの提供会員であった時期があり、登録時に3日間の研修を受講していた。また、育児支

援グループとしての活動期間中は保育に関する講演会への参加や、救急救命・保育内容・子育て支援等の研修を受講していた。

認可外保育施設としての届出がなされていなかったことで通常の認可外保育施設に対して実施している立入調査の対象にもなっておらず、0歳児を保育するために安全な環境であるかということを行政が確認できていなかった。

検証報告書によると、本件保育者が属する育児支援グループは平成19年から活動し、本件保護者は横浜の子育てサポートシステム提供会員として平成13年から約10年間登録していた。認可外の居宅訪問型保育事業者に設置届が義務化されたのは2015年度、5人以下を預かる認可外保育施設の設置届が義務化されたのは2016年度である。この際に行政から各ボランティア活動団体への周知がされていれば、必要な届出やその後の指導監督がなされ、事故予防の観点からの改善がなされていた可能性がある。

現行の保育制度においては本件事故のような独自のボランティアグループ、ファミリー・サポート・センター制度を利用した預かり、その他ベビーシッター等の託児サービスでも、利用状況によっていわゆる「無償化」の対象となることが可能となっている。保育所などの施設に比べて預かりの形態が多岐に渡る一方で、その安全対策については充分検討されないまま制度が先行し、未だ改善点が多い。国は地方行政に任せるのではなく、利用者の安心と子どもの安全が担保できる実効性のある安全対策を講じる必要がある。

●繰り返される類似事故

これまでにも指摘されていることであるが、以上の例からも、また過去の事例からも、重大事故の背景には基準の違反や日ごろの保育環境の問題、不適切な事故対応などが少なからず影響している。これらを是正するのに不可欠なのが行政による指導監督だが、それが充分行きわたっていない現状にありながら、さらにそのあり方を簡略化しようとする動きがあり、大変問題である。

保育の安全に社会の関心が高まり、重大事故発生の際には報道等で大きく取り上げられ、行政による事後検証の実施率も上がってきている。それにもかかわらず、同じような事故は繰り返されている。バスの置き去りによる熱中症事故は2022年9月にも静岡県の認定こども園で発生し、2023年5月には埼玉県で遊具に独自に設置したロープでの事故が起こっている。

近年はこういった事故が起こると、各方面から安全対策としてICTの活用が叫ばれ、既に午睡時に子どもの心拍数や呼吸、体動を検知し、記録するセンサーやアプリ、送迎用バス園児置き去り防止システム等いくつかが製品化・制度化されている。このこと自体は善いことであるが、事故の背景を紐解くと、日常からの怠慢や連絡体制の不備、人員配置の問題や監視不足など、保育や子どもの預かりにおいて本質的な問題が存在していることは少なくない。機械やシステムの活用はあくまで補助的なものであり、常に完璧なものではない。また、その存在によって保育者の安全意識が低下したり、必要な作業や点検がおろそかにされたりするような状況はあってはならない。

子どもの安全を最前線で守るのは現場の職員とそれを支える保育制度の仕組みである。国は「こどもまんなか」社会の実現のためにも、重大事故の発生や増加に至るあらゆる背景の分析を行い、保育や子育てに関する事業や施策に反映する取り組みを続けていくことが求められている。

（藤井真希）

1 幼い子ども・家族の今

H　保育のデジタル化と保育DX（デジタルトランスフォーメーション）

●はじめに

本稿では保育のデジタル化と保育DX（デジタルトランスフォーメーション）について考える。

デジタル化やDXは各省庁や識者によってさまざまな定義づけや解釈があるため、本稿では「デジタル化」を「デジタル技術の導入」、「DX」を「デジタル技術を介して既存の組織や文化などをつくりかえようとする概念」という意味で用いる。

（1）DXとは

DXは2004年にスウェーデンのエリック・ストルターマン教授によって提唱された概念である。総務省では「企業が外部エコシステム（顧客、市場）の劇的な変化に対応しつつ、内部エコシステム（組織、文化、従業員）の変革を牽引しながら、第3のプラットフォーム（クラウド、モビリティ、ビッグデータ／アナリティクス、ソーシャル技術）を利用して、新しい製品やサービス、新しいビジネスモデルを通して、ネットとリアルの両面での顧客エクスペリエンスの変革を図ることで価値を創出し、競争上の優位性を確立すること」「既成概念の破壊を伴いながら新たな価値を創出するための改革」[1]と、企業が競争で勝ち残るための変革の概念と説明されている。これが今、保育にまで拡大適用されている。

（2）デジタル技術の種類

●図表1-1H1は民間企業がICT活用調査にあたって示した保育におけるデジタル技術の全体像である。そこでは、デジタル技術として以下の４つが整理されている。

１つ目はIoT（Internet of Things：モノのインターネット）で、「家電や自動車、医療機器、工場のセンサーなどあらゆるモノにセンサーを搭載し、ネット経由でモノの状態や位置情報などを発信する技術」[2]を指し、保育分野では登降園管理システムや「午睡セン

図表 1-1H1　保育におけるデジタル技術の全体像

ツールの種類／目的		園務効率化・負担軽減	児童の安全確保	公衆衛生向上	保育者のスキル向上・働きやすさの向上	児童の学び・教育
ICT ツール		保育園向け ICT システム 園内の記録業務 事務処理 保護者との連絡業務支援			オンライン研修 写真・動画を活用した保育現場の振り返り	ICT 教材 Web 会議システムを用いたオンライン保育 デジタル・ストーリーテリング
IoT ツール	センサー	スマート体温計との連携	午睡センサー 午睡中の児童をモニタリングし午睡中の事故防止を支援	体温計と ICT の自動連係	保育士のストレスチェック	
	センサー	登降園管理の自動化		児童の体調変化の予兆検知	児童の関係性可視化ツール	
	カメラ		午睡見守りカメラ ネットワークカメラによる園内見守り			
AI・ロボット		AI を活用した翻訳 外国籍の児童や保護者とのコミュニケーションを支援する				コミュニケーションロボット 児童とのコミュニケーションを通して情操教育に役立つ
		園務支援ロボット（園務効率化〜公衆衛生向上）				

資料：株式会社野村総合研究所「ロボット・AI・ICT 等を活用した保育士の業務負担軽減・業務の再構築に関する調査研究」（2021 年3月）より作成

サー」などが当てはまる。2つ目はICT[3]である。ICTは通信技術を活用したコミュニケーションという意味で、タブレット端末を使った教材や、保護者との連絡システムなどがそれである。3つ目はAI[4]（人工知能）、4つ目はロボットで、主に外国籍の子どもや親への支援のための翻訳ロボットなどがあげられている。

以上4つが現時点であげられているが、政府の文書等では、1つ1つを区別せず、これら4つをまとめて「ICT」と称しており、本稿でもそれに従う。

（3）導入率

一般社団法人保育ICT推進協会が2023年4月に発表した調査によれば、全国1,747自治体の公立保育施設等で「保育業務支援に係るICTシステムを『導入している』」と回答した割合は全国平均で36%となっている[5]。大都市やその周辺地域では導入率が高い傾向がある。どのシステムを利用するかは各自治体や各園の判断となっているが、国の保育対策関係予算でICT導入のための補助が組まれていることもあり、システムの利用は徐々に広がっていくと考えられる。

●ICT活用目的とその変化

保育所等におけるICT導入のための補助がはじめて組まれたのは2015年度補正予算で、「業務負担軽減」「安全対策」が目的とされた。同時に、政府はICT利用の調査研究を行い、保育の質を向上させるものとしてのICT導入を推進していく。

2020年に厚労省は「保育の現場・職業の魅力向上検討会」において、ICTの活用は業務を効率化させるだけでなく、空き時間で保育士同士の関係性づくりをすすめるなど働きやすい職場づくり、保育士の自律的・自覚的な実践力の向上など「保育の質」の向上にも効果的であると報告[6]。文部科学省も幼児教育の基本である「幼児期にふさわしい生活の展開」「遊びを通しての総合的な指導」「一人一人の発達の特性に応じた指導」を行うにあたり、ICT活用は保育士の「幼児理解」を助けるものであることを報告している[7]。

このようにICTの活用目的は「業務」に対する導入・活用から「保育の質」や「幼児理解」など保育実践に拡大してきている。

●デジタル化政策と保育DX

今日に続くデジタル化の動きは2012年第2次安倍政権においてつくられる[8]。同政権は、その経済政策、アベノミクスの中で「民間投資を喚起する成長戦略」にIT[9]を位置づけ、経済発展のためにはIT（ICT）が重要であると強調した。その後、2016年、内閣総理大臣や財界メンバーで構成される「総合科学技術イノベーション会議」が「我が国が目指すべき未来社会の姿」として「Society5.0」を発表。「サイバー空間とフィジカル空間（現実世界）とを融合させた…『超スマート』社会」を、「ICTを最大限活用」しながら実現していくとした[10]。児美川孝一郎氏によれば、Society5.0は中西元日本経済団体連合会会長の発案で、構想自体に学術的な根拠はなく、世界的にもおよそ通用しない理念である[11]。それにも関わらず、このSociety5.0という社会構想は「骨太の方針」「成長戦略」など政府の様々な政策をつらぬく中心理念とされた。

この流れの中でデジタル社会形成基本法が制定され、同法に基づきデジタル庁が設置される。同法は第9条で、デジタル社会の実現にむけた国・行政と民間企業の役割を整理。「民間企業が主導的役割を担い、国や地方公共団体はその活力が生かされるように競争の促進や規制等の見直し等の環境整備を中心とした政策を行う」と、国・行政の役割を環境整備に縮小させ、企業による社会形成をすすめるとした。先の「保育の現場・職業の魅力向上検討会」報告書と合わせると、保育分野での政府の役割はICT導入等の環境整備に縮小され、条件の改善などは後景に追いやられる可能性もある。

また同法37条に基づき作成された「デジタル社会の形成に関する重点計画」では、20年間停滞してきた経済成長のためには全産業のデジタル化が不可欠とし、「健康・医療・介護、教育、こども、防災等の準公共分野」に民間企業を呼び込むことを提起。「デジタルに合致していない規制・制度、行政や人材の在り方も含む本格的な構造改革を行う必要がある」と、社会の在り方そのもののトランスフォーメーション（変革）＝「DX」の必要性を強調している。

これを受けて、政府は内閣官房（後に、こども家庭庁に移管）に「こども政策DX推進チーム」を設置。こどもDXの主な論点を①プッシュ型の伴走支援の活用促進、②行政手続きのオンライン化、③施設見学・一時保育のオンライン予約、④保育士の負担軽減や質・安全性向上、⑤指導監査、⑥運営費の給付事務、⑦こどもに関するデータ連携の７つに整理した。そしてこどもDXの「協働プラットフォーム」としてICT開発企業の代表をトップとする「一般財団法人こどもDX推進協会」を設立。こどもDXに関する調査研究や政策提言などを行う機関とし、企業向けのビジネスチャンスの場として保育が提供されようとしている。

なお、2021年10月に岸田内閣により設置された「新しい資本主義実現会議」の「緊急提言〜未来を切り拓く『新しい資本主義』とその起動にむけて〜」では、ICTの活用と同時に、経済成長に役立つ人材への投資という観点から「改革」を推し進めようという方向性が示される。保育分野での、人材育成という目的とICTの関連性についてはまだ研究・解明されていないが、人材育成と同時にICTの促進が語られていることは注目をすべきだろう。谷口聡氏は「教育DX推進論は新自由主義教育改革の徹底という役割をになっている」[12]と指摘しているが、保育「DX」も同様ではないか。

●デジタル化のさらなる検証・検討を

現場からはデジタル機器は業務の一部の負担を軽減できたり、障害を持つ子どもへの支援に活用できる場面もあると聞く。一方で、例えば指導計画のテンプレート化などが保育士のやりがいや思考のはく奪につながるのではないかという懸念や、保育のICT化を通じて子どもの個人情報が民間企業を通して市場に流出・悪用される危惧なども示されている。政府にはこうした意見等をふまえて、子どもの権利保障を基礎にした「デジタル化」の検討を求めたい。

保育分野の「デジタル化」は保育「DX」という政策の中で推進されている。しかしその是非や意味は保育関係者の中でもまだ十分に検討されていない。今後は、乳幼児期の子どもの権利保障と「デジタル化」の関係や、保育における「DX」がどのような手法をとるのか、保育「DX」と新自由主義改革の関連性などの研究・検討が課題であると思う。

（石本史生）

1）総務省「令和３年情報通信白書」
2）コトバンクより　https://kotobank.jp/ejword/IoT
3）Information and Communication Technologyの略
4）Artificial Intelligenceの略
5）一般社団法人保育ICT推進協会調べ（2023年４月18日発表）。（PRO　TIMES）https://prtimes.jp/main/html/rd/p/000000004.000087054.html
6）厚労省「保育の現場・職業の魅力向上に関する報告書」（2020年９月30日）、20－21頁
7）「これからの幼児教育とICTの活用〜幼児理解の深化と支援の充実へ〜」（2020年５月25日）https://www.mext.go.jp/content/20200525-mxt_youji-000004222_12.pdf
8）中西新太郎、谷口聡、世取山洋介（著）、福祉国家研究会（編）『教育DXは何をもたらすか　「個別最適化教育」のゆくえ』大月書店、2023、17頁
9）Information Technologyの略。ICTとほぼ同義語。
10）科学技術基本計画（2016年１月22日閣議決定）
11）稲葉一将、稲葉多喜生、児美川孝一郎『保育・教育のDXが子育て、学校、地方自治を変える』自治体研究社、2022、74頁
12）前掲８）、谷口、４頁

2 保育制度・政策の原理と動向

A　子ども、保育所・幼稚園を支える法令

●日本国憲法の具体化としての幼稚園・保育所

幼稚園と保育所は、戦前からそれぞれ存在していたが、戦後、日本国憲法の発布を機に、その理念を具体化するための法体系に位置づけられたことで、新たな歴史をスタートさせることになった。日本国憲法の条文で、保育に直接関わるものを抜き出したのが●図表1-2A1である。

●幼稚園

幼稚園は、憲法26条の国民の教育に関わる権利規定をもとに、教育基本法や学校教育法によって、戦後の学校教育体系に位置づけられた。戦前の制度との相違点は、原則として幼稚園の設置主体が、国、地方公共団体および学校法人となったことや、その保育者の名称が保母から教諭へと改められ、園長および教員の免許状・資格等に関する原則が明示されたことなどがあげられる。

2006年12月に教育基本法が「改正」され、幼児教育に関しては「家庭教育」「幼児期の教育」の条文が新設された。その後「改正」教育基本法の具体化のために学校教育法等の「改正」法（いわゆる教育改革関連三法）が、2007年７月に成立した●図表1-2A2、3。

「改正」学校教育法では、特に教育基本法の「義務教育の目的」に「規範意識や伝統文化、国と郷土を愛する態度などを養う」ことなどが盛り込まれたことを受けて、幼稚園の諸規定が刷新された。幼稚園は「義務教育及びその後の教育の基礎を培う」とされ、幼稚園「教育」の目標に「規範意識の芽生えを養う」ことなどが加えられた。また「家庭及び地域における幼児期の教育の支援に努める」との条文も盛り込まれ、幼稚園教育要領の改定に影響を与えることになった。

●保育所

保育所は、憲法25条のいわゆる生存権規定を具体化する施設といえる。加えて、保育所は保護者、特に母親の就労を保障する機能を持つことから、憲法27条の勤労の権利、14条の平等権の具体化のための施設でもあり、幼稚園と同様に教育機関でもあるので、当然26条も関連条文といえる。

保育所は、戦後、児童福祉法に児童福祉施設として位置づけられたことで、託児所など名称が統一されていなかった戦前と比べ、以下のような点で大きく性格を変えた。①戦前の託児所は、低所得者層の保護者救済のための施設だったが、戦後の保育所は、児童（自身）の福祉を向上させるための施設であること、②託児所は低所得者等に限って受け入れる救貧施設だったが、保育所は保育に欠ける要件に該当すれば、貧富を問わず受け入れる施設であること、③託児所に関わる規定には、保育者の資格に関わる条項はなかったが、保育所は保母（保育士）の資格が明確に規定されたこと、などである*。

保育所に直接関わる児童福祉法の条文は24条、39条、48条の４等である●図表1-2A4。

●国家責任を問うことで保障される権利

生存権や教育を受ける権利などを、社会権（的人権）という。社会権は、人間に値する生活を営むことができるように、国民が国家（政府）に対して金銭やサービス給付などの積極的な対応を求める権利であり、資本主義

社会の発展過程で深刻化した格差や貧困などを是正するために、歴史的に発展させてきたものである。この社会権が、国家による施しではなく正当な権利としてすべての人々に保障されるためには、社会生活の中で解決すべき課題と、その課題解決に向けた国民の要求を基盤にして、国家には国民の権利要求に応える義務があることが法的に明確にされることが不可欠である。先に示した児童福祉法24条などはこの社会権に具体的に関わる条文である。

●認定こども園制度

2006年に、就学前の子どもに関する教育、保育等の総合的な提供の推進に関する法律（認定こども園法●図表1-2A5）が制定され、認定こども園制度がスタートした。認定こども園は保育所･幼稚園の二元的制度を前提に、教育・保育を一体的に行うとともに、保護者に対する子育て支援を行うための施設として創設された。その後、新制度実施（2015年）に伴い認定こども園法も改正され、特に認定こども園の一類型である幼保連携型認定こども園に関わる条項が一新され、従前とは大きく異なるものとなった。

●子ども・子育て支援法と新制度

2015年度から実施された子ども・子育て支援新制度（新制度）において、保育所・幼稚園制度に大きな変更が加えられた。新制度導入に向けて2012年に、新たに子ども・子育て支援法●図表1-2A6が制定され、同時に児童福祉法24条も改正された。

保育所については市町村の保育実施責任が維持されたものの（児童福祉法24条１項)、それと並列して保育所以外の保育供給方式（利用給付）が位置づけられ、その保育提供には市町村が直接的な責任を負わないとした（同条２項)。ここでは国民の権利と国家（公）の義務の関係が重要な論点となっている。

さらに、2019年10月からの「無償化」実施のために子ども･子育て支援法が改正され、基本理念（第２条）に「保護者の経済的負担の軽減」が加えられ、新たに認可外施設等の利用給付が位置づけられた。

●児童福祉法総則の改正

2016年３月に虐待防止に関わる条項の改正と同時に、児童福祉法の総則（１条～３条）が「改正」された。主な変更点は、１条において、新たに子どもの権利を明記したものの、２条で従前の国・自治体の責任を記した条文の前に、国民と保護者の責務・責任を規定したことである。国民に対しては、児童が「心身ともに健やかに育成されるよう努めなければならない」とし、保護者については、「児童を心身ともに健やかに育成することについて第一義的責任を負う」という条文を加えた。これは国民や保護者の責務を前面に打ち出し、国・自治体の責任を後退させるような改定ともとれる●図表1-2A4。

残念ながら、現在の日本では、国民生活に対する国家責任の縮小政策が推進され、社会保障制度についても、家庭責任や自己責任を強調するような改革論議が進められている。こうした状況をふまえると、この改定が今後の制度・施策に影響を及ぼす危険性もあり、注視が必要である。

●こども家庭庁設置法とこども基本法

2022年６月、こども家庭庁設置法とこども基本法が制定され、2023年４月よりこども家庭庁が、こども施策の一元化をめざして内閣府の外局として設置された。こども家庭庁は、こども及びこどものある家庭に対する支援並びにこどもの権利利益の擁護に関する事務等を行う●図表1-2A7。厚労省子ども家庭局等の所掌事務（少子化対策・子育て支援、虐待･いじめなど子どもの権利擁護、子ども･若者育成支援・貧困対策等）がこども家庭庁に移管され、関連する児童福祉法等の管轄・権限が内閣府・内閣総理大臣となった。しかし、教育分野（幼稚園等）については文部科学省の所管にとどまるため、学校教育等における子どもの権利擁護が切り離されてしまうのではないかとの懸念がある。

こども基本法は、こども家庭庁設置に伴うこども施策推進のための基本理念、国の責務、方針等を定める●図表1-2A8。法の目的（第1条）に「日本国憲法及び児童の権利に関する条約」が書き込まれ、子どもの最善の利益、意見表明権等が組み込まれたなどの評価もあるが、基本法はあくまで「基本理念」であり、こども施策を実質具体化していくための法整備、仕組みづくりが、今後求められる。

●民法—親権に関する規定

民法820条では、親権を有する者（通常は保護者）の権利を規定している●図表1-2A9。

●子どもの権利条約

子どもの権利を国際的に保障するために定められた条約に子どもの権利条約がある●図表1-2A10。1989年に国連で採択され、日本は1994年に批准した。子どもの権利のとらえ方とその権利を守るための大人の役割、国の条件整備義務などを明らかにしている。

ここでは、子どもの権利の本質について、次のように示している。①子どもはかけがえのない一人の人間としてその主体性を認められ、②人間としての成長発達が保障されることが重要で、③欲求や要求を満たしてもらえる大人との応答的で受容的な人間関係が不可欠、ということである。また、国の条件整備義務として、①親に対して適切な援助を与えること、②子どものケアのための「施設」やサービスを提供すること、施設の基準を設定し遵守させせることなどを求めている（3条3項）。保育については、働く親を持つ子どもの保育を受ける権利を認め、その提供を締約国に義務づけている（18条3項）。

さらに、国連・子どもの権利委員会で、2005年に採択された「乳幼児期における子どもの権利の実施に関する一般的意見7号」では、子どもは生まれた瞬間から権利の保有者であり、社会的主体であるということを明確に打ち出している。この間のコロナ対策においては、子どもの権利保障という視点が軽視されがちであったが、保育を受ける権利、その実現のための国の責務、制度のあり方等、あらためて論議することが求められている。

（実方伸子）

＊厚生省児童家庭局『児童福祉行政30年の歩み』1978年

図表1-2A1　日本国憲法　保育に直接関わる条文　抜粋

第11条　国民は、すべての基本的人権の享有を妨げられない。この憲法が国民に保障する基本的人権は、侵すことのできない永久の権利として、現在及び将来の国民に与へられる。

第12条　この憲法が国民に保障する自由及び権利は、国民の不断の努力によつて、これを保持しなければならない。又、国民は、これを濫用してはならないのであつて、常に公共の福祉のためにこれを利用する責任を負ふ。

第13条　すべて国民は、個人として尊重される。生命、自由及び幸福追求に対する国民の権利については、公共の福祉に反しない限り、立法その他の国政の上で、最大の尊重を必要とする。

第14条　すべて国民は、法の下に平等であつて、人種、信条、性別、社会的身分又は門地により、政治的、経済的又は社会的関係において、差別されない。

第25条　すべて国民は、健康で文化的な最低限度の生活を営む権利を有する。

2　国は、すべての生活部面について、社会福祉、社会保障及び公衆衛生の向上及び増進に努めなければならない。

第26条　すべて国民は、法律の定めるところにより、その能力に応じて、ひとしく教育を受ける権利を有する。

2　すべて国民は、法律の定めるところにより、その保護する子女に普通教育を受けさせる義務を負ふ。義務教育は、これを無償とする。

第27条　すべて国民は、勤労の権利を有し、義務を負ふ。

図表1-2A2　教育基本法　幼児教育関係条文　抜粋

（家庭教育）

第10条　父母その他の保護者は、子の教育について第一義的責任を有するものであって、生活のために必要な習慣を身に付けさせるとともに、自立心を育成し、心身の調和のとれた発達を図るよう努めるものとする。

2　国及び地方公共団体は、家庭教育の自主性を尊重しつつ、保護者に対する学習の機会及び情報の提供その他の家庭教育を支援するために必要な施策を講ずるよう努めなければならない。

（幼児期の教育）

第11条　幼児期の教育は、生涯にわたる人格形成の基礎を培う重要なものであることにかんがみ、国及び地方公共団体は、幼児の健やかな成長に資する良好な環境の整備その他適当な方法によって、その振興に努めなければならない。

図表1-2A3　学校教育法　幼稚園の目的関係条文　抜粋

第３章　幼稚園

第22条　幼稚園は、義務教育及びその後の教育の基礎を培うものとして、幼児を保育し、幼児の健やかな成長のために適当な環境を与えて、その心身の発達を助長することを目的とする。

第23条　幼稚園における教育は、前条に規定する目的を実現するため、次に掲げる目標を達成するよう行われるものとする。

1　健康、安全で幸福な生活のために必要な基本的な習慣を養い、身体諸機能の調和的発達を図ること。

2　集団生活を通じて、喜んでこれに参加する態度を養うとともに家族や身近な人への信頼感を深め、自主、自律及び協同の精神並びに規範意識の芽生えを養うこと。

3　身近な社会生活、生命及び自然に対する興味を養い、それらに対する正しい理解と態度及び思考力の芽生えを養うこと。

4　日常の会話や、絵本、童話等に親しむことを通じて、言葉の使い方を正しく導くとともに、相手の話を理解しようとする態度を養うこと。

5　音楽、身体による表現、造形等に親しむことを通じて、豊かな感性と表現力の芽生えを養うこと。

第24条　幼稚園においては、第22条に規定する目的を実現するための教育を行うほか、幼児期の教育に関する各般の問題につき、保護者及び地域住民その他の関係者からの相談に応じ、必要な情報の提供及び助言を行うなど、家庭及び地域における幼児期の教育の支援に努めるものとする。

図表1-2A4　児童福祉法　保育所関係条文　抜粋

第１条　全て児童は、児童の権利に関する条約の精神にのつとり、適切に養育されること、その生活を保障されること、愛され、保護されること、その心身の健やかな成長及び発達並びにその自立が図られることその他の福祉を等しく保障される権利を有する。

第２条　全て国民は、児童が良好な環境において生まれ、かつ、社会のあらゆる分野において、児童の年齢及び発達の程度に応じて、その意見が尊重され、その最善の利益が優先して考慮され、心身ともに健やかに育成されるよう努めなければならない。

2　児童の保護者は、児童を心身ともに健やかに育成することについて第一義的責任を負う。

3　国及び地方公共団体は、児童の保護者とともに、児童を心身ともに健やかに育成する責任を負う。

第３条　前２条に規定するところは、児童の福祉を保障するための原理であり、この原理は、すべて児童に関する法令の施行にあたつて、常に尊重されなければならない。

第24条　市町村は、この法律及び子ども・子育て支援法の定めるところにより、保護者の労働又は疾病その他の事由により、その監護すべき乳児、幼児その他の児童について保育を必要とする場合において、次項に定めるところによるほか、当該児童を保育所（認定こども園法第３条第１項の認定を受けたもの及び同条第11項の規定による公示がされたものを除く。）において保育しなければならない。

2　市町村は、前項に規定する児童に対し、認定こども園法第２条第６項に規定する認定こども園（子ども・子育て支援法第27条第１項の確認を受けたものに限る。）又は家庭的保育事業等（家庭的保育事業、小規模保育事業、居宅訪問型保育事業又は事業所内保育事業をいう。以下同じ。）により必要な保育を確保するための措置を講じなければならない。

3　市町村は、保育の需要に応ずるに足りる保育所、認定こども園（子ども・子育て支援法第27条第１項の確認を受けたものに限る。以下この項及び第46条の２第２項において同じ。）又は家庭的保育事業等が不足し、又は不足するおそれがある場合その他必要と認められる場合には、保育所、認定こども園（保育所であるものを含む。）又は家庭的保育事業等の利用について調整を行うとともに、認定こども園の設置者又は家庭的保育事業等を行う者に対し、前項に規定する児童の利用の要請を行うものとする。

第39条　保育所は、保育を必要とする乳児・幼児を日々保護者の下から通わせて保育を行うことを目的とする施設（利用定員が20人以上であるものに限り、幼保連携型認定こども園を除く。）とする。

2　保育所は、前項の規定にかかわらず、特に必要があるときは、保育を必要とするその他の児童を日々保護者の下から通わせて保育することができる。

第48条の４　保育所は、当該保育所が主として利用される地域の住民に対してその行う保育に関し情報の提供を行い、並びにその行う保育に支障がない限りにおいて、乳児、幼児等の保育に関する相談に応じ、及び助言を行うよう努めなければならない。

2　保育所に勤務する保育士は、乳児、幼児等の保育に関する相談に応じ、及び助言を行うために必要な知識及び技能の修得、維持及び向上に努めなければならない。

図表1-2A5　就学前の子どもに関する教育、保育等の総合的な提供の推進に関する法律（認定こども園法）　抜粋

第１条　この法律は、幼児期の教育及び保育が生涯にわたる人格形成の基礎を培う重要なものであること並びに我が国における急速な少子化の進行並びに家庭及び地域を取り巻く環境の変化に伴い小学校就学前の子どもの教育及び保育に対する需要が多様なものとなっていることに鑑み、地域における創意工夫を生かしつつ、小学校就学前の子どもに対する教育及び保育並びに保護者に対する子育て支援の総合的な提供を推進するための措置を講じ、もって地域において子どもが健やかに育成される環境の整備に資することを目的とする。

第２条　この法律において「子ども」とは、小学校就学の始期に達するまでの者をいう。

２　この法律において「幼稚園」とは、学校教育法（昭和22年法律第26号）第１条に規定する幼稚園をいう。

３　この法律において「保育所」とは、児童福祉法（昭和22年法律第164号）第39条第１項に規定する保育所をいう。

４　この法律において「保育機能施設」とは、児童福祉法第59条第１項に規定する施設のうち同法第39条第１項に規定する業務を目的とするもの（少数の子どもを対象とするものその他の主務省令で定めるものを除く。）をいう。

５　この法律において「保育所等」とは、保育所又は保育機能施設をいう。

６　この法律において「認定こども園」とは、次条第１項又は第３項の認定を受けた施設、同条第11項の規定による公示がされた施設及び幼保連携型認定こども園をいう。

７　この法律において「幼保連携型認定こども園」とは、義務教育及びその後の教育の基礎を培うものとしての満３歳以上の子どもに対する教育並びに保育を必要とする子どもに対する保育を一体的に行い、これらの子どもの健やかな成長が図られるよう適当な環境を与えて、その心身の発達を助長するとともに、保護者に対する子育ての支援を行うことを目的として、この法律の定めるところにより設置される施設をいう。

８　この法律において「教育」とは、教育基本法（平成18年法律第120号）第６条第１項に規定する法律に定める学校（第９条において単に「学校」という。）において行われる教育をいう。

９　この法律において「保育」とは、児童福祉法第６条の３第７項に規定する保育をいう。

図表1-2A6　子ども・子育て支援法　抜粋

第１条　この法律は、我が国における急速な少子化の進行並びに家庭及び地域を取り巻く環境の変化に鑑み、児童福祉法（昭和22年法律第164号）その他の子どもに関する法律による施策と相まって、子ども・子育て支援給付その他の子ども及び子どもを養育している者に必要な支援を行い、もって一人一人の子どもが健やかに成長することができる社会の実現に寄与することを目的とする。

第２条　子ども・子育て支援は、父母その他の保護者が子育てについての第一義的責任を有するという基本的認識の下に、家庭、学校、地域、職域その他の社会のあらゆる分野における全ての構成員が、各々の役割を果たすとともに、相互に協力して行われなければならない。

２　子ども・子育て支援給付その他の子ども・子育て支援の内容及び水準は、全ての子どもが健やかに成長するように支援するものであって、良質かつ適切なものであり、かつ、子どもの保護者の経済的負担の軽減について適切に配慮されたものでなければならない。

３　子ども・子育て支援給付その他の子ども・子育て支援は、地域の実情に応じて、総合的かつ効率的に提供されるよう配慮して行われなければならない。

第３条　市町村（特別区を含む。以下同じ。）は、この法律の実施に関し、次に掲げる責務を有する。

一　子どもの健やかな成長のために適切な環境が等しく確保されるよう、子ども及びその保護者に必要な子ども・子育て支援給付及び地域子ども・子育て支援事業を総合的かつ計画的に行うこと。

二　子ども及びその保護者が、確実に子ども・子育て支援給付を受け、及び地域子ども・子育て支援事業その他の子ども・子育て支援を円滑に利用するために必要な援助を行うとともに、関係機関との連絡調整その他の便宜の提供を行うこと。

三　子ども及びその保護者が置かれている環境に応じて、子どもの保護者の選択に基づき、多様な施設又は事業者から、良質かつ適切な教育及び保育その他の子ども・子育て支援が総合的かつ効率的に提供されるよう、その提供体制を確保すること。

２　都道府県は、市町村が行う子ども・子育て支援給付及び地域子ども・子育て支援事業が適正かつ円滑に行われるよう、市町村に対する必要な助言及び適切な援助を行うとともに、子ども・子育て支援のうち、特に専門性の高い施策及び各市町村の区域を超えた広域的な対応が必要な施策を講じなければならない。

３　国は、市町村が行う子ども・子育て支援給付及び地域子ども・子育て支援事業その他この法律に基づく業務が適正かつ円滑に行われるよう、市町村及び都道府県と相互に連携を図りながら、子ども・子育て支援の提供体制の確保に関する施策その他の必要な各般の措置を講じなければならない。

図表1-2A7　こども家庭庁設置法　抜粋

第１条　この法律は、こども家庭庁の設置並びに任務及びこれを達成するため必要となる明確な範囲の所掌事務を定めるとともに、その所掌する行政事務を能率的に遂行するため必要な組織を定めることを目的とする。

第３条　こども家庭庁は、心身の発達の過程にある者（以下「こども」という。）が自立した個人としてひとしく健やかに成長することのできる社会の実現に向け、子育てにおける家庭の役割の重要性を踏まえつつ、こどもの年齢及び発達の程度に応じ、その意見を尊重し、その最善の利益を優先して考慮することを基本とし、こども及びこどものある家庭の福祉の増進及び保健の向上その他のこどもの健やかな成長及びこどものある

家庭における子育てに対する支援並びにこどもの権利利益の擁護に関する事務を行うことを 任務とする。
2　前項に定めるもののほか、こども家庭庁は、同項の任務に関連する特定の内閣の重要政策に関する内閣の事務を助けることを任務とする。
3　こども家庭庁は、前項の任務を遂行するに当たり、内閣官房を助けるものとする
第4条　こども家庭庁は、前条第一項の任務を達成するため、次に掲げる事務をつかさどる。
1　小学校就学前のこどもの健やかな成長のための環境の確保及び小学校就学前のこどものある家庭における子育て支援に関する基本的な政策の企画及び立案並びに推進に関すること。
2　子ども·子育て支援法（平成二十四年法律第六十五号）の規定による子ども・子育て支援給付その他の子ども及び子どもを養育している者に必要な支援に関すること（同法第六十九条第一項の規定による拠出金の徴収に関することを除く。）。
3　就学前の子どもに関する教育、保育等の総合的な提供の推進に関する法律（平成十八年法律第七十七号）に規定する認定こども園に関する制度に関すること。
4　こどもの保育及び養護に関すること。
5　こどものある家庭における子育ての支援体制の整備並びに地域におけるこどもの適切な遊び及び生活の場の確保に関すること。
6　こどもの福祉のための文化の向上に関すること。

図表1-2A8　こども基本法　抜粋

第1条　この法律は、日本国憲法及び児童の権利に関する条約の精神にのっとり、次代の社会を担うすべてのこどもが、生涯にわたる人格形成の基礎を築き、自立した個人としてひとしく健やかに成長することができ、心身の状況、置かれている環境等にかかわらず、その権利の擁護が図られ、等しく将来にわたって幸福な生活を送ることができる社会の実現を目指して、社会全体としてこども施策に取り組むことができるよう、こども施策に関し、基本理念を定め、国の責務等を明らかにし、及びこども施策の基本となる事項を定めるとともに、こども政策推進会議を設置すること等により、こども施策を総合的に推進することを目的とする。

図表1-2A9　民法　親権者における教育の権利関係条文　抜粋

第820条　親権を行う者は、子の利益のために子の監護及び教育をする権利を有し、義務を負う。

図表1-2A10　子どもの権利条約　抜粋
（The Convention on the Rights of the Child　国際教育法研究会訳を一部修正）

第3条（子どもの最善の利益）
1.子どもにかかわるすべての活動において、その活動が公的もしくは私的な社会福祉機関、裁判所、行政機関または立法機関によってなされたかどうかにかかわらず、子どもの最善の利益が第一次的に考慮される。
2.締約国は、親、法定保護者または子どもに法的な責任を負う他の者の権利および義務を考慮しつつ、子どもに対してその福祉に必要な保護およびケアを確保することを約束し、この目的のために、あらゆる適当な立法上および行政上の措置をとる。
3.締約国は、子どものケアまたは保護に責任を負う機関、サービスおよび施設が、とくに安全および健康の領域、職員の数および適格性、ならびに職員の適正な監督について、権限ある機関により設定された基準に従うことを確保する。

第12条（意見表明権）
1.締約国は、自己の見解をまとめる力のある子どもに対して、その子どもに影響を与えるすべての事柄について自由に自己の見解を表明する権利を保障する。その際、子どもの見解が、その年齢および成熟に従い、正当に重視される。
2.（略）

第18条（親の第一次的養育責任と国の援助）
1.締約国は、親双方が子どもの養育および発達に対する共通の責任を有するという原則の承認を確保するために最善の努力を払う。親または場合によって法定保護者は、子どもの養育および発達に対する第一次的責任を有する。子どもの最善の利益が、親または法定保護者の基本的関心となる。
2.この条約に掲げる権利の保障および促進のために、締約国は、親および法定保護者が子どもの養育責任を果たすにあたって適当な援助を与え、かつ、子どものケアのための機関、施設およびサービスの発展を確保する。
3.締約国は、働く親をもつ子どもが、受ける資格のある保育サービスおよび保育施設から利益を得る権利を有することを確保するためにあらゆる適当な措置をとる。

2 保育制度・政策の原理と動向

B 保育にかかわる施設と制度

●戦後確立した二元的保育制度

わが国における保育・幼児教育にかかわる制度は、戦後の日本国憲法制定（1946年）を起点とする制度改革の中で整備された。それは、児童福祉法等にもとづく保育所（36頁参照）と、教育基本法・学校教育法にもとづく幼稚園（38頁）と、２つの制度が併存する、二元的なものであった。保育所と幼稚園は別々の制度のもとであゆみを重ね、それぞれが地域に必要な施設として定着してきた。

2006年には認定こども園（41頁）が発足したが、これも幼保制度の維持を前提にする仕組みであった。保育所・幼稚園はよって立つ制度が異なることから、同じ幼い子どもの保育施設でありながら、条件等さまざまな点で違いや格差が生じてきた。子どもの平等性の観点からその格差の是正をはかるために、その一元化が課題となっている。

●さらに制度を複雑にした新制度

2015年４月から子ども・子育て支援新制度（新制度）がスタートしたが、この時、認定こども園法等も改正され、幼稚園・保育所・認定こども園等は新たな制度となった。保育の提供に関わる公費助成の仕組みが一新された。この公費助成に関わる制度と、認定こども園や新たに創設された地域型保育給付の各事業は、新たに内閣府が所管することになった。しかし、施設制度としての保育所、幼稚園は維持され、その根拠の法律、所管庁（保育所は厚生労働省、幼稚園は文部科学省）について基本的に変更はなく、条件等の違いも制度内に温存された。2023年度からこども家庭庁が内閣府の外局として発足したことから、幼稚園以外の保育施設等は、こども家庭庁の所管となった。幼児期の保育・教育に関わる制度は複雑なままである。

図表 1-2B1　子ども・子育て支援新制度の概要

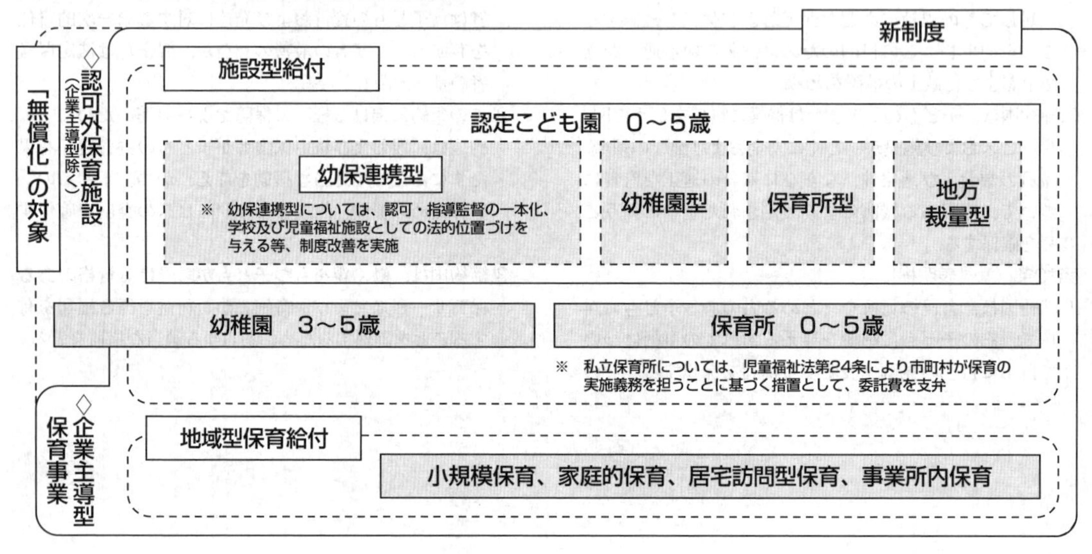

資料：内閣府子ども・子育て本部「子ども・子育て支援新制度について」2019（令和元）年６月をもとに作成

●多様な施設・事業、条件

●図表1-2B1は、保育の提供にかかる新制度の施設・事業を模式的に示した図である。

保育供給主体が多元化し、結果的に保育に関わる多様な基準の設定を容認することにつながった。例えば、新制度で導入された地域型保育給付の各事業は、定員が少ないことなどを理由に、保育士でない者の配置を認めるなど、認可保育所よりも緩い基準の設定がされている（59頁）。2016年度からはじまった企業主導型保育事業も、基本的に認可保育所よりも緩められた基準が補助要件となっている（62頁）。

施設や事業によって基準が違うということは、子どもの平等という原則から外れる大問題といえる。新制度は、保育分野における格差・不平等をさらに拡大させるものであり、基準の向上・統一化を早急に具体化すべきである。なお、地域型保育給付の各事業の認可基準は、国が示した基準を踏まえ、各市町村が条例で定めている。

2019年10月から幼児教育・保育の「無償化」が実施された。この「無償化」によって、３歳以上児を中心に保育所等の利用にあたって市町村が設定する保育料部分が無償になった。認可外保育施設等の利用者も額の上限はあるものの、「無償化」のための給付が支給されるようになった。

「無償化」は、国が設定した条件を整えた認可施設のみならず、子どもの安全確保のためにも排除の対象とされてきた認可外施設の指導監督基準をクリアできていない施設も対象にするなど、多くの問題を有している（101頁）。

●異なる公的責任

新制度の各施設・事業では、保育における公的責任にも相違がある。新制度導入時に、児童福祉法も大きく改正された（84頁）。

児童福祉法24条１項では、保育を必要とする子どもをもつ保護者が保育所入所を希望すれば、それに応える義務が市町村に課せられている。つまり保育所は、この24条１項にもとづき、市町村の責任で保育が実施され、入所決定や保育料徴収なども、市町村の責任でなされる。

一方24条２項は、保育所以外の認定こども園や地域型保育事業が対象となる。一見、１項に似た責任が市町村にあるような条文になっているが、ここで規定されている責任は曖昧といわざるをえない。施設の入所にもそこで提供される保育についても、市町村は直接的な責任を負わない。保育を受けられるかどうかは、事業者と利用者との契約によって決まるが、この契約にあたっては、市町村は第三者にすぎず、契約を強制的に結ばせる権限などはない。

市町村が行う利用調整も、情報提供や「紹介」の域を出ないはずだが、国は、この利用調整をもって、実質的に保育所以外の入所児も市町村が制御できるとしている。

●公的責任の発揮を

保育の公的責任における格差を是正するには、児童福祉法24条２項に規定された保育施設・事業についても、市町村が保育の実施義務を負うことを明記するように法改正することが望まれる。法改正が実現するまでは、多くの保護者が環境の整った保育所への入所を希望していることを踏まえて、児童福祉法24条１項の趣旨を徹底することが重要である。また、法的な根拠は曖昧であるが、市町村の利用調整に効力があるというのであれば、あくまでもその責任を追及し、保育を必要とするすべての子どもに、格差のない平等な保育保障を求めることが必要だ。

そうした取り組みを進めるためにも、まずは制度的な格差の存在を社会的に共有することが求められている。

（逆井直紀）

2 保育制度・政策の原理と動向

C 保育所とは

●保育所とは

保育所とは、児童福祉法39条によれば「保育を必要とする乳児・幼児を日々保護者の下から通わせて保育を行うことを目的とする」児童福祉施設である。

保育所制度の最大の特徴は、共働きなどで保育を必要とする子どもに対して、市（区）町村（以下　市町村）が保育所で保育する責任を負うことにある。児童福祉法24条１項には、保護者の労働や疾病等のため「保育を必要とする」状態にある子どもについて、保護者からの申込みがあったときは、市町村が、「保育所において保育しなければならない」（「保育の実施」）と明記されている。つまり、「保育を必要とする」状態にあるすべての子どもは保育を受ける権利があり、市町村が責任を持って保育所に入所させ、保育を保障しなければならないと理解されている。

公私立に関わらず入所を希望する者は、保育所保育の実施主体である市町村に申し込む。

市町村は、保護者の希望を踏まえて入所先を決定する。保育所の対象児は、保育を必要とする要件に該当する（0歳から就学前までの）子どもに限定されている。要件認定は市町村が入所申請の際に行う。

●新制度導入後も変わらない公的責任

2000年代に入って、保育所制度の改変のために子ども・子育て支援新制度を導入する案が政府内で課題になった。2012年の国会に提案された当初の新制度の関連法案は、①それまで保育所制度の拠り所であった児童福祉法24条１項の廃止、②保育所を原則的にすべて「総合こども園」に移行させる、ことが柱になっていた。しかし、この提案には異論が集中し、結果として、①児童福祉法24条１項が復活し、保育所については、従来と変わらず市町村責任によって保育が実施される、②総合こども園の創設は見送られ、代わりに普及を進める認定こども園についても保育所・幼稚園からの移行は強制しない、ことが自公民３党で合意され、修正された法律が、国会で成立した。

この修正によって、新制度になっても保育所は、従前と変わらず市町村の責任で保育が実施されることになった●図表1-2C1。

●保育所の状況

認可保育所は、自治体が設置運営する公立保育所と、社会福祉法人等が設置運営する私立保育所に大きく二分される（例外的に、自治体が設置するが民間が運営する公設民営園がある）。その設置主体に対する法的規制はなく、特に2000年からは認可の基準（設備及び運営の基準）をクリアし、都道府県等から認可を受ければ、個人や株式会社であっても設置できるようになった。

保育所は、保育を必要とする子どもの保育

図表 1-2C1　児童福祉法 24 条に関わる「地方自治体職員向け Q&A」

Q1-1）児童福祉法第24条第１項は残ることになりますが、市町村の保育実施義務が後退することはないと考えてよいでしょうか。

児童福祉法第24条第1項に規定されている保育所での保育に関しては、新制度の下でも、引き続き、現在の制度と同様に、市町村が保育の実施義務を担うことにしました。

これにより、保護者が保育所での保育を希望する場合は、現在と同様、施設ではなく市町村に申し込み、保護者が市町村と契約して利用する仕組みになります。また、私立保育所に対しては、保育の実施義務を担う市町村から委託費が支払われ、保育料の徴収も市町村が行うこととします。（以下略）

資料：内閣府等「子ども・子育て関連３法説明会」（2012年９月18日）

を実施する施設だが、近年は急速に需要が拡大し、施設数も入所児童数も増大傾向にあった。新制度実施後、公立保育所の統廃合や、認定こども園化などが徐々に進み、1990年代後半から増大し続けた保育所数が、近年では微減傾向にあり2022年３月１日現在の施設数は23,910か所である（●図表1-2C2で現状を示した。推移は134頁等参照）。

●保育所の運営費用

保育所の運営に関わる経費は、保育の実施主体である市町村が負担する。私立保育所の場合、市町村が行うべき保育を委託する形式がとられている。市町村は、委託した保育を行うに足る費用を委託費として私立保育所に支払う（子ども・子育て支援法附則６条）。

私立保育所はその委託費を原資にして、職員を雇用するなどして経営を行う。

保育所の利用にあたっては、保育料が保護者に課せられるが、その額は利用世帯の所得額に応じた段階的なもので、生活保護世帯は無料である。利用者は、入所した園が私立保育所であっても、保育料を保育所ではなく市町村に支払う。一部、写真代など実費費用等の徴収が園ごとに行われることがあるが、保育所が配慮を必要とする世帯も対象とする福祉施設であることや、市町村が入所先を決定する仕組みゆえに、後述する幼稚園に比べ保育料以外の費用の徴収は抑制的であるべきとされている。

保育を必要とする子どもを放置しないという理念のもとで、市町村に保育の実施責任を課した制度がつくられているので、たとえ、保護者が保育料を滞納したとしても、それを理由に市町村は保育実施責任を解除できない。

この公的責任性は、任意の保育である幼稚園制度にはなく、保育所制度固有の特徴といえる。

私立保育所でも、保育料滞納は当該世帯と市町村間での問題である。一方で、保育の委託費は市町村と私立保育所との関係で支出され、保育料滞納があったとしても委託費が減額されることはない。

また、市町村が負担する保育所の運営に要する費用には、保護者の負担以外に公費が投入されているが、私立保育所分については、市町村・都道府県・国がそれぞれ負担を分かち合う仕組みになっている。公立保育所は、2004年度からこの国庫負担金から除外され、国と都道府県の負担がなくなり、設置する市町村が全額負担することになっている（ただし、その市町村負担に対しては、地方交付税等の財政手当がされており、公立施設が私立に比べ市町村財政に負担を強いているとの単純な批判は事実に反する）。

この補助のあり方は、新制度においても、基本的には維持された。

保育所制度の公的責任性は、国民の権利性を確保するために機能しているが、課題はある。待機児童解消が行政課題とされていること自体は、この公的責任性を反映している。しかし、待機児童問題を長年解消できないということは、現制度の公的責任が十全でなく課題があることを示している。

●保育所の基準

保育所の設備や条件、運営については最低基準（設備運営基準）が設けられ、一定以上の条件や水準が確保されている（45頁）。先に示した委託費（保育費用）は、この基準を維持するために必要な費用とされている。また、その保育のあり方は、保育所保育指針によるとされている（80頁）。（逆井直紀）

図表 1-2C2　保育所の施設数、年齢階層別入所児童数

	施設数（か所）	入所児童数（人）	0歳児	1・2歳児	3歳児	4歳以上
総　数	23,910	2,093,481	184,349	690,803	404,917	813,412
公　立	7,516	647,032	38,651	195,291	132,222	280,868
私　立	16,394	1,446,449	145,698	495,512	272,695	532,544

2022年３月１日現在　福祉行政報告

2 保育制度・政策の原理と動向

D　幼稚園とは

●幼稚園とは

幼稚園は学校教育法22条において「幼児を保育し、幼児の健やかな成長のために適当な環境を与えて、その心身の発達を助長することを目的とする」ものとして位置づけられている。●図表1-2D1に最新の状況を示した。

2007年6月の学校教育法一部改正により、この文言の前に「義務教育及びその後の教育の基礎を培うものとして」という文言が挿入されて、義務教育の前段階の教育機関であることが法律的に明確にされた。また、学校教育法1条の学校の定義において、従来は「小学校、中学校……幼稚園」の順で最後に位置づけられていたが、法改正で「幼稚園、小学校、中学校……」の順に改められた。

幼稚園の入園年齢は満3歳から小学校就学の始期に達するまでとなっている（学校教育法26条）。

幼稚園は、義務教育施設ではないので、幼稚園に通うかどうかは任意とされている。この点は、市町村に保育実施責任がある保育所制度と明確に異なる。

一方で、国は政策的にその普及を図ってきた。これまで数次にわたって策定された幼稚園教育振興計画や、幼児教育振興プログラム（2001年3月）が、文部科学省によって作成される中で、4歳児からの2年保育、3歳児からの3年保育が推進された。さらに、少子化が進行し幼稚園の定員割れが起こる中で、「満3歳児の就園」つまり、4月入園を待たずに、満3歳の誕生日以降入園させることが可能になった。

幼稚園の設置主体は、学校教育法2条で国、地方公共団体および学校法人であると定められている。また、幼稚園の管理・経費負担などは設置者（市町村や学校法人等）が責任を持つことが明記されているが、私立園の中には、宗教法人等により設置された園が一部存在する。私立園の場合、当該園と利用者との直接契約である。入園にあたっては、保護者が各施設の設置者に申請を行い、園側の選考等を経て入園を許可され保育を受けることができる。対象児童に年齢以外に要件は課せられていないが、かといって希望すればすべての児童が入園できるわけでもない。

●新制度と幼稚園

2015年度からスタートした子ども・子育

図表 1-2D1　幼稚園数及び幼稚園児数

区分		合計	国立	公立	私立
幼稚園数（園）		9,111(100.0%)	49(0.5%)	2,910(31.9%)	6,152(67.5%)
在園児数	計（人）	923,295(100.0%)	4,751(0.5%)	110,766(12.0%)	807,778(87.5%)
	3歳児（人）	273,187(100.0%)	1,214(0.4%)	23,921(8.8%)	248,052(90.8%)
	うち満3歳児（人）	67,356(100.0%)	1(0.0%)	227(0.3%)	67,128(99.7%)
	4歳児（人）	310,873(100.0%)	1,742(0.6%)	38,183(12.3%)	270,948(87.2%)
	5歳児（人）	339,235(100.0%)	1,795(0.5%)	48,662(14.3%)	288,778(85.1%)
教員数〈本務者〉（人）		87,752(100.0%)	357(0.4%)	14,355(16.4%)	73,040(83.2%)

（注）四捨五入の関係上、合計が100%にならない場合がある。
「うち満3歳児」とは、満3歳に達する日以降の翌年度4月1日を待たずに随時入園した者である。
資料：文部科学省　学校基本調査報告（2022年5月1日現在）

て支援新制度（新制度）では、幼稚園は、従前からの制度に残って、私立園なら都道府県からの私学助成を受け、市町村による就園奨励費補助の対象となるか、新制度の枠内に入る場合も、幼稚園のままか、もしくは認定こども園（幼保連携型か幼稚園型）に移行し、市町村から給付を受けるかの選択肢が示された。国は新制度への円滑な移行を促進するとして●図表1-2D2に示す対応策を実施している。

内閣府等による私立幼稚園を対象にした調査では、2015年度までの移行は23.2％、2022年４月１日までに移行した園は58.2%である。依然、新制度への移行には地域的なバラツキが激しい●図表1-2D3。また、将来的にも新制度に移行する予定がない園に加え、新制度に移行する園の中でも、幼稚園のまま移行する（した）園の合計が全体の約３割を超える。やはり、０～２歳児の保育や毎日８時間以上の保育、夏休み等の長期休業中の保育などを伴う認定こども園への移行には、躊躇があるようだ。

●幼稚園の運営費用

幼稚園の運営にかかる費用は、保護者負担を原資とするが、それだけでは十分な保育ができないということで、公費の投入がなされてきた。公立幼稚園の場合は、市町村財政によって手当される。私立幼稚園の場合は、二つの国庫による助成のあり方がある。

一つは、学校制度における私学助成による補助であり、もう一つは、2015年から始まった新制度による、給付という助成である。

幼稚園は、どの形の助成を受けるかで、２分されている状態だ。

私学助成を受ける私立幼稚園は、施設ごとに異なる保育料額が設定され、保護者からの徴収は園が行う。利用世帯の所得に関わらず

図表 1-2D2　私立幼稚園の新制度への円滑移行について

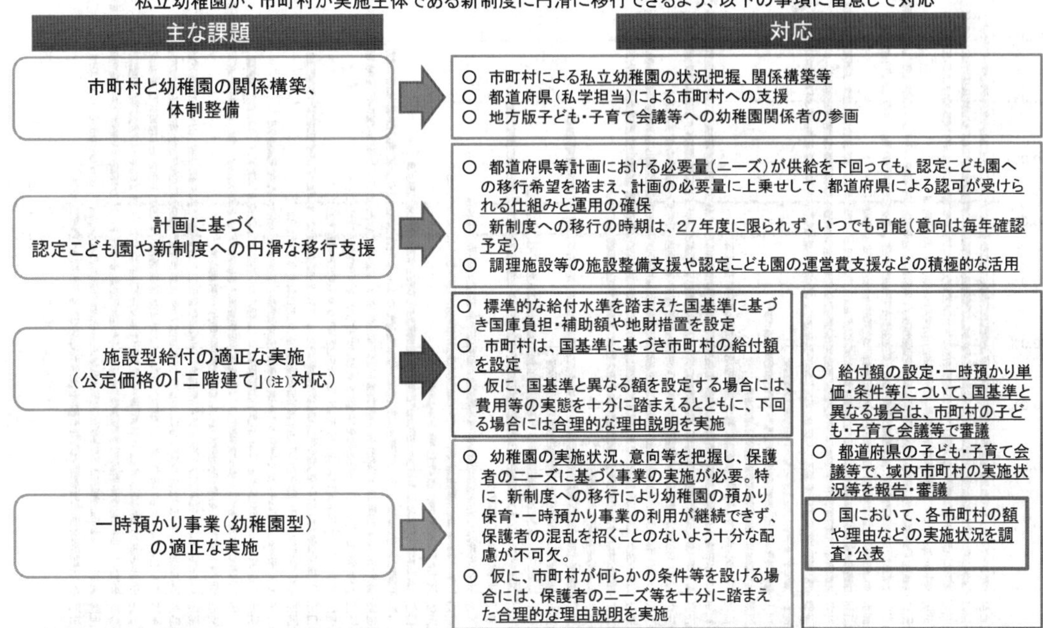

資料：内閣府子ども・子育て本部「子ども・子育て支援新制度について」（2019年６月）

一律の負担額である。その保育料は、一部名門幼稚園のように大学並みの保育料設定の園もあれば、ごく一般的な園もあり多様である。

一方新制度による給付を受ける幼稚園は、市町村が設定した所得に応じた保育料額を園が徴収する。

両制度に共通するのは、各園はそうした保育料と都道府県が扱う公費（私学助成金か、市町村が支給する給付金）を受けて、経営を行っていることである。また、両制度の園に共通して、こうした通常の保育料以外に、入園金、各種教材費、制服代、任意の通園バス代や体操教室代等が別途設定され徴収されるのが一般的である。よって、利用者負担の問題を論ずる場合、保育料以外の負担にも目を向ける必要がある。

保育料等の滞納は、園の収入減となるため、退園につながる可能性は高い。いうまでもないことだが、保育料や実費徴収等の利用者負担の問題は、子どもの保育を受ける権利保障に直結する問題である。

●幼稚園の基準

幼稚園が整えるべき基準は、幼稚園設置基準に規定され、その保育・教育のあり方は、幼稚園教育要領によるとされている。いずれも文部科学省によって定められている（49頁）。

（村山祐一・逆井直紀）

図表 1-2D3　施設型給付を受ける幼稚園等の割合〈私立幼稚園の新制度への移行状況〉（都道府県別）

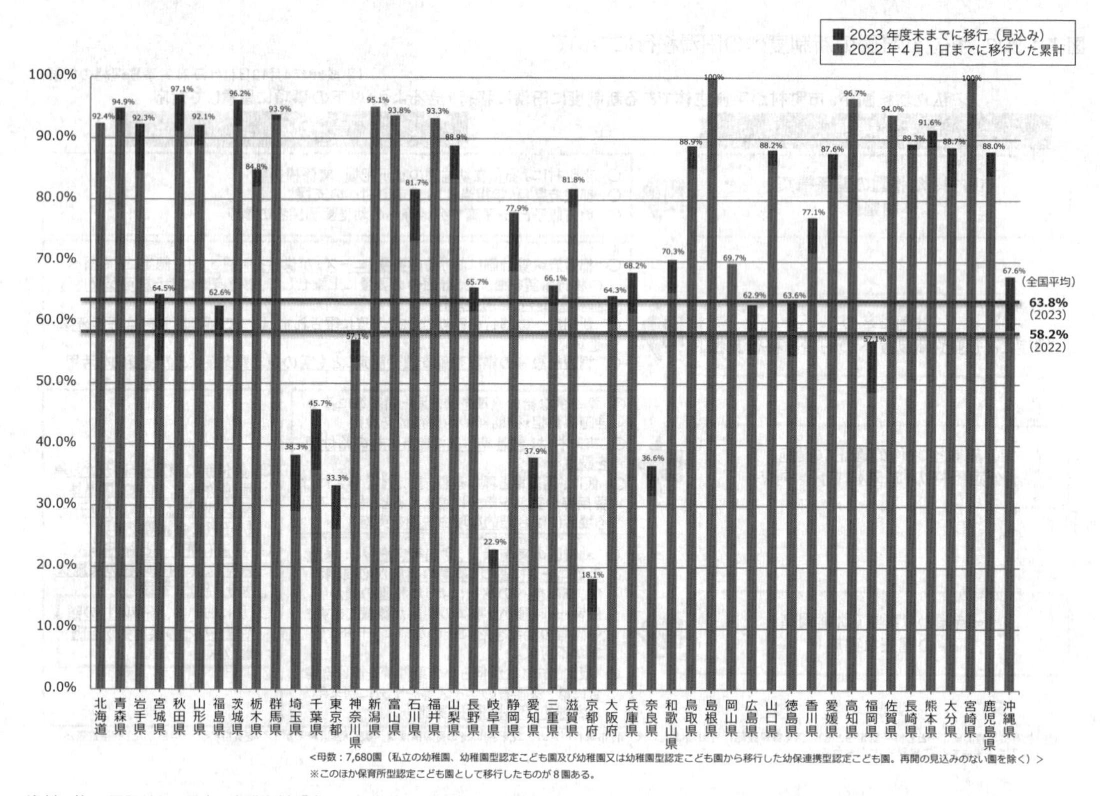

資料：第63回子ども・子育て会議資料「令和４年度私立幼稚園の子ども・子育て支援新制度への移行状況等調査の結果」（2022年12月８日）

2 保育制度・政策の原理と動向

E 認定こども園とは

認定こども園とは、幼稚園や保育所とともに、就学前の子どもの保育を行う施設で、認定こども園法[1] をその根拠とする。

2006年10月からスタートした認定こども園は、幼保連携型認定こども園とそれ以外の認定こども園（幼稚園型、保育所型、地方裁量型）とに大別される。2015年からの新制度において制度の変更があり、非常に複雑な仕組みとなっている。

2022年４月１日現在の認定こども園数は9,220園である●図表1-2E1。対前年の増加率でみると、2016年度41％、2017年度27％、2018年度21％、2019年度17％、2020年度11％、2021・2022年度年７％増と、伸び率は鈍化したものの依然増加傾向にある。

日本の子ども数は減少を続けていることもあって、認定こども園の増加は、新設ではなく、既存の幼稚園・保育所からの移行が大勢を占める。詳しくは、資料・統計編362頁の資料を参照されたいが、2022年の私立認定こども園の設置主体別割合をみると、社会福祉法人が58％、学校法人が45％であるから、私立幼稚園からよりも私立保育所からの移行の方が優勢であると推測される。地域的なバラツキは相変わらずで、高知県39園、東京都167園に対し、大阪府783園、兵庫県608園と普及状況には相当の開きがある。

●旧制度における認定こども園

その創設までの足取りをたどると、もともとは財政支出縮減のため地方財政問題を論じた提言（2002年10月）[2] の中に、幼稚園・保育所の両制度の一元化論が示されたことが、政府レベルでの論議の端緒といえる。その後、政府方針を示したいわゆる「骨太の方針2003」に、幼・保制度とは別に、「就学前の教育・保育を一体として捉えた一貫した総合施設」の設置が書き込まれた。その後政府

図表 1-2E1　認定こども園数の推移（各年４月１日時点）

（園）

年度	認定こども園数	（公私の内訳）		（類型別の内訳）											
		公立	私立	幼保連携型			幼稚園型			保育所型			地方裁量型		
				計	公	私	計	公	私	計	公	私	計	公	私
2014 年	1,360	252	1,108	720			411			189			40		
2015 年	2,836	554	2,282	1,930			525			328			53		
2016 年	4,001	703	3,298	2,785	451	2,334	682	35	647	474	215	259	60	2	58
2017 年	5,081	852	4,229	3,618	551	3,067	807	48	759	592	251	341	64	2	62
2018 年	6,160	1,006	5,154	4,409	647	3,762	966	69	897	720	288	432	65	2	63
2019 年	7,208	1,138	6,070	5,137	737	4,400	1,104	72	1,032	897	327	570	70	2	68
2020 年	8,016	1,272	6,744	5,688	829	4,859	1,200	80	1,120	1,053	361	692	75	2	73
2021 年	8,585	1,325	7,260	6,093	858	5,235	1,246	88	1,158	1,164	377	787	82	2	80
2022 年	9,220	1,414	7,806	6,475	912	5,563	1,307	97	1,210	1,354	403	951	84	2	82

資料：内閣府子ども・子育て本部「認定こども園に関する状況について」（2022年４月１日現在）および各年版より作成

は、2005年度にモデル事業を実施し、その検証もそこそこに法案を取りまとめ、国会に上程した。同法は2006年６月に成立し、10月１日から施行となった。

この法律によって、総合施設の名称は「認定こども園」とされた。内閣府のWebサイト[3]では同施設を「教育・保育を一体的に行う施設で、いわば幼稚園と保育所の両方の良さを併せ持っている施設」と説明している。この施設には、①認可幼稚園と認可保育所が連携して認定を受ける幼保連携型、②認可幼稚園がそのまま認定を受ける幼稚園型、③認可保育所がそのまま認定を受ける保育所型、④幼保いずれの認可も受けていない施設が認定を受ける地方裁量型、の４類型があった。

認定こども園制度は、表面的には、幼稚園対象児も保育所対象児（３歳以上児）も、一律に午前中一緒に保育することが求められたことが特徴として挙げられるが、多くの矛盾をはらんでいる。その要因ともいえる発足時の状況を整理すると、ア）本来の制度の一元化は制度の基本となる法令や基準が統一されるべきものだが、この点は手がつけられなかったことから、幼保一元化とはいえず、幼稚園・保育所制度とは別の新たな制度として付加された、イ）保育関係者からの発議というよりは、地方自治体における行財政の効率化から発想された制度である、ウ）幼保連携型以外の施設については、既存施設の認定こども園への移行を優先するあまり、保育条件や環境の向上でなく緩和が前提になっている（幼稚園型は、保育所部分が認可外施設であり、保育所型は、幼稚園部分が認可外施設である。さらに、地方裁量型にいたっては、まったくの認可外施設のまま認定こども園となることができるなど）。エ）この段階では、認定こども園化を推進するための誘導策も国レベルではとられることもなく、普及が進まなかった。

発足時のこうした基本的な性格は、今日も引き継がれているといえる。

図表 1-2E2　認定こども園の概要

認定こども園法の改正について

- ●認定こども園法の改正により、「学校及び児童福祉施設としての法的位置付けを持つ単一の施設」を創設（新たな「幼保連携型認定こども園」）
  - ・既存の幼稚園及び保育所からの移行は義務づけず、政策的に促進
  - ・設置主体は、国、自治体、学校法人、社会福祉法人（株式会社等の参入は不可）
- ●財政措置は、既存3類型も含め、認定こども園、幼稚園、保育所を通じた共通の「施設型給付」で一本化→消費税を含む安定的な財源を確保

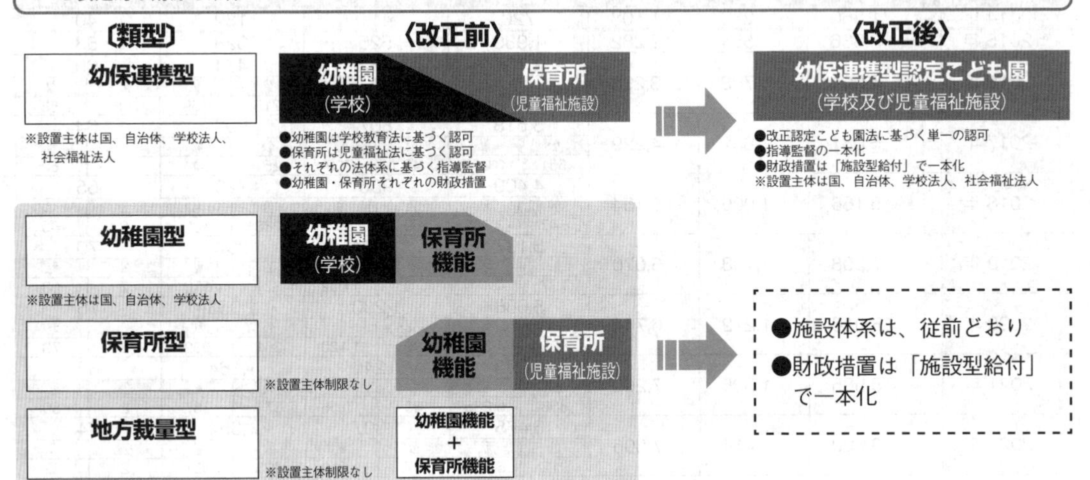

資料：内閣府子ども・子育て本部「子ども・子育て支援新制度について」（2019年６月）

●新制度における転換

子ども・子育て支援新制度の導入論議の中で、政府提案された新たな総合こども園法が廃案となり、代わりに認定こども園法が改正された。改正の最大の特徴は、幼保連携型認定こども園が、別のあらたな施設として法定化されたことだ。他の３類型については、従前と比べ基本的な変更はなかった。

幼保連携型認定こども園は、名称では認定となっているが、都道府県知事の認可を受ける単一の認可施設である。それ以外の認定こども園は、都道府県・政令市条例に基づいて、知事・政令市長の認定を受ける。

その施設基準は、幼保連携型認定こども園と幼保連携型以外の園では違う内容が示されている（50頁）。いずれにせよ、都道府県が定める基準を達成したものが、認可・認定を受けることになる●図表1-2Ｅ2。

●新たな認可施設―幼保連携型

以下、新たな幼保連携型認定こども園の特徴を列記する。

①従前は、幼稚園・保育所の認可施設が連携していたが、新制度では、単一の認可施設となる。園長も１人になる。

②●図表1-2E3にもあるように、２号認定児がいれば幼保連携型認定こども園となることができるので、３歳以上の幼稚園対象児と保育所対象児がともに保育・教育を受けるというイメージだけでは、認定こども園の保育を語ることはできない。

③その保育者は、幼稚園教諭・保育士の両方の資格をもつ保育教諭という（新たな資格が作られたわけではない）。

④児童福祉法に児童福祉施設として規定された。同時に、学校であるとされているが、学校教育法には規定されず、認定こども園法に、教育基本法に基づく学校で行う教育を実施する施設として規定されている。

⑤その認可基準は「幼稚園と保育所の基準の内容が異なる事項は高い水準を引き継ぐ」[4)]とされていたが、給食調理室の基準などをみてもその考え方が貫かれているとはいいがたい。

●幼保連携型への移行について

認定こども園を待機児童対策の切り札とする評価もあったが、待機児童が生じている３号認定の「保育を必要とする」３歳未満児の受け入れは必須ではなく、その評価は必ずしも当たらない。先に示したように、幼保連携型認定こども園は、必ず設定しなければならない定員（必置定員）が２号認定児（「保育を必要とする」３歳以上の子ども）となって

図表 1-2E3　各施設・事業において設定可能な利用定員と認定区分との関係

	満３歳以上		満３歳未満
	①１号認定（19条１項１号）	②２号認定（19条１項２号）	③３号認定（19条１項３号）
特定教育・保育施設（施設型給付）			
幼保連携型認定こども園	○（※1）	○	○（※1）
幼稚園型認定こども園	○	○	○（※1）
保育所型認定こども園	○	○	○（※1）
地方裁量型認定こども園	○	○	○（※1）
保育所	（※3）	○（※2）	○（※2）
幼稚園	○	（※3）	
特定地域型保育事業者（地域型保育給付）			
小規模保育	（※3）	（※3）	○
家庭的保育	（※3）	（※3）	○
居宅訪問型保育	（※3）	（※3）	○
事業所内保育	（※3）	（※3）	○（従業員枠・地域枠）

※１定員を設定しないことも可能。　※２②③いずれかのみの設定も可能。　※３特例給付による利用形態あり。

資料：子ども・子育て支援新制度説明会（2014（平成26）年１月24日）

いる。よって保育所から移行する場合は保育所定員のままでも移行できる。

また、幼稚園から幼保連携型への移行は、それまで幼稚園で受け入れている１号認定児（３歳以上の「保育を必要」としていない子ども）の定員に加え、２号認定児の定員を設定するだけで移行可能だ。

●認定こども園の基本的な仕組みと性格

すべての認定こども園は、直接契約施設である。幼稚園対象児である１号認定児は、幼稚園同様、直接園に申し込み、園が入園を許したものだけが保育を受けられる。

「保育を必要とする」子ども（２・３号認定児）も、同様であるが、新制度導入時において、待機児童がいる間は、２・３号認定児の利用申込みは市町村に行い、その利用調整を経ることにされたので、認定こども園もそうした手続きに従っている。

利用が始まると、市町村が定める保育料額を利用者が各園に支払う。各園は、その保育料と、市町村が支出する給付金によって運営・経営を行う。

新制度下における幼稚園と同様に、保育料の滞納はこども園経営を圧迫する。

●今後の課題

今後、幼保連携型認定こども園の普及が、政策的に進められると予測されている。

一方で、保育所・幼稚園からの移行は強制しないとされているが（2012年の新制度関連３法成立時における自公民３党合意）、認定こども園こそが今後の保育施設の典型であるとする主張もあり、徐々にではあるが、施設数が増えるとの見込みもある。しかし、だからといって既存の幼稚園や保育所等と格差を設けるような優遇措置は、子どもの平等原則に反し許されるべきではない。

認定こども園の保育のあり方は、多様である。例えば、幼稚園を基礎にして１号認定児が大勢を占める園と、保育所から移行し、保育を必要とする２・３号認定児中心で、１号認定児がごく少数の園では、保育のあり方は相当に異なるだろう。

多くの認定こども園では、保育時間が大きく異なる保育所対象児と幼稚園対象児を、一緒に保育するためにさまざまな工夫や努力がなされている。認定こども園が、今後の保育・幼児教育施設がめざすべき典型といったイメージが先行しているが、実際には多くの現場が、困難を抱えている。特に、幼稚園対象児の降園後や幼稚園児が登園しない長期休暇時の保育のあり方が問われており、それはどの子もその思いや権利を尊重される保育保障の課題といえる。

多様な実態があるにせよ、子どもは同一の条件の下で、その子の必要に応じた保育を保障されるべきである。とすれば、まずは、認定こども園内においては、幼保連携型に条件を合わせるような基準の統一化を目指すべきと考える。

（村山祐一・逆井直紀）

1）正式名称は「就学前の子どもに関する教育、保育等の総合的な提供の推進に関する法律」である。
2）地方分権改革推進会議「事務・事業の在り方に関する意見―自主・自立の地域社会をめざして―」（2002年10月30日）
3）https://www8.cao.go.jp/shoushi/kodomoen/pdf/kodomoen_jokyo.pdf（2022年６月20日時点）
4）子ども・子育て会議（第10回）、子ども・子育て会議基準検討部会（第11回）合同会議資料（2013（平成25）年12月26日）「幼保連携型認定こども園の認可基準について」基本的な考え方

2 保育制度・政策の原理と動向

F 保育所・幼稚園・認定こども園の基準

●保育所の基準とは

保育所の基準は、保育所が最低限守るべき、施設や職員配置基準を示したもので、保育所の運営・認可の基準である。それは、児童福祉施設最低基準という厚生労働省令の中に規定されていた。しかし、2011年の地域主権改革一括法（整備法）の成立に伴う児童福祉法改正により、最低基準は、国が示す「児童福祉施設の設備及び運営に関する基準」（以下　設備運営基準[1]）をふまえて都道府県等が条例で定めることになった。

●70年以上改善のない4・5歳児の配置基準

最低基準は、憲法25条の「健康で文化的な最低限度の生活」の保障を具体化するために設定されたものであるが、残念ながら、その内容は、制定当時（1948年）の敗戦直後で大変貧しい日本の経済状態を反映したものだった。したがって、その後の経済の発展と国民生活の向上に応じて、逐次改善していくことを前提としていた。しかし、設備基準は、制定以降基本的な改善はない。むしろ規制緩和政策の中で後退する傾向にある。

職員（保育士）配置基準については、●図表1-2F1で示すように、制定以降1960年代を

図表 1-2F1　保育所保育士配置基準（最低基準）の改善経過

<table>
<tr><th>年度</th><th>乳　児</th><th>1　歳　児</th><th>2　歳　児</th><th>3　歳　児</th><th>4・5歳児</th></tr>
<tr><td>1948</td><td rowspan="2">10：1</td><td rowspan="2">10：1</td><td>30：1</td><td rowspan="7">30：1</td><td rowspan="12">30：1</td></tr>
<tr><td>1952</td><td>（10：1）</td></tr>
<tr><td>1962</td><td>（9：1）</td><td>（9：1）</td><td rowspan="2">（9：1）</td></tr>
<tr><td>1964</td><td rowspan="2">8：1</td><td rowspan="2">8：1</td></tr>
<tr><td>1965</td><td>8：1</td></tr>
<tr><td>1966</td><td>（7：1）</td><td>（7：1）</td><td>（7：1）</td></tr>
<tr><td>1967</td><td rowspan="2">6：1</td><td rowspan="6">6：1</td><td rowspan="6">6：1</td></tr>
<tr><td>1968</td><td>（25：1）</td></tr>
<tr><td>1969</td><td>（3：1）</td><td rowspan="2">20：1</td></tr>
<tr><td>1998</td><td rowspan="3">3：1</td></tr>
<tr><td>2015</td><td rowspan="2">（15：1）</td></tr>
<tr><td>2023</td></tr>
</table>

（注）（　）内は最低基準ではなく運営費（公定価格）上可能となる定数。1969～97年の乳児の（3：1）については、乳児指定保育所の場合にのみ限定して実現できた配置。2015年度以降の3歳児の（15：1）も、公定価格上の加算条件としての基準

資料：厚生労働省資料をもとに作成

中心に若干の改善はあったものの、その歩みは遅々としている。1・2歳児の子ども6人に保育士1人の基準は、50年以上改善はなく、4・5歳児の子ども30人に1人に至っては、基準制定以降一度も改善がされていない。これは国際的にみても遅れた状況にあり、その引き上げが急務である。

保育所の基準はどの地域でも子どもたちに格差のない形で保育を提供するための重要な役割を果たしてきた。保育における地域格差や施設格差の拡大が指摘される今日において、その意義は減じるどころか、逆にすべての子どもに等しい保育を保障するという点から、いっそうその重要性が指摘されるようになっている。

なお、設備運営基準では、都道府県に「最低基準を常に向上させるように努める」（3条2項）ことや、主務大臣に「基準を常に向上させるように努める」（1条3項）ことなどを求めている。

①施設設備基準

保育所の施設設備の基準●図表1-2F2は、ゼロ・1歳児に関しては、乳児室（子ども1人につき1.65㎡）またはほふく室（同3.3㎡）を必要としている。幼児（2歳以上児）に関しては、保育室または遊戯室（同1.98㎡）を必要としている。子どもの保育に直接必要な最低限の部屋以外は、医務室や調理室、トイレの設置が義務づけられているだけだ（面積の規定はない）。屋外遊戯場（園庭）は2歳以上の幼児については、子ども1人につき3.3㎡以上必置となっていたが、規制緩和政策で2001年3月に、幼児が入所する保育所でも近所の公園等が使用できれば、設置しなくともよいとされた[2)]。ただし、2歳未満児だけを入所させる保育所については、従来から必置条件とされていない。なお、2017年3月に都市公園法が改正され、全国で公園に保育所を設置することが可能となった。

『毎日新聞』の調査によれば[3)]、政令市20市と東京23区に、2019年4月1日時点の状況を問うたところ（新潟市以外が回答）、国基準を満たす園庭がないのは認可園のうち3割を超え、東京23区は5割を超えていた。

そうした園では、道路事情もよくない中で、園児を連れて公園等への移動を余儀なくされるなど、保育活動に制約を受けることになる。引率の人員確保も現場に負荷をかけることに

図表 1-2F2　保育所の最低基準（設備運営基準）の概要

① **職員**

・保育士

	（児童）		（保育士）		（児童）		（保育士）
ゼロ歳児	3	：	1	3歳児	20	：	1
1・2歳児	6	：	1	4歳以上児	30	：	1

・嘱託医及び調理員は必置（調理業務の全部を委託する場合は調理員を置かないことができる）

② **設備（施設）**

・2歳未満児　乳児室　1.65㎡／人　ほふく室　3.3㎡／人
　医務室、調理室、便所の設置

・2歳以上児　保育室又は遊戯室　1.98㎡／人
　屋外遊戯場　3.3㎡／人（保育所以外の公園などでも代替可）
　調理室、便所の設置

③ **保育時間**

1日につき8時間原則（地域事情等考慮し、所長が定める）

④ **非常災害に対する処置**

・消火用具、非常口等の設置、定期的な訓練の実施

⑤ **保育室等を2階以上に設ける場合の条件**

・耐火建築物、傾斜路又は屋外階段、転落防止設備、調理室とそれ以外の部分の防火戸による区画、非常警報器具、カーテン等の防炎処置

⑥ **児童の処遇**

ア）保育の内容　養護及び教育を一体的に行いその内容は厚生労働大臣が定める（保育所保育指針の遵守）

イ）給食　必要な栄養量を含有、献立の作成、自園調理原則（3歳以上児は一定条件下で外部搬入容認）

ウ）健康診断の実施

⑦ **苦情への対応**

苦情受付窓口の設置等苦情対応のために必要な措置

都道府県・市町村からの処遇に関する指導・助言に従っての必要な改善運営適正化委員会への協力

なる。何より、子どもの生命に関わる問題であるともいえる。また、園庭を有しない施設の容認は、土地確保が困難な大都市部に限ったものではないので、日本の保育施設全体の水準低下につながる措置であったともいえる。

最低基準が求める保育所の施設設備は、子どもの遊ぶ、食べる、寝る、のすべて、職員の打合わせや作業なども、狭い保育室や乳児室でまかなうという貧しいものである。現在、多くの保育所にはホールが設置されているが、これは、1973年から実施された保育所建設整備国庫補助金が徐々に改善されたことで実現したものである。

施設設備基準が、制定以後まったく改善されていないことはすでに述べた。一方で、当時と比べ、保育所の開所時間（子どもの在園時間）は長時間化し、保育所で担うべき機能はより高度化しているといえる。

コロナ禍によって、「三密」を避けることが課題化された。しかし、保育所の施設基準は、まったくその要請に応えることはできない水準にあるといえる。例えば、最低基準ギリギリの保育室で、午睡時に相応の距離を保って布団を敷くことなど困難である。コロナ禍を経験した今こそ、条件改善の視点を政策課題にすべきと考える。

②職員配置基準

職員配置基準では、保育士、調理員、嘱託医の配置が義務づけられているだけで、園長や主任、フリー保育士の配置は義務づけられていない。コロナ禍で、保育所でも衛生管理の徹底が叫ばれ、看護師の役割が注目を集めているが、国の基準では、何の規定もなく、医療的なケアが必要な子どもの受入れに関わる補助金以外は、財政的支援もない。一部自治体で、乳児保育の普及に伴って配置が義務づけ、ないし奨励されているだけであり、その見直しも課題といえる。

保育士の配置

もっとも重要な保育士１人の受持ち人数は、ゼロ歳児で「おおむね３人」、１・２歳児で「おおむね６人」、３歳児で「おおむね20人」[4)]、４・５歳児で「おおむね30人」とされている。これは、その保育所全体で必要な保育士数（保育士定数）を算出するための基礎数字にすぎない。

また、最低基準は年齢別クラス編制やクラスに配置すべき保育士数を示すものではない。しかも、「おおむね」と示されているように、厳密に配置しなければならないという意味ではない。また、クラス規模の基準もない。

最低基準上求められる保育士数の算出方法

ある保育所を例にとって、実際にその園に必要な保育士数を算出してみたい●図表1-2F3。

在籍する子どもの総数が111名のＡ保育園を仮定する。年齢別子ども数の内訳をゼロ歳児９人、１歳児12人、２歳児12人、３歳児24人、４歳児26人、５歳児28人とする。この園に最低基準上必要とされる保育士数は、次のように算定される。

最低基準の区分ごとに子ども数をまとめて、配置基準に応じて除すことになる。ゼロ

図表 1-2F3　最低基準上要請される保育士数の算出方法
Ａ保育園　在籍児数　111 人

年齢別子ども数	区分別子ども数	必要保育士数
０歳児９人	９人	9/3=3.0人
１歳児12人 ２歳児12人	24人	24/6=4.0人
３歳児24人	24人	24/20=1.2人 （24/15=1.6人）
４歳児26人 ５歳児28人	54人	54/30=1.8人
合計	111人	10.4→10人

（　）内は最低基準でなく公定価格上の加算による

参考　Ｂ保育園　在籍児数　69 人

年齢別子ども数	区分別子ども数	必要保育士数
０歳児９人	９人	9/3=3.0人
１歳児12人 ２歳児12人	24人	24/6=4.0人
３歳児12人	12人	12/20=0.6人 （12/15=0.8人）
４歳児12人 ５歳児12人	24人	24/30=0.8人
合計	69人	8.6→９人＋１*=10人

*休憩保育士

歳児９人÷３で必要な保育士は３人、１・２歳児は24人÷６で４人、３歳児は24人÷20で1.2人、公定価格上の措置で３歳児15人に保育士１人の配置が可能になっているのでそれを適用すると24人÷15＝1.6人、４・５歳児は54人÷30＝1.8人となる。これを合計すると３＋４＋1.6＋1.8人＝10.4人となる。これを下回ることが許されない最低基準であるので、本来なら小数点以下で端数が出れば切り上げるべきと考えるが、「おおむね」とされていることで、実際は四捨五入となり、Ａ保育園の必要保育士は10人となる。

これと比較するために69人の子どもが在籍するＢ保育園を仮定してみた。Ａ園に比べ３歳以上児の数が42人少ない園である。図表にもあるように、計算上この園で必要な保育士は９人であるが、これも公定価格上の措置で、90人以下の施設には、職員の休憩を確保するためとして１名の加配がなされるので、Ｂ園の必要保育士は10名となり、Ａ園と変わらないのだ。

改善のあり方

最低基準の改善は、従前から課題となっていた。国も、2015年の新制度導入時に、財源を確保した後実現すべき課題として、１歳児における職員配置の改善（6：1→5：1）、４・５歳児の職員配置の改善（30：１→25：１）を明示している。また、都道府県レベルでは、１歳児についての改善で、栃木県・新潟県（３：１）、埼玉県（４：１）などで単独補助がすでに実施されている（本白書250頁　都道府県単独補助事業調査参照）。

こうした職員配置における年齢ごとの基準の引き上げを積み上げることも、改善のための重要な一手法といえる。しかし、この見直しだけでは改善は限定的であるともいえる。

こうした改善とともに、子どもの年齢ごとに必要な保育士数を算定した上で、しかも最低の基準なのだから端数が出た場合切り上げを行うような仕組みへの転換などについても、検討すべきである。この提案は、幼稚園をはじめ学校制度で実施されている、年齢別クラス編制のあり方に倣ったものである。幼稚園では、子どもの年齢別にクラスを編成するとして、クラス編成の上限である35人を超えた場合、例えば４・５歳がそれぞれ36人なら、４歳、５歳ごとに子ども18人のクラスが２つずつでき、担任を合計４人配置しなければならない。

保育所の制度では、同じ条件でも、４・５歳児合わせて72人に対し、配置すべき保育士は72人÷30=2.4人にすぎない。他の年齢の子どもの状況によっては、４・５歳児には２人の保育士配置が求められるだけである。

ところが、現在の基準のままでも年齢別に必要な保育士を算出し、端数が出た場合は切り上げる方式をとれば、幼稚園同様４人の保育士配置が必要となる。

後述するが、小学校では、すべての学年での少人数学級化が決まったにも関わらず、幼稚園や保育所がこれまでの基準のままでいいわけはない。また、保育所では、保育士の仕事に不可欠であり、その専門性に関わる保育準備・計画・研修に充てる時間の保障が、保育時間との関係では明記されていない。１日８時間すべて子どもと接することが当然のこととして考えられているのだ。

そうしたいわゆるノンコンタクトタイムを幼稚園のように保障するようにすれば、保育所に必要な保育士数はさらに増える。

資格者・常勤者の配置

保育所に関わる基準では、配置すべき保育者は、資格をもった保育士とされ、その勤務形態は、常勤者が当たり前と解釈されてきた。それが、1998年から常勤者に代わって短時間勤務保育士の導入を容認する規制緩和が実施された。その後規制緩和がさらにすすみ、2021年度には待機児童がいる地域限定だが、その園で配置すべき保育士をすべて短時間勤務保育士でも可とするような緩和が実施された（154頁参照）。

国基準に変化はなくとも、このように実態が引き下げられる状況にいかに歯止めをかけ、向上に転じさせるかが課題である。

しかも新制度では、保育士の配置基準の改善がないにも関わらず、土曜日開所の義務づけ等保育時間の実質的延長が明確に打ち出されている。そのため、保育士の処遇のさらなる劣悪化や保育の質低下が危惧されている。

調理員の配置

さらに、現行の基準の問題点を指摘すると、調理員は必ず置くことになっているが、最低基準上人数の規定はない。どんなに定員が多い保育所でも１人配置すれば最低基準上は問題なしとされるのである。しかし、この基準では保育所運営は不可能なので、実際には、保育所運営費に関わる公定価格（保育費用）の加算等による改善や、自治体の独自補助制度などで、底上げを図ってきているが、それとて不十分だ。調理員等の配置は公定価格の基本分単価には利用定員40人以下の施設は１人、41人以上150人以下の施設は２人、151人以上の施設では３人（うち１人は非常勤）となっている。

基準を支える財政保障

最低基準の改善が課題であることを繰り返し述べているが、それを達成するには、引き上げた基準遵守を施設等に課すだけでなく、その基準に応じた条件整備を可能にする財政的な保障が不可欠である。保育施設の運営費の基礎単位である公定価格の改善などについて、さらに注目することが必要である（１章「４　保育の公定価格」の各項を参照のこと）。

●保育所に類似する施設の基準

2015年の子ども・子育て支援新制度の実施によって、保育の受け皿として、保育所以外に小規模保育事業等の地域型保育事業等の制度（59頁）が創設された。

待機児童解消のためとして、保育士資格者の配置などで保育所の基準を緩めて適用する小規模保育事業のＢ型などが、保育所と同等の認可事業として受け皿にされてしまった。

2016年には、認可外施設である企業主導型保育事業（62頁）が創設され、入所者は保育所に入ったものと同等の扱いになって、待機児童のカウントからはずされている。

国公認の施設等で、各々バラバラの条件が適用されているが、これを一刻も早く是正するために、基準を統一し、子どもにとっての平等性を再確立するとともに、全体の底上げを図ることが急務といえる。

ところが厚生労働省は、2025年には保育需要はピークを迎えるとして、今後保育所等の施設の規模縮小や、統廃合を促すような課題提起を行っている[5)]。主要な課題といえる施設規模の縮小は、乳幼児の施設のあり方としては歓迎すべきともいえる。しかし、現行の保育所と小規模保育事業間における条件や基準の格差がある制度状況を考慮すると、その検討が、条件向上につながる保証はなく、それどころか、需要減に柔軟に対応するとして、さらなる規制緩和、基準・条件の引き下げにつながる恐れすらある。

こうした動きに、子どもの権利保障の視点にたった対応が求められている。

●幼稚園の設置基準

幼稚園の設置基準も、省令として位置づけられている。この設置基準でも「幼稚園を設置するのに必要な最低の基準を示すものであるから」「幼稚園の水準の向上を図ることに努めなければならない」と規定されている。

しかし、設置者負担主義の考え方が色濃く反映され、私立園においては、その改善の義務は、経営者に課せられており、国・自治体の責任に関する直接的な規定はない。

設置基準の内容をみると●図表1-2F4、学級数に応じた保育室、遊戯室（保育室と兼用可）のみならず、保育所の最低基準にはない、職員室や、運動場（園庭）の設置が義務づけられている。この点は、保育所の最低基準と比較すると大きな開きがある。同じ幼児の保育を営む環境や基準に格差があることは好ましいとはいえず、その改善・是正が望まれる。

さらに、幼稚園では学校教育法27条で園長、教頭、教諭の配置が義務づけられ、設置基準で、１学級の幼児数の上限が35人とされている。なお、この基準は1995年にそれまで40人だった上限規定が改善されたものであるが、保育所の基準同様その改善の歩みはあまりに遅い。

公立の小中学校の１学級当たりの上限人数は、1958年時点で50人と定められ、その後1960年代に全学年で45人となり、さらに1980年代に40人に引き下げられてきた。2010年に小１のみ35人となった。

コロナ禍を受けて改善機運が高まり、2021年から、全学年で35人への引き下げがはじまった[6)]。全学年の一律引き下げは40年ぶりだが、学級の上限が35人になると、例えば１学年36人の場合各18人の２学級となり、一般的に20～25人前後の学級が増えることになる。にも関わらず、幼稚園の基準が１学級35人のままで放置されることは許されないと考える。子どもにとっての平等性を考慮すれば、当然、保育所等の基準の改善も急務である。

なお、新制度実施にあたっては、保育士の配置基準や処遇改善の仕組みが給付型の幼稚園にも適用されるようになった。例えば３歳児クラスでは、公定価格の算定において３歳児配置改善加算が適用され、１クラス30人ならば、教諭２人の配置が可能となっている。

●新制度での認定こども園の基準

①認定こども園に関わる２つの基準

新制度では、幼保連携型認定こども園がそれ以外の認定こども園（幼稚園型、保育所型、地方裁量型）とは大別され、新たな単一の認可施設となった。

幼保連携型は、「就学前の子どもに関する教育、保育等の総合的な提供の推進に関する法律」（以下　認定こども園法）13条２項に基づいて内閣府·文科省·厚労省令として「幼保連携型認定こども園の学級の編制、職員、

図表 1-2F4　幼稚園設置基準の概要

① **１学級の幼児数**
　・35人以下を原則とする。

② **園舎・運動場**
　・園舎は２階建て以下を原則とする。
　　園舎を２階建てとする場合および、特別の事情があるため、園舎を３階建て以上とする場合には、保育室・遊戯室・便所の施設は１階に置かなければならない。（ただし、園舎が耐火建築物で、幼児の避難上必要な施設を備えるものにあっては、これらの施設を２階に置くことができる。）
　・園舎および運動場は、同一の敷地内又は隣接する位置にあることを原則とする。

③ **園舎の面積**
　・１学級　　180㎡
　・２学級以上　　320＋100×（学級数−2）㎡　（３学級から１学級ごと100㎡増）

④ **運動場の面積**
　・２学級以下　　330＋30×（学級数−1）㎡
　・３学級以上　　400＋80×（学級数−3）㎡　（４学級から１学級ごと80㎡増）

⑤ **施設及び設備等**
　・下記の施設・設備を備えなければならない。（ただし、特別な事情があるときは、保育室と遊戯室および、職員室と保育室とは、それぞれ兼用することができる。）
　（1）１.職員室　２.保育室　３.遊戯室　４.保健室　５.便所　６.飲料水用設備、手洗用設備、足洗用設備
　（2）保育室の数は、学級数を下ってはならない。
　（3）飲料水用設備は、手洗用設備または足洗用設備と区別すること。
　（4）飲料水の水質は、衛生上無害であることが証明されたものであること。

⑥ **園具・教具**
　・幼稚園には、学級数および幼児数に応じ、教育上、保健衛生上及び安全上必要な種類及び数の園具、教具を備えるとともに、常に改善し、補充しなければならない。

⑦ **その他の施設設備**
　・次の施設および設備を備えるように努めなければならない。
　（1）放送聴取設備　（2）映写設備　（3）水遊び場　（4）幼児清浄用設備　（5）給食施設　（6）図書室
　（7）会議室

設備及び運営に関する基準」(以下　連携型基準)が示されている。この連携型基準が幼保連携型認定こども園の認可基準となる。幼保連携型以外のこども園には、認定こども園法3条2項及び4項の規定に基づき内閣府・文科省・厚労省の告示として「就学前の子どもに関する教育、保育等の総合的な提供の推進に関する法律第3条第2項及び第4項の規定に基づき内閣総理大臣、文部科学大臣及び厚生労働大臣が定める施設の設備及び運営に関する基準」(以下　連携型以外の基準)が示されている。いずれの基準も国が定める基準をもとに、各都道府県・政令市、中核市が条例で定める。

2つの基準は、若干の違いが見られるが、そのほとんどが幼稚園と保育所の基準を機械的に結びつけた内容となっている。

②職員配置について

幼保連携型認定こども園の職員配置では、園長及び保育教諭の配置が義務づけられている(認定こども園法14条1項)。この保育教諭は、幼稚園教諭免許と保育士資格を併有する者の名称である。その他、副園長または教頭、主幹養護教諭、養護教諭または養護助教諭、事務職員を「置くよう努めなければならない」(連携型基準5条)とされている。

職員数は、満3歳以上児には幼稚園基準と全く同じ文章での学級編制を規定し、さらに3歳未満児の職員配置数については保育所の職員配置基準が採用されている。

幼保連携型以外の認定こども園では、3歳未満児は保育士、3歳以上児は幼稚園教諭免許と保育士資格との併有が「望ましいが」、「いずれかの資格を有するもの」とされ、連携型基準を弾力化した基準が定められている(連携型以外の基準　第3職員資格)。

③施設設備について

園舎や園庭面積については、幼児には幼稚園基準、3歳未満児には保育所基準をあてはめ、それを機械的に合算した面積以上にするとしている(連携型基準6条)。

保育室の設置については、幼稚園の基準に基づき「2階建て以下を原則とする」としつつ、「特別な事情がある場合は、3階以上とすることができる」と、保育所基準を採用している。しかし、その「特別な事情」が適用されるのは「満3歳未満の園児の保育」に限定されている。災害時において避難の困難を伴う乳児や1・2歳児を、最も避難しにくい3階以上に追いやるような基準となっている。運用面で柔軟な対応ができるようにしているが、子どもの発達の視点が軽視された内容といえる。

幼保連携型以外の認定こども園では、幼稚園型で3歳以上児は幼稚園設置基準を適用し、保育所型や地方裁量型は保育所の最低基準に従うとされるなど、複雑な規定になっている(連携型以外の基準　第4　施設設備)。

●保育内容に関わる要領・指針等

保育内容にかかる基準は、幼稚園教育要領、保育所保育指針等に定められているが、詳しくは80頁を参照されたい。

(村山祐一・逆井直紀)

1) この法令は、厚労省令であったが、2023年4月1日からはこども家庭庁の発足を受けて、内閣府令となった。2023年版の編集時点で、従前の法令等がどう変更されたのかを明示する資料に乏しく、以下の記述は、特に明示のない限り2022年度段階の法令・通知名を示す―『保育白書』編集委員会
2) 厚生労働省保育課長通知「待機児童解消に向けた児童福祉施設最低基準に係る留意事項等について」(2001年3月30日)
3) 『毎日新聞』2020年4月9日付記事「検証:園庭ない保育所3割　政令市と東京23区」この調査は政令市20市と東京23区を対象に、2019年4月1日時点の状況を尋ね、新潟市以外が回答している。認可園計6,332か所のうち、国基準を満たす園庭がないのは34.8%、東京23区は計2,208か所のうち52.9%であったという。
4) 最低基準とは別に、公定価格の算定において3歳児配置改善加算が適用され、3歳児15人に対し保育士1名の配置が可能になっている。
5) 厚生労働省「地域における保育所・保育士等の在り方に関する検討会取りまとめ」(2021年12月20日)
6) 詳しくは、月刊『保育情報』No.532(2021年3月号)6頁など

2 保育制度・政策の原理と動向

G 保育所・幼稚園・認定こども園の比較
その機能・役割、制度の違い

●多元的な制度の比較

●図表1-2G1は、保育所、幼稚園、幼保連携型認定こども園の諸項目について、その特徴や根拠法令などを示したものである*。

2023年4月からこども家庭庁が発足したが、幼稚園制度を引き続き文部科学省が担うなど、依然として日本の保育制度は多元的である。子どもにとっての平等性の観点からその制度の一元化を目指すべきと考える。

その際に必要な視点は、規制緩和で低きに合わせるのではなく、子どもの権利条約に謳われた子どもの最善の利益を保障する観点から、諸制度を見渡し、高い水準に合わせて制度や基準の改善を行うことである。

（村山祐一・逆井直紀）

＊こども家庭庁発足により、法令や通知等での名称変更等が生じている可能性があるが、詳細が示されていない中で本白書で確認できる箇所は修正を加えた。しかし、2022年末の時点の状況が残っている可能性もあるので、ご指摘いただければ幸いである。

図表 1-2G1 保育所、幼稚園、幼保連携型認定こども園の性格・機能等の比較表

		保育所	幼稚園	幼保連携型認定こども園
（1）所管		（国）こども家庭庁 （都道府県）知事部局 （市町村）首長部課	（国）文部科学省・こども家庭庁 公立、私立私学助成型幼稚園はすべて文科省 給付型幼稚園の財源はこども家庭庁、運営基準は文科省 （都道府県）公立は教育委員会、私立私学助成型幼稚園は知事部局（私学担当） （市町村）私立給付型幼稚園は首長部課、公立は教育委員会	（国）こども家庭庁 （都道府県）知事部局 （市町村）首長部課
（2）性格		児童福祉施設【児福 39】	就学前の学校【学法 1】	子どもに対する学校としての教育及び児童福祉施設としての保育並びに保護者に対する子育て支援事業の相互の有機的な連携を図る施設【認定こども園法 9】
（3）目的		保育を必要とする乳児・幼児を日々保護者の下から通わせて保育を行う【児福 39】	幼児を保育し適当な環境を与えてその心身の発達を助長する【学法 22】	満３歳以上の子どもに対する教育並びに保育を必要とする子どもに対する保育を一体的に行い、保護者に対する子育て支援を行う【認定こども園法 2】
（4）設置認可等		（公立）都道府県知事への届出 （私立）都道府県知事の認可【児福 35】【社福 69】	（公立）都道府県教育委員会への届出【学法 4 の 2】 （私立）都道府県知事の認可【学法 4】	（公立）都道府県知事への届出【認定こども園法 16】 （私立）都道府県知事の認可【認定こども園法 17】
（5）入園入所	対象	保育を必要とする乳児・幼児、その他の児童【児福 39】 定員に空きがある場合は私的契約児の入所可【児童家庭局保育課長通知（平成 10 年 2 月 13 日児保第 3 号）】	保護者の希望による。制限なし	満３歳以上の子ども及び満３歳未満の保育を必要とする子ども【認定こども園法 11】
	対象児年齢	０歳から就学前の乳幼児 特に必要があるときはその他の児童【児福 39】	満３歳～就学前までの幼児【学法 26】	０歳から就学前の乳幼児【認定こども園法 11】
	手続き・決定	保育の実施を希望する保護者は市町村に保育の必要性と必要量（短時間か標準時間）の認定申請、保育所入所申請書を提出、市町村は認定し、希望の保育所への受け入れが可能な場合入所させる。希望の保育所の定員より申請が超過している場合、市町村は公正な方法で選考し入所を決定する【児福24】【子支法19、20】【子支法附則 6】【子規則1 ～ 16】【児童家庭局長通知（平成 9 年 9 月25日児発第596号）】	入園を希望する保護者の申請により、幼稚園設置者との契約により決定	利用する保護者は教育・保育給付の支給認定を市町村に申請して受け、入園申請を園に提出する【子支法 19、20】【子規則 1 ～ 16】

	保育所	幼稚園	幼保連携型認定こども園
(6) 保育時間・ 保育日数	1日8時間を原則として、その地方における状況を考慮して、保育所の長が定める【児設基 34】 保育日数についての規定はないが、費用の額の基準では、1日の開所時間は11時間、おおよその年間保育日数は300日としている。土曜日閉所の日数に応じて保育費用の段階的削減規定あり。11時間以上の延長保育については加算額が支給される【費用基準等】	1日4時間を標準とする【幼稚園教育要領】 毎学年の教育週数は39週を下ってはならない【学規則 37】 通常の教育時間終了後の預かり保育については新制度により地域子ども・子育て支援事業の一時預かり事業（幼稚園型）として実施するか、私学助成の補助を活用し実施する場合もある	教育に係る標準的な1日あたりの教育時間は4時間を標準、原則として年間39週以上とし、保育を必要とする子どもに該当する教育及び保育の時間は、1日8時間を原則とするが、開園時間は保育所と同様11時間とすることを原則とし、園長が定める。その地方における園児の保護者の労働時間その他家庭の状況等を考慮する【教育・保育要領第1章第2】【連携園設基 9】
(7) 保育者	保育士【児福第1章7節】 保育士資格取得	幼稚園教諭【学法 27】【教育職員免許法 4】 幼稚園教諭免許状取得	保育教諭（保育士資格と幼稚園教諭免許の併有）【認定こども園法 15】
(8) 職員の配置	保育士、調理員、嘱託医の必置。ただし調理業務の全部を委託する施設は調理員を置かないことができる 保育士の数は 乳児おおむね3人につき1人以上 3歳未満児はおおむね6人に1人以上 3歳児はおおむね20人に1人以上 4・5歳児はおおむね30人に1人以上 ただし1保育所2人を下ることはできない【児設基 33】特例あり【児設基 94～97】	園長、教頭、教諭の必置【学法 27】 1学級の幼児数は35人以下を原則とし、学級毎に1名の教諭を配置【幼設基 3、5】 養護教諭又は養護助教諭及び事務員を置くように努めなければならない（努力義務）【幼設基 6】	1学級は35人以下を原則、同じ年齢にある園児で編成する 各学級ごとに保育教諭等を1人以上置く 園児の教育及び保育（3歳未満児についてはその保育）に従事する職員の数は保育所と同じ基準【連携園設基 4、5】
(9) 保育内容	保育内容の最低基準として「保育所保育指針」が内閣総理大臣によって告示される【児設基 35】	教育課程の基準として「幼稚園教育要領」が文部科学大臣によって公示される【学規則 38】	教育及び保育の内容は主務大臣が定め、その際、幼稚園教育要領と保育所保育指針との整合性の確保と小学校における教育との円滑な接続に配慮しなければならないと規定【認定こども園法 10】
(10) 保育料	市町村が国基準額を上限に保育料額を定め、市町村で徴収する【子施令 4～6、9～13】 国の保育料基準額については所得に応じた額を定めている。「無償化」実施により、2019年10月以降、3歳以上児、住民税非課税世帯の0～2歳児の市町村設定の保育料額がゼロになる。ただし、3歳以上児については、副食材費が保護者からの実費徴収となる【子施令】【子規則】【子ども・子育て支援法施行令等の一部を改正する政令及び子ども・子育て支援法施行規則の一部を改正する内閣府令の公布について（通知）】	私学助成型幼稚園は各幼稚園設置者が決める。保護者の所得の多寡を問わず均一料金。「無償化」により2019年10月から、月2万5,700円まで給付され負担軽減がなされる【子施令 15の6】 同時に就園奨励費補助金制度は廃止された 給付型幼稚園は、国基準額を上限に市町村が保育料額を決め、園で徴収する【子施令 4～6、9～13】 「無償化」により2019年10月から市町村設定の保育料額がゼロになる【子施令】【子規則】【子ども・子育て支援法施行令等の一部を改正する政令及び子ども・子育て支援法施行規則の一部を改正する内閣府令の公布について（通知）】	国の基準を上限に、市町村が保育料額を決め、園で徴収する【子施令 4～6、9～13】 国の保育料基準額については所得に応じた額を定めている。「無償化」実施により、2019年10月以降、3歳以上児、住民税非課税世帯の0～2歳児の市町村設定の保育料額がゼロになる。ただし、3歳以上の2号認定子どもについては、副食材費（4,500円）が公定価格から除かれるので園で保護者からの実費徴収となる【子施令】【子規則】【子ども・子育て支援法施行令等の一部を改正する政令及び子ども・子育て支援法施行規則の一部を改正する内閣府令の公布について（通知）】
(11) 国庫補助	○国が定める基準により算定した費用の額に相当する額（保育費用）の支給（私立） 市町村が児童福祉法24条第1項により実施する保育の費用については、支援法27条第3項第1号の国が定める費用の額（公定価格）に相当する額を保育費用として当該保育所に委託費として支払う。財源は支援法の施設型給付費の財源をあてる【子支法附則 6】 ○特別保育事業等に対する補助制度 延長保育、夜間保育、一時保育、子育て支援事業等【児福 6の3で示された事業について、子支法 59に基づき助成金を補助】	○幼稚園の運営費 ＊公立は地方交付税に計上（一般財源） ＊私学助成型幼稚園は私立幼稚園の経常経費に対し、都道府県が助成し、国が一定額を補助 ＊給付型幼稚園は支援法に基づき保護者に施設型給付費を支給し、園が代理受領 ○特別補助 預かり保育推進事業、子育て支援活動の推進など	利用する保護者に対して施設型給付費が支給される。園はその施設型給付費を市町村に請求し代理受領する。そのため、園への運営費に関する公費補助はない【子支法 27】
	保育所の新設・増築に対する補助制度（社会福祉法人立）。公立は2006年度より一般財源化	幼稚園の新設・増築・改築等に対する補助制度（学校法人立）。公立は2008年度より交付金化	幼保連携型認定こども園の新設・増築・改築等に対する補助制度。公立は一般財源化

☆図表では学校教育法【学法】、同法施行規則【学規則】、幼稚園設置基準【幼設基】と表記する。以下同様。
☆児童福祉法【児福】、社会福祉法【社福】、児童福祉施設の設備及び運営に関する基準【児設基】
☆子ども・子育て支援法【子支法】、同法施行令【子施令】、同法施行規則【子規則】
　特定教育・保育、特別利用保育、特別利用教育、特定地域型保育、特別利用地域型保育、特定利用地域型保育及び特例保育に関する費用の額の算定に関する基準等【費用基準等】
☆就学前の子どもに関する教育、保育等の総合的な提供の推進に関する法律【認定こども園法】、幼保連携型認定こども園の学級編制、職員、設備及び運営に関する基準【連携園設基】

（2020年6月　筆者作成　2023年6月に一部修正）

2 保育制度・政策の原理と動向

H 保育を支える財政
保育所・幼稚園等への公費助成

●保育を支える公費

保育・幼児教育を提供する際に要する費用に対する公費投入のあり方を整理する。

保育費用に対して公費を投入する仕組みがなければ、当事者である、保育を受ける子どもの保護者が保育料を負担するか、保育を提供する施設側が慈善事業等としてその費用を負担することが基本となる。幼稚園は戦前から制度が確立していたが、国としての幼稚園運営費に対する公費助成の仕組みは存在しなかった。よって、幼稚園は存在しても、その普及はごく限られたものであった。

戦後、保育所制度が確立し、幼稚園制度も刷新され実際の運用が進められる中で、公費助成の仕組みは徐々に整備された。住民の声に押され、保育所や幼稚園の公共性が社会的に確立することで、公費助成が拡充され、保育所・幼稚園ともに普及が図られてきた。

●公費投入のあり方Ⅰ
— 一般財源と国庫支出金

保育のための公費助成は、一部の例外を除き国から直接ではなく、自治体から支出される。その財源で分けると一般財源と特定財源とがある。

一般財源は使途が特定されず、地方自治体の裁量で使用できる財源である。自治体が保育の重要性を認識していれば、保育に関わる補助を自治体の裁量で手厚く配分することができる。しかし、保育を軽視する自治体であれば周辺自治体に比べ貧しい助成しかなされないという問題がある。自治体は、自ら得る税収等でこの一般財源を賄うが、賄えない場合に地方交付税で補填がなされる。実際に多くの自治体が交付を受けている。

一方、特定財源は使途が特定されており、保育に関わる様々な国庫支出金がこれにあたる。

①一般財源

保育所の運営費に関して、公立保育所分は、自治体の一般財源で賄うことになっている。

以前は公立保育所分も、国庫支出金の対象とされ、保育所事業に使途が特定されていた。

また、「保育を必要とする」子どもの保育実施責任が市町村にあること（児童福祉法24条１項）も相まって、1950～70年代において公立施設の積極的な普及が図られた。

2004年度、公立保育所分が一般財源化された[1]。障害児保育に関わる助成も2003年より国庫支出金から外され、現在では一般財源で自治体が対応することになっている。

幼稚園の場合、学校制度で採用されている設置者負担主義の原則によって、私立幼稚園は設置者（学校法人）の責任で設置・運営がなされている。公立幼稚園は、自治体の独自予算で行う仕組みとなっており、その財源は地方交付税に組み込まれている[2]。公立幼稚園は国庫補助がなかったことや、任意の保育であったことから積極的に設置する市町村の数は限定されていた。

1980年代以降は、子ども数の減少によって保育所・幼稚園ともに施設整備にブレーキがかかったが、1990代後半以降、保育需要が拡大し、保育所数は増加に転ずるようになった。

そうした中で、先述のように2004年度から国庫支出金制度が縮小され、公立保育所分が一般財源化されたことで、公立保育所の統廃合や民営化、職員の非正規化などが促進されるようになってきた（143頁）[3]。その際、自治体当局が、住民や議会に対して、国庫支出金がある私立保育所に比べ、公立保育所はすべてが自治体負担となり、その財源が手当されていないと説明するケースがあるようだが、正しいとは言い難い。公立保育所の財源は、あくまで一般財源化されただけで、地方交付税を含めた国の地方財政を保障する仕組みの中で措置されている点を正確に押さえるべきである。

②国庫支出金

国庫支出金は、国として必要と思われる事業を、全国で実施させるために有効な手段として設定されてきた。地方自治の拡充を求める立場からすれば、自治体の裁量がなく、「ひも付き」の補助であるとして批判される。しかし、子どもの権利保障に自治体格差があっていいのかという意見も強くある。単純に、一般財源や国庫支出金を評価することは困難である。

国庫支出金には、狭義の補助金と負担金がある。

ⅰ狭義の補助金

狭義の補助金は国の予算の範囲内で特定事業を奨励するために交付されるものだ。法的な位置づけが不明確な場合もある。補助金申請が多くなれば予算不足を理由に、事業は行われていても補助金の減額や、要件を満たしているにも関わらず申請が却下されるといった、不安定な面も有する。

保育所等の施設整備費については、「予算の範囲内で交付金を交付することができる」（児童福祉法56条の４の３の２項）とされている。

一方幼稚園は、2015年から始まった子ども・子育て支援新制度に入る、入らないで２分された。新制度に移行しない私立幼稚園には、私立学校振興助成法にもとづいて、幼稚園等の私立学校の教育条件の維持・向上と私立学校に在籍する子どもに関わる就学上の経済的負担の軽減、私立学校経営の健全性を高める目的で実施されている私立学校経常的経費補助（いわゆる私学助成）が設定されている。

都道府県がそれぞれ算定基準を定めて学校法人立幼稚園に交付するが、国は、政令にもとづいて都道府県に補助する。当初は経常的な運営費の$\frac{1}{2}$まで補助率を高めることが目標とされたが、実際は$\frac{1}{3}$程度にとどまっている。また、この補助は一般補助と特別補助から構成され、特別補助には、預かり保育推進事業、子育て支援活動の推進、特別支援教育経費等が含まれている[4]。

ⅱ負担金

負担金とは、事業が実施されれば、必ず支出されなければならない、行政への義務づけが強い補助である。

旧制度の私立保育所の運営費補助が該当する。これは、保育所運営のために保育所に支給する補助金であり、児童福祉法において国と自治体の負担義務が明記され（国$\frac{1}{2}$、都道府県$\frac{1}{4}$、市町村$\frac{1}{4}$）、保育が実施されれば、必ず支出されなければならなかった。この運営費補助は、保育所で最低基準の達成を保障するために設定されてきたが、実際には最低基準上規定がない調理員についても、保育所の定員規模に応じた配置を可能とする内容が盛り込まれていた。この制度によって、①保育所の運営が安定化し、②自治体の財政力に左右されずに、全国どの地域でも一定水準以上の保育を実現してきた。

●公費投入のあり方Ⅱ―施設補助と保護者補助

保育に対する公費助成のあり方は、誰に対して公費を投入するかで、以下のように２分できる。

１つは、保育所・幼稚園の施設に対する補助と、もう１つは、そうした施設を利用する保護者への補助である。

①施設補助

施設への補助としては、ⅰ保育所の場合、市町村の保育実施責任のもとで、私立保育所は市町村が支弁する委託費を受ける。その委託費は、国庫支出金として、国・都道府県・市町村が法定化された割合で負担している。

ⅱ私立幼稚園には、私学助成制度にもとづく国庫支出金があり、国・都道府県が負担することになっている。

ⅰ、ⅱともに、施設への補助制度という点では共通の性格を有していた。

②保護者への補助

一方、保護者への補助としては、2015年からスタートした子ども・子育て支援新制度が導入した、給付制度がある。子ども・子育て支援法（以下　支援法）に、「教育・保育給付」として導入された。

教育・保育給付は、施設型給付と地域型保育給付からなる。給付費は、保護者への補助金であり、法的には保護者に帰属するものとされているが、施設・事業者が代理受領する。

施設への公費補助でないため、使途制限が大幅に緩和され、設置者が自由に使えることになり、公的規制は及び難い。基準さえ達成すれば、残額を株式配当等に使用してもよいとされている。こうした補助方式は、福祉事業における営利企業の参入を許した介護保険の応用であるが、保育を利用できるかどうかは施設・事業者と利用者との契約関係に委ね、保育供給における公的責任を後退させることを企図して実施されたものと判断できる。

そうした改革への懸念が数多く表明されたことで、新制度に位置づけられ全体としてこの給付制度に組み込まれながらも、私立保育所については市町村との委託関係が維持された。保護者補助である新制度の給付制度を財源としながら、私立保育所には、委託費が施設補助として支出されるという、非常に変則的な仕組みとなった。施設補助・委託費であるので、私立保育所では使途の規制が維持されている[5]。

新制度に移行しない幼稚園には、保護者向け補助として就園奨励費補助金制度があった。これは、幼稚園教育の振興のために、保護者の所得状況に応じた経済的負担の軽減、公立・私立幼稚園間の保護者負担の格差是正を目的として、1972年度に設けられた。幼児の世帯の所得状況に応じて入園料・保育料を減免する事業であったが、2019年10月からの「無償化」実施に伴い、廃止された。

「無償化」実施にあたっては、新制度に移行していない幼稚園も支援法に新たに設けられた子育てのための施設等利用給付の対象に位置づけられた。当該幼稚園の保育料額は多様なので、新制度の１号認定における利用者負担額の月額上限２万5,700円を上限とした支給がなされている。

●新制度下の補助制度

新制度では、保護者への補助といえる教育・保育給付が導入されている。この給付は、保護者が対象施設を利用する場合に支給されるものである。

対象施設である給付型幼稚園、認定こども園、小規模保育事業等は、保護者向けの給付費を代理受領する。各施設等は、公定価格から子ども一人ひとり異なる保育料額を控除し、算出した給付額を総計し、給付請求書を市町村に提出することになる。

市町村による施設への給付費支払いは、支援法施行規則第18条（施設型給付費）及び同第25条（地域型保育給付費）で「毎月、支給する」とされている。

保育料は施設の責任で徴収される。家庭の事情で保育料徴収が難しいケースの場合は、施設の判断で退所（園）させることができる。全員の保育料総額に請求した給付額が加算されて、公定価格全額が施設に入ることになる。ただし、先述のように私立保育所では、保育料を市町村が徴収し、公定価格相当額が委託費として支給されている。

また、新制度の下にある幼稚園、認定こども園、小規模保育、家庭的保育等の運営を支える主な財源は、給付費と保育料である。給付費のもとになる公定価格は、施設等種や規模によって異なる（108頁以降）。

この給付に関わる公費負担は、従前の制度の負担割合が引き継がれた。しかし、2018年度には０〜２歳児相当分の保育の運営費の$\frac{1}{5}$の範囲内で事業主拠出金を充当（毎年度、政令で充当割合が決まる）することになった。

現在の公費の負担割合は、国基準の保育所運営に関わる費用（公定価格）の総額から、保護者負担分（保育料）を差し引いた額を基本に、さらに、事業主拠出金充当額を引いた残額の国$\frac{1}{2}$、都道府県$\frac{1}{4}$、市町村$\frac{1}{4}$となる。●図表1-2H1によれば、2021年度の負担割合は、事業主拠出金15.44％、国42.28％、都道府県21.14％、市町村21.14％となる[6]。

なお、３歳以上児と住民税非課税世帯の０〜２歳児は保育料が「無償化」された。この財源は、地域型保育給付を除く公立施設については市町村が$\frac{10}{10}$負担として地方交付税で措置され、それ以外の私立施設に関わる費用負担は国$\frac{1}{2}$、都道府県$\frac{1}{4}$、市町村$\frac{1}{4}$の割合である。

●保育費用の公費と保育料の割合

本項の冒頭で示したように保育費用の財源は、公費によって賄われる部分だけなく、保護者負担分も大きな比重を占めている。

保育所等の運営費に対して、公費投入の割合が多ければ、保護者負担は少なくなる。

わが国の教育や福祉制度は、先進国クラブといわれるOECD（経済協力開発機構）加盟国の中でも公費投入が限定的で、保護者負担が重いという特徴があった。

これまで諸制度における公費の負担割合などが法定化されていることなどを確認してきた。しかし、保育所制度をはじめとして、公費と保護者負担の割合についての法的規定は従前から存在せず、新制度でも変わりない。そのため、新制度下における保護者負担のあり方や負担率はこれまで同様、所管省庁の恣意的な判断で行われてきたといえる。

2019年10月から幼児教育・保育の「無償化」に伴って、３歳以上児については原則的には「無償化」されたので改善が図られたといえる。先に示した●図表1-2H1は厚生労働省の資料だが、2021年度予算における「保育所にかかる費用負担の考え方」として、「概ね、保護者の保育料と公費」の割合が「２：８」であるという。予算上の根拠も示されておらず検証は不可能だが、「無償化」後の保育所運営費財源の中での国基準としての保護者負担の割合が初めて示されたことになる。

図表1-2H1　保育所にかかる費用の負担の考え方（2021年度）

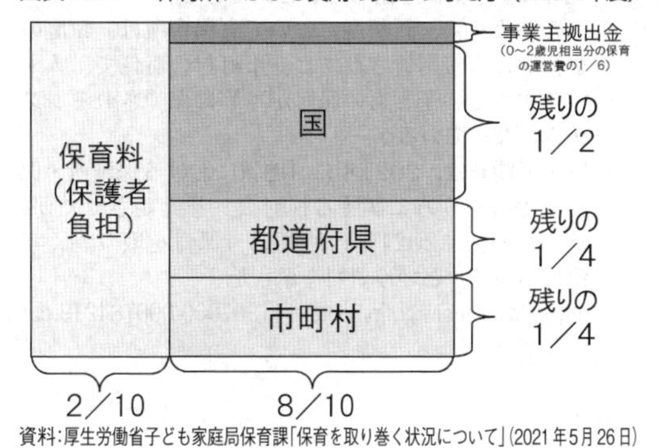

資料：厚生労働省子ども家庭局保育課「保育を取り巻く状況について」（2021年5月26日）

●制度の改善を

今までみたように運営費に関わる補助制度は、基準の低さを補い、全国各地の保育所等の施設を支え、不十分ながら保育水準確保に貢献してきたが、改善すべき課題が多々あるのも事実である。

今日の多様な保育ニーズに応えて機能の拡充を進め、どの地域のどの施設に入所しても安心して保育を受けられる仕組みをつくるためには、条件を確保した保育を全国的に維持する必要がある。そのためには、児童福祉法24条１項にもとづく保育費用の公費負担制度を維持・拡充することが求められている。

問題は、保育所運営費をはじめとする国の保育所関係予算の総額が、一般会計予算の１％未満と大変低いということである。

前出のOECDからも、日本の保育や幼児教育に関わる公費負担割合は加盟諸国中最低水準であると指摘されている。国際的には、保育・幼児教育への公費支出を高め、貧困家庭の子どもをはじめ、すべての子どもに豊かな保育を保障する方向で改革が進められている。

2011年のOECDデータを見ると、就学前教育の公財政教育支出の対GDP比は加盟国平均が0.6%であるのに、日本は0.1%と加盟国中最下位である●図表1-2H2。最低基準の抜本的改善や保育所運営費の国庫負担金制度の拡充（一般財源化された公立保育所運営費を国庫負担に戻すことを含む）を実現すべきである。（村山祐一・逆井直紀）

図表1-2H2　就学前教育段階における公財政教育支出の対GDP比（国際比較／2011年）

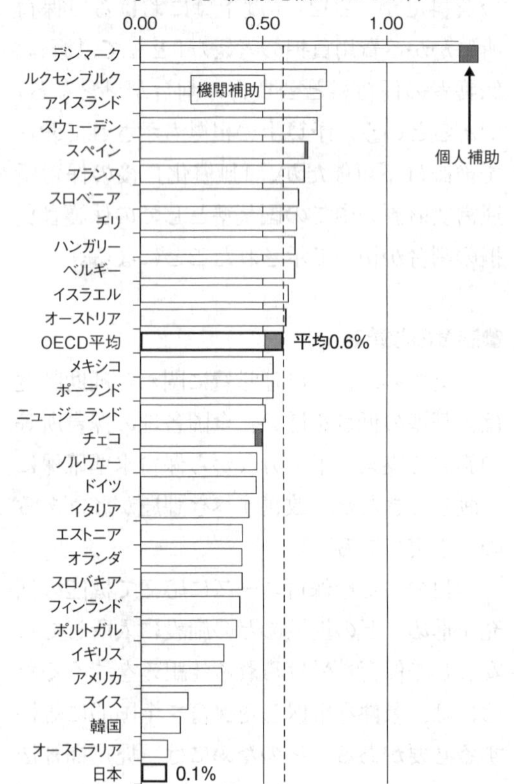

出典：OECD『図表でみる教育』（2014年版）
資料：文部科学省「我が国の教育行財政について」（2014年10月15日）

1）2006年には、保育所建設に関わる国庫補助事業からも公立分が除かれることになった。

2）地方交付税の積算にあっては、人口10万人に公立幼稚園４園（園児数420人、園長４人、教頭２人、教諭16人、事務職員４人）を基準として経費が計算されている。

3）2004年に公立保育所運営費が一般財源化された際に、自治体財政を補填する地方交付税の総額が維持されていれば、影響は少なかったといえるが、実際は5.1兆円もの額が削減された。このことで、自治体の財政状況は悪化し、保育行政全般に影響を与えることが推測されていた。「保育材料や備品購入費用を削減」、「公立保育所職員の新規採用抑制、非正規化」、「公立保育所の廃止・民営化」にとどまらず、「保育料の値上げ」、「民間保育所への単独補助金の削減」等の否定的な影響が、特に小規模自治体において強く懸念された。

4）新制度に入っていない幼稚園には、施設整備に関する国庫補助がある。幼稚園施設整備費補助金は公立幼稚園分、私立幼稚園分として毎年計上されてきたが、2006年度から公立分は安全・安心な学校づくり交付金の中に組み込まれ、2011年度からは学校施設環境改善交付金に計上された。

保育所については、本文に示したとおりである。また、公費補助を受けられない営利企業等には、公定価格に減価償却費相当額が加算される。

5）委託費の財源は新制度の給付であるが、保育所に公費を投入する仕組みは基本的には従前と変わらない。支援法附則６条では、児童福祉法24条１項（市町村の保育実施責任を規定）を受けて、私立保育所には従来通り、国の定める費用の額（公定価格）に相当する額（以下　保育費用）を、市町村が委託費として支払うこととされている。ここでは支援法27条の施設型給付費の支給に関する規定は適用されないと明記されている。

つまり、国は施設型給付費の財源を自治体に支給するが、市町村は定められた給付額に保育料額を足した保育費用を、委託費として保育所に支給することになる。受け取った保育所は、それを財源に保育を行う。

保育料は市町村の責任で徴収する。

仮に家庭の事情で滞納があったとしても、施設への支弁に影響することはなく、子どもの保育に影響が及ばないような仕組みになっており、市町村としては、事情をよく精査し必要があれば、保育料の減免等福祉的措置を講じることができる。

このように、新制度においても保育所は、家庭の事情等に直接影響されずに、市町村の責任で、入所するすべての子どもの保育が平等に保障されるシステムになっている。

6）厚生労働省は、2021年に「地域における保育所・保育士等の在り方に関する検討会」を発足させたが、その検討会に2021年５月26日「保育を取り巻く状況について」という資料を示した。
https://www.mhlw.go.jp/content/11907000/000784219.pdf

2 保育制度・政策の原理と動向

Ⅰ 地域型保育（家庭的・小規模・事業所内・居宅訪問型保育）事業

●地域型保育の概要

地域型保育事業は2015年にスタートした子ども・子育て支援新制度（以下 新制度）において新たに認可事業として創設され、市町村に必要な保育を確保する措置を義務づけた児童福祉法第24条２項に位置づけられている。地域型保育事業には家庭的保育、小規模保育、事業所内保育、居宅訪問型保育の４つの事業が含まれている。新制度以前から児童福祉法に位置づけられてきた家庭的保育事業以外は完全に新規の事業である。

市町村に保育申し込みを行って初めて利用することができるが、利用契約に市町村は関与せず保護者と事業者との直接契約をすることになる。

小規模保育は新制度で創設され３歳未満児を主な対象（地域の実情に応じて３歳以上児も特例的に受け入れ可能）とし定員は原則19人以下である。

人員配置等の違いでA型、B型、C型の３類型からなる。A型は保育所分園に近い類型で、保育所と同様の基準が採用されている。C型は新制度前に存在していた家庭的保育（グループ型小規模保育）[1]に近い類型で家庭的保育と同等の基準が採用されている。B型は中間的な類型として基準が設定されている。

事業所内保育は、新制度以前は、原則、事業所に勤務する労働者の子どもだけを保育するための認可外保育施設（以下 無認可施設）であり、一部が雇用保険の事業所内保育施設設置・運営等支援助成金等の支援を受けていた。新制度では、認可事業となり、地域の子どもの受け入れ定員を設けることが必要となっている。定員20人以上の施設は保育所と同じ基準、19人以下の施設は小規模保育A型、B型と同等の基準となっている。

家庭的保育は原則０～２歳児を対象とし、定員は５人以下の事業である。家庭的保育者認定研修と子育て支援員研修を修了（保育士などは研修が一部免除）した保育士、または保育士と同等以上の知識及び経験を有すると市町村長が認める家庭的保育者と補助者によ

図表 1-2Ⅰ1　地域型保育の施設基準、公定価格及び人件費比率

	家庭的保育	小規模保育			事業所内保育	居宅訪問型保育	（参考）保育所
		A型	B型	C型			
職員配置	０～２歳　３：１	０歳　３：１ １・２歳　６：１ ＋１	０歳　３：１ １・２歳　６：１ ＋１	０～２歳　３：１	定員19人以下は小規模A・B型、20人以上は保育所	０～２歳　１：１	０歳　３：１ １・２歳　６：１
保育者資格	研修修了者	保育士	保育士（1/2以上）	研修終了者	同上	研修終了者	保育士
面積	１人3.3㎡	乳児室・ほふく室 １人3.3㎡ 保育室１人1.98㎡	乳児室・ほふく室 １人3.3㎡ 保育室１人1.98㎡	１人3.3㎡	同上	―	乳児室１人1.65㎡・ほふく室１人3.3㎡ 保育室１人1.98㎡
給食	外部搬入可	外部搬入可	外部搬入可	外部搬入可	外部搬入可	―	3歳未満児は自園調理
公定価格	176,460円	定員13～19人 247,620円	定員13～19人 205,880円	定員11～15人 184,410円	定員19人以下は小規模A・Bと同じ定員 20人242,300円	500,820円	定員90人 196,860円 定員20人 276,750円
人件費比率	53.4%	64.8%	64.6%	62.5%	（省略）	―	75.1%
法人本部帰属費割合	0.2%	1.6%	1.8%	0.0%	（省略）	―	0.5%

※家庭的保育事業等の設備及び運営に関する基準（厚生労働省令）、児童福祉施設の設備及び運営に関する基準（厚生省令）、公定価格は20/100地域（東京23区）の保育標準時間認定・乳児における基本単価（2023年度）、2019年度「幼稚園・保育所・認定こども園等の経営実態調査」（内閣府実施、2019年11月26日公表）から作成。保育所の公定価格、人件費比率、法人本部帰属費割合は私立保育所。

って保育が行われる。

それぞれの事業の主な基準は●図表1-2I1の通りである。

●地域型保育事業の拡大

地域型保育の事業の件数は●図表1-2I2の通りである。新制度発足後保育所等に比較して非常に大きく増加をしており、中でも小規模保育事業の増加が突出している。新制度前から存在する家庭的保育事業は減少をしている。

経営主体の構成は地域型保育事業全体では営利法人44.1%、NPO法人等その他法人18.6%、社会福祉法人17.4%、個人などその他15.6%となっている。数が一番多い小規模保育では営利法人51.1%、その他法人21.4%、社会福祉法人18.2%、個人などその他7.2%となっている。多い方から社会福祉法人53.9%、公立27.5%、営利法人9.2%となっている保育所との大きな違いである[2)]。

保育所と違って保育は保護者との直接契約で市町村からの保育委託でないため、市町村から支払われる運営費には使途規制はかかっていない。そのため事業者は利益を確保するために人件費等を低く押さえる誘因が働きやすいことが指摘されている。家庭的保育や小規模保育は私立保育所と比較して10%以上人件費比率が低い●図表1-2I1。

政府は「都市部では、認定こども園等を連携施設として、小規模保育等を増やすことによって、待機児童の解消を図り、人口減少地域では、隣接自治体の認定こども園等と連携しながら、小規模保育等の拠点によって、地域の子育て支援機能を維持・確保することを目指す。」[3)] と小規模保育を積極的に推進しているが、人件費比率の低さとあわせて保育の質の確保に課題が大きい。

図表 1-2I2　地域型保育事業の件数

	2016年（＊1）	2021年（＊2）	増加率	営利法人割合
家庭的保育事業	958	851	-11%	4.3%
小規模保育事業（小計）	2,429	5,724	136%	51.1%
（A 型）	1,711	4,855	184%	52.2%
（B 型）	595	777	31%	46.7%
（C 型）	123	92	-25%	31.5%
居宅訪問型保育事業	9	13	44%	53.8%
事業所内保育事業	323	653	102%	35.1%
計	3,719	7,241	95%	44.1%
（参考）保育所等（*2）	26,265	29,995	14%	9.2%

＊1 厚生労働省「地域型保育事業の件数について（平成28年4月1日現在）」
＊2 厚生労働省「社会福祉施設等調査」（2021年）

●小規模保育
― 無認可施設を認可事業とするために創設

社会保障審議会少子化対策特別部会第一次報告（2009年２月24日）では「認可外保育施設の質の引上げ」の方策の１つとして「家庭的保育（保育ママ）事業に加え、新たな小規模保育サービス類型を創設」することを提案した。「在所児童数が20人以下の施設が半数以上を占め」、「設置主体の約６割が個人と、個人立の小規模な施設が多数」の無認可施設を公的保育サービスに組み込むためのものである。「最低基準の確保」を掲げたにもかかわらず、認可保育所と比べて人員の資格要件が緩い、面積基準は従うべき基準でなく標準とされるなど低い基準となっている。

当時、「『公的保育サービス』の対象範囲に基準を下回る施設を入れることは、保育の質を引き下げることにつながるため、容認できない。」[4)] との意見もでていたが、ほとんど顧みられることはなかった。

●地域型保育の課題

地域型保育は原則０～２歳児を対象としており、３歳になった最初の３月で卒園することになる。そのため、保護者の多くは３歳以降の「保活」への不安を抱えている。実際、事業者の15.9%が過去に預かり先が見つからなかったと回答をしている[5)]。卒園者への保育の保障は喫緊の課題である。

地域型保育事業者（保育所型事業所内保育を除く）は①保育内容の支援、②卒園児の受け入れ、③代替保育の提供のため保育所等を連携施設として確保するよう義務づけている。ところが②卒園後の受け入れ先となる連携施設を確保している地域保育事業者は79.4%にとどまっている[6)]。連携施設を確保した事業者が100%でないのは、連携施設の確保が著しく困難な地域では2025年３月31日まで連携施設の確保が猶予されているためである。

卒園児を受け入れる連携施設は保育所とは限らない。また、受け入れ先となるはずの連携施設の定員に空きがなければ受け入れることはできない。児童福祉法は市町村に保育実施義務を課している。市町村は事業者・保護者任せにせず連携施設の確保など地域型保育卒園者の保育継続ができるよう体制構築が求められる。

●小規模保育の年齢制限の規制緩和

小規模保育は本人や地域の実情に応じて３歳以上児も特例的に入所できるが、原則０～２歳児を保育する施設である。施設定員が19人までで、職員配置を考えると３歳以上児の受け入れは少人数にならざるをえない。集団での遊びや活動が重要となる時期に３歳以上児の集団保育を充実させることは難しい施設である。

新制度がスタートした翌年の2016年に、待機児解消のために小規模保育の年齢規制の撤廃を求める提案が行われた[7)]。厚生労働省は待機児童の中心は０～２歳児であり３歳以上児を受け入れることで０～２歳児待機の解消が遅れる、集団的保育のためには一定の規模が必要であること等を理由に抵抗をしたが[8)]、2017年に国家戦略特区法が改正され、国家戦略特区において、事業者判断で年齢別定員設定もできる規制緩和（国家戦略特区特例小規模保育）が行われた。現在、千葉県成田市、大阪府堺市、兵庫県西宮市が指定を受けている。

国家戦略特区特例小規模保育の事業者の３歳以上の定員充足率は成田市０％（利用児童数０人／定員３人）、堺市94％（同79人／84人）、西宮市36％（同20人／56人）となっている[9)]。このように小規模保育で３歳以上児保育のニーズは極めて少ない。にもかかわらず、国家戦略特区方針が国家戦略特区の規制緩和は全国展開するとしているため、内閣府はこの規制緩和の全国展開を狙って厚生労働省に協議を求めた。厚生労働省は集団的保育が難しいこと、2017年当時と比べ待機児童数が大幅に減るなど状況が大きく変わっており待機児対策として意義が乏しい、保育の質の観点から全国展開をするべきではないと主張[10)]。その結果、この規制緩和はそのままの形では全国展開されなかった。内閣府の要求に対して、こども家庭庁は、事業者向けFAQの小規模保育の特例保育に関する項目に「集団生活を行うことが困難である場合」という例示を追加した[11)]。これは現在でもできることを明示したにとどまり、現在の小規模保育に関する法律等の枠組みに変更はない。

（岩藤智彦）

1）同一施設内で複数の家庭的保育を実施する形態
2）割合は厚生労働省「社会福祉施設等調査」（2021年）から計算
3）内閣府子ども・子育て本部『子ども・子育て支援新制度について』2022年７月
4）第６回社会保障審議会少子化対策特別部会保育第二専門委員会（2009年11月24日）資料１
5）米倉裕希子、永井久美子、佐藤知子『小規模保育及び家庭的保育の事業者及び保護者調査からみる地域型保育の現状と課題』（関西福祉大学研究紀要、2019年３月号）
6）厚生労働省『家庭的保育事業等の連携施設の設定状況について（令和２年４月１日時点）』
7）認定NPO法人フローレンス代表理事 駒崎弘樹『「小規模保育の年齢規制の緩和による、待機児童解消の加速案」のご提案』（2016年６月９日国家戦略特区ワーキング提出資料）
8）国家戦略特区ワーキンググループ議事要旨（2016年７月11日）など
9）国家戦略特区ワーキンググループ厚生労働省提出資料（2022年10月24日）
10）同上
11）『小規模保育事業における３歳以上児の受入れについて（通知）』（2023年４月21日こども家庭庁成育局長通知）

2 保育制度・政策の原理と動向

J　企業主導型保育事業

●企業主導型保育事業の概要と創設の経緯

企業主導型保育事業は、認可外保育施設に対して事業主拠出金を財源に認可保育所並みの運営費を補助する事業である。事業主拠出金が補助の財源であるため、事業主拠出金の対象である厚生年金加入者（従業員）の子どもを受け入れる従業員枠を設けることが必須で、それ以外の子どもを受入れる地域枠を設けることができるが、全定員の50％以内とされていた。2017年の規制改革推進会議第二次答申で待機児童問題解決のため地域枠上限の引き上げを求められ、現在は、従業員枠定員が１人でもあれば良いことになっている。企業の従業員を受け入れることから企業主導型保育と呼ばれるが、多くの施設は、市中の普通の保育施設と実態は変わらない。施設基準の概要は●図表1-2J1の通りである。

企業主導型保育事業は2022年３月31日時点で4,489施設が助成決定を受け、定員107,815人となっている。定員に対して施設を利用している子どもの割合（定員充足率）は2023年１月時点で79.4％となっている。

企業が単独で設置をする①単独企業設置型（659施設）―１つまたは複数の企業が設置した施設を複数の企業が共同で利用する、②共同設置・共同利用型（2,472施設）―保育事業者が設置した施設を１つまたは複数の企業が共同で利用する、③保育事業者設置型（1,358施設）、の設置形態に分かれている。①②は事業主設置なので事業所内保育施設のように思われるが、保育事業者が自らの従業員枠を設けて設置主体となるなど保育事業者設置型と変わらないものも少なくない。

企業主導型保育事業は、子ども・子育て支援新制度（以下　新制度）が始まった2015年11月６日に安倍総理（当時）が20代若者との懇談会で、待機児童対策のために保育施設の整備目標を10万人上乗せすると発言し

図表 1-2J1　企業主導型保育事業の運営・設置基準

		子ども・子育て支援新制度の事業所内保育事業		企業主導型保育事業	認可外保育施設 認可外保育施設指導監督基準
		定員 20 人以上	定員 19 人以下 （小規模保育事業と同様）		
職員	職員数	０歳児　3：1 （1・2歳児　6：1 3歳児　20：1） 4・5歳児　30：1 最低２人配置	保育所（定員 20 人以上）の配置基準＋１名以上 最低２人配置	保育所（定員 20 人以上）の配置基準＋１名以上 最低２人配置	０歳児　3：1 （1・2歳児　6：1 3歳児　20：1） 4・5歳児　30：1 最低２人配置
職員	資格	保育士 ※保健師、看護師又は准看護師のみなし特例（１人まで）	保育従事者（½以上保育士） ※保健師、看護師又は准看護師のみなし特例（１人まで） ※保育士以外には研修実施	小規模保育事業B型と同様★ ※保育士以外には研修実施 （研修修了予定者等を含む）	保育従事者（⅓以上保育士） ※看護師、准看護師でも可 ※1日に保育する乳幼児6人以上施設
設備・面積	保育室等	０・１歳児 乳児室　1.65 ㎡／人 ほふく室　3.3 ㎡／人 ２歳児以上 保育室又は遊戯室 1.98 ㎡／人	０・１歳児 乳児室又はほふく室 3.3 ㎡／人 ２歳児以上 保育室又は遊戯室 1.98 ㎡／人	原則、事業所内保育事業と同様 ※認可外基準は遵守	保育室　1.65 ㎡／人 ※０歳児は他年齢の幼児の保育室と別区画
設備・面積	屋外遊戯場	２歳児以上　3.3 ㎡／人	２歳児以上　3.3 ㎡／人	原則、事業所内保育事業と同様	―
処遇等	給食	自園調理 （連携施設等からの搬入可） 調理室 調理員	自園調理 （連携施設等から搬入可） 調理設備 調理員	原則、事業所内保育事業と同様 ※認可外基準は遵守	自園調理（外部搬入可） 調理室 調理員

資料：内閣府「仕事・子育て両立支援事業の概要（企業主導型保育）」（下線部は筆者が追加）
★2020年度より、保育事業者設置型事業を実施する場合、定員20名以上の施設については¾以上の保育士配置が必要

たことで急浮上し、同年11月26日の一億総活躍国民会議の『一億総活躍社会の実現に向けて緊急に実施すべき対策』に「事業所内保育所など企業主導型の保育所」が盛り込まれた。翌2016年の通常国会に企業主導型保育を導入するための子ども・子育て支援法（以下　支援法）改正法案を提出、３月31日に改正法成立、翌４月１日施行と極めて慌ただしいスケジュールで実施された。

2017年に打ち出した「子育て安心プラン」で、国は企業主導型保育事業を待機児童対策に位置づけ、2018年度から子ども・子育て支援事業計画の保育確保措置とすることを認めた。これは、最低基準が定められた認可保育施設と認可外保育施設を公的保育制度の下で同等のものと位置づけることにほかならない。

2023年１月、最終的には定員11万人とされた整備目標をほぼ達成していること、待機児童の全国的減少を理由に、2022年度以降の新規募集や定員増は行なわないことが内閣府より発表された。

●公的保育制度基準の実質的な切り下げ

企業主導型保育は「児童福祉法第59条の２第１項に規定する施設（同項の規定による届出がされたものに限る。）…の設置者に対し、助成及び援助を行う事業」（支援法第59条の２第１項）と定義されている。児童福祉法第59条の２第１項に規定する施設とは認可外保育施設のことである。すなわち企業主導型保育事業とは届出を行なった認可外保育施設に対する施設整備費や運営費補助をおこなう事業である。都道府県は認可外保育施設である企業主導型保育に対して定期的な指導監査、報告徴求、立入調査等、是正勧告・命令・事業の停止や事業の廃止を行なうことができる。また都道府県には年１回の立入検査も義務づけられている。

企業主導型保育は事業所内保育を目的とする事業と定義されているので、認可事業の事業所内保育と比較されるが、その補助を受けるために満たすべき基準（以下　補助基準）は小規模保育B型を参照して設定されている。認可事業である事業所内保育における定員20人以上の施設の最低基準は認可保育所と同じだが、企業主導型保育は認可保育所と同じ基準を採用していない。

企業主導型保育の施設は乳児室又はほふく室、保育室又は遊戯室、屋外遊戯場、調理室を備えることが求められている。また給食の外部搬入が認められており（２歳児以下の乳幼児に食事の提供を行なう場合は連携施設からのみ）、その場合は調理室の設置に代えて調理のための加熱、保存等の整備を設置することができる。

保育者は、$\frac{1}{2}$までは保育士資格者でなくても良いとされている。定員20人以上の保育事業者設置型は、2020年度より$\frac{3}{4}$以上は保育士であることが必要となっている。

●財源と保育料

企業主導型保育は支援法の事業主拠出金を財源としている。2016年の支援法の改正で事業主の拠出金上限を0.1%引き上げ、標準報酬の0.25%とした。さらに2018年には事業主拠出金の使途を３歳未満児の認可保育所等にも拡大し、拠出金上限を0.25%から0.45%に引き上げた。

企業主導型保育の施設整備費に対しては認可保育所整備費基準額相当額の$\frac{3}{4}$（補助率は認可保育所と同じ）、運営費に対しても認可保育所と同程度の補助が実施される[1)]。基本分単価を比較すると企業主導型保育の方が高めとなっている●図表1-2J2。

企業主導型保育事業は国の直接補助ではなく、児童育成協会を通じた間接補助である。運営費補助には使途規制はかかっていない。

認可保育所等と違って利用に市町村は関与せず、利用希望者は各施設に直接申し込む。

保育料も各施設が設定するのが基本だが、国からは標準的な利用料の金額●図表1-2J3が示されている。認可保育所と違って所得に応じた保育料設定は求められていない。

「保育を必要とする」３～５歳児と住民非課税世帯の０～２歳児は幼児教育・保育「無償化」の対象となっている。ただし、認可保育所等と違って、標準的な利用料の金額が減額されるだけで、保育料負担がゼロになることは制度的に保障されていない。

●不十分な審査・監督体制による問題が相次ぐ

2018年の後半、多額の助成金に頼った放漫経営による定員割れや閉鎖など企業主導型保育事業の問題が表面化、不正受給も相次ぎ、詐欺事件で逮捕者も出た。内閣府の調査[2]でも2016～17年に助成決定された2,736施設のうち、取りやめ252施設（うち運営開始前が214）、取り消し２施設、事業譲渡44施設、破産・民事再生10施設、休止12施設、定員充足率は22.3％（2017年３月）と杜撰な実態が明らかとなっている。2019年には会計検査院から定員充足率の低さが指摘され、改善を求められた。

国会でも補助実施機関の児童育成協会の審査体制や、指導監査の外部委託先が企業主導型保育に関わっており利益相反関係にあること、最低基準が低いこと、自治体との連携がほとんどないこと、などが大きな議論となった。

これらを受けて、内閣府は有識者による検討委員会を立ち上げ、2018年３月に報告が取りまとめられ、①新規参入者は５年以上の保育事業実績がある者に限る、②保育事業者設置型の定員20名以上の施設は保育士割合を$\frac{3}{4}$に引き上げる、③審査は書面審査に加えて面接・現地調査を行なう、④安定的な運営確保のために意向調査等のデータを求める、⑤補助実施機関において審査や監査の専門人材の確保などの充実をはかる。監査を外部委託する場合は利益相反が起こらない措置が必要、⑥自治体との連携の強化、⑦補助実施機関を改めて募集すること、などが示された。

2019年には補助実施機関の再公募が行なわれたが、児童育成協会が継続することになり、内閣府は「児童育成協会に対する附帯条件」を付して再委託を行なった。協会は監査に関する内部体制の強化を図っていると説明しているが、現在でも監査の外部委託は行なわれている（委託先は、アデコ株式会社）。

2021年度の立入検査では実施4,147施設に対して、指摘事項があった施設が2,676施設（64.5％）で、うち開所時間の全てにおいて必要な保育従事者数を配置することという指摘を受けたものが9.1％（2020年度調査は2.2％）となっている。

事業実施に国が直接責任を負わない体制、保育の質の問題など、様々な問題が未解決であり、制度を廃止し認可保育所への移行を行うなど、抜本的な見直しが必要である。

（岩藤智彦）

1）内閣府子ども・子育て本部・企業主導型保育事業パンフレット「会社がつくる保育園」
2）内閣府子ども・子育て本部『企業主導型保育事業（平成28年度・29年度助成決定分）の検証について』2019年４月26日

図表 1-2J2　認可保育所と企業主導型事業の基本分単価

（円）

	乳児	1、2歳児	3歳児	4歳児以上
企業主導型保育	264,510	177,070	107,590	98,960
認可保育所	241,480	162,570	99,080	91,190

※ 20/100 地域、30 人定員。企業主導型は 1 日 11 時間、週 6 日開所、保育士割合 100%。

図表 1-2J3　2019 年 10 月以降の標準的な利用料の金額

4歳以上児	3歳児	1、2歳児	0歳児
23,100 円	26,600 円	37,000 円	37,100 円

出典：内閣府『企業主導型保育施設の無償化に関する説明資料』から

2 保育制度・政策の原理と動向

K 保育所と多様な保育の受け皿
制度や条件・基準の統一を

2015年度からはじまった、子ども・子育て支援新制度では、保育を必要としている子どもの受け皿は、従前からの（認可）保育所に加え、各種認定こども園や、小規模保育事業などの地域型保育事業と多様化している。

●図表1-2K1は、2022年４月１日現在の保育所等の利用児童数などを示したものである。

2015年度以降、認可保育所は減り、各種こども園や小規模保育等が拡大する傾向がある。それでも、保育を必要としている２・３号認定児のうち、保育所の利用者数は196万833人で、総数272万9,899人の72％と約$\frac{3}{4}$を占めている。この間の保育需要の増大は、低年齢児の保護者の就労を保障することを求めるものであり、それは、まさに保育所入所を求める需要とされてきた。

にもかかわらず、この間の政策動向をみると、待機児童対策はじめ今後の保育施設は、保育所以外の施設が中心であるかのような雰囲気が醸成されている。厚生労働省が示した図表も、認可保育所を少なく見せるような意図的な切り取られ方がされているといえる。

幼児教育の質向上を求める保護者等の声が強いというなら、なぜ保育所でもそれを可能とする制度や条件整備がなされないのであろうか？待機児童対策として受け皿拡大のために国が力を注いでいる小規模保育事業などは、３歳時点での転園を前提とし、保育所よりも下回る条件設定を容認している。大半の保護者からは、保育所入所がかなわない際の次善策として扱われているといえる。子ども間の平等性を確保するためには、そうした施設における条件の引き上げ、基準の統一が課題になるべきである。

表面的な動きにとらわれることなく、制度・政策のあり方を問いながら、施設の動向を評価・検討すべきと考える。

（逆井直紀）

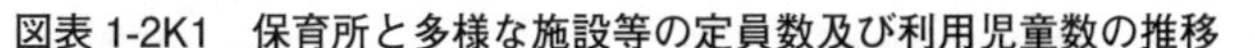
図表 1-2K1　保育所と多様な施設等の定員数及び利用児童数の推移

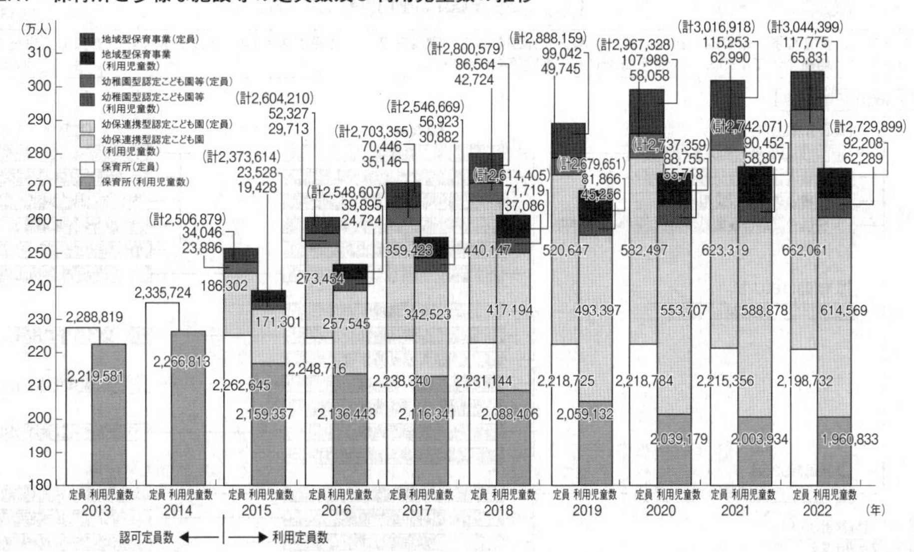

資料：厚生労働省「保育所等関連状況取りまとめ（令和４年４月１日）」より作成（2022年８月30日）

2 保育制度・政策の原理と動向

L　スタートしたこども家庭庁の概要

●スタートしたこども家庭庁

2023年4月からこども家庭庁が、内閣府の新しい外局として発足した。●図表1-2L1は、その組織体制を示したものである。

こども家庭庁は長官をトップに、こども政策全般の企画立案、総合調整を担う官房、母子保健や保育行政を扱う成育局、虐待問題や社会的養護ひとり親家庭への支援などを担う支援局の1官房2局体制である。

保育所などの制度・施策を担うのは、成育局の保育政策課だ。施設等の基準や公定価格、待機児童問題などを扱う。また、同課に置かれる認可外保育施設担当室が、企業主導型保育事業などを担当する。

こども家庭庁は、これまで各省庁がおのおの担ってきた子ども関連施策を、統一的に扱うことをめざして組織されたものだが、子どもに関わる制度・政策として大きな比重を占める教育分野は、依然として文部科学省が担うことになっている。したがって就学前の子どもの育ちに関する施設のうち幼稚園だけは、文科省が他の学校制度と同じように担当することになった。

保育や幼児教育の内容面でも、こども家庭庁として文科省との調整が必要なようで、その任にあたるのが育成基盤課である。文科省が担う幼稚園教育要領との整合性をつけつつ、保育所保育指針や幼保連携型認定こども園教育保育要領の改定などを担当するとしている。

また、学童保育（放課後児童健全育成事業）は、成育環境課が担当する。

●今後の動向に注視

こども家庭庁では、今後、こども基本法に基づき、幅広いこども施策に関する今後5年

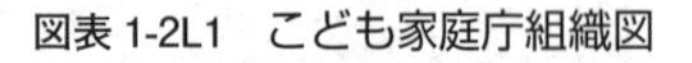
図表 1-2L1　こども家庭庁組織図

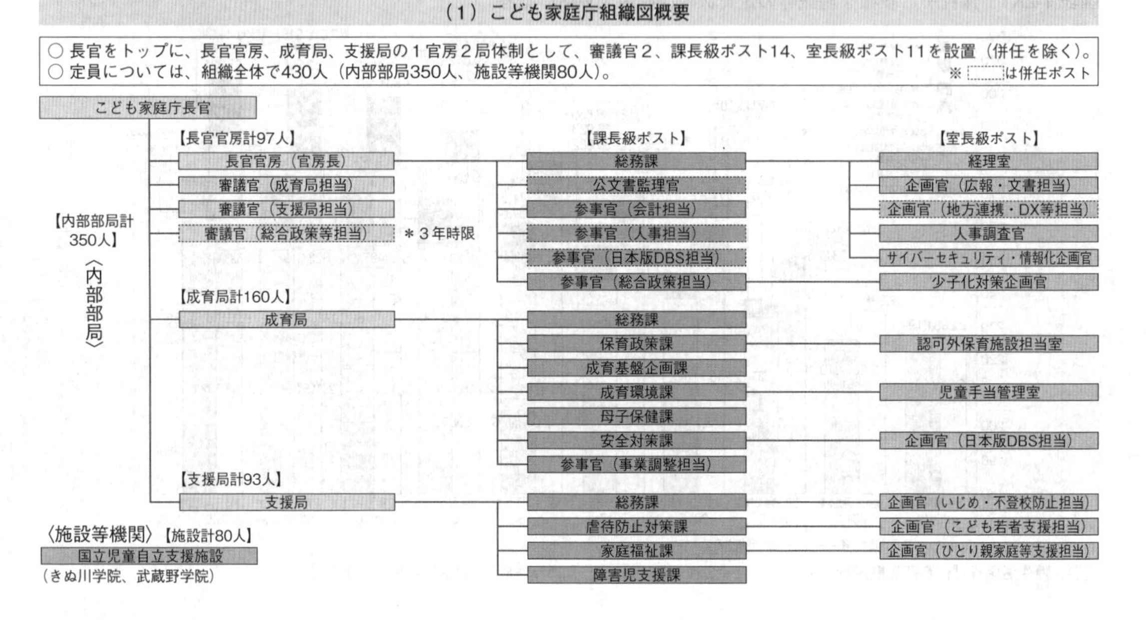

程度を見据えた中長期の基本的な方針や重要事項を一元的に定めるこども大綱を、2023年末を目途に策定するとしている。さらに保育に直接関わって「幼児期までのこどもの育ちに係る基本的な指針（仮称）」の策定も企図されており、今後の動向に注視する必要がある。

（逆井直紀）

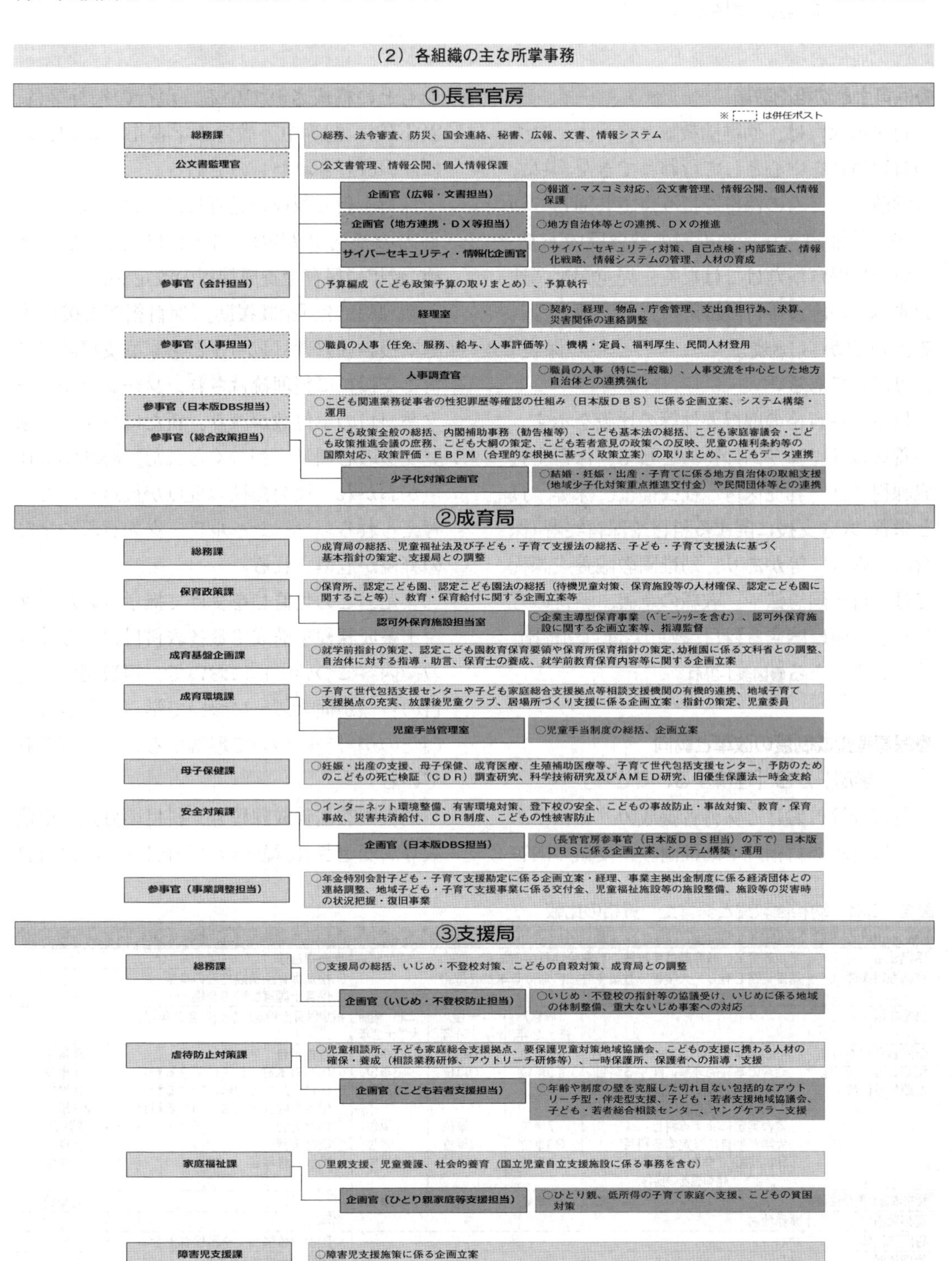

出所　こども家庭庁 Web サイト https://www.cas.go.jp/jp/seisaku/kodomo_seisaku_suishin/pdf/r5_sosiki_gaiyou.pdf　2023.6.22 現在

2 保育制度・政策の原理と動向

M 幼稚園教諭・保育士・「保育教諭」とキャリアパス

保育者の資格と養成（1）

●保育士と幼稚園教諭

日本の保育は、幼稚園教諭と保育士、2つの有資格者を中心として行われてきた。共に、就学前の子どもの保育を担う点で共通しているが、幼稚園教諭は幼稚園の教育職であり、保育士は保育所だけではなく、児童福祉関連のすべての施設や行政機関などで必要とされる、0歳から18歳までの「子どもの保育」の専門職である。

以下に各資格の取得要件等の比較を示す。

養成カリキュラムの特徴として、保育士養成課程には、乳児保育、社会福祉、保健、食と栄養、家庭支援に関する科目や保育実習（保育所・施設）等があり、幼稚園教諭養成課程では、日本国憲法や、教職の意義、教育の方法及び技術に関する科目、教育実習（幼稚園）等が必修である●図表1-2M1。

●保育者養成制度の改革と動向
―「学ぶ」から「理解する、できる」へ

養成校等における保育者養成カリキュラムは、保育所保育指針や幼稚園教育要領の内容をもとに構成されている。現行の指針等は、2017年、初等中等教育の学習指導要領改訂に伴い改訂されたものである。

保育士養成課程の見直しについては、厚労省内の検討会が2017年12月に報告をまとめ、翌年に保育士養成課程の改定が行われた。

新課程では「相談援助」「保育相談支援」「家庭支援論」の3科目が「子ども家庭支援論」「子育て支援」に整理統合され、ソーシャルワーク系科目の単位数が減り、新たに「子ども家庭支援の心理学」がつくられた。心理学に比重がおかれ、社会福祉の視点が後退したとも考えられる。ソーシャルワークの意義や学びの軽視が危惧される。

また、この見直しを受けて提示された「保育士養成課程を構成する各教科目の目標及び教授内容について」において、複数個所で科目の目標が従来「～について学ぶ」とされていたのが「～について理解する」と改訂されている。

幼稚園教諭養成課程も、科目の分類、単位数等が変更され、従来の「教科に関する科目」

図表 1-2M1　幼稚園教諭と保育士　資格の比較

資格の名称	幼稚園教諭　幼稚園教諭免許状				保育士　保育士資格
準拠法令	学校教育法　教育職員免許法　教育公務員特例法				児童福祉法
資格取得条件	基礎資格を有し、大学等で教員免許法に定める単位を取得				①指定保育士養成施設の卒業 ②保育士国家試験の合格
修業年限		（専修）修士２年	（一種）学士４年	（二種）短期大学士２年	指定保育士養成施設の場合２年以上
養成課程における科目区分（系列）と履修単位数	○領域及び保育内容の指導法に関する科目 ○教育の基礎的理解に関する科目 ○道徳、総合学習の時間等の指導法及び生徒指導、教育相談等に関する科目 ○教育実習に関する科目 ○大学が独自に設定する科目 ○日本国憲法、体育、外国語コミュニケーション、情報機器の操作	16単位 10単位 4単位 7単位 38単位 8単位	16単位 10単位 4単位 7単位 14単位 8単位	12単位 6単位 4単位 7単位 2単位 8単位	○教養科目　8単位 ○保育の本質・目的に関する科目　14単位 ○保育の対象の理解に関する科目　9単位 ○保育の内容・方法に関する科目　20単位 ○保育実習　6単位（実習4、演習2） ○総合演習　2単位 ○選択必修科目　9単位
資格取得必要単位数	合計	83単位	59単位	39単位	68単位
資格独占	業務独占				名称独占
専門職団体	なし				全国保育協議会　全国保育士会
倫理綱領	なし				全国保育士会倫理綱領

資料：教育職員免許法施行規則・児童福祉法施行規則より作成

が「領域及び保育内容の指導法に関する科目」に変わった[1]。また「教職課程の意義及び編成の方法」に「カリキュラム・マネジメントを含む」という文言が加えられた。

幼稚園教諭養成課程には、2017年３月「幼稚園教諭の養成課程のモデルカリキュラムの開発に向けた調査研究―幼稚園教諭の資質能力の視点から養成課程の質保証を考える―」において、モデルカリキュラムが示されている。このモデルカリキュラムにおいても、随所に「理解する」「身に付ける」という文言が目立つ。

背景には、2019年から実施された教職課程コアカリキュラムがある。これは、全国すべての大学の教職課程で共通して修得すべき資質能力を到達目標として明示化することを定めたもので、幼稚園教諭を養成する大学にとどまらず、幼稚園教諭養成課程と保育士養成課程を併設する養成校も、教職課程コアカリキュラムと「保育士養成課程を構成する各教科目の目標及び教授内容」の両方を踏まえてシラバスを作成することになっている[2]。

コアカリキュラムには、初任者として現場で働くまでに必要な「実践的指導力」を卒業時までに身に着けさせるねらいがあり、科目ごとに「一般目標」と「到達目標」が設定されている。

保育士養成課程見直しにおいては、「実践力」という言葉が頻出しており、その定義は明確にされていない。しかし、コアカリキュラムにおける「実践的指導力」に関する記述を鑑みれば、新任者が現場ですぐに１人の人員として保育の即戦力となることが求められ、そのために、「～を学ぶ」という悠長な目標ではなく、「理解する」「できる」という到達目標を定める必要があるという考えが読み取れる。今回の指針等の改訂の核心である「幼児期の終わりまでに育ってほしい姿」は「到達目標ではない」とされている一方、保育者養成課程では学生たちに、到達目標を押し付けているのである。

乳幼児期の教育と、保育者養成教育は対象が異なるのだから、到達目標があるのは当然だという意見もあるだろう。しかし、養成課程で「～を学ぶ」余地すら許されず「～を理解する」「～ができる」ことに駆り立てられる教育を受けながら、自身の保育には「到達目標」ではない見方をすることができるか疑問である。

各養成校では、コアカリキュラムに基づき、よりいっそう到達目標の設定とシラバスのチェックが、教職員に厳しく課せられるようになっている。こうした動きに伴い、養成内容の統制が強化されることには注意を払う必要がある。学生が学びの主体となれるよう、養成カリキュラムや教育内容は学生と教員で自主的に創造されるようにするべきと考える。

●保育士　資格と養成の現状と課題

保育士資格は、児童福祉法により、０歳から18歳までの「保育を必要とする子ども」を対象として保育を行うことができる国家資格である。指定保育士養成施設を卒業した者や保育士試験に合格した者が申請し、都道府県知事から保育士登録証の交付を受けた者を保育士という。全体の９割は保育所保育士として働いているが、児童養護施設等の社会福祉関連施設でも、子どもの成長発達に直接関わる職員として求められる役割と専門性は大きい。2021年４月１日現在、保育士の登録者数は1,722,679人で[3]、保育士登録者数は年々増加している。しかしながら、2020年10月１日の時点で、従事者数は645,000人で[4]、いわゆる「潜在保育士」が多く、保育士の成り手不足は深刻である。

保育士試験は2016年度より年１回から２回になり、合格者は増加傾向にある。保育未経験者も受験できるうえ、現場実習を必要としていないことから、保育士として働き始めた際に、養成校出身者との経験の差が表れかねない。国家戦略特区法により、2015年度から４府県で行われている地域限定保育士（合格後３年間はその自治体でしか働けない）試験が実施されている。2023年度は神奈川県と大阪府が実施予定である。

●幼稚園教諭　資格と養成の現状と課題

幼稚園教諭を取得する人は、減少傾向にある（2020年度46,384人、2021年度44,455人、2022年度43,510人[5)]）。公立私立それぞれが実施する教員採用試験を受験するが、文部科学省「幼児教育の現状」（2020年）[6)]によれば、免許取得者は幼稚園以外に就職する傾向がある。幼稚園・認定こども園への就職率は約27％で、若年離職者も多く、定着が課題である。同資料によれば、2018年２月の幼稚園教諭の有効求人倍率は３倍を超え、保育士と変わらない。幼稚園においても働く人は不足している。

幼稚園教諭には、教員の研修制度として「新規採用教員研修」等がある。

●「保育教諭」の現状と課題

新制度実施を機に新たに法定化した幼保連携型認定こども園では「園長及び保育教諭」を必置とした。「保育教諭」は、幼稚園教諭の普通免許と保育士資格を併有している者をいい、幼保連携型認定こども園独自の職名にすぎない。既存の保育所や幼稚園が幼保連携型認定こども園へ「円滑に」移行できるよう、資格について特別措置を設けた。

2021年４月時点で、幼保連携型認定こども園の数は全国で6,093園で、その職員の約９割がすでに併有[7)]であるが、子ども・子育て支援新制度の施行後５年間（2019年度末まで）に限り、いずれか一方の免許状・資格のみで「保育教諭」となることができるとした特例が現在も延長され続けている。

また、幼稚園や認定こども園や保育所等での実務経験が３年以上ある、幼稚園教諭のみの有資格者が保育士資格を取得する場合や、保育士のみの有資格者が幼稚園教諭を取得する場合、大学や養成施設での８単位の履修で取得できる特例もある。この特例も2014年から５年の期間が定められたが、さらに５年延長（2024年度末まで）となっている。さらに2023年度から、３年の実務経験に加え、幼保連携型認定こども園で保育教諭として２年間の実務経験がある者は、６単位の履修で取得できるようになった。

●処遇改善とキャリアパス（現職研修）

2017年２月「子ども·子育て会議」で「技能と経験に応じた保育士等の処遇改善等について」が示され、処遇改善等加算Ⅱが制度化された。加算の対象として副主任や職務分野別リーダー等の職階が設定され、対象者には「保育士等キャリアアップ研修ガイドライン」に基づいた研修の受講が義務づけられようとしている。研修の実施主体は各都道府県で、受講履歴は研修修了者名簿で管理され、研修を受けた所在地以外の都道府県でも効力を有するものとし、継続的なキャリアパスが目的とされている。賃金への反映には各園の裁量を認めたが、保育所には新たな階級制が導入されることとなった。幼稚園教諭（民間）についても同様の制度がある。処遇改善と紐づけられ、内容が定められたキャリアアップ研修は、現場の負担にもつながっており、自主研修の機会が奪われかねない。（川島　薫）

1）文部科学省「教育職員免許法等の改正と新しい教職課程への期待」2018年12月20日
2）全国保育士養成協議会「幼稚園教諭養成課程と保育士養成課程を併設する際の担当者及びシラバス作成について」2018年５月18日
3）厚生労働省「保育士資格関係資料」2022年５月23日、第１回保育士養成課程等検討会参考資料２
4）厚生労働省「令和４年版　厚生労働白書」
5）文部科学省「令和３年度教員免許状授与件数等調査結果について」
6）2020年２月17日　文部科学省「第８回　幼児教育の実践の質向上に関する検討会」資料「幼児教育の現状」
7）内閣府「認定こども園に関する状況について（令和４年４月１日現在）」2023年３月24日

2 保育制度・政策の原理と動向

N　子育て支援員、家庭的保育者、放課後児童支援員など
保育者の資格と養成（2）

国は、多くの潜在保育士がいるにもかかわらず、保育士不足を理由に、直接子どもの保育を担う、多様な「補助的な資格」をつくりだしている。この「資格」は、保育士・幼稚園教諭に比べ、短時間の研修受講で取得できる。これらの制度は「保育の質」確保のためとされているが、「補助的な資格」の現場への導入誘導は「保育士が保育を担う」という公的保育制度の大原則を揺るがすものである。

●子育て支援員

子育て支援員は、2015年５月厚生労働省雇用均等・児童家庭局長通知「子育て支援員研修事業の実施について」に添付された「子育て支援員研修事業実施要綱」で創設された。

国家資格ではなく、制度上の位置づけも不明確だが、全国で有効な「資格」とされている。

保育や子育て支援の仕事に関心を持ち、子育て支援の各事業に従事することを希望する者が、各自治体で開催する「子育て支援員研修」を修了することで得られる●図表1-2N1。

子育て支援員が働く分野は、広く設定されている。研修の受講・修了が従事者要件とされているのは、小規模保育の保育従事者・家庭的保育の家庭的保育補助者・一時預かりの保育従事者である。また、研修受講が推奨されているのは、ファミリー・サポート・センターの提供会員・放課後児童クラブの補助者・社会的養護の補助的職員である。導入のインセンティブ（経済的誘導）として、例えば、国は2016年、保育所の保育士不足対応策の特例として、朝夕の保育士２名の内１名と、配置基準を超えた保育者は、子育て支援員で代替できるとした。施設に対して、保育補助者として雇う際の補助金制度も設けている。2015・16年度の研修受講（予定）者数は、全国でそれぞれ18,645人、47,408人である[1)]。制度実施から７年を経ているが、これ以降は全国的な研修実績や就労状況などについて、国としては調査していない。

図表 1-2N1　子育て支援員研修の体系

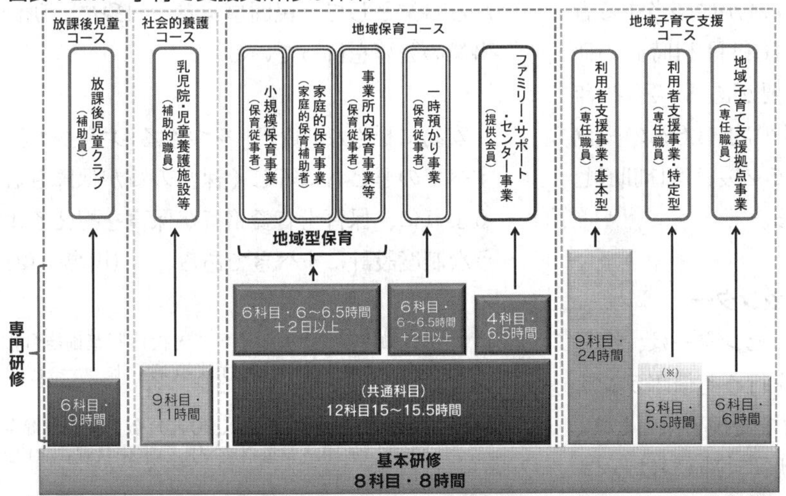

※「利用者支援事業・特定型」については、自治体によって、実施内容に違いが大きい可能性があるため、地域の実情に応じて科目を追加することを想定。
注）主な事業従事先を記載したものであり、従事できる事業はこれらに限られない（障害児支援の指導員等）。
注）二重線枠は、研修が従事要件となる事業。実線枠は、研修の受講が推奨される事業。
資料：厚生労働省「子ども・子育て支援体制整備総合推進事業」

●家庭的保育者

家庭的保育者は「保育ママ」などの名称で、低年齢児を保育者の自宅等の「家庭的」環境のなかで保育を実施してきた。

2010年の児童福祉法一部改正で、家庭的保育者及びその補

助者として、また、2015年の子ども・子育て支援法で、0歳から3歳未満（2017年の国家戦略特区法の改正により、特区内では3歳以上も可）までの子どもの小規模保育「家庭的保育事業（自宅以外可、10人まで可）」として、国の制度に位置づくことになった。

厚生労働省令（2014年第61号）では、家庭的保育者は、①「市町村長が行う研修（市町村長が指定する都道府県知事その他の機関が行う研修を含む）を修了した保育士又は保育士と同等以上の知識及び経験を有すると市町村長が認めた者」、②「保育を行っている乳幼児の保育に専念できる者」とある。共に保育にあたる「家庭的保育補助者」は、子育て支援員が従事要件となっている。

●放課後児童支援員

学童保育「放課後児童健全育成事業（放課後児童クラブ）」は、1997年の児童福祉法一部改正で位置づけられた。2014年の厚生労働省令基準により「放課後児童支援員」という「資格」が定められ、1施設有資格者2名配置が「従うべき基準」とされたが、2020年に「参酌すべき基準」にされた。

放課後児童支援員は、保育士や社会福祉士、教諭などの有資格者、大学で一定の課程を履修した者など9項目のいずれかに該当する者が、都道府県が実施する16科目24時間の研修を受講し、修了する必要がある。2022年度は、放課後児童支援員の約93.6%の受講が確認されている[2)]。子育て支援員は「補助員」として働く時、推奨される。

●ファミリー・サポート・センター

ファミリー・サポート・センターは、会員相互で身近な育児の援助を行う有償ボランティア制度である。地域子育て支援事業として、子ども・子育て支援新制度に位置づけられ、2019年に無償化対象となった。それぞれの自治体がセンター運営の責任を担っている。対象児は乳児から学童期までとされ、基本的に提供会員は特別な資格は不要である。

提供会員の養成は団体独自の講習に任されているが、子育て支援員が提供会員になることが推奨されている。

●ベビーシッター

ベビーシッターは多様な保護者の要望に応えて、乳幼児の世話をする人をさす。そのあり方は多様だが、国は1994年にベビーシッター育児支援事業を創設し、事業として位置づけるようになった。2016年度からは、企業主導型ベビーシッター利用促進事業が始められ、2019年から「認可外の居宅訪問型保育事業」として、無償化の対象となった。認可外保育施設の指導監督基準においては、その従事者は、保育士又は看護師、一定の研修受講を要件とすることが適当であるとされているが、「無償化」においては2024年までの5年間は、基準を満たさない施設も対象となっている。この「一定の研修」とは各自治体や民間団体でのわずか20時間程度の講義と1日以上の演習が勧められている[3)]のみであり、このなかに「子育て支援員」の研修も含まれる。さらに国は、2023年度以降、ベビーシッターの研修機会の確保と資質向上にかかる事業として、民間事業者を対象に、研修事業の公募を行っている。

安易に様々な「資格」をつくるのではなく、すべての子どもに等しく保育の質が保障されるように、保育士有資格者が保育を担えるような制度設計にすべきである。　（川島　薫）

1) 厚生労働省「子ども・子育て支援体制整備総合推進事業」（平成29年度行政事業レビュー資料）2017年6月6日
2) 厚生労働省「令和4年（2020年）放課後児童健全育成事業（放課後児童クラブ）の実施状況」2022年12月23日
3) 内閣府・文部科学省・厚生労働省「幼児教育・保育の無償化について」2019年8月2日

2 保育制度・政策の原理と動向

O 保育所で働く職員

職種・雇用形態の複雑化・不安定化と、民主的職員集団の形成

●複雑な職種、雇用形態

近年、保育所で働く職員の職種は多様であり、雇用形態は大変に複雑でわかりにくくなっている。職種としては、保育士、保育補助者、看護師、調理員（栄養士、調理師等）、事務員、用務員等があげられる。さらに「子育て支援員」等の補助的な「資格」（71頁参照）保持、非保持の別もある。雇用形態としては、正規と非正規（正規・非正規の一律な定義はなく、施設により条件は異なるが、ここでは常勤かつ無期雇用者を正規、それ以外を非正規とする）があり、非正規の中には派遣職員、常勤、非常勤、有資格者、無資格者が混在している。

その上、2021年４月から、待機児童が発生している場合に限り、最低基準上の保育士定数として常勤１人に代えて短時間勤務の保育士２人を充てても差し支えないこととなり、子ども・保護者にとっては、担任保育士が次々と入れ替わることも起こり得る状況となっている。更に2023年４月21日付の通知[1]により、短時間勤務保育士と常勤保育士の定義が見直され、これまでより多くの保育士が常勤保育士とみなされる。同通知では「今般、保育士の勤務形態の多様化に対応し、保育士確保を円滑に行う観点から、最低基準上の保育士定数は、こどもを長時間にわたり保育できる常勤の保育士であることが原則であるとの考え方は維持」としているが、更なる規制緩和にもつながりかねない。

●貧しい基準、職員に多大な負担

保育所における最低基準（45頁）は国の施設基準をふまえ、都道府県等が条例で定める。その内容は極めて不十分であり、かつ地域間格差が著しい。

村山祐一は、全国の平均的保育所の保育士配置状況について、年齢別平均園児数（96人定員の園）を想定した場合、国基準の保育士数10人に対して、実態は平均19.1人（うち常勤正規は10.2人）と、約1.9倍の保育士が勤務していることを明らかにしている[2]。

職員の負担も甚大である。顕著な例として、時間外労働の常態化がある。例えば愛知県保育労働実態報告（2018）[3]における、名古屋市の認可保育所を対象とした調査によれば、時間外労働を過去１か月に行ったと回答した職員は、勤務時間前76.4%、休憩中77.7%、勤務時間後89.7%、持ち帰り78%となっている。

また、静岡自治労連が2019年に加盟自治体の保育園・こども園を対象に行ったアンケート[5]では、４月の１か月間に時間外労働を行った正規職員は、勤務時間前76.4%、勤務時間後が90.8%、持ち帰り88.9%で、休憩時間を自由に過ごせないと回答したのは正規職員の72.2%にのぼる。時間外勤務が慢性化する中で、正規職員の98.5%が時間外手当支給なしか一部しか支給されないと回答しているのも見過ごせない。

これらの例も示すように、最低基準通りの条件で保育を行うのは困難で、職員を加配している施設が財政上の工夫を強いられたり、職員の時間外労働（手当支給なし）等による疲弊が常態化している。

●支えなき多職種協同

保育所保育指針の食育や領域「健康」にお

いては「栄養士及び看護師等が配置されている場合は、その専門性を生かした対応を図ること」とされている。このように国は多職種協同を求めているが、その条件は整えていない。国は保育所に置くべき職種を「保育士、嘱託医及び調理員、ただし、調理業務の全部を委託する施設にあっては、調理員を置かないことができる」としている。すなわち、施設長、主任、保育補助者、栄養士、看護師は必置とされておらず、調理員も有資格者（調理師）の配置は義務ではない。

栄養士、事務員については国庫補助の仕組みの中で国が定める公定価格で手当てされているが、常勤雇用できるほどではない。看護師に至っては国としては公定価格の対象としていない。それぞれの職種についても自治体によって独自の配置基準、補助金をつけているところとそうでないところがあり、独自の基準や補助金がない自治体では各施設の自主判断、資金運用に委ねられている。

全国保育協議会の調査報告（2021）[6]によれば、約９割の施設が非正規の保育士・保育教諭等を配置しており、保育士・保育教諭の非正規割合は平均38.7％である。

また、同調査では、１施設当たりの職員配置人数の平均について、保健師・看護師は0.5人、事務職員は0.8人と、１を下回っており、これらの職種を配置していない施設もあることを示している。

山本弘江他（2016）[7]による全国の認可保育所を対象とした調査では、看護師等（保健師・助産師・看護師・准看護師）を配置していると回答したのは有効回答数のうちの29.7％であり、そのうち50.5％が常勤の看護師専任、22.9％が常勤保育士定員内の配置、13.5％が非常勤の専任配置、10.7％が非常勤の保育士定員内配置という結果が示されている。

調理員については、全国私立保育園連盟による、加盟組織を対象とした調査報告（2018）[8]では、調理員の非正規率は56.8％であった。それぞれの調査で、専門性を発揮するための配置基準が担保されていないことが指摘されている点も見逃せない。

コロナ禍で、保健・衛生に係る業務量が著しく増え、求められる専門性の質も高まったことで、看護職の配置を求める声が増大した。例えば、全国保育園保健師看護師連絡会は2020年７月31日付の厚労省に宛てた要望書[9]で、「人員配置上の課題から、〔重症化しやすい１歳未満児が在園している施設の〕約５割が早期・延長保育や午睡で１歳未満の子どもと他学年とを合同で保育せざるを得ない状況」があることを指摘したうえで「職員を守るために、看護師等の配置のない施設に対し、至急に看護師等を保育士定数外に配置するための緊急の財政支援を講ずること」等を要望している。また、大阪市では、2020年に市内の認可保育所で、１歳２か月の園児の誤嚥による死亡事故が発生したことを受けて「低年齢児の保育士配置基準改善と看護師・栄養士の配置を必須とすること」[10]を国に要望し、また2022年度から「保育所等の事故防止の取組強化事業（看護師等配置）」として民間保育所・認定こども園に看護師を配置するための補助を予算化した[11]。

2023年度から、児童福祉施設の設備・運営基準の一部改正を受け、保育所においてこれまで、乳児４人以上を入所させる保育所に限り、保健師、看護師又は准看護師を１人に限り保育士にみなすことができるという規定の「乳児４人以上」という限定をなくし、すべての保育所で看護師を１人まで、保育士にみなすことができるようになった[12]。パブリックコメントでは、「保育は必ず保育士資格を持つ専門家に任せるべき。また、看護師を保育士の代わりとみなす運用はかえって質の低下につながるため、看護師を配置するなら独自に配置してほしい」といったような意見が寄せられていた。

保育士と同様、看護師等や調理員等の安定的な雇用が保障されるための制度設計が不十分なままでは、施設や職員の負担は過重にならざるをえない。粘り強い制度改善要求が必要である。

●新たな階層化の問題

2017年から国が公定価格に、処遇改善等加算II（キャリアアップ制度）という加算を設けたことで、保育職場に新たな職位と賃金体系が持ち込まれた。制度では加算の対象として従来の主任に加え、副主任や分野別リーダーといった「ミドルリーダー」を複数配置する職階モデルを示しているが、賃金差や職位の複雑化に伴う弊害もある。制度に懐疑的であっても、処遇改善加算とセットになっているためやむなく導入し、賃金格差を少なくするための対応に苦慮している保育所もある。

処遇改善等加算IIは、法定のキャリアアップ研修を受けることが要件となっているが、コロナ禍を受けて「令和４年度からの研修修了要件の適用は行わない」[13]とされたが、今後、段階的に適用が行われることが示されている。保育現場は、余裕のない職員数の中で調整しながら研修を受ける必要があり、負担が増している。

●民主的職員集団形成のための条件改善、労働組合の役割

職員が各々の個性や専門性を発揮し、協同するためには、安定的な雇用と労働条件の確保と、新人含め誰もが自由に意見を述べ、運営、計画に能動的に関われる民主的な職場集団形成が重要である。

労働組合には、職員が労働者の権利を自覚し、経営者や、施設長等の管理職と施設運営について対等に議論したり、制度改善のために連帯したりする役割がある。コロナ禍において労働組合には職員から多くの相談が寄せられている。

しかし、保育士養成においても、キャリアアップ研修においても、労働組合をはじめ労働者の権利や保育制度に関わる学びの機会は極めて希薄である。賃上げや労働時間、増員といった労働条件の向上は、労働者による要求と交渉によってしかなし得ない。

労働者の権利擁護が保育の質に極めて大きく影響することを、労使双方が改めて自覚することが必要である。

（金田利子）

1）こども家庭庁「保育所等における常勤保育士及び短時間保育士の定義について（通知）」2023年４月21日
2）村山祐一「私たちの『保育の公定価格の抜本的改善提案』」保育研究所編『保育情報』2022年２月号
3）「愛知県保育労働実態調査　結果の要約（名古屋市認可保育所分　速報値）」2018
4）同上
5）静岡自治労連「保育園・こども園職場の【働き方】実態アンケート結果」及び「保育園・こども園職場の【働き方】実態アンケート結果」の特徴について」、2019
6）全国保育協議会「全国保育協議会　会員の実態調査報告書2021」全国社会福祉協議会、2022
7）山本弘江、西垣佳織、宮崎博子、藤城富美子、多屋馨子、上別府圭子「看護師等の配置に関する保育所長のニーズ―保育所の人的配置としての看護師等の配置―」『小児保健研究』2016
8）公益社団法人全国私立保育園連盟　調査部「給食に関する調査報告書」2018
9）全国保育園保健師看護師連絡会「新型コロナウイルス感染症対策のために　就学前児童・保育施設の人的・物的環境整備に関する緊急要望書」2020年７月31日
10）大阪市「本市の認可保育所において発生した死亡事故を踏まえた制度改正について（要望）」2021年３月６日
11）大阪市ホームページ　https://www.city.osaka.lg.jp/kodomo/page/0000564142.html
12）厚生労働省「児童福祉施設の設備及び運営に関する基準等の一部を改正する省令」2022年11月30日
13）内閣府子ども・子育て会議資料「処遇改善等加算IIの研修修了要件の必須化時期の取扱いについて」2021年６月18日

2 保育制度・政策の原理と動向

P　保育施設に対する指導監督・監査

保育は、子どもにとって安全であり、かつ、その内容が適切でなければならない。しかし、現状は、十分な保育の質が確保されているとは言い難い。保育施設における子どもの死亡事故は後を絶たず、子どもの人権擁護の観点から不適切な保育の実態も報告されている。

保育施設は、関連する各種法令・指針等に基づき、受け入れた児童数に応じ、一定数以上の保育従事者を配置しなければならないほか、保育事故や災害等に備えた点検、事故防止のための研修や訓練を実施することが求められている。このため、自治体には、保育施設の運営の実態を的確に把握するための重要な手段として、保育施設に対する報告の要求、立入検査等の一連の指導監督（監査）の権限が与えられている。

子ども・子育て支援法関係３府省では、自治体による保育施設に対する実地監査の実施頻度として、●図表1-2P1のとおり、児童福祉法施行令又は国の各種監査通知に基づき、ほとんどの施設種別において年１回以上の実地監査を求めている。

●認可保育施設への監査

児童福祉法では、都道府県や指定都市、中核市に年１回以上の実地検査（現場立入による指導監査）を義務づけている。厚生労働省は、2020年度における各自治体の認可保育所及び地域型保育事業の行政指導監査の実施率を公表しており、書面監査を含む監査実施率の全国平均では、認可保育所75.1％（2019年度は82.3％、以下同じ。）、地域型保育事業78.8％（83.5％）となっている。2020年度における現場立入による実地監査実施率については認可保育所のみ公表されており38.7％（62.5％）、地域型保育事業の2019

図表1-2P1　施設等種別ごとの監査の実施主体、実施頻度

認可の有無	保育施設等の種別	実施根拠	監査実施主体	監査実施頻度（根拠法令または通知）
認可保育施設等	保育所	児童福祉法	都道府県等	年度ごとに１回以上、実地につき検査させなければならない（児童福祉法施行令第38条）※例外対応あり
	幼保連携型認定こども園	認定こども園法	都道府県等	定期的かつ計画的に行うこと ※児童福祉施設について１年に１度以上実地調査を行うこととの均衡に留意（幼保連携型認定こども園監査通知）
	地域型保育事業を行う者	児童福祉法	市町村	年度ごとに１回以上、実地につき検査させなければならない（児童福祉法施行令第35条の４）※例外対応あり
認可外保育施設	認可外保育施設	児童福祉法	都道府県等	年１回以上行うことが原則（認可外保育施設指導監督の指針）
	ベビーホテル			必ず年１回以上行うこと（同上）
	１日に保育する乳幼児の数が５人以下の施設			できる限り年１回以上行うよう努力（同上）

※幼稚園型認定こども園については、幼稚園として監査を実施することとされており、幼稚園に対する監査は、学校教育法（昭和22年法律第26号）を根拠法として、必要に応じて各都道府県が判断して実施することとされている。
※「子ども・子育て支援新制度における指導監査等の実施について」において、保育所型認定こども園は保育所として、地方裁量型認定こども園については認可外保育施設として監査を実施することとされている。

資料：総務省「子育て支援に関する行政評価・監視」（2018年11月９日）をもとに作成

年度実績では71.4%となっている。いずれも2020年度の実施率が低いのは2020年以降のコロナ禍の影響と思われる。

2020年度の監査実施率が特に低い自治体は、認可保育所で10%以下は８自治体（奈良県、高崎市、横須賀市、枚方市、兵庫県、東京都、熊本県、盛岡市）となり、地域型保育事業で10%以下は２自治体（寝屋川市、岡山市）となっている。

実地監査実施率の公表については、総務省「子育て支援に関する行政評価・監視―保育施設等の安全対策を中心として―結果報告書」（2018年11月）の指摘により、それまで監査実施率の公表のみだったものが、2019年度分より追加されるようになっている。

●実地検査の規制緩和

認可保育所の実地検査実施率については、コロナ禍前の2019年度でも約６割と、法令で義務づけられているにもかかわらず100%実施の自治体は約半数しかない状態である。このような状況にもかかわらず、厚生労働省は実地検査を2023年度から規制緩和し、書面やリモートなど施設に足を運ばないやり方でも可能となる政令改正を行なった。

具体的には、「実地につき検査させなければならない」の後にただし書きが追加され、実地検査に代わる例外対応が規定された。この例外対応は、①天災その他事例、②実地検査不必要事例（❶前年度の実地検査の結果、❷施設等を設置してから３年経過、❸施設等が所在する自治体の前年度の実地検査の実施率が５割以上、の全ての事項を勘案することが条件）、の２つが示されている。例外対応②については、条件が整えば２年に１度の実地検査でよくなるが、それで安全で質の高い保育の保障となるかは不明である。

今回の規制緩和の発端は、新型コロナウイルス感染症拡大防止の観点から、書面やリモートでの監査を自治体が求め、厚生労働省が検討したものである。しかし、政令改正は順調にはいかず、１年以上かけて３度にわたるパブリックコメント（意見公募）を行う異例な経緯をたどることになった。当初、厚生労働省は政令から「実地検査義務」の削除を試みたが、多くの反対意見が寄せられたことや、静岡県牧之原市の送迎バス置き去り事案の影響もあり、「実地検査義務」を残し、例外対応とする方法に変更となった。

そもそも、自治体が100%実地検査できていない背景には職員体制上での困難があることが、先述の総務省行政評価でも明らかになっている。公務員削減が進められる一方で、待機児童対策として保育施設を急ピッチで整備させてきた、全国的な流れも実地検査が徹底されていない背景にあるとみることができる。

厚生労働省は、政令改正に伴う通知（2023年３月末）において、自治体における実地検

図表 1-2P2　保育施設等の所在地及び設置者又は事業主体別の監査権者

<table>
<tr><th rowspan="2">保育施設等の所在地の区分</th><th rowspan="2" colspan="2">設置者又は事業主体</th><th colspan="3">監査権者</th></tr>
<tr><th>保育所</th><th>幼保連携型
認定こども園</th><th>認可外
保育施設</th></tr>
<tr><td rowspan="3">指定都市又は中核市以外の市町村に所在する保育施設等</td><td rowspan="2">公立</td><td>都道府県</td><td rowspan="3">都道府県</td><td rowspan="3">都道府県</td><td rowspan="3">都道府県</td></tr>
<tr><td>市町村</td></tr>
<tr><td>私立</td><td>社会福祉法人等</td></tr>
<tr><td rowspan="3">指定都市又は中核市に所在する保育施設等</td><td rowspan="2">公立</td><td>都道府県</td><td rowspan="2">都道府県</td><td>都道府県</td><td rowspan="3">指定都市・中核市</td></tr>
<tr><td>市</td><td rowspan="2">指定都市・中核市</td></tr>
<tr><td>私立</td><td>社会福祉法人等</td><td>指定都市・中核市</td></tr>
</table>

資料：総務省「子育て支援に関する行政評価・監視」（2018年11月9日）から作成

査に必要な体制確保と検査実施率向上に向けた取組み（体制確保のための地方交付税措置など）を示している。しかし、必要な体制確保が今回の地方交付税措置だけで実現できる見通しはなく、検査実施率向上の具体策も示されていないことから、国の取組みは不十分と言わざるを得ない。

保育所の重大事故件数については、2015年344件だったのが2021年1,191件と６年間で約3.5倍に増え、毎年10人前後の死亡・意識不明も発生している。それ以外にも、散歩途中の置き去りや不適切保育も多数報告されている。これらの実態からすれば、実地検査を政令の本文どおりに年１回以上徹底させると共に、保育現場の安全性が高まる実地検査内容に改善させることこそが求められる。

●公立保育施設への監査

監査の実施主体である指定都市および中核市については、保育所に対する児童福祉法に基づく監査の権限、実施義務が地方自治法施行令によって都道府県から移譲されている。

しかし、自らが設置者となる公立保育所については、第三者性を担保するために移譲の対象外とされ、都道府県に権限などが残っている。一方で、幼保連携型認定こども園や認可外保育施設等の公立保育施設については、監査権限が異なっており、これらをまとめたのが●図表1-2P2となる。

これらの仕組みが正しく理解されず、公立保育所への実地検査をしていない自治体もある。先述の総務省行政評価によると、調査した指定都市もしくは中核市、またはその両方を持つ13都道府県のうち、2015年度、2016年度に公立保育所に対して実地検査をしていない都道府県が12あった。行政評価の勧告により、都道府県に権限などが残っていることが指摘されており、公立保育所への実地検査が確実に行われるよう注視していく必要がある。

●企業主導型保育事業への監査

企業主導型保育事業については、量の拡大ばかりに重点がおかれ、保育の質が置き去りにされている実態が大きな問題となっている。運営の実務を行う児童育成協会（以下協会）は、原則年１回の立入調査をするとしたものの、協会内部職員による監査体制の整備が困難なことから、2017年度、2018年度については立入調査の大半を外部委託した。しかし、前年と同様の指摘を受ける施設が約３割となる状況等から「指導・監査等実施方針・基準」などが2020年に整備されている。2021年度の立入調査については、協会と委託業者２社により4,147施設（このうち協会による立入調査は約８割で、前年度の約４割より向上させている）に対して行なっている。ただし、コロナ禍の状況もあり、リモート監査が99.5%を占めている。この他にも開所後１年半以内の施設等への訪問による巡回指導を462施設に実施している。この間、協会は職員体制の整備に力を入れており、職員数は2017年度27人（うち保育士１人）から2022年度の予定では282人（うち保育士23人）となっている。

問題が多発していたことを受けて、内閣府が2018年12月に設置した「企業主導型保育事業の円滑な実施に向けた検討委員会」では、児童育成協会が行う企業主導型保育事業の立入調査と、自治体が行う認可外保育施設指導監督基準に基づいて行われる立入調査では、それぞれ異なる指摘がされることで施設が混乱するなどの問題もあり、横浜市や大阪市は、協会と自治体との連携を強化するべきだという提案がされており、2021年度より大阪府等との連携が模索されている。

●認可外保育施設への監査

認可外保育施設についても原則年１回以上、都道府県、指定都市、中核市が立入調査をすることになっている。しかし、厚生労働省が毎年公表している「認可外保育施設の現況取りまとめ」（以下 現況取りまとめ 2012～2020年）によると、立入調査率は約７割、そのうちの認可外保育施設指導監督基準への適合率は約６割という状態である。そしてベビーホテルについては、「原則」ではなく年１回以上の立入が「必ず」であるにもかかわらず、2020年は立入調査率52.4％（2019年は64.5%、以下同じ）で、基準適合率47.6%（45.9%）となっている。

また、厚生労働省の事務連絡「認可外保育施設に対する指導監督の徹底について」（2022年9月）による2020年度の自治体別の認可外保育施設への立入調査率は、10%以下が９自治体（神奈川県、高崎市、呉市、佐世保市、東京都、静岡県、奈良県、高知県、荒川区）と、監査が不十分であることがわかる。

認可外保育施設への監査権限がある都道府県等は、適正な保育内容及び、保育環境が確保されているかを確認し、不適切な施設に対しては、改善指導、改善勧告、公表、業務停止命令、施設閉鎖命令等を行うことができる。

しかし、政府資料によると2012～2020年の９年間で認可外保育施設において死亡した子どもが71人であるのに対して、同じ期間で立入調査による事業停止命令と施設閉鎖命令はわずか１施設ずつだけとなっている。

2017年３月に東京都において取りまとめられた保育事故検証報告書では、死亡事故が発生した認可外保育施設に対し、事業開始から事故発生までの５年のうち、一度も立入調査を実施していなかったことが「行政による指導体制に関する問題点や課題」として指摘されている。

これまでの監査では、子どもの命や安全を守ることができていないのが現実である。

●「無償化」で懸念されること

保育の質を守る最低限度の基準さえ満たせない保育施設は運営を続けるべきではない。しかし、2019年10月から実施された幼児教育・保育の「無償化」の中で、基準を満たさない認可外保育施設も５年間に限り対象となっており、2022年7月末には、沖縄県那覇市と茨城県土浦市において、基準を満たさない認可外保育施設（無償化対象施設）において乳児の死亡事故が発生している。

政府は「無償化」を契機として、都道府県等による監査を通じた質の確保、向上を図るとしていた。しかし、自治体への巡回支援指導員の配置拡充などで効率的な監査の実施を進める程度であり、監査体制の抜本的な強化はほとんどなされていない。巡回支援指導は児童福祉法に基づく監査の代替になるものではないため、これだけでは安全や質の確保、向上にはつながらない。

●監査体制の強化と指導監査の徹底・充実を

保育施設に対する監査制度があっても、重大な事故につながる問題が改善されないままであれば子どもの命と安全は守れない。総務省の行政評価でも各施設において、重大事故対策が実施されているかどうか、監査事項に明確に位置づけることや、年１回以上の実地監査の徹底と監査実施率の公表などについて、勧告がされている。実地検査の規制緩和に伴う厚生労働省の通知については、不十分な点もあるが、国としても自治体に対して必要な検査体制の強化を求めざるを得なくなっている。今後とも、通知などを活用して、本当の意味で保育等の質と実効的な指導監査の両立が確立されるよう、監査体制の強化と指導監査の徹底・充実を求めていくことが必要である。

（岩狹匡志）

2 保育制度・政策の原理と動向

Q 指針、要領、教育・保育要領

●日本の保育内容・運営の基準

「保育所保育指針」、「幼稚園教育要領」、「幼保連携型認定こども園教育・保育要領」は、保育施設における内容（運営）に関する事項を示したものである。

幼稚園の教育は学校教育法22条及び23条に基づいて、文部科学大臣が教育課程や教育内容の基準として公示する要領に基づき実施するとされている（学校教育法施行規則38条）。

1948年、文部省は幼稚園、保育所や家庭における保育の手引書として「保育要領―幼児教育の手引き―」を発刊した。その後、それを改訂する形で幼稚園教育要領（以下　要領）が1956年につくられた。

児童福祉施設の設備及び運営に関する基準35条に基づき、保育所の保育は保育所保育指針（以下　指針）に従って行うことになっている。指針は1965年８月に厚生省局長通知の形式で、保育内容・運営のガイドラインとして制定、2008年の改訂で告示化された。

また厚生労働省令等[1]で、小規模保育や家庭的保育等の地域型保育事業や認可外保育施設においても、指針の内容に準じて保育を行うことが定められている。

幼保連携型認定こども園教育・保育要領は就学前の子どもに関する教育、保育等の総合的な提供の推進に関する法律（認定こども園法）10条１項の規定に基づき内閣府、文科省、厚労省の告示で2014年に制定。その内容は、要領と指針との整合性の確保が義務づけられている（同10条２項）。幼保連携型認定こども園、またそれ以外の認定こども園もこの教育・保育要領を踏まえることが義務づけられている（同条）。

現行の指針等はいずれも同時に2017年３月に告示、2018年４月より施行されている。指針等の改訂の経緯を、●図表1-2Q1で示した。

図表 1-2Q1　要領・指針の変遷

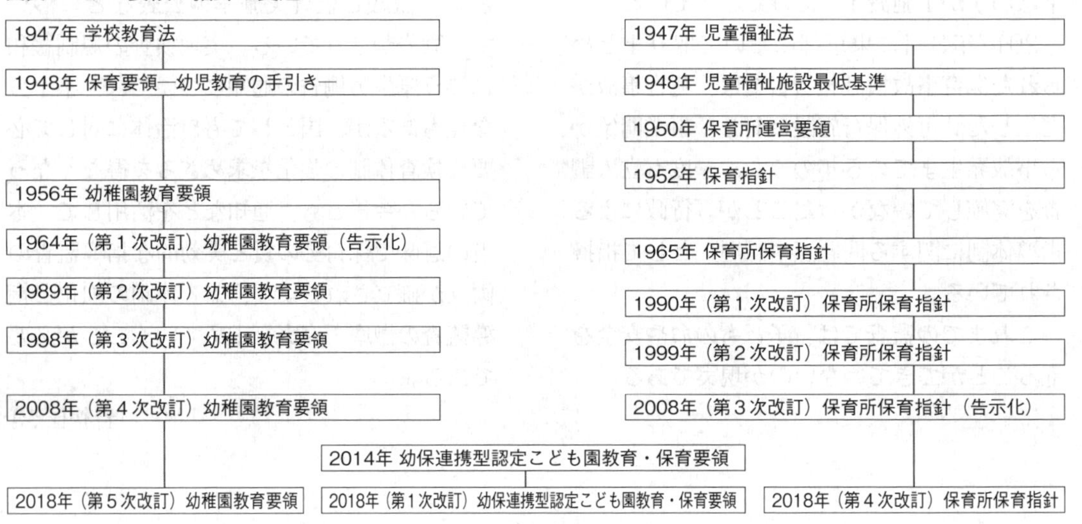

●こども家庭庁の発足による、管轄の変更

2023年４月、内閣府の外局としてこども家庭庁が発足されるに伴い学校教育法及び児童福祉法が改正され、「幼稚園教育要領」は従来通り文部科学大臣が、「保育所保育指針」は内閣総理大臣が定めることとされた。なお、それぞれの要領・指針を定めるにあたっては、文部科学大臣又は内閣総理大臣に協議することとされている。

このことで懸念されるのは、保育内容の恣意的な強制、管理・統制の強化である。たとえば内閣府については従来「首相官邸と内閣府による政府主導・トップダウンの政策推進や制度改革は、政策立案・実施のために不可欠な専門的な議論や国民の合意を迂回して、各省庁に政策を押し付ける手法で進められてきた」という指摘もある[2)]。

2017年告示の現行「保育所保育指針」では、保育内容に、「保育所内外の行事で国旗に親しむ」、「国歌、唱歌、わらべうたやわが国の伝統的な遊びに親しむ」という文言が加えられた。指針の改定内容を議論する厚労省の有識者委員会のうち、複数の委員が、「国旗と国歌に関する議論は一切なかった[3)]」と話している。また同様に、この改訂で初めて盛り込まれた「幼児期の終わりまでに育ってほしい姿」（10の姿）についても、厚労省の有識者委員会の中では一回も議論していないということである[4)]。

これらのことはどちらも、幼稚園教育要領との整合性ということを建前に、審議なく推し進められたということである。内閣府と文科省の協議で保育内容が決められることによって、「専門的な議論や国民の合意」がますます蔑ろにされることが懸念される。

●指針等の内容

指針等の２章にあたる部分が、主に保育の内容に関する記述となっている。指針と教育・保育要領では、満１歳未満（乳児期）、満１歳以上～満３歳未満、満３歳以上という３つの年齢区分ごとに、要領では満３歳以上に保育内容がそれぞれ記されており、同じ年齢区分での記載内容は指針、要領、教育・保育要領の三つともほぼ共通している。いずれも「健康・人間関係・環境・言葉・表現」からなる５領域を視点（ただし、乳児期は５領域ではなく健康・人間関係・環境に類する３つの視点）とし、それぞれの領域でのねらい、内容、内容の取扱いという構成となっている。**●図表1-2Q2**で各施設との対応関係、章構成を整理した。

指針等の役割は保育内容の水準を全国的に確保することとされているが、指針等に施設・設備や人員配置等の条件についての記載はなく、それらについては「児童福祉施設の設備及び運営に関する基準」（最低基準）等で規定されている。しかし、その基準は十分ではなく（45頁参照）、指針等に書いてあることと、それを実現するための条件に乖離がある。

指針等はいずれも告示であり法的拘束力を持つと説明される（なお「告示」＝「法的拘

図表 1-2Q2　指針、要領、教育・保育要領の構成

名称	対応する施設	内容（章構成）
保育所保育指針	保育所 保育所型認定こども園 地域型保育事業 認可外保育施設	第１章　総則 第２章　保育の内容 第３章　健康及び安全 第４章　子育て支援 第５章　職員の資質向上
幼稚園教育要領	幼稚園 幼稚園型認定こども園	前文 第１章　総則 第２章　ねらい及び内容 第３章　教育課程に係る教育時間の終了後等に行う教育活動などの留意事項
幼保連携型認定こども園教育・保育要領	幼保連携型認定こども園 幼稚園型認定こども園 保育所型認定こども園 地方裁量型認定こども園	序章 第１章　総則 第２章　ねらい及び内容並びに配慮事項 第３章　健康及び安全 第４章　子育ての支援

束力を持つ」と捉えられがちだが、必ずしもそうではない)[5]が、一方で各施設は指針等を踏まえ、創意工夫を図ることとされている。保育者が自主的に判断し、実践するためには、指針等の内容や背景について、各々が批判的検討も含め、自由に議論することが大切である。

●「資質・能力」と「10の姿」

現行の指針等は小学校以降の学習指導要領改定との整合性を図る形で改定され、2017年に告示、2018年度から施行・適用されている。最新の改訂で特に強調されているのが「資質・能力」と10項目からなる「幼児期の終わりまでに育ってほしい姿」(以下「10の姿」)である。「資質・能力」は「知識・技能」「思考力・判断力・表現力等」「学びに向かう力・人間性等」の「3つの柱」から成る。これは初等中等教育(幼・小・中・高)を通じて育成を目指すものであり、各施設では「3つの柱」の基礎を育むとされている。そして、それらが育まれた幼稚園等修了時の具体的な姿が「10の姿」であり、これを参照して保育することとされている。各施設の教育課程、全体的な計画、幼稚園幼児指導要録や保育所児童保育要録の作成等、随所でこれを踏まえることが求められている。ただし厚労省等による指針等の解説書[6]では「実際の指導では、『幼児期の終わりまでに育ってほしい姿』が到達すべき目標ではないことや、個別に取り出されて指導されるものではない」とされている。

しかし、明確に「育ってほしい姿」を示しながら、到達目標と解されないようにするというのは難しい。実際「10の姿」について、数多くの「私製解説書」が出ているが、それぞれの見解は不一致かつ、どの書籍にも「10の姿」に対応させる形で「実践例」が挙げられており、これにより「10の姿」それぞれに対応する能力があると捉えられ、到達目標化は免れないという指摘もある[7]。

また、「10の姿」は国による目標、方向性の押し付け、統制であるという批判もある。先述した通り「10の姿」の前提には現行の指針等や学習指導要領で規定された「育成すべき資質・能力」がある。2006年の教育基本法改正では、教育の目的を示した第1条で「真理と正義を愛し、個人の価値をたっとび、勤労と責任を重んじ、自主的精神に充ちた」という文言を「必要な資質を備えた」に変えた。これにより、国の判断でいかようにも「必要な資質」を規定できるようになったという指摘がある[8]。

翌年の学校教育法で「学力の三要素」が「①基本的知識、技能の取得、②思考力、判断力、表現力の活用、③主体的に学習に取り組む態度」と定義づけられたが、最も重大な概念の一つである「学力」が事実と実践に基づいた議論でなく、国会という場で不十分な審議時間のもと、決定された[9]。

また、現行の学習指導要領改正では、「資質」は「外面的なふるまいに現れる心構え」を意味する「態度」という言葉と同義化しており、さらに「資質」=「態度」は「能力」を凌駕し、含みこんでおり、「これからの子どもたちは、政府が望ましいと定めたふるまいや心構えを、従来よりも格段に強力に要請されることになる」という指摘もある[10]。

「10の姿」はこういった教育目標に乳幼児期から円滑に「接続」できるようにするためのものであることに注意を払う必要がある。

●「幼保小の架け橋プログラム」と独り歩きする「10の姿」

2022年から実施されている「幼保小の架け橋プログラム」では、「10の姿」の理解や活用の不徹底があるとし、家庭や地域も一緒に、「10の姿」を視点として子どもを捉えようとしている。「10の姿」はますます独り歩きし、上述したような、国による教育目標・

方向性、人間としてあるべき「姿」の押し付けを、保育現場・家庭・地域に浸透させ、乳幼児期から徹底させる役割を強化していくのではないか。

●子ども・保育者・市民に保育内容の主導権を

私たちはどのような社会を志向しているのか、どのような子ども観や保育観で子どもを捉えているのか、常に問い直し、子どもの視点に立って議論しなければ、子どもの声を聴いたつもりになったり、都合よく聴いてしまったりするだろう。子ども不在の議論であってはならない。

指針等の内容についても、子ども、保育者や市民一人一人が議論の中で決定されるものである。しかしそのためには全ての人に、自由に考えたり、闊達に議論する時間、環境、労働条件が保障される必要がある。そうでなければ、国の方針に無意識のうちに従属せざるを得なくなってしまう。

大人の権利を自ら守らずして、子どもの権利を守れるはずがない。実践や研究以上に、保育環境・労働条件向上のための要求と運動の必要性にも目を向け、参画しない限り、指針等について、真に批判的で自由な議論もできないだろう。

(浜田真一)

1) 「家庭的保育事業等の設備及び運営に関する基準」(平成26年厚生労働省令第61号)
「認可外保育施設に対する指導監督の実施について」(平成13年３月29日雇児発第177号厚生労働省雇用均等・児童家庭局長通知)
2) 中嶋哲彦「子どもの権利・幸福とこども家庭庁の創設—なぜ今こども政策か」『前衛』No.1012、2022
3) 「東京新聞」2017年４月１日
4) 汐見稔幸・大宮勇雄「保育所保育指針・幼稚園教育要領を通して、保育の質と『学びの物語』を考える」『季刊　保育問題研究』311号、2021、p.31
5) 中嶋哲彦「保育所保育指針の法規制と法的拘束力」(大宮勇雄・川田学・近藤幹生・島本一男編『現場の視点で新要領・指針を考えあう』ひとなる書房、2017) によれば、指針は2008年に告示化されたが、この時点では、児童福祉法で厚生労働大臣が「保育所における保育の内容」を定めることは認められていなかった。2015年の同法45条改正によって後付け的に、大臣に「保育の内容」を定める権限が付与された。
6) 厚生労働省『保育所保育指針解説』2018年、他
7) 安部高太朗、吉田直哉、鈴木康弘「「10の姿」に込められた能力観の私製解説書による曲解—実践例と能力の対応化による変質—」『敬心・研究ジャーナル』第３巻２号、2019
8) 梅原利夫「戦後70年の教育課程と2017年改訂」『人間と教育』93号、旬報社、2017年
9) 梅原利夫『新学習指導要領を主体的につかむ　その構図とのりこえる道』新日本出版社、2018
10) 本田由紀「「資質・能力」のディストピア—全域化する徳育」『人間と教育』93号、旬報社、2017年

3 子ども・子育て支援新制度の概要

A 新制度導入までの経過

●2015年にスタートした新制度

現在の保育所等は、2015年４月から実施された子ども・子育て支援新制度のもとで運用されている。新制度は、2012年８月に消費税増税法案とともに成立した、子ども・子育て支援関連法（子ども・子育て支援法、改正認定こども園法、改正児童福祉法等）を根拠法としている。

●国会審議過程での大幅な法案修正

新制度は、消費税増税で得られる新たな財源の投入によって保育施策の改善をはかるものとして提起された*。

その柱は第１に、従前の保育所制度の基本であった市町村責任による保育の提供方式を改め、高齢者福祉分野における介護保険と同じように、保育分野を市場化することにあった。具体的な改革の焦点は、児童福祉法24条１項に規定された市町村の保育実施責任を廃し、保育の利用を、事業者と利用者という当事者同士の直接契約に委ねることだ。

市町村の仕事は、保育供給における直接の責任を負うことではなく、保育の必要性の認定や、直接契約による保育の提供がなされた場合に、給付という公費を利用者補助として支出（事業者が代理受領）することが中心となる。また、規制緩和をテコに多様な事業体の参入によって保育供給量の増大を図ることも新制度の重要な要素といえた。

第２の柱は、保育施設を総合こども園にほぼ一本化することにあった。保育所の総合こども園への移行は強制であり、幼稚園については、任意としながらも、幼稚園として総合こども園に転換した上で新制度に移ることを促進する、との提起がなされた。

この提起には、批判や異論が多く寄せられた。直接契約の導入については、困難を抱えた子どもが敬遠され、安定的な経済状態の家族が優先されがちになる等の批判が集中した。結果、2012年の関連法成立時に大きな変更が加えられた。

具体的には、①保育所については市町村責任の維持が確認され、廃止されるはずだった児童福祉法24条１項が復活した。一方で、保育所以外の利用については、新制度の原則といえる直接契約の仕組みが導入された。②総合こども園法は廃案となり、急遽、認定こども園法の改正が行われた。しかも保育所・幼稚園の認定こども園への移行は強制しないことも確認された。

このように新制度は、その改革の柱を大きく修正され、しかも複雑になり、関係者も十分に理解できないまま実施された。

さらに2019年５月には、「無償化」方針のために子ども・子育て支援法の大幅改正がなされ、制度はより複雑化した。

コロナ禍の経験は、保育条件の改善等が切迫した課題であることを明らかにした。複雑で難解な新制度だが、これを理解し、問題点を把握して改善を求めないかぎり、保育の充実は図れない。多くの読者がこの険しい道に挑戦されることを期待したい。

（逆井直紀）

＊　この「改革」の端緒は、厚労省の社会保障審議会少子化対策特別部会が2009年２月24日に公表した第１次報告に盛り込んだ「新保育制度案」にある。
　その後発足した民主党中心の政権により「子ども・子育て新システム」として、改革案が継承された。

3 子ども・子育て支援新制度の概要

B 各種給付と事業、その財源

●新制度の枠組み

子ども・子育て支援新制度（以下 新制度）は変容し続けている。順を追って説明したい。

国は、2015年の新制度発足時点でその全体像を、（1）子ども・子育て支援給付、（2）地域子ども・子育て支援事業、の２つの柱によって構成されると説明していた●図表1-3B1。

「現金」の給付

新制度導入の大きな狙いは、（1）の支援給付の導入にあるとされた。その給付は、①教育・保育給付と②児童手当に大別された。①の教育・保育給付は、さらにⅰ施設型給付、ⅱ地域型保育給付に区分けされる。ⅰとⅱの給付は、保育の供給について支出される公費であり、市町村が支出（支弁）する補助金だが、従来の施設補助とは違い、保護者が保育を利用する場合の利用料補助という性格が与えられている。その給付金を事業者が代理受領するので、公費の流れは、これまでと変わりないように見えるが、給付はあくまでも保護者への補助である。子ども・子育て支援法（以下 支援法）では、②の児童手当だけを現金給付としているが、市町村からの利用者に対する公費支出という点では、①の給付も同じといえる。

つまり新制度とは、保育という現物サービスを提供する「現物給付」の仕組みから、「現金給付」の仕組みへと、構造的な転換を図る大改革であった。国は①の部分を「現物給付」と呼称しているのだが、市町村が直接責任を負うのは、保育の提供そのものではなく給付というお金＝「現金」の支払いである。

使途制限なき給付

従前の保育所制度は、市町村が実施責任を

図表1-3B1 スタート時点(2015年)で示された子ども・子育て支援新制度の概要

（1）子ども・子育て支援給付

① 教育・保育給付
ⅰ施設型給付
・認定こども園、幼稚園、保育所を通じた共通の給付
※私立保育所については、従前どおり、市町村が保育所に委託費を支払い、利用者負担の徴収も市町村が行うものとする
ⅱ地域型保育給付
・小規模保育、家庭的保育、居宅訪問型保育、事業所内保育

② 児童手当

■子ども・子育て支援事業計画の作成
国の基本指針の作成、市町村及び都道府県は基本指針に則して５年を１期とする事業計画を作成

■子ども・子育て会議等
国の子ども・子育て会議の設置、市町村・都道府県の合議制機関の設置努力義務

（2）地域子ども・子育て支援事業

① 利用者支援事業（新規）
② 地域子育て支援拠点事業
③ 妊婦健康診査
④ 乳児家庭全戸訪問事業
⑤ 養育支援訪問事業
その他要支援児童、要保護児童等の支援に資する事業
⑥ 子育て短期支援事業
⑦ ファミリー・サポート・センター事業
⑧ 一時預かり事業
⑨ 延長保育事業
⑩ 病児保育事業
⑪ 放課後児童クラブ
⑫ 実費徴収に係る補足給付を行う事業（新規）
⑬ 多様な主体が本制度に参入することを促進するための事業（新規）

財源 ☆施設型等給付は国 1/2、都道府県・市町村各 1/4 負担と義務的負担
☆地域子ども・子育て支援事業は交付金が財源。原則的には、国・都道府県・市町村が 1/3 ずつ負担
資料：内閣府等「子ども・子育て関連３法について」（2013 年５月）より作成

図表1-3B2　子ども・子育て支援新制度の概要　　A～Dは編集部による　※下線部分が2019年の法改正による追加部分

資料：内閣府／子ども・子育て支援新制度説明会（2022.3.1）「令和４年度における子ども・子育て支援新制度に関する予算案の状況について」の参考資料をもとに作成

図表1-3B3　子ども・子育て支援新制度の給付・事業の全体像

2023（令和5）年度当初予算（案）３兆3,317億円（３兆2,553億円）

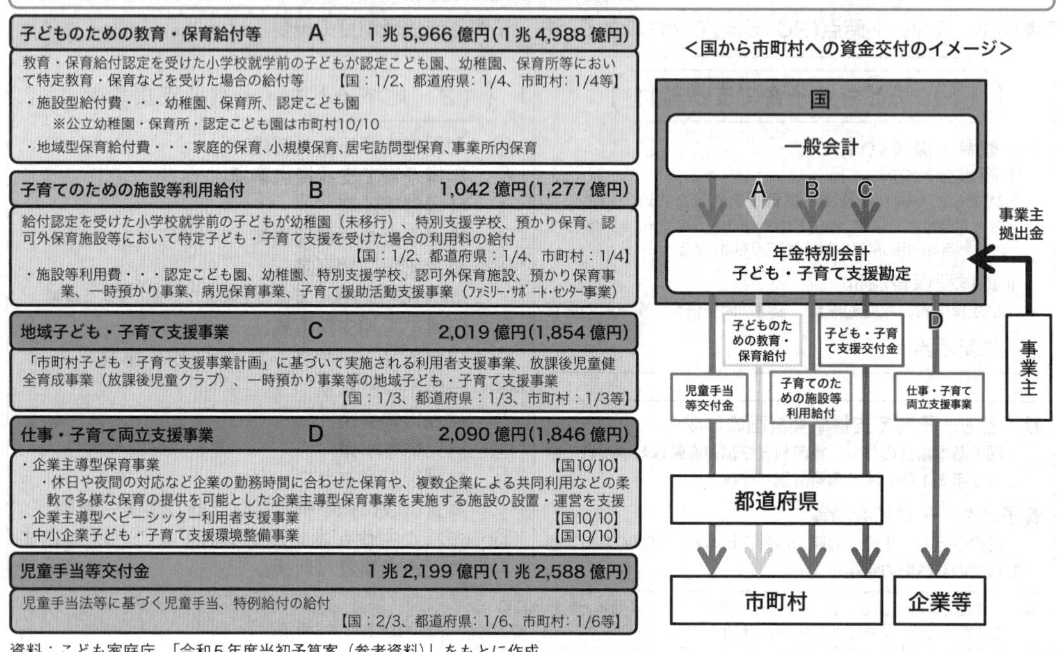

資料：こども家庭庁「令和５年度当初予算案（参考資料）」をもとに作成

負う保育を、民間事業者に行わせるために、公費が委託費として支出され、それは当該施設の保育事業以外に利用できないという使途制限がかけられていた。

ところが新制度は、福祉の市場化論の影響を受けて、介護保険を範として導入されたこともあり、使途制限を取り除いてしまった。

保育所以外の事業者は、公費である給付と利用者から直接徴収する保育料を原資に保育サービスを提供するが、人件費を抑制するなどして生んだ利益を自由に処理できる。営利企業等の参入が大いに期待できるということだ。

それで果たして、保育の質改善という、大きな政策目的を達成できるのかということが問われている。例えば、焦眉の課題といえる保育者の処遇改善について、そのために公費投入を増やしたとしても、使途制限が曖昧であれば目的どおりにその公費が使われる保証がないという批判があったが、無視されてしまった。

新制度は、支援法成立とともに関連法の改正によって実施されたが、その成立にあたっては大規模な修正がなされた。児童福祉法24条１項が復活し、支援法附則６条が付加されたことで、市町村の保育実施責任とそれにもとづく私立保育所との委託関係が維持された。私立保育所が市町村から受け取るのは給付ではなく、委託費である。

しかし、制度の基本が変更されたので、従前の保育所運営費国庫負担金制度が廃止され、あらたに保育所や認定こども園、地域型保育の各事業に共通する給付の仕組みが創設された。ただし、繰り返しになるが、私立保育所については、新たな給付の仕組みを援用しながら従前の委託費が支弁されるなど、非常に複雑な仕組みになった。

●枠組みの相次ぐ変更

現在国は、新制度を●図表1-3B2のように説明している。

新制度発足時は、住民に身近な市町村が責任を負い、実施主体となる制度であると説明してきた。同図の「市町村主体」部分のうち、一番左のAは子どものための教育・保育給付（以下　教育・保育給付）、左より３番目のCは地域子ども・子育て支援事業（以下　支援事業）である。名称は若干変化したが、先に示した●図表1-3B1と基本的に同じ内容である。

ところが2016年になると、市町村が直接関与しない企業主導型保育事業等が創設され、右端に「国主体」のD仕事・子育て両立支援事業が加えられた。さらに、2019年10月から実施された「無償化」に関わる支援法改正によって、Bの子育てのための施設等利用給付（以下　利用給付）が加えられ、これが新制度の全体像だと説明をするようになった。この図でも、先に示したA～Dを、現物給付と区分しているが、「無償化」対象施設を利用した際に保護者に支給する利用給付を、現物給付というのはやはり無理があるといえる。

いずれにせよ、新制度は、理念も含めて、国の都合で形を変え続ける仕組みのようだ。

図表1-3B4　新制度の国・地方の負担（補助）割合

		国	都道府県	市町村	備考
施設型給付	私立	1／2	1／4	1／4	（注１）
	公立	—	—	10／10	
地域型保育給付（公私共通）		1／2	1／4	1／4	
子育てのための利用給付		1／2	1／4	1／4	
地域子ども・子育て支援事業		1／3	1／3	1／3	（注２）

（注１）１号給付に係る国、地方の負担については、経過措置有
（注２）妊婦健康診査、延長保育事業（公立分）のみ市町村 10/10

資料：内閣府子ども・子育て本部「子ども・子育て支援新制度について」(2015(平成27)年４月)をもとに項目を追加

保育の供給のための給付など

新制度における保育供給は、Aの教育・保育給付によってなされる。先に整理したように、この給付は2つの類型に区分される。1つは施設型給付であり、保育所、幼稚園、認定こども園が該当する。さらに認定こども園には、幼保連携型、幼稚園型、保育所型、地方裁量型の4類型がある。

2つめは地域型保育給付で、家庭的保育、小規模保育、事業所内保育、居宅訪問型保育の4事業がある。

幼稚園は、新制度の枠内にも入るが、従前どおり私学助成を受ける幼稚園も存在するので、新制度には収まりきらない存在だ。Dの企業主導型保育事業等も、保育を供給するための補助だが、市町村が関与しない仕組みであり、新制度では異質な存在である（62頁）。

「無償化」のための給付

「無償化」は、新制度に入っていない幼稚園や認可外保育施設等も対象となる。これらを「無償化」するため新たにBの利用給付が創設された。ただし「無償化」といっても、それらの施設の保育料設定は自由なので、この利用給付には、上限額（1号認定児で月25,700円など）があり、実際の保育料額がこれを上回っていれば上限額分の負担軽減がされるにすぎない（詳しくは101頁参照）。

給付・事業と財源

●図表1-3B3は、新制度の給付・事業の枠組みごとの2023年度における予算額と、国から都道府県、市町村、さらに企業等に、どのように資金が流れるかを模式的に示したものだ。基本的な財源は国の一般会計予算であるが、それが特別会計に繰り入れられ、さらに事業主からの拠出金も加わって、支出されるようになっている。

国・自治体の財政負担割合

Aの施設型給付は、市町村が支弁するが、その負担については、公立施設の場合、全額市町村負担となるのが原則だ。Aの私立施設に対する給付と、地域型保育給付（公私問わず）については、市町村$\frac{1}{4}$、都道府県$\frac{1}{4}$、国$\frac{1}{2}$という負担割合が法定化されている。新たなBの利用給付も同じ負担割合となる。

Cの支援事業は、延長保育事業や放課後児童クラブ（学童保育）などの13事業が法定化されている（詳しくは173頁）。支援事業に対する補助は市町村が支弁する。その負担割合は市町村・都道府県・国が$\frac{1}{3}$ずつである●図表1-3B4。

●子ども・子育て支援事業計画の策定

支援法によって、すべての自治体は、支援給付の対象施設や事業、支援事業等の整備・推進を図るために、計画期間を5年間とする子ども・子育て支援事業計画の策定が義務づけられている。2019年度には、実施後5年目の制度の見直しがなされ、事業計画も2020年度から第2期目の計画が実施されている。

（逆井直紀）

3 子ども・子育て支援新制度の概要

C 利用手続き—保育の必要性の認定と申込み、利用調整

●2段階の保育の利用手続き

子ども・子育て支援新制度で保育を利用する場合、法令上は、保育の必要性に関わる認定を市町村から受け、次に利用の申込みをするという2段階の手続きが規定されている。しかし、ほぼすべての市町村で、運用上2つの手続きを1つの用紙などを使って、1回の手続きですませている。

ここでは、まず認定について解説する。

●認定の仕組みと課題

従前の保育所制度は、保育の提供に行政が責任をもち、市町村が保育を直接供給する仕組みであった。新制度は、介護保険をモデルにしており、福祉や保育の供給を利用者と事業者の当事者間の契約に委ねるものである。これを直接契約化という。

新制度で市町村が直接責任を負うのは、保育の必要性の認定とその認定に基づいて利用者補助（給付）を支出することであり、保育の供給そのものに公が直接関与しない仕組みといえる。なお、この給付は、86頁で示した●図表1-3B2のAの部分の「子どものための教育・保育給付」（以下　単に給付と記す）を指す。

こうした仕組みの場合、すべてを当事者任せにすると、無限定にサービスが利用され公費の浪費につながる恐れがある。それを抑制するために、保育を受ける資格の判定と利用時間を限定する認定を、市町村が行う仕組みがとられた。新制度における認定について、3点指摘する。

3つの認定

第1に、新制度における認定は、子ども・子育て支援法（以下　支援法）19条等に基づいて●図表1-3C1のように3つに区分されている。

1号認定は「保育の必要性」がない3歳以上児である。3歳になれば誰でもこの認定は受けられるので、本来不必要と思われる。しかし、具体的なサービスの供給に市町村が直接責任を負わない制度においては、認定の仕組みが不可欠なので、新制度において1号認定が位置づけられたのであろう。

2号・3号の認定は、両親が働いているなどの「保育の必要な事由」に該当するか否かで判断される。その上で保護者の労働時間をもとに、保育の必要量が判断され、保育短時間認定と保育標準時間認定に区分されるが、詳しくは後に解説する。

保育の必要性の事由

第2に、保育の必要性を何で判断するかという問題である。新制度では、内閣府令「子ども・子育て支援法施行規則」にそれが定められた●図表1-3C2。新制度実施前の「保育に欠ける」要件に比べ、求職活動や就学が保育

図表 1-3C1　3つの認定

1号認定	満3歳以上児で、「保育の必要性」がない場合—教育標準時間認定
2号認定	満3歳以上児で、「保育の必要性」がある（「保育の必要な事由」に該当）場合—満3歳以上・保育認定
3号認定	満3歳未満児で、「保育の必要性」がある（「保育の必要な事由」に該当）場合—満3歳未満・保育認定

の必要性を認める事由として明文化された。新制度で、従前の保育所制度に比べ、保育を受けることができる範囲が広がったとの意見があるが、多くの自治体ではすでに対応済みの事項が規定されただけで、改善が図られたとはいいがたい。下の子の育児休業取得に関わっては、上の子が「引き続き利用することが必要であると認められる」場合は、保育の継続が可能となったとされているが、市町村の判断に委ねられており、希望する上の子全員が保育を受けられるとは限らない。

なにより問題なのは、保育の必要性が就労など保護者側の状況でしか判断されないことが、新制度が導入されても変更されなかったことだ。障がいや発達上の課題など子ども側の状況によって、保育の必要性を認めるといった抜本的変更はなされていない。新制度では、認定こども園に関して、保護者の就労の有無に関わりなく保育を受けられると宣伝されているが、実態は単純ではない。保育の必要性の判断については、旧態依然のままであり、子どもの権利保障の観点からの改善が今後も課題である。

なお、認定における就労の下限といえる「48時間から64時間までの範囲内で月を単位に」市町村が定める時間については、同省令附則の２条において10年間はこの下限の範囲によらず、市町村が従前定めていた規定を

図表1-3C2　子ども・子育て支援法施行規則（抄）（平成26年内閣府令第44号）　令和３年１月１日施行（令和２年内閣府令第76号）改正

第１条の５　法第19条第１項第２号の内閣府令で定める事由は、小学校就学前子どもの保護者のいずれもが次の各号のいずれかに該当することとする。

１　１月において、48時間から64時間までの範囲内で月を単位に市町村が定める時間以上労働することを常態とすること。
２　妊娠中であるか又は出産後間がないこと。
３　疾病にかかり、若しくは負傷し、又は精神若しくは身体に障害を有していること。
４　同居の親族（長期間入院等をしている親族を含む。）を常時介護又は看護していること。
５　震災、風水害、火災その他の災害の復旧に当たっていること。
６　求職活動（起業の準備を含む。）を継続的に行っていること。
７　次のいずれかに該当すること。
　イ　学校教育法第１条に規定する学校、同法第124条に規定する専修学校、同法第134条第１項に規定する各種学校その他これらに準ずる教育施設に在学していること。
　ロ　職業能力開発促進法（昭和44年法律第64号）第15条の７第３項に規定する公共職業能力開発施設において行う職業訓練若しくは同法第27条第１項に規定する職業能力開発総合大学校において行う同項に規定する指導員訓練若しくは職業訓練又は職業訓練の実施等による特定求職者の就職の支援に関する法律（平成23年法律第47号）第４条第２項に規定する認定職業訓練その他の職業訓練を受けていること。
８　次のいずれかに該当すること。
　イ　児童虐待の防止等に関する法律（平成12年法律第82号）第２条に規定する児童虐待を行っている又は再び行われるおそれがあると認められること。
　ロ　配偶者からの暴力の防止及び被害者の保護等に関する法律（平成13年法律第31号）第１条に規定する配偶者からの暴力により小学校就学前子どもの保育を行うことが困難であると認められること（イに該当する場合を除く。）
９　育児休業をする場合であって、当該保護者の当該育児休業に係る子ども以外の小学校就学前子どもが特定教育・保育施設、特定地域型保育事業又は特定子ども・子育て支援施設等（以下この号において「特定教育・保育施設等」という。）を利用しており、当該育児休業の間に当該特定教育・保育施設等を引き続き利用することが必要であると認められること。
10　前各号に掲げるもののほか、前各号に類するものとして市町村が認める事由に該当すること。

第４条　保育必要量の認定は、保育の利用について、１月当たり平均275時間まで（１日当たり11時間までに限る。）又は平均200時間まで（１日当たり８時間までに限る。）の区分に分けて行うものとする。ただし、申請を行う小学校就学前子どもの保護者が第１条の５第２号、第５号又は第８号に掲げる事由に該当する場合にあっては、当該保護者が１月当たり平均200時間まで（１日当たり８時間までに限る。）の区分の認定を申請した場合を除き、１月当たり平均275時間まで（１日当たり11時間までに限る。）とする。
②　市町村は、第１条の５第３号、第６号又は第９号に掲げる事由について、保育必要量の認定を前項本文に規定する区分に分けて行うことが適当でないと認める場合にあっては、同項の規定にかかわらず、当該区分に分けないで行うことができる。

適用しつづけることを認める経過措置が示されている。

必要量の区分と保育時間

第3は、保育時間の上限設定の問題である。

両親が働いているなどして保育の必要性がある（2・3号認定の）子どもは、認定に際して保育短時間・標準時間の2つの区分がなされる*。

新制度導入前の論議では、この保育の必要量の区分によって、短時間認定の保育時間が非常に短く設定されると、保護者の就労時間に合わせた細切れの保育しか受けられなくなるのではないかとの批判が集中した。その結果、政府は短時間でも原則8時間の保育が受けられるとする見解を示した。政府の説明では、区分ごとに、1日当たり8時間（月平均200時間）、または11時間（月平均275時間）までという利用の上限設定がなされ、この時間内で保育を受けることができるとしている。

こうした認定は介護保険同様、直接契約の給付制度には不可欠の仕組みなのだが、介護保険の場合、利用に応じて負担が発生するので利用は抑制的になる。ところが、新制度の場合、基本の保育料は利用した保育時間に関わらず所得に応じた形で設定されるので、認定を受けた子どもの保護者からすれば、制約なく認定された保育必要量すなわち保育時間の上限まで保育を利用できると理解するであろう。

そうなれば、保育が今まで以上に長時間化する恐れがある。しかし、新制度において職員体制の改善がほとんどない中で、保育所等がこの長時間化に対応することは困難である。よって、園側は勤務時間＋通勤時間に合わせた利用にとどめるよう、保護者に要請することになる。それにより、実際の利用は従前と変わらないのに、なぜ新たに区分が必要なのかとの疑問や批判が生じている。

●「無償化」に関わる新たな認定

2019年10月から実施された幼児教育・保育の「無償化」に向けて、支援法が改正され「子育てのための施設等利用給付」が新たに導入された（前出●図表1-3B2のB部分）。この給付に関しては、これまでの認定に相当する新たな3つの認定区分が創設されている。

●利用の申込みから保育の実施まで

新制度は、前述したように、直接契約化を図るための「改革」であった。よって、利用の申込みと契約、保育の実施については、施設・事業者と利用者が直接行うので、市町村がそこに介在することはないはずだった。ところが、新制度導入時の法案修正により、保育所については児童福祉法24条1項が復活し、従前どおり市町村が申込みを受付け、市町村が入所先の決定を行い、市町村責任で保育が実施されることになった。

一方、同法24条2項が適用となる保育所以外の施設・事業は、直接契約の原則通りに手続きがなされるはずなのだが、政府は、24条1、2項の違いについて曖昧な説明を自治体関係者などにしている上に、新制度導入後は、保育所とその他の施設・事業を同列に扱い、保育所に限らず、当分の間すべての利用申込みを市町村が受付け、直接契約の施設・事業も含めて利用調整を行って、実質的に入所者を決定するとした。

実施後の状況をみると、ほとんどの市町村でそのような対応がとられたようだ。ただし、1号認定の子どもについては、市町村を経ず幼稚園等が直接手続きを行い、保育を実施することになっている。

ではいつまでこうしたことがつづくのであろうか？政府は、2014年8月以降、それまでと説明を変え、2つのパターンの利用手続きを示し始めている。

●図表1-3C3によれば、パターン1はすべての施設・事業類型を通じて利用調整を行う方法（従来から想定されている標準的な調整方法）で、この場合、例えば、保育所を第１希望として認定こども園を第２希望とする保護者の方が、認定こども園を第１希望とする保護者よりも保育の必要度（ポイント）が高い場合、第１希望か第２希望かに関わらずポイントの高い保護者が優先的に選考される、としている。

パターン２は直接契約である認定こども園及び地域型保育事業で、それぞれ第１希望の保護者の中から利用調整を行い、保育の必要度の高い順に決定する方法である。

この場合「施設を通じて利用募集をかけることが基本」としているが、「第１希望である施設・事業所は１か所に限定することが必要（何か所も第１希望として応募させない）」としている。市町村が関与せずに、施設ごとに個別になされる申込みにおける第１希望を１か所に限定する方法があるのかなど、疑問が多々ある。

パターン２の実施については、待機児童が過去３年間ゼロかそれに近い状況であることなどを要件にするとしているが、定員の余裕のある３歳以上児に部分的にこのパターン２を導入するなどの変則的な取扱いも提起されており、利用者にとっては非常にわかりにくい複雑な仕組みである。

2020年度以降コロナ禍の影響などもあって、待機児童数も大きく減少する傾向にある。長期的な保育需要のあり様は、慎重に見極める必要があるが、今後、保育施設が過剰になるという見方もあり、入所手続きがパターン２の方向で、施設と保育を必要とする保護者が直接やり取りするようなことが、なし崩し的に進展する恐れがある。

子どもの権利保障の拡充を求めるのであれば、市町村が行うという認定申請・利用申込みや利用調整について、①当面、児童福祉法24条１項を基礎にして、保育所入所における市町村責任の追求を行うことが必要である。その上で、②保育所以外の施設等についても、優先度の高い子どもが排除されることのないような利用調整等の運用の継続を求めたいところである。③さらに、24条１項による市町村の責任による保育という原則を、すべての保育に適用できるように、法改正を求めていくことも視野に入れるべきだろう。

（逆井直紀）

＊この区分の判断基準は、内閣府等が2014年９月に発出した通知「子ども・子育て支援法に基づく支給認定等並びに特定教育・保育施設及び特定地域型保育事業者の確認に係る留意事項等について」による。同通知では、保護者の就労時間が「１か月当たり120時間以上である場合には原則として保育標準時間認定」「120時間未満である場合には原則として保育短時間認定とすること」としている。

図表1-3C3　利用調整のパターン

パターン１：すべての施設・事業類型を通じて利用調整を行う方法（従来から想定されている標準的な調整方法）
⇒パターン１の場合、例えば、保育所を第１希望として認定こども園を第２希望とする保護者の方が、認定こども園を第１希望とする保護者よりも保育の必要度（ポイント）が高い場合、前者の保護者が優先的に選考される。

パターン２：直接契約である認定こども園及び地域型保育事業で、それぞれ第１希望の保護者の中から利用調整を行い、保育の必要度の高い順に決定する方法
※この場合、施設を通じて利用募集をかけることが基本
※利用調整方法については、認定申請の際、来年度の募集要項を配布する際等を活用して周知することが必須
※第１希望である施設・事業所は１ヶ所に限定することが必要（何ヶ所も第１希望として応募させない）
※この場合であっても、利用調整の時期は市町村が定めることとする
（他の施設類型の利用調整の時期と揃える又はこのパターンによる場合は園の希望時期を尊重する）
⇒パターン２の場合、例えば、保育所を第１希望として認定こども園を第２希望とする保護者の方が、認定こども園を第１希望とする保護者よりも保育の必要度（ポイント）が高い場合であっても、後者の保護者が優先的に選考される。

資料：内閣府等「子ども・子育て支援新制度における利用調整等について」（2014年9月11日　子ども・子育て支援新制度説明会資料）

3 子ども・子育て支援新制度の概要

D　保育料の仕組み

●保育所の保育料

保育所の利用によって生じる保育料は、2015年度からスタートした子ども・子育て支援新制度（以下　新制度）より前の保育所制度では、旧児童福祉法56条３項の規定により、市町村長がその額を決定し、市町村が徴収してきた。

その際、①同一市町村内では、保育所の設置者（公私立）に関わりなく同一の保育料表が使用され、②その表は、国基準の保育料徴収基準額表をもとに、「家計に与える影響を考慮して」利用世帯の所得に応じて、設定されたものであり、子どもの年齢区分に応じても保育料額が異なった。保育にあたって人手を多く要する３歳未満児保育と、３歳児、4・５歳児の保育料が別に設けられていた。さらに、多子世帯の負担軽減を考慮した減免等の措置もあった。また、通常の保育時間を超えた利用には延長保育料が別途設定された。

このように、保育所の保育料は、保護者の負担能力で額を変える応能的な負担原則によりながらも、受ける保育サービスの量やかける費用の多い少ないで額を変える応益的な要素も加味されて設定されてきた。

国が大枠を決定

保育所の保育料は市町村が決めているが、まったく自由に市町村が設定していたわけではなく、保育に関わる費用に対する国庫補助制度によって、大枠が定められていた。この補助制度は、国等の負担義務が法律に明記されたもので、一般の奨励的補助金とは一線を画すものである。同制度において、国は、子どもの年齢や施設の規模等に応じて子どもの保育費用の基準額（月額）を定め（これを保育単価と称していた）、この保育費用のうち、保護者に負担させる割合を国が恣意的に定めていた。

国として、保護者世帯の負担能力に応じて、所得の低い層はゼロ円ないし低額に、所得に応じて段階的に重い負担を課してきた。所得の高い層では、保育費用すべてを保護者に負担させるような設定もされていた。こうした段階的な負担額をまとめたものを、国基準の「徴収基準額表」という。国は、その額を市町村が徴収することを前提に、残りの分を公費で負担するとして国・都道府県・市町村の補助金の負担額を定めてきた。

この国の徴収基準額表の設定が総体として高額であることから、その軽減が長年の課題であった。負担軽減を求める住民の声に押され、市町村では国基準額より軽減した保育料額を設定するようになっていったが、軽減を図ればその分自治体の財政負担が増えるので、二の足を踏むところも多かった。

応能負担自体は、保育料負担を懸念して保育の利用を躊躇させないためにも福祉制度としては不可欠の原則とされている。しかし、所得の高い世帯に高額な負担を強いることについての是非は問われなければならない。

新制度による変化

2015年度から始まった新制度は、いわゆる直接契約制を原則とする仕組みである。通常、そのような仕組みをとった場合、「保育の利用の対価である保育料は、当事者間で決めるのが原則である」[1]。

つまり、施設・事業者が決めた額を利用者が支払うことになっている。新制度に入らない従来からの私立幼稚園の仕組みがその典型的な事例といえる。ところが新制度導入の際に政府は、その利用者負担について「国が定める水準を限度として、実施主体である市町村が定める」[2)]として、国および市町村が保育料の決定に関与するとした。

新制度における保育料に関わる仕組みは、非常に複雑になっているが、以下整理する。

国によると、新制度における保育料のあり方は、介護保険のような応益負担（利用するほど負担が重くなる）ではなく、また幼稚園のような一律の負担でもなく、従前の保育所のような応能的な負担になるとされた。

新制度における、認定の区分（１号認定―教育標準時間認定・３歳以上児で「保育の必要性」なし、２号認定―３歳以上児で「保育の必要性」あり、３号認定―３歳未満児で「保育の必要性」あり）ごとに、国基準の利用者負担額が設定される（２・３号認定は、保育短時間・保育標準時間区分によって負担額にわずかな差が設定された）。

現時点で内閣府等が示している負担額表が●図表1-3D1である（政省令である子ども・子育て支援法施行令、施行規則に規定された内容を表示したものである）。新制度導入前の負担水準が維持され、原則的にこの負担額表を上限に市町村が負担額を決定していた。

2019年10月から「無償化」が実施されたことで、「無償化」によって３歳以上児の１号認定、２号認定の全階層（保育標準時間・短時間ともに）で負担額が０円になり、３歳未満児の３号認定では、市町村民税非課税世帯が０円になった。

私立保育所については、子ども・子育て支援法（以下　支援法）附則６条１項で、市町村から委託費が支払われることが定められているが、その４項において、委託費を支払った市町村の長は、保護者または扶養義務者から「家計に与える影響を考慮して…子どもの年齢等に応じて定める額を徴収する」とされている。よって、私立保育所を利用した場合

図表 1-3D1　特定教育・保育施設等の利用者負担（月額）

○国が定める利用者負担の上限額基準（国庫（都道府県）負担金の精算基準）は、以下のとおり。
○教育標準時間認定子ども（１号認定）及び保育認定子ども（２号認定：３～５歳児）は、令和元年10月から無償化。

保育認定の子ども（３号認定：満３歳未満）

	区分	利用者負担	
		保育標準時間	保育短時間
多子カウント年齢制限なし	生活保護世帯及び市町村民税非課税世帯（～約 260 万円）	0円	0円
多子カウント年齢制限なし	所得割課税額 48,600 円未満（～約 330 万円）	19,500 円〔9,000 円〕	19,300 円〔9,000 円〕
多子カウント年齢制限なし	所得割課税額 57,700 円未満〔77,101 円未満〕（～約 360 万円）	30,000 円〔9,000 円〕	29,600 円〔9,000 円〕
多子カウント年齢制限有り（小学校就学前）	所得割課税額 97,000 円未満（～約 470 万円）	30,000 円	29,600 円
多子カウント年齢制限有り（小学校就学前）	所得割課税額 169,000 円未満（～約 640 万円）	44,500 円	43,900 円
多子カウント年齢制限有り（小学校就学前）	所得割課税額 301,000 円未満（～約 930 万円）	61,000 円	60,100 円
多子カウント年齢制限有り（小学校就学前）	所得割課税額 397,000 円未満（～1,130 万円）	80,000 円	78,800 円
多子カウント年齢制限有り（小学校就学前）	所得割課税額 397,000 円以上（1,130 万円～）	104,000 円	102,400 円

※1　〔　〕書きは、ひとり親世帯、在宅障害児（者）のいる世帯、その他の世帯（生活保護法に定める要保護者等特に困窮していると市町村の長が認めた世帯）の額。
※2　満３歳に到達した日の属する年度中の２号認定の利用者負担額は、３号認定の額を適用する。
※3　小学校就学前の範囲において、特定教育・保育施設等を同時に利用する最年長の子どもから順に２人目は上記の半額、３人目以降（年収約360万円未満相当のひとり親世帯等については２人目以降）については０円とする。ただし、年収約360万円未満相当の世帯においては多子のカウントにおける年齢制限を撤廃する。
※4　給付単価を限度とする。

多子世帯の利用者負担軽減について

・２、３号認定は、小学校就学前の範囲において、特定教育・保育施設等を同時に利用する最年長の子どもから順に、第２子　半額、第３子以降　無償　とする。
・年収約360万円未満相当世帯については、第２子半額、第３子以降完全無償（平成28年度から年齢制限撤廃）。

資料：内閣府子ども・子育て本部「子ども・子育て支援新制度について」（2022（令和４）年７月）
https://www8.cao.go.jp/shoushi/shinseido/outline/pdf/setsumei_p1.pdf

は従前と同様に、その額を市町村が決定し、市町村が徴収する。公立保育所の保育料は、児童福祉法、支援法上に規定はなく、公立幼稚園と同様に、地方自治法上の使用料として扱われ、その額は条例によって定められる。

保育所制度の場合、児童福祉法24条１項によって保育の実施責任は市町村にあるので、保育利用の申し込みの受け付けも、入所先の決定、さらに保育料の設定も徴収も市町村が行う。この点が他の保育施設と異なる点である。保育所制度は、保育を必要とする子どもを放置しないという理念のもと設計されており、たとえ、保護者が保育料を滞納したとしても、それを理由に市町村は保育実施責任を解除できない。その保護者が私立保育所を利用している場合、保育の委託は市町村と私立保育所との関係で支出されるので、たとえ保育料の滞納があったとしても園が受け取る委託費が減額されることはない。保育料に関わるこの仕組みも、子どもの権利保障のための重要な柱といえる。

後述する保育所以外の施設・事業では、保育料滞納は即収入減となり、保育を受ける権利の大きな阻害要因となりうる[3)]。

自治体による軽減状況

先述したように、国基準額を上限に、市町村が独自の保育料額を設定することになるが、これまでの保育所制度では、実際の保育料額は市町村の独自の財政措置によって軽減されてきた。「無償化」実施前の自治体の保育に関わる単独補助に関する調査[4)]では、その市町村が設定する2016年度保育料総額について、予算ベースで国基準額に対する徴収額の割合の設定状況が調査されている。これによると、実際の徴収額を国基準の６割台に設定している自治体が197自治体と最も多く、７割台154、５割台148とつづく。有効回答数695自治体なので、過半の自治体がこの中に含まれることになる。

「無償化」の影響

2019年10月から実施された幼児教育・保育の「無償化」の影響をみる。保育所については、３歳以上児について、その保育料が無償化された。負担額が大きい０～２歳児の保育については、市町村民税非課税世帯のみが対象であり、ごく限定されたものといえる。

本白書調査編の265頁以降に指定都市等主要都市の３歳未満児保育料を示しているので参照されたい。

厚生労働省は、2021年に「地域における保育所・保育士等の在り方に関する検討会」を発足させたが、その検討会に2021年５月26日「保育を取り巻く状況について」という資料を示した[5)]。そこで、2021年度予算における「保育所にかかる費用負担の考え方」として、「概ね、保護者の保育料と公費」の割合が「２：８」であることが示された。予算上の根拠も示されておらず検証は不能だが、「無償化」後の保育所運営費財源の中での国基準としての保護者負担の割合が初めて示されたことになる。

注意すべきは、あくまで全年齢の子どもの保育所運営費について、その保護者負担が２割程度ということであって、住民税非課税世帯以外は「無償化」対象となっていない３歳未満児を取り出した場合、２割程度の負担になっているわけではない。**●図表1-3D1**で示した保護者負担の基準額が設定されているので、世帯所得にもよるが依然として重い負担が課されているといえる。

「無償化」は、保育に様々な影響を及ぼしているが、詳しくは101頁を参照されたい。

●幼稚園の保育料

幼稚園は、従前からの制度による園と、新制度による園が併存している。まず私立幼稚園の整理を行う。

新制度に入らず（支援法27条１項における市町村長の確認を受けず）従前からの制度に残る幼稚園の保育料の仕組みは、市町村の直接関与がなく、保護者と幼稚園との直接契約にもとづくので、個々の園ごとに保育料額等が設定されている。基本的には、保護者の負担能力に関わりなく一律負担である。

保育料は園ごとに相当なバラツキがある。

保育料としての年平均は31.79万円（月額約2.65万円）程度だが、別途施設整備費や教材費の徴収があり、年平均35.71万円（月額約2.98万円）程度の負担となる。さらに、入園時には入園料や検定料などで、6.72万円の負担が別途課せられる[6]。

なお、国庫補助事業として保護者の所得に応じて補助金を支給して負担軽減を図る幼稚園就園奨励費補助があったが、後述する「無償化」によって、この補助事業は2019年10月に廃止された。

新制度下の幼稚園

一方、新制度に入った幼稚園は、保育所以外の認定こども園、小規模保育事業等と同じ取扱いになり、保育料徴収は各施設が行うが、その額は、市町村が設定する所得に応じた額となった。

幼稚園等は直接契約なので、本来なら、新制度に入らない私立幼稚園と同様に、各施設等が自由に保育料を定め徴収することになるはずである。ところが政府は、市町村が定める額を、各施設等が保育料として徴収すると説明している（子ども・子育て支援法27条３項や内閣府令「特定教育・保育施設及び特定地域型保育事業の運営に関する基準」13条がその根拠とされているが、法的には異論のあるところだ[7]）。

公立幼稚園については、以前から地方自治法上の使用料として処理されており、市町村はその額を条例で定め徴収してきた。多くの自治体では、公立幼稚園の保育料を、私立園よりも低額に設定してきた。

「無償化」の影響

2019年10月から始まった「無償化」は、新制度に入っていない私学助成を受ける私立幼稚園も対象となる。この新制度外の幼稚園等は、保育料を各園が自由に設定しているので全額が無償になるわけではなく、「保育の必要性」のない子ども（１号認定）の場合は、公定価格における利用者負担額の上限額月2.57万円までの子育てのための施設等利用給付が市町村から保護者に支出される（一般的には、この給付を園が代理受領することになる）。保育料が2.57万円以上の場合は、その差額分は自己負担となる。

保育の必要性のある子ども（２号認定）が、幼稚園に入園した場合は、その上限額の月2.57万円を超えて3.7万円まで給付がされるので、預かり保育の保育料に充当できる。

一方新制度下の幼稚園については、先に示した国が設定する利用者負担額がゼロになり、施設等が代理受領する給付額が子どもの保育のための費用額である公定価格と同額になる。市町村は、国が設定する利用者負担額を上限に保育料額を決めるとされているので、国の基準額がゼロになれば、市町村の保育料もゼロになるという理屈だ。

●認定こども園や小規模保育事業など

認定こども園や小規模保育事業等は、新制度のもとにある。いずれも直接契約で、新制度下の幼稚園と同じように（保育料徴収は各施設が行うが）、その額は、市町村が設定する所得に応じた額となった。

「無償化」の影響

「無償化」についても、新制度下にある施設と基本的に同じ仕組みとなる。つまり、３歳以上児については、市町村が設定する保育料がゼロになる。３歳未満児については、市町村民税非課税世帯はゼロであるが、それ以外は市町村が設定する保育料額を、各施設に支払うことになる。

●認可外保育施設の保育料

これまで説明してきた保育所制度における

保育所（すなわちそれは公立・認可保育所を指す）とは異なり、認可外保育施設では、事業者が設定する保育料を、利用者が事業者に支払う。保育料は、子どもの年齢や、保育を受ける日程・時間帯、時間の長短によってその額が異なるのが一般的である。同じ保育であるならば保護者の所得によらず一律であるという直接契約の基本に準じているといえる。

認可外施設には原則的には公費が投入されないので、認可施設に比べその利用にあたっては高額な負担を強いられている。一方で、自治体が何らかの補助を出して、その負担軽減を図っているケースがある。

「無償化」の影響

「無償化」は、新制度に入っていない私学助成を受ける私立幼稚園のほか、認可外保育施設やファミリー・サポート・センター事業なども対象となった。

認可外保育施設等は、保育料を各園が自由に設定しているので、必ずしも「無償化」によって全額が無償になるわけではなく、保育の必要性のある子ども（２号認定）は、3.7万円まで、０～２歳児の場合は、市町村民税非課税世帯限定で4.2万円まで、子育てのための施設等利用給付が市町村から保護者に支出される（施設側が代理受領するか、保護者が利用後に償還払いを受けることになる）。保育料が給付額を上回っていれば無償にはならないので、負担軽減のための措置といえる。

今回は、条件を整えていない認可外保育施設の利用さえも、「無償化」の対象としており、すべての子どもに格差なく良質の保育を保障するという観点から大いに問題ありと指摘せざるを得ない。

また、「無償化」は市町村が行う給付の仕組みとして実施されるが、市町村が関わらない企業主導型保育事業（62頁）も対象になる。

その場合は、当該補助制度として「事業主拠出金を活用し、標準的な利用料を無償化する」と整理され、市町村の関与はない。

●保育料軽減だけが保育制度の課題ではない

保育料負担の軽減は、保護者の願いではあるが、一方で子どもの保育にかける費用を増やし、その質向上を図ることも大きな課題である。その両立のためには公費投入の拡大が不可欠であるといえる。

今回の「無償化」は、認可外施設の取り扱いに代表されるように、子どもの平等性という点で問題点をはらんだ施策といえる。また、「無償化」で財源がとられ、保育の質向上などの住民が求める他の重要施策が置き去り、後退することが危惧されている。

（逆井直紀）

1）田村和之「新保育制度の保育料―法学的視点から考える」月刊『保育情報』2014年11月号（No.456）発行 全国保育団体連絡会
2）2014年7月31日「子ども･子育て会議」資料２「利用者負担について」１頁、内閣府ウェブサイトなど
3）支援法には、直接契約施設・事業において、保育料の滞納が発生した場合、市町村が事業者にかわって代行徴収できるとの規定もあるが、法的枠組みからみて異論も多く、実際に市町村が代行徴収に動くことは想定しづらい。
4）一般財団法人統計研究会「保育に係る地方単独事業の実施状況及び各種申請様式に関する調査」（2017年３月）。東京23･区を加えた全市町村を対象にした基礎自治体調査（有効回答率42.9%）の集計結果。
5）https://www.mhlw.go.jp/content/11907000/000784219.pdf
6）新制度に入っていない私立幼稚園の納付金の全国平均。この他に、入園時における入園料等の負担が別途ある。全日本私立幼稚園連合会「私立幼稚園経営実態調査報告」2021（令和３）年度
7）支援法27条３項は、(①国が定める保育の公定価格) －（②市町村が定める額）＝（③施設・事業者が代理受領する給付額）という財政上の計算式を説明する条文にすぎない。また、内閣府令「特定教育・保育施設及び特定地域型保育事業の運営に関する基準」13条１項は、支援法条文の計算式の②について、施設等はそれを利用者負担額として保護者から受け取ると規定しているだけなので、政府が言うような保育料徴収の根拠といえるのか疑問とされている。前出、田村論文等を参照のこと。

3 子ども・子育て支援新制度の概要

E 実費・上乗せ徴収

●実費・上乗せ徴収について

子ども・子育て支援新制度では、保育料以外の保護者負担として実費徴収と上乗せ徴収を行うことが認められている。

実費徴収の「実費」とは、教育・保育施設の利用において通常必要とされる経費であり、例えば、文具代、制服代、遠足代、行事参加代、給食代、通園バス代などについて、各施設・事業者の判断で、保護者の同意を得て徴収ができる。

上乗せ徴収の「上乗せ」とは、教育・保育の質の向上を図るうえで特に必要と認められる経費であり、例えば、公定価格上の基準を超えた教職員配置や平均的な水準を超えた施設整備など、公定価格で不足する費用を賄うために徴収することが認められている。上乗せ徴収については書面による保護者の同意が必要であり、私立保育所については、市町村との協議による承認が必要となっている。

国は「実費徴収に係る補足給付を行う事業」として、保護者の世帯所得の状況等を勘案して、保育料以外の保護者負担の軽減措置を定めている。なお、国の交付金実施要綱では、生活保護世帯に限り、１～３号認定子どもの教材費・行事費等について月額2,500円（年額３万円）の補助、１号認定子どもに限り給食費（副食費のみ）について4,500円（年額５万4,000円）補助するというものである。

●実費徴収の状況（全国調査）

厚生労働省の2018（平成30）年度子ども・子育て支援推進調査研究事業として公表された「私立保育所の運営実態等に関する調査」（みずほ情報総研2019年３月）から、実費徴収の状況を概観する。

実費徴収の平均額は、０～２歳児よりも３～５歳児の方が高額となり、認定こども園、保育所、小規模保育事業の順に高額となっている●図表1-3E1。認定こども園の３～５歳児については、１号認定分も含まれているため、保育所と単純に比較はできないが、保育所より認定こども園の方が高額な傾向にあると思われる。給食の食材料費は、０～２歳児よりも３～５歳児の方が、主食よりも副食の方が、高額となっている●図表1-3E2。かねてより政府は、主食費を3,000円程度、副食費を4,500円※程度として想定しているが、主食費についてはかなり違いがあるようである。

●実費徴収の実態（大阪市の事例）

大阪府大阪市の私立保育施設（保育所、認定こども園）における２号認定子どもの実費

図表 1-3E1　実費徴収の状況

	０～２歳児（平均徴収月額）	３～５歳児（平均徴収月額）
保育所	940円	1,889円
認定こども園	1,340円	6,178円
小規模保育事業	749円	

図表 1-3E2　食材料費の状況
（保育所･認定こども園･小規模保育事業の2018年3月1か月間の実績）

入所児童１人当たり（月額）					
０～２歳児			３～５歳児		
主食	副食	計	主食	副食	計
636円	4,350円	4,986円	724円	4,688円	5,412円

※１　平均徴収月額は、実費徴収を行っていない施設も含め算出。
※２　３～５歳児の主食は、自治体補助等により徴収が低額となっている場合あり。
※３　認定こども園の３～５歳児の実費徴収額には１号認定分も含め算出。
図表 1-3E1、1-3E2 ともに「私立保育所の運営実態等に関する調査」（みずほ情報総研　2019 年３月）をもとに作成。

徴収のうち給食費の実態を市の資料（2023年６月現在）を元に整理する●図表1-3E3。

大阪市の公立施設の主食費は1,100円、副食費は4,500円となり、主食費と副食費を合計した給食費としては5,600円（月額）となる。私立施設で給食費設定がわかるもの約390施設（全体の約83％）を調べると、給食費設定は公立よりも私立の方が高額傾向となっており、公立含めた市全体の保育施設のうち5,600円以下で利用できる施設は約15％程度となっている。

また、大阪市の私立保育施設の主食費、副食費、給食費の平均額、最高額、最低額を整理した●図表1-3E4。同じ市域でも設定にかなりばらつきがあり、最高額と最低額の格差は約３～６倍となっている。

●図表1-3E2の３～５歳児の給食費の調査結果では5,412円となっているが、大阪市の私立保育施設の給食費の平均額は6,356円とかなり差がある状態となっている。

実費徴収のうち給食費だけの比較でも施設や公私により違いが大きいため、実費徴収全体となれば、さらに違いが大きくなることが予想される。

●無償化での影響

「無償化」により、これまで保育料に含まれていた３～５歳児の副食費が実費徴収に加えられた。「無償化」に伴い、年収360万円未満相当の世帯の子どもと所得階層にかかわらず第３子以降の子どもの副食費については徴収が免除されることになっている。

●図表1-3E2によれば、３～５歳児の副食費の調査結果は4,688円。政府の説明では、各施設で徴収する副食費の設定は月額4,500円*が目安とされている。

●図表1-3E3の大阪市の副食費設定を見ると大半は4,500円（約74％）となっているが、わずかであるが高額な設定もある。既に多くの自治体で副食費を助成するなどの動きがあることから、さらに広げる運動が求められる。

そもそも、実費徴収、上乗せ徴収を行わざるを得ない要因は、保育費用が実態にあわず、不十分なことにある。保育に必要な経費、特に子どもの処遇に関わる費用は公定価格に含めるべきであり、必要な助成を自治体に求めていくこととあわせて、公定価格の改善を求めることが重要である。（岩狹匡志）

＊ 2023年度より公定価格における２号認定児の副食費徴収免除加算額が月4,500円から4,700円に引き上げられている。

図表 1-3E3　大阪市　私立保育施設２号認定児童の主食費・副食費・給食費（月額）の分布

	主食費（375施設）	副食費（348施設）	給食費（389施設）
11,001 ～12,000 円			
10,001 ～11,000 円			0.3%
9,001 ～10,000 円			
8,001 ～ 9,000 円		0.3%	1.3%
7,001 ～ 8,000 円			8.7%
6,001 ～ 7,000 円		0.6%	49.9%
5,001 ～ 6,000 円		2.6%	36.5%
4,001 ～ 5,000 円		88.2%	3.1%
3,001 ～ 4,000 円	0.8%	6.6%	0.3%
2,001 ～ 3,000 円	17.9%	1.7%	
1,001 ～ 2,000 円	77.9%		
1,000 円以下	3.5%		

図表 1-3E4　大阪市　私立保育施設２号認定児童の主食費・副食費・給食費（月額）の平均等　（円）

行政区	主食費（375施設）			副食費（348施設）			給食費（389施設）		
	平均額	最高額	最低額	平均額	最高額	最低額	平均額	最高額	最低額
大阪市（私立全体）	1,806	6,000	500	4,532	8,800	2,500	6,356	10,800	4,000
公立・公設民営	1,100			4,500			5,600		

資料：大阪市ホームページ　保育施設等一覧（認定こども園・保育所・地域型保育事業）
https://www.city.osaka.lg.jp/kodomo/page/0000002800.html　各施設基本情報をもとに作成

3 子ども・子育て支援新制度の概要

F 「新子育て安心プラン」から「加速化プラン」へ

●2021年度から「新子育て安心プラン」

政府は「待機児童解消加速化プラン」(2013～17年度)、「子育て安心プラン」(2018～20年度) を実施して待機児童解消をめざしたが、待機児童ゼロには至らず2021～24年度末までの４年間で約14万人分 (2025年の女性 (25～44歳) の就業率の政府目標82%に対応する数値) の保育の受け皿を整備する「新子育て安心プラン」(以下 新プラン) を実施した。

新プランは、①地域の特性に応じた支援、②魅力向上を通じた保育士の確保、③地域のあらゆる子育て資源の活用、を柱として各種取組を支援する●図表1-3F1。

各市区町村が市区町村全域及び保育提供区域ごとに策定する「新子育て安心プラン実施計画」をふまえて財政支援がされる。各市区町村の「計画」の集計では、2024年度末までに、約14.2万人分の保育の受け皿拡大の見込みとなっている。

新プランでは、待機児童がいる市区町村において、各クラス等に「１名以上の常勤保育士の配置を求める規制を撤廃し、それに代えて２名の短時間勤務の保育士を充てても可」とする「短時間勤務保育士」の活用要件の緩和を盛り込んだ。さらに2023年４月には「常勤保育士」について「月120時間以上で勤務するもの」と新たに定義し、たとえば１日８時間週４日勤務でも常勤保育士とみなすことができるとした。

●2024年度からは「加速化プラン」

「異次元の少子化対策」として2023年６月13日に閣議決定された「こども未来戦略方針」(282頁) では、2030年代までの６～７年間が少子化傾向反転のラストチャンスであり、2024年度から３年間を集中的な取組期間として「こども・子育て支援加速化プラン」をできる限り前倒しして実施するとしたが、財源・目標は明確にされていない。(実方伸子)

図表1-3F1 新子育て安心プランの概要

資料：厚生労働省「新子育て安心プラン」

3 子ども・子育て支援新制度の概要

G 幼児教育・保育の「無償化」

2019年10月から国による幼児教育・保育の「無償化」は開始された。

2017年９月25日の衆議院解散表明会見で、安倍晋三首相（当時）は少子高齢化を「国難」と位置づけ、そのため国債の返済にあてられることになっていた消費税10%増税による税収増の使いみちを変更して幼児教育・保育の「無償化」をおこなうことを突如表明し、同月28日に衆議院を解散した。これは「幼児教育の無償化に向けた取組を財源を確保しながら段階的に進める」（『経済財政運営と改革の基本方針2016』）（以下　骨太の方針2016）という従来の政府方針の大転換で様々な混乱を引き起こした。また、社会経済的に不利な立場にある子どもたちが、未就園になりやすい傾向にあるという事実をふまえる[1)]と幼児教育・保育の無償化は必要な事だが、現実に待機児童問題が解消していないもとで、「無償化」に大きな財源を振り向けることに様々な問題点が指摘され、未解決の問題を残したまま制度はスタートし現在に至っている。

以下、幼児教育・保育の「無償化」について整理する。「幼児教育・保育の無償化」と言いつつ、後述するように対象は３～５歳児と低所得世帯の０～２歳児に限定されおり、副食費などを保護者負担にすることを前提にしたものなので、本稿では「無償化」と表記する。

●「無償化」までの経緯

「無償化」の動きは2000年初頭に私立幼稚園団体等が要望をした事にはじまる。骨太の方針2006に「幼児教育の将来の無償化について歳入改革にあわせて財源、制度等の問題を総合的に検討しつつ、当面、就学前教育についての保護者負担の軽減策を充実するなど幼児教育の振興を図る」と政府として初めて無償化を進める方針が明記されたが、その後2014年まで保育料軽減はほとんど進まなかった。

そして、民主党への政権交代を経て再度政権についた安倍首相の骨太の方針2013に「幼児教育の無償化に向けた取組を財源を確保しながら段階的に進める」との方針が明記され、2014年以降、少しずつ保育料軽減が進められた。

前記の安倍晋三首相の会見後に行われた2017年総選挙で自由民主党が勝利し、政府内で「無償化」にむけた検討が進められた。2017年12月に閣議決定された『新しい経済政策パッケージ』に「３歳から５歳までの全ての子供たちの幼稚園、保育所、認定こども園の費用を無償化」が明記された。そして、2018年12月に「幼児教育・高等教育無償化の制度の具体化に向けた方針」が決定され、これに基づき2019年の通常国会で幼児教育・保育の「無償化」経費を含む予算と関連施策が盛り込まれた子ども・子育て支援法（以下支援法）の改正法が成立した。

本改正法は、「無償化」法と呼ばれたが、保育所等や新制度幼稚園の保育料を「無償化」すると明記したわけではなく、新制度未移行幼稚園や認可外保育施設を含めた保育料負担軽減のためのものであった。

●「無償化」の概要

「無償化」の概要は●図表1-3G1、その対象施設・事業数、子どもの数は●図表1-3G2の通りである。

1）「無償化」の対象者と範囲

「無償化」は、子ども・子育て支援新制度（以下　新制度）の対象となる保育所、認定こども園、幼稚園、小規模保育施設等（以下　新制度対象園）、新制度未移行幼稚園、企業主導型保育施設、特別支援学校の幼稚部、障害児通園施設、認可外保育施設で保育を受ける3～5歳児、市町村民税非課税世帯の0～2

図表1-3G1　幼児教育・保育の無償化（概要）

幼児教育・保育の負担軽減を図る少子化対策・生涯にわたる人格形成や義務教育の基礎を培う幼児教育の重要性を目的として、「新しい経済政策パッケージ」等を踏まえ、令和元年10月より実施。

○　3～5歳の保育所等の利用料を無償化等を実施（下記参照）。対象人数は約300万人。
○　財源は、国と地方で適切な役割分担をすることが基本であり、消費税増収分を活用し必要な地方財源を確保。（令和3年度予算は事業費8,858億円（公費））
○　幼児教育・保育の無償化に関する様々な課題について、PDCAサイクルを行うため、国と地方自治体による協議（知事会・市長会・町村会から推薦された首長等がメンバー）を継続して実施。

＜無償化前＞

施設等の種類	認定区分		歳児クラス	保育料（月額）
子ども・子育て支援新制度対象園	教育・保育給付	1号	3歳～5歳（新制度幼稚園、認定こども園）	所得に応じて徴収（最大25,700円）
		2号	共働き家庭等の3歳～5歳（保育所等、認定こども園）	所得に応じて徴収（平均37,000円）
		3号	共働き家庭等の0歳～2歳（保育所等、認定こども園）	所得に応じて徴収（平均42,000円）
私学助成園			3歳～5歳（新制度未移行幼稚園）	所得に応じて還付（最大25,700円）
認可外保育施設等			共働き家庭等の3歳～5歳（保育所等、認定こども園）	所得に応じて徴収
			共働き家庭等の0歳～2歳（保育所等、認定こども園）	所得に応じて徴収

＜無償化後＞

認定区分		保育料（月額）		預かり保育等利用料（月額）
教育・保育給付	1号	所得にかかわらず0円（不徴収）	＋	所得にかかわらず11,300円を上限に給付 ※共働き家庭等の場合のみ
	2号	所得にかかわらず0円（不徴収）		預かり保育を実施していない場合や十分な実施水準ではない場合、預かり保育の残額の範囲で認可外保育施設等の利用が可能
	3号	市町村民税非課税世帯は0円（不徴収）		
施設等利用給付（新設）	1号	所得にかかわらず25,700円を上限に給付 ※保育料が上限額を上回る場合の差額は引き続き保護者の負担	＋	所得にかかわらず11,300円を上限に給付 ※共働き家庭等の場合のみ
	2号	所得にかかわらず37,000円を上限に給付 ※保育料が上限額を上回る場合の差額は引き続き保護者の負担		
	3号	市町村民税非課税世帯は42,000円を上限に給付 ※保育料が上限額を上回る場合の差額は引き続き保護者の負担		

資料：第6回幼児教育・保育の無償化に関する協議の場　幹事会（2021年3月2日）資料

図表1-3G2　幼児教育・保育の無償化の施行状況について

（2019（令和元）年10月1日現在）

1．無償化の対象となる施設・事業数

（1）特定子ども・子育て支援施設等

	新制度の対象とならない幼稚園（特別支援学校含む）	預かり保育事業	認可外※1保育施設等	合計
施設・事業数	4,255	15,099	25,819	45,173

※1：認可外保育施設、一時預かり事業、病児保育事業、子育て援助活動支援事業の合計

（2）特定教育・保育施設等

	①幼保連携型認定こども園（地方裁量型認定こども園含む）	②新制度幼稚園（幼稚園型認定こども園含む）	③保育所（保育所型認定こども園含む）	④地域型保育事業	合計
施設・事業数	5,207	5,705	23,573	6,457	40,942

2．無償化の対象となる子ども数

（1）施設等利用給付認定子ども数

認定区分	子ども数（人）	主な利用施設等
第1号	574,456	新制度の対象とならない幼稚園
第2号	353,952※2	認定こども園又は幼稚園＋預かり保育事業、認可外保育施設等
第3号	17,773※2	認定こども園又は幼稚園＋預かり保育事業、認可外保育施設等
合計	946,181	

（2）教育・保育給付認定を受けて施設等を利用している子ども数

認定区分	子ども数（人）	主な利用施設等
第1号	617,999※2	認定こども園、新制度幼稚園
第2号	1,609,316	認定こども園、保育所
第3号	112,519※3	認定こども園、保育所、地域型保育事業
合計	2,339,834	

※2：「施設等利用給付認定子ども（第2号、第3号）」には、「教育・保育給付認定子ども（第1号）」で預かり保育事業等を利用する子どもが含まれる
※3：住民税非課税世帯に限る

出典：内閣府・第51回子ども子育て会議（2020年1月31日）資料2

3．保育所等における副食費の徴収月額（平均）
※「教育・保育給付認定子ども（第2号）」に限る

（1）公立施設

	副食費徴収施設数	副食費月額（円）	【参考】主食費月額（円）
認定こども園	1,121	4,225	687
保育所	7,273	4,450	733

（2）市区町村が副食費の徴収を把握している民間施設

	副食費徴収把握施設数	副食費月額（円）	【参考】主食費月額（円）
認定こども園	4,276	4,571	1,239
保育所	9,747	4,559	997

4．運営基準条例等の制定・改正状況

（1）特定教育・保育施設等に関する運営基準条例
・全市区町村が改正を行う必要があるが、令和2年9月30日までの経過措置あり

○改正を行った自治体：1,037
⇒うち、今後、府令の訂正内容を反映予定の自治体：221

（2）市区町村独自の認可外保育施設の基準を定める条例
・制定は市区町村の裁量による

○施行済み自治体：18　※令和2年1月1日までに施行予定の1市を含む
○制定済みだが未施行の自治体：4　※令和2年1月1日までに制定予定の3市を含む
⇒うち、今後、府令の訂正内容を反映予定の自治体：3
○今後、制定予定の自治体：28

＜出典＞
1（2）：①内閣府「認定こども園に関する状況について」（平成31年4月1日現在）
②［公立］文部科学省「令和元年度 学校基本調査」（令和元年5月1日現在）
［私立（新制度）］文部科学省「令和元年度私立幼稚園の子ども・子育て支援新制度への移行状況等調査」（平成31年4月1日現在）
③④厚生労働省「保育所等関連状況取りまとめ」（平成31年4月1日現在）
その他：内閣府調べ（令和元年10月1日現在）

歳児を対象に行われる。認可外保育施設を「無償化」の対象とする問題点については後で議論する。

「無償化」の対象となる３～５歳児についても以下述べるように全員の保育料が０円となることが保証されておらず、０～２歳児は対象が市町村民税非課税世帯とされている[2)]など無償化と言えど非常に限定された内容だ。

新制度対象園は、国の保育料基準額を０円にすることで行われている。新制度においては、国が定めた保育料基準額の範囲内で市町村が保育料を定めることになっており、国基準が０円になればこれ以下の金額を設定することはできないので保育料が０円になるという理屈である。障害児通園施設についても、児童福祉法施行令第27条の２に定める対象児童の利用者負担上限額を０円にすることで無償化を実現している。

新制度対象園以外は国による保育料設定の仕組みがないので上記の方法は使えず、支援法を改正して、子ども・子育て支援給付の１つとして「子育てのための施設等利用給付」（以下　施設等利用給付）を創設することで対応が行われた。支援法において、認可外保育施設等に対する施設等利用給付は認可保育所等に対する子どもの教育・保育給付と対等なものと位置づけられていると言わざるをえない。

施設等利用給付は３～５歳の子ども、市町村民税非課税世帯の０～２歳の子どものうち保育の必要性がある子どもが、市町村の確認を受けた新制度未移行幼稚園、特別支援学校の幼稚部（以上２施設は保育の必要性不要）、認可外保育施設、預かり保育事業、一時預かり事業、病児保育事業、子育て援助活動支援事業（ファミリー・サポート・センター事業）――特定子ども・子育て支援施設を利用した場合に保育料相当額（上限あり）が支給され、施設による代理受領も可能とされている。上限があるので、保育料が０円となることは保証されておらず、保育料軽減助成制度と言わざるをえない。

幼稚園の預かり保育や認可外保育施設の利用者が施設等利用給付を受けるには、保育の必要性の認定を受ける必要がある。

３～５歳児の月額上限は、幼稚園等2.57万円、認可外保育施設3.7万円、幼稚園の預かり保育は1.13万円、０～２歳児は認可外保育施設4.2万円となっている。

企業主導型保育についても「無償化」によって保育料の軽減措置が講じられることになっている。こちらも国が示している標準的な保育料である利用者負担相当額[3)]を実際の保育料を上限に控除することで行われる。上乗せ徴収をしている場合には、保育料負担はゼロにはならない。逆に、従来、利用者負担相当額より低い保育料を設定していた事業者は「無償化」後は保育料を０円に設定することになるが、元々の保育料が利用者負担相当額より低かったとしても、差額の分だけ運営費補助金が減らされるわけではない。内閣府は「『利用者負担相当額』の差額分を活用し、保育の質の向上を図る等の配慮を」[4)]行うよう求めている。

２）「無償化」の財源

新制度対象園に関する「無償化」費用の負担割合は、公立施設は市町村等$\frac{10}{10}$、それ以外は国$\frac{1}{2}$、都道府県$\frac{1}{4}$、市町村$\frac{1}{4}$となっている。施設等利用給付も同じ負担割合となっている。都道府県、市町村の負担増分は消費税増税分を活用して交付税措置がとられている。企業主導型保育の「無償化」費用は国$\frac{10}{10}$である。

「無償化」に必要な財源は、国・地方あわせて2020年度予算では8,858億円となっている[5)]。内訳は国3,410億円、都道府県1,705億円、市町村3,743億円となっている。

自治体の負担は交付税措置されているものの「無償化」によって公立保育所・幼稚園が

多い自治体ほど自治体の負担は大きくなる。結果として「無償化」によって公立保育所の民営化が加速されかねない。また、保育所を多く抱える地方交付税不交付団体では「無償化」で必要となる財源が、消費税増税による税収増を上回る場合があると指摘されている。

3）実費徴収は対象外

今回、「無償化」の対象となるのは保育料であり、それ以外の実費や上乗せ徴収についての負担軽減策は新たに設けられていない。「無償化」前には公定価格に含まれ保育料の一部として保護者が全額負担していたとされる副食費が給付対象から外れ、幼稚園と同様に実費徴収とされた。なお、従来、保育料が0円となっていた子どもについては、公定価格に副食費免除加算を設け、副食費を免除することで負担が増えないよう対応されている。副食費実費負担の問題は後でもう一度論ずる。

内閣官房の調査でも実費徴収は低所得者世帯の保育利用の障害となっている[6]。全ての児童に質の確保された保育を利用できるよう、これら実費負担の無償化も必要である。

4）「無償化」でも負担増となる例も

無償化と言いながら経済的負担が「無償化」前より大幅に増える例が生まれている[7]。また便乗値上げも問題となっている[8]。前者は「無償化」前から多くの自治体で保育料負担の独自軽減を図っていたため生じた問題で、特に副食費分を実費徴収とした影響が大きい。

5）朝鮮学校幼稚部など幼稚園類似施設の「無償化」

朝鮮学校幼稚部や森のようちえん、各種学校など幼稚園類似施設は当初「無償化」対象外とされた。これらを「無償化」対象とするよう求める参院内閣委員会の附帯決議を受けて、月2万円を上限に保育料軽減を保護者に直接行う地域における小学校就学前の子どもを対象とした多様な集団活動事業への利用支援事業が2021年からはじまった。同事業は地域子ども・子育て支援事業の多様な事業者の参入促進・能力活用事業のメニューに位置づけられた。

●「無償化」の問題点とその対応

1）認可外保育施設等の「無償化」

認可外保育施設も「無償化」の対象に加えられている。政府は当初、認可外保育施設を「無償化」の対象外とする方向で検討していた[9]。待機児童問題のために認可保育所に入所できなかった認可外保育施設利用者との負担の格差が問題となり、方針を転換した。政府は「待機児童問題によりやむを得ず認可外保育施設を利用せざるを得ない人がおり、こうした方々についても負担軽減の観点から」[10]行うとしている。待機児童問題を理由に導入したのに、待機児童問題が解消しても存続する恒久的な制度となっている。これでは認可外保育施設を公的保育制度に位置づけるものと言わざるを得ず、公的保育制度の保育の質を切り下げるものである。

対象となる認可外保育施設は都道府県などに届出を行い、認可外保育施設指導監督基準（以下　指導監督基準）を満たすことが求められている。ところが、経過措置として法施行後5年間は、指導監督基準を満たさない施設であっても都道府県知事への届出だけで、「無償化」の対象とすることが改正法附則4条に盛り込まれた。政府は5年とした理由を、指導監督基準を満たすために設定したと説明している。また、指導監督基準を満たさなくてもよいことになったため、基準遵守のための勧告（支援法第58条の9第1項）や基準違反を理由とする市町村による確認取消（支援法第58条の10第1項第3号）は5年間の経過措置期間中は適用除外となった。つまり法施行後5年間は子どもの安全を守るための最低限の基準である指導監督基準を満たさない施設であっても、保育料補助の対象とし、指導監督基準不適合状態の是正を求めることや、指導基準不適合を理由に排除はできない制度とされた。

これに対しては、地方から「厚生労働省は、指導監督基準は最低限の劣悪施設を排除する基準に過ぎず、あくまでも認可を目指すべきであると、この間ずっとご指導を賜ってきたわけでございます。今回の案につきましては、この指導監督基準を満たさないものですら構わないということで、厚生労働省のスタンスがこれほど大きく、180度入れ替わってしまわれたことには驚きを禁じ得ません」[11]などと強い反発にあい、市町村の条例で経過措置や独自の基準を定めることができるとされた。

施設等利用給付の施行にあたって条例制定は必須でないため、多くの自治体では、この経過措置の適用を排除する条例を制定していない。内閣府が条例制定状況を明らかにしているが、2019年10月１日現在で条例を制定しているのは22自治体、うち施行済みが18自治体で、未施行が４自治体である。その後28自治体が制定予定とされているが少数に留まっていることがわかる[12]。

また、条例は当該市町村に居住する住民に対する施設等利用給付の支給対象施設を、条例基準を満たす認可外保育施設に限定する効果しかない。逆に内閣府は「条例制定市町村以外の市町村に居住する認定子どもが、当該条例に定める基準を満たしていない認可外保育施設を利用した際には、子育てのための施設等利用給付の対象になることから、全国に効力を発する『確認』は、当該条例に定める基準を満たしていなくても実施する必要がある」[13]ことを明確にしている。このように施設等利用給付に関する確認を制限できない条例の効果は限定的と言わざるをえない。また、条例を定めたとしても経過措置の完全排除に留まるため、指導監督基準適合施設を「無償化」対象とする本則に戻るだけである。全体の底上げのために指導監督など基準を守らせ悪質な業者を排除するとともに、認可保育所への移行を促すことが必要である。

この経過措置は改正法が施行された2019年10月１日から５年後の2024年９月30日までとなっている。現段階で経過措置延長にむけての具体的な動きは見えていないが、本改正の延長には改正法の法改正が必要となる。

ファミリーサポート事業のように保育者の資格や事業の基準が存在せず自治体が個々の預かりについて関与する仕組みのない事業についても、保育の代替措置として、「無償化」対象としたことに、安全性の観点から強い懸念が出されている。国会で意見陳述をした当事者は「無償化」による悲しい事故が起こることのないよう、命と安全を守るための基準制定を訴え、①統一した研修カリキュラムの設定と受講の義務づけ、②都道府県への届出義務と立入調査の実施、③公的保険（無過失）の適用、④指導監督の基準並びに実際の預かりにおける規定・指針の策定を求めている[14]。

保護者間の負担の公平性を政府は問題にしているが、子どもの発達の権利を保障する保育の質を支える基準に大きな差があるもとで全ての施設を無償化の対象にすることは、保育を受ける子どもの権利にとって公平とは言えない。発達の権利保障のため全ての子どもが質の確保された保育所での保育を受けられるように、認可保育所を抜本的に増やして待機児童問題の解消を図る政策が求められる。

２）副食（材料）費徴収問題

「無償化」にともなって、２号認定児（３歳以上の保育を必要とする子ども）の副食（材料）費が公定価格の対象から外れ、実費徴収されることとなった。

保育所は昼食を挟んで長時間の保育を行う事から、制度発足時から調理室の設置が義務づけられ、保育の食事が提供されてきた。保育と給食は不可分の関係とされ、適切な給食の実施が保育内容を充実させるとの説明が行われていた。副食費は公定価格に含まれ、その費用の一部または全部を保護者が応能的な保育料として負担してきた。一方で主食費は実費徴収とされてきた。その理由は、1949年の保育所給食開始時の食糧事情に関係がある。当時、主食（米）を確保することが困難で、財政的にも予算を確保するのが難しいという事情があった。0～2歳児については主食費・副食費とも公定価格に含まれていた。その後もこの区分が引き継がれた[15]。

一方、幼稚園は午前中4時間の保育が基本のため、給食の実施の有無、提供形態も非常に多様で、その費用は副食費・主食費とも実費徴収がされてきた。

新制度の発足にあたってこの相違をどうするかが検討課題の一つとされた。財務省はこの検討課題について「幼児教育・保育の無償化にあたり、幼稚園等との均衡の観点から、保育料のうち食材料費相当分については、引き続き利用者負担とすべき（無償化の対象から除くべき）。」[16]と求め、財務省の意向にそって、幼稚園にそろえる形で保育所の副食費については公定価格から外し保護者から実費徴収をすることが「無償化」の方針となった。

その結果、①2号認定児の副食費を公定価格から外し、施設が保護者から実費徴収することとした。また公定価格に含まれ保護者が負担していたとされる副食費の額は4,500円とされた（2023年度は物価上昇等の影響のため4,700円に引き上げられている）。

②生活保護世帯やひとり親世帯等、従来保育料が免除されていた家庭が負担増にならないよう引き続き副食費を免除するとし、施設側の減収対策として公定価格において副食費徴収免除加算が創設された。また、免除対象者を拡大することとされた。

地方独自で副食費免除対象者以外の子どもの保育料負担を4,500円より引き下げていた自治体では、子ども1人あたり年最大54,000円（4,500円×12月）の負担増になる。国はその事実を認めた上で特段の対応をするわけでもなく、「今般の無償化により自治体独自の取組の財源を、地域における子育て支援の更なる充実や次世代へのつけ回し軽減等に活用することが重要」[17]との考え方を示して自治体に対応を求めるだけだった。

③0～2歳児については「無償化」が住民税非課税世帯に限定されているため主食・副食費を公定価格に含める措置を継続することになった。

施設が実費徴収をすることになれば、まず、事務負担が問題となる。従来は、保育所での「無償化」前の3～5歳児の実費徴収は全施設平均で月1,889円[18]であり、徴収していない施設もあった。今回、実費徴収される副食費は年間54,000円となり、3～5歳の家庭すべてにこの額を請求する必要がある。この追加的な事務負担増に対して国は特別の手当てはせず、既存の枠組みで対応することを求めた。

また、副食費が滞納となることも懸念される。その際、自治体は利用調整をする立場から施設と保護者の間に入って滞納額の支払いを促すことになるが、基本は施設の自己責任で対応することとなっている。滞納が生じても、当該世帯の子どもに対する食事の提供を止めることはできない。そうすると滞納分だけ、給食の質や量が影響を受けることになる。保育所でも大きな課題となっている食育にも悪影響を与えることは避けられない。

また、従来は保育料の滞納があっても対応するのは自治体で、施設や保育士は保護者との関係を維持しながら保育にあたることができた。今回は施設が債務者となり、保育士が施設職員として滞納している保護者と相対することになる。当然、保護者との関係性に悪影響を与えることになる。また、このような徴収事務は精神的な負担も大きく保育士不足への悪影響も懸念される。

わずかな実費徴収でも低所得層は保育の利用を諦めることがあるとされているが、子どもの権利保障への悪影響や保育士の負担を考えると保育所側にあわせるという選択肢もあったはずだが、保育料「無償化」が優先された。

3）逆進性の高い消費税増税が財源

「無償化」は、消費税増税による増収の一部をあてて行われる。

消費税は逆進性が高く、低所得者ほど負担が大きい。逆に低所得者は、元々保育料は応能負担なので0円または低額の負担となっていたので、「無償化」によっても負担は軽減されない。逆に高い保育料を負担していた高所得層ほど、「無償化」の恩恵を受けることになる。このように消費税増税の負担が重い低所得層ほど、「無償化」による恩恵が少ないことについて国会でも議論があった。消費税の負担感や保育料負担軽減の違いによって「無償化」対象の子育て層の中でも「無償化」について評価が分かれる可能性が高い。

また、「無償化」はされたが、人員配置基準や面積など施設に関する基準は改善されなかった。他方、「無償化」には国、地方あわせて巨額の予算が必要となるため、質の改善や保育士の処遇改善が、さらに先送りされることが懸念される。事実、「無償化」の$\frac{1}{10}$程度で実現できる1歳児、4・5歳児の保育士配置基準の改善は、実施の約束から8年間放置され、いつから実行されるのか未だ明らかではない。

●最後に

待機児童問題が未解決で、その救済のために質の保証されていない保育施設が併存する現在の制度は、社会経済的な格差を拡大する傾向がある。消費税増税をともなう「無償化」は、この傾向を促進するものと言わざるをえない。単なる保護者の経済的負担の軽減を追及するのではなく、子どもの権利や発達の権利保障を制度の根本にすえて、どの子どもも排除しない、全ての子どもに質の高い保育を保証する事を制度の根幹にすえた政策への転換が必要である。

（岩藤智彦）

1）可知悠子『保育所に通えないこどもたち―「無園児」という闇』ちくま新書、2020年など
2）新制度対象園のうち「無償化」対象の3号認定児は約11.2万人（●図表1-3G2）。これに対して2019年4月1日入所の0～2歳児の保育申込数は約118.0万人で、全員が保育所等に入所できているわけではないが、0～2歳児で保育料が0円となっているのは1割弱でしかない。
3）4歳以上児23,100円、3歳児26,600円、1・2歳児37,000円、0歳児37,100円
4）内閣府子ども・子育て本部「企業主導型保育事業における幼児教育･保育の無償化について」（2019年9月20日版）
5）内閣府「幼児教育･保育の無償化に関する協議の場幹事会」（第7回2022年3月17日）
6）株式会社エヌ・ティ・ティ・データ経営研究所「未就園児等の把握、支援のためのアウトリーチの在り方に関する調査研究」（2023年3月）14頁等参照
7）2019年10月23日『朝日新聞デジタル』「幼保無償化なのに『12万円負担増』 制度の落とし穴」
8）2019年10月2日『朝日新聞デジタル』「幼保無償化で便乗値上げ？ 6,500円増、保護者は困惑」
9）2017年11月5日『毎日新聞』「認可外保育無償化せず、政府検討 財源に限界」
10）参院本会議 2019年4月12日 安倍晋三首相
11）内閣府「幼児教育の無償化に関する協議の場 幹事会」（第1回2020年12月25日） 泉 房穂明石市長
12）『保育白書』2022年版100頁
13）内閣府『幼児教育・保育の無償化に関する自治体向けFAQ』（2020年3月5日版）NO9-2参照
14）2019年5月7日参院内閣委 藤井真希（保育の重大事故をなくすネットワーク共同代表赤ちゃんの急死を考える会事務局長）の意見陳述など
15）主食費の実費徴収の経緯には井原哲人「保育所における『主食費』規定から見る公定価格の課題」『白梅学園大学・短期大学紀要』No.55、2019、1～17頁に詳しい
16）財務省財政制度等審議会財政制度分科会（平成30年10月9日）資料
17）『幼児教育・高等教育無償化の制度の具体化に向けた方針』（平成30年12月28日関係閣僚合意）
18）『保育白書』2022年版92頁

4 保育の公定価格

A 公定価格とは？―国が定める保育費用

●公定価格とは

子ども・子育て支援新制度では、国が定める子ども1人あたりの保育に必要な月額費用を公定価格と呼んでいる。それは、「教育・保育に通常要する費用の額」をふまえて「内閣総理大臣が定める基準により算定した費用の額」とされている（子ども・子育て支援法27条3項1号）。

公定価格の算定は「積み上げ方式」を採用している。従前の保育所運営費国庫補助負担金の仕組みの基礎にある保育単価制度を引き継いだものであり、保育所で保育を行うために必要な金額を費目ごとに積み上げて、費用額を設定する。具体的には、保育に必要な保育士等職員の人件費、施設の事務管理費や補修費等の管理費、園児に係わる教材費、給食材料費等の事業費などを網羅し、算定している。

算定方式については、介護保険等が採用している「包括方式」*と積み上げ方式のどちらを採用するかをめぐって論議があったが、新制度導入時に、従前の保育所制度が維持されたこともあり、積み上げ方式が選択された経緯がある。その後も、公定価格を「適正化」したい財務省等からの要求により論議が蒸し返されてきた。最近では新制度施行後5年の見直しの検討とともに持ち出されたが、積み上げ方式の存続が決定している（2019年12月10日子ども・子育て会議「子ども・子育て支援新制度施行後5年の見直しに係る対応方針について」）。

子ども・子育て支援法60条にもとづく基本指針（2020年4月改正版）では、「全ての子どもの健やかな育ちを保障していくためには…発達段階に応じた質の高い教育・保育及び子育て支援が提供され」、「子どもの最善の利益の実現を念頭に質を確保」することが強調されている。これは、幼稚園・保育所等、施設が異なっていても、全ての子どもに高い質の保育を平等に保障するという視点といえる。この基本指針をふまえて適切な公定価格の算定が行われているか否かを常に検討することが必要だ。

公定価格は各地の保育所等の運営を支える財政基盤の基準額であり、保育の質を支える指標といえる。この意味で公定価格の構造と内容は重要な意味をもつ。

たとえば、公定価格に、保育に必要な職員数がどう算定されているのか、補修費等施設の管理費、園児の保育に直接関わる保育材料・教材費、園庭の遊具費用、食事やおやつを提供する費用などの経費がどのように積み上げられているのかが問われてくる。

図表 1-4A1 公定価格（給付、利用者負担）、委託費の関係

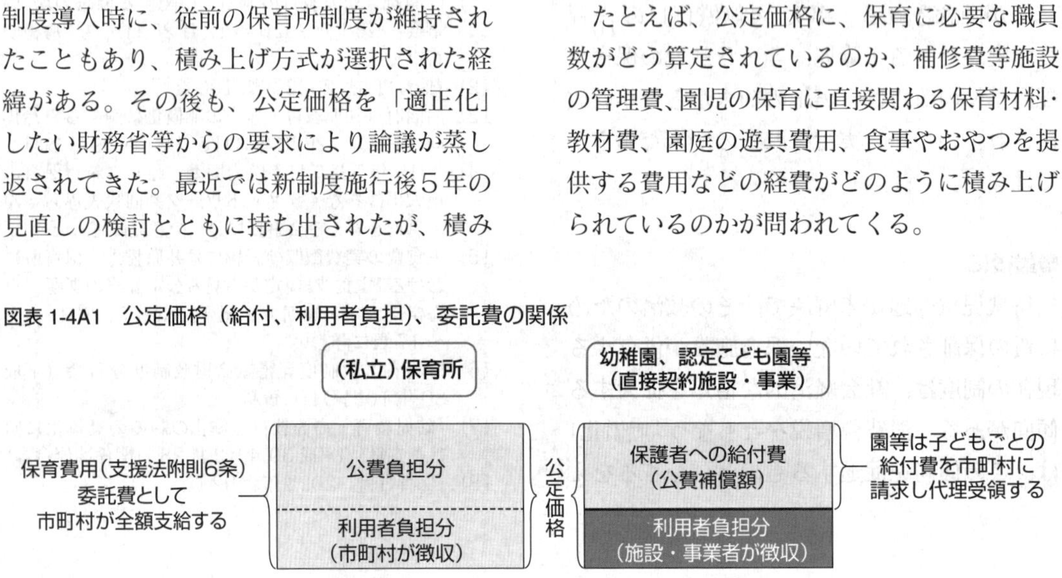

その内容が実態から乖離しているのであれば、実際に保育士等に支払われる人件費が抑制され、子どものための保育条件や職員の処遇低下につながる。

●公定価格の種類

公定価格は、幼稚園・保育所等の施設型給付と小規模保育事業等の地域型保育給付に大別される。また施設型給付は、教育標準時間認定（1号認定）と保育認定（2号、3号認定）とに分かれる。地域型保育給付は保育認定（3号認定）のみが示される。

それぞれに地域区分と定員区分が設定される。地域区分は、施設・事業の所在する地域に応じて「国家公務員及び地方公務員の地域手当の支給割合に係る地域区分に準拠」して8地域の区分がある。定員区分は、施設型給付施設の場合、幼稚園（1号認定）は17区分、保育所（2、3号認定）は17区分、認定こども園（1号、2号、3号認定）は1号が幼稚園と同じ、2・3号が18区分である。地域型保育給付についても、小規模保育事業（3号認定）は、定員区分は2区分等、事業ごとに設定されている。内閣府告示「特定教育・保育、特別利用保育、特別利用教育、特定地域型保育、特別利用地域型保育、特定利用地域型保育及び特例保育に要する費用の額の算定に関する基準等」に示される。

さらに、施設型給付と地域型保育給付の、2・3号認定については「保育必要量区分」として「保育標準時間認定」と「保育短時間認定」の区分が設定されている。

また、特別給付として、1号認定子どもが保育所を利用する場合や2号認定子どもが幼稚園を利用する場合、1・2号認定子どもが地域型保育事業を利用する場合等、特別な場合の公定価格も設定されている。

●公定価格と給付費について

在園する子どもの認定や年齢等の区分ごとに、その人数と公定価格を掛け合わせることで施設・園の収入額が決まる。

また、この公定価格から、国が定める保護者負担の基準額（国基準保育料額）を差し引いた額が給付費となる（支援法27条）。給付費は保護者に対する利用料補助だが、幼稚園、認定こども園等の施設や地域型保育事業等の事業者が、代理で市町村に申請し受領するという仕組み（代理受領）がとられている。この場合保育料は各施設が徴収する。

一方保育所については、児童福祉法24条1項の市町村の保育実施責任を基礎に、市町村が「公定価格相当額」（保育費用）を委託費として施設に支払う仕組みであり（支援法附則6条）、施設型給付費の支給規定（支援法27条）は適用されない。私立保育所には、市町村から公定価格に相当する保育費用全額が支弁されるが、その委託費は、保護者への給付ではなく、施設への補助負担金である。

保育の実施主体は市町村なので、保育料は市町村が徴収する●図表1-4A1。

なお、2019年10月から実施された「幼児教育・保育の無償化」により、3歳以上児の1・2号認定の国基準保育料額がゼロとなり2号認定については、従来公定価格に含まれていた副食材料費（月額4,500円）が除外され、原則保護者負担となった（通知「令和元年10月以降の公定価格の単価案の見直しについて」（2019年9月18日）等）。また、「無償化」の際、物価調整分として減額対象となった680円については、反対が強く2019年10月時点の減額は見送られた。2020年度になると一般生活費から680円が削られたが、その分は公定価格の人件費に充てるとされた。だが公定価格のどの部分にどの程度の額が充てられたかは不透明である。（村山祐一）

＊国として費用を積み上げず、施設等の経営実態調査をもとに経営収支を明らかにし、公定価格を算定する方式。財務省等が導入を主張する。介護報酬における実績からも、費用削減につながりやすいとの指摘がある。

4 保育の公定価格

B　基本構造と課題

●公定価格の基本構造

公定価格は、基本分単価＋基本加算部分＋特定加算部分、さらに基本分単価の減額が求められる場合に適用される加減調整・乗除調整部分から構成される。●図表1-4B1で、幼稚園と保育所の基本分単価の構成要素と主要な加算を整理した。基本分単価は、職員の人件費、管理費、事業費で構成される。

●幼稚園と保育所の基本的な違い

基本分単価の説明に先立って幼稚園・保育所の基本的な違いを整理する。

幼稚園の１日の教育・保育時間は「４時間を標準」（「幼稚園教育要領」）、年間教育時間は「39週を下ってはならない」（学校教育法施行規則第37条）とされている。また学校教育法施行規則39条及び61条で休業日として日曜、祝日、土曜日さらに学期末、夏季、冬季、学年末の休業日が定められている。よって、最少の保育日数は39週×５日で195日となる。公定価格では、開所日数は月20日（週５日）、年間240日と設定され、40数日の夏休み・学期末休み等の休暇中の費用も保育の費用として保障されている。

保育所の保育時間は「児童福祉施設の設備及び運営に関する基準」で「１日につき８時間を原則」（第34条）とされているが、開所日数や休業等の規定はない。戦後保育所制度の当初から、日曜日、祝日を除く土曜日と平日の開所が原則とされてきた。1992年度に完全週休２日制が公務員に導入、2002年度から学校週５日制が完全実施となったが、開所日は変更されずに今日に至っている。

この間、給食費、一般生活費は１か月22日分と計算されてきている。他方1996年度から「月途中入所」制度の導入に伴い措置費の国と自治体の精算基準として日割り計算式が導入され開所日数１か月25日が示された。この関連通知で開所日数は「日曜日、国民の祝日及び休日を除いた日数」として、「各保育所の自主的休所日数（例えば盆休みの休所や行事の代替休所）については『開所日数』として取り扱う」と明記された[1]。新制度の公定価格では、「月途中入所」の算定方法の「月25日」を採用し、保育所開所日数は年間約300日（25日×12月）とされている。

保育所開所日数については法令で定められていない。そのため、補助金等の運用上の恣意的解釈で、予算増もなく22日がいつの間にか25日になるなど、なしくずし的な運用がされてきている。

このように保育時間や保育日数が大きく異なる幼稚園、保育所の公定価格の設定内容を検討する。

●基本分単価の人件費の内容

基本分単価の人件費をみる。幼稚園、保育所ともに（1）常勤職員給与と（2）非常勤職員雇上費に分けられるが、その対象者などは異なっている。

幼稚園では、常勤職員給与として、①園長、②教諭（配置基準上求められる教員数）、③学級編制調整加配教諭（１人）、④事務職員、非常勤職員雇上費として、①学校医等の経費、②非常勤職員雇上費（事務職員）、③年休代替要員費を盛り込んでいる。

保育所では、常勤職員給与として、①所長（2020年度より加算部分から基本分単価に移行）、②保育士（配置基準上求められる保育士数）、③休憩保育士加配（利用定員90人以下１人）、④調理員等（定員40人以下は１人、151人以上は３人〈うち１人は非常勤〉）、非常勤職員雇上費として、①嘱託医等の経費、②非常勤職員雇上費（保育士、事務職員、調理員等）、③年休代替要員費、④研修代替要員費（基準上保育士１人当り年３日分）、の人件費が計上されている。

さらに、保育標準時間認定児のいる施設には常勤保育士１人及び非常勤保育士（３時間）１人の人件費が算定額に加わるとされている

図表1-4B1　公定価格の基本分と加算の構造（2023年４月現在） ※幼稚園欄の◎印は１号認定のみで２号認定にはない項目

内訳			幼稚園（１号認定）	保育所（２・３号認定）
基本分単価	事務費	人件費	（１）常勤職員給与 ◇本俸、教職調整額 ◇諸手当 ◇社会保険料事業主負担等 ①園長　１人 ②教諭（配置基準上教員数〈小数点以下四捨五入〉）＝４歳以上児数×1/30〈小数点第１位まで計算〉＋３歳児及び満３歳児数×1/20〈同〉） ◎③学級編制調整加配教諭―全ての学級に専任の学級担任を配置する目的で１人加配（利用定員36人以上300人以下） ◎④事務職員 （２）非常勤職員雇上費 ①学校医、学校歯科医、学校薬剤師手当 ②非常勤職員雇上費（非常勤事務職員〈週２日分〉）	（１）常勤職員給与 ◇本俸、特別給与改善費、特殊業務手当 ◇諸手当 ◇社会保険料事業主負担等 ①所長　１人（2019年度まで基本加算に設定、2020年度から基本分に移行、設置しない場合は減算） ②保育士（配置基準上保育士数（小数点以下四捨五入）＝４歳以上児数×1/30〈小数点第１位まで計算〉＋３歳児数×1/20〈同〉＋１・２歳児数×1/6〈同〉＋０歳児数×1/3〈同〉） ③休憩保育士を１人加配（利用定員90人以下） ④調理員等２人（定員40人以下は１人、151人以上は３人〈うち１人は非常勤〉） （２）非常勤職員雇上費 ①嘱託医・嘱託歯科医手当 ②非常勤職員（保育士、事務職員、調理員等） ③年休代替要員費 ④研修代替要員費（保育士１人年間３日分） ＊保育標準時間認定のいる施設には常勤保育士１人及び非常勤保育士（３時間）１人を加配。ただし実際には、保育標準時間認定児数の割合によって減額
		管理費	＜職員の数に比例して積算＞ 旅費、庁費、職員研修費、職員健康管理費、業務委託費 ＜子どもの数に比例して積算＞ 保健衛生費、減価償却費 ＜１施設当たりの費用として積算＞ 補修費、特別管理費、苦情解決対策費	＜職員の数に比例して積算＞ 旅費、庁費、職員研修費、被服費、職員健康管理費、業務省力化等勤務条件改善費 ＜子どもの数に比例して積算＞ 保健衛生費 ＜１施設当たりの費用として積算＞ 補修費、特別管理費、苦情解決対策費
	事業費		一般生活費（保育材料費等）	一般生活費（給食材料費、保育材料費等）
加算部分	基本加算部分	主に人件費	①処遇改善等加算Ⅰ ◎②副園長・教頭配置加算 ③３歳児配置改善加算（15：1） ◎④満３歳児対応加配加算（６：１） ◎⑤チーム保育加配加算（１～８人） ◎⑥講師配置加算（利用定員35人以下、又は121人以上） ◎⑦通園送迎加算 ◎⑧給食実施加算	①処遇改善等加算Ⅰ ②３歳児配置改善加算（15：1） ③夜間保育加算 ④休日保育加算 ⑤チーム保育推進加算（職員平均経験年数12年以上の施設のみ１人、2023年度より定員121人以上の施設にさらに１名加配） ⑥減価償却費加算
		その他	◎⑨外部監査費加算 ◎⑩副食費徴収免除加算	⑦賃借料加算 ⑧副食費徴収免除加算
	特定加算部分	主に人件費	①主幹教諭等専任加算 ◎②子育て支援活動費加算 ③療育支援加算 ◎④事務職員配置加算（利用定員91人以上） ◎⑤指導充実加配加算（利用定員271人以上） ◎⑥事務負担対応加配加算（利用定員271人以上） ⑦処遇改善等加算Ⅱ ⑧処遇改善等加算Ⅲ（2022年度より） ⑨栄養管理加算（非常勤栄養士配置、週３日程度）	①主任保育士専任加算 ②療育支援加算 ③事務職員雇上費加算 ④処遇改善等加算Ⅱ ⑤処遇改善等加算Ⅲ（2022年度より） ⑥高齢者等活躍促進加算（職員配置基準以外に高齢者等を非常勤職員として雇用の場合　2020年度より名称変更） ⑦栄養管理加算（非常勤栄養士配置、週３日程度）
		その他	⑩冷暖房費加算 ⑪施設機能強化推進費加算 ⑫小学校接続加算 ⑬第三者評価受審加算 ◎⑭施設関係者評価加算など16項目	⑧冷暖房費加算 ⑨施設機能強化推進費加算 ⑩小学校接続加算 ⑪第三者評価受審加算など13項目
加減調整部分			①年齢別加算基準を下まわる場合（基本分単価の年齢別配置基準及び学級編成調整加配の教員数を下回る場合）	①分園の場合 ②所長を配置していない場合 ③新制度以降「常態的に土曜日閉所する場合」が導入されたが、2020年度から「土曜日閉所日数に応じて減算」に変更。等
乗除調整部分			①定員を恒常的に超過する場合（各年度の年間平均在所率が120％以上の状態の施設）	＊定員を恒常的に超過する場合（各年度の年間平均在所率が120％以上の状態の施設）

資料：子ども・子育て会議第46回（2019.10.10）「資料４公定価格の見直しに係わる検討事項について」、こども家庭庁・文科省局長連名通知「特定教育・保育等に要する費用の額の算定に関する基準等の実施上の留意事項について」（2023年５月19日改定）、子ども・子育て支援新制度都道府県等説明会（2020年２月21日）の「資料１　令和２年度子ども・子育て支援新制度に関する予算案の状況について」及び「資料2−1　令和２年度当初予算案における公定価格の対応について」に基づき作成

が、それは利用する子どもが全員保育標準時間認定児の場合である。標準時間認定児の割合が減れば減額され、標準時間児がゼロで短時間児のみの園はゼロになる。

配置基準上必ず配置すべきその園の保育士数や教諭数（これを配置基準上保育士数などと呼ぶことにする）の算式は、これまで保育所保育単価制度の下で採用されてきた計算式がそのまま採用されている。つまり、４歳以上児数×$\frac{1}{30}$（小数点第１位まで計算）＋３歳児数×$\frac{1}{20}$（同）＋１・２歳児数×$\frac{1}{6}$（同）＋０歳児数×$\frac{1}{3}$（同）＝配置基準上保育士数（小数点以下四捨五入）。幼稚園教諭の配置基準上配置数は４歳以上児数×$\frac{1}{30}$と３歳児数（３歳児及び満３歳児数）×$\frac{1}{20}$の合計数（小数点以下四捨五入）が採用されている。保育士・教諭の配置数の算式基準は保育所も幼稚園も全く同じであり、保育所の保育時間の長さや保育日数の多さはまったく考慮されていない。

次に、子どもの処遇に直接関わる保育士・教諭の配置でみると、幼稚園では園長＋配置基準上教諭数＋学級編制調整加配教諭１人の職員配置が、ほぼすべての園で保障されている。これに対し、保育所では所長＋配置基準上保育士数だけである。休憩保育士１人の配置は、定員90人以下の施設（全体の約35%―2018年経営実態調査）に限定されている。

幼稚園の学級編制調整加配教諭は、クラス別の保育を保障するために配置されているが、保育所にはない。保育所でも、保育所保育指針に基づき年齢別クラスが基本に運営されている。とすれば、幼稚園と同様にクラス編制調整保育士の配置が３歳未満児及び３歳以上児において、配置されて当然ではないか。

実際の保育所の保育士配置数は、「配置基準上保育士数」では保育が困難なためその約1.6～２倍程度であり、この現状を踏まえ、保育士加配が検討されるべきだ。

また、基本的に保育所に配置が義務づけられている調理員も公定価格上の設定では１人ないし２人の配置のみである。保育所はミルク、離乳食、乳児食、幼児食、アレルギー食と多様な食事やおやつを常に安全に提供しなければならず、実際には１～２名多く配置されている。実態に見合った改善が必要だ。

●加算部分の人件費の内容

次に、職員配置にかかわる加算内容をみる。公定価格の各種加算は、各項目における条件を達成した場合に加算される。

幼稚園では副園長・教頭配置加算（１人）、主幹教諭等専任加算（１人）、チーム保育加配加算（１～８人）、講師配置加算（0.8人）がある。これらの加算分の教員数は約3.8～11.8人で、ほとんどの幼稚園が対象となる。このほか、給食実施加算、通園送迎加算、事務職員配置加算（2018年度より実施）、さらに、利用定員271人以上の施設に指導充実加配加算（0.8人）等もある。

一方、保育所では、すべての保育所が対象となるのは主任保育士専任加算のみで、保育士１人にすぎない。幼稚園で設定されている副園長･教頭配置加算、チーム保育加配加算、講師配置加算に該当する項目はない。保育所にも幼稚園のチーム保育加配加算に似たチーム保育推進加算が2016年度に初めて設定された。それも職員の平均勤続年数15年以上の保育所に１人加配とごく限定的であった。2020年度からは平均勤続年数から平均経験年数に判断の指標が変わり、その年数も15年から12年以上へと改定された。この改定で対象が拡大されたが、それでも対象になるのは全体の２割にすぎなかった。2023年度から利用定員121人以上の施設にさらに１名の加配が認められるようになった。しかし、２名加配が可能となる施設は全体の４％程度と見込まれる●図表1-4B1。

保育所は幼稚園より保育時間や保育日数が長いにも関わらず、基本分、加算部分いずれも幼稚園より職員配置数は少ない。しかも、新制度施行から８年を経過し、この格差が縮まるどころか、少しずつ拡大する傾向がみられる。

幼稚園の事務職員配置加算は、事務職員を配置した場合につく加算であるが、かつては認定こども園だけに加算されていた。それが、2018年度に幼稚園も対象になり、利用定員91人以上の園に適用されるようになった（0.8人分月単価額８～９万円程度）。保育所の場合は、乳児保育事業、延長保育事業等を実施している場合、事務職員雇上費加算（0.3人分月５万円程度）が適用される。2019年10月から「無償化」実施によって、保育所では２号認定児の副食費の実費徴収が新たに課され、事務量が増加しているにも関わらず、この単価の改善はされていない。なお、事務職員の配置については、幼稚園の場合は公定価格基本分に位置づいているが、保育所はそうなっていない。保育所では、事務的仕事はすべて園長、主任保育士が対応するという考えが前提になって、公定価格が設定されている。

●事業費の内訳

事業費は、幼稚園は「一般生活費（保育材料費等）」、保育所は「一般生活費（保育材料費、給食材料費等）」とされるのみで、それ以上の内容や額は明示されていない。

保育所の「一般生活費」は保育単価制度の考え方が新制度にも引き継がれている。新制度実施直前の厚生労働事務次官通知「児童福祉法による保育所運営費国庫負担金について」（2014年６月２日）では、「一般生活費」は「給食に要する材料費（３歳未満児は主食及び副食給食費、３歳以上児は副食給食費）、保育に直接必要な保育材料費、炊具食器費、光熱水費等（３歳未満児月額9,804円、３歳以上月額6,637円）」と明記されていた。

食事やおやつの提供には、材料費の他に調理台、ガス台、鍋や釜、冷蔵庫など炊事用器具（炊具）も、食器も、光熱水費も必要となる。これらが一般生活費に含まれていた。新制度が実施された2015年度時も、2014年度と同額の月額6,637円が、公定価格に計上された。よって「給食材料費等」には従来と同様に「炊具食器費、光熱水費等」が含まれているはずである。

●管理費の内訳

管理費については、幼稚園、保育所ともほぼ同じ項目である。その内訳は①〈職員の数に比例して積算〉として「旅費、庁費、職員研修費、職員健康管理費、業務委託費（幼稚園のみ）、被服費・業務省力化等勤務条件改善費（保育所のみ）」、②〈子どもの数に比例して積算〉では「保健衛生費、減価償却費（幼稚園のみ）」、③〈１施設当たりの費用として積算〉では「補修費、特別管理費、苦情解決対策費」となっている●図表1-4B1。

●事業費と管理費の単価額について

事業費と管理費の単価額は、保育所については通知「令和４年度における私立保育所の運営に要する費用について」（2023年３月１日）（以下 「私立保育所運営費用」通知）で、事業費の単価額と管理費額について定員別・保育必要量区分別・年齢別で明示されている（2023〈令和５〉年度の新たな通知は、原稿執筆時点で示されていない）。

幼稚園や認定こども園では、こうした単価の表示がなく、私立保育所のみが明示されるのは、新制度導入にあたっても児童福祉法24条１項が残り、市町村からの委託の関係が維持されたことが影響している。このことを足掛かりに、保育費用の積み上げ方式を実質的なものとし、公的責任を発揮させるべきと考える。

「令和元年度私立保育所運営費用」通知によれば、私立保育所の2019年度当初の一般生活費は6,918円であったが、10月からの「無償化」で、2,451円となっている。額としてはピッタリではないのだが、２号認定児の副食材料費4,500円が公定価格から除外され、園が実費徴収するとされたことによる変更といえる。

この時、内閣府･厚労省は事務連絡（2019年９月４日）において、事業費の中の副食費は5,181円を計上していたと説明。保護者から徴収するという4,500円との差額約680円は、物価調整費と説明され、内閣府はこの分も含めて、2019年10月からの減額を表明したが、市長会や保育関係者の反対が強く減額は見送られた。その後、2020年度以降も、約680円分は公定価格からは減額せず、２号認定児の人件費に充てるとした。しかし、一般生活費は2,451円から1,809円（2020年度）、1,818円（2021年度）、1,827円（2022年度）に減額されている。本来なら、人件費で必要な額は別途予算から計上されるべきなのに、一般生活費の一部を削減し、人件費に回すといった新たな削減手法がとられたともいえる。

こうした問題も含め、教材費、炊具食器等必要な項目の経費基準額について、公定価格で明示されるべきである。管理費についても、どんな費目をどのように積算しているのか明確にし、その是非が検討されるべきである[2)]。

（村山祐一）

1）課長連名通知「保育所入所手続きに関する運用改善等について」（平成８年６月28日児保第12号）（「令和２年版保育所運営ハンドブック」326頁所収）

2）なお、公定価格に関わる関連通知等には、以下のものがある

① 内閣府告示「特定教育・保育、特別利用保育、特別利用教育、特定地域型保育、特別利用地域型保育、特定利用地域型保育及び特例保育に要する費用の額の算定に関する基準等」（2023年３月31日） 本白書資料・統計編314頁に抜粋掲載

② こども家庭庁成育局長・文科省初等中等教育局長連名通知「特定教育・保育等に要する費用の額の算定に関する基準等の実施上の留意事項について」一部改正（2023年５月19日）

③ 内閣府子ども・子育て本部参事官・厚労省子ども家庭局保育課長「令和４年度における私立保育所の運営に要する費用について」（2023年３月１日）

④ 文科省初等中等教育局長・厚労省雇用均等・児童家庭局長「施設型給付費等に係る処遇改善等加算1及び処遇改善等加算Ⅱについて」一部改正し、処遇改善等Ⅲが新たに追加され、名称を「施設型給付費等に係る処遇改善について」に変更（2022年11月７日）。さらにこども家庭庁成育局長・文科省初等中等教育局長連名通知「施設型給付費等に係る処遇改善加算について」一部改定2023年６月７日発出、2023年４月１日以降適用　本白書資料・統計編329頁に抜粋掲載

⑤ 内閣総理大臣「令和４年度（令和３年度からの繰り越し分）保育士等処遇改善特例交付金の交付について」（2022年４月19日）

4 保育の公定価格

C　処遇改善等加算Ⅰ、Ⅱ、Ⅲについて

●処遇改善のための加算

公定価格の人件費相当額は、基本分単価に含まれる人件費部分、加算部分の人件費にかかわる加算、処遇改善等加算Ⅰ、処遇改善等加算Ⅱさらに処遇改善等加算Ⅲを合算した額になる。

公定価格の各種加算は、その項目の条件を達成した場合に加算される。処遇改善等加算は、旧制度の保育所の民間施設給与等改善費を引き継ぎ、その施設の職員の平均勤続年数に応じて加算率が設定される。新制度になり保育所のみならず幼稚園、認定こども園等の施設に支給された。2017年度からはこの加算を処遇改善等加算Ⅰとし、新たに「技能・経験に応じた保育士等の処遇改善の仕組み」が処遇改善等加算Ⅱとして創設された。さらに、保育士等の賃金改善のため、2022年２月～９月の間は保育士等処遇改善臨時特例事業として、臨時特例交付金が公布されていた。この臨時交付金は、2022年10月以降は、公定価格の処遇改善等加算Ⅲに位置づけられ実施された（こども家庭庁・文科省局長連名通知「施設型給付費等に係る処遇改善加算について」2023年６月７日参照）。処遇改善Ⅱと Ⅲは保育士の職務や賃金の細かなデータでの計算が求められるために、複雑で大変な事務量となっている。処遇改善Ⅱと Ⅲは、もっと単純化し一元化する等、現場で対応しやすい内容にすべきとの要望が出されている。さらに保育所には専任事務職員の配置がなされていないため現場の園長や主任は大変な負担となり悲鳴が上がっている。園長や主任保育士が保育に専念できるようにするためには、保育の質向上の視点から公定価格に専任事務職員の配置を位置づけることが必要であり、合わせて複雑な事務内容の改善が必要となっている。

本稿では処遇改善等加算Ⅰ、処遇改善等加算Ⅱ及び処遇改善等加算Ⅲの概要について、以下解説する。

図表1-4C1　処遇改善等加算Ⅰの4歳以上児単価額比較（2023年４月公定価格、その他地域）

定員	幼稚園（１号認定）	保育所（２号認定）	
		保育短時間認定	保育標準時間認定
60人	400円（100）	420円（105）	500円（125）
90人	320円（100）	330円（103）	380円（119）
100人	290円（100）	280円（97）	330円（114）
120人	280円（100）	260円（93）	290円（104）
150人	250円（100）	230円（92）	260円（104）
170人	240円（100）	230円（96）	260円（108）
平均	297円（100）【102】	292円（98）【102】	337円（113）【102】
前年平均	290円（100）【100】	285円（98）【100】	330円（114）【100】

☆平均値は定員60人、90人、100人、120人、150人、170人の各単価額の平均（各単価額の合計額／6）
☆（　）内は幼稚園を100とした指数、【　】内は前年平均額を100とした指数。いずれも小数点第1位四捨五入
（筆者作成）

●処遇改善等加算Ⅰとは

処遇改善等加算Ⅰは、①基礎分、②賃金改善要件分（キャリアアップ要件を含む）の２つで構成される。

①の基礎分の額は、加算単価額×加算率で決まる。加算率に基づく加算額は、毎月市町村が支弁する給付費（委託費）において処遇改善等加算として支給される。加算率は各施設の非正規職員を含む全職員の経験年数に基づき、平均経験年数０年２％から10年12％まで段階的に設定されている。平均経験年数11年以上は加算率の設定はなく、加算増額はゼロである。11年以上の経験もカウントするような改善が早急に求められる。

2023年４月の公定価格における４歳以上

児の加算Ⅰ単価額（地域区分:「その他地域」）について、幼稚園（１号認定）と保育所（２号認定）とを定員別に比較したのが●図表1-4C1。１号認定単価額は定員60人は400円、定員90人は320円だが、２号認定の短時間認定は420円、330円、標準時間認定は500円、380円と１号認定より高い額だ。しかしそれ以上の定員では、２号短時間認定の単価額は１号認定単価額よりも安くなる。

例えば定員100人では、保育短時間認定（280円）は１号認定（290円）より約３％程度少ない。定員120人では約７％、定員150人約８％、定員170人では約４％と少ない額となっている。定員の平均値でみると、１号認定297円だが、２号短時間認定は292円と約２%少ない。

保育所の１日の保育時間は幼稚園の約２倍、月の保育日数1.25倍、年間保育日数1.5倍なのに、こうした単価設定は明らかにおかしい。保育の時間や日数の長さに応じた単価額に改善することが求められる。例えば保育所の単価額は幼稚園の1.25～1.5倍程度にするなど。

②賃金改善要件分（キャリアパス要件分含む）については、賃金改善計画を提出し、職員の職責や職務内容等に応じた勤務条件の策定を行う等のキャリアパス要件の確認が必要で、さらに実績報告も求められる。加算率は、2017年度に３％から５％に引き上げられ、2018年度には平均勤務年数11年未満一律５％、11年以上一律６％になり、2019年度にはさらに１％上乗せされた。キャリアパス要件を満たさない場合は２％減となる。

図表1-4C2　処遇改善等加算Ⅱの単価額比較（2022年、2023年各４月）

		幼稚園 １号認定児	保育所 ２号、３号 認定児	認定こども園 １号、２号、３号 認定児
加算A単価額	2023.4	51,380円（100）	48,900円（95）	50,140円（98）
	2022.4	51,180円（100）	48,780円（95）	49,980円（98）
加算B単価額	2023.4	6,420円（100）	6,110円（95）	6,270円（98）
	2022.4	6,400円（100）	6,110円（95）	6,250円（98）

☆（　）内は幼稚園を100とした指数。小数点第1位四捨五入　（筆者作成）

●処遇改善等加算Ⅱとは

処遇改善等加算Ⅱは、これまで職務上の位置づけがなかった副主任保育士、専門リーダー、若手リーダーなどの職位に対して、辞令等への明記、キャリアアップ研修の受講等の条件を課し、それを満たした職員に公定価格上の加算額を支給するという制度。加算の対象は、副主任保育士・専門リーダーの職員（経験年数概ね７年以上）を「月額４万円の処遇改善の対象者」（人数Ａ）とし、職務分野別リーダー・若手リーダーの職員（経験年数概ね３年以上）を「月額５千円の処遇改善の対象者」（人数Ｂ）と定めている。

人数Ａが公定価格上の職員数の３分の１、人数Ｂが公定価格上の職員数の５分の１と定められている。公定価格上の職員数とは、基本的には⑴「定員区分による対象者数」＋⑵「年齢別配置基準による職員数」＋⑶「加算等で手当されている職員数」の合計であり、これを基礎数として、人数Ａ・Ｂの対象者数が決まる。

まず、⑴「定員区分による対象者数」は、施設定員により異なる。⑵「年齢別配置基準による職員数」は、国の基準で統一されているため、差はない。⑶「加算等で手当されている職員数」は、公定価格での人件費に係わる加算項目をさす。前項でも解説したが、この加算項目が施設種別によって、大きく異なるという問題がある。

この、⑶「加算等で手当されている職員数」の違いによって、処遇改善等加算Ⅱの対象者を算定するための基礎数も変わり、結果、対象者数も加算額も変わってくる。

幼稚園の場合は⑶「加算等で手当されている職員数」が約3.8人～18.2人と多いため、

処遇改善等加算Ⅱの対象者数も多い。しかし、保育所の場合は⑶「加算等で手当されている職員数」は１人～4.3人（休日保育加算0.5人除く）と極めて少ないため、処遇改善等加算Ⅱの対象者数も限定される。

処遇改善等加算Ⅱの2023年度単価額について、幼稚園、保育所、認定こども園とを比較したのが●図表1-4C2。比較すると、なぜか幼稚園は保育所より約５％高く、明確な格差がある。

認定こども園は、2020年度までは加算A単価は１号認定と２号・３号認定との間に若干の差があったが、2021年度からは統一した単価額となった。なぜか幼稚園より約３％少なく、保育所より約２％高い。保育所が低いのはなぜなのか。職員の人件費への加算であり、すべて平等に扱うべきだ。幼稚園の単価額を保育所、認定こども園にも適用し、少なくとも同一額にすべきである。

●処遇改善等加算Ⅱ－加算額の配分方法と研修

処遇改善等加算Ⅱの実施については、自治体や施設関係者から様々な不安や疑問が出され、内閣府は2018年３月７日に事務連絡「処遇改善等加算Ⅱの運用見直しについて」を発出し、次の２点についての見直しを示した。

第１は「加算額の配分方法の見直し」として、2020年度から「月額４万円の賃金改善」を実際に行う（満額支給する）職員数は４万円加算される人数Aのうち「１人以上」に緩和された●図表1-4C3。さらに、2022年12月７日「処遇改善等加算に関するFAQ」【第５版】では、１人に該当していた副主任保育士等が育児等で短時間勤務となった場合は「一時的な減額であることが確認でき、職位に応じた業務内容を適切に行っているのであれば…『月額４万円の賃金改善を行う者』として取り扱うことができる」とされた。

第２は加算要件の研修について、「2022年度を目途に、研修受講の必須化を目指す」として、「2021年度までの間は研修要件を課さ

図表 1-4C3　処遇改善等加算の運用の改善

処遇改善等加算Ⅱの加算額の配分方法の要件緩和

○　処遇改善等加算Ⅱのうち「副主任保育士等」に係る加算額については、**実際に月額４万円の賃金改善を行う職員**を一定数確保することを求めているが、各施設・事業所における人員配置や賃金体系に応じたより柔軟な対応を可能とするため、**「４万円の加算額の算定対象人数の１／２（端数切捨て）以上」を「１人以上」に緩和**する。
※「加算対象人数の１／２（端数切捨て）」がゼロとなる施設・事業所についてはゼロとする。

<定員90人（職員17人※）の保育所の場合のイメージ> ※園長１人、主任保育士１人、一般職員１５人（保育士１２人、調理員等３人）
４万円の算定対象人数(職員数A)：５人（一般職員数の１／３）、５千円の算定対象人数(職員数B)：３人（一般職員数の１／５）

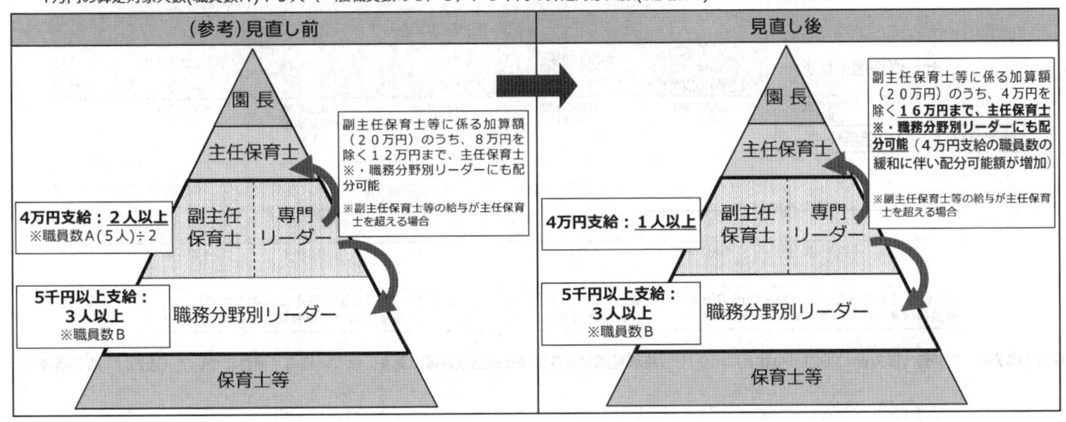

資料：厚生労働省通知「施設型給付費等に係る処遇改善等加算Ⅰ及び処遇改善等加算Ⅱについて」（2020 年 7 月 30 日）の補足資料

図表 1-4C4　処遇改善等加算Ⅱの賃金改善対象者に係る研修修了要件について

		保育所等	幼稚園	認定こども園
研修要件	副主任保育士、中核リーダー、専門リーダー	４分野以上の研修の修了 ※副主任保育士についてはマネジメント分野の研修を含むことが必要	計60時間以上の研修の修了 ※中核リーダーは15時間以上のマネジメント分野の研修を含むことが必要	計60時間以上の研修の修了 ※中核リーダーは15時間以上のマネジメント分野の研修を含むことが必要
	職務分野別リーダー、若手リーダー	担当する１分野の研修の修了	計15時間以上の研修の修了 ※担当する職務分野に対応する研修を含むことが必要	計15時間以上の研修の修了 ※担当する職務分野に対応する研修を含むことが必要
研修内容等	研修実施主体	・都道府県 ・都道府県の指定を受けた機関※ ※市町村、指定保育士養成施設、保育に関する研修の実績のある非営利団体に限る。	・都道府県又は市町村（教育委員会含む。） ・幼稚園関係団体、認定こども園関係団体のうち都道府県が適当と認める者 ・大学、大学共同利用機関、指定教員養成機関、免許状更新講習開設者等 ・その他都道府県が適当と認める者 ・園内研修を実施する幼稚園・認定こども園	・都道府県又は市町村（教育委員会含む。） ・認定こども園関係団体、幼稚園関係団体、保育関係団体のうち都道府県が適当と認める者 ・大学、大学共同利用機関、指定教員養成機関、免許状更新講習開設者等 ・その他都道府県が適当と認める者 ・園内研修を実施する認定こども園・幼稚園
	対象となる研修内容	保育所等キャリアアップ研修として実施する以下の分野に係る研修 ①乳児保育、②幼児教育、③障害児保育、④食育・アレルギー対応、⑤保健衛生・安全対策、⑥保護者支援・子育て支援、⑦マネジメント ※研修時間は各分野15時間以上	幼稚園教育要領等を踏まえて教育の質を高めるための知識・技能の向上を目的とした研修	幼保連携型認定こども園教育・保育要領、幼稚園教育要領及び保育所保育指針を踏まえて教育及び保育の質を高めるための知識・技能の向上を目的とした研修
	研修修了状況の確認方法	加算認定自治体（注）において、保育士等キャリアアップ研修の修了証により研修の修了状況を確認	加算認定自治体（注）において、各施設が作成する研修受講履歴等により研修の内容及び修了状況を確認	加算認定自治体（注）において、各施設が作成する研修受講履歴等により研修の内容及び修了状況を確認

（注）都道府県、指定都市、中核市及び都道府県との協議により処遇改善等加算に係る事務を行う市町村

1．研修修了要件の取扱い

○新型コロナウイルス感染症の影響下において、地方自治体の研修実施体制の構築に一定の期間を要することを踏まえ、令和４年度からの研修修了要件の適用は行わない。

○研修受講の重要性と円滑な要件の適用を考慮して、研修要件を段階的に適用することとし、副主任保育士・中核リーダー等については令和５年度、職務分野別リーダー・若手リーダーについては令和６年度を適用開始年度とする。

○副主任保育士・中核リーダー等については、初年度に求める研修修了数は１分野（15時間以上）とし、令和６年度以降、毎年度１分野（15時間以上）ずつ必要となる研修修了数を引き上げる。

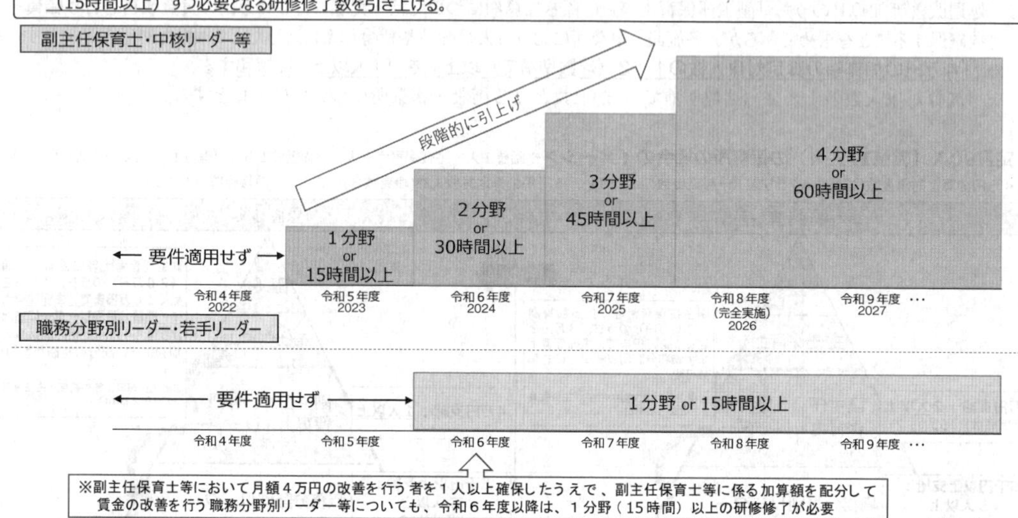

※副主任保育士等において月額４万円の改善を行う者を１人以上確保したうえで、副主任保育士等に係る加算額を配分して賃金の改善を行う職務分野別リーダー等についても、令和６年度以降は、１分野（15時間）以上の研修修了が必要

資料：内閣府・文科省・厚労省　2021（令和3）年９月　「施設型給付費等に係る処遇改善等加算Ⅱに係る研修修了要件について（通知）」改正概要

ない」とした。キャリアアップ研修は専門分野別研修６分野（各分野15時間以上）のうち、Ａ対象者（副主任・中核リーダー等）は４分野（60時間）以上、Ｂ対象者（職務分野別・若手リーダー）は１分野（15時間）以上となっている。

このように内閣府は、処遇改善等加算Ⅱを受けるための研修要件について、2022（令和４）年度から必須化するとしていたが、肝心の研修実施体制が整わなかったことや、コロナ禍によって、さらに受講が難しくなったことを受けて、その方針は●図表1-4C4のように変更された。Ａ対象者は2022年度は要件化せず、2023年度から段階的に、１年に１分野（15時間以内）ずつ積み上げて４年目の2026（令和８）年度完全実施となる。Ｂ対象者は2022年、2023年度は適用せず、2024年度からの完全実施となる（2021年９月２日内閣府等課長連名通知「施設型給付費等に係る処遇改善等加算Ⅱに係る研修修了要件について」改正）。さらに、「研修実施主体としての認定に関する事務」は2022年度から都道府県に一般化された（2022年２月子ども･子育て支援新制度説明会資料３－１「公定価格関連事項等」参照）。

また一定の条件を満たし都道府県及び加算認定自治体が認める場合、園内研修を加算要件の研修とみなすことができるとした。保育所･地域型保育事業の園内研修の修了者は「１分野最大４時間の研修時間が短縮される」とした。幼稚園、認定こども園の場合は、Ａ対象者は60時間以上のうち15時間以内、Ｂ対象者は15時間以上のうち４時間以内の園内研修が要件として認められる。

幼稚園の場合は、保育時間は４～５時間で毎日の保育終了後に３時間程度の研修時間が保障され、夏休み等の長期休暇がある。これらはすべて公定価格で保障されている。それらを利用することを想定すれば、受講環境が整っているといえる。

しかし保育所の場合は毎日８時間以上の保育に従事し、国はノンコンタクトタイムが必要といいながら、何らの対策も講じられず、自助努力のみに委ねられている。しかも、土曜日も開所し、完全週休２日制の保障もされず、夏休み等の長期休暇もない。研修の受講を保障するには、代替職員が必要になるが、これも手当がきちんとされていない。このままでは保育所の現状を無視したキャリアアップ研修になりかねない。保育所においても、幼稚園の状況を参考に、１日２時間程度のノンコンタクトタイムや研修日の保障がされるような処遇改善が必要不可欠である。

●臨時特例事業から処遇改善等加算Ⅲへの移行

岸田政権は「緊急提言―未来を切り拓く新しい資本主義実現とその起動に向けて―」を公表（2021年11月８日）、「全世代型社会保障構築会議の下に公定価格評価委員会を設置し、公定価格の在り方の抜本的見直しを検討する」との方針を示した。これを受けて11月19日の閣議決定「コロナ克服・新時代開拓のための経済対策」において「全ての職員を対象に公的価格の在り方を抜本的に見直す」との基本方針を示し、当面の策として保育士等職員を対象に「賃上げ効果が継続される取組を行うことを前提として、収入３％程度（月額9,000円）引き上げるための措置を、来年２月から前倒しで実施する」との方針が示された。この方針を踏まえ、12月23日に内閣府通知「保育士・幼稚園教諭等処遇改善臨時特例事業の実施について」、2022年１月14日に内閣府通知「令和３年度保育士等処遇改善臨時特例交付金の交付について」及び「保育士・幼稚園教諭処遇改善臨時特例事業に係るFAQ」が発出された。さらに、４月19日「令和４年度（令和３年度からの繰り越し分）保育士等処遇改善臨時特例交付金の交付について」が発出され、2022年９月までの実施内容が示された。

３%程度（月額9,000円）の補助額は「公定価格上の配置基準等に基づいて算定する」とされた。これは、補助額は、公定価格にカウントされている保育士等職員数に限定して算定されるということである。

さらに、公定価格の保育士等職員の給与基準額は国家公務員給与額に基づき決められているため、2021年度改定で期末手当は「0.15月分減額」となり、2022年４月からの人件費が0.9%減額となった。2022年度についてはこの減額部分について、公定価格では減額を行いつつ、当該引き下げ分に相当する金額を「３%程度の賃金改善部分」に上乗せして補助することになった。つまり「保育士等処遇改善臨時交付金」の補助基準額は「３%賃金改善部分」＋「国家公務員給与改定対応部分」から構成され、地域区分別、定員区分別、年齢区分別に示された。補助額は補助基準額×令和３年度年齢別平均利用児童数×事業実施月数で算出された合計額になる。

2022年10月からは「３%程度（月額9,000円）賃金改善部分」は処遇改善等加算Ⅲに位置づけられるとして、2022年11月７日内閣府等局長通知「施設型給付費等に係る処遇改善加算」が発出された。それまでの通知「施設型給付費等に係る処遇改善加算Ⅰ及び処遇改善加算Ⅱについて」は廃止されたのだが、2022年10月～23年３月までは、処遇改善等加算Ⅲとして、定員区分別、年齢区分別に単価額が示され、平均年齢別利用子ども数に応じて算定された。

2023年４月からは公定価格の処遇改善等加算Ⅲの月額は「一律の単価額」×「加算Ⅲ算定対象人数」÷各月初日の利用子ども数という算定方式に変更された。「一律の単価額」は、幼稚園11,560円、保育所11,000円、認定こども園11,280円であり、保育所が最も少ない。処遇改善等加算Ⅱ同様、Ⅲの単価額も、保育所が幼稚園より５%少なくなっている●図表1-4C5。

そのうえ、加算Ⅲ算定対象人数は、年齢別配置基準による職員数＋加算等の職員数＋利用定員数に基づく職員数の合計数とされている。加算等の職員数は、幼稚園の場合約3.8～18.2人がカウントされているが、保育所の場合は１～4.3人にすぎない。幼稚園は職員加算の項目が多く、加算Ⅲ算定対象人数が多くなり、加算額も当然、多くなる。ここでも幼稚園と保育所との格差が生じている。この内容は処遇改善等加算Ⅱとほぼ同じような内容となっている。

こうした格差は、公定価格にカウントされている職員数・人件費額が、保育所より幼稚園の方が高く算定されていることに起因していると推測される。このことは、保育時間や保育日数の多い保育所の職員数・人件費額が少なく算定されることにつながる。国は、この現実に存在する矛盾に目を背け続けるのを止めて、格差是正に正面から取り組むべきである。

この問題を含め、公定価格の加算を含めた保育士等職員配置基準を、実態を踏まえて抜本的に改善することが求められる。

なおこの処遇改善は公立施設も対象であり、今回も地方交付税措置がなされるという。総務省は「処遇改善の実施について」の通知を発出（2021年12月24日）し、事業の実施を促している（前掲FAQVer.4〈2022年４月19日〉、4－１～4－６）。

（村山祐一）

図表1-4C5　処遇改善等加算Ⅲの単価額比較
（2023年4月）

	幼稚園 1号認定児	保育所 2号、3号 認定児	認定こども園 1号、2号、3号 認定児
単価額	11,560円（100）	11,000円（95）	11,280円（98）

☆（　）内は幼稚園を100とした指数。小数点第1位四捨五入　（筆者作成）

4 保育の公定価格

D 国家公務員給与（人事院勧告）に左右される公定価格

●国家公務員給与改定の動向と公定価格の人件費単価額

公定価格に盛り込まれる保育士等の人件費基準額は、人事院勧告に基づく国家公務員給与改定を踏まえて設定されてきた。この仕組みは2015年度から始まった、子ども・子育て支援新制度の公定価格にも引き継がれている。

最近の国家公務員給与改定の動向は、2019年度は給与0.09％増、期末手当0.05か月分増の4.5か月への引き上げ、2020年度は給与が据え置き、期末手当は0.05か月分減の4.45月への引き下げ、さらに2021年度は給与据え置き、期末手当は0.15月分減による4.3か月への引き下げとなっていたが、2022年度には給与は0.23％増、賞与は0.1か月増の4.4か月に引き上げられている。

この増減により、公定価格の人件費基準額（園長、主任保育士・主幹教諭、配置基準上必要とされている教員・保育士等）も影響が生じるという仕組みが作られている。人事院勧告の影響を受けて、2020年度以降の公定価格の増減にどのような影響が生じたかをまとめたのが●図表1-4D1であり、これに基づいて解説する。

図表 1-4D1　人事院勧告削減の公定価格平均基本分単価への影響
—幼稚園、保育所の４・５歳児平均基本分単価額の比較（推計）
（2023. 5 筆者作成）

	幼稚園（１号認定）	保育所（２号認定）	
		保育短時間認定	保育標準時間認定
2020年４月	31,567円（100.0）	31,148円（100.0）	35,585円（100.0）
2021年２月	31,437円　（99.5）	30,765円　（98.7）	35,148円　（98.7）
2021年４月	31,560円　（99.9）	31,095円　（99.8）	35,523円　（99.8）
2022年４月	31,675円（100.3）	31,138円　（99.9）	35,538円　（99.8）
2023年４月	31,983円（101.3）	31,467円（101.0）	35,945円（101.0）

☆2020年４月単価額は2021年１月分まで適用、2021年２月の単価額は２月と３月分に適用、2021年４月以降にも適用。2022年４月の単価額は公定価格基本分単価額＋補填額の計。幼稚園は31,398円（基本分単価額）＋277円（補填額）、保育所・保育短時間認定（基本分単価額）は30,893円＋245円（補填額）、保育所・保育標準時間認定は35,293円（基本分単価額）＋245円（補填額）。なお2023年２月に公表された2022年４月の遡及額は、幼稚園は31,905円、保育所・保育短時間認定は31,427円、保育所・保育標準時間認定は35,900円。
☆平均値は定員60人、90人、100人、120人、150人、170人、「その他地域」の各単価額の平均（各月合計額を６で除）。
☆（　）内は2020年４月を100とした指数。

●2022年度は減額分を補填

2020年度当初の公定価格の人件費単価額（園長、主任保育士・主幹教諭、配置基準上必要とされている教員・保育士等）は、2019年度の人事院勧告を受けた国家公務員給与の改定に基づき2019年度公定価格当初額より約１％程度引き上げられた。しかし、2020年度は賞与0.05か月分削減の勧告が実施されたことにより、2021年の２、３月分の単価額は0.5～1.3％程度引き下げられた。2021年４月の単価額も2020年４月分より0.1～0.2％削減されている。この削減の影響で2022年４月分からの人件費が約0.9％引き下げられた。

しかし政府は、岸田首相が表明した月給与を３％程度（月額9,000円）引き上げるとの方針との整合性を図るために、この削減分に相当する額を補填するとしたのである。具体的には、「保育士等処遇改善臨時特例交付金」として、３％程度（月額9,000円）の「賃金改善部分」に上乗せして、「国家公務員給与改定対応部分」(以下　補填額)として先の補填を行ったのである。

「賃金改善部分」の額と補填額、幼稚園、保育所、認定こども園等のそれぞれの公定価格と同様に地域区分、定員区分、年齢区分別に示されている*。

これに基づき●図表1-4D1の2022年４月の単価額は、公定価格の基本分単価額に補填額を加算した額を示した。幼稚園は31,398円（基本分単価額）＋277円（補填額）、保育所・保育短時間認定（基本分単価額）は30,893円＋245円（補填額）、保育所・保育標準時間認定は35,293円（基本分単価額）＋245円（補填額）である。

その後、2022年度の人事院勧告は、給与0.23％増と賞与0.1か月分増とする内容で、2023年２月に改定された公定価格基本分単価額は、2021年度単価よりわずか0.1～0.3%程度増となり、2022年４月に遡って実施された。この時の遡及額は、幼稚園は31,905円、保育所・保育短時間認定は31,427円、保育所・保育標準時間認定は35,900円となり、補填額との調整が図られた。

さらに2023年度４月の単価額は2022年度比で約１％増となったが、2020年４月の平均基本分単価額と比較すると、わずか1.0～1.3%増にとどまっている。

●公定価格基本分単価の人件費基準額への具体的影響

次に、新制度開始の2015年度から2022年度までの公定価格基本分単価に積算されている全国平均人件費基準額（年額）の推移について検討する。全国平均人件費基準額（年額）は内閣府・厚労省課長連名通知で各年度における「私立保育園の運営に要する費用について」において示されている。この通知で示される全国平均人件費基準額（年額）は、あくまで厚生労働省や内閣府が国家公務員給与表に基づき推計・積算した給与の基準額の全国平均を、人件費の年額として示した数値にすぎない。実際の保育所職員の実態を踏まえた平均額ではないことに、注意されたい。実際の園では、国が想定しているよりも多くの職員が勤務しており、実際の一人あたり人件費は、その額を下回るものにならざるを得ないといった事情を抱えているからである。また示されているのは社会保険料の事業主負担分も含めた人件費額であって、職員が受け取る支給額の推計でないことにも留意が必要である。

●図表1-4D2で職員の全国平均人件費基準額（年額）の推移を示した。繰り返しになるが、この額は実際の人件費の状況を示したものではないが、2015年度以降の所長、主任保育士、保育士の人件費基準額の変化を示すことで、国家公務員給与額の変更が公定価格にどう影響を与えたかを確認したい。

全国平均人件費基準額の増加率について、2015年度から５年目の2019年度までに約６～11％程度の増額傾向にあるが、2019年度から４年目の2022年度の増加率は１～２％程度にとどまっている。2020、2021年度の人事院勧告で期末手当の減額が相次いだことの影響により保育所職員の人件費の抑制が行われたことが背景にある。その結果、新制度がスタートした2015年度から2022年度まで８年間の増加率は、所長が6.8％増、主任保育士9.5％増、保育士12％増、調理員等14％増にとどまっている。保育士等職員の給与の低さが社

図表 1-4D2　公定価格基本分単価に積算されている全国平均人件費基準額（年額）の推移

（筆者作成）

	2015年度	2018年度	2019年度	2020年度	2021年度	2022年度
所長 （指数）	約466万円 （100.0）	約489万円 （104.9）	約493万円 （105.7）	約494万円 （106.0）	約494万円 （106.0）	約498万円 （106.8）
主任保育士 （指数）	約430万円 （100.0）	約459万円 （106.7）	約464万円 （107.9）	約465万円 （108.1）	約465万円 （108.1）	約471万円 （109.5）
保育士 （指数）	約356万円 （100.0）	約388万円 （108.9）	約393万円 （110.3）	約394万円 （110.6）	約394万円 （110.6）	約399万円 （112.0）
調理員等 （指数）	約292万円 （100.0）	約322万円 （110.2）	約326万円 （111.6）	約326万円 （111.6）	約327万円 （111.9）	約333万円 （114.0）

☆全国平均人件費（年額）は内閣府・厚労省課長連名通知各年度における「私立保育所の運営に要する費用について」に基づく（各年度最終決定の数値）

会的問題になりその改善が求められているのに、あまりにも低い増加率だ。

全国平均人件費基準額（年額）の基礎となっているのが各年度の本俸基準額である。2022年度の本俸基準月額は所長257,900円、主任保育士240,108円、保育士205,530円、調理員等176,200円となっている。この本俸基準月額は22年前の2000年度の水準程度かそれ以下である。2000年の本俸基準月額は所長270,000円、主任保育士241,256円、保育士201,300円、調理員等168,300円となっている。政府は2002年から10年余の間「官民給与格差の是正」を理由に国家公務員給与の減額・抑制を行い、本俸基準額の引き下げを実施した。それは先述したように、国家公務員給与改定での減額が2002年度、2003年度、2005年度、さらに2009～2011年度と毎年のように続いたことの反映といえる。

公定価格（保育単価）の本俸基準額は、国家公務員給与表の３～５年程度の経験者の給与額に貼り付けられている。実際の国家公務員は、たとえ給与額表が据え置かれたり、減額されたりしても、経験年数が増すので、実際の支給額は減るようなことにはならないが、公定価格の場合は常に同じ号給に位置付けられているので、一度減額されるとその影響は何年も続くという構造になっている。

2000年度の額と2022年度の額を比べると、所長や主任保育士の月額基準額は2000年の水準以下であり、保育士、調理員等の月額基準額はやっと2000年の水準をやや超える状況に達したにすぎない。国家公務員人事院勧告の本俸基準額の抑制・削減が今日まで続いていることを直視し、その改善を進めることが重要である。

●国家公務員給与減額による公定価格（保育単価）基本分単価額への影響

国家公務員給与の減額・抑制に基づく本俸基準額の減額・抑制の影響は、公定価格基本分単価額の減額・抑制につながり、実際の保育水準を低下させる事態を招いているといえる。そこで、2000年から2022年までの４・５歳児と１・２歳児の公定価格（保育単価）の基本分単価の推移を●図表1-4D3にまとめた。基本分単価額は、所長・主任保育士・保育士・調理員等の人件費、給食費・教材費などの事業費や管理費が含まれた保育所運営費全体の経費額である。いずれの基本分単価額も2000年以降毎年のように微減が続き、新制度スタートの2015年にやっと2000年の水準となっている。

2020年度と2000年度を比較すると、１・

図表1-4D3　保育所４・５歳児及び１・２歳児の８時間保育の公定価格（保育単価）基本分平均単価額の推移（園長設置・その他地域〈丙地域〉の場合）　（2023.5筆者作成）

		2000年度	2005年度	2010年度	2015年度	2020年度	2022年度	2023年度
4・5歳児	A基本分単価額（指数）	33,653円（100.0）	32,765円（97.3）	32,985円（98.0）	33,765円（100.3）	31,148円（92.5）	31,138円（92.5）	31,467円（93.5）
1・2歳児	A基本分単価額（指数）	86,593円（100.0）	84,665円（97.7）	84,895円（98.0）	87,045円（100.5）	92,298円（106.5）	92,400円（106.7）	93,367円（107.8）
社会動向	全国平均最低賃金額	659円（100.0）	668円（101.3）	730円（110.7）	798円（121.0）	902円（136.8）	961円（145.8）	—

☆平均単価額は60人、90人、100人、120人、150人、170人の単価額の合計額を６で除した加重平均額。2015年度以降は短時間保育認定（８時間保育）の単価額。
☆保育単価額の地域区部は最も額の低く、該当施設の最も多いとされている「その他地域」、2000年、2005年は乙地域の場合とした。
☆記載した単価額は園長設置の場合の単価額であり、2000年、2005年、2010年は園長設置の単価額、新制度の2015年は基本分単価額＋園長設置加算の計、2020年からは園長加算額は基本分単価に含まれることになった。
☆各単価額は各年４月現在を採用した。なお2022年４月の額は公定価格基本単価額＋給与改定対応加算額の合計額も示した。４・５歳児は30,893円（基本分単価額）+245円（補填額）、１・２歳児は91,563円（基本分単価額）+837円（補填額）である。なお2023年２月に公表された2022年４月の遡及額は、４・５歳児は31,427円、１・２歳児は93,137円となっている。公定価格の人件費は、国家公務員給与基準に連動するため人事院勧告で減額となった場合、公定価格の基本単価額は減額することが常であった。ただし、2022年度は減額分を別途補填する加算額が設けられた。
☆（　）内は2000年を100とした指数。
☆全国平均最低賃金額は厚労省「全国加重平均の最低賃金の推移データ」に基づく。

２歳児は6.5%増になっているが、４・５歳児は7.5%減である。この減は保育の「無償化」に伴い、副食費4,500円が保護者負担となり公定価格から除外されたことの影響といえる。この副食費4,500円を加えれば、１・２歳児とほぼ同じ６％増となる。その後、2020年度は国家公務員給与の減額が行われ、４月の公定価格基本分単価は減となった。2021年度の単価額は給与減が実施されたものの補填加算により2020年度の単価額が維持された。

一方、社会の動向をみると、例えば全国平均最低賃金は2000年度の時給は659円であったが、2020年度には約37％増の902円、2022年度は約46%増の961円である。国は2015年度以降の保育士における賃金改善の成果を誇るが、中長期的に見れば保育士等職員の処遇や保育水準は社会から取り残され、低い水準にとどまっている。

なお、保育所の公定価格は、2000年度と2015年度の間で比べると、一度落ち込んだものが2015年度で2000年度の水準まで回復したといえる。2015年度以降は８～９年間で６～７％程度増した。先にみたように、公定価格の基本分単価の９割を占める人件費基準額は2015年度と2022年度を比べると約７～14%増であったことを踏まえると、人件費は少ないながら増えたものの事業費や管理費が抑制され続けているのではないかと推測できる。保育水準のあり方をみるためにも、人件費部分だけに着目するだけなく、公定価格の基本分単価などの全体の状況を検討する必要がある。

●補填額をめぐる動向と改善課題

今回、保育士等処遇改善臨時特例事業において、初めて国家公務員給与改定による減額部分への補填補助する施策が実施されたのは、保育所運営の安定化という点では一歩前進といえる。今回は2022年度の人事院勧告で給与と期末手当がわずかだが増額となったため、2023年２月に改定された公定価格もわずかだが増額された。給与減額分の補填は１年で終了した。しかし、こうした対応を継続的に進めるには限界があり、本質的改善にはつながらない。

今後も国家公務員の本俸給与等の減額改定がないとはいえない。また一時的な補填補助程度であれば、もし補填補助が廃止されれば元に戻り、低い公定価格単価額の適用になり、実質減額となることもあり得る。実際、前述のように国家公務員給与改定での減額の影響で、20年近く公定価格（保育単価）の給与水準及び保育単価の減額・抑制が続いた。公定価格における本俸基準額について、国家公務員給与表への格付けの設定の見直しや貼り付けのあり方の再検討が求められている。

例えば公定価格の人件費基準を現在の国家公務員給与表の初任給並みに貼り付けつつ、実態を踏まえて勤務年数に応じた加算額を設定する手法もある。また人件費基準額を平均勤務年数によるなどして決めて、年数に応じた加算額を設定すること等についても検討が必要である。

さらに保育士等職員処遇の改善を図るには、保育士の配置基準を加算対応も含めて実態に近づける対応なども必要となる。

（村山祐一）

＊内閣府通知「令和4年度保育士等処遇改善臨時特例交付金の交付について」2022年４月19日参照

4 保育の公定価格

E 公定価格にかかわる情報開示と格差是正の課題

公定価格における各費目がどのような考え方で、どの程度の額が実際に積み上げられているかを明らかにし、実態との乖離があればそれを是正させることで、保育の充実が図られていくと考える。しかし、実際のところ国の情報開示が十分でなく、公定価格算定の内容はブラックボックス化している状況にある。

特に、基本分単価に含まれる人件費額や、その基礎になる費用算出の考え方が、公定価格等に関わる通知等でも明示されておらず、公定価格の是非の検討にあたって大きな障害になっている。

●不透明な公定価格の内訳

内閣府告示「特定教育・保育、特別利用保育、特別利用教育、特定地域型保育、特別利用地域型保育、特定利用地域型保育及び特例保育に要する費用の額の算定に関する基準等」(以下公定価格、2023年３月31日　本白書資料・統計編314頁に抜粋掲載)や、内閣府等通知「特定教育・保育等に要する費用の額の算定に関する基準等の実施上の留意事項について」(以下公定価格留意事項2023年５月19日)には、基本分単価額は示されているが、その内訳である人件費等の額は示されていない。

しかし、処遇改善等加算Ⅰの単価額をみれば、基本分単価の人件費相当額を知ることができる。処遇改善等加算Ⅰは、経験年数に応じて設定された２～12%の加算率に単価額を掛けることで、賃金加算を行う仕組みである。処遇改善等加算Ⅰの単価額は人件費の１%相当とされている。このことから、「基本分単価の人件費相当額＝処遇改善等加算Ⅰの単価額×100」と導きだすことができる。

そこで、上記の公表されている資料をもとに、平均的といえる定員100人の保育所、地域区分は最も多い「その他地域」、保育標準時間認定区分の２号認定４歳以上児の場合についてみる。2023年４月改定の公定価格の基本分単価と人件費相当額をみてみる。４歳以上児一人当たり基本分単価額は、34,900円であり、処遇改善等加算Ⅰの単価額(２号認定・保育標準時間認定)は職員の処遇にかかわる経費(人件費相当額)の１%分を示しているとされている。この場合は１%分が330円である。そのため、人件費相当額は33,000円(330円×100%)ということがわかる●図表1-4E1のC欄参照。

前年度の人件費相当額は32,000円であり2023年度の人件費相当額は約３%増の33,000円と微増といえる。

管理費・事業費の合計相当額は基本分単価額から人件費相当額を差し引いた額1,900円(34,900円－33,000円)となる。管理費・事業費相当額は前年度2,270円であったが、2023年度は約16%減となっている。諸物価や電気料の値上げが相次ぐ社会状況の下で、管理費・事業費相当額が大幅に引き下げられていることは極めて不条理である。人件費相当額を増やすが、その分管理費・事業費相当額は減額するという手法をとっているといえる。

一方で、内閣府等通知「令和４年度における私立保育所の運営に要する費用について」(2023年３月１日)[1]では、保育所についてだけではあるがこの基本分単価の中に含まれる管理費と事業費の額が示されている。当該の数値を拾うと、事業費は1,827円、管理費は2,405円で合計4,232円となる。上記の基本分単価額に含まれている管理費・事業費相当額は1,900円であり、2,332円も少なく、通知で示された4,232円の約45%に過ぎない。定員区分や認定等の条件を変えて比較しても200～2,000円近い開きがあり、月額

**図表 1-4E1　幼稚園と保育所の４・５歳児１人当たり運営費単価額比較（2023年度当初）
保育所単価（８時間保育）総額は幼稚園単価より安い**

（その他地域・100人定員・平均勤務年数加算率12%）の場合　村山祐一（2023.06）作成

		４・５歳児の公定価格単価額（小数点第１位四捨五入）		
		幼稚園（１号認定） （幼稚園を100とした指数）	保育所（２号認定）	
			保育短時間認定 （８時間保育）	保育標準時間認定 （８時間～11時間）
A 公定価格	a 基本分単価額 〈前年比増減額〉	31,800円（100） 〈620円増〉	30,320円（95） 〈550円増〉	34,900円（110） 〈630円増〉
	b 補填額	なし（前年度260円）	なし（前年度240円）	なし（前年度240円）
合計額（a＋b） 〈前年増減額〉		31,800円（100） 〈320円増〉	30,320円（95） 〈310円増〉	34,900円（110） 〈390円増〉
B 主な加算	① 副園長・教頭配置加算	986円	なし	
	② 主任保育士専任加算	なし	2,872円〈前年比20円増〉	
	③ 主幹教諭等専任加算	1,215円	なし	
	④ 3歳児配置改善加算	〈３歳児のみ〉	〈３歳児のみ〉	
	⑤ チーム保育加配加算 （全国対象、定員に応じて1人～8人）	4,290円（１人）～8,580円（２人） 〈１～２人対象〉	なし	
	⑥ チーム保育推進加算	なし	4,500円（１人のみ前年比200円減）	
	⑦ 給食実施加算	2,440円（週５日園内調理）	基本分に算入	
	⑧ 通園送迎加算	824円	なし	
	⑨ 講師配置加算	〈定員35人以下、121人以上〉	なし	
	⑩ 事務職員雇上費加算	―	516円	
	⑪ 事務職員配置加算	〈定員91人以上〉874円	―	
	⑫ 冷暖房費加算	110円	110円	
	⑬ 子育て支援活動費加算	45円	なし	
主な加算計 〈前年増減額〉		10,784～15,074円（100） 〈前年比58～138円増〉	7,998円（74～53） 〈前年比220円増〉	
C 処遇改善等加算	処遇改善等加算Ⅰ	3,480円〈290×12〉	3,360円〈280×12〉	3,960円〈330×12〉
	処遇改善等加算Ⅱ 註前年増減①は幼稚園200円増、保育所80円減、②は幼稚園20円増、保育所同額	①514円×人数Ａ 〈51,380円／月初日子ども数〉 ②64円×人数Ｂ 〈6,420円／月初日子ども数〉	①489円×人数Ａ 〈48,900円／月初日子ども数〉 ②61円×人数Ｂ 〈6,110円／月初日子ども数〉	
	処遇改善等加算Ⅲ	116円×加算Ⅲ算定対象人数 〈11,560円／月初日子ども数〉	110円×加算Ⅲ算定対象人数 〈11,000円／月初日子ども数〉	
処遇改善等加算Ⅰ＋Ⅱ＋Ⅲ 〈前年増減額〉		4,174円（100） 〈118円増〉	4,020円（96） 〈230円増〉	4,620円（111） 〈230円増〉
D 合計額（A＋B＋C） 〈前年増減額〉		46,758～51,048円（100） 〈496～576円増〉	42,338円（91～83） 〈760円増〉	47,518円（102～93） 〈840円増〉
E 事業補助金 幼稚園一時預かり	a 基本単価 平日　１日（４時間）１人400円 土曜等１日（８時間）１人800円	※内閣府資料は平均利用者16人想定 a 基本単価 月１人11,200円 （400×20日＋800×４日）	なし 土曜日開所しない場合は基本分単価＋処遇改善加算Ⅰを２%～６%減額 （※下記のαは、土曜日の減額分を示す）	
	b 加算 ①保育体制充実加算（2019年度創設）年額2,892千円 ②事務経費支援加算 年額約①1,380千円 ※保育料は別途徴収	b 加算 ①月１人平均15千円 〈2,892千円/12月=241千円/16人〉 ②月１人平均7千円 〈1,380千円/12月=115千円/16人〉		
	合　計（a＋b）	33,200円		
F 総計額（D＋E）		79,958～84,248円 （100）	42,338円－α* （53～50）	47,518円－α* （59～56）

（　）内は幼稚園を100とした指数。小数点第１位を四捨五入
☆ 採用した単価額は2023年４月１日施行の公定価格単価表に基づく。
☆ 幼稚園のチーム保育加算は「必要教員数を超えて教員を配置する場合」、１人当たりの単価額。加配教員数は45人以下は１人、46～150人以下は２人、151人以上240人以下３人、241人以上270人以下3.5人、271人以上300人以下５人、301人以上450人以下６人、451人以上８人を上限として加算。保育所の場合は平成28年度創設された「チーム保育推進加算」は「職員の平均勤続年数が15年以上」（対象園１割程度）、2020年度から12年以上にやや緩和された（内閣府等2020年５月12日通知「特定教育・保育等に要する費用の額の算定に関する基準等の改正に伴う実施上の留意事項について」に基づく）
☆ 公定価格単価額は小数点第１位を四捨五入。
☆ １号認定の加算額に2019年度より「講師配置加算」（平均約９万円程度）を新設。
☆ 幼稚園の預かり保育事業については文科省「一時預り事業（幼稚園型Ⅰ、Ⅱ）について」（令和４年２月25日）、内閣府「子ども・子育て支援交付金の交付の一部改正について」参照
☆ 幼稚園の一時預り保育の保育料は新制度に移行した幼稚園の場合、全国平均で１時間154円（2019年度）、預り補助金が１時間100円であることから、１時間254円の経費で運営していることになる。なお私学助成幼稚園は200円、認定こども園173円となっている。（単価額は全国私立幼稚園連合会「令和元年度私立幼稚園経営実態調査」による）
☆ 幼稚園で８時間保育実施の場合は平日４時間と土曜日８時間保育の１人当たり月額（保育料は別途徴収※）が補助される。

約２～20万円、年間約20～240万円も少なくなり、保育所運営に大きな影響が生じかねない。

内閣府や厚労省が発出している通知に示された数字を突き合わせただけでもこうした矛盾が出てくる。このように公定価格の内容が、不透明であることは大きな問題だ。

公定価格の算定が「積み上げ方式」で維持されたと喜んでばかりはいられない。積み上げ方式であるなら、人件費、事業費、管理費にはどのような項目と単価額が積み上げられているか明確にすべきであるし、そうした情報を開示させたうえで、検討を行い、必要な是正を実現することが、子どもたちのためにも求められている。

●保育所の公定価格は幼稚園の約半額程度

公定価格の単価額をみると、幼稚園と保育所との間には大きな格差がみられる。幼稚園については改善がされ、実態に即した内容になりつつあるが、保育所については一向に改善が進まず、取り残されているといえる。

C項では6つの定員区分の平均基本分単価額のみを比較検討したが、ここでは定員100人（その他地域、加算率12%）の場合について、４・５歳児１人当たり公定価格単価額及び加算額、処遇改善加算、幼稚園一時預り事業補助金などを含めた１人当たりの運営費単価額について、幼稚園と保育所とを比較してまとめた●図表1-4E1。

2023年度の公定価格基本分単価額についてみると、幼稚園は31,800円であり、前年度の基本分単価額だけと比較すると620円増だが、基本分単価に前年度給与改定対応加算補助額を含めた額と比較すると320円増となる。

保育所の保育短時間認定の基本分単価額は、30,320円で、前年度の基本分単価額だけと比較すると550円増だが、基本分単価に前年度給与改定対応加算補助額を含めた額と比較すると310円増となる。保育標準時間認定は34,900円、前年度の基本分単価額だけと比較すると630円増だが、基本分単価に前年度給与改定対応加算補助額を含めた額と比較すると390円増となる。

基本分単価額には保育士等職員の人件費と管理費・事業費が含まれていて、園児１人当たりの経費額が算定されている。保育時間や保育日数が長ければ、当然それに応じて人件費や管理費・事業費が多く必要となることはいうまでもない。幼稚園の１号認定子どもの保育より保育所の短時間認定の子どもの保育は保育時間は約２倍弱、日数も約1.5倍程度と長い。しかし、保育所の２号認定子どもで８時間保育の基本経費額（基本単価額）は幼稚園の１号認定子どもの経費額より５%少ない。保育時間８時間以上11時間保育の標準時間認定の子どもの基本経費額（基本単価額）は１号認定子どもの経費額のわずか10%増でしかない。

さらに、A基本分単価、B主な加算、C処遇改善等加算を加えたD合計額をみると保育短時間認定（８時間保育）は幼稚園（４時間保育）より９～17%少ない。保育標準時間認定でもやや少ないケースが生まれる。

加えて幼稚園の場合、新制度の下で「子ども·子育て支援事業」に「一時預かり事業（幼稚園型Ⅰ）」が位置づけられ、平日の教育・保育修了後の４時間、土曜日・夏休み等は８時間の保育を行なうと一時預かり事業補助金で対応。補助単価は平日400円（標準的に４時間）、土曜・休日単価800円（標準的に８時間）、平日実施日数250日（週５日×50週）、土曜・休日実施日数50日（週１日×50週）、年間延べ利用者数2,000人超、１日平均利用者数16人を基準としている。

なお、平日４時間、土曜日等８時間を超える場合には長時間加算（１人１日100円～450円加算）がある。保育料は補助単価額と同額として事業費総額を想定。実際の保育料は、全国平均で新制度移行の幼稚園は１時間154円（2019年度）、私学助成幼稚園は200円、認定こども園173円と、補助単価額の1.5～２倍程度である[2)]。

2018年度には従来の一時預かり事業幼稚園型Ⅰに加え、２歳児を対象にした幼稚園型Ⅱを新設、さらにこの事業の事務担当職員配置等のために事務経費支援加算（年額約1,383千円）を創設。2019年度には原則９時間以上（平日教育・保育４時間を含む）開設等を条件に保育体制充実加算を創設（年額約144万円）し、2021年度に倍増（年額約289万円）と、拡充している。2021年度から幼稚園型Ⅱの対象を０・１歳児に拡大（137頁参照）。なお、各年度の内閣府子ども・子育て支援制度説明会資料及び内閣府「子ども・子育て支援交付金の交付の一部改正について」を参照されたい。

このように、幼稚園の園児については平日８時間保育、土曜日や夏休み等の８時間保育が保障されている。この基本単価と加算額を●図表1-4E1のE欄にまとめてみたが（長時間保育加算を除く）、それらを合算すると、保育所の８～11時間保育の子どもの基本経費額は幼稚園の子どもの経費額より約５割程度も安い経費額になっていることがわかる。これは、国や社会が、長時間保育は少ない経費で安上がりに運営するよう推奨しているに等しい。また保育時間の短い・長いで子どもの保育条件に社会的格差を持ち込んでいるともいえる。なぜ、こうした不公平で不条理な格差がもたらされているのか。

●幼稚園基準をベースに保育の時間・日数の長さを加味した改善を

格差を生む要因の一つは、公定価格の基準に保育時間の長短、保育日数の多少にかかる配慮が欠けているという点にある。幼稚園は１日の保育時間は４時間で、40日程度の夏休み等の長期休暇期間がある。一方、保育所の保育時間はその約２倍、年間保育日数は約1.5倍である。しかし、公定価格の基本分、加算部分に含まれるとされる職員の配置内容や人件費相当額には、そうした違いが反映されていない。

同様のことは、事業費の単価額にもあらわれている。例えば、幼稚園、保育所とも、冷暖房費は１か月110円と同額に設定されているが、保育時間が長ければ冷暖房費はその分かかる。常識的に考えても不合理だ。不足分は人件費分を切り崩すことになってしまう。特に2022年、2023年度は諸物価の高騰、石油・ガス、電気料の値上がりが異常な状況になっているため深刻である。

さらに、各種データによれば、一般的な保育所は、国の職員配置基準の保育士配置数では保育が困難なため、国基準の約1.6～２倍程度の保育士を配置していることが明らかになっている。

その場合、多くは非常勤保育士として配置されているのだが、そうした職員は公定価格にカウントされていない。

このことが保育士処遇の劣悪さの大きな要因であることは明白である。保育士確保の困難さが社会的な問題となり、処遇改善が叫ばれているのに、なかなか改善が進まない。

さらに問題なのは2020年度から土曜日閉所の場合、新たに閉所日数に応じた減額調整の仕組みが導入されたことである。これについては子ども・子育て会議で保育所関連の団体が反対したにもかかわらず強引に実施されてしまった。それまでは、全ての土曜日閉所の場合のみ減算が行われ、基本分単価、処遇改善等加算、３歳児配置改善加算、夜間保育加算にたいして６％の減算とされていた。2020年度からは土曜閉所日が月１日で２％、月２日で３％、月３日以上で５％、土曜全て閉所では６％の減算となった。

繰り返しになるが、幼稚園の場合は、週５日、夏休み等の長期休暇を含めた年間費用として、公定価格が算定され、土曜日の保育には、別途一時預かり事業補助金が給付される。

保育所の土曜保育だけを取り出して減算するのは公定価格の設定の趣旨に反する。保護者の保育希望がない場合でも減算するというのは極めて不合理な対応である。厚労省は、土曜保育の利用者数は完全週休２日制の普及により、通常の利用者数に比べ全国平均で約３割程度であるとのデータを示している。園によっては土曜保育の利用者がいない場合もある。土曜保育は幼稚園と同様に特別保育事業として補助金を創設するなどの検討が必要になっている。

幼稚園と保育所との間に生じている格差は、１号認定子どもと２号･３号認定子どもとの格差であり、子ども･子育て支援法の「基本指針」にも反する内容である。この格差の抜本的改善が早急に望まれる。

保育所の公定価格においては、幼稚園の水準をふまえて、保育時間や保育日数を考慮した職員配置が可能となるように改善されるべきである。このことが保育士の処遇改善、保育士確保の実現にむけた最も重要な課題であり、早急な抜本的改善が求められている。

（村山祐一）

1）2023年度の通知は、本白書編集時点で未公表なので、前年度の数値を活用した。なお、「令和4年度における私立保育所の運営に要する費用について」(2023年３月１日、令和４年遡り分）は、月刊『保育情報』No.557、2023年４月号に掲載している。

2）単価額は全国私立幼稚園連合会「令和元年度私立幼稚園経営実態調査」による。

4 保育の公定価格

F 保育所等の運営と公定価格の改善

本稿では、公定価格のあり方を、私立保育所を中心に施設運営面から検討する。

●私立保育所の委託費＝公定価格に基づく運営費

保育所については、児童福祉法24条１項の市町村の保育実施義務が堅持されている。

さらに、私立保育所の運営費用については、子ども・子育て支援法附則６条で、市町村からの委託費として支給されることになっている。委託費は公定価格によって算定され、委託という性格上、一定の使途範囲が定められている。「その適切な運用のため」に、公定価格の基本分単価の内容が、内閣府子ども・子育て本部参事官・厚労省保育課長連名通知で、各年度及び変更の度に示されている。

毎年度、公定価格の全体に関わる改定内容が示された後に、各年度における「私立保育所の運営に要する費用について」の通知が発出されてきた。

2022年度については、2023年３月１日に「令和４年度における私立保育所の運営に要する費用について」という、改定版が発出されたが、2023年度についてはこの原稿執筆時点（６月下旬）で、「令和５年度における私立保育所の運営に要する費用について」は発出されていない。そのため、令和４年度改定版の数値を基に記述する。

この委託費の適切な運用と施設運営確保のために、2015年９月３日に内閣府子ども・子育て本部統括官・厚労省児童家庭局長連名通知「子ども・子育て支援法附則第６条の規定による私立保育所に対する委託費の経理等について」（2018年４月16日改定　以下　経理等通知）、さらに内閣府子ども・子育て本部参事官・厚労省保育課長連名通知で「『子ども・子育て支援法附則第６条の規定による私立保育所に対する委託費の経理等について』の取扱いについて」（以下　取扱通知）、「『子ども・子育て支援法附則第６条の規定による私立保育所に対する委託費の経理等について』の運用等について」（2017年４月６日改正、以下　運用通知）が発出されている。

これらの通知には、私立保育所の委託費＝運営費に関して、経費項目（経理等通知の別表６）や使途項目・範囲が示されている。私立保育所の委託費の運用は、これらの通知に基づいて行われる。

しかし、これらの通知に示されている委託費の支出項目は、これまで確認してきた公定価格に示されている項目・内容、基本分単価項目等との関係や、どのような費目を積み上げて設定されているのか、などについて不明確・不透明であるとの指摘もある。

●保育所運営費の対象項目について

人件費支出は公定価格に示されている内容・項目とほぼ同じだが、事業費、管理費（事務費）は公定価格の項目と比較して極めて多岐にわたる内容が示されている。

公定価格の事業費は「給食材料、保育材料費等」とされているだけだが、委託費の支出項目の説明では、給食費、保健衛生費、保育材料費、水道光熱費、燃料費など10項目となっている。どの費目をどのように積算しているのか問われる。

管理費は、事務費支出に該当する。公定価格では旅費、職員研修費、被服費、保健衛生費、補修費など10項目が示されているが、委託費の支出項目としては18項目に及ぶ。さらに安定した事業継続のために次年度以降の人件費や施設整備等に充てることができる４種類の積立金や繰越金も位置づけられている。

●委託費の弾力運用

経理等通知では、以下７項目の要件をすべて満たしている場合に、委託費の使途範囲を緩和し弾力的な運用ができるとされている。

その７項目とは、①最低基準の遵守、②委託費交付基準等に示す職員配置等の事項の遵守、③給与規定の整備と適正な給与水準の確保、④給食における必要な栄養量の確保と必要な諸経費の適正な確保、⑤保育所保育指針を踏まえて保育が行われ、児童の適切な処遇の確保、⑥研修に積極的に参加するなど役職員の資質向上に努めていること、⑦その他設置者の運営について問題となる事由がないこと、である。通常の保育を実施している保育所であれば、ほとんど該当することになる。

経理等通知では委託費の使途範囲として、人件費、事業費、管理費それぞれの内容が示されているが、上記７項目の要件が満たされていれば、「適切な施設運営が確保されている」として、「各区分にかかわらず、保育所を経営する事業に係る、人件費、管理費又は事業費に充てることができる」として、委託費の弾力運用を認めている。例えば子どものための事業費が不足すれば、人件費に充てるべき額を投入していいということだ。

さらに、委託費の３か月分（当該年度分の４分の１）に相当する範囲内（処遇改善等加算の基礎分を含み、賃金改善要件は除く）で、保育所や子育て支援事業の建物や設備、土地取得等に要する経費、賃借料等の経費に充てることができるとされている（経理等通知１の（5））。

また積立金も人件費積立、修繕費積立、備品等の購入積立、施設・設備整備積立については、次年度以降取り崩す場合、各種積立目的外の使用も以下に示す経費であれば差し支えないとしている（取扱通知）。その経費とは、経理等通知の別表２に示す「保育所等建物、設備の整備・修繕等の経費、保育所等の土地又は建物の賃借料」などの経費、又は「施設の運営や入所児童の処遇に必要な経費」である。その経費にはⅰ人件費、光熱水費等通常経費の不足分の補填、ⅱ建物の修繕、模様替え等、ⅲ建物付属設備の更新、ⅳ省力化機器並びにソーラーシステム、集中冷暖房、給湯設備、フェンス、スプリンクラー、防火設備等の設備の整備、ⅴ花壇、遊歩道等の環境の整備、その施設の用に供する駐車場、道路の舗装等、ⅵ登所バス等の購入、修理等、と事例が示されている。

●実態に即した抜本的改善を

人件費、管理費、事業費の項目ごとに設定した経費を基本に積算された委託費において、「弾力運用」が強調され、保育所の建設や施設整備、補修工事、土地や建物の賃借代などを含めた保育所運営費全般に、充てることができるようになっている。

なぜ、このような弾力運用が認められてきたかというと、大きな要因の１つとして、施設の建て替え等に関わる施設整備や、大規模修繕工事費に対応する補助金が不十分であることがあげられる。そのため、日々の保育のために支出されるべき運営費から費用を捻出し、積み立てるなどして備えなければならない。委託費（公定価格）を日常必要な保育費用として安心して利用できるようにするためには、園舎の新築・改築、修理など施設整備等の補助金制度の拡充が必要である。

同様に、公定価格における人件費や事業費、管理費の単価の改善を図り、設定が適正になされることも重要だ。前述（4　保育の公定価格－E）で指摘したが、2023年度の公定価格基本分単価では人件費相当部分は約３％

増だが、管理費・事業費相当部分は16％減であり、管理費・事業費の削減を人件費増で対応している。しかも通知「令和４年度における私立保育所の運営に要する費用について」で公表されている管理費・事業費額の約５割程度しか算定されていない。少なくとも通知で明示されている額は公定価格の基本分単価にきちんと反映すべきだし、管理費・事業費にはどんな内容が積み上げられているかを明示することが必要だ。こうした状況はすぐに改善すべきである。

ここでは特に、もっとも重要な人件費の配置人数と基準給与単価額に関する課題について指摘する。

第１に、公定価格基本分単価に計上されている保育士や調理員の人件費は、国の配置基準人数分しか算定されていない。しかし、実際の保育士配置数は、各種データによれば国の基準の約1.6～２倍、調理員も約1.5倍程度配置されている。

こうした実際の職員配置数を踏まえた改善が求められている。例えば現在の公定価格での加算システムを積極的に活用し、基準以上配置している保育所には保育士配置加算、調理職員配置加算等を創設するなどして具体的改善を図ることが可能である。また、保健衛生に関わる業務が拡大した今、実際に看護師を配置する施設も増えている。また新制度に

図表1-4F1　公定価格（保育単価）に積算されている職員の本俸基準額の推移

本俸基準額	2000年度	2005年度	2010年度	2015年度	2019年度	2020年度	2022年度
所長 〈（福）2－33〉	270,000円 （100.0）	261,800円 （97.0）	253,400円 （93.9）	251,500円 （93.1）	256,600円 （95.0）	257,900円 （95.5）	260,400円 （96.4）
主任保育士 〈（福）2－17〉	241,256円 （100.0）	231,948円 （96.1）	230,112円 （95.4）	231,744円 （96.1）	238,476円 （98.8）	240,108円 （99.5）	243,474円 （100.9）
保育士 〈（福）1－29〉	201,300円 （100.0）	193,698円 （96.2）	195,228円 （96.9）	197,268円 （97.9）	203,898円 （101.3）	205,530円 （102.1）	208,794円 （103.7）
調理員等 〈（行二）1－37〉	168,300円 （100.0）	164,700円 （97.9）	165,800円 （98.5）	168,100円 （99.9）	174,600円 （103.7）	176,200円 （104.7）	179,900円 （106.9）

☆2015年度以降の額は内閣府・厚労省連名通知「私立保育所の運営に要する費用について」に基づく。2022年度を除き各年度の当初額、2022年度は2023年度の通知が公表されていないため、当初額でなく、2023年3月1日公表の改定版の額を掲載。それ以前の額は厚労省保育課長通知「児福法による保育所運営費国庫負担金交付要綱等の改正点及びその運用について」に基づく。各年度「保育白書」及び全私保連保育単価検討委員会「保育単価（保育所運営費国庫負担金）の解説及び推移表」（2016年３月刊）参照。
☆主任保育士、保育士の本俸基準額は、当該俸給額の他に特別給与改善費を加えた額となっている。

図表1-4F2　私立保育所の所長・主任保育士・保育士の平均給与額と公定価格基準額（2018年度）

		Ⅰ．実際の平均給与額（私立）（2019年３月内閣府経営実態調査）			Ⅱ．公定価格の基準額（2018年度）下段（　）は2022年度改定基準額		
		給与平均月額（年額の1/12）	年　額	平均勤務年数	本俸基準月額（特殊業務手当含む）	人件費年額	格付け
所長	常勤	565,895円	約679万円	25.8年	255,600円 （260,400円）	約485万円 （約498万円）	（福）2－33
	非常勤	536,146円	約643万3千円	20.7年			
主任保育士	常勤	422,966円	約507万5千円	21.7年	246,552円 （252,774円）	約455万円 （約471万円）	（福）2－17
	非常勤	344,103円	約412万9千円	26.1年			
保育士	常勤	301,823円	約362万1千円	11.2年	210,270円 （216,594円）	約379万円 （約399万円）	（福）1－29
	非常勤	187,816円	約225万3千円	10.1年			
調理員	常勤	269,534円	約323万4千円	24.4年	173,100円 （179,900円）	約313万円 （約333万円）	（行）1－37
	非常勤	173,290円	約207万9千円	7.1年			

☆実際の平均給与額は内閣府子ども・子育て本部「幼稚園・保育所・認定こども園等の経営実態調査報告書」（2019年３月現在、会計は2018年度、給与は2019年３月調査）に基づく。常勤給与月額には「月額給与の他、賞与の年額の１／12が含まれる」。年額については調査データの給与月額の12か月分として筆者が算出。調査集計施設数2,447か所。
☆2018年度公定価格基準額は改正通知「平成28年度における私立保育所の運営費に要する費用について」（2018年６月29日）に基づく。2022年度は通知「令和４年度における私立保育所の運営費に要する費用について」(2023年３月１日)に基づく。主任保育士及び保育士の本俸基準月額には特殊業務手当基準額（主任保育士9,300円、保育士7,800円）を含む。

なり保育所の事務量が大幅に増えているのに、事務職員雇用加算額として月５万円程度しか計上されていない。事務量の増加は全て保育士の負担増となり、子どもの保育へのしわ寄せとなる。公定価格において看護師配置加算を創設、事務職員雇用加算の拡充などの対応が可能であり必要だ。

●公定価格の人件費基準は20年前水準のママ—抜本的改善が必要

第２に、公定価格における保育士等職員の人件費は所長・主任保育士の公定価格における本俸基準額に基づき算出されている。そこでまず、この間、公定価格（保育単価）に位置づけられている各職種の本俸基準額の推移をまとめたのが●図表1-4F1である。いずれの職種も一律、勤務年数３年程度の格付けで給与額が決められている。新制度スタートの2015年度の基準額は所長、主任保育士は2000年度と比べやや低く、保育士、調理員等はほぼ同額程度にすぎない。このことが影響して公定価格（保育単価）基本分単価も減額・抑制され続けている（●図表1-4D2参照）。保育士等職員処遇改善のためには、現在の公定価格設定のシステムの点から見直す必要がある。

保育士・調理員にとどまらず、所長・主任保育士の公定価格における本俸基準額の改善が必要だ。●図表1-4F2で保育所の所長、主任保育士等職員の公定価格の人件費基準額と実際の平均給与額とを比較した。

内閣府子ども・子育て本部「幼稚園、保育所、認定こども園等の経営実態調査報告書」(2019年３月、会計については2018年度、給与は2019年３月調査）によると、私立保育所の平均月額給与（常勤）は所長約56万６千円（年額約679.0万円)、主任保育士約42万３千円（年額約507.5万円)。これに対して、2018年度当初の公定価格の本棒基準額として示されている額は、所長約25万６千円（年額約485万円)、主任保育士約24万７千円（年額約455万円）にすぎない。2020年度当初はやや上がり、所長約25万８千円（年額約495万円)、主任保育士約24万９千円（年額約466万円）であった。しかし、2020年度の人事院勧告に伴う国家公務員給与の改定（給与：据え置き、賞与：0.05月引き下げ）により、2020年度及び2022年度当初の基準月額は同じだが、人件費年額は所長、主任保育士、保育士、調理員等いずれも１万円減となっている。

2022年度には前述したが給与の減額については別途補填補助が行われ2020年度水準を確保するという施策がとられた。2022年10月からは公定価格改定で対応するとされた。

いずれにしても、現在の本俸基準額については、●図表1-4F2でも示した所長25.8年、主任21.7年という平均勤続年数を踏まえれば、公定価格の本俸基準額は余りにも低く、実態からかけ離れている。しかも、運営費の人件費算定額となる職員の本俸基準額が20年以上前の2000年当時とほぼ変わらないということは、この四半世紀にわたって賃金が抑制され続けていることを意味し看過できない。早急な改善が必要である。

例えば、公定価格の基本額とは別に、各園での各職種の平均経験に応じた給与加算額を設定するなどして実態に即した改善が考えられる。これは現在の公定価格のシステムで十分可能である。前述した保育士や調理員等の配置加算についても、常勤、非常勤で単価額を変えることで実態に即した改善が図られる。

現在のシステムにおいて、どのような改善ができるかの検討を早急にすべきである。

（村山祐一）

Chapter 1

5 新制度の多様な実態

A 幼稚園、保育所、幼保連携型認定こども園の状況

施設·入所児童数、年齢別児童数の推移、小学校入学者に占める各施設修了者の割合

●少子化と保育所・幼稚園の傾向

日本では、就学前の子どもたちを保育する施設として、保育所と幼稚園の2つの制度が併存してきた。それぞれ法令や監督官庁などが異なり、対象とする児童や保育時間などさまざまな違いがある。

1948年以降の保育所・幼稚園の状況を示したのが●図表1-5A1である。施設数・入所児童数ともに、1950~70年代の急増期を経て1980年前後をピークに減少し始めている。

その後保育所は施設数・入所児童数ともに1995年頃を境に増加に転じたが、幼稚園は微減傾向が続いていた。

●新制度のスタート

2015年度から子ども・子育て支援新制度がスタートした。制度的に大きな変更があったが、施設としては、保育所・幼稚園以外に幼保連携型認定こども園が新たな認可施設として発足した(それ以前の幼保連携型認定こども園は、保育所・幼稚園それぞれの認可園が連携したものだったので、統計的には幼・保それぞれでカウントされていた)。よって、同施設については●図表1-5A1に、2015年度から施設数等を示した。保育所・幼稚園は、この幼保連携型認定こども園への移行が進んだこともあって、施設数を減らしている。

新制度では、当初構想された保育所・幼稚園を総合こども園に強制的に収斂させる性急な幼保一体化は否定されたものの、今後、幼保連携型認定こども園は、施設数・児童数ともに増加すると予測される。たしかに、2015年度以降、保育所・幼稚園の施設数と児童数は減少してきたが、保育所は2019年

図表 1-5A1 保育所・幼稚園・幼保連携型認定こども園の状況

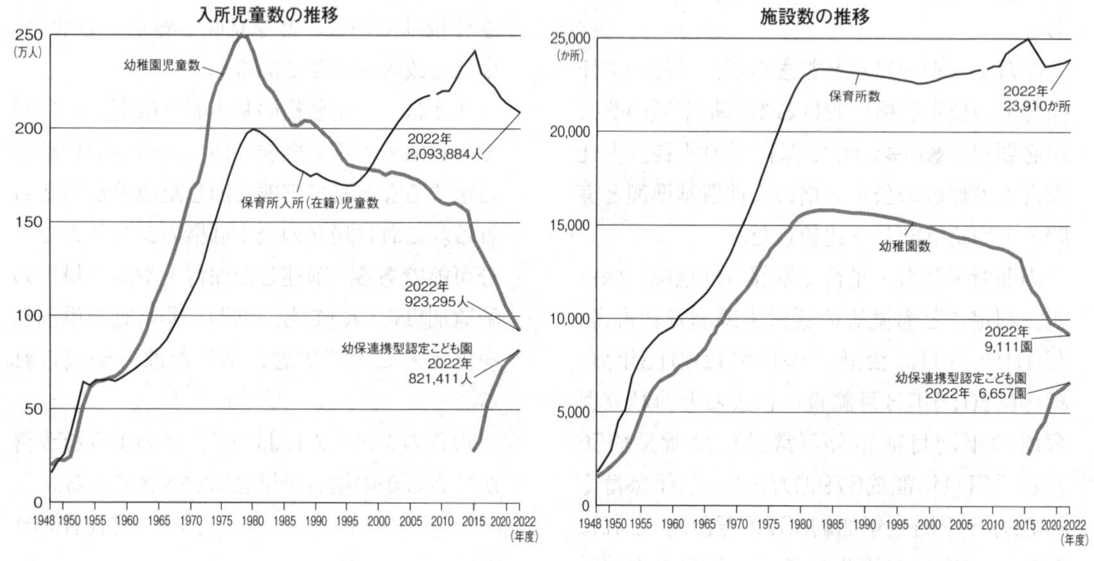

資料:保育所/1960~2008年度まで「社会福祉施設等調査報告」1948年は7月、1949・50年は6月、1951年は12月、1952年は3月30日、1953~1971年は12月31日、1972年以降各年10月1日現在、2009年度以降「福祉行政報告例」各年3月1日現在
幼稚園・幼保連携型認定こども園/「学校基本調査」各年5月1日現在

に施設数で増勢に転じその後はほぼ横ばい状態にある。

●図表1-5A2、3は、幼稚園、保育所の入所児童数の年齢別の推移である。保育所では1・

図表 1-5A2　年齢別幼稚園入所児童数の推移

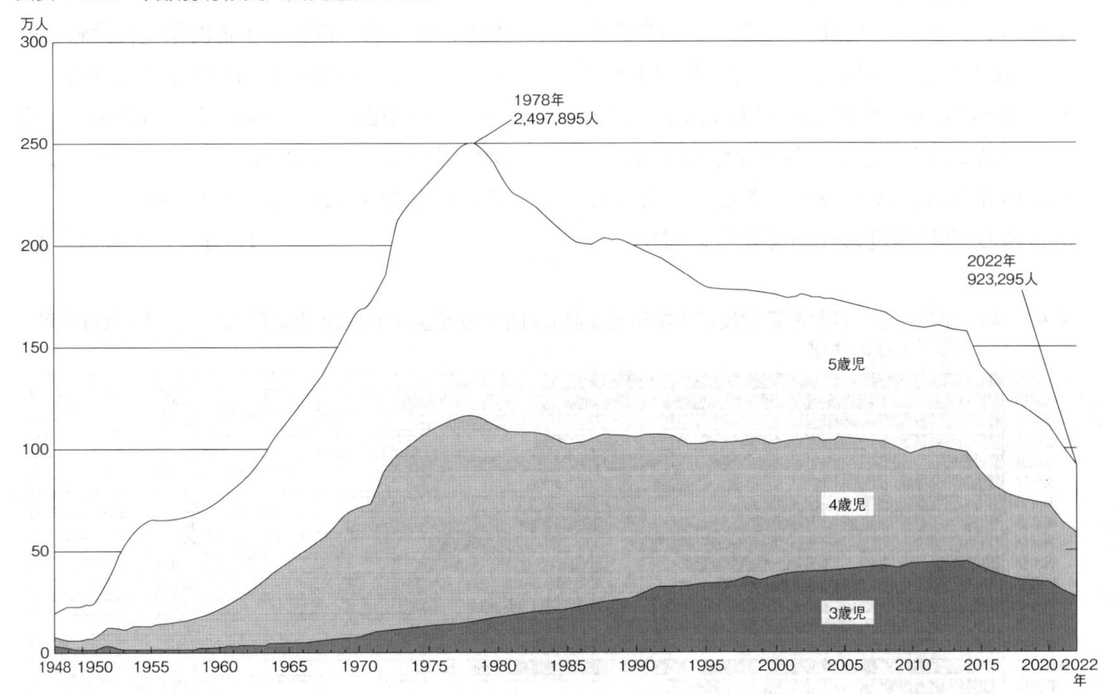

資料：文部科学省「学校基本調査」各年5月1日現在より

図表 1-5A3　年齢別保育所入所児童数の推移

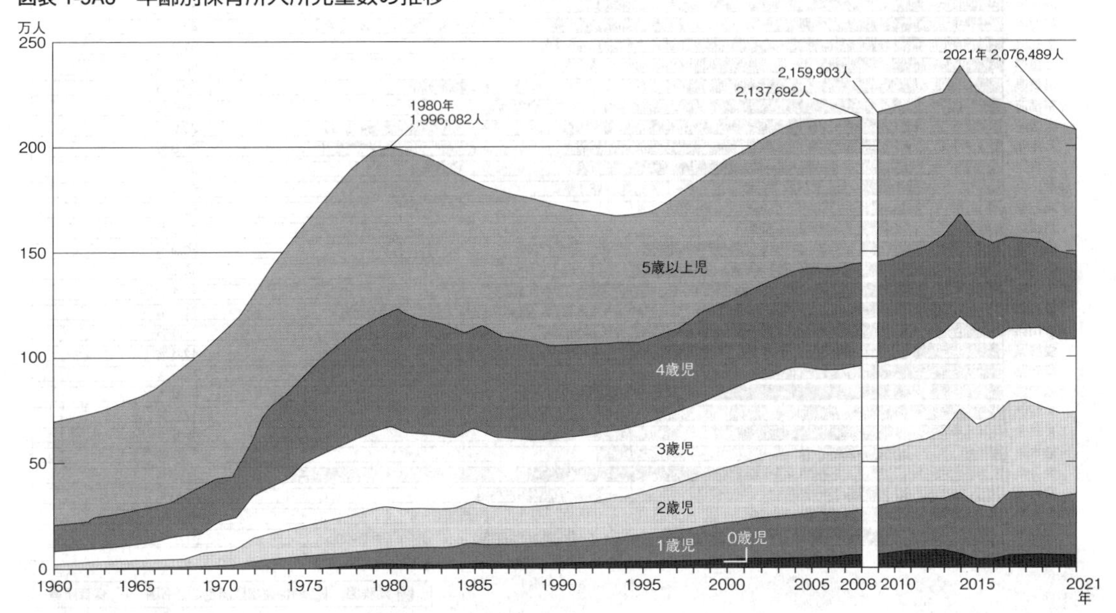

資料：厚生労働省「社会福祉施設等調査報告」各年10月1日現在（1971年以前は12月31日現在）。なお、2009年版以降の同調査は、政府の市場化テスト方針のもと作業が民間委託され、回収率が下がり全数調査といえなくなった。そのため経年比較ができなくなったが各年齢ごとの数値は同調査しかないので、2009年以降は同調査から各年齢ごとの割合を算出し、「福祉行政報告例」（10月1日現在）の入所児童数の総計をもとに年齢別の概数をだした。

２歳児の増加傾向がみてとれる。幼保連携型認定こども園については、2015～2022年度までと、10年に満たないデータしかないので、幼稚園・保育所と同等のスケールで図を並べて示すことは見送ったが、数値を追うと、2022年度の総園児数は82万1,411人で増加傾向にあり、幼稚園の92万3,295人にせまる状況にある。また、総園児数のうちの０～２歳児の割合は28.2％である。ちなみに保育所の2021年度の在籍児総数に対する０～２歳児の割合は35.4％である。

●図表1-5A4は、やや古いデータだが、2019年度における小学校第１学年の児童数に対する、幼稚園・幼保連携型認定こども園・保育所等の修了者の割合を都道府県別に比較したものである。全国的には幼稚園児が42.6％、幼保連携型認定こども園児が14.3％、保育所児等は43.1％であるが、都道府県によって著しく違いがあることがわかる。

（逆井直紀・大橋哲郎）

図表 1-5A4　小学校及び義務教育学校第１学年児童数に対する幼稚園・幼保連携型認定こども園・保育所等修了者数の比率

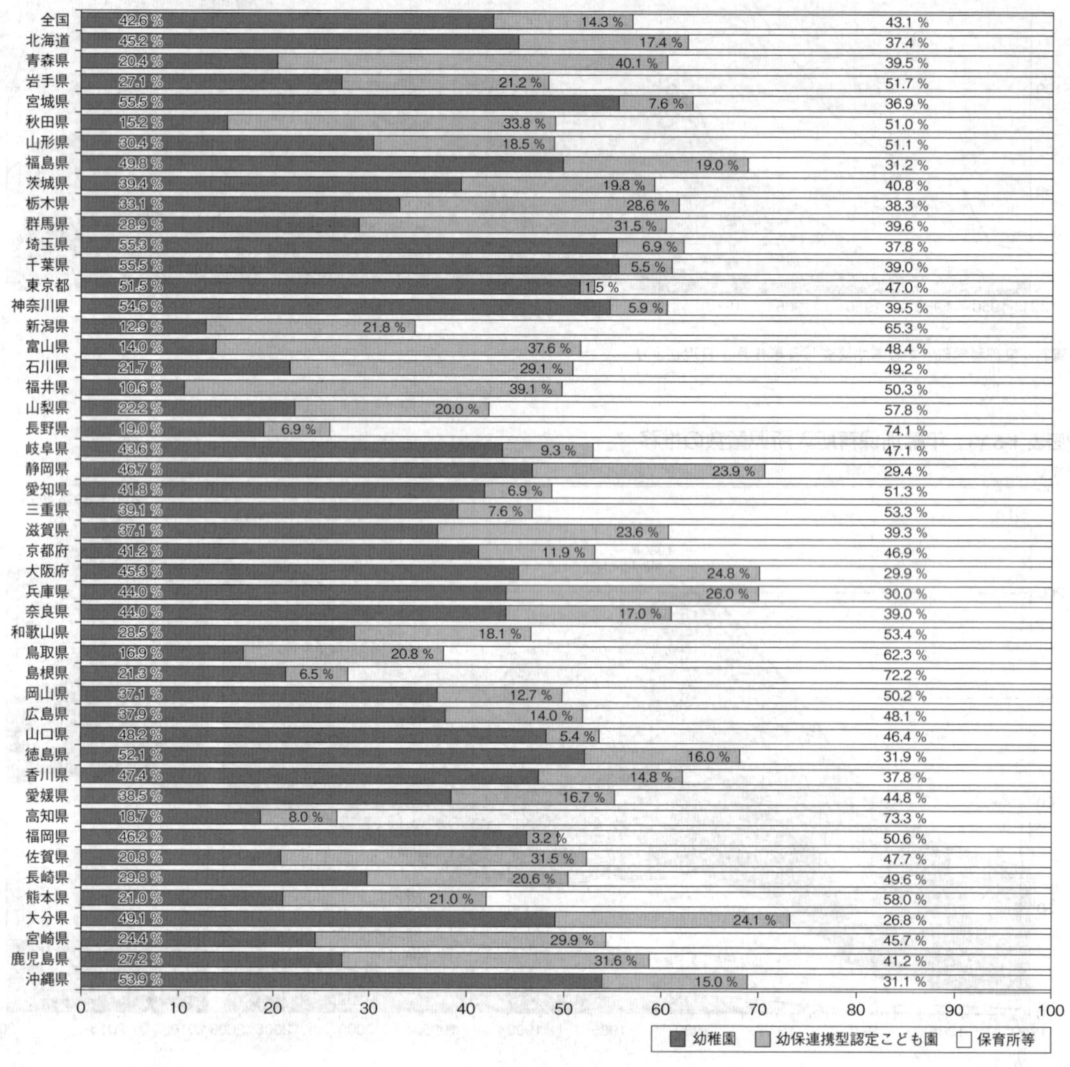

資料：2019年度「学校基本調査」より推計
同調査は、小学校及び義務教育学校１学年児童数と、幼稚園・幼保連携型認定こども園の修了者数を毎年度調査しており、それぞれ修了者の比率を算出したうえで、１学年児童数から引いたものを保育所等とした。よって、保育所等には幼稚園・幼保連携型認定こども園を除くその他の施設の修了者とともに施設の修了者でもない者を含む。2020～2022年度については学校基本調査がこの数値を公表しなくなったので昨年版に引き続き2019年度の値を示す。

5 新制度の多様な実態

B　幼稚園の預かり保育

●預かり保育の進展

幼稚園では、通常の教育時間終了後、希望する在園児を対象に預かり保育を行ってきた。預かり保育に対する国庫補助は、従来の私学助成での対応に加え、新制度で再編された一時預かり事業（市区町村が実施主体）でも対応されている。新制度に移行した幼稚園の場合、一時預かり事業への移行が原則だが、経過措置として私学助成の預かり保育補助を継続している園もある。また、新制度に移行していない幼稚園でも、一時預かり事業の受託は可能である。

預かり保育実施園は、文部科学省幼児教育実態調査によれば、1997年度には4,197園（29.2%）だったが年々増加している。2012年度以降、調査方法が変更され単純な比較はできないものの、実施園の割合は、2021年度には90.1%に達している●図表1-5B1。私立幼稚園では96.9%と、ほとんどの園で実施している。また、17時以降も預かり保育を実施している幼稚園は7割にのぼっている。

預かり保育が広がっているが、「令和４年度私立幼稚園の子ども・子育て支援新制度への移行状況等調査」によれば、一時預かり事業での実施園は、全体の約半数程度である。実施市区町村は、2022年４月１日現在で1,731市区町村のうち1,031市区町村、実施率は59.6%と前年度とほぼ変わっていない。市区町村の一時預かり事業実施状況や、私学助成による預かり保育補助の継続状況を受けて、文科省は、私学助成は経過措置であり市区町村の一時預かり事業（幼稚園型Ⅰ）が基本であること、特別な事情のない限り市区町村の事業で行われることが望ましい、とする事務連絡を2022年1月に発出している*。

●一時預かり事業で受け皿拡大

新制度に位置付けられた一時預かり事業幼稚園型は、様々な課題に対応する形で拡充されてきた●図表1-5B2。資格要件の緩和や、単

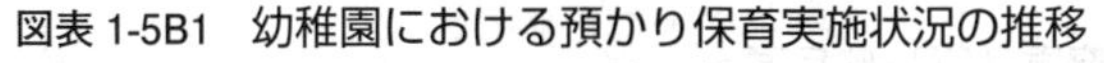
図表 1-5B1　幼稚園における預かり保育実施状況の推移

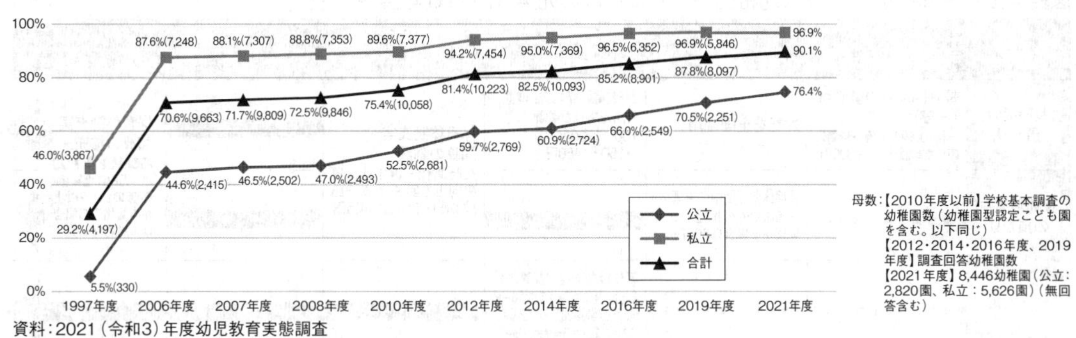

母数：【2010年度以前】学校基本調査の幼稚園数（幼稚園型認定こども園を含む。以下同じ）【2012・2014・2016年度、2019年度】調査回答幼稚園数【2021年度】8,446幼稚園（公立：2,820園、私立：5,626園）（無回答含む）

資料：2021（令和3）年度幼児教育実態調査

一時預かり事業（幼稚園型Ⅰ）の実施市区町村の推移（2018～2022年度）					
	2018	2019	2020	2021	2022
実施市区町村数	864	897	965	985	1,031
実施市区町村割合	49.9％	51.8％	57.3％	58.6％	59.6％

資料：2022（令和4）年度私立幼稚園の子ども・子育て支援新制度への移行状況等調査より作成
（調査年度により母数となる市区町村数が異なる。2022年度は母数：1,731市区町村）

価増額・事務経費の支援、2020年度には障害児受入れの特別単価を創設し、基本分単価日額400円を4,000円に底上げした。2019年度に設けた保育体制充実加算は、2021年度、有資格者を配置すべきとする要件を満たせば加算額倍増と、大幅に拡充された。

さらに、保育が必要な２歳児を定期的に預かる一時預かり事業幼稚園型Ⅱが2018年度に創設された。「子育て安心プラン」の実施計画を立てた市区町村が対象である。2021年度からは、新子育て安心プランを受けて、幼稚園型Ⅱに開設準備経費が新設され、受入れ単価も増額された。また、０・１歳児（３号認定）も対象となり、受入れ単価が創設された。職員配置数は、保育所の年齢別配置基準に従うものの、保育士は従事者の$\frac{1}{2}$以上でよしとされ、給食も外部搬入が容認されている。未満児保育の実施には、その年齢の成長発達を保障できるよう施設等の整備や有資格者配置などが不可欠と考えるが、そうした保育条件整備の視点が不十分と言わざるを得ない。

幼稚園型Ⅱは、2022年４月１日現在、対象となる643市区町村のうち、82市区町村（12.8%）で実施されているが、実施予定のない市区町村が512（79.6%）にのぼる。職員確保や保育室のスペース確保が困難であることが、実施する上での課題としてあげられている。

●預かり保育の無償化

2019年10月から実施された幼児教育・保育の無償化において、預かり保育も対象とされた。預かり保育の提供が８時間未満・日数200日未満で、十分な水準でない場合に限り、認可外保育施設等をあわせて利用しても無償化の対象となる（上限額有り）。

対象者は、満３歳以後の最初の３月31日を経過した「保育を必要とする」子どもである。加えて、上記を除く「満３歳児入園」している「保育を必要とする」子どもと幼稚園型Ⅱで受入れている３号認定の子ども、いずれも市町村民税非課税世帯の場合は対象となる。

（井上晶子）

＊事務連絡「施設型給付を受ける私立幼稚園等における預かり保育に係る支援の取扱いについて」令和４年１月24日

図表 1-5B2　一時預かり事業（幼稚園型Ⅰ）における充実（2016年度～）

課題	課題に対応した充実施策					
	2016（H28）年度	2017（H29）年度	2018（H30）年度	2019（R元）年度	2020（R2）年度	2021（R3）年度～
長時間の預かり	長時間加算の単価増（一部） 一律100円の単価→時間に応じた単価（100～300円）	左記を全国適用	長時間加算1.5倍増額 時間に応じた単価 100～300円 →150～450円	保育体制充実加算の創設 長時間化・通年化、質の向上を実施する一施設あたり年額約144万円		保育体制充実加算の拡充 加算額を年額約289万円に増額（従事者の1／2以上が有資格者の場合は年額約144万）
長期休業中の預かり		長期休業期間中の単価増 一律400円の単価→８時間預かる場合は800円				
事務負担			事務経費支援の加算創設 長時間・通年開所等を実施する一施設あたり年額約138万円／（配置月数が6月に満たない場合は約69万円）			
障害児単価					障害児の単価創設 一律4,000円の単価	

資料：2_7_2_2. 一時預かり事業（幼稚園型Ⅰ及びⅡ）について（2023年３月17日全国こども政策主管課長会議資料）より
https://www.cfa.go.jp/councils/kodomo_seisaku_r4_syukankacho/

5 新制度の多様な実態

C　保育所の待機児童問題

●待機児童数の減少と利用率の上昇

厚生労働省「保育所等関連状況とりまとめ」によると、2022年４月１日現在の全国の待機児童数は、前年比2,690人減の2,944人となった●図表1-5C1。年齢別にみると、０歳児が前年比172人減の304人、１・２歳児は2,187人減の2,272人、３歳以上児が331人減の368人となっている。３歳未満児が待機児童全体の87.5%を占め、そのうち、特に１・２歳児が77.2%となっている。

保育所等を利用する児童の割合（保育所等利用率）については、保育所全体では50.9%とはじめて半数を超え、特に１・２歳児の利用率は56.3%となった。

国が明らかにしている待機児童数については、数だけみれば減少しているが、認可保育所に入れなかったにもかかわらず待機児童と認定されないいわゆる「隠れ（潜在的）待機児童」の問題は、依然残されている。

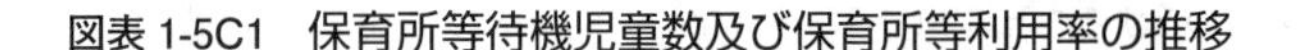

●待機児童の定義の変遷

●図表1-5C1は、保育所等待機児童数及び保育所利用率の推移である。当初、待機児童とは認可保育所に入所を申込み、入れなかった子どもを指していた。しかし国は2001年に、待機児童数調査における待機児童の定義を変更し、自治体が独自に助成している認可外保育施設を利用している子どもは待機児童に含めないとした。この年から新定義での調査が行われるようになったため、数字上待機児童

図表 1-5C1　保育所等待機児童数及び保育所等利用率の推移

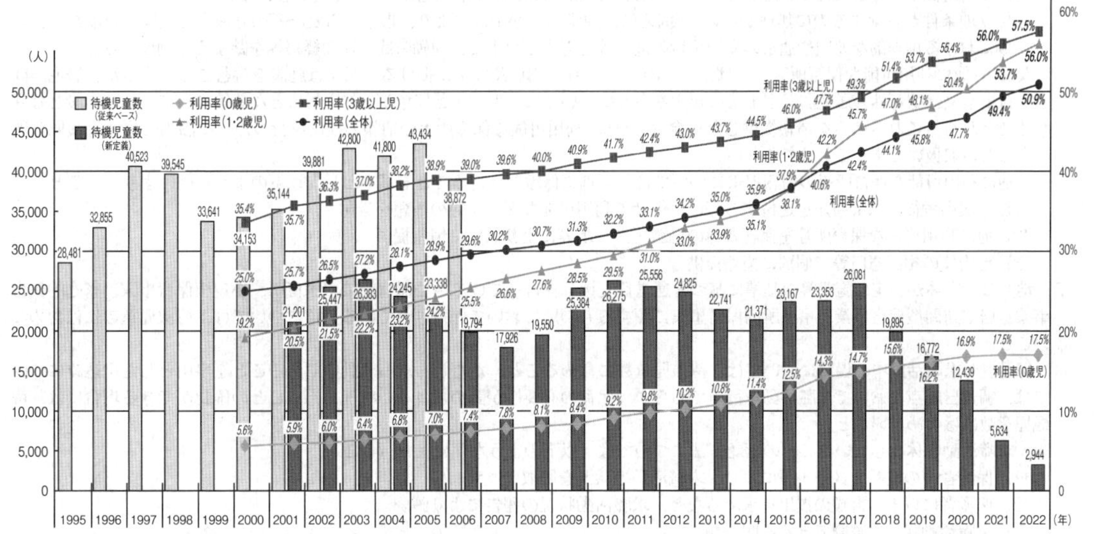

（注１）各年４月１日現在（以下、各年にかかる数値は、特段の表示がない限り、すべて４月１日現在）
（注２）2001～2006年度については、保育所入所待機児童の定義変更をうけて、従来ベースのものと、新定義に基づく数値を２つ図示した。2007年より新定義のみが公表されるようになった。なお、新定義は①他に入所可能な保育所があるにもかかわらず特定の保育所を希望している場合、②認可保育所へ入所希望していても、自治体の単独施策（いわゆる保育室等の認可外施設や保育ママ等）によって対応している場合は、待機児童数から除くとしている。
（注３）利用率は、当該年齢の保育所等利用児童数÷当該年齢の就学前児童数で算出。
（注４）2015年より子ども・子育て支援新制度が施行されたことを受け、保育所ほか、子ども・子育て支援新制度において新たに位置付けられた認定こども園（幼保連携型、幼稚園型、地方裁量型）、特定地域型保育事業（小規模保育事業、家庭的保育事業、事業所内保育事業、居宅訪問型事業）の数値が含まれるようになった。そのため、2015年からは、認定こども園と特定地域型保育事業も含めた「保育所等利用児童数」での数値となる。
資料：厚生労働省「保育所等関連状況取りまとめ」「保育所の状況」「保育サービスの需給・待機の状況」等、各年資料より作成（年度によって名称変更あり）

図表 1-5C2　保育所等利用待機児童の定義

保育所等利用待機児童数調査要領

調査日時点において、保育の必要性の認定（２号又は３号）を受け、特定教育・保育施設（認定こども園の幼稚園機能部分及び幼稚園を除く。）又は特定地域型保育事業（以下「保育所等」という。）の利用の申込みがされているが、利用していない者を把握することとし、その際の取扱いは以下のとおりとする。

〈申込児童数の取扱い〉

１．いわゆる“入所保留”（一定期間入所待機のままの状態であるもの）の場合については、保護者の保育所等の利用希望を確認した上で希望がない場合には、申込児童数に含めないことができること。

２．保育所等を現在利用しているが、第１希望の保育所等でない等により転園希望が出ている場合には、申込児童数には含めないこと。

３．産休・育休明けの利用希望として事前に利用申込みが出ているような、利用予約（利用希望日が調査日よりも後のもの）の場合には、調査日時点においては、申込児童数には含めないこと。

〈国による補助の対象となる施設・事業で保育されている児童の取扱い〉

４．付近に保育所等がない等やむを得ない事由により、保育所等以外の場で適切な保育を行うために実施している、以下の（1）から（3）までに掲げる事業又は施設において保育されている児童については、待機児童数には含めないこと。

(1) 国庫補助事業による認可化移行運営費支援事業及び幼稚園における長時間預かり保育運営費支援事業

(2) 特定教育・保育施設として確認を受けた幼稚園又は確認を受けていないが私学助成若しくは就園奨励費補助の対象となる幼稚園であって、一時預かり事業（幼稚園型Ⅰ・Ⅱ）又は預かり保育の補助を受けている幼稚園

(3) 企業主導型保育事業

〈待機児童数から除く児童の取扱い〉

５．育児休業中の保護者については、保育所等に入所できたときに復職することを、保育所入所保留通知書発出後や調査日時点などにおいて継続的に確認し、復職に関する確認ができる場合には、待機児童数に含めること。ただし、それが確認できない場合には、待機児童数に含めないこと。市区町村は育児休業を延長した者及び育児休業を切り上げて復職したい者等のニーズを適切に把握し、引き続き利用調整を行うこと。

※　保護者の復職に関する確認方法については、以下のような例により、利用申込み時点に限らず、継続的に確認を行うこと。

(1) 申込みの際に、保護者の復職に関して、確認するためのチェック欄等を設けて確認

(2) 保護者への電話・メール等により、意向を聴取

(3) 保護者に入所に関する確約書の提出を求めて確認

６．子ども・子育て支援法（平成24年法律第65号）第42条第１項及び第54条第１項の規定により、市区町村は保育所等に関し必要な情報提供を行うこととされているが、保護者の意向を丁寧に確認しながら、他に利用可能な保育所等の情報の提供を行ったにも関わらず、特定の保育所等を希望し、待機している場合には待機児童数には含めないこと。

ただし、特定の保育所等を希望することに、特別な支援が必要な子どもの受入れ体制が整っていないなどやむを得ない理由がある場合には、待機児童数に含めること。

※　「他に利用可能な保育所等」とは、以下に該当するものとすること。

(1) 開所時間が保護者の需要に応えている。（例えば、希望の保育所等と開所時間に差異がないなど。）

(2) 立地条件が登園するのに無理がない。（例えば、通常の交通手段により、自宅から20～30分未満で登園が可能など、地域における地理的な要因や通常の交通手段の違い等を考慮した上で、通勤時間、通勤経路等を踏まえて判断する。）

なお、「他に利用可能な保育所等」には、４．の（1）から（3）及び７に掲げる事業又は施設を含むこととするが、居宅訪問型保育事業又は認可外の居宅訪問型事業に類する事業については、保育士と児童が１対１対応となる等の点で、他の施設とは異なることから、これらのみを情報提供した場合は、「他に利用可能な保育所等の情報の提供を行った」に該当せず、待機児童数に含めない取扱いとすることはできない。

※　他に利用可能な保育所等の情報提供については、個別に保護者へ行うことを基本とし、以下のような例により行うこと。

(1) 一次選考後、保留通知を送付する際に、併せて利用可能な保育所等の情報を送付

(2) 他に利用可能な保育所等を保護者への電話・メール等により個別に情報提供

(3) 自治体の相談窓口等で個別に情報提供

７．地方公共団体が一定の施設等の基準に基づき運営費支援等を行っている単独保育施策（保育所、小規模保育事業、家庭的保育事業、居宅訪問型保育事業、事業所内保育事業に類するもの）において保育されている児童については、待機児童数には含めないこと。

８．保護者が求職活動中の場合については、待機児童数に含めること。ただし、求職活動中であることを事由とした申込みについては、調査日時点において求職活動を行っておらず、保育の必要性が認められない状況にあることの確認ができる場合には、待機児童数には含めないこと。

※　求職活動を休止していることの確認方法については、以下のような例により行うこと。

(1) 保護者への電話・メール等により、求職活動の状況を聴取

(2) 保護者に以下の書類の提出を求めるなど、求職活動状況の報告により確認

・求職活動状況を確認できる証明書類

・求職サイトや派遣会社への登録などの活動を証明できる書類

・その他、面接等の活動を行っていることが確認できる書類（申込書の写し等）

〈その他〉

９．広域利用の希望があるが、利用できない場合には、利用申込者が居住する市区町村で待機児童数に含めること。

資料：こども家庭庁成育局保育政策課待機児童係　事務連絡（2023 年 4 月 11 日）

数は大きく減少した。また、2006年までは旧定義も含めた調査がされていたが、2007年からは新定義のみの数が公表されるようになっている。

さらに、子ども・子育て支援新制度（以下新制度）が実施された2015年度からは、認可化移行運営費支援事業や幼稚園における長時間の預かり保育事業等の利用者、育休中の場合なども待機児童に含めないとして、待機児童の範囲がさらに限定された。その結果、認可保育所を利用したくても利用できない子どもが多くいるにもかかわらず、「待機児童ゼロ」宣言する自治体が出現するなど、公表数値と実態が大きく異なることになった。また、国の定義に加えて、独自の基準を設けて待機児童数を厳しくカウントする自治体があらわれ、待機児童数が少ないからといって認可保育所への入所のしやすさを反映しているとは言い難く、定義の見直しと統一を求める声が高まった。

2016年２月、匿名ブログの「保育園落ちた!!!日本死ね」が話題になるなど、待機児童問題が社会問題化したことをふまえ、国は９月に「保育所等利用待機児童数調査に関する検討会」を設置し、待機児童数調査の見直しをすすめ、2017年３月31日、新しい定義を通知した。大きく変わったのは、育休中の取り扱いである。復職の意思がある場合は待機児童に含めることなどが盛り込まれたが、地方単独事業等の利用者は含まれないままで、判断が自治体に委ねられた部分も多く、不十分な内容であった。

●隠れ待機児童の実態と定義見直しの課題

その後国は、2019年４月の待機児童数調査にあたり、待機児童の定義を示す「保育所等利用待機児童調査要領」をさらに変更し、現在も踏襲している●図表1-5C2。新たに、〈申込児童数の取扱い〉を加えて申込み児童数を厳格化することを徹底し、〈国による補助の対象となる施設・事業で保育されている児童の取扱い〉で、①認可化移行運営費支援事業、幼稚園の長時間預かり保育、②幼稚園の一時預かり事業、又は預かり保育、③企業主導型保育、において保育されている児童については待機児童には含めない、と強調・確認した。

さらにその後も「待機児童とは、保育園等の利用申込者数から、①保育園等を実際に利用している者の数、②育児休業中の者などいわゆる「除外４類型」（○特定の保育所等の

図表 1-5C3　横浜市の待機児童数と保留児童数　（単位：人）

区分	2021 年４月	2022 年４月	2023 年４月	2023 年－2022 年
就学前児童数	165,549	160,784	155,332	▲ 5,452
保育所等利用申請者数（A）	72,527	73,538	74,459	921
利用児童数（B）	69,685	70,601	71,236	635
保留児童数（C）＝（A）－（B）	2,842	2,937	3,223	286
横浜保育室等入所数（D）	455	437	478	41
横浜保育室・川崎認定保育園	107	58	33	▲ 25
幼雑園等預かり保育	87	105	133	28
事業所内保育施設・企業主導型保育事業	145	140	116	▲ 24
年度限定保育事業	75	85	124	39
一時保育等	41	49	72	23
育休関係（E）（＊1）	1,435	1,666	1,801	135
育児休業の延長を希望されている方	1,124	1,290	1,468	178
育児休業の延長を許容できる方	311	376	333	▲ 43
求職活動を休止している方（F）（＊2）	101	116	110	▲ 6
特定保育所等のみの申込者など（G）（＊3）	835	707	824	117
待機児童数（H）＝（C）－〔（D）＋（E）＋（F）＋（G）〕	16	11	10	▲ 1

（＊）市による補足説明
＊1　育休関係：４月１日に育児休業を取得されており当面復職の意思がないことを確認できた方。
　　育児休業は原則として子が１歳に達するまで取得できるが、保育所等に入れない場合等には、最長２歳に達するまで延長が可能。
＊2　主に自宅において求職活動をされている方。
＊3　申し込みをされた園や自宅の近くに利用可能で空きがある保育施設があるにも関わらず利用を希望されない方。
資料：横浜市こども青少年局保育対策課「令和５年４月１日現在の保育所等利用待機児童数について」2023 年５月 16 日を元に作成

みを希望している者、○求職活動を休止している者、○育児休業中の者、○地方単独保育施策を利用している者）に該当する人数、を除いた数」と定義を改めて確認している。

こうした国の定義にしたがって、どのような子どもが待機児童から除外されているのか、横浜市を例に見てみたい●図表1-5C3。

横浜市の2023年４月の利用申請者数(A)は７万4,459人（前年比921人増）で、そのうち認可保育所を利用できなかった子ども(横浜市はこれを、保留児童数(C)としている）は3,223人だった。そこから、地方単独保育施策に該当する横浜保育室や隣接する川崎市の川崎認定保育園等を利用している子どもなど(D)～(G)に該当する計3,213人を除外し、待機児童数をわずか10人と算出している。「育休関係」については「1,801人が育児休業の延長を希望・許容」としているが、国の調査要領にあるように個別に聴取、確認がされているのか、またやむを得ずの育休延長なのかは定かでない。

なお､全国の「隠れ（潜在的）待機児童数」は●図表1-5C4の通りである。国は2016年３月にその数を初めて明らかにしたが、その後はその数を明示しておらず、厚労省のHPに掲載されている各年の「(参考) 申込者の状況」のうち、①～⑥の項目を合算し算出した。これによると、2022年４月１日の「隠れ（潜在的）待機児童数」は７万9,814人となっている。待機児童数は年々減り、2,944人と公表されているが、この子どもたちを含めれば、４月当初ですでに約８万3,000人が希望する認可施設等を利用できずにいるということだ。特に④の「特定の保育園等のみ希望している」については、兄弟別々、自宅からの距離等などからやむを得ずの選択もあるかもしれず、逆に希望にそわない施設であっても利用しなければならない利用者の存在も忘れてはならない。

2022年は、未だコロナ禍の影響が大きく申込者数自体が１万5,509人減少しており、これらをふまえても、「隠れ（潜在的）待機児童」の問題は深刻であるといえる。

児童福祉法24条１項をふまえれば、保育を必要とする子どもは認可基準を満たした保育所や、それと同等の条件の施設において保育されるべきと考える。そうであれば、待機児童は認可施設に入所できなかった子どもの数でカウントすべきである。子どもの権利保障の視点からも待機児童の定義も含めての再検討と、それをふまえた待機児童対策が求められる。

また2021年度から、これまで実施されていた10月１日時点の待機児童数調査が廃止された。しかし、子どもの出生は１年を通してあり、待機児童は毎年４月だけに顕在化する問題ではない。継続的な待機児童対策が必要といえる。

（実方伸子）

図表 1-5C4 「隠れ（潜在的）待機児童数」の推移（各年４月１日現在）

	項目	人数（人）				
		2018 年	2019 年	2020 年	2021 年	2022 年
①	企業主導型保育事業を利用している者	3,401	6,467	10,010	10,089	11,264
②	地方単独事業を利用している者	14,157	13,120	10,656	7,605	6,199
③	育児休業中の者	4,966	6,787	10,585	13,278	15,199
④	特定の保育園等のみ希望している者	41,002	46,724	46,666	37,954	35,656
⑤	求職活動を休止している者	7,774	7,296	6,933	4,744	4,229
⑥	特例保育等を利用している者	6,759	7,072	7,560	6,791	7,267
	合計（①～⑥）	78,059	87,466	92,410	80,461	79,814

注）「隠れ（潜在的）待機児童」に企業主導型保育事業を含めずに算出しているメディアもあるが、企業主導型保育事業が認可外保育施設であることや、東京都認証保育所などの地方単独事業施設と同等の基準で運営されていることから、「隠れ待機児童数」に含めた。⑥の「特例保育等を利用している者」には認可化移行運営費支援事業をうけた認可外保育施設を利用している児童や幼稚園の長時間の預かり保育を利用している児童も含まれている。
資料：厚生労働省「保育所等関連状況取りまとめ(各年)」の(参考)申込者の状況（各年４月１日）より作成。

5 新制度の多様な実態

D　公立保育所の民営化、統廃合、こども園化

待機児童解消に向けて保育所等の整備・拡充が求められてきたなかで、長期的に公立保育所の減少が進んでいる。減少に大きく影響を与えているのが公立保育所の民営化であり、近年では公立保育所の統廃合に伴う認定こども園化も加わっていることから、その状況を政策動向とともに整理する。

●公立保育所の民営化

民営化の手法には大きく２つの方式がある。第１の方式は、一般に「公設民営」と呼ばれるもので、設置主体は公立のままで運営だけを営利企業を含めた民間組織に委ねる方式（委ね方は、運営業務委託方式と指定管理者方式があり、いずれも公設民営保育所で公立保育所の一種）である。第２の方式は、「廃止・民営化」と呼ばれるもので、公立保育所を廃止し、敷地・建物を民間に譲渡するなどして設置主体を民間に換え運営させるもの（私立保育所になる）である。

●**図表1-5D1**は1990年代後半からの保育施設数（2015年以降は幼保連携型認定こども園も含む）の年次別推移である。保育施設総数は年々増え続けているが、公立施設は毎年減少し、私立施設がその減少を上回る数で増えている。

1997年と子ども・子育て支援新制度実施前年の2014年を比べると、保育所数全体では2,026か所増えているが、公立保育所が3,273か所減少する一方、私立保育所は5,299か所増えている。保育所全体に占める公立保育所の比率は、1997年に58.3%だったものが2014年では40.1%となっている。公立保育所減少の大半は1990年代から進められてきた民営化の影響である。同じ期間、大阪府内では公立保育所が163か所減少しているが、そのうち少なくとも113か所[1]は民営化によるものであった。

民営化の背景には、国が実施した指定管理者制度の導入や、2004年の公立保育所運営費の国庫負担金廃止と一般財源化、2006年の公立保育所施設整備費国庫補助の一般財源化がある。私立保育所については、現在も運営費や施設整備費の国庫補助があるため、自治体は保育所経費の財源確保のために公立保育所の民営化を進めるという事情もある。

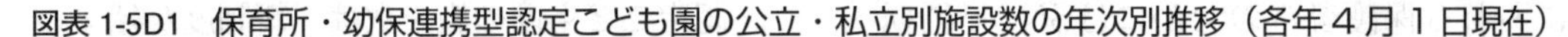
図表 1-5D1　保育所・幼保連携型認定こども園の公立・私立別施設数の年次別推移（各年４月１日現在）

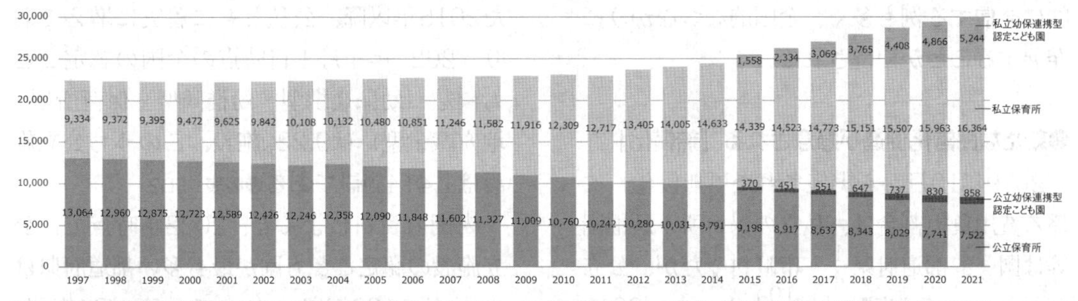

資料：各年の「福祉行政報告例」（厚生労働省）より作成。2003年までは「公営」「私営」の区分、2004年以降は「公立」「私立」の区分。
注：東日本大震災の影響により、2011年は宮城県（仙台市以外）及び福島県（郡山市及びいわき市以外）を除いて集計した数値。2012年は、福島県（郡山市及びいわき市以外）の一部を除いて集計した数値。そのため、2011～2012年の数値の比較には注意が必要である。

また、総務省は、2005年に地方「行革」推進の「新たな指針」を出し、自治体に民間委託の推進、PFIの活用、職員の削減等の「集中改革プラン」の作成と実施を求めた。その結果、公立保育所の民営化が進み、全国の市区町村の公立保育所保育士数[2]は2005年の10万90人から2022年の８万4,853人と約１万５千人減少している。

これらのことから、公立保育所の民営化そのものは各自治体で起こっていることであるが、全国的に見ると、その背景には国の政策が大きく影響していることがわかる。

●民営化に対抗する保護者らの運動

民営化によって子どもの保育を受ける権利が侵害されるなどとして、保護者らによる民営化反対運動が起こり、裁判闘争にまで発展し損害賠償が認められた例もある。近年では、京都府大山崎町[3]や滋賀県大津市[4]において、首長選挙に伴う運動により民営化をストップさせた事例や、東京都小金井市[5]では公立保育園の廃園の専決処分を決めた市長が辞職に追い込まれる事例もある。また、民営化そのものをストップさせることはできなくとも、粘り強い運動により、民営化受託法人への引継ぎ期間をより長期に設定させることや、受託先の選定方法や保育所運営に関わる内容をガイドラインとして自治体に策定させることなどにより、民営化による影響を少しでも減らす取り組みが各地域で進められている。運動に関わる保護者らのなかにはSNSで積極的に発信する例も多く、全国的なつながりに発展することが期待される。

●新たな民営化促進が懸念される「無償化」

2019年10月から実施された「無償化」に係る費用負担割合は、私立の保育所・幼稚園等は国$\frac{1}{2}$、都道府県$\frac{1}{4}$、市町村$\frac{1}{4}$だが、公立施設については市町村が$\frac{10}{10}$とされた。2019年度分は国が全額費用負担し、2020年度からは市町村負担が発生している。

この「無償化」の実施による市町村の財政負担は、公立より私立の方が少ないように見えることから、公立保育所の民営化に利用されることが懸念されている。しかし、国は公立施設分などの負担増については、全額地方交付税措置を行うとしていることから、市町村の実質的な財政負担は公立でも私立でも変化しないこととなっている。このため、「無償化」による民営化は理由とならないことをよく理解し、市町村の動向を注視する必要がある。

●新制度下で進む公立保育所のこども園化

2014年から2021年までに公立保育所は2,269か所減少しており、減少傾向はさらに進んでいる●図表1-5D1。2021年の保育所全体に占める公立保育所の比率は31.2%（幼保連携型認定こども園も含めると27.9%）となっている。2015年度より新制度が始まり、民営化に加えて公立保育所の統廃合による公立認定こども園整備の影響がうかがえる。

全国的に既存の公立保育所と公立幼稚園を統廃合して認定こども園とする動きがある（これを「統合型」こども園化と称することにする）。また、これとは別に、公立保育所もしくは公立幼稚園をベースに認定こども園とする動き（これを「非統合型」こども園化と称する）がある。

認定こども園の施設数は、新制度が始まった2015年以降、公私ともに着実に増えており、2022年４月１日時点の全国の認定こども園数（幼保連携型・幼稚園型・保育所型・地方裁量型）は9,220施設、このうち公立施設は1,414施設である●図表1-5D2。

内閣府資料によると、2022年時点で、公立施設の認定こども園が最も多い都道府県は大阪府で109施設、次いで兵庫県94施設、静岡県90施設となっている（私立施設が最も多いのは大阪府674施設、次いで兵庫県514施設、北海道498施設)。

大阪府の公立認定こども園は、2014年に４施設だったが、2015年33施設、2017年72施設と段階的に増えており、2023年では112施設となっている。大阪府の場合、堺市16施設や豊中市24施設は非統合型であるが、統合型によるものも増えてきている（2023年の施設数は大阪府公表のもの)。

静岡県の公立認定こども園は、2014年に９施設だったが、2015年72施設と一気に増えている。静岡市が2015年４月にすべての公立保育所・幼稚園56施設（旧保育所45施設、旧幼稚園12施設（うち幼保統合１施設））を幼保連携型認定こども園に移行させた影響であり、こども園化の多くは「非統合型」となっている。

●「統合型」こども園化

ここで「統合型」とは、既存公立就学前施設の統廃合を伴うこども園化であり、大阪府の東大阪市や八尾市のようにすべての公立就学前施設を再編し集約化するものもあれば、藤井寺市のように一部だけの再編というパターンもある。

「統合型」こども園化については、次のような問題が指摘されている。

○公立施設の減少に伴い通園距離が遠くなる

既存施設が統廃合されるため、従来よりも通園距離が遠くなり、公立施設を希望する保護者のニーズに対応できなくなる。

○施設が大規模化する傾向にある

既存施設を集約化し、１号認定子どもと２号認定子どもを各年齢それぞれ１クラス（20人から30人）ずつ配置し、３号認定子どもも一定数配置しようとすれば、200 人以上の施設となる。そのため、保育所のような異年齢交流は困難となる。また、１号認定子どもの降園後や長期休暇中などの２号認定子どもの保育の組み立てが課題となっている（それぞれ在園時間の違う子どもが一定規模いることから、１号認定子どもがいないときは２号認定子どもだけで新しい取り組みは行わない、など画一的な対応が目立ち、保育所の時とは違う悩みが現場であらわれている)。

多くの自治体で既存施設の統廃合が進められようとしている背景には、国の政策が関係している。国は急激な人口減少と高齢化への対応として、自治体の公共施設の最適化のために「公共施設等総合管理計画」を策定させるとともに、自治体での居住区域の最適化のために「立地適正化計画」を策定させている。ここでの最適化とは、財政負担軽減にむけた公共施設つぶしであり、自治体区域内に住民をまばらに居住させるのではなく効率的に居

図表 1-5D2　公立・私立園別　認定こども園数の推移（各年４月１日時点）

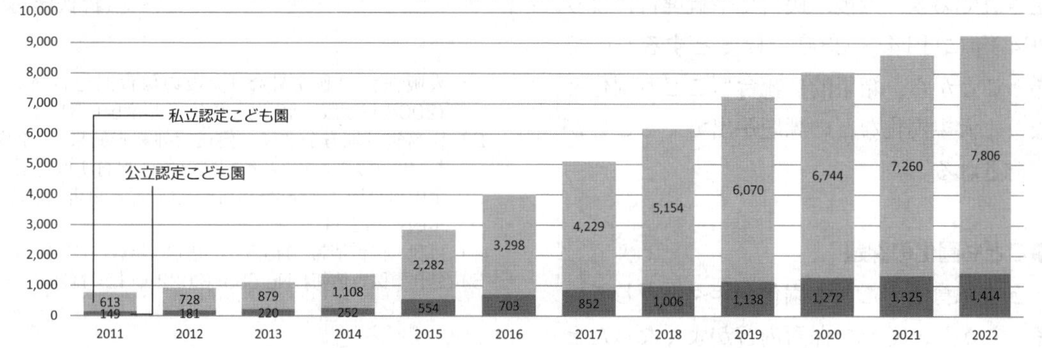

資料：内閣府子ども・子育て本部「認定こども園に関する状況について（令和４年４月１日現在)」より作成。
https://www8.cao.go.jp/shoushi/kodomoen/pdf/kodomoen_jokyo.pdf

住させる集約化を意味している。自治体が「公共施設等総合管理計画」により、公共施設の集約・複合化を行えば、国から従来制度よりも有利な財政措置が受けられることになっており、既存施設の統廃合によるこども園化と国の公共施設つぶしが直結していることがわかる。

大阪府の場合、隠れ待機児童が解消されていない自治体も多く、このような状況で公立就学前施設の統廃合や集約化が進むと子育て環境が悪化するおそれがある。また先述した集約化による施設規模の大規模化の問題や子どもの在園時間の違いによる課題は山積みされたままである。

●「非統合型」こども園化

ここで「非統合型」とは、既存公立就学前施設の統廃合を伴わないこども園化で、大阪府の堺市や豊中市のように、既存施設はそのままで内容をこども園にするというものであり、静岡市も概ねこのパターンとなる。

「非統合型」こども園化の場合でも、在園時間の違いによる課題は基本的に同じだが、例えば従来の保育所をベースとして１号認定子どもを少人数しか受け入れないケースでは、大規模化にはならず、保育の組み立ても画一的ではなく柔軟な対応が多いようである。

しかしながら、静岡市では「静岡市立こども園の配置適正化方針」（2016年９月）が策定されており、今後、民営化や統廃合により2043年には14～28施設程度とする方向であることから、結果的に統合型こども園化となり、大規模化などの課題が出てくることが懸念される。

●こども園化の課題

公立保育所のこども園化が年々進行している。しかし、それで保育内容がよくなったとの声はなかなか聞こえてこない。むしろ、現場の保育者や保護者からは不満や葛藤の声が多いように感じる。

子どもの育ちにとってどのような施設や制度が望ましいのか、子育てしやすい地域にするための施設形態や配置がどうあるべきかなど、公立施設のこども園化にあたっては、現場の保育者、保護者などの意向をふまえた丁寧な議論こそが求められる。

●公立保育所は減少させるのではなく活用を

2020年３月以降の新型コロナウイルス（COVID-19）感染拡大に伴い、保育施設の役割が注目されている。なかでも、緊急事態宣言下にあっても地域の保育施設をサポートもしくはバックアップする機能として、公立保育所などがその役割を発揮する必要があるのではないだろうか。

例えば、感染者が出て臨時休園となったとしても、エッセンシャルワーク等により保育が必要な保護者・家庭への対応には、公立保育所や公立保育士を積極的に活用することなどが考えられる。また、公立保育所は、職員の身分保障もあり運営的に安定していることや、看護師の配置や比較的ベテラン保育士が多い、などの特色があることから、これらを活かした役割の果たし方があるはずである。これまでは、財政的な側面から減少させられてきた公立保育所であるが、危機対応を含めた公立施設のあり方を今こそ考えるべきである。

（岩狹匡志）

1）大阪保育運動連絡会「大阪の保育問題資料集」（2008年度版）49頁、（2017年度版）51頁
2）総務省「地方公共団体定員管理調査結果」（平成17年～令和４年「職種別職員数」「保育所保育士」）
3）全国保育団体連絡会・保育研究所『保育白書』（2019年版）172頁
4）月刊『保育情報』No.523（2020年6月号）25頁
5）月刊『保育情報』No.553（2022年12月号）12頁

5 新制度の多様な実態

E 営利企業による保育施設と新制度

●規制緩和政策と営利企業による保育

民間の保育所の設置は、非営利の社会福祉法人に国や自治体の施設整備に関する補助金を投入することで進められてきた。2000年に設置主体の規制緩和がなされ、株式会社による保育所開設が認められることになったが、公費投入はなされず、自力での施設整備が求められ、企業参入は進まなかった。

また、①企業による保育所を認可しない自治体がある、②社会福祉法人のみに自治体独自の運営費加算や公有地の活用等の優遇措置がある、③運営費が委託費という「補助金」のため使途制限がある、ことなども参入しにくい「理由」にあげられた。

これらの規制緩和施策が2010年代にとられ、2011年の子ども・子育て新システムの議論では、①運営費の他会計への繰入を認める、②減価償却費相当額を運営費単価に上乗せする、③会計基準について、本社の会計への繰入や株主配当を認めるなどの方向が整理された。

2013年４月の「待機児童解消加速化プラン」では、賃貸物件を活用した施設整備の推進、改修費・賃借料補助が行われるようになった。2013年５月の「規制改革会議」では、認可保育所を経営する法人の経営形態を自治体の裁量によって制限せず、どのような形態でも保育サービスが提供できるようにとの議論をまとめ、これを受けて、厚労省は経営形態にかかわらず、「公正・公平な認可制度」の運用がなされるようにとの局長通知を発出した。公正取引委員会も、2014年６月に保育所運営への株式会社参入を事実上妨げている自治体があると指摘し、社会福祉法人と企業間の競争を促進するよう「改善」を求めた。

2015年にスタートした新制度では、新たな加算の仕組みが作られ、減価償却費や賃借料相当額の補助が法人形態を問わず受けられることになった。

●図表1-5E1によると、株式会社による保育所設置は、2000年代の10年間は150か所程度と低調であったものの、2010年以降増え始め、新制度が始まった翌年の2016年には1,236か所となり、2021年には3,091か所とわずか５年間で2.5倍増となった。民営保育所に占める割合は、2010年に1.8%であったが2021年には19.3%になっている。

また、小規模保育事業所の52.0%（2,980／5,727か所、2021.10.1現在）が株式会社によって運営されている。

このように政府の規制緩和政策を通して保育の市場化が進展してきたといえる。

図表1-5E1　設置主体別認可保育所の状況

（か所）

	2007年	2008年	2009年	2010年	2011年	2012年	2013年	2014年	2015年	2016年	2017年	2018年	2019年	2020年	2021年
株式会社	118	149	157	227	301	382	474	657	927	1,236	1,657	1,753	2,411	2,796	3,091
市区町村	11,603	11,328	11,008	10,766	10,515	10,275	10,033	9,644	9,212	8,917	7,947	7,943	7,290	6,949	6,722
社会福祉法人	10,163	10,417	10,703	11,026	11,434	11,873	12,339	12,893	12,382	12,274	12,303	12,010	11,938	11,864	11,807
その他	964	1,015	1,057	1,049	1,135	1,181	1,192	1,230	1,016	1,016	1,019	1,116	1,072	1,095	1,100
計	22,848	22,909	22,925	23,068	23,385	23,711	24,038	24,424	23,537	23,443	22,926	22,822	22,711	22,704	22,720

資料：①2007～2016年は厚生労働省保育課調べ（各年４月１日現在）より作成　※2011年は岩手県、宮城県、福島県の８市町村を除く
＊2010年以降その他に計上してあった有限会社を株式会社に計上　※2014年は福祉行政報告例の施設数から修正したものを計上
②2017～2021年は保育課調べが公表されなくなったため厚生労働省「社会福祉施設等調査報告」（各年10月１日現在）より作成

●保育企業による多面的な事業展開

大手の保育企業は、保育の規制緩和政策を梃にして認可保育所運営をはじめ、小規模保育事業等多様な保育施設の運営、自治体からの施設運営や研修事業の受託、政府への働きかけ等多面的な事業展開を進めてきた。

大手保育企業による保育施設の運営

日本保育サービスは、認可保育所を東京都72か所、神奈川県67か所、千葉県12か所と首都圏で多く運営している。グローバルキッズは、東京23区中22区で96か所の認可保育所を運営し、横浜市では26か所、大阪市では5か所となっている。

●図表1-5E2は、営利法人が民営保育所に17%以上占める割合の都県を抽出した。全国的には19.3%が営利法人となり、東京都45.9%、神奈川県41.2%、千葉県38.9%と首都圏に大手保育企業が進出・集中していることが分かる。

多角的な保育関連企業としての成長

大手企業は保育施設の運営を進めつつ保育運営に関連する各種事業も自社グループ内で展開している。JPホールディングスはグループの傘下に認可保育所、認証保育所や学童クラブを運営する日本保育サービスの他、給食を請負う会社、幼児学習プログラム開発・提供、保育関連用品の企画・販売、研修・保育所等訪問支援事業等を行う研究所があり、それらを管理・統括して事業展開をしている。

図表1-5E2　営利法人が民営保育所に占める割合　(2021年)

(施設)

都道府県	総数	公営	民営				営利／民営
		市区町村	(総数)	営利法人	社会福祉法人	その他	
全国	22,720	6,722	15,998	3,091	11,807	1,100	19.3%
宮城県	414	152	262	63	161	38	24.0%
埼玉県	1,353	372	981	175	734	72	17.8%
千葉県	1,156	325	831	323	451	57	38.9%
東京都	3,430	652	2,778	1,275	1,338	65	45.9%
神奈川県	1,860	208	1,652	680	821	151	41.2%
広島県	487	238	249	51	173	25	20.5%
大分県	192	36	156	28	115	13	17.9%

注：営利法人が民営保育所で17%以上占める都県を抽出
資料：厚生労働省「2021（令和3）年社会福祉施設等調査」より作成

自治体からの施設運営や研修事業の受託

保育企業は、自治体の公立保育所民間委託に際し、その受け皿として積極的にかかわってきた。日本保育サービスは、東京の各区、埼玉県、千葉県、神奈川県の各市などで指定管理を受託し、保育所運営を行っている。

ポピンズは、全国で保育・教育施設を320か所以上運営するとともに、自治体からの委託を受けて保育士等キャリアアップ研修、厚生労働省からの主任保育士研修、保育所長等研修等の受託を行っている。

子ども・子育て会議メンバーとして提言

保育企業の経営者らは、国の保育政策に対しても積極的に発言をしている。グローバルキッズの社長である中正雄一氏は、2018年から日本こども育成協議会副会長の資格で内閣府の子ども・子育て会議の専門委員になった。同協議会は、東京都認証保育所の事業者らにより設立された経過があり、同氏は会議の中で、無認可保育施設の保育料無償化、自治体単独型保育施設への運営費補助制度創設など同協議会に関連する提案をしていた。しかし、2022年10月の会議で退任が報告された。同社の不祥事への対応と推測される。

●保育企業の公費不正受給と自治体の対応

グローバルキッズが運営費を不正受給

保育企業のグローバルキッズが東京都内8区の認可保育所11か所、認証保育所5か所で、職員の人数を水増しして、運営費を不正に受給していたことが明らかになった。

豊島区によると、グローバルキッズは2015年度から2019年度にかけて、区へ提出する施設の職員名簿に、保育士資格を有する本社職員の名前を記載して運営費を受給していた。同社が区内で運営している5園で合計27か月分の不適正な職員配置が確認され、不正受給額は約732万円となる。

大田区においては、認可保育所2か所、認証保育所1か所で、5人延べ7か月分の虚偽報告が認定され、返還金額の合計は約327万円となった。世田谷区は、認証保育所２園において、2017、2018年の一部名簿偽装による不正受給を確認した。内容は、認証保育所運営費補助金約285万円、保育士等キャリアアップ補助金約25万円、保育士等処遇改善助成金３万円であり、補助金等の返還を求めた。

グローバルキッズの対応

グローバルキッズは、不正受給に対する経緯と対応に関する『お知らせ』(2022. 6.15) を公表した。それによると、運営する施設数の増加、保育士採用難などから、本部所属の職員の出勤簿をあたかも施設で勤務したように偽造し、各区に虚偽の報告を行った。名簿や出勤簿の形式を整えればよいという認識でコンプライアンス（法令順守）の欠如があった。さらにこのことを黙認するガバナンス（健全な経営・管理）不全、公的資金の不当享受に対する認識欠如をあげ、責任の所在を明確にするとして取締役２名の辞任と社長の報酬減額を行ったとしている。

指導監査・実地検査を強める自治体

各区は、今後指導監査、実地検査を確実なものにし、運営費不正受給を防ぐとしている。世田谷区は、再発防止の取り組みとして、①区のホームページに全運営費補助事業者の職員配置点検票を掲載、②指導検査立入調査時に、勤務シフト表、出勤記録、保育士紹介写真などと照合し勤務状況を確認、③勤務実態のない職員名簿記載が発覚した場合は、過去５年分を遡って調査等を上げている。

保育所施設整備費補助金等でも不正受給

グローバルキッズが、東京都の４区市で、施設整備費補助金等でも水増しして不正に受給していたことが、後日明らかになった。

大田区では、2020年、2021年の４月に開園した２つの保育園の設計費66万円、44万円の計110万円が上乗せ請求されていた。小金井市では2020年に開設した保育園の設計費で約151万円が不正請求されていた。同様な事例が江東区で２園、目黒区で１園あり、同社は、2023年３月に、４区市６施設の不正受給事案の施設整備費補助金3,151千円、違約加算金588千円を返還したと公表した。同社は、公費の不正受給の続発で保育事業者としての資質が問われることになる。

保育企業に依存する自治体のジレンマ

目黒区では、グローバルキッズの他に株式会社ニリア・バニー、ライフサポート株式会社の運営費不正受給問題が明らかになった。目黒区議会（文教・子ども委員会2022. ９.12）の議論では、自治体が株式会社による保育事業に不安感を持ちながらもそこに頼らざるを得ない状況を浮かび上がらせた。

議員からのこの問題は大手事業者の企業体質による特有なものかとの質問に対し、区の担当部長は、「急激に保育園を増やしてきた」「いろいろな事業者が参入して、以前は社会福祉法人を中心に設置してきたが、現在は、株式会社が中心になっている」「今後は、企業体質も含めて経営・運営内容等を、チェックしていく体制、仕組みづくりが求められる」との趣旨の答弁をした。

また、不正が判明した企業側の、「お金を返します」で済ましてよいのか、「法律上の対応は」との質問も出された。同部長は、「不正受給は違法行為であり、非常に悪質だと思われても仕方がない」と述べつつ、一方で、これらの会社を告発して、会社が傾いてしまっては意味がなく、「その辺のバランスを考えなければならない」と答弁した。

この区議会の議論は、国が保育事業の企業参入を認め、目黒区に限らず、自治体が株式会社による保育所増開設を進めてきたことによる深刻な問題状況の一端を明らかにしている。

（若林俊郎）

資料：「JPホールディングス（日本保育サービス）」「グローバルキッズ」「ポピンズ」に関するデータは各社ホームページから閲覧（2023.5.20）

5 新制度の多様な実態

F 認可外保育施設の状況

●認可外保育施設と届出制度

認可外保育施設とは、行政から認可を受けずに、保育所と同様の保育事業を行う施設の総称である。

認可外保育施設の安全性を確認するために都道府県等の立入調査権を児童福祉法に規定（1981年）するなど、国・自治体は、認可外保育施設を取り締まりの対象にしてきた。

2002年には、児童福祉法改正により都道府県知事等への届出が義務づけられた。当初、届出の対象は、１日に保育する乳幼児の数が６名以上の施設に限られ、事業所内保育施設は対象外であった。その後、2016年に１日に保育する乳幼児の数が１名以上の施設（認可外の居宅訪問型の保育事業）や、事業所内保育施設に拡大され、2019年からはそれまで対象外だった従業員の子どものみを保育していた事業所内保育施設も、その対象になった。

●1990年代以降増加し、新制度導入で減少

認可保育所不足が続く中、1990年代後半以降認可外保育施設数は増加を続けてきたが、子ども・子育て支援新制度の初年度である2015年度を画期に、新制度内の認可事業等への移行が進み減少した●図表1-5F1。

厚労省は毎年度「認可外保育施設の現況取りまとめ」として、都道府県等を通じて把握した認可外施設の状況を公表してきたが、2018（平成30）年度の資料から、届出対象施設の調査に切り替わり、調査対象が拡大したことで[1]、経年比較が困難になった。前出の●図表1-5F1は、過去データと比較可能な届出対象施設以外の施設を含む施設の状況とい

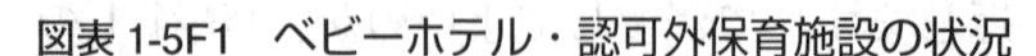
図表 1-5F1　ベビーホテル・認可外保育施設の状況

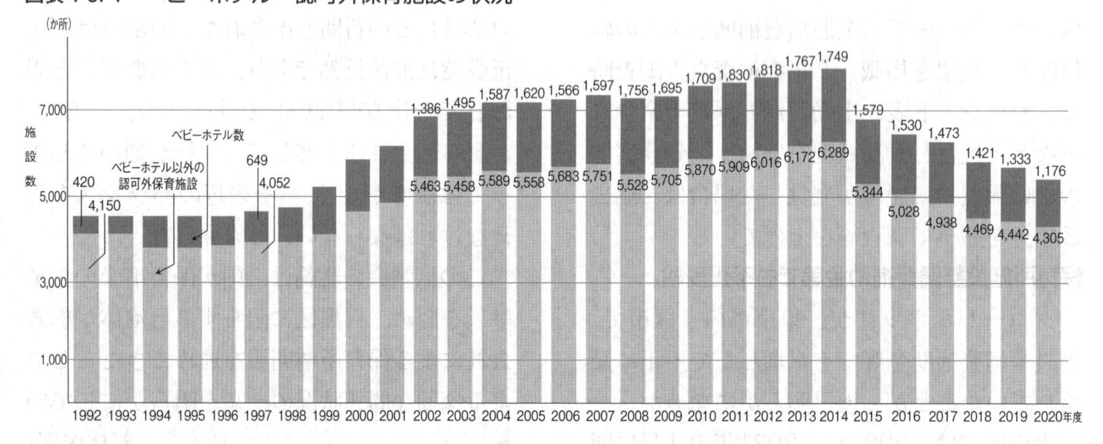

（注1）施設数は都道府県等が把握した数。
（注2）ベビーホテル以外の認可外保育施設については、1992年度は2月1日現在、1993年度から1999年度までは各年度1月10日現在、2000年度は12月31日現在、2001年度以降は3月31日現在。
（注3）ベビーホテルについては、1992年度は3月31日現在、以降はベビーホテル以外の認可外保育施設と同じ。
（注4）厚生労働省のベビーホテルの定義は以下のとおり。
認可外保育施設のうち、①夜８時以降の保育、②宿泊を伴う保育、③一時預かりのいずれかを常時運営している施設である（ただし、③については都道府県等が確認できた日における利用児童のうち、一時預かりが半数以上を占めている場合をいう）。
資料：厚生労働省子ども家庭局総務課「認可外保育施設の現況取りまとめ」各年度より作成

うことで、ベビーホテルとそれまで別に集計していた事業所内保育施設と居宅訪問型の保育事業を除いた認可外保育施設数のみを、2018～2020年版から取り出して示した。

●認可保育施設整備の課題

本稿の記述は、2021年３月31日現在の状況を示す。事業所内保育施設等も含めた届出対象認可施設数は、２万263か所で、前年度に比べ1,185か所増えている。なお、届出対象外施設を含めた施設数は2万661か所である。

また届出対象施設の入所児童数は、24万3,882人である[2)]。届出対象外施設を含む入所児童数となると24万4,691人で、前年に比べ1万4,845人減である。

同時期の（認可）保育所の入所児童数は212万人程度であり、認可外施設の入所児童数は保育所の１割強である。認可外保育施設を利用する世帯の多くは、認可保育所を希望しながら入所できなかったためと推測でき、増設を含む認可保育所の充実が依然として課題だ。また、待機児童は３歳未満児が過半を占めている（139頁）ことから、その受け皿となっている認可外保育施設には３歳未満児が中心に入所しているとされてきた。しかし●図表1-5F2にもあるように、実際の入所児童のうち４歳以上児が25.2％もいる。しかも「両親が夜間は働いていることなどの理由で…小学校就学児も9,383人」在籍しているという。

また、ベビーホテルに限ると「主に夜間に保育されている」子ども（小学校就学児を含む）が入所児の約12％を占める。このことから、単純に低年齢児保育を行う認可施設を増やすだけでなく、保護者の就労状況に見合った時間帯に対応できる夜間保育所等の整備が課題である。

認可を受けていないというだけで、認可外保育施設の保育環境を即劣悪と判断すべきではないが、行政から何度も改善を求められながら、子どもの死亡事故をおこしてしまった施設もあり、保育条件が公的に保障されている認可保育所に比べて不安が残るのも確かだ。厚労省が実施した2006年地域児童福祉事業等調査によれば、認可外保育施設の保育従事者のうち保育士資格を持つ者の割合は、約６割にすぎない。施設別にみると資格者が100％の施設が２割強ある一方、50％未満の施設も２割強ある。

小規模保育事業B型など、資格者が半数でも認可施設とされるような規制緩和が実施されているので、見逃されがちだが、内閣府が公表した、2019年の保育施設における死亡事故報告事例は、認可保育所が２件、認可外保育施設が３件である。入所児童総数は、認可保育所が圧倒的に多いので、その比率を考慮すると認可外保育施設の死亡事故発生率は認可保育所の30倍を超える。

図表 1-5F2　届出対象施設の年齢区分別入所児童数

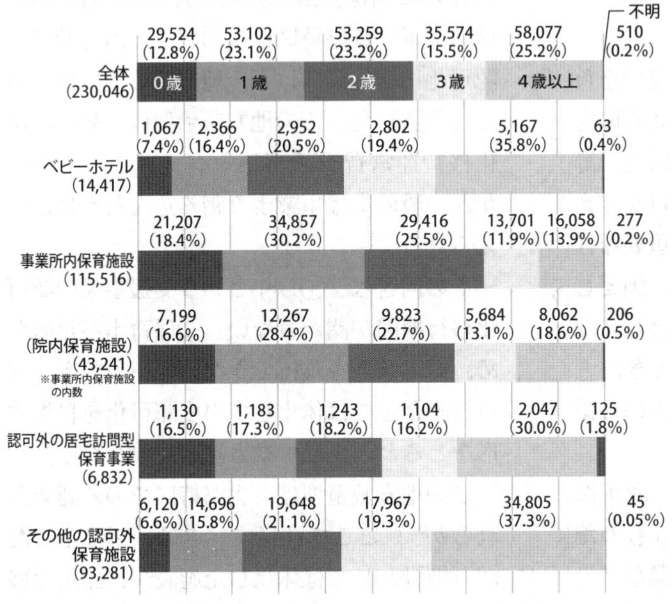

資料：厚生労働省子ども家庭局総務課「2020（令和2）年度認可外保育施設の現況取りまとめ」より

劣悪な保育環境が問題視されているベビーホテルに対する都道府県等による2020年度の立入調査の実施率は全体の52.4%。調査を受けた施設のうち、認可外保育施設に適用される指導監督基準[3]に適合しない状態にある施設が54.8%を占める。この指導監督基準は、保育所の最低基準をもとに定められてはいるが、例えば、保育者の資格要件は曖昧で、従事者の「概ね$\frac{1}{3}$以上が保育士又は看護師」とされ、認可保育所との差は歴然だ。

●自治体による認可外施設の活用

新自由主義的政策が推進される中で、安価な保育サービスの供給主体として認可外保育施設が注目され、自治体が認可外のまま活用する動きが広がった。その代表格である東京都は、駅ビル等への保育施設設置を推進するために認証保育所制度を発足させ（2001年）、営利企業の参入を軸にその整備を進めた。その結果、認可保育所の整備が一時停滞したといえる。

この認証保育所制度も、保育所が守るべき最低基準を弾力化・緩和して適用するもので、資格者は６割でよいとされている。

●国による認可外施設の活用

日本の保育制度は、国・自治体が責任を負い、保育を公的に保障するという考え方のもとに形作られた。国が定めた設備運営基準等を達成する施設に、都道府県等が認可を与えるという仕組みもこの制度を支える重要な柱の１つである。児童福祉法制定以来、国としては認可保育所での保育供給を原則とし、認可外保育施設は指導監督の対象にしてきた。

近年の政策をみると、そうした基本の枠組みが揺らぎ始めている。

2015年から実施された新制度は、認可保育所以外に多様な保育を併存させるものだが、新たに創設された小規模保育事業などの地域型保育事業は、認可保育所で維持されてきた基準を緩和し適用している。認可制度は維持しながらも、その基準を緩和したといえる。

認可化移行運営費支援事業

2015年から国は、認可化移行運営費支援事業という国庫補助事業を創設した。

基本のスタンスは、５年を目安とした認可化移行期間を設定し、その間に認可化を目指す施設に対し、運営費を補助する事業である。

しかし、東京都の認証保育所のような地方自治体単独で補助が出ている施設には、期限を設けることなく国庫補助を流すようになった。

また、2018年度の補助水準は、公定価格の$\frac{2}{3}$程度だったものを、2019年度には、認可施設の公定価格に準じた額に増額した。その補助単価は、資格者の割合によって変わるが、補助対象の下限が資格者$\frac{1}{3}$から$\frac{1}{4}$にまで引き下げられた。これは、前出の認可外指導監督基準で、「児童の安全確保等の観点から、劣悪な施設を排除するため」に定められた資格者$\frac{1}{3}$という基準を下回る施設をも公費補助の対象にしたことを意味する。

国家戦略特区の地方裁量型

さらに国は、2019年から国家戦略特別区域（以下　戦略特区）において、地方裁量型認可化移行施設（以下　地方裁量型）を、新たに設置した。この地方裁量型は、先の認可化移行運営費支援事業をベースとしているが、一般の支援事業より踏み込んだ条件が与えられる。

その内容は、①５年という支援事業の認可化移行期間が問われない。②保育士不足のため、認可条件を維持できない保育所等も、認可施設としては休止して再度認可化を目指す形をとると、支援事業の補助対象となる。

この地方裁量型は、戦略特区でのみ認められるが[4]、ここで注目すべきは、②で示した認可施設としては休止した施設が、認可化移行のための運営費補助を受けられることだ。

しかも、認可施設の休止を伴う特例は、民間に限らず公立施設でも可能という点だ。

人員不足で子どもの受け入れを制限していた公立保育所で、多くの待機児童を、従前より低コストで受け入れられるようになる上に、公立保育所ではなかった国庫補助が受けられる。財政効率だけをみてメリットがあると感じる市町村も出てくる恐れがある。しかし、保育水準の維持向上を図るべき市町村が、率先して認可保育所の条件切り下げを奨励するような仕組みといえ、大いに問題がある。

前述したように地域限定の措置であり、また2020年当初時点で戦略特区の大阪市等でも具体化の動きはみられないが、注意が必要だ。

企業主導型保育事業

2016年から、国は企業主導型保育事業を創設した。これは、事業所内保育所の設置を、企業主導で進めようというものだ。市町村の関与もなく、認可等の手続きも不要で、保育所の認可基準を緩めた補助要件をクリアすれば、その国庫補助を保育の実施企業が直接受けられる。国は、待機児童対策の目玉として位置づけているが、問題状況が数多く指摘されている（詳しくは62頁参照）。

●「無償化」における認可外保育施設

2019年10月から実施された「無償化」では、認可外保育施設も対象となった。原則的には、指導監督基準をクリアしているところを対象にするのだが、経過措置期間として当面５年間は、指導監督基準を満たしていない施設でも、対象とするというのが国の方針である。

おそらく、2020年度には待機児童を今度こそゼロにすると安倍首相（当時）が約束したことと無縁の動きではないであろう。

それでは保育の質は保てないという批判を受けて、市町村が条例を特別に制定すれば、「無償化」対象を限定できるという規定が、子ども・子育て支援法改正法の附則に設けられた。この条例制定は、自治体の自治事務であり、子どもの生命・安全を守る観点から各市町村の判断に注目したいところだ（詳しくは「無償化」の項101頁参照）。

さらに、国は、実地による検査を原則とする児童福祉施設に対する指導監査について、コロナ禍による現場負担軽減を理由にした規制緩和を強行した（76頁参照）。

「無償化」の理念を、すべての子どもに質の高い保育を格差なく平等に保障することにおくならば、こうした動きは子どもの権利保障に逆行するものといえ、断じて容認できない。

また、コロナ禍の影響もあって急速に保育需要が減退しているとの指摘もある。事実、地域によっては０歳児を中心に認可保育所の定員割れが拡大し、それを理由に公立施設の統廃合を進める自治体も多い。しかし、認可外保育施設の現状を放置したまま、認可保育所等の受け皿を縮小することが適切な選択といえるのか、今後の保育需要の分析が急務といえる。

（逆井直紀）

1）従来の調査では、別に集計していた事業所内保育施設や認可外の居宅訪問型保育事業が対象として追加された。
2）新しい調査として設定された項目で、前年度との比較ができない。
3）通知「認可外保育施設に対する指導監督の実施について」（2001（平成13）年３月29日雇児発第177号）
4）国家戦略特区は、2019年当初時点で、10区域（宮城県仙台市、秋田県仙北市、東京圏（東京都・神奈川県・千葉市・成田市）、新潟県新潟市、愛知県、関西圏（京都府・大阪府・兵庫県）、兵庫県養父市、広島県・今治市、北九州市・福岡市、沖縄県である。

5 新制度の多様な実態

G 保育制度と規制緩和

●保育は規制緩和の焦点の一つ

1990年代後半以降、政府は少子高齢化による社会保障費抑制、公的給付の効率化・適正化、ビジネスチャンスの拡大による経済活性化を目的として様々な規制緩和を進めてきた。特に「市場原理には馴染みにくい」、「「非営利的なサービス」であるとの性格付けが濃かった」ため強い規制がかけられてきた「「生活者向けサービス分野」（いわゆる「社会的分野」）の改革の重要性」が強調され[1]、2001年の総合規制改革会議の『規制改革の推進に関する第１次答申』（以下　第１次答申）で「福祉・保育等」が重点６分野として名指しされた。その後も、保育は時々の規制緩和の焦点の一つであり続けた。また、規制緩和は、近年、大きな政治問題となってきた待機児童問題の安価な対応策として活用されている。

保育における規制は、子どもの成長発達を保障し、安全を確保するためのものである。その緩和は、子どもの権利に悪影響を及ぼす。

1990年代後半以降の保育分野での規制緩和を●図表1-5G1に整理した。

図表1-5G1　保育所に関わる規制緩和事項

※は最低基準を達成した範囲での緩和措置

年度	規制緩和事項
1998（平成10）年度	短時間勤務保育士の導入容認／給食調理の業務委託容認 定員超過入所の規制緩和―年度当初10%、年度途中15%（育休明け20%）※
1999（平成11）年度	定員超過入所の規制緩和の拡大―年度当初15%、年度途中25%※
2000（平成12）年度	保育所の設置主体の制限撤廃　保育所の運営費の使途規制の弾力化（他施設へ一部流用認める） 社会福祉法人、地方自治体に限定されていた施設整備費補助の対象を株式会社等に拡大（PFI方式）
2001（平成13）年度	短時間勤務保育士の割合拡大（定員超過分）　定員超過入所の規制緩和の拡大―10月以降は無制限で入所を認める※ 園庭は付近にある広場や公園（駅ビル等の保育所の場合は屋上）で代用可能とされた ２歳児未満の乳幼児の面積基準の緩和　認可外保育施設入所児童を待機児童の定義から除外 児童福祉法で「多様な事業者」を活用した認可保育所の設置促進を市町村に義務づける
2002（平成14）年度	保育所の分園の条件緩和―定員規制および分園数規制の緩和 短時間勤務保育士の最低基準上の保育士定数２割未満の規制撤廃―組・グループに必ず１人は常勤者配置が条件
2003（平成15）年度	児童福祉施設最低基準緩和―保育所の防火・避難基準緩和　地方単独認可外施設を待機児童解消計画に含めるようにした
2004（平成16）年度	構造改革特区において公立保育所における給食の外部搬入が認められる
2006（平成18）年度	認定こども園の制度化地方裁量型等で実質的な規制緩和が行われた
2010（平成22）年度	定員超過入所の規制緩和の拡大―無制限の定員超過を認める※ 給食の外部搬入容認―３歳以上児・公私ともに
2011（平成23）年度	最低基準の地方条例化に関わる地域主権改革一括法の成立―2013年３月末日までに、国の基準をもとに都道府県・政令市・中核市で条例で基準を定める。改正法附則で内閣総理大臣が指定する地域において国の面積基準を下回ることを認める
2014（平成26）年度	４階以上に保育室設置の場合の避難用外階段必置規制の緩和
2015（平成27）年度	新制度実施により創設された地域型保育事業で、保育所の基準を緩和した基準の設定（面積・保育士資格） 事実上の配当規制（利益配当をした施設への民改費不支給）の廃止 ５年以内の認可施設移行を条件に認可外保育施設の運営費に対する国庫補助創設（認可化移行運営費支援事業）
2016（平成28）年度	「最低基準における保育士配置に関する規制緩和（特例での実施とされているが期限等はない）―最低２人配置原則の適用除外、小学校教諭等による代替容認、認可定員上必要とされる人員を上回って、常時基準を満たすために配置されるべき人員について知事等が認める者でも容認する 東京都認証保育所等の地方単独保育施設への保育料軽減補助の創設／地方単独施設について認可化移行運営費支援事業の認可化移行計画の５年上限を廃止／企業主導型保育事業の創設で、保育所の基準を緩和した基準の設定（面積・保育士資格）
2017（平成29）年度	国土交通省告示改正で、既存事務室等から保育室への転用を促す採光規定の緩和
2019（令和元）年度	幼児教育・保育の「無償化」対象に、認可外施設等も加えられる／地域型保育事業（除く居宅訪問型）における連携施設に関する規制緩和　国家戦略特区として、地方裁量型認可化移行施設創設
2021（令和３）年度	短時間勤務保育士の活用拡大―待機児童がいる地域限定で、組・グループに必ず１人は常勤者配置の規制撤廃
2023（令和５）年度	自治体の児童福祉施設に対する年に１回の監査義務の緩和

●労働条件悪化をまねく短時間勤務保育士の規制緩和

保育所には、子どもの成長発達の権利を保障するため最低基準が設けられている。これ以下で保育をすることは認められておらず、基準違反を是正するために都道府県は立入や指導、改善命令、事業停止の権限を有している。

最低基準の中で、もっとも重要なものの一つが職員の配置基準である。

従来、保育所が最低基準を満たすために必要な保育士（例えば0～5歳児を保育する90人定員の施設で仮定すると10人程度となる）は、全員、常勤[2]でなければならないとされてきた。

1998年に利用者の多様な保育需要に対応するために、①常勤保育士総数が最低基準上の定数の８割であること、②常勤保育士が各組やグループに最低１人配置されること、③短時間勤務保育士の勤務時間が常勤保育士を上回る事を条件に常勤の保育士に代えて短時間勤務の保育士（以下、パート保育士）で充てることを認める規制緩和が行われた。その、わずか４年後の2002年に①の要件が取り払われた。

2020年12月にまとめた新子育て安心プランで、「魅力向上を通じた保育士の確保」として、待機児童が存在する市町村において②の要件を取り払う規制緩和が行われた。待機児童が１人以上の自治体で、常勤保育士の確保が困難なため待機児童が発生していると自治体が判断すれば、保育士が全員パート保育士でも良いことになるが、国会での議論で政府自身もそのことを否定しなかった[3]。

2020年の地域児童福祉事業等調査によると保育所がある市町村1,590のうち、弾力化を認めている自治体は1,288（81.0%）となっている。導入保育所数は16,330（68.5%）、前回調査（2017年）調査比で2,297（7.5%）増加している。導入保育所割合は公立60.6%、私立72.1%となっており、私立保育所の導入割合が高くなっている。導入している保育所あたりの短時間勤務保育士の数は全体4.7人（前回4.6人）、公立5.5人（同4.8人）、私立4.5人（同4.5人）で、公立でのパート保育士への依存が高まっている。

常勤保育士の確保を困難としている最大の要因は長時間勤務、責任に見合わない低処遇である。これらは自然にそうなったわけではなく、相対的に低処遇のパート保育士による常勤保育士の置きかえ促進、保育の長時間化を進めた政府に大きな責任がある。

●面積基準や園庭設置義務を緩和し保育環境の悪化を招く

子どもたちは保育所で１日の大半を過ごす。日常活動を支える施設の面積基準も保育の質を支える重要な要素である。

1969年に創設された乳児保育指定保育所制度では、この指定を受ける要件として乳児の保育を行う「乳児室及びほふく室」の面積が乳児１人あたり５㎡以上とされていた。1998年の乳児保育の一般化をふまえて、2001年に乳児の面積基準の解釈を明確化し、乳児１人あたりの面積は５㎡から3.3㎡に引き下げられた。さらに最低基準で必置とされていないホール、廊下などについても保育室等に転換し、待機児童を受け入れるよう強く求めた。この結果引き起こされたつめこみ保育は、トイレが足りない、昼食の途中に掃除をして布団を敷かないと昼寝ができないなどの問題を各地で引き起こした。

最低基準は、３歳以上の幼児１人あたり3.3㎡以上の屋外遊戯場の設置を義務づけている。2001年に、この原則を転換して、保育所の近隣にある安定的に利用可能な公園、広場、寺社境内等があれば隣接をしていなくても屋外遊戯場に代えることを認めた。この通知以降、園庭のない保育所が急増し、政令市と東京23区では国基準の園庭のない保育所が３割となり、都心部の自治体ではさらにその割合は高くなっている[4)]。園庭がない事で、外遊びの時間や活動量が少なくなり、子どもの発達に大きな影響を与えている。

●定員超過

保育所の定員は、その施設にとって適切な利用人員であり、従前、国は定員の範囲内で保育を行うよう指導をしてきた。ところが1998年に年度当初からの定員超過を認めて以降、規制緩和が繰り返され、現在は年度当初から上限無しの定員超過を認めている。最低基準の引き上げなしに超過入所を進める事で保育の水準が低下することは明らかである。

●給食の外部搬入

最低基準では、保育所には調理室の設置が義務づけられ、事業者が雇用する調理員による自園調理が原則とされてきたが、1998年に自園調理を前提としつつ、調理業務の外部業者への委託が認められた。2004年に構造改革特区において公立保育所に限定して給食の外部搬入が認められた。この構造改革特区の特例の実施状況を踏まえて３歳以上児については、この特例を全国展開することとされ、2010年から実施された（構造改革特区の特例は公立保育所における３歳未満児に対する外部搬入に変更された）。この結果、公立を中心に外部搬入施設が急増した。構造改革特区における特例の実施状況に対する厚生労働省の調査[5)]でも、外部搬入施設は発達段階に応じた食事が提供されていない施設の割合が高い、異物混入率などの事故発生率が高い、アレルギー児の代替食の提供割合や、体調不良児に対して個別対応を行っている施設の割合が低い、食育へのとり組みが困難になっている、等弊害が報告されている。

●株式会社などの参入促進を目的とする設置主体の自由化と運営費の使途規制の緩和

従前、保育所の設置は、原則として社会福祉法人と市町村に限定されていた。2000年、営利企業など多様な主体の参入促進等を目的として、この規制を撤廃した。

同時に、運営費（委託費）の使途規制が緩和（「弾力運用」）された。

保育所の運営費は、児童福祉法24条１項に基づく保育の委託に対する委託費として市町村から支払われている。基本的に子どもの保育に必要な費用（保育士等の人件費、教材費、給食材料費、光熱費、事務費等）に全て充てることが法的に求められており、積み立ては認められていたものの支出の変動に対応する範囲に限定されていた。この規制緩和で民改費（定期昇給など処遇改善財源）の範囲で同一法人の他の保育施設の建設経費への流用が認められた。その後、流用対象は拡大され、特別養護老人ホームなどの社会福祉施設の建設にまで、また、流用できる範囲も運営費の３か月分（保育所の施設整備費に限る）まで拡大されている。弾力運用によって人件費割合が減少しており、これが保育士の処遇悪化の主要な原因の一つになっている。

株主に配当をしている株式会社が設置する保育所に対しては民改費が支給されておらず、これが株主配当に対する歯止めであり、事実上の営利法人の参入規制となっていた。2015年の子ども・子育て支援新制度（以下　新制度）スタートの際、定期昇給など処遇改善のための仕組みを変更して、株主配当をしていても処遇改善加算が支給される仕組みとした（ただし委託費である保育所の運営費については株式配当財源とすることは禁止されている。)[6]

●最低基準の廃止と基準の条例化

2011年の地域主権一括化法によって、保育所の最低基準は、国に代わって都道府県が、国の定める基準省令に基づいて条例で定めることになった。基準省令「児童福祉施設の設備及び運営に関する基準」は児童福祉最低基準とほぼ同内容だが、人員配置や面積の基準は、それを下回る条例を定めることができない従うべき基準とされたが、それ以外は十分に参照すれば下回る条例を容認する参酌標準とされた。また、一定の条件を満たし内閣総理大臣が指定する地域において面積基準を引き下げることができる時限的な特例措置が導入され、全国で唯一大阪市だけが実際に適用をしている。当初2014年度末までの措置だったが、大阪市からの要望で3回延長され現在2024年度末までの措置となっている。

●質が確保されない多様なサービスを公的保育制度に組み込むための規制緩和

2015年スタートの新制度では、保育所以外の多様な施設・事業を公的保育制度の枠組みに入れることとなった。新制度以前から存在する幼保連携型認定こども園と幼稚園以外の地域型保育事業などには保育所と同様に営利企業の参入を認めた。また、そこでの保育は、保育所とは異なり市町村委託ではない。そのため、運営費の使途に規制はかかっていない。そのため、保育所と比較しても地域型保育事業の人件費比率はさらに低い傾向にある。

基準の面で特に問題となるのが地域型保育事業の小規模保育事業である。小規模保育は新制度の中では、それまでの認可外保育施設の認可化を目指す施設として構想された。そのため子どもの数に応じた保育者の配置数は保育所と同じだが、B型は$\frac{1}{2}$以上、C型では保育士を配置しないことが認められている。また、保育所では「従うべき基準」とされている面積基準も、地域の実情に応じて更に引き下げることも容認されている。

さらに2016年に創設された企業主導型保育は、法的には認可外保育施設であり、保育所より低い基準が適用されている。保育の質は年々後退していると言わざるをえない。

●保育士不足に乗じた資格の規制緩和

保育所においては、最低基準を満たす保育者は全員保育士でなければならないとされてきた。ところが、2016年、保育の需要に応ずるに足りる保育所等が不足していることを理由に、この原則が転換された。

具体的には①朝夕など子どもが少ないとき、保育士は最低2人の配置が求められるが、このうち1人は保育士に代えて知事が保育士と同等の知識経験を有すると認める者で代えることができる。この者は保育所で保育業務に常勤1年程度の従事で足りるとされている。

②保育士に代えて幼稚園教諭、小学校教諭、養護教諭の普通免許を有する者を保育士とみなすことができるとされた。ただし、配置人員の$\frac{2}{3}$という歯止めがかかっている。

●認可外保育施設の活用を進める

2000年以降、費用を理由に認可保育所の整備を地方自治体が忌避し、独自支援をうけた認可外保育施設（以下　地方単独保育施設）による待機児童対策が、東京都認証保育所を画期として複数の自治体で進められた。これに対して国は待機児童対策について認可保育所の増設でと言い続け、認可外保育施設への公的支援は行ってこなかった。しかし、2001年の児童福祉法改正を契機として地方単独事業で保育されている子どもを待機児童から外す、2003年には地方単独認可外施設を待機児童解消計画に含めるようにするなど実際には認可外保育施設の活用を進めていた。

そして2015年、認可外保育施設の認可化を目指した小規模保育の創設だけでなく、その基準さえ満たさない施設に対しても５年間の認可化移行計画の策定を条件に運営費補助が創設された（認可化移行運営費支援事業）。その翌年、地方単独保育施設に対しては５年という縛りを外し期限無しに認可外保育施設のままで国の運営費補助を受けられることとなった。

さらに2019年には国家戦略特区における地方裁量型認可化移行施設を創設。この施設は保育士不足で休止した認可保育所が無認可保育施設となり認可施設を目指す施設等に対して無期限で運営費補助を行うもので、認可外保育施設のさらなる活用を目指すものである。現在まで特例の実施実績はない。

2019年に開始された幼児教育・保育の「無償化」では、当初の５年間は認可外保育施設指導監督基準を満たしていない施設も「無償化」対象としている。これも認可外保育施設の活用を目指すものである。

●年１回の実地監査義務の緩和

安全な保育実現のため、保育所などに対する年１回の実地監査が政令で自治体に義務づけられている。しかし、コロナ禍でこれが困難となったため実地によらずとも監査できるよう地方からの緩和要望を受け検討が行われた。法令上の義務でなくするなど義務づけを弱めることが提案されたが、反対が大きく政令による義務づけは維持された。しかし、年１回の実地監査の例外を規定するなど義務づけが後退した。

（岩藤智彦）

1）総合規制改革会議『規制改革の推進に関する第１次答申』（2001年12月11日）
2）所定労働時間通りに勤務する者。なお、常勤であっても無期雇用・正規労働者とは限らない
3）2021年５月13日参議院内閣委員会、田村智子委員の質疑参照
4）毎日新聞 2020年４月９日
5）厚労省保育課『公立保育所における給食の外部搬入方式の容認事業に係る弊害調査結果』（2017年５月15日）
6）2022年３月３１日参議院内閣委員会における藤原朋子・子育て本部統括官の答弁

5 新制度の多様な実態

H 保育士不足とその労働実態

●保育士不足の現状

全国で、保育士の確保がままならないために、保育所の増設や既存の保育所の運営に重大な影響が生じている。厚生労働省の推計によると、保育士登録者は2020年10月１日時点で167万３千人であり、2007年からの12年間で83万５千人増加している。他方で、社会福祉施設で保育に従事しているものは27万８千人の増加に過ぎない[1)]。その結果、保育士資格を持ちながら社会福祉施設等で働いていない、いわゆる「潜在保育士」が年々増加している。

●図表1-5H1は、2017年４月から2023年１月までの全国の保育士の求人動向を示したものである。折れ線が示す全国の有効求人倍率は高水準を維持し、2023年１月は3.12倍になっている。保育士求人数は2015年４月には３万件を少し超える程度であったが、2019年には年間を通じて４万件を超える水準であり、コロナ前の12月には６万件で、５年間で急増した。コロナウイルス感染症の流行が本格化した2020年の前半には一時求人数が４万件を割り込んだが、有効求人倍率はおおむね２倍を超える水準で推移している。他方、求職者数は2020年の春に大きく落ち込み、その後徐々に増加しつつあるが、求人数と求職者数の差は依然として大きく、縮小しているとはいえない。保育の担い手不足の解消には向かっていない状況である。

このように保育従事者が増加しない背景には保育士の処遇問題の深刻さがある。東京都福祉保健局が2022年に実施した「東京都保

図表 1-5H1　全国の保育士の有効求人倍率、求人数ならびに求職者数

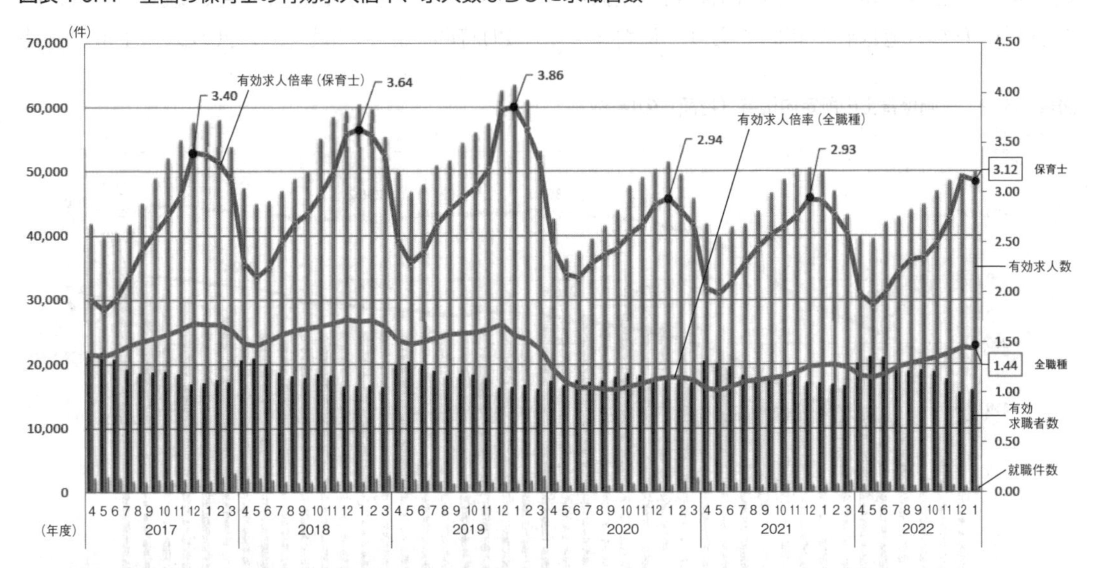

※保育士の有効求人倍率について、各年度の最も高い月の数値を記載している。
※全職種の有効求人倍率は、実数である。
資料：厚生労働省資料「保育士の有効求人倍率の推移（全国）」より

育士実態調査」（有効回答数18,239名）において、現在就業中の保育士で退職の意向がある者の理由の第一位は「給料が安い」で約61.6%、次いで「仕事量が多い」で54.0%、「労働時間が長い」が35.4%となっている[2)]。

●民間保育士の賃金の実態

それでは、保育士の賃金の実態はどのようになっているのだろうか。賃金構造基本統計調査を用いて民間保育士の所定内給与（月額）の傾向を見ると●図表1-5H2、処遇改善政策が実行された2013年以降、保育士の賃金は上向きに変化しており、2020年にはそれまでの最高額を更新し、2022年度には26万200円と女性労働者平均を超えた。

しかし、2000年以降保育士の賃金水準は低下してきた。賃金の低下にはさまざまな要因が考えられるが、165頁で詳しく分析するように、2000年代以降、年齢と賃金の連動性が徐々に緩やかとなり、年齢が上昇してもかつてほど賃金が上昇しない状況が広がりつつある。また、同時期には保育園の民営化、保育士等の非正規雇用の増加、開園時間の延長、多様な運営主体による保育園の新規増設が急ピッチで実施された時期であり、保育士の職場環境には大きな変化があった。保育士の業務負担の増加に伴って保育士不足も深刻化しており、保育士の負担や専門性に見合った賃金水準については今後も検討すべき問題である。

●保育士の労働時間の実態

次に、労働時間の問題である。前述の賃金構造基本統計調査によれば、2022年の保育士の対象１か月の所定内労働時間は167時間で、コロナ前の2019年度の169時間より短くなってはいるものの、女性労働者の163時間、一般労働者の165時間よりも長くなっている。各都道府県が実施している調査においても、とりわけ常勤の保育士の労働時間の長さが顕著である。2023年の東京都の調査では、正規職員の１日あたりの勤務時間が「９時間以上」が61.7%にのぼる[3)]。

さらに、時間外労働や休暇のとりづらさは、保育士の処遇にとって大きな問題である。

大分県が2018年に実施した調査（回答数614名）では、現役保育士の月平均時間外勤務時間（持ち帰り仕事を除く）は、「10時間未満」が63%で最も多く、続いて「10～20時間」が17%となっている。71%が「持

図表 1-5H2　民間保育士の所定内給与（月額）の推移

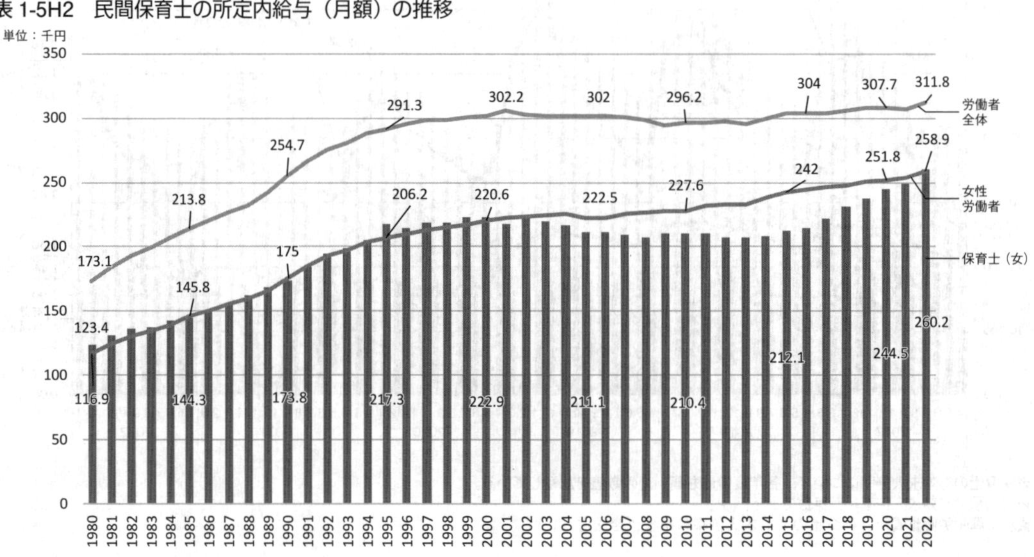

（出所）賃金構造基本統計調査各年度より作成

ち帰り仕事をしている」と回答しており、現役保育士が持ち帰り仕事に要した時間は、「10時間未満」が48%で最も多く、続いて「10～20時間未満」が29%となっている[4)]。休暇のとりづらさについては、全国私立保育園連盟が2019年に実施したインターネットでのアンケート調査（回答数2,830名）によると、「昨年１年間に取得した有給休暇の日数」について、「取得していない」が12.4%であり、「働き方改革」により2019年度から始まった年５日の有給休暇取得をクリアできているのは（７日程度以上）、ほぼ半数に過ぎなかったことが明らかになった[5)]。

背景には、保育所の開所時間や開所日数に見合う保育士配置がなされていないという問題がある。公定価格では、週40時間制を前提とした８時間保育体制の保育士数が基本とされており、11時間保育や土曜保育は、時間外やシフト勤務で対応せざるを得ないシステムとなっているのである。

●コロナ禍における保育士の業務負担

全国私立保育園連盟は、保育施設の新型コロナウイルス感染症対策について、2020年以降複数回の調査に取り組んでいる。第１回の緊急事態宣言中である2020年４月23日～30日に実施した調査[6)]では、「通常保育と並行して新型コロナウイルス感染症への各種対策を行う人的余裕について教えてください」という質問を設けている。これによると、４月22日時点では「適正である」という回答が43.4%、「ギリギリである」の回答が31.1%だったが、2021年６月17日～６月30日に実施された調査結果[7)]では「適正である」が28.3%、「ギリギリである」が51.9%であった。これらの結果は、第１回緊急事態宣言時の「登園自粛」によって登園児童が減っていた時期から、通常の保育に戻った後で、感染対策業務が加わったことの負担感が増したことを示しているのではないかと考えられる。

パンデミック以前からその労働時間の長さや開所時間と照らして保育士配置が不十分であることが指摘されてきた。新型コロナウイルスの感染拡大のもとで、業務量が増大したことから、保育士の負担はより増大し、保育所の運営体制がよりひっ迫したことが示唆される。

2013年以降の処遇改善策で賃金水準は徐々に改善されつつあるが、依然として十分とはいえない。国や地方自治体にまず求められているのは、子どもの発達と親の就労を支えるための人材を増やし、安定的に育成することが可能な職員配置や労働条件を保障することである。

（小尾晴美）

1）厚生労働省「令和４年厚生労働白書」59頁
2）東京都福祉保健局（2023）『東京都保育士実態調査報告書』94頁
3）同上、14頁
4）大分県（2018）「保育現場の働き方改革に関するアンケート調査結果について（概要版）」10-11頁
5）全国私立保育園連盟（2020）「働くみんなのホントの調査報告書」13頁
6）全国私立保育園連盟「新型コロナウイルス感染症に関する調査」（2020年４月23日～30日）、回答数：3,147。４頁
7）全国私立保育園連盟「新型コロナウイルス感染症に関する調査2021」（2021年６月17日～６月30日）、回答数：2,114。３頁

5 新制度の多様な実態

Ⅰ 会計年度任用職員と公立保育所

地方自治体で職員の非正規雇用化が進む中、地方公務員法・地方自治法が改正され、2020年４月から、新たな非正規職員制度として会計年度任用職員制度が始まった。この導入は、公立保育所で働く非正規職員の労働条件にどのような影響を与えたのだろうか。

●公立保育所の非正規化の現状とその処遇

1990年代後半以降の「行政改革」にともなって、公立保育所では保育従事者の非正規雇用化が進んできた。●図表1-5Ⅰ1で、地方自治体における保育所の非正規職員の比率をみると、政令市と市町村ではとりわけ市町村における比率が高く、全体では2008年、2012年ともに５割を超えていることがわかる。2016年には非正規職員の比率は下がったが、依然として50%に近い水準である。

以前から非正規公務員の待遇には多くの問題があった。地方自治体で働く非正規職員の多くは、超過勤務手当や、経験や勤務期間に相応した経験加算は適用されず、また一時金、退職金が支給されていなかった。通勤手当の支給もない自治体すらある中で、非正規保育士がフルタイムで公立保育所に勤務したとしても、正規保育士の年収の３割から４割の水準であり[1]、大きな格差が存在した。また、非正規公務員を悩ませる問題の一つとして、不安定雇用の問題がある。2016年のデータでは、事務補助職員の「臨時職員」を任用している1,258団体の約半数の588団体で、いったん任用された任期と新たな任期との間に、一定の勤務しない期間を設ける「空白期間」を設定していた[2]。また、地方自治体は、非正規職員を何年継続雇用しても、無期雇用の転換は義務付けられず、恒常的な業務に従事させていたとしても、有期雇用を反復更新し、雇い止めを行うことが可能となっている。

このように、関連諸法が未整備であり、その位置づけがあいまいなもとで、自治体の臨時･非常勤職員は、不安定な雇用、低い賃金･労働条件を余儀なくされてきた。そこで、2020年の地方公務員法・地方自治法改正の目的は、非正規職員の大部分を「会計年度任用職員」に移し替え整理することで、任用（雇

図表 1-5Ⅰ1　地方自治体に任用される保育所保育士の非正規職員（会計年度任用職員）と正規職員の数と比率

		都道府県		政令市		市町村		合計	
		非正規	正規	非正規	正規	非正規	正規	非正規	正規
2005年	人数	1,508	10	4,761	11,604	71,992	88,476	78,261	100,090
	%	99.3%	0.7%	29.1%	70.9%	44.9%	55.1%	43.9%	56.1%
2008年	人数	1,755	7	5,950	12,196	81,858	80,534	89,563	92,737
	%	99.6%	0.4%	32.8%	67.2%	50.4%	49.6%	49.1%	50.9%
2012年	人数	2,002	44	10,313	12,701	91,113	73,389	103,428	86,134
	%	97.8%	2.2%	44.8%	55.2%	55.4%	44.6%	54.6%	45.4%
2016年	人数	2,540	5	7,775	11,847	70,783	71,965	81,098	83,817
	%	99.8%	0.2%	39.6%	60.4%	49.6%	50.4%	49.2%	50.8%
2020年	人数	9	3	6,444	11,648	51,484	73,919	57,937	85,570
	%	75.0%	25.0%	35.6%	64.4%	41.1%	58.9%	40.4%	59.6%

出所：総務省「臨時・非常勤職員に関する調査結果について」（2005～2016）、「地方公務員の会計年度任用職員等の臨時・非常勤職員に関する調査結果」（2020年）、地方公共団体定員管理調査各年版より作成

用）根拠を法律で明確に定めることであるとされた。加えて、法改正の趣旨は、政府の「同一労働同一賃金原則」の実現という方針に基づき、正規・非正規間の格差を是正するということであった。

●非正規職員の待遇は改善されたか

総務省が、2020年４月１日時点で実施した調査によると●図表1-5I2、会計年度任用職員の総数は約62.2万人で、そのうち、フルタイムで任用されている職員は約７万人で全体の11.2%、パートタイムで任用されている職員は約55.3万人で全体の88.8%を占めている。職種別に内訳をみると、保育所保育士の会計年度任用職員は約5.8万人で、そのうちフルタイムが約1.7万人で28.7%、パートタイムが約4.1万人で71.2%である。

会計年度任用職員制度では、フルタイムとパートの２種類の会計年度任用職員を位置づけ、処遇を違えるという考え方がとられている。正規職員と同等の勤務時間（週38時間45分）とされるフルタイム会計年度任用職員は、旅費や扶養手当、地域手当、退職手当など一定の手当てが支給されることになっているが、勤務時間が週38時間45分未満の職員は、１分でも短ければパートタイム会計年度任用職員として処遇され、フルタイム会計年度任用職員には保障される扶養手当や退職手当等の手当は支給除外となる。保育所では、正規職員と同じように担任などの重い責任を負っている非正規職員が多く存在しているが、１日の勤務時間が１分でも短ければパートに分類され、正規職員との格差是正にはつながらない。さらには、これまで実質的にフルタイムで勤務してきた非正規職員の勤務時間を短縮し、期末手当以外の諸手当を出さなくても済むパートタイム会計年度任用職員に移行させる方針をとっている自治体もある[3)]。総務省が2022年４月に実施した調査によると[4)]、「１週間当たりの勤務時間が37時間30分（フルタイムより１日15分短い）以上の職については、任用団体数は1,161団体（12団体減少）、任用件数は56,573件（911件増加）となっており、多くの部門・職種で任用されている状況」であることが明らかになっている。このように、勤務時間の長短を根拠に、支払う給与の種類を違えることは、明らかに「同一労働同一賃金の原則」に反しているという点で問題が大きい。

また、会計年度任用職員制度では、期末手当が支給されることになったが、国の財政措置が不透明なために、期末手当をこれまでの給料・報酬に上乗せするのではなく、期末手当支給の原資を月給・時給の引き下げによって確保する自治体が多くみられた。そのため、これまで支給されていた給与・報酬が減額さ

図表 1-5I2　会計年度任用職員の状況

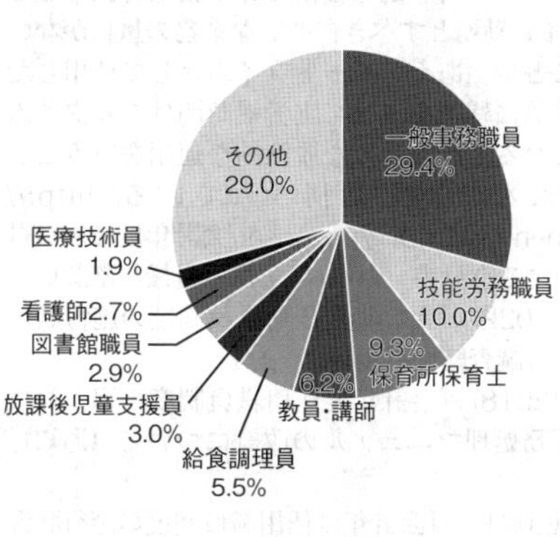

（単位：人）

区分	会計年度任用職員			
		構成比	フルタイム	パートタイム
一般事務職員	183,029	29.4%	15,848	167,181
技能労務職員	61,923	10.0%	7,545	54,378
保育所保育士	57,937	9.3%	16,653	41,284
教員・講師	38,646	6.2%	3,198	35,448
給食調理員	34,511	5.5%	3,627	30,884
放課後児童支援員	18,750	3.0%	472	18,278
図書館職員	18,185	2.9%	1,244	16,941
看護師	16,911	2.7%	2,962	13,949
医療技術員	12,061	1.9%	1,874	10,187
その他	180,353	29.0%	16,188	164,165
合計	622,306	100.0%	69,611	552,695

出所：地方公務員の会計年度任用職員等の臨時・非常勤職員に関する調査結果（令和２年４月１日）

れるという問題が各地で起こっている。また、前述した2022年の総務省の調査によると、期末手当を支給しない自治体が全国で14団体存在している。他方、これまで検討課題とされていた勤勉手当の支給について、制度の運用開始から約２年が経過し、期末手当の支給については一定の定着がみられること、勤勉手当が支給される「常勤職員」や「国の非常勤職員」との間に不均衡が生じており、「同一労働・同一賃金」に反することなどを理由として、2023年４月26日に短時間勤務会計年度任用職員に勤勉手当を支給可能とする地方自治法の改正が、可決成立した。

自治体で働く非正規職員にとって最大の課題は雇い止めの問題である。総務省が会計年度任用職員制度導入時に自治体に向けて提示した事務処理マニュアルにおいて、「公募によらない採用は、同一の者について連続２回を限度とするよう努める」との記述[5]があり、総務省の調査によれば、保育所保育士の公募によらない採用の上限回数を２回としている自治体は、388自治体にのぼる[6]。総務省は、2023年３月23日に発出した通知「会計年度任用職員制度の適正な運用等について」において、「前年度に同一の職務内容の職に任用されていた者について、客観的な能力の実証の一要素として、前の任期における勤務実績を考慮して選考を行うことは可能である」とし、これまで再度の任用を行うことができるのは原則２回までとするとしてきた運用を「地域の実情等に応じつつ、適切に対応」することを認めた。しかし、会計年度任用職員制度がはじまってから３年目の年度であった2022年度末には、全国の地方自治体で保育士として働いていた会計年度任用職員がいったん雇い止めとなり、再度の「公募」に応じなければならなかったケースが多発していた可能性がある。この点の実態は十分に明らかになっていない。

雇い止めの問題に対して、民間に適用される労働契約法では、2018年４月から、有期労働契約が反復更新されて通算５年を超えた場合に、労働者の申込みによって、期間の定めのない無期労働契約に転換するルールが施行されている。加えて、このルール適用の直前に雇い止めが行われたことをめぐって、各地で裁判が争われており、2020年３月に相次いで「雇い止めは無効」との判決が出ている。このように、民間部門では非正規労働者の雇い止めを規制する方向で法改正が進んでいるのである。

以上のように、自治体の非正規職員の待遇は、改正地公法の枠組みの中で、一定程度改善がみられたといえる。他方で、これまで、自治体に働く非正規職員にはパート労働法や労働契約法が適用されず、労働者としての権利は十分に保護されないまま放置されてきた。本質的な問題の解決には、民間ではどのような中小企業でも義務付けられている処遇改善に向けた方策を、地方自治体の使用者にも義務付けることが必要である。

（小尾晴美）

1）小尾晴美（2019）「公立保育所における非正規保育士の基幹化とその処遇をめぐる問題」『経営論集』明治大学経営学研究所、348-349頁
2）総務省（2016）「地方公務員の臨時・非常勤職員に関する調査結果について」７頁
3）この点に関して、日本労働弁護団が2020年３月４日に出した提言（「会計年度任用職員制度に対する意見書」）において、「「フルタイム勤務とすべき標準的な業務の量がある職であること（勤務時間に関する要件）」についても、地方公共団体が、不必要に業務を細分化するなど合理的な理由なく業務量を減らして「フルタイム勤務とすべき標準的な業務の量」がないと扱うことや、あえてパートタイムとして任用した上で恒常的に残業をさせて実労働時間はフルタイムと同様となるというような脱法的な運用を行うことは許されない。」と指摘されている。http://roudoubengodan.org/proposal/会計年度任用職員制度に対する意見書（2021年７月７日最終確認）
4）総務省（2022）「会計年度任用職員制度の施行状況等に関する調査結果（概要）」２頁
5）総務省（2018）「会計年度任用職員制度の導入等に向けた事務処理マニュアルの改訂について（通知）」63頁
6）総務省（2021）「「会計年度任用職員制度の施行状況等に関する調査」の結果」９頁

5 新制度の多様な実態

J　保育士確保のための処遇改善提案

●保育士確保のための処遇改善策

政府は近年、保育の量的拡大政策を打ち出し、保育士確保のために不可欠な処遇改善をある程度すすめてきた。保育士・幼稚園教諭では、これまで３つの処遇改善事業が行われている。それが、①処遇改善等加算Ⅰ、②処遇改善等加算Ⅱ、③保育士・幼稚園教諭等処遇改善臨時特例事業である。

まず、処遇改善等加算Ⅰは、2013年以降、民間施設給与等改善費の改善として実施され、2015年の新制度実施により、これを引き継いだものである。対象は全職員（非常勤職員を含む）で、各施設の職員の平均勤続年数に応じた加算となっている。さらに、2017年度から、技能や経験に応じた処遇改善の仕組み（処遇改善等加算Ⅱ）が創設された。キャリアアップ研修の受講を要件に、これまで職務上の位置づけがなかった副主任保育士、専門リーダー（経験年数概ね７年以上）について、月額４万円の加算の対象者に、職務分野別リーダーの職員（経験年数概ね３年以上）を月額５千円の処遇改善の対象にする、とした。対象となる副主任保育士や専門リーダーは、経験年数が概ね７年程度の保育士であり、園長や主任保育士を除く保育士全体の概ね$\frac{1}{3}$、職務分野別リーダーは、経験年数が概ね３年以上、園長・主任保育士を除く保育士全体の概ね$\frac{1}{5}$という目安が設定されている。処遇改善等加算Ⅰ・Ⅱを受けるには、処遇改善の加算額を職員の処遇改善に充てるという条件で、施設側に賃金改善計画書と実績報告書の提出が求められる。

さらに、2021年11月には、2021年度の第１次補正予算案「コロナ克服・新時代開拓のための経済対策」が閣議決定され、「保育士・幼稚園教諭等処遇改善臨時特例事業」として2022年の２月から９月までの期間、保育士等における約３％（９千円）の賃上げを目指す特別補助金が組み込まれた[1)]。この事業の対象は、公立と私立の教育・保育の現場で働く労働者（非常勤職員を含む）である。なお、この事業は2022年10月以降は、処遇改善等加算Ⅲとして公定価格に盛り込まれ、継続して実施されることとなった。

●賃金に関する処遇改善策の影響

160頁で明らかにした通り、この間実施されてきた保育士の処遇改善策の結果、賃金水準の傾向には変化がみられた。処遇改善策が実行された2013年以降、保育士の賃金は上向きに変化しており、それまでの最高額を更新し続けている。しかし、年齢別に賃金水準を検討すると、2000年代までの保育士の賃金のあり方と意味合いが大きく変わってきたことがわかる。**●図表1-5J1**は、1995年から2020年の保育士（女性）の年収の推計額を年齢別に示したもので、各年齢の平均年収がどのように変化してきたのかを表している。

まず、保育士（女性）賃金は、2000年から2015年にかけてはすべての年齢で賃金低下が生じている。また、賃金カーブという視点でみると、2000年が最も高い年齢別の賃金カーブを描いており、最も若い20代前半と50代後半の平均賃金の差額が、2000年には318万1,800円であった。しかし、2015年には143万500円、2020年には129万4,000円となった。特に2020年では、40歳代までのカーブが最もなだらかになっており、年齢が上昇しても賃金が上昇しなくなっていることがわかる。

このように、2013年以降処遇改善策が実施されたものの、年齢と賃金の連動性が徐々に緩やかとなり、年齢が上昇してもかつてほど賃金が上昇しない状況が広がりつつある。処遇改善等加算IIは、キャリアパスと昇給の道筋をたてる目的で導入された制度であるが、この対策は少なくとも2000年時点の賃金上昇ほどの効果にはなっていない。この政策が、保育士にとって自身の将来のキャリアを見通し、長期的な就業継続の意欲につながっていくのか、成果を見極める必要があるだろう。

●労働時間や勤務負担に関する処遇改善策

保育士の待遇に関する各種の調査では、保育士の業務負担の軽減や人員増の要求が高いことが明らかになっている。このような問題に対して、この間実施されてきた政府の処遇改善策には、ICTの活用によって業務を効率化するために、必要なシステムの導入費用を補助する事業がある。

厚生労働省は「保育の現場・職業の魅力向上検討会」を設置し、議論の成果を2020年９月30日に「保育の現場・職業の魅力向上に関する報告書」として公表した。その中には、「生涯働ける魅力ある職場づくり」として、①働き方改革の推進、②ICT等の活用による業務効率化と業務改善の推進、③ノンコンタクトタイムの確保、保育の質の向上等が掲げられた。この報告書に続いて、「保育分野の業務負担軽減・業務の再構築のためのガイドライン」（2021年３月23日）が公表された。施設・事業者に対して、業務改善を行うための手順と取組例を紹介している[2)]。しかし、ここで検討・提言されている内容は、ICTと保育補助者の活用など、基本的に現状の人員と予算の範囲内での業務改善を前提としたものである。

図表1-5J1　民間保育士（女性）の年齢別年収推計額の変化

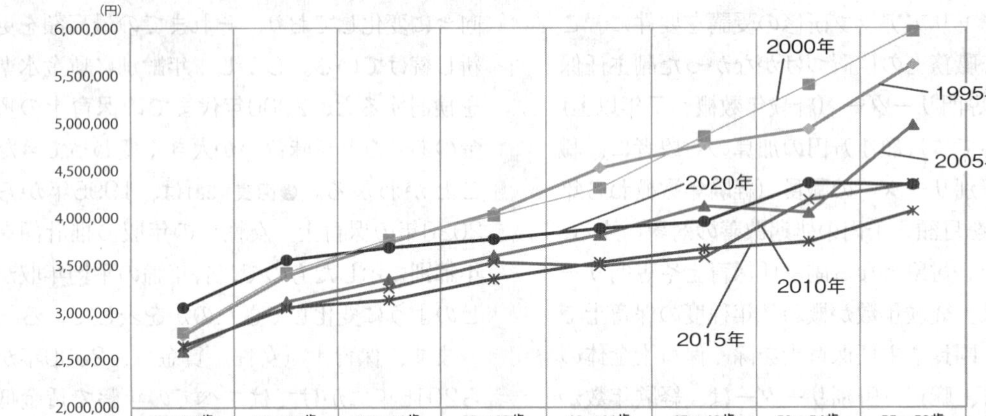

(円)

	20〜24歳	25〜29歳	30〜34歳	35〜39歳	40〜44歳	45〜49歳	50〜54歳	55〜59歳
1995年	2,752,300	3,386,300	3,733,600	4,048,000	4,520,200	4,772,100	4,932,500	5,623,700
2000年	2,785,600	3,420,700	3,769,000	4,017,900	4,316,200	4,856,300	5,403,600	5,967,400
2005年	2,581,100	3,108,700	3,346,900	3,596,100	3,815,800	4,121,200	4,045,600	4,977,500
2010年	2,641,900	3,037,300	3,251,100	3,519,700	3,488,900	3,579,300	4,193,700	4,357,100
2015年	2,634,700	3,046,800	3,129,500	3,346,200	3,521,200	3,661,300	3,738,600	4,065,200
2020年	3,052,600	3,550,200	3,679,800	3,772,100	3,886,900	3,954,000	4,367,400	4,346,600

注１）「決まって支払われる給与額」の12か月分に「賞与・期末手当特別給与額」を加えたものを各年齢階級の「年収額」として試算したもの。
注２）期間の定めのなく雇われている労働者、１か月を超えて雇われている労働者、日々又は１か月以内の期間を定めて雇われている労働者で４・５月にそれぞれ18日以上雇われている「常用労働者」のうち、短時間労働者以外の常用労働者である「一般労働者」（保育士・女性）の平均賃金額のデータを採用している。
出所：賃金構造基本統計調査各年版より作成

なお、コロナ禍における保育現場の業務負担増に対しては、2020年12月の第３次補正予算において、一定の予算が組まれた。職員が勤務時間外に消毒・清掃等を行った場合の超過勤務手当や休日勤務手当等の割増賃金や、通常想定していない感染症対策に関する業務の実施に伴う手当など、法人（施設）の給与規程等に基づき職員に支払われる手当等のほか、非常勤職員を雇上した場合の賃金として、施設の規模により最大50万円が計上された。こういった予算措置については、業務負担が増大した保育所において有効に活用されたと考えられる。しかし、本来は常勤職員の時間外勤務や、非正規雇用の雇い入れによって人員不足をカバーするのではなく、保育所の開所時間や開所日数を保障するのに見合う保育士配置を実施すべきである。この間取り組まれてきた処遇改善策では、保育補助者の雇い入れに対する貸付以外には、人員増の対応はほとんどとられていない。保育補助者の雇い入れは、保育人材として足りない分を無資格の人員でまかなう方法である。

●「こども未来戦略方針」案をどう評価するか

2022年11月に静岡県裾野市の私立保育所における「不適切保育」の事件が大きく取りざたされて以降、全国の保育所等での事故や虐待行為が様々なメディアで取り上げられ、注目されるようになった。地方議会などで保育士の配置基準改善や処遇改善を求める国への意見書等の採択が相次いでいる。

このようななか、2023年６月１日に開催された内閣府設置のこども未来戦略会議の方針案[3]において、保育所等の職員配置基準を「１歳児は６対１から５対１へ、４・５歳児は30対１から25対１へと改善する」との内容が盛り込まれた。長い間改善が求められてきた配置基準の問題が方針案に具体的に盛り込まれたことの影響は大きい。他方で、４月４日の国会審議において、最低基準・法令を改定するのではなく、公定価格の加算での対応になるとの答弁もあり、現段階では「75年ぶりの配置基準改善」がどのような形で実施されるのか、今後の動向を注視する必要がある。また、同時に就労要件を問わず時間単位等で柔軟に利用できる新たな通園給付（「こども誰でも通園制度（仮称）」）の創設も盛り込まれており、保育施設の運営体制や保育士の新たな業務負担につながるものとならないか、十分に検討することが求められる。

以上のように、安倍政権以降、様々な保育士の処遇改善策が実施されており、賃金の上昇がみられる。しかし、2000年代から続いてきた保育士の職場環境の変化や保育士の業務負担の増加に対して十分対応しているとはいえず、このままでは担い手不足はますます深刻化していくであろう。現状では、長時間化した保育所の開所時間をギリギリの人員でつなぎながら保育が行われている園も多い。国に求められているのは、子どもの発達と保護者の就労を支える人材を増やし、安定的に保育士を育成することが可能な職員配置や労働条件を保障することである。

（小尾晴美）

1）厚生労働省HP「保育対策関係予算の概要」17頁 https://www.mhlw.go.jp/stf/seisakunitsuite/bunya/0000123466.html
2）厚生労働省が2019年に実施した調査によると、書類作成や登降園管理について、ICT活用によって担当者の業務従事時間が一定程度短縮されていることが示されている。（厚生労働省（2020）「令和元年度保育士の業務の負担軽減に関する調査研究事業報告書」）
3）こども未来戦略会議（2023年６月１日）資料１「こども未来戦略方針」案（https://www.cas.go.jp/jp/seisaku/kodomo_mirai/dai5/siryou1.pdf）

5 新制度の多様な実態

K　保育需要のかげりと定員割れ

地域の子育て実態に対応する保育制度拡充の課題

●コロナ禍が加速させた需要減

政府の予測を超えた少子化の進行に加え、コロナ禍の影響もあり、これまで子ども数が減少する中にあってもそれを上回って拡大してきた保育需要の伸びにかげりがみえてきた。従前から、地域によって需要の減退が顕著になっていたが、その傾向が日本全体で急速に進行している。厚生労働省は、2025（令和7）年に保育所等の利用児童数がピークを迎えるとの見方を示している●図表1-5K1。

これまで年度当初の待機児童数に社会的な注目が集まり、その解消が政治課題化してきたが、ここ数年は、コロナ禍の影響などもあって待機児童数が急減し、ゼロ歳児を中心にした保育所等の定員割れ問題が浮上してきた。

2022年の年度当初の全国的な状況は明らかになっていないが、2022年５月29日の共同通信社の配信記事によれば、同社が４月中旬～５月下旬に実施した調査で、全国の主要都市の認可保育所・施設で2022年４月現在、ゼロ～２歳児の定員の空き人数が2019年と比べ1.5倍に増えたと報じた。記事では、待機児童数は前年同期に比べほぼ半減したとして、待機児童解消に向けて受け皿を増やしてきた従前の政策は岐路に立っていると指摘している。

●地域における保育所の在り方検討会

厚労省は、こうした状況を見越してか、2021年12月20日に「地域における保育所・保育士等の在り方に関する検討会取りまとめ」（以下　まとめ『保育白書』2022年版に資料掲載）を公表した。

まとめでは、4つの論点（①人口減少地域等における保育所の在り方、②多様なニーズを抱えた保護者･子どもへの支援、③保育所・保育士等による地域の子育て支援、④保育士の確保・資質向上）について、「検討を速やかに開始すべきもの」と「中長期的な課題」「今後の方向性」に分けて整理している。

その特徴点を列記する。

第１に、コロナ感染拡大の禍中にまとめられた文書だが、感染症の急拡大というあらたな事態に直面した経験を踏まえた検討にはなっていないという点である。コロナ禍のような災厄の中でも、子どもの生活と発達を保障し、子育てを支えるという地域の保育機能をどう維持するのかについての見解が示されていないのである。

保育所等の施設はどうあるべきか、その現場を支える行政はどう機能すべきかなど、問い直すべき論点は多々あると思われる。たとえば、公立保育所の役割について、緊急時における保育機能の維持の観点を含めたあり方を真正面から問うこともなく、人口減少地域における保育施設の維持にあたって「公私連携型保育所」の活用を打ち出すことで、公立施設の統廃合を暗に求めるような記述になっている。

第２に、これまでの保育政策が進めてきた規制緩和路線の転換を図るものではないという点である。少子・高齢化社会の中での女性労働力の確保という経済政策上の要請を受けて、待機児童解消という課題を安上がりに達成するために、保育の「量の拡大」を主に規制緩和策を駆動力にして推進されてきたのが、現在の保育政策だ。こども家庭庁を創設してこども関連施策の拡充を図る姿勢を政府が示そうとしているにも関わらず、この路線を継承する以外の選択肢について何の検討も加えられない。

まとめでは、今後の地域社会にとって、保育士の役割は重要であり、その資質向上を課題としながらも、速やかに実施すべき課題では、「休憩時間とは別に、物理的に子どもと離れ、各種業務を行う時間（ノンコンタクトタイム）の確保は、…重要である」と、「ICTを活用した周辺業務の効率化、保育補助者や周辺業務を担う保育支援者等の活用など」をうたうだけで、資格者の人員増という観点を欠落させているのも問題だ。さらに、今後の方向性に関わる「保育士の確保方策」についても、踏み込んだ提案はなく、「人口減少地域を含め、今後は保育士、特にフルタイムで働く保育士を確保することが困難となる中で、保育補助者の活用や、高齢者を含む地域の子育て経験者の更なる活用」を強調するだけとなっている。

その一方で、わいせつ行為の発生を理由にした「保育士資格の管理の厳格化」については、他に比べ具体的な記述をしている。この点大いに論議すべきだが、資格管理の厳格化をいいながら、保育現場への資格者以外の多様な人材の投入を促すのは矛盾していると感じる。

第３に、今後の保育需要の減退を自然現象のようにとらえ、保育所等の統廃合は避けられないと、施設を淘汰にまかせるような姿勢が示されている点である。地域住民に身近な福祉施設として普及した保育所等を積極的に活用するために、保育制度の改善・拡充を図るという視点が欠落している。３歳以上児のほぼ全員が、なんらかの施設で保育を受ける状況下で、今後の子育て支援のあり方を考え

図表1-5K1　厚生労働省による保育所の利用児童数の今後の見込み

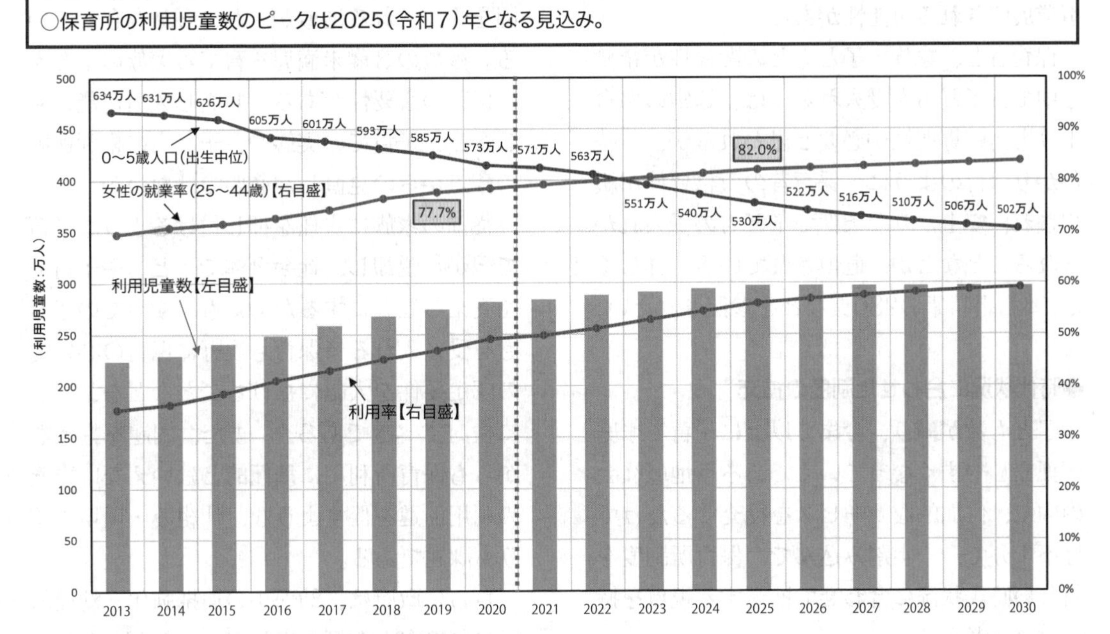

上図の利用児童数は、０～５歳人口を基に、女性の就業率（2025年：82%、2040年：87.2%）及びそれに伴う保育所等の利用率の上昇を踏まえて機械的に算定したものである。
※１　０～５歳人口については、子どもの推計人口（国立社会保障・人口問題研究所）による。
※２　女性の就業率については、2025年に82%との目標（第２期まち・ひと・しごと創生総合戦略）に対応するとともに、労働政策研究・研修機構「労働力需給推計」（2019年３月29日、経済成長と労働参加が進むケース）において、2040年で87.2%まで伸びると推計されていることを踏まえて設定。
※３　保育所等の利用率については、女性の就業率の上昇に対応するものとして算定。
資料：厚生労働省子ども家庭局保育課　「保育を取り巻く状況について」2021（令和３）年５月26日

るのであれば、３歳未満児やそうした子どもを日々育てる家族に対する支援のあり方が問われているといえる。

まとめでは、レスパイト・リフレッシュのための一時預かり事業の拡充が大きく打ち出された。この方向性が、岸田首相が提唱した「異次元の少子化対策」の具体策として、2023年6月13日に閣議決定された「こども未来戦略方針」（資料編282頁）で打ち出された、「こども誰でも通園制度」（仮称）に引き継がれたといえる。この制度は、月一定時間までの利用可能枠の中で、保護者が就労しているかどうかを問わず時間単位等で柔軟に利用できる仕組みと説明されており、2024年度から本格実施するという。

2023年度では、保育所の空き定員等を利用した未就園児の定期的な預かりモデル事業として実施されているが、少子化対策を政権内で検討する中で、目玉政策の１つになったようで、今後、空き定員を利用するというモデル事業の枠を超えて、対象施設を拡大して事業展開される可能性がある。

保育者と、家族・子どもとの関係性が希薄な中で、子どもを受入れるには、通常の保育よりも高い専門性が必要と思われるが、一時預かり保育のように、保育者の資格要件が緩和され、安上がりな条件で子どもの受入れがされることなどが、危惧されている。詳しくは、本白書特集の230頁などを参照されたい。

●時代状況に合わせた制度の拡充

子ども数が減り、今まで以上に子育て家庭が孤立しやすくなっていくであろう地域社会の中で、付加的なサービスを拡充するだけでは不十分で、一歩踏み込んで、保育所制度を新しい時代状況に合わせて拡充する視点を持つべきと考える。

たとえば、保育所利用における所得階層格差の存在が指摘されている[1)]。保護者の就労が、間断的であったり、ごく短時間だったりする場合などで、入所がかなわないケースが存在すると予測される。また、社会的サービスの利用に消極的で、家族内で問題を抱え込みがちな場合、利用に行きつかないことも考えられる。こうした層の保育所利用が、需要が減り待機児童が解消するからといって、自動的に促されるだろうか。

現行制度は、保育の必要性が認められた子どもしか保育所入所できない仕組みである。その保育の必要性の「有無の判断」は、就労などもっぱら保護者側の状況でしか判断されていない（89頁参照）。

障がいや発達上の課題など子どもの側の状況によって、保育の必要性を認めるといった変更が必要だとの主張は、従前から強くされていたが、実際は新制度導入時においても、旧態依然とした基準がほぼそのまま引き継がれたのである。たとえば、下の子が生まれて育児休業を取得した家族の上の子は、特に３歳未満児の場合、保育の必要性がなくなったということで、慣れ親しんだ保育所からの退園を強要される地域が未だに多数存在している。複数の３歳未満児を育てる家族の子どもは保育の必要性があると判断し入所可能とするなど、子育ての実態や、子どもの権利保障の観点からの見直しが必要ではないか。

従前の家族に責任を押し付けるような子育て観から脱却し、社会全体で子どもや子育てを支える社会にするためにも、すべての子どもを受け入れる皆保育も視野に保育の必要性の認定要件を大幅に拡げることなどを、早急に検討すべきである[2)]。また、問題を抱えながらも保育所利用に積極的とはいえない家族の利用促進を促すような、仕組み・環境づくりも課題である。

さらに政府は、幼保小の連携強化、幼児教育の質的向上を打ち出してはいるが、そこには教育を狭くとらえ、幼児期の子どもの日々の生活とその発達を保障する視点が欠落しているといえる。

地域に普及した保育所等は、地域の子育てを支える福祉施設であり貴重な社会的資源といえる。それを、人口減を理由に統廃合を促進することでいいのかが問われている。

●条件改善に舵を切る

この間のマスコミの論調をみると、少子化対策の強化･見直しを求めているが、中には、これまでの少子化対策が、保育所の待機児童対策に偏していたとして、子ども数の減少を受けて、重点の見直しをもとめる意見もある。

保育問題は政策の重点ではないとして、予算削減やむなしとするかのような意見もある。前出の厚労省の検討会のまとめも、そうした方向を容認するかのような印象を持つ。

今こそ、質の維持向上を軽視した規制緩和策によって受け皿拡大を図ってきたこれまでの路線と決別し、子どもの権利保障の視点にたって職員配置基準を改善するなど条件向上策を前進させるような転換を図るべきである。その転換は、先に述べた制度の拡充策と矛盾することではないので、保育のあり方の将来像を豊かにする視点から、検討を進めるべきと考える。

●当面の定員割れ対策

こうした今後の制度のあり方をめぐっての論議を喚起するとともに、進行している定員割れ問題に、即応することが必要だ。

1990年代後半以降、待機児童問題が深刻化する中で、大都市部を中心に年度当初から保育所が定員一杯の子どもを受けいれることが常態化してきたが、すでに示したようにゼロ歳児を中心に定員が埋まらない状況が進行している。私立園からすれば、受入れる子ども数が減れば収入減につながるので職員体制を維持することが難しくなる。特にゼロ歳児は公定価格の単価が高いので、定員割れが続けば経営的に深刻な打撃となる。

一方で、利用者サイドからすれば、4月当初に定員が満ちることで、年度途中入所がかなわない事態が常態化していたという問題があった。年度途中入所を保障することと、個々の経営の安定を確保することを両立させる必

図表1-5K2　利用定員変更に関わるFAQ抜粋

No.	事項	問	答
101	利用定員の変更	定員超過の状況を踏まえ、認可定員及び利用定員を引き上げた後、需要の減少により利用人員が減少した場合、再び利用定員を引き下げることはできますか。	客観的に実利用人員が減少しているなど、利用定員を引き下げることについての合理的な理由がある場合には、3月前に市町村長に届け出ることによって引き下げることも可能です。 その際、実利用人員を考慮して定員設定を行う必要があり、また現に当該施設･事業において教育･保育の提供を受けていた児童に対して、定員減少後も引き続き教育・保育の提供がなされるよう、他の施設･事業者等との連絡調整等を図ることが義務づけられている点に留意が必要です。
102	利用定員の変更	利用定員の弾力化が恒常的に行われる場合など、利用定員の見直しが必要な場合、1号、2号、3号（0歳、1･2歳）の各区分の利用定員を見直しの対象として指導していくこととなるのでしょうか。1号と2・3号の2区分の利用定員を見直すのでしょうか。	それぞれの定員設定の区分ごとにそれぞれ利用児童数に応じた利用定員を設定することが基本ですが、とりわけ、施設型給付費等の単価設定を適正なものとする観点から、1号と2・3号の2区分での適正化を図る必要があります。
103	利用定員の変更	事業者からの利用定員の減少の届出を受理せず利用定員の減少を認めないことは可能ですか。 また、利用定員の減少の届出がされた後に、実際の利用者数が利用定員を上回っている場合、利用定員を見直す必要はないのでしょうか。	利用定員の減少は、法第35条第2項又は第47条第2項の規定により事業者の届出で足りるものであるため、市町村は、必要な事項を盛り込んだ届出を受理せず利用定員の減少を認めないといった対応を取ることはできません。 他方、市町村は、市町村子ども・子育て支援事業計画に基づき教育・保育の提供を行うこととされており、「子ども・子育て支援法に基づく教育・保育給付認定等並びに特定教育・保育施設及び特定地域型保育事業者の確認に係る留意事項等について」（令和2年9月10日3府省通知）第3の1（1）アにおいて、「市町村においては、申請者との意思疎通を図り、その意向を十分に考慮しつつ、当該施設での最近における実利用人員の実績や今後の見込みなどを踏まえ、適切に利用定員を設定していただく必要がある」こととされていることから、事業者は、利用定員の減少の届出に際しても、事前に市町村と相談することが適当です。 その上で、当該利用定員の減少が保育士・幼稚園教諭等の確保が困難である等の理由によるものであれば、都道府県･市町村は、事業者に対して保育士･幼稚園教諭等の確保を支援することが適当です。 また、利用定員の減少の届出がされた後であっても、上述の通知第3の1（1）オ（イ）のとおり、恒常的に実際の利用者数が当該利用定員を恒常的に上回っているときは、市町村及び事業者は、利用定員を適切に見直し、法第32条又は第44条の規定による確認の変更を行う必要があります。

資料：内閣府子ども・子育て本部　「自治体向けFAQ【第19.1版】」2021（令和3）年10月1日

要がある。当面、2つの対応が考えられる。

1つは、利用定員の縮小である。保育所に支弁される委託費は、国が定める公定価格を基に算定されるが、公定価格は施設の利用定員ごとに金額が異なり。定員が小さいほどその単価は高くなる。よって入所児童の減少が予測されるのであれば、利用定員を引下げ、定員以上の入所児童があった場合は、定員超過で受入れという手法も考えられる。詳しくは、**●図表1-5K2**を参照されたい。

もう1つは、年度途中での入所枠を確保するために、職員体制を維持するための補助を自治体から支給させることである。本白書では保育研究所独自の調査として、都道府県ごとの単独助成の一覧を251頁以降に示しているが、都道府県レベルでも、埼玉・神奈川・富山・長野・岐阜・静岡・愛知・鳥取・島根県などで、程度の差はあれこうした事態に対応する補助がある。同様の補助は市町村単位でも存在する。そうした地域に学んで、早急に助成を創設･拡充することが課題といえる。

（逆井直紀）

1）山野良一「保育所の社会的役割を考える―国民生活基礎調査を用いた所得階層別の保育利用の経年比較」（月刊『保育情報』2021年12月号No.541）など

2）その際、保育時間の長さに関わる、保育短時間認定、標準時間認定のあり方についても検討が必要となるだろう。その際、子どもの生活リズムの保障という視点を欠いてはならないのはいうまでもない。

6 子ども・子育てにかかわる各種事業

A 地域子ども・子育て支援事業とは？

「無償化」に関わって、実費徴収に係る補足給付等で内容変更

●市町村に法定13事業の実施義務

子ども・子育て支援法は、2015年を起点に同法第59条各号に規定する事業を地域子ども・子育て支援事業として5年を一期とする市町村子ども・子育て支援事業計画に従って実施することを市区町村に義務づけた。これらの事業は2014年以前、学童保育（放課後児童健全育成事業）のように従前から法律に規定されていた事業もあるが、多くは予算措置による補助事業としておこなわれてきたもので、自治体に実施義務は課せられていなかった。

ただし法定13事業全ておこなう事まで市町村に義務づけられているわけではない。例えば学童保育は2022年には1,627市町村で実施されているが、これは全市町村の93.5%に過ぎない。

事業の実施状況は●図表1-6A1、地域子ども・子育て支援事業に含まれる各事業の概要は●図表1-6A2のとおりである。

●法定13事業の財源

法定13事業実施のために市町村が支出する費用に対して、妊産婦健診の費用を除いて、国・都道府県は予算の範囲内で交付金を交付する。負担割合は国・都道府県・市町村で$\frac{1}{3}$ずつとなっている。妊産婦検診の費用は全額交付税措置の対象となっている。交付金であるため、各事業にどのように予算を配分するかは市町村の裁量に任されている。

なお、事業主から徴収される事業主負担金の一部は地域子ども・子育て支援事業のうち延長保育、放課後児童健全育成事業、病児保育事業の財源に充当されており、その残りの費用を国・都道府県・市町村で負担する事になっている。

図表 1-6A1　地域子ども・子育て支援事業の実施状況

事業名	か所数等	利用状況	備考
①利用者支援事業	3,035か所	－	2021年度
②延長保育事業	29,277か所	893,990人（年間利用児童数）	2021年度
③実費徴収に係る補足給付を行う事業			
1、給食費（副材料費）新制度未移行園	6,602か所	106,607人	2020年度
2、教材費・行事費等（給食費以外）新制度園　1号認定	694か所	922人	※か所数については重複あり
2号認定	3,128か所	6,206人	
3号認定	1,905か所	2,729人	
④多様な事業者の参入促進・能力活用事業			
1、新規参入施設等への巡回支援	724か所		2021年度
2、認定子ども園特別支援教育・保育経費	427か所		
⑤放課後児童健全育成事業	26,683か所	1,392,158人	2022年5月1日現在
⑥子育て短期支援事業			
1、短期入所生活援助（ショートステイ）事業	918か所		2021年度
2、夜間養護等（トワイライトステイ）事業	494か所		
⑦乳児家庭全戸訪問事業	1,725か所		2022年4月1日現在
⑧養育支援訪問事業	1,448か所		2022年4月1日現在
子どもを守る地域ネットワーク機能強化事業（要保護児童等に対する支援に資する事業）	561か所		2020年度
⑨地域子育て支援拠点事業	7,735か所		2020年度
⑩一時預かり事業	10,236か所	3,383,524人(年間延べ利用人数)	2021年度（一般型と余裕活用型の合計）
⑪病児保育事業	3,791か所	857,396人（年間延べ利用人数）	2021年度
⑫子育て援助活動支援事業（ファミリー・サポート・センター事業）	971市町村	－	2021年度
⑬妊産婦健康診査	全市町村で実施	－	

資料：内閣府「子ども・子育て支援新制度について」（2022年7月）などから作成

利用者負担は法定化されていないため自治体間の格差が生じている。子育て援助活動支援事業（ファミリー・サポート・センター事業）、一時預かり事業、病児保育事業が幼児教育･保育の「無償化」の対象となっている。

（岩藤智彦）

図表1-6A2　地域子ども・子育て支援事業の概要について

・市町村は、子ども・子育て家庭等を対象とする事業として、市町村子ども・子育て支援事業計画に従って、以下の事業を実施する。（子ども・子育て支援法第59条）
・国及び都道府県は同法に基づき、事業を実施するために必要な費用に充てるため、交付金を交付することができる。
・費用負担割合は国・都道府県・市町村それぞれ1/3
（利用者支援事業については、国2/3、都道府県・市町村それぞれ1/6、妊婦健診については交付税措置）

①利用者支援事業
子ども及びその保護者等の身近な場所で、教育・保育・保健その他の子育て支援の情報提供及び必要に応じ相談・助言等を行うとともに、関係機関との連絡調整等を実施する事業

②延長保育事業
保育認定を受けた子どもについて、通常の利用日及び利用時間以外の日及び時間において、認定こども園、保育所等において保育を実施する事業

③実費徴収に係る補足給付を行う事業
保護者の世帯所得の状況等を勘案して、特定教育・保育施設等に対して保護者が支払うべき日用品、文房具その他の教育・保育に必要な物品の購入に要する費用又は行事への参加に要する費用等、特定子ども・子育て支援に対して保護者が支払うべき食事の提供（副食の提供に限る）にかかる費用を助成する事業

④多様な事業者の参入促進・能力活用事業
特定教育・保育施設等への民間事業者の参入の促進に関する調査研究その他多様な事業者の能力を活用した特定教育・保育施設等の設置又は運営を促進するための事業

⑤放課後児童健全育成事業
保護者が労働等により昼間家庭にいない小学校に就学している児童に対し、授業の終了後に小学校の余裕教室、児童館等を利用して適切な遊び及び生活の場を与えて、その健全な育成を図る事業

⑥子育て短期支援事業
保護者の疾病等の理由により家庭における養育が一時的に困難となった児童について、児童養護施設等において必要な養育･保護を行う事業（短期入所生活援助事業（ショートステイ事業）及び夜間養護等事業（トワイライトステイ事業））

⑦乳児家庭全戸訪問事業
生後４か月までの乳児のいる全ての家庭を訪問し、子育て支援に関する情報提供や養育環境等の把握、育児に関する不安や悩みの相談を行う事業

⑧・養育支援訪問事業
養育支援が特に必要な家庭に対して、保健師や助産師、保育士が居宅を訪問し、養育に関する相談に応じ、指導や助言等により養育能力を向上させるための支援を行う事業

・子どもを守る地域ネットワーク機能強化事業
要保護児童対策地域協議会の機能強化を図るため、要保護児童対策調整機関職員やネットワーク構成員（関係機関）の専門性強化と、ネットワーク機関間の連携強化を図る取組を行う事業

⑨地域子育て支援拠点事業
乳幼児及びその保護者が相互の交流を行う場を提供し、子育てについての相談、情報の提供、助言その他の援助を行う事業

⑩一時預かり事業
家庭において保育を受けることが一時的に困難となった乳幼児について、主として昼間において、認定こども園、幼稚園、保育所、地域子育て支援拠点その他の場所において、一時的に預かり、必要な保護を行う事業

⑪病児保育事業
病児について、病院・保育所等に付設された専用スペース等において、看護師等が一時的に保育等する事業

⑫子育て援助活動支援事業（ファミリー・サポート・センター事業）
乳幼児や小学生等の児童を有する子育て中の保護者を会員として、児童の預かり等の援助を受けることを希望する者と当該援助を行うことを希望する者との相互援助活動に関する連絡、調整を行う事業

⑬妊婦健康診査
妊婦の健康の保持及び増進を図るため、妊婦に対する健康診査として、１）健康状態の把握、２）検査計測、３）保健指導を実施するとともに、妊娠期間中の適時に必要に応じた医学的検査を実施する事業

出典:内閣府子ども・子育て本部「子ども・子育て支援新制度について」（2022年７月）

6 子ども・子育てにかかわる各種事業

B 一時預かり事業

●一時保育事業から一時預かり事業へ

緊急・一時的な保育を必要とする家庭や地域の要求に応えて保育所が行ってきた保育に対し、国は1990年度から国庫補助事業として一時保育事業を実施してきた。1996年には、事業の目的に保護者の育児疲れを加えた。その後、児童福祉法一部改正により、2009年度から名称を一時預かり事業に変更して児童福祉法に法定化され、社会福祉法の第2種社会福祉事業に位置付けられた。さらに、2015年から始まった子ども・子育て支援新制度の、地域子ども・子育て支援事業（13事業）に再編された。2022年には、児童福祉法一部改正により、一時預かり事業に子育ての負担軽減を目的とした利用も含まれることが法律に明記された（2024年４月施行）。

図表 1-6B1　一時預かり事業について

○　日常生活上の突発的な事情や社会参加などにより、一時的に家庭での保育が困難となった乳幼児を保育所等で一時的に預かる事業

	① 一般型	② 幼稚園型Ⅰ	③ 幼稚園型Ⅱ	④ 余裕活用型	⑤ 居宅訪問型	⑥ 地域密着Ⅱ型
実施主体	市区町村（市区町村が認めた者への委託可）					
対象児童	主として保育所、幼稚園、認定こども園等に通っていない、又は在籍していない乳幼児	主として幼稚園等に在籍する満３歳以上の幼児で、教育時間の前後又は長期休業日等に当該幼稚園等において一時的に保護を受ける者	３号認定を受けた２歳児（2021年度より０・１歳児も対象に加えた）	主として保育所、幼稚園、認定こども園等に通っていない、又は在籍していない乳幼児	以下の要件に該当する者 ▼障害、疾病等の程度を勘案して集団保育が著しく困難であると認められる場合 ▼ひとり親家庭等で、保護者が一時的に夜間及び深夜の就労等を行う場合 ▼離島その他の地域において、保護者が一時的に就労等を行う場合	主として保育所、幼稚園、認定こども園等に通っていない、又は在籍していない乳幼児
実施場所	保育所、幼稚園、認定こども園、地域子育て支援拠点又は駅周辺等利便性の高い場所など	幼稚園又は認定こども園	幼稚園 ※認定こども園は対象外	保育所、認定こども園、家庭的保育事業所、小規模保育事業所、事業所内保育事業所において、利用児童数が定員に満たない場合	利用児童の居宅	地域子育て支援拠点や駅周辺等利便性の高い場所など
実施要件	設備基準					
	「児童福祉施設の設備及び運営に関する基準」に定める保育所の基準を遵守。				—	「児童福祉施設の設備及び運営に関する基準」に定める保育所の基準に準じて行う。
	職員配置					
	乳幼児の年齢及び人数に応じて保育従事者等を配置し、そのうち保育士等を1/2以上。保育士等以外の保育従事者等は研修を修了した者。保育従事者等の数は２名を下ることはできないが、保育所等と一体的に実施し、当該保育所等の職員による支援を受けられる場合には、保育士等１人とすることができる。 ※一般型については、１日当たり平均利用児童数が３人以下の場合には、家庭的保育者を保育士とみなすことができる。 ※幼稚園型については、当分の間保育士等の配置の割合、保育士等以外の教育・保育従事者の資格について緩和措置あり。			「児童福祉施設の設備及び運営に関する基準」に定める保育所の基準等を遵守。	研修を修了した保育士、家庭的保育者又はこれらの者と同等以上と認められる者。ただし、家庭的保育者１人が保育することができる児童の数は１人とする。	担当者のうち、保育について経験豊富な保育士を１名以上配置。 担当者は２人を下ることはできない。 保育士以外の担当者は、市町村が実施する研修を修了していること。
実施か所数（2020年度）	9,223か所	7,659か所	129か所	659か所	１か所	（※一般型の内数）

資料：子ども・子育て支援新制度について（令和４年７月、IX. 地域子ども・子育て支援事業）より作成
https://www8.cao.go.jp/shoushi/shinseido/outline/index.html

一時預かり事業の類型は●図表1-6B1の通りである。一般型は、保育所等に在籍していない児童に対して緊急一時的に保育を行うものであり、従来から保育所等で実施していた一時保育である。幼稚園型Ⅰは、幼稚園での在園児の預かり保育を一時預かり事業に再編したものである。幼稚園型Ⅱは、新子育て安心プランにもとづき保育を必要とする２歳児を対象に2018年に創設された。一時預かり事業一般型の実施か所数と利用人数の推移は●図表1-6B2の通りで、2020年度はコロナ禍により、か所数・利用数が減少している。

●待機児童対策としての一時保育拡充

新制度５年目の見直しの中で、待機児童の受け皿として一時保育を活用する狙いもあり、2020（令和２）年度から単価が改善された。また、新たに一時預かり事業を始める場合の整備費や家賃補助、特別支援加算が創設された。特別支援加算は、障害児への職員加配や、多胎児家庭の心理的・身体的負担の軽減を実現するための加算である。幼稚園型Ⅰでは、障害児受入れの特別単価を2020年度に創設、2021年度には保育体制充実加算を増額した。また、幼稚園型Ⅱは、2021年度から、０・１歳児を対象に加え受け皿拡大を目指している（137頁参照）。

待機児童対策ではないが、コロナ禍で代替保育を実施するための財政支援として、一時預かり事業の特例型が設けられた（2022年２月）。

●求められる条件整備

制度として問題とすべきは、一時預かり事業においては職員の資格・配置の要件が緩和され、通常保育よりも低い水準となっていることである●図表1-6B1。幼稚園型Ⅱは、月齢等で個人差が大きい０～２歳児を対象とするにもかかわらず、対応する職員のうち有資格者は$\frac{1}{2}$とされている。一時的な保育だからこそ、専門性と経験を有する保育士等有資格者を配置し子どもの安全や発達に配慮する必要がある。

国は、未就園児を対象とする新たな通園制度の創設等、子育て世帯への支援体制の強化をうちだしている。この点については、本書の特集（230頁）で紹介するが、支援を強化するというのであれば、一時預かり事業においても、有資格者を手厚く配置する等、施設・環境も含めた条件改善と、そのための財政的な裏付けが必要である。

（井上晶子）

図表 1-6B2　一時預かり事業（一般型）の実施状況の推移（実施か所数・延べ利用児童数）

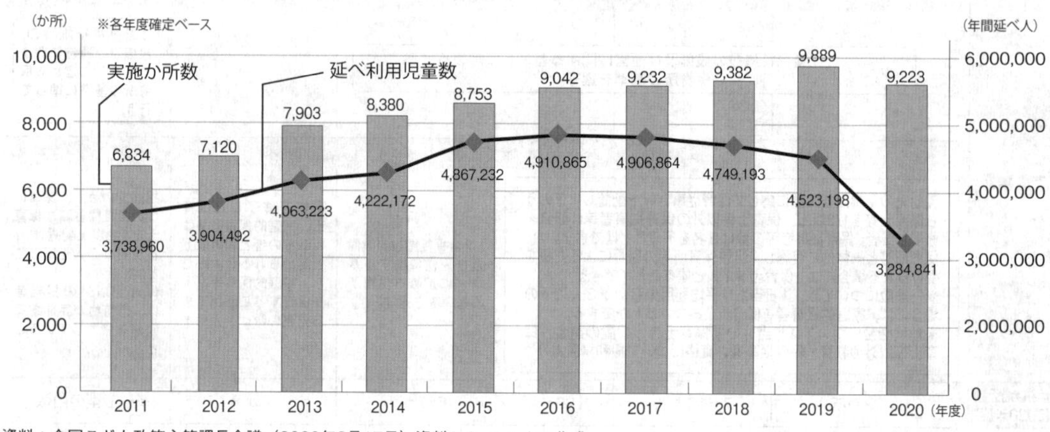

資料：全国こども政策主管課長会議（2023年3月17日）資料2_2_5_5.より作成
https://www.cfa.go.jp/councils/kodomo_seisaku_r4_syukankacho/

6 子ども・子育てにかかわる各種事業

C　実費徴収に関わる補足給付事業

●新制度を契機に創設された補足給付事業

子ども・子育て支援新制度（以下　新制度）以前も園服などの実費徴収は認められていたが、国の助成制度はなかった。実費徴収に係る補足給付を行う事業（以下　補足給付事業）が創設された理由は、新制度で直接契約が導入されたためである。

直接契約では保育料を事業者が直接収納する仕組みとなる。そうなると介護保険で発生しているような、自己負担を払えない人の受入忌避や、所得により利用できるサービスが限定され発達に影響を与えるおそれがあることが問題となった[1]。公的給付の対象外の実費徴収や上乗せ徴収に対しても所得に対する配慮が必要とされ、新制度の地域子ども・子育て支援事業に補足給付事業が位置づけられた。

子ども・子育て支援法の国会審議で国において「実費徴収の上限額に関する基準を定めるほか、実費徴収以外の上乗せ徴収を認めるに当たっては、低所得者については免除することなどを要件とする予定」（野田佳彦総理、2012年５月10日）との表明もあったが、幼稚園等への配慮から行われなかった。義務教育の就学援助制度等を参考に対象者の範囲、給付対象や上限が具体化された。その後、幼児教育「無償化」によって給付範囲が変更され、現在に至っている。

図表1-6C1　実費徴収に係る補足給付を行う事業について

1．事業概要

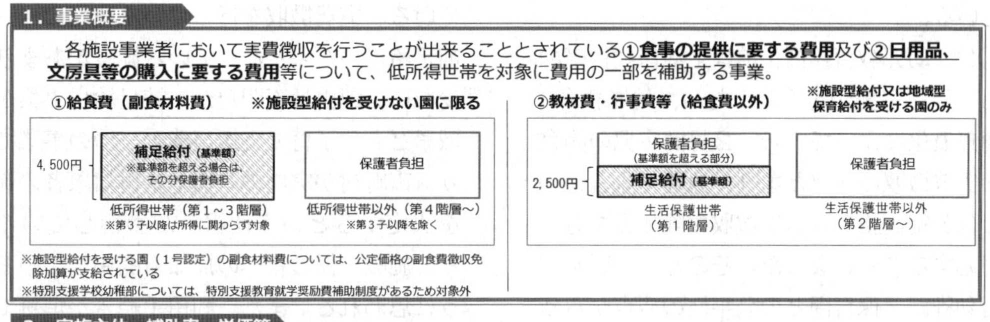

2．実施主体・補助率・単価等

実施主体：市町村（特別区を含む。）
補 助 率：国１／３（都道府県１／３、市町村１／３）

<令和4年度補助単価（１人当たり月額）>

①給食費（副食材料費）　４，５００円
②教材費・行事費等（給食費以外）　２，５００円

<実績（令和２年度）>　※か所数については重複あり

①給食費（副食材料費）
6,602か所、106,607人

②教材費・行事費等
１号認定：　694か所、　922人
２号認定：3,128か所、6,206人
３号認定：1,905か所、2,729人

3．市町村の事業実施における考え方

・「実費徴収に係る補足給付事業」は、地域子ども・子育て支援事業の１つであり、地域の保護者・事業者等のニーズを踏まえつつ策定する「市町村子ども・子育て支援事業計画」に従って、市町村が事業の実施や給付対象者の範囲を決定。
・①給食費（副食材料費）の対象（2019年10月～）は、施設型給付を受けない幼稚園において給食を実施している場合。給食の実施方法・形態は問わない（外部搬入で実施している場合、ミルク給食のみを実施している場合も対象）。ただし、家から持参するお弁当は、そもそも給食に該当しないため対象外。

資料：内閣府子ども・子育て本部「子ども・子育て支援新制度について」（2022年７月）

●補足給付事業の概要

補足給付事業は地域子ども・子育て支援事業に位置づけられており、●図表1-6C1にその概要を示した。

補足給付事業は新制度で認められている保育料以外の負担（実費徴収と上乗せ徴収[2]）の全てを対象にするわけではない。その対象は実費徴収に限定されている。

対象となる子どもと支出は①新制度未移行の幼稚園（私学助成を受ける幼稚園）を利用する保育料第３階層世帯（市民税所得割額が77,101円未満世帯…概ね年収360万円未満）以下の世帯または第３子目以降の子どもの副食材料費（2023年４月より月４,700円以内）、②幼稚園・保育所・認定こども園・小規模保育等を利用する生活保護世帯の教材費・行事費のうち運営費基準額を超える部分（月2,500円以内）となっている。

実績として、①は6,602か所、106,607人へ支給。②のうち１号認定に対して694か所、922人。２号認定に対して3,128か所、6,206人、３号認定1,905か所、2,729人へ支給されている。

①は、幼児教育無償化前は生活保護世帯のうち１号認定児が対象だったが、幼児教育・保育無償化によって１号・２号認定児の副食費が実費徴収の対象となり、免除対象者については公定価格に副食費徴収免除加算をもうけ対応することとなった。そのため、新制度移行幼稚園・保育園との公平性の観点から新制度未移行幼稚園の副食費を補足給付の対象とした。結果として、幼児教育の無償化によって副食費を含めた保育料負担の免除の対象者は拡大している。

②では、実費徴収として認められている主食費は補足給付事業の対象となっていない。また、就学援助では認められているPTA会費・保護者会費は教育・保育に必要がないことを理由に給付の対象とはなっていない。

●実費徴収の実態と乖離する補足給付事業

新制度未移行幼稚園のうち①副食費に関する補足給付は6,602か所の幼稚園で実施されている。未移行幼稚園の園数[3]をふまえると、対象施設の多くで実施されていると思われる。

一方、②教材費・行事等に関する補足給付は2020年には１号認定694か所、２号認定3,128施設、３号認定1,905か所でしか実施されていない。２号認定児の受け入れ施設で最も多い保育所は、2020年時点で23,759か所[4]あり、補足給付を実施している施設は、その２割（全て保育所で実施されているとしても13.3%）にも満たない。少し古い数字だが、2014年に内閣府が保育所の実費徴収実施状況について明らかにしている。通園費（園バス代等）6.7%、遠足等の園外活動費（バス代、入場料等）38.1%、文房具や絵本代などの教材費40.6%、制服・カラー帽子・運動服などの被服費52.8%であり[5]、2019年にみずほ情報総研が厚生労働省の委託を受けて行った調査[6]でも同じような傾向となっている。実費徴収を行っている施設に比べて補足給付の対象となっている施設があまりに少ない。理由は不明だが、補足給付事業が地域子ども・子育て支援事業の一つの事業であり、市町村が実施の有無や給付対象者の範囲を決定するという仕組みが影響していること、施設・保護者への周知も関係しているように思われる。また、利用手続きが煩雑でそれを理由に保護者が利用しない場合があることも指摘されている[7]。

また、就学援助が対象としているPTA会費等や、主食費が補足給付事業の対象外となっていること等、給付対象の範囲が狭いことも問題である。

子育て世帯の負担軽減のためにも制度の拡充や運営の改善が強く求められる。

（岩藤智彦）

1）第19回社会保障審議会少子化対策特別部会（2008年12月3日）議事録など
2）新制度で認められている実費徴収と上乗せ徴収
　実費徴収は①制服などの日用品、文具等、②遠足代等保育所の行事への参加に要する費用、③給食費（3歳児以上の副食費免除対象者の副食費と0～2歳児の主食・副食費を除く）、④園バス等の通園費用、⑤その他運営費補助金の対象となっていないサービス提供に要する費用で保護者に負担させることが適当なものに認められており（内閣府令『特定教育・保育施設及び特定地域型保育事業並びに特定子ども・子育て支援施設等の運営に関する基準』第13条第4項）、保護者への書面による説明と同意が必要（同条第6項）で、私立保育所の場合はさらに市町村と協議し承認を得る必要がある。（内閣府「自治体向けFAQ」）
　上乗せ徴収は公定価格の基準を超えた人員の配置や平均的な水準を超えた施設の整備など保育の質を向上させるため運営費補助を超えて必要となる費用（同条第3項）について認められており、費用の必要性について書面で明らかにし、保護者への説明と書面による同意を得る必要がある（同条第6項）。
3）文科省「幼児教育の現状」第8回幼児教育の実践の質向上に関する検討会（2020年2月17日）参考資料6
4）厚生労働省『保育所等関連状況取りまとめ（令和3年4月1日）』（2021年8月27日）
5）子ども・子育て会議（第11回）、子ども・子育て会議基準検討部会（第12回）合同会議（2014年1月15日）『資料2　公定価格・利用者負担の主な論点について』70頁
6）みずほ情報総研「私立保育所の運営実態等に関する調査」（2019年3月）
7）内閣官房こども家庭庁設立準備室『未就園児等の把握、支援のためのアウトリーチの在り方に関する調査研究報告書』（2023年3月）

6 子ども・子育てにかかわる各種事業

D 障害のある子どもの保育と療育

●保育所等における障害児保育の概要と財政支援

1960年代、障害児の教育権保障運動を背景に、障害のある乳幼児（発達上の課題のある子どもを含む。以下　障害児）の保護者による自主的保育が全国各地に誕生、同時期、一部の幼稚園や保育所が障害児を受入れるようになった。

1963年に中央児童福祉審議会（以下　中児審）が、「児童の心身の障害によるもの」を「保育に欠ける状況にあるとみることができ」[1]るとの考え方を示した。そして、1973年の中児審「当面推進すべき児童福祉対策（中間答申）」を受けて、1974年に「障害児保育事業実施要綱」が策定され、この要綱に基づき、特別児童扶養手当（以下　特児）を受給している障害児を受入れている保育所に対して４：１の保育士加配のための予算補助事業が開始された。この国庫補助事業（予算補助）は2003年に一般財源化によって廃止され、全て地方交付税措置で置きかえられた。

2007年度、従来の財政支援の対象以外にも支援が必要な児童を保育所が多数受入れていたことから、特児を受給していない障害児に対象を広げ、同時に加配基準を４：１から２：１に引き上げる地方交付税措置の拡充が行われた。

2018年度には、保育所における障害児受入れ数が10年間で1.9倍となった実態をふまえて、2017年度まで400億円だった地方交付税の障害児保育の予算を880億円に拡充すると同時に、障害児受入れ実態を「的確に反映」[2]するため、従来の方式から実際の受入れ障害児数に応じて地方交付税を算定するよう変更された●図表1-6D1。

さらに2020年度には、２：１以上の加配をしている市町村は加配職員数の２倍を受入れ障害児数とするよう地方交付税の算定方法が変更された。

2022年度予算では障害児１人あたり約150万円（２：１以上で加配している自治体は加配職員１人あたり約300万円）が地方交付税で措置されている。加配職員１人あたり費用はほぼ人件費で非常に低い水準と言わざるをえない。

自治体は国の地方交付税算定基準通り施策を実施する義務はない。実際、障害の程度を問わず一律の加配職員の配置基準を採用している自治体（回答自治体の28.0％）のうち概ね1：1が34.3％、２：１が19.7％、３：１が23.0％、４：１が5.8％となっており[3]、地方交付税の配置基準（２：１以上）を下回っている自治体が少なくない。

小規模保育等では障害児数に応じて２：１で職員を加配する障害児保育加算が設けられている。幼稚園においては子ども・子育て支援新制度への移行園・未移行園ともに私学助成の特別補助で財政支援が行われている。私学助成や障害児保育補助の対象とならない認定こども園は地域子ども・子育て支援事業の多様な事業者の参入促進・能力活用事業によ

図表 1-6D1　障害児保育に係る経費と算定方式の変更

〈改善の経緯〉

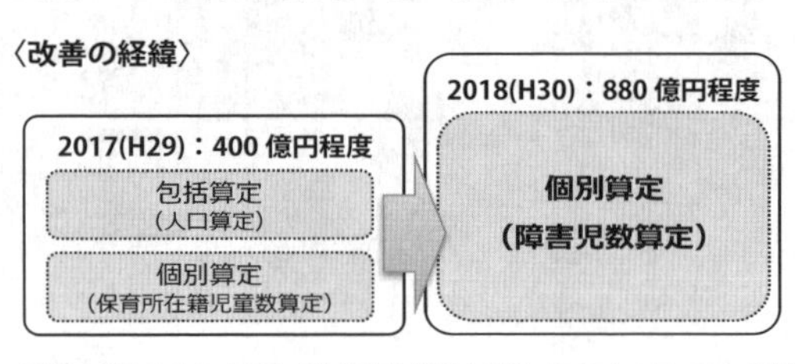

資料：こども家庭庁「全国こども政策主管課長会議」(2023 年 3 月 17 日）資料

って財政支援が行われている。

発達障害等の知識を有する専門員が保育所等を巡回し、職員等に対し障害の早期発見・早期支援のための助言等を行う巡回支援専門員整備事業（自治体への補助事業）がある。

●急増する保育所での障害児の受入れ

保育所における障害児の受入れ施設数は2021年度、21,143か所と10年前の1.5倍、受入れ児童数は86,407人で同1.8倍と急増しており、そのペースは同時期の保育所等の増加（施設数1.4倍、受入れ児童数1.3倍）を上回っている●図表1-6D2。

保育所の88.5%が障害児を受入れている。一施設あたりの受入れ児童数は公立5.4人、私立3.4人となっており受入れ児童数での公私差は大きい●図表1-6D3。

障害児担当職員数は増加をしているが●図表1-6D4、受入れ障害児数の増加に追いついていないとの指摘もあり検討が必要だ。

●児童発達支援利用児童の増加

保育所等以外では児童発達支援事業所で未就学障害児の療育等が行われている。

児童発達支援は2012年の児童福祉法改正によって創設され、主に未就学児を対象としている（法的には18歳まで利用が可能）。

児童福祉法は、児童発達支援を児童発達支援センターとその他内閣府令で定める施設で行われる「日常生活における基本的な動作の指導、知能技能の付与、集団生活への適応訓練」と定義している。児童発達支援センターの主な施設基準は●図表1-6D5の通りである。

児童発達支援の利用者は2012年47,074人から2021年136,422人（2.8倍）[4]へと急増しており、2013年以降は保育所における受入れ障害児数を上回っている。

図表 1-6D2　保育所における障害児保育の実施か所数と受入れ児童数の推移

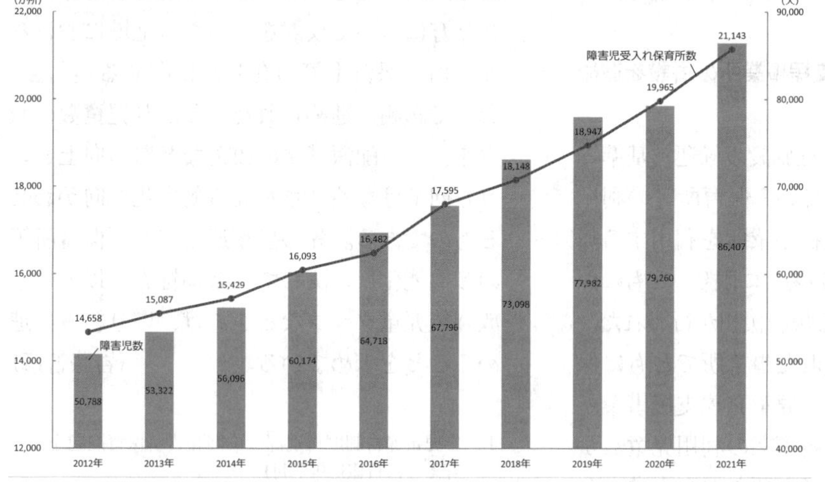

＊障害児数には、軽度障害児を含む
資料：厚生労働省HP https://www.mhlw.go.jp/stf/seisakunitsuite/bunya/0000155415.html

図表1-6D3　2021年度公私別障害児等受入れ保育所数

	保育所総数	公立保育所数	私立保育所数
施設数	23,886	7,522	16,364
障害児受入れ施設数	21,143	6,843	14,300
(受入れ障害児数)	86,407	37,225	49,182
割合	88.5%	91.0%	87.4%
割合(2015年度)	68.1%	76.7%	62.6%
医療的ケア児受入れ施設数	352	269	621
(医療的ケア児数)	418	350	768

資料：厚生労働省HP「各自治体の多様な保育（延長保育、病児保育、一時預かり、夜間保育）及び障害児保育（医療的ケア児保育を含む）の実施状況について」より作成（2023年5月7日閲覧）
施設数は「福祉行政報告例」（2021年度4月1日現在）、2015年度の実施割合は『保育白書』2018年度版128頁

図表1-6D4　障害児保育担当職員数（2022.4.1時点）

単位：人

合計	常勤職員	非常勤職員
46,720	25,605	21,115
(30,844)	(17,476)	(13,368)

＊厚生労働省子ども家庭局保育課調べ
＊障害児保育担当職員は、障害児保育を行うことを主として配置されている職員
＊非常勤職員は実人数（常勤換算していないもの）
＊（　　）は2017年３月31日時点（『保育白書』2018年版128頁より）

資料：こども家庭庁「全国こども政策主管課長会議」(2023.3.17)より作成

児童発達支援は児童福祉施設である児童発達支援センターと児童発達支援事業所によって実施されるが、2021年１月の報酬データをみると児童発達支援センターによるものは事業所数で約９％、利用児童数で約26％となっており、児童発達支援事業所によるものが圧倒的多数である[5)]。児童発達支援事業所の経営主体のうち営利法人は58％となっている[6)]。営利法人事業所の給与費は児童発達支援全体に比べて低く、サービス換算職員数[7)]あたり給与費は全体379.9万円に対して263.0万円となっている[8)]。

障害児通所支援の中に障害児を受入れる保育所等を訪問して障害児本人、施設スタッフの支援を行う保育所等訪問支援がある。保護者が児童発達支援センターなど事業を提供する事業所との契約が必要で利用者負担がある。

●保育所等と児童発達支援事業所の併設を進める規制緩和

2023年４月に児童福祉施設設備運営基準等が改正され、併設されている保育所等の利用児の保育や児童発達支援事業所を利用する障害児の支援に支障がない場合に限り、ともに保育することを可能とする規制緩和が行われた。

厚生労働省は併設された事業所でともに保育を行う場合、保育所、児童発達支援事業所のそれぞれにおいて、各事業の利用児童数から人員配置基準によって必要な保育士数を合計した職員の配置等を条件にしている[9)]。

●図表1-6D5の通り、障害児発達支援事業所の人員配置基準は10：２で、障害児保育の２：１の配置基準より低くなっている。今回の措置の活用が進むと、インクルーシブ保育の保育条件は、むしろ悪化することが懸念される。また、障害児保育の加配職員の配置基準の改善への障害になることも予想される。

従来、保育所等と児童発達支援事業所が併設をされていたとしても、それぞれに特有な施設（例：保育室、指導訓練室）や利用児の保護に直接従事する職員（例:保育士）を兼ねることは禁止されていた。これは、それぞれの施設や職員がなし崩し的に併設事業所に共用・兼務をされることを防ぎ、それぞれの事業の質を担保するための規制である。

今回の規制緩和の提案は、インクルーシブ保育の推進と同時に人口減少に伴って生ずる「空き定員を活用した療育（児童発達支援）を保育所でも行えるよう、規制の見直しを」[10)]求める声に応えて、人口減少に対応した保育の在り方について検討を行った「地域における保育所・保育士等の在り方に関する検討会」などで議論が進められた。預かり児童数の減少を、人員配置基準の改善など質の向上という方向ではなく、さらなる効率化へ向かわせるものである。先の事務連絡でも「保育所等の多機能化」に関して社会福祉施設以外にも放課後児童クラブなどをあげ、取り組みを進めることを求めている。（岩藤智彦）

図表1-6D5　児童発達支援の主な施設基準

	人員	施設
それ以外	児童発達支援管理責任者1名以上 保育士・児童支援員の総数10：2以上	指導訓練室 （面積要件無し）
児童発達支援センターで実施	・児童発達支援管理責任者1名以上 ・保育士・児童支援員の総数4：1以上　かつ児童発達支援員1名以上保育士１名以上	1人あたり2.47㎡以上の指導訓練室 1人あたり1.65㎡以上の遊戯室

資料：「児童福祉施設の設備及び運営に関する基準」より作成

1）中児審保育制度特別部会中間報告「保育問題をこう考える」（1963年７月）
2）総務省報道資料「平成30年度普通交付税の算定結果等」（2018年７月24日）
3）みずほ情報総研株式会社「保育所における障害児保育に関する研究報告書」（2017年３月）
4）厚労省第６回「障害児通所支援に関する検討会」（2022年12月14日）参考資料１
5）厚労省第１回「障害児通所支援の在り方に関する検討会」（2021年６月14日）資料４
6）2021年「社会福祉施設等調査」
7）当該サービスに従事した時間を常勤換算したもの
8）2020年「障害福祉サービス等経営実態調査結果」
9）「保育所等におけるインクルーシブ保育に関する留意事項等について」（2022年12月26日厚労省保育課・障害福祉課事務連絡）
10）第44回「子ども・子育て会議」（2019年８月29日）参考資料２

7 学童保育(放課後児童クラブ)と新制度

A 学童保育の現状

●学童保育とは

学童保育（放課後児童健全育成事業）は、児童福祉法６条の３第２項で「小学校に就学している児童であって、その保護者が労働等により昼間家庭にいないものに、授業の終了後に児童厚生施設等の施設を利用して適切な遊び及び生活の場を与えて、その健全な育成を図る」と規定されている事業である。

学童保育は、1950年頃から各地に誕生し、関係者の切実な願いと働きかけによって、1997年に法制化された。保育所は、児童福祉法７条に「児童福祉施設」と位置づけられ、最低基準を持ち、「市町村の保育実施義務」が定められているのに対して､学童保育は「事業」としての位置づけで､市町村の責務は「利用の促進の努力義務」にとどまっている。

2015年度から児童福祉法34条８の規定にもとづき、国、都道府県及び市町村以外の者が事業を行う場合は、市町村に届け出ることが必要になった。また、市町村は、事業の設備と運営について、厚生労働省令「放課後児童健全育成事業の設備及び運営に関する基準」（以下　省令基準）を参考にして、条例で最低基準を定めることが必要になった。この基準により､「放課後児童支援員」という資格が生まれたが、本稿では、社会的、一般的に広まっている呼び方である指導員という用語を用いる。学童保育の集団の規模を示す基準である「支援の単位」は、専用区画、専任職員、一定の規模の児童数（おおむね40人以下）であることが定められている。

図表 1-7A1　学童保育数と入所児童数の推移

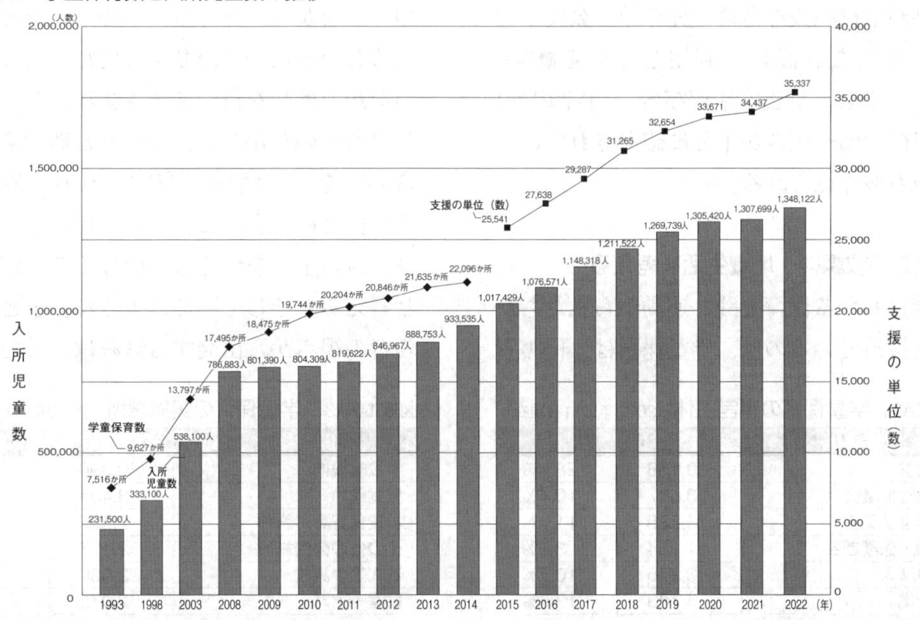

（注）詳細な実態調査は５年ごとに実施。入所児童数の全数調査は、2006 年から実施。それ以外は概数。2011 年の数値は東日本大震災の影響により被災地の 34 市町村は未集計。2012 年調査は福島県内の９町村は未集計。
2015 年４月から「学童保育数」に代わり、児童の数をおおむね 40 人以下とする「支援の単位」数をベースに集計。
資料：全国学童保育連絡協議会　「学童保育の実施状況調査」より

●入所児童数、運営主体、実施場所など

全国学童保育連絡協議会（以下　全国連協）は毎年、すべての市町村（特別区を含む）を対象に学童保育の実施状況調査を行っている。

2022年５月１日現在、学童保育の事業所（施設）数は２万4,414、「支援の単位」数は３万5,337、入所児童数は134万8,122人であった●図表1-7A1。省令基準に示された「おおむね40人以下」の子ども集団の人数規模で運営されているところは全体の約６割、人数規模が100人を超えるところもある。コロナ禍で、感染リスクを懸念して自治体や運営者が受け入れ人数を縮小した（高学年の利用自粛を求めるなど）時期もあったが、少なくない自治体が「おおむね40人以下」を守るために新たに施設整備を行うことには消極的だった様子がうかがえる。

運営主体は、公営が全体の３割弱と近年急激に減少している反面、民間企業による運営が急速に増えている●図表1-7A2。公営学童保育の民間委託・民営化が進んでいる。

実施場所は、余裕教室活用をはじめ、学校施設内が全体の半数を超える。また、全体の約８割が学校施設を含め、児童館、公民館などの「公的な施設」を利用している●図表1-7A3。しかし、静養室や遊び場、「生活の場」としての設備や広さが十分に確保されていない状況も多く見られる。

●子どもの放課後・地域生活を考える

長年にわたる保育実践と運動から私たちが確信を持っているのは、学童保育は、保護者の働きつづけること・子どもを育てることへの思いと選択にもとづき、指導員とのかかわりをよりどころとして、子ども自らが進んで通いつづける、安心して過ごせる充実した毎日の「生活の場」であるということである。私たちは、子どもにとって放課後とはどのような時間なのか、その時間を支える大人（指導員や保護者、地域の人々）が大切にしたい視点とは何かを確かめながら、「子どもの最善の利益」を考え、子どもの権利を保障するために取り組んできた。保護者にとっても、子どもが学童保育で毎日継続した生活をおくることは、大きな安心と支えにつながると考える。

私たちは、子ども・指導員・保護者がともに行う「子ども一人ひとりと、子どもたちの生活内容を豊かにするための継続的な営み」を生活づくりと呼んで大切にしている。そのためにも、現場にいる大人（指導員）が、自分の経験や保育観だけにもとづいて指示を出すのでなく、保護者の願いに思いをはせ、子どもの声に耳を傾け、ときには黙って待つ、失敗や間違いなども受けとめあえる雰囲気をつくりながら、見守る、求められたときに応えるといったかかわりが必要だ。日々の生活のなかで興味を持つさまざまなこと（遊びや友だちとのかかわり、ぼーっと過ごすことも含め）を、「いやだ」「やりたい」「やってみよう」というように、子ども自身が考え、選び、自ら生活をつくっていけることが必要だと考える。そして、このような、子ども・保護者の視点から出発する営みは、私たちが守

図表1-7A2　学童保育の運営主体（2022年5月1日現在）

運営主体	支援の単位	割合
公立公営	10,158	28.7%
社会福祉協議会	3,687	10.4%
地域運営委員会	3,885	11.0%
父母会・保護者会	1,134	3.2%
ＮＰＯ法人	3,775	10.7%
民間企業	4,783	13.5%
その他法人等	7,915	22.4%
合計	35,337	

資料：全国学童保育連絡協議会「学童保育の実施状況調査」より

図表1-7A3　学童保育の実施場所（2022年5月1日現在）

開設場所	支援の単位	割合
学校施設内	20,090	56.9%
児童館内	3,401	9.6%
学童保育専用施設	2,590	7.3%
その他の公的施設	2,127	6.0%
法人等の施設	2,530	7.2%
民家・アパート	2,075	5.9%
店舗・事業所	995	2.8%
その他	1,529	4.3%
合計	35,337	

っていきたい学童保育の「文化」なのだ、との思いを強めている。

また、子どもが育っていく過程では、子どもや家庭の実態と願いに応じた、地域の住民や文化との多様で豊かなかかわり、施設や事業が求められる。学童保育はこれまで、地域のさまざまな場所や施設、たとえば、地域の児童館や児童遊園などの児童福祉施設、図書館や公民館などの社会教育施設などの活用を通して、豊かな活動を行ってきた。子どもの生活が、学童保育の施設内や学校内だけで完結することなく、地域に根ざしていることが必要である。それぞれの施設やそこでの事業内容、取り組みの役割をお互いに尊重しながら、連携できるように、当事者の声を施策に反映させることも課題である。

この間、長引くコロナ禍のなかで、子どもにとっても制限された生活が続き、生活リズムや睡眠の変調で心身への影響が見られた。人と接することへの恐れや、表情を悟られたくなくてマスクを外せない、など友だちを含めた周囲の人々とのかかわり方や距離感も変化し、対人関係への影響も心配されている。子どものさまざまな発信を受けとめ、ていねいに働きかけていくことが大切だと感じている。

●子どもが負担なく通いつづけられるために

かつて、学童保育の待機児童問題は大都市部に限られていたが、いまでは地方都市の問題でもある。ある市では待機児童数が倍増し、担当課が保護者に、子どもに留守番の練習をさせることや祖父母の協力を求めたことが報道された。また、ある市では市内にも地域差があることが報じられた。ある県では待機児童数はゼロだが、児童数が71人以上の支援の単位数の割合が２割を超えていて、全国的にもっとも高い。

保護者にとっては、「学童保育に入れるか入れないか」は就労保障、ひいては家族の生活を左右する問題であり、ともすれば「希望する家庭があるのであれば、条件整備が不十分でも受け入れるべき」という論調に傾きかねない。

しかし、子ども集団の規模の上限を超えて大規模化した学童保育での生活が子どもたちに深刻な影響を与えることは否めない。「子どもが学童保育に行きたがらない」「指導員の対応、保育内容に不満があり退所した」など、年度途中の退所や、学年が上がる際に退所を選択するという実態も少なからずある。待機児童の受け皿として、文部科学省所管の「学習・体験活動の場」である「放課後子供教室」の活用を選択肢としている市町村もあるが、それでは子どもたちに「生活の場」を保障することはできない。

子どもたちが必要とする期間、負担に思うことなく学童保育に通いつづけるためには、子ども一人ひとりが安心して子ども同士や指導員との関係を築ける環境が不可欠である。具体的には、「子ども集団の規模の上限を守りながら必要な数だけ学童保育を増やすこと」「支援の単位ごとに、子どもの所属を明確に区分し、それぞれに施設を整備し、２人以上の指導員を、少なくとも１年間は固定して配置すること」を確実に行うとともに、保育内容の充実と指導員の力量を高めていくことが必要である。

この間、報道等では、「公立の学童保育」と対比するかたちで、「民間の学童保育」という言葉が使われている。これまで、私たちが運動のなかでつくってきた学童保育は、児童福祉法に位置づけられ、国や自治体の基準にもとづいて、補助金も含めた行政の関与のもとで運営されている。これに対して、法的根拠を持たず、児童福祉の理念にもとづかないビジネスとしての「民間の学童保育（預かりサービス）」については、今後さらに検討が必要といえる。

（佐藤愛子）

7 学童保育（放課後児童クラブ）と新制度

B 学童保育関係予算の動向

学童保育の予算は、内閣府から「子ども・子育て支援交付金」（以下 交付金）の放課後児童健全育成事業費等補助金として市町村に交付される。総経費の$\frac{1}{2}$を利用者負担とし、残りを国と都道府県、市区町村が$\frac{1}{3}$ずつ負担することになっている。運営費は、学童保育の規模・開所日数や時間などによって、「支援の単位」ごとに補助額が決められる。

●指導員の処遇改善にかかわる補助金

「放課後児童支援員等処遇改善等事業」（2015年度〜）及び「放課後児童支援員キャリアアップ処遇改善事業」（2017年度〜）の実施状況は市町村の２、３割にとどまる。

2017年度から、１日６時間勤務の非常勤職員、年額181万×３人のうち１人分が福祉職俸給表にもとづく月額単価年額約310万円で算出されることになった。しかし、いまだに多くの学童保育では、短時間勤務の指導員だけでシフトが組まれ、継続的に子どもとかかわり、責任を持って保育を行うことが難しい勤務形態で運営されている。

コロナ禍で、2021年度に「放課後児童支援員等処遇改善臨時特例事業」（月額9,000円相当の賃金改善）（以下 臨時特例事業）が実現し、2022年度の「放課後児童支援員等処遇改善事業」に引き継がれた。全国連協は内閣府子ども・子育て本部に臨時特例事業の市町村別実施状況の情報提供を求め、これを地域連絡協議会と共有し、各地に処遇改善の実現と、事業の水準の向上を呼びかけた。

●2023年度の学童保育関係予算

2023年度予算は総額1,205億円で、運営費等に1,046億円、整備費に159億円が計上された。

「従うべき基準」の参酌化（188頁参照）に伴い、2020年度から運営費は職員配置等に応じた補助基準額が設定されている●図表1-7B1。原則である、①「省令基準」どおりの職員配置のほか、②有資格者１名のみ配置、③無資格者を複数配置、④無資格者を１名のみ配置、である。ただし、利用している子どもの安全確保方策を条例などで規定し、児童数が20人未満になる時間帯や曜日だけ、職員の１名配置や無資格者のみの配置を認めるとした場合も、①の基準額となる。

しかし、「指導員が一人だけで保育を行う状況が継続的にある」状態では、「その場そのときの直接的な安全を確保すること」や「緊急時の対応」にも多くの困難が生じる。学童保育の生活のなかで安全の確保を必要とする場面（事故・ケガ対応や不審者の侵入防止、災害発生など）は常にあり、対応し得る職員体制と知識や経験に裏づけられた瞬時の判断が必要である。

また、資格の有無にかかわらず、大人が一人で子どもを見るという事態は、学童保育が「密室」となることであり、虐待につながる不適切な対応が生じる危険性もはらんでいる。

●有資格者の「みなし」にかかわる措置

放課後児童支援員の資格を取得するには、基礎資格を有した者が「放課後児童支援員認定資格研修」を受講し、「修了」する必要がある。しかし、国の2023年度予算において、「①研修計画を定める」「②採用から２年以内に研修修了を予定している」という２つの要件を満たした場合は、研修未修了の者も有資格者とみなすことができる、との考えが示された。この「みなし」に関わる措置は、「基礎資格があれば、研修受講が伴わず、『放課後児童支援員としての役割及び育成支援の内容等の共通理解』『職務を遂行する上で必要最低限の知識及び技能の習得とそれを実践する際の基本的な考え方や心得の認識』がなくても、２年間は事業に従事できる」ことを意味し、さらには「その状況がつづくことに年限が設けられていない」という大きな問題点がある。これは、資格の必要性が大きく揺らぐことであり、さらには、放課後児童支援員は「誰でもいい」という考え方につながる危険性をはらんでいるともいえる。

●事業にふさわしい開所日・時間、職員配置を

2021年10月、会計検査院から補助金の過大交付等の指摘がされ、2022年６月に厚生労働省から事務連絡が発出されたことを受け、各地で県や市による運営の点検、説明会などが行われた。実際に、要件を満たさず、開所日数の数え方を誤っていたことなどから、市町村や事業者が補助金を返還する事態も発生している。補助金は、基準を順守して適切に申請、運用すべきものであることは大前提として、実態が「子どもに安全・安心な生活を保障する」という事業のあり方にふさわしい開所日・開所時間、職員配置で運営されているのか懸念される。「保育時間前後（子どもがいない時間帯）に準備を行うなど、指導員が担うべき仕事があり、子どもの命を守る観点からも常勤職員の複数配置が必要であること」から、全国連協は2023年２月に、厚生労働大臣宛てに「開所日・開所時間、職員配置にかかわる緊急申入書」を提出し、厚生労働省と懇談を行った。その後、「開所時間」の解釈について厚生労働省から、都道府県や市町村に説明するためのＱ＆Ａが発出された。

学校長期休業中も含めて、開所時間帯すべてを通じて「放課後児童支援員」の資格を有する者を「支援の単位」ごとに２人以上配置するためには、３人体制（常勤１人・非常勤２人）を想定した現行の人件費では不充分であり、常勤職員複数名配置のための、さらなる補助金の増額が必要である。（佐藤愛子）

図表 1-7B1　2023 年度　放課後児童健全育成事業の補助単価

1　放課後児童健全育成事業　　＊原則、省令基準どおり放課後児童支援員、補助員を配置した場合

区分	補助単価
（1）年間開所日数250日以上の放課後児童健全育成事業所	
ア　基本額（1支援の単位当たり年額）	
（ア）構成する児童の数が1～19人の支援の単位	2,558,000円－（19人－支援の単位を構成する児童の数）×29,000円
（イ）構成する児童の数が20～35人の支援の単位	4,734,000円－（36人－支援の単位を構成する児童の数）×26,000円
（ウ）構成する児童の数が36～45人の支援の単位	4,734,000円
（エ）構成する児童の数が46～70人の支援の単位	4,734,000円－（支援の単位を構成する児童の数－45人）×69,000円
（オ）構成する児童の数が71人以上の支援の単位	2,917,000円
イ　開所日数加算額（1支援の単位当たり年額）	
	（年間開所日数－250日）×19,000円（1日8時間以上開所する場合）
ウ　長期休暇支援加算額（1支援の単位当たり年額）	
長期休暇中に支援の単位を新たに設けて運営する等の場合	（左記要件に該当する開所日数）×19,000円
エ　長時間開所加算額（1支援の単位当たり年額）	
（ア）平日分（1日6時間を超え、かつ18時を超えて開所する場合）	「1日6時間を超え、かつ18時を超える時間」の年間平均時間数×409,000円
（イ）長期休暇等分（1日8時間を超えて開所する場合）	「1日8時間を超える時間」の年間平均時間×184,000円
（2）年間開所日数200～249日の放課後児童健全育成事業所（特例分）	
ア　基本額（1支援の単位当たり年額）	
（ア）構成する児童の数が20人以上の支援の単位	3,099,000円
（イ）構成する児童の数が1～19人の支援の単位	1,726,000円
イ　長期休暇支援加算額（1支援の単位当たり年額）	
長期休暇中に支援の単位を新たに設けて運営する等の場合	（左記要件に該当する開所日数）×19,000円
ウ　長時間開所加算額（1支援の単位当たり年額）	
	平日における「1日6時間を超え、かつ18時を超える時間」の年間平均時間数×409,000円

※構成する児童の数が10人未満の支援の単位に対する補助については以下のいずれかに該当する場合のみ行う。山間地、漁業集落、へき地及び離島で実施している場合のほか、当該放課後児童健全育成事業を実施する必要があると厚生労働大臣が認める場合。
※放課後児童支援員は、基礎資格＋研修受講という仕組みになっているところ、研修受講については、「①研修計画を定めること、②採用から２年以内に研修修了を予定していること」という二つの要件を満たす場合は、研修を修了していない者も放課後児童支援員とみなすことができるものとする。

資料：厚生労働省発表資料をもとに全国学童保育連絡協議会事務局が作成

7 学童保育（放課後児童クラブ）と新制度

C 学童保育政策の動向と今後の課題

●「従うべき基準」の参酌化と条例改正

2015年度以降、市町村は省令基準をもとに「最低基準」となる条例を策定した。また、厚生労働省雇用均等・児童家庭局長名で通知された「放課後児童クラブ運営指針」には、子どもの権利条約の理念にもとづいて、「子どもの最善の利益を考慮して」という文言が入った（省令基準の概要は●図表1-7C1）。

省令基準では当初、「放課後児童支援員」という資格と、この資格を有する者を「支援の単位」ごとに２人以上配置することが「従うべき基準」として定められた。

しかし、策定からわずか５年、省令基準の「指導員の資格」と「員数」が「参酌基準」に変更され、2020年４月に施行された。

厚生労働省の調査によると、学童保育を実施している1,629自治体のうち、649自治体で「人員配置・資格要件」基準を変更していた（2022年４月１日時点）。「放課後児童支援員等の員数に関する改正」を行ったのが64自治体あった。員数について、国の基準と異なる規定を設けた自治体は、「有資格者の１人配置を可とする」が46自治体、「無資格者の２人以上を可とする」が５自治体、「無資格者の１人配置を可とする」が７自治体、「その他」が６自治体であった。

「従うべき基準」の参酌化を定めた「第９次地方分権一括法」には「施行後３年」の見直しを行うという附則が付されており、全国連協および地域連協を中心に国会請願署名等さまざまな取り組みを行ったが、2023年３月、国は上記の３か年にわたる調査結果をふ

図表 1-7C1　放課後児童クラブの基準　　編集部―下線部分が 2020 年４月１日施行で緩和された

○ 放課後児童クラブの質を確保する観点から、子ども・子育て関連３法による児童福祉法の改正により、放課後児童クラブの設備及び運営について、省令で定める基準を踏まえ、市町村が条例で基準を定めることとなった
○ このため、「社会保障審議会児童部会放課後児童クラブの基準に関する専門委員会」における議論を踏まえ、平成 26 年４月に「放課後児童健全育成事業の設備及び運営に関する基準」（平成 26 年厚生労働省令第 63 号）を策定・公布した

＜主な基準＞　　※職員のみ従うべき基準（他の事項は参酌すべき基準）

支援の目的（参酌すべき基準）（第５条）
○ 支援は、留守家庭児童につき、家庭、地域等との連携の下、発達段階に応じた主体的な遊びや生活が可能となるよう、児童の自主性、社会性及び創造性の向上、基本的な生活習慣の確立等を図り、もって当該児童の健全な育成を図ることを目的として行わなければならない

職員（従うべき基準）（第10条）
○ 放課後児童支援員（※１）を、支援の単位ごとに２人以上配置（うち１人を除き、補助員の代替可）
※１ 保育士、社会福祉士等（「児童の遊びを指導する者」の資格を基本）であって、都道府県知事が行う研修を修了した者（※２）
※２ 2020 年３月 31 日までの間は、都道府県知事が行う研修を修了した者に、修了することを予定している者を含む

開所日数（参酌すべき基準）（第 18 条）
○ 原則１年につき 250 日以上
※ その地方における保護者の就労日数、授業の休業日等を考慮して、事業を行う者が定める

設備（参酌すべき基準）（第９条）
○ 専用区画（遊び・生活の場としての機能、静養するための機能を備えた部屋又はスペース）等を設置
○ 専用区画の面積は、児童１人につきおおむね 1.65 ㎡以上

児童の集団の規模（参酌すべき基準）（第 10 条）
○ 一の支援の単位を構成する児童の数（集団の規模）は、おおむね 40 人以下

開所日数（参酌すべき基準）（第 18 条）
○ 土、日、長期休業期間等（小学校の授業の休業日）
→ 原則１日につき８時間以上
○ 平日（小学校授業の休業日以外の日）
→ 原則１日につき３時間以上
※ その地方における保護者の労働時間、授業の終了時刻等を考慮して事業を行う者が定める

その他（参酌すべき基準）
○ 非常災害対策、児童を平等に取り扱う原則、虐待等の禁止、衛生管理等、運営規程、帳簿の整備、秘密保持等、苦情への対応、保護者との連絡、関係機関との連携、事故発生時の対応　など

資料：内閣府「子ども・子育て支援新制度について」（2019 年６月）をもとに作成

まえ、「引き続き参酌すべき基準とする」という結論を出している。これでは、「保育の質」の地域格差が広がるばかりである。

一方、児童福祉法等の一部を改正する法律（令和４年法律第66号）において、都道府県等が条例で定めることとされている児童福祉施設等の運営に関する基準のうち、「児童の安全の確保」に関するものは、国が定める基準に従わなければならないこととする改正が行われた。これにより2023年４月１日から、学童保育と児童館においても、各事業所・施設が安全に関する事項について計画を策定することが義務づけられた（2023年度は努力義務）。地方分権の方針のもとで「従うべき基準」は減らされていくなかでも、「児童の安全の確保」は全国一律で行われる必要があるとして、「従うべき基準」として定められた。全国連協では、「児童の安全の確保」に直接関わるのは指導員であり、その資格と配置基準も当然、「従うべき基準」に戻す必要があると考える。さらには、施設・設備についても「従うべき基準」が求められる。

●「こども家庭庁」創設と「全てのこどもの居場所づくり」としての位置づけ

「こども家庭庁」創設にあたり、学童保育は「成育部門」の「相談対応や情報提供の充実、全てのこどもの居場所づくり」のなかに、「放課後児童クラブ、児童館や青少年センター、こども食堂、学習支援の場などの様々な居場所（サードプレイス）づくり」として位置づけられている。保育所は「就学前の全てのこどもの育ちの保障」に位置づけられており、学童保育も同様に「育ちの保障」という位置づけが必要と考える。

こども家庭庁に置かれた「こども家庭審議会」に「こどもの居場所部会」が設置され、2023年度中に「こどもの居場所づくりに関する指針（仮称）」が閣議決定されることとなっており、2023年５月から議論がはじまっている。６月には全国連協のヒアリングも行われた。

●よりよい学童保育の実現に向けて

子どもと生活をともにするうえで必要な専門的な知識や技能、そして倫理観を備えた「放課後児童支援員」という資格を持つ指導員が、経験を蓄積し、子どもと安定的に継続してかかわるためには、就労継続のための条件整備と人材育成を基本とした確保が必要である。

これまで私たちは、教育・保育・福祉・心理・哲学・社会学等、多方面・分野の実践・研究から学びながら、「学童保育とは」「学童保育で保障すべき生活内容とは」を考えてきた。また、指導員集団として、職場内で記録を活用しながら、日常の保育をふり返る作業を行い、子どもを理解しつづけようとすること、仕事内容を言語化する作業、実践記録を検討するなど、あらゆる機会を通じて、力量形成と質の向上に努めてきた。指導員に求められる倫理観、職場づくりなどについて研修で学ぶこととあわせて、「指導員が自ら考える」ことは大切である。

保護者は、日常的に指導員から子どもたちの生活や成長の様子が伝えられることから得られる安心を土台に、指導員との信頼関係を築いてきた。あわせて、「学童保育をつくる（施設と生活内容）」ために、保護者会、連絡協議会が果たしてきた役割は欠かせない。

今後も、保護者と指導員がともに学童保育の内容をつくりあげていくこと、公的責任のもとで学童保育をよりよくするために取り組んでいくことが必要である。

（佐藤愛子）

8 よりよい保育を実現するために

保育をめぐる動きと保育運動

●保育所制度の成立と役割

保育所は、戦後1947年に制定された児童福祉法39条に「日日保護者の委託を受けて、保育に欠けるその乳児又は幼児を保育することを目的とする施設」として規定された。すなわち保育所は、憲法25条に規定された生存権を、乳幼児期において具体化するための施設として創設されたといえる*。

しかし保育所で保障されるのは生存権にとどまらない。児童福祉法制定時の国会審議にあたり厚生省児童局（当時）が準備した想定問答には、保育所の役割として、①保護者が安心して働くことができ、そのことが家計の安定と子どもの発育を保障すること、②共同生活によって乳幼児の心身の健康な成長がはかれること、③「勤労大衆の母」の社会参加、学習、休養の保障があげられていた。

つまり保育所は、子どもの権利保障や発達保障だけでなく、保護者の労働権、幸福追求権、社会権等をも保障するために機能すべき施設として想定されていたといえる。保護者の労働や生活等に関わる諸権利が守られてこそ、子どもの権利が守られるという考え方が保育所制度の基礎にある。

●保育を受ける権利と保育所制度の確立

戦後の保育所制度は児童福祉法24条１項に規定された市町村の保育実施責任を基礎に、国・自治体の責任（公的責任）のもとで子どもの保育を受ける権利や保護者の働く権利を保障する制度として位置づけられてきた。さらに、切実な要求に根ざした制度拡充、公的責任を追及する運動とあいまって、最低基準の改善や産休明け乳児保育、障害児保育、延長・夜間保育の制度化など、実質的な施策の拡充が勝ちとられていった。

その結果、日本の保育所制度は、①市町村の保育実施責任、②最低基準の確保と遵守、③最低基準を維持する保育費用（公定価格）の公費負担、を原則とする公的責任性の高い制度として認知されてきた。

一方で、1980年代の臨調行革路線による保育切り捨て・国庫負担削減、1990年代の保育所活用論への転換と連動した保育制度「改革」、2000年代からの地方分権・規制緩和と保育市場化路線による公的責任の後退、子ども・子育て新システム論議（2012年）による直接契約・給付制度導入の動きから、施設・基準の多様化、企業参入の促進をはかった子ども・子育て支援新制度施行（2015年）、少子化と待機児童増加の同時進行、こども家庭庁創設（2023）に向けての組織再編など、厳しい政策圧力と、保育の拡充を求める運動は常に対峙してきた。権利としての保育、公的責任による保育の拡充を求める運動があったからこそ、これら制度「改革」や、公的保育を後退させる動きを貫徹させず、押しとどめてきたといえる●図表1-8-1。

●市町村の保育実施責任─24条１項の意義

2015年、新制度の実施にあたっては、粘り強い運動の力で児童福祉法24条１項、市町村の保育実施責任に関わる規定を復活させ、保育所保育は市町村の責任でなされるという位置づけを堅持させた。公立保育所は市町村がその責任を直接果たすための施設であり、私立保育所は市町村の委託を受けて保育を行う、というしくみは変わらない。

しかし一方で、これを形骸化しようとする動きも見られる。特に、その後顕在化した待機児童解消策においては、24条１項に位置づく認可保育所と、24条２項に位置づき直接契約を基本とする認定こども園、小規模保育事業等などを同等に扱う傾向がある。実際に、厚労省は新制度の実施に伴い待機児童の定義を改め（2017年）、24条２項の施設・事業を利用している場合は待機児童ではないとした。しかし、保護者が24条１項の認可保育所での保育を希望するかぎりにおいて、市町村は認可保育所で保育を提供する責任を免れるものではない。新制度においても24条１項は権利主張の根拠であり、これに基づいて認可保育所入所を求めるだけでなく、入所できなかった場合に市町村に不服申し立てができる。

地域の保育要求実現のために市町村責任を追及し、引き続き「権利としての保育」の実現を求めていく運動が重要である。

●待機児童問題と保育を受ける権利

待機児童問題は子どもと保護者の権利侵害の問題ともいえる。2016年２月の匿名ブログ「保育園落ちた日本死ね!!!」をきっかけに、あらためて注目されることになり、待機児童の当事者父母の行動が広がることで世論が盛り上がり、待機児童問題を政治課題に浮上させることになった。

加えて、待機児童問題の背景には保育士の劣悪な処遇問題があることを、これも当事者である保育士たちが自らの賃金や労働の実態をもって訴えたことで共感が広がった。専門職にふさわしい処遇と、労働者としての権利が保障されることが保育の質を高め、子どもや保護者の権利を保障するということを、保育所利用者や待機児童の保護者が課題として位置づけ、保育者とともに声をあげたことに大きな意味があった。2017年３月、保育士など福祉労働者の組合である全国福祉保育労働組合が、職員増員・賃金改善を求める一斉行動を行い、組合として初めて全国的ストライキを実施した。

近年、待機児童数は表向きには減少しているが、隠れ待機児童は未だ多く存在している。保育を受ける権利とは、保育を必要とするすべての子どもが、等しく質の高い保育を受けられることであり、そのためのさらなる条件整備が量と質の両面から求められている。

●コロナ禍の保育から制度改善へ

2020年以降のコロナ禍では、学校等が一斉休校になるなか、保育所は基本的に開所が求められたが、感染防止対策を行いながら、子どもの発達を支えるための保育を行うには、現行制度や条件があまりにも貧しすぎることが多くの現場で実感され、緊急の対応と改善を求める声が広がった。しかし国は、コロナ禍に乗じ、また待機児童解消のための保育士確保を名目に「新子育て安心プラン」（2020年12月）において、常勤保育士を必置としない短時間勤務保育士の導入要件緩和策を打ち出した。

また2021年12月に、厚生労働省がコロナ禍を理由に保育施設等の指導監査（実地検査）の規制緩和を提案した。子どもの命と安全に関わる問題として計３回にわたるパブリックコメントを通して、多くの反対の世論を喚起し、2023年４月からの実施にあたり、実地検査の原則を残すことができた。

また、2023年４月に子ども政策を一元化し、司令塔機能を発揮する行政機構としてこども家庭庁が創設された。創設にあたり、政府はこども予算倍増、「異次元の少子化対策」の実施等を表明した。特に、保育の喫緊の課題である配置基準・処遇の改善については、2023年６月に閣議決定された少子化対策実現のための「こども未来戦略方針」に「75年ぶりの配置基準改善と更なる処遇改善」が明記されたことは、この間の運動の成果といえる。しかし、財源や施策の具体化については先送りされたままであり、これを契機に、保育・子ども政策の抜本的改善を求める運動をさらに進めていく必要がある。

●請願権の行使としての署名運動

「権利としての保育」の実現を求める運動の一つとして、請願（署名）運動が広く行われている。国民は、国や地方の議会、行政機関などに対し、法律・条例の制定、改正・廃止、公務員の罷免、行政制度の改善などについて文書で意見や要望、苦情などを申し立てる（請願）ことができる。これは憲法16条に定められた基本的人権の一つ、請願権として保障されている。請願権は「何人」に対しても与えられている権利であり、個人はもとより法人、外国人にも認められている。

国会請願は国会議員（紹介議員）を通して提出しなければならない。参議院と衆議院は、請願については互いに関与せず別個に受付け、審査する。受理された請願は、議長が趣旨に応じて委員会等に付託し、委員会等が審査を行い、採択か不採択（審査未了）を決定する。採択すべき請願については、内閣送付が適当か否かを決定し議長に報告し、議長はこれを本会議に諮る。採択された請願のうち、内閣において措置することが適当とされたものは、内閣に送付され、内閣から毎年おおむね２回、その処理経過について各院に報告される。

請願（署名）運動は、署名を集める過程や数だけに意味があるのではなく、紹介議員の要請や審査の過程等において、請願内容に対する議員の態度や考え方などが明らかになるので、その後の参政権行使の参考にできるという点での意味も持っている。また、保育問題を国会審議でとりあげてもらい、世論形成につなげるという課題もある。この間の国会審議では、地域の保育団体がとりくんだアンケート等に基づいて複数の与野党の議員が配置基準の実態と改善課題等を国会でとりあげたことが、大きな力になっている。

全国保育団体連絡会は、他団体と協同して毎年秋に保育予算の増額や保育施策の拡充を求める国会請願署名にとりくんでおり、2022年度は約115万筆を国会に提出した。国会請願署名のとりくみでは、各地域で地元議員への要請や、懇談を重ね、与党の議員も含め、70名を超える紹介議員を得ることができた。請願は採択にいたらなかったが、保育問題が政治的にも重要な課題となっていることに確信を持ち、さらに運動を進めることが求められている。（実方伸子）

＊2012年８月に成立した子ども・子育て支援関連３法に係る法改正では、「保育を必要とする乳児・幼児を日々保護者の下から通わせて保育を行うことを目的とする施設」と修正され、「委託」という文言が削除された。

図表 1-8-1　国の政策と保育運動

国の政策	年代	保育運動・運動の成果
児童福祉法制定（1947）	1947年	保育所数（1,618か所　公立395　民間1,223）
保育等国庫負担率８割を５割に削減案（1954） ←		**撤回させる**
両親による家庭保育が第１原則（1963） 中児審保育制度部会「保育問題をこう考える」 ○保育所整備５か年計画１次（1967）２次（1971） 厚生省・乳児保育特別対策実施（1969）	1960年代	**ポストの数ほど保育所を** 親と保育者の共同の保育所づくり広がる
●自民党「乳幼児保育基本法案」（1979） 保育所は育児放棄の道具だ	1970年代	**乳児保育、延長保育等の充実を求める運動**
保育所の役割は終わった ○ベビーホテル問題で厚生省・延長保育特別対策実施（1981） ●保育予算毎年削減（1982～84） ●保育予算国庫負担率８割→７割へカット（1985） ５割へカット（1986～88） ●補助金カット一括法成立──５割恒久化（1989） ○乳児保育特別事業改善（1989）	1980年代	**保育予算削減許すな、保育制度拡充を** 保育所数（22,487か所　公立13,466　民間9,021） ○「国庫負担削減反対」署名運動（1985） 同1,000万共同署名運動（1986～89）

国の政策	年代	保育運動・運動の成果
保育所活用論への転換と制度改革論の提案 ●1.57ショック――合計特殊出生率低下（1990） ●公立保母人件費の地方負担へ転嫁案（1992） ●年収500万円以上世帯の直接契約入所案（1993） ○「エンゼルプラン」（1994）と具体化「緊急保育対策等５か年事業」（1995～99）	1990年代	**憲法・児童福祉法を守り、国と自治体の責任による保育制度の拡充を求める運動** ○保育要求共同署名（1993～96）、ハガキ運動 撤回させる **保育制度の改悪許さない運動** **最低基準改善求める意見書提出運動**
児童福祉法「改正」、保育所の措置制度はずし提案 ○保育所運営の国・自治体の公的責任は維持 ○学童保育が児童福祉法に法制化	1997年	**児童福祉法改悪許すな国会闘争** ○保育・学童保育予算増額求める署名（1997～） ○改悪阻止
●社会福祉基礎構造改革 ○最低基準改正――ゼロ歳児３：１（1998） ●最低基準弾力化で短時間勤務保育士容認、調理業務外部委託可（1998） ○少子化対策特例交付金2003億円――全市町村に	1998年	○国の保育所徴収金基準額1998年度から据え置き
保育所設置認可の規制緩和 ●保育所設置・運営企業参入容認（2000.3.30） ○新エンゼルプラン（2000～04）　介護保険実施（4.1）	2000年	**保育の規制緩和・市場化を許さない運動**
●小泉内閣発足――待機児童ゼロ作戦（2002～04）	2002年	**安上がりな待機児童対策でなく、保育所の新設・増設での待機児童解消を求める運動** 共同保育所、無認可保育所の認可化の進展
地方分権・幼保一元化 ●三位一体改革による補助金削減提案 地方６団体から保育所運営費一般財源化提案	2003年	**公的保育制度の堅持・拡充を求める運動** ○保育所運営費一般財源化を許さない運動（要請ハガキ運動）
●公立保育所運営費一般財源化 私立保育所運営費の国庫補助負担金維持	2004年	
○次世代育成支援対策推進法 子ども・子育て応援プラン、行動計画（2005～15）	2005年	○総合施設による公的保育制度形骸化を許さない運動（国会要請） ○民営化裁判、大東市で賠償命令、横浜市で違法判決、神戸市仮の差止め
●認定こども園法成立・施行（2006.10.1）	2006年	○第165回臨時国会、衆参両院で保育署名採択 ○第166回通常国会、衆参両院で保育署名採択
保育制度「改革」再編 規制改革会議「准保育士」資格提案 「子どもと家族を応援する日本」重点戦略（2007.12）	2007年	○規制緩和許さない要請ハガキ――「准保育士」導入断念 ○民営化裁判、最高裁で大東市の上告棄却、原告勝訴の高裁判決確定
●「新待機児童ゼロ作戦」（2008.2.27） 保育所保育指針大臣告示　最低基準に（2008.3.28） ●社会保障審議会少子化対策特別部会　新しい保育メカニズム（直接契約）提起（2008.5） ●児童福祉法一部改正――家庭的保育事業、一時預かり事業など法制化（2008.11）	2008年	○第169回通常国会、衆参両院で保育署名採択 **公的保育制度解体を許さない運動** ○第170回臨時国会、衆参両院で保育署名採択 ○公的保育制度解体を許さない保護者のアピール（第１次2008.12第２次2009.4）
●社会保障審議会少子化対策特別部会「第１次報告」――直接契約提案（2009.2） ○「安心こども基金」2500億円――全都道府県に ●「地方分権改革推進計画」（2009.12.15）――最低基準廃止・地方条例化提案 ●「新成長戦略」で保育制度「改革」を閣議決定（2009.12.30）	2009年	**制度「改革」でなく、待機児童解消など保育要求実現を求める運動** ○入りたいのに入れない――保育所ホットライン実施（2009.3） ○横浜市民営化裁判、最高裁で保育を受ける権利を認める判決（2009.11） ○最低基準廃止・地方条例化、民間保育所運営費一般財源化提案に対し、政府・関係機関への要請運動――2010年度一般財源化断念 ○第173回臨時国会、参議院で保育署名採択
子ども・子育て新システム論議 ○子ども・子育てビジョン（2010～2014） ●「子ども・子育て新システム基本制度案要綱」――幼保一体化、直接契約、保育の市場化・産業化方針（2010.6） ●最低基準改定（2010.6）――３歳以上児の給食外部搬入容認	2010年	○保育所休止の執行停止求める高知地裁判決（2010.3） ○第175回臨時国会、参議院で保育署名採択 **新システムに対する運動** ○新システムに反対し、保育をよくするアピール運動 ○新システムに反対し、保育をよくする会全国紙意見広告掲載（８月、10月、2012年３月）
●地域主権改革一括法可決（2011.4）	2011年	
最低基準廃止・地方条例化2012年４月から ●「新システム」関連３法案国会上程（2012.3） ○「新システム」関連３法修正案（2012.6） 廃止提案されるも児童福祉法24条１項復活 ●「新システム」関連３法成立・公布（2012.8）	2012年	○みんなの保育フェスティバル（2012.5.13）於明治公園6,000人 ○市町村の保育実施責任の堅持を求める
●「子ども・子育て支援新制度」関連政省令公布（2014.4～）	2014年	○国・自治体に向けた新制度を改善するための運動
子ども・子育て支援新制度実施	2015年	○国・自治体に向けた新制度の改善・見直し運動
●「子ども・子育て支援法」一部改正――企業主導型保育事業	2016年	○待機児童解消・保育士の処遇改善求める運動
●最低基準改正――保育士配置等の弾力化 ●「児童福祉法」一部改正（総則等の変更）	2017年	○保育の質改善、待機児童解消、保育士の処遇改善、保護者負担軽減を求める運動
●保育所保育指針等改定（2018年４月実施）	2018年	
●「子ども・子育て支援法」一部改正――「無償化」、認可外施設等利用給付導入	2019年	○給食費の実費徴収撤回等、「無償化」の改善を求める運動 ○第200回臨時国会、参議院で保育署名一部採択
○コロナ禍のもとでも保育所等の基本収入確保	2020年	
●「新子育て安心プラン」―短時間勤務保育士導入要件緩和	2021年	○初のネット署名実施
●指導監査（実地検査）規制緩和提案 ○処遇改善臨時特例事業（３%程度賃金改善）	2022年	
○こども家庭庁創設 ○「こども未来戦略方針」に「配置基準改善」明記	2023年	○指導監査規制緩和に反対する運動―原則実地検査の規定を残す ○配置基準の改善求める意見書採択運動

Chapter
2
特集

保育から異次元の少子化対策を問う

1 座談会　保育から「異次元の少子化対策」を問う

保育研究所　村山祐一
福島大学名誉教授　大宮勇雄
埼玉・熊谷　第二くるみ保育園　佐藤滋美
保育研究所　逆井直紀

（2023年6月23日　東京・保育研究所〈保育プラザ〉を基点に、オンラインで各発言者と繋いで実施）

逆井　2023年6月13日に政府は、「こども未来戦略方針」（本白書282頁に資料掲載）を閣議決定しました。それを踏まえながら、岸田首相が言う「異次元の少子化対策」を具体化するとしています。具体化の中身やテンポがどうなるのかハッキリしないのですが、方向性自体は明らかになってきたようです。

保育については2つの点が提起されています。一つが保育士などの配置基準の改善で、1歳児の6対1という基準を5対1に、4・5歳児の30対1を25対1にするとしています。けれども、いわゆる最低基準の改定はせずに、3歳児の15対1と同様の仕組みで、公定価格での加算措置というやり方でほぼ定まっているようです。

問題なのは、それをいつ実施するかですが、方針でも明記されていません。さらには職員の処遇改善も今後の検討ということで、明確な約束がない状態です。

もう一つが、「こども誰でも通園制度（仮称）」の実施です。2023年度の国の予算ですでに実施されている、保育所等の空き定員を活用するモデル事業をベースにしながら、2024年度から実施することが明記されています。この新しい制度自体を、アピールポイントとして前面に押し出していくのが、岸田政権の戦略のようです。

こうした内容を含む、異次元の少子化対策をどう見ていくのか、経済政策に従属しているなど、保育に限らない課題もたくさん出ていますので、それらも含めて、ご意見をお聞かせいただければと思います。

（左上）逆井直紀
（右上）村山祐一
（左下）佐藤滋美
（右下）大宮勇雄

異次元の対策、展望見えず…!?

村山　職員配置基準の問題では、改善が実際に進むのであれば一歩前進だと思います。しかし、今提起されている内容は、ほんのわずかであって、これでは保育現場で改善を実感できるようなレベルではない。

さまざまな保育施設で事故などが起きていますが、そういう事態を食い止めていくにふさわしいような条件改善も伴っていないので、とても異次元とは言えないと考えています。

それから、政府は子どもを真ん中に、などと盛んに言っていますが、今回提起されている「こども誰でも通園制度」は、子どもを真ん中に置いた制度ではなく、大人の都合による制度という意味合いが強いと感じます。

今の制度での対応では、通園していない３歳未満の子どもが、保育を受けるようになること自体は、いいことだと思うのですが、その受け皿をどうするか、条件問題含め論議がされないまま、ただ一方的に預かれというやり方で、本当に子どものためになるのかという疑問を持ちます。

大宮　まず、「異次元の少子化対策」という名前で、児童手当ての所得制限をなくすとか、いくつか打ち出していますけれど、全体としていろんな政策・施策の寄せ集めという感は否めません。

保育の分野でも、村山さんが話されたように、配置基準改善という打ち出しですけれど、実際にはこれまでやっていた公定価格の仕組みをいじって、補助金を拡充するような策ですし、「こども誰でも通園制度」も、それほどお金をかけるつもりがないように感じられ、ただ目新しさとか、世間受けするようなものを集めたという印象です。

また、保育を少子化対策に位置付けるというつくりになっているけれど、保育の問題としてきちっと改善しようという構えにはなっていない。基準を抜本的に引き上げなければ、保育現場の安定的な体制は確保されないという点で、大きな問題を抱えています。

「こども誰でも通園制度」も、３歳未満児の保育を受ける権利を保障するという点から見ても、非常に場当たり的で、少子化対策にもなっていないし、保育の改善にもなっていない。非常に中途半端な感じを受けています。

逆井　現場で園長をされている佐藤さん、いかがでしょう。

佐藤　埼玉県は県の単独補助事業として、１歳児は４対１の体制が実現できるような補助があります。ですので、埼玉県下の多くの保育園は、１歳児では国の基準よりも手厚い体制がとれているわけですけれど、国が５対１にすると、もしかしたら国に合わせるとして県の補助が後退してしまうのではないかと、県下の保育士さんや園長さんは心配しています。これから県との懇談などでも、引き続き４対１の加算を維持してほしい、後退しないように訴えていこう、団結して声を上げようと、考えています。

私も長年保育をしてきましたが、１歳児の保育が本当にケガと背中合わせだと感じています。よちよち歩くようになって、「おれ、できるぞ」「わたし、できるよ」と行動する年齢なので、大人がしっかり見守るというのは、保育の中では本当に大切です。その点から言うと５対１では、まだまだ足りない配置だなと思います。

私の園は60人定員で、４・５歳児は合わせて25人です。ですが、４歳児にも、５歳児にも担任を置いているというのが現状です。４歳児には４歳児の活動、５歳児には５歳児の活動があるので、そこを保障するために、厳しい保育士の体制の中で、園の努力で担任をそれぞれ置いているわけです。ですから、４・５歳児の基準が30対１から25対１になったとしても、まだまだ足りない感じです。もっとしっかりした配置基準にしていただきたいというのが、現場の強い声です。

逆井　ありがとうございます。前進は前進として評価したいのですが、まだ本当に前進するかどうかが、今のところまったく決まっていません。小倉こども政策担当大臣も、2024年度予算には盛り込むという旨の発言はしているようですけれど、だったら「こども未来戦略方針」の本文にそう書けばいいのに書いていないところが、先行き不透明だなと思います。

大宮　財源については、とりあえずつなぎ国債でやるようなことを言っていますけれど、要するに、安定的な財源確保のめどが立っていないことが大きいんじゃないですかね。だから、施策の実施年度、実施の見通しが打ち出せない状況なのだと思います。

逆井　予算的には児童手当に相当お金がかかるような話で、それについては前のめりと言えば前のめりです。一方で、３人目は３万円とか打ち出している割に、扶養控除の見直しまで言っているので、実際のところどこまで子育て世帯の手取りが増えるのか、まったく展望がもてません。

子どもの視点に欠ける「こどもまんなか」!?

大宮　こども政策は前進させるが、社会保障のどこかを減らして、どこかに回すといった形で国民の負担を増やさないということも言っているわけです。ま、軍事費を増やしているツケが回ることが一番の問題だと思いますが、やっぱり子どものことは後回しになっている。

逆井　放置できないが、具体化もできないという状況ですね。

大宮　財源の問題以外にも、基本的な家族観というか、家族政策との関係が大きいという話もあります。つまり、子どもを育てるのは家族責任だという非常に古い家族観に基づく自己責任論とか、あるいは保育も、社会的な仕事というより、私的な家庭の中で女性が無償で担う労働によって行うべきものだというような、そういう家族観が崩れるということに対する抵抗があるためだという研究者もいます。

児童手当として、家庭でかかる費用のごく一部であっても、手当を出すことで、社会の手で子どもを育てるという考えが広がり、応援することになるということに対して反対である、抵抗があるという声が、非常に根深く存在している。

児童手当が縮小されたり、所得制限がなかなか外れなかったりするのは、つまり、お金の問題だけではなくて、子育てとか子どもを産み･育てる､あるいは家族をつくって生活を営んでいくということ自体を個々人の責任だと考えている方々が、今の政権を支えている。岸田内閣になっても、そういう基調は変わっていないわけです。

逆井　そうですね。

大宮　そういう中で、少子化が進んできたことに対する根本的な反省もない。当面やれることは何かといったところでいろいろ考えをめぐらしてはみたものの、危機が深まってきてそうは言っていられなくなってしまった。

児童手当を所得制限なしにするというのも、ある意味では彼らの危機感もあるのでしょう。けれども、そういうところを根本的に変えて、改善するというような動きには、まだなっていないのかなと思います。

佐藤　昨年、北埼玉のお母さんと保育士とで、地元の国会議員さんに要請するために訪ねたことがあったんです。その議員さんは、所属されている党としては、保育園などに子どもたちがわーっと押し寄せるような状況をつくらないようにすることを考えている、と話されたのです。つまり、保育園の充実というよりは、十分な児童手当を捻出して、保育園に「それ！入れろ」とならないようにしようと考えているというお話だったのです。

けれども私たちは、今でも園に訪ねて来るお母さんや、一時保育に来るお母さんが、ご主人以外の大人と話すのは久しぶりだというぐらい、家庭内での子育てに悶々とされていて、孤立する家庭が増えていることがとても心配で、そうした状況に丁寧に対応するためにも、保育園を充実させてほしいと思っているのですが、この議員さんとは平行線で、本当にショックでした。

大宮　結局、その家族で子育てするということと、保育園で保育をするということを、対立させて考えているんですよね、いまだに。

家族責任を強調することによって、家族を「再生・強化」すべきなんだとか、きちんとやっていない家庭の側に問題があるという議論を、ずっとしているわけです。

子育てが社会的・構造的に、家庭だけではやれないという実態があるなかで、保育所などとの両輪で、子育てをしていこうとはなかなかならない。そういう議論が、ずっと続いている。

村山　「こどもまんなか」という言葉が使われ始めたけれど、子どもの視点を加味した論議をしていかないといけないと思います。

児童手当の問題も、基本的にはどの家庭でも育児をするので、児童手当が配分されるのは大事だし、格差をつくるのはまずいと思うのです。だけどそれは一つのやり方で、児童手当だけで済む問題でもないのです。

社会の中には、生活保護世帯の子どももいるし、家庭や家族の問題をいろいろ抱えた子どもも少なくない。それらは児童手当を増やせば解決する問題ではないので、どういう環境にあるのかを明らかにしながら、役所のシステムも含めて再検討しないと、本当の意味で子どもの問題を一歩一歩改善することには繋がっていかないと思います。

今のままでは、政権や大人の都合で、少ないお金を無駄にばらまいているだけになりかねない。これまでの少子化対策は、効果が出ていないわけだから、その繰り返しになると困ると思います。

逆井　児童手当ての問題について話されていた議員さんは、野党の方ですよね。

佐藤　そうです。

逆井　2015年の子ども・子育て支援新制度導入の時もそうでしたが、政党によっても、またその内部でもいろいろな考え方があるのは確かですね。

けれども、子どもに関わる少ないパイを取り合って、保育の充実じゃなく児童手当で、といった争いを続けていても進展はないだろうと思います。

そもそも子どもとか、子育てとか、国民生活のためにお金を使うといったことが、日本の政治の中であまりに弱すぎます。

配置基準改善、どうなる？

逆井　配置基準のところはどうですか？

村山　最低基準自体は、戦後の混乱期につくられていて、とても貧しい水準のものだった。すぐに改善を求める動きがあって、1960年代には具体的な改善提案が国の設置した審議会などから課題として出されていたものの、そのほとんどがずっと放置されてきた。その一部を今やっと改善しようとしているだけで、「異次元」どころか旧次元の話しなんですよ。

逆井　本書の210頁以降に、最低基準の歴史的な経過と、今回の改善の評価について村山さんが詳しくまとめていますので、合わせてお読みください。

佐藤　今回提起されている、配置基準の改善といっても、すでに私たちの園では、基準上必要とされている保育士数に比べ1.5倍以上の人数で回しています。今回の改善が実施されるのはありがたいですが、それだけではとても足りません。

村山　保育士だけじゃなくて、調理員などの職種も全然改善が進んでいない。調理員は子ども41～150人に対し２人しか配置できないような公定価格の水準です。たった２人で、離乳食から移行食、普通食、そしてアレルギー食、全部つくるわけですよ。大変な負担で、多くの保育園はだいたい1.5倍の３人から、乳児が多ければ４人配置しています。そういうことについての改善は、今回も何も示されていない。

栄養士の配置もちょっとした加算だけで、専任の栄養士を置きなさいとも言わない。看護師については、何の手当もないに等しい。看護師を配置しても、保育士としてカウントされるだけですから。保育士、看護師それぞれの役割はとても重要なのに、看護師を実際に配置しているところは、自治体の補助があるか、現場のやりくりによって何とかしている状態です。保育の現場は今、非常に厳しい状況に置かれています。

保育現場で事故や不適切対応の問題がいろいろ話題になっています。そうすると、保育士が「あれもやっちゃいけない」「これもやっちゃいけない」と、萎縮してしまう。私は今、それが深刻だと思っていいます。

逆井　配置基準の改善ではなくて、加算での対応だというところも、それでいいのかという声はあがっています。やはり法令で最低基準を変えなければ、やらないところがどうしても出てきてしまう。

2015年度から実施されている３歳児の15対１という公定価格上の加算対応も、私立保育所での実施率は９割ですが、１割の園は受けていない。あるいは公立の園では、法令上の縛りがないことで、厳しい条件のまま保育を強いられている自治体も少なくない。法的な縛りをかけていくのは大事なことだと思います。

ただ一方で、村山さんが何度も指摘していますけれど、最低基準の配置基準さえ変えればそれでいいわけではなく、最低基準で決めてないところの改善も考えなければいけない。

こうした一般の方にはわかりにくい話も、みんなの課題にしていくことが、これからの大きな問題なのかと思います。

村山　保育士や調理員の配置基準の改善が最重要課題だとは思います。

しかし、園長・主任保育士でさえ、制度的には位置づけされてきても、最低基準には盛り込まれてはいません。実際に配置していなければお金を出さないという、公定価格の加算というやり方です。

さらには、事務職員、看護師、栄養士、園の様々な作業を担う方を含めて、現在の保育園は運営されています。そうした方々なくして今の保育園は成り立っていかないのです。そうした方々の配置をちゃんと支えるような制度的な対応を、改善しつつ確立することが課題だと思います。

実態をふまえながら、最低基準に何を位置づける、書き足していくかなどの具体的な改善を求めて、実施させていくことが課題だと思います。

大宮　村山さんが言われていますが、配置基準は、60年代に中央児童福祉審議会などの提言などがあって、それがまだ実現されていないというのが現状だということですけれども、一方現場では、今の基準どおりの配置ではとてもやれないので、それに上乗せして1.5倍とか2倍近い、そういう配置をしているという話があるわけです。

そういう意味では、最低基準の問題がこれだけ社会に知られるようになってきた段階で、今改めて方向性というか、何を目指すかという提言が必要になってきている時期だと思っています。

それはいろいろ難しい問題があるけれど、最低基準というのは、全国の子どもたちに対して、最低限保障される保育の条件、あるいは保育の質というものを定める非常に重要な基準なので、それを変えるということは基本的に重要で、加算というやり方だけではないというのが一つの大事なポイントだと思います。

基準を考えるときに、大切にしたいこと

逆井　そうですね。

大宮　それで、どんな基準を目指していくかという点でいうと、職員配置などは、2つの要素から決めるべきだと思います。

一つは、クラス人数の規模はどのくらいが適正なのかということ、もう一つは、そこに何人、保育者がいたらいいのかということです。

日本は、子どもの人数に対する保育者の割合で配置人数を決めているのですが、多くの国はクラス規模の上限を決めていて、最近のヨーロッパの国々では、3歳以上児でも15人とか20人が上限で、子どもたちが安定した生活を送るうえではそれぐらいの人数以下に抑えることが大切だとしています。

どんなにその部屋が広くて、保育者が大勢いたとしても、一つの空間にいる子どもの人数は、3歳以上児だと15人ぐらいが妥当だということを踏まえるべきだということです。日本は小学校に準ずる形で30人とか40人で考えられてきましたが、15～20人程度以下が乳幼児期にふさわしい人数だと考えられているということです。

もう一つは、例えば15人になっても、その小さい子どもたちのケアと教育を行う保育は、精神的にも肉体的にも緊張を強いられ、いろいろなところに注意を払わなければならない複雑な仕事なので、1人で担うのではなくて、最低でも2人、基本的に複数で担当するチーム保育が原則だということが、世界的な流れになってきています。もちろん、そういう条件は、すべての時間において保障されなければなりません。

逆井　確かに今の最低基準の考え方の中には、保育をするための単位みたいな発想が、まったくないですよね。

大宮　日本はとても大雑把で、何時間でも子ども何人に保育士1人という考え方。10時間とか12時間でも、何対1という基準で、そこに加算・加配といったことが加味されているだけです。

保育というのは、例えば遊び中心でやるべきだと保育所保育指針や幼稚園教育要領に書いてあるわけですが、遊び中心で保育をやるとなったら、どういう人的・空間的配置や環境・条件が必要なのかということを、きちっと科学的に、原理的に突き止めて、将来的にはこういうものを目指すということを明らかにしていかないといけない。それを当座、当座…でずっとごまかして、さらにこの間は、むしろその基準を事実上、引き下げてしまう政策がとられてきたわけです。

そうしたことが、このところの様々な問題を引き起こしているということが、世間にも知られるようになった。この状況から何を目指すべきか、それを明確にしていくことが必要になってきていると感じます。

OECDの調査などで見ると、ノルウェーは1施設当たりの職員の平均数、保育に当たる職員の人数は日本とほぼ同じくらいで

すが、子どもの人数は日本の半分なんです。

ですから、大まかに言えば、日本は現行の配置基準の1.5倍～２倍くらいの職員が実際に園にいるのですが、その倍くらいの職員が、ノルウェーの園にはいるわけです。それが世界的な水準となっている中、日本の基準がいかに低く、厳しい条件の保育を強いているかということです。この状況をどう解決するかという方向性、さらに目標を示していく必要があるかと思っています。

村山　1969年の中央児童福祉審議会の答申では、０歳児は最大でも10人と、クラス規模を考えるという発想がありました。職員の配置の問題も不十分な点はありましたが、論議していました。

ところが、とくに2000年代になってから規制緩和が強調されて、国の審議会では、職員配置の改善などの問題が論議の対象にすらならなくなってしまった。ここに問題がある。

今こそ、国としてお金をかけて園の実態を調査し、保育者や子どもの人数について、クラス規模の問題を含めて具体的な今後の改善の展望を打ち出していく作業をすることが大事だと思います。それが国民的論議につながっていくと思うのです。

逆井　そういう根本的なところが問われていかなければいけないですね。そこを問いつつ、どうふさわしい基準や規制をつくっていくのかというところを考えていかなければと改めて思いました。

佐藤　大宮さんのクラス規模という考え方も、本当にそうだなと思いました。

私たち女性が多い職場で、職員の結婚・出産があるなかでは、産休や育休、子育てのことだったり、それから働き方改革の中で有給取得のことだったりと、今の職員体制でも厳しい状況で、本当にもうギリギリなところでやっているのです。

調査というお話もあったと思いますが、例えば３歳児だと集団遊びが15人くらいでやれて、複数担任がいれば、掛け合いをするような遊びもできます。そうしたことが、保育の中でやっていけるような配置基準、職員体制にしていけるといいなと思いました。

村山　職員配置を考えるときに、今の最低基準の発想は、直接子どもに対応する保育業務を８時間やるという発想のままなんです。保育には記録を取ったり、まとめたり、会議などが必要なんです。国もノンコンタクトタイムが必要だということは言っています。けれども、どういう職員配置だったらノンコンタクトタイムが可能なのかということは、一言も言わないですよね。あまりにも無責任だと思います。

例えば幼稚園は、保育時間は５時間くらいですから、残りの２～３時間はノンコンタクトタイムになるわけです。保育所の場合は、８時間ずーと保育しているわけです。その中で一人ひとりの職員にノンコンタクトタイムを保障しようと思ったら、保育に従事するのは例えば６時間、２時間はノンコンタクトタイム。そういうことを実現できる配置を考えるところまでやらないと。

今、いろんなところで事故や不適切対応などの問題が起きていますが、そうした園の状況を探ってみると、職員同士の交流ができていないという問題が浮上してきます。問題があっても、話し合える場がない。そういうことが大きな問題なので、職員配置と言ったときに、ノンコンタクトタイムを保障する。子どものために、職員同士で話したり、会議を持てるようにする。そういうことを踏まえて職員配置を考えることが、今求められていると思います。

職員配置の改善をやれば、ケガとか事故が防止できるとは単純には言えないけれど、事故をなくしていくための最低条件です。そうした面からも、職員の処遇改善の問題を捉え、保護者とともに訴えていくことが大事じゃないかと思います。

佐藤　非常勤職員、正規職員でコミュニケーションをとりながら、親御さんのことも子どもさんのことも話し合いたいのですが、以前は土曜日を使って全職員で会議をしていました。しかし今は、土曜日も平日のように保育しろ、しないと減算といって園の収入を減らすような措置がとられることもあって、なかなか話し合いの時間すらとれなくなっているというのが実情です。

逆井　そういう状況の中で、不適切な保育の問題が出てきました。国は職場の運用を改善して、無駄な会議などは見直したらどうだ、みたいな話もしています。現場の厳しい状況を改善するような方向性がまったく示せてないと思います。不適切な対応の問題では、本書の236頁以降に論稿をお書きいただいた大宮さんいかがですか。

大宮　不適切な保育の問題に対する政府の方針は、今の保育現場の状況を踏まえてないと思います。

　要するにガイドラインとかチェックリストとか、そういうものを使って、保育者がやってはいけないことをやっていないかお互いにチェックして、行政に報告する。けれども、行政に報告するために、やったかどうかを確認するような会議をやったら、保育者はますます本当のことを言えないでしょう。そんなふうに、何か問題があったら、それは現場の問題で、行政が権力介入します、みたいな発想は、問題をオープンにしてみんなで考えて、話し合って改善するという方向に逆行していると、私は思います。

　そういう問題の解決にむけては、保育者の専門性というか、職員集団としての専門性を高めていくという方向で解決の道筋を描かないと、結局、管理を強化するとか、保育者の自己責任を徹底して追及するといったことになりがちです。そうなると、非常に保育現場を委縮させることになると思います。

逆井　本当に、保育者の専門性をどう考えているのかと思います。

大宮　保育者の専門性を集団的にどう高めていくかというのは、基本的にさっきの保育の条件の問題とともに、村山さんが話されたような、お互いの保育について、和気あいあいと語り合うような、そういう時間をもてる、あるいはそういうことをいろいろ出し合えるゆとりがあるということを、きちっと保障するということが非常に重要になってきます。

　それと合わせて、保育を１人でやるという状況、１人でやらなければいけないという状況をなるべくつくらずに、普段の保育もお互い助け合ってやれるし、保育の振り返りもやれる、そういう体制をきちっと保障する。もし何か現場の問題に対応する必要が出ても、行政がやるのではなくて、地域の専門家集団とか、アドバイザーなどがアドバイスしていくという方向で考えていかなければと思います。しかし、国は現場だけでどうにか対応しなさい、ということです。

　つまり、条件の改善も、専門性をどう高めるかという視点も、非常に欠けていることが、情けないというか、今の政府のやり方です。それでは、ますます保育者のやりがいを感じられない職場にしてしまわないかなと心配です。

村山　プールでの事故が相次いで、プールの時は監視員を置くことが定められたんです。だけど、保育所保育指針には、置けない場合は、やめるのも一つの選択だ、と書かれています。

　こんな馬鹿なことをなぜ書くんだろう。監視員を置く必要があるならば、その体制をどうつくるかを行政の責任として論議しなくてはいけないのに、そのことについては何も触れてない。置けないならば、やるなということを暗に言っているわけです。子どものことを考えれば、監視員を置かないと危ないのなら、職員を配置して安全に実施できるようにしようという発想になるのが当たり前なのに、国の審議会でも、こうした点が論議にすらなっていないことが大きな問題だと思うんですよ。

保育の問題は、社会の問題です。社会的に論議を深めなくてはならないのに、できないならやるなって。これが進んでいったら、何をするにも危なくて何もやらないことになってしまいます。それでいいのか、そこを私は憂えています。

「こども誰でも通園制度」どう考える？

逆井　条件の問題と絡むのですが、もう一つ、「こども誰でも通園制度」についてです。子どもの保育を受ける権利の保障ではなくて、一般受けしそうだから、ちょっと試してみよう、みたいな印象を受けます。一方で、モデル事業は、定員割れしている園の空き定員活用なので、今、年度当初の定員割れ問題が広がっていますから関心を持たれている園も多いと思います。

ただ新しい制度として実施となると、今まで保育をしていなかった施設や事業者も含めて、受け皿として広げていく可能性は十分にあり得るのではないかとも思います。1～2歳のところで、数時間でもいいから子どもを預かって、その間、「教育もしますよ」といった、新しい事業を開拓できるのではないかと考える事業者からの働きかけがあって、国も力を入れようとしているのではと推測をしています。

障害がある子どもを対象とする放課後デイサービス事業という補助事業が急速に広がりましたが、中には、儲け主義の施設が増えていったこともあり、そうした先例を踏まえて危惧をしています。

一方で、子育てに行き詰まっている家庭の状況もあるので、丁寧な対応をして子どもを受け入れていくということも、当然求められている大事な仕事なのだろうなと思います。この点についてはどうですか。

佐藤　職員は、どういう形でこうした制度が導入されてくるのか、みんなでざわざわしているのが現実です。

私たちの園では、一時預かり事業を行っていますが、そこでも、受入れ前には面談をして、まずは私たちの保育を伝えて、こういうふうに進めていきますと、手順を踏んでお預かりしています。電話でポンと来て、「今日、お願い」っていう形にはしてはいません。「こども誰でも通園制度」の内容はこれから決まるのでしょうが、本当に数時間、ちょっと預かるというものになっていくのか。いろいろな企業のようなところが、どんどん入ってくるのか。

逆井　ちなみに、佐藤さんの園では、定員割れという点ではどうですか。

佐藤　当園は、定員60人で、今ジャスト60人で保育をしています。ところがかつてない状況で、0歳児が今ゼロです。来月、入所を希望していらっしゃるご家庭がありますが、4～6月は、0歳児がゼロの状態です。

育休を少し延ばされるとか、職場復帰を延ばされるという親御さんが、見学に来られますが、実際に入園というのは、この3か月ゼロですので、どうなっていくのか心配もあるところです。

逆井　モデル事業もまだ始まったばかりで、情報もほとんど出ていませんが、どうですか？

村山　政府の資料を見ると、継続して週1日～2日程度の定期的な預かりを実施する、とありますから、一時預かりとはちょっと違うんですね。

もう一つ違う点は、優先利用の対象となる事項というのが書かれています。それは、ひとり親家庭、生活保護世帯、虐待またはDVのおそれがある場合など、社会的養護が必要な場合、子どもが障害を有する場合。その他にも、兄弟姉妹が多い場合とかがありますが、やはり家庭に問題がある子どもを優先して入れることになっています。

逆井　危惧されることは？

村山　継続して週に2日程度というので、人数までカウントすることが求められるみたいですが、その週1～2日程度というのは、通常の子どもの保育とは違うため、その子どもに、専任でつく保育士を配置する必要があると思います。在園児と一緒の活動ができない場合だってたくさんあるわけです。

本来ならば、保育室を別にして、預かるなら預かる。そして、子どもが慣れてきたら、通常の子どもと一緒に遊んだりね。問題は、毎日来るわけじゃないし、時間もどうなるかわからない。子ども中心で考えるならば、在園児とそうした子どもを一緒にすることは無理があると思っています。

今、保育時間の異なる子どもを同時に受け入れている、認定こども園の多忙な現状をみると、保育所にそうした一時利用の子どもを受けいれることの困難を感じてしまいます。

しかもモデル事業の予算を見たら、1か所当たり、例えば300人未満の受入れで年間の事業費が600万円程度です。この金額で、給食の実施費用も入ってきますから、人件費はほんのわずかですよ。配置できる職員は1.5人分ぐらいでしょう。私は、保育士だって最低2人はいないとできないと思っています。

さらに、保護者に対しては、定期的な面談を行って、支援計画を作成すると書いてあります。計画を作成して、面談を行うことと自体は必要だと思いますが、それをこの職員配置と事業額でできるのか。

「こども誰でも通園制度」のモデル事業になるということでしょうが、困難を抱えた家族の子どもに対応するのかどうかが実際の中身ではないかと思います。その場合も、通常の保育の子どもと一緒に対応できるような問題ではないと思います。そうした子と在園児が交流することは大事ですが、個別の対応が求められることも多いと思います。

逆井　そうですね。その一方で、新しい制度として国が今後やろうとしている「こども誰でも通園制度」は、モデル事業の内容や実施状況だけで考えられないと思います。

今の地域の状況を見れば、家庭だけで子育てをされていて1～2歳児を抱えている家族のレスパイトケアとして、少しでも預かってくれるところがあるんだったら嬉しいということで、積極的にそういった受け皿を求めている層もいるので、困難を抱えた層とはまた違う需要がそれなりに存在すると思います。

「こども未来戦略方針」で、この制度を前のめりに打ち出している今の政権の動きを見ていると、困難家庭への対応だけでなく、それ以外の層でも、育児負担を重く抱えている家族の需要の受け皿づくりを広くアピールしたいのではないかと思います。

問題は、そうした家族の子どもの受入れにしても、園や保育者の負担は大きいということです。

大宮　保育現場の先生たちは、戦々恐々としているというか、とんでもないというか、現場の状況からいったら、そんな余裕はないという受け止めをしている方が非常に多いと思います。

定員割れが深刻な保育所における要望に応えることになるのかわからないですけれども、基本的には地域の家庭の受け止めとしては、そういうのがあるならぜひ、という切なる要望があって、園側と家庭との間にギャップが生じている。どんなふうに利用されるのか心配しています。

政府はもう保育所等の量的整備は終わったように考えているようですが、私は違うと思っています。

視野を広くとれば、さっきも言ったように、子育ては家庭と保育所等の施設が両輪になってやっていく時代なんだと思います。親が働いているとか、働いていないに関わらず保育は必要なんだという視点を持っていくことが大事です。それを実現しようとすると、長期的なプランや財政的な見通しを持たなければいけないのに、政府はそういうことは考えてない。今すぐやれそうなことしか考えない、それが問題なのです。

さらに、生活が厳しい状況の家庭もそうでない家庭も、保育需要があって、そう考えると単に受け皿拡大だけではなくて、受け止める現場の体制を、村山さんが言ったように、質ももっと強化していかないといけない。

しかし、そういう段取りを踏まずに今のまま進んでいくと、先ほど逆井さんが言われたような、放課後デイサービス事業で起きたような儲け本位の事業者の参入を促すことになりはしないかと心配しています。

そういう意味で非常に複雑な問題です。

ただ、方向性としては、子育ての社会化というか、社会と家庭と両輪でしっかりやっていかないといけない。例えばそのために「今の保育所でどうにか受け止められるでしょう」みたいな簡単な話ではないということを、重要な問題として提起していくことです。

村山　何をもって「保育を必要とする」と判断するのか、就労の有無だけで判断を優先するのではなく、子ども中心で考えて、保育需要を見ていかないといけない。そうした点を長期的なスパンで検討する必要があると思います。

今は、働いているかどうかで順位付けしていますが、そのこと自体も問題があります。子どもの視点から見れば、親が家庭にいようがいまいが、その生活や発達を保障するために保育が必要であれば保育を受けられるような、そういう受け皿をつくっていく。それは、通常の保育と一緒にできるのか、別枠で作るべきなのか、家庭や保護者との関係や、行政や施設との関係も含めて、いろいろな手法を考えるべきと思います。

もちろんその際も、条件整備の問題は外せません。見通しを持ったやり方を、みんなで考えることが大事だと思います。

逆井　今の政策動向をみると、一見子ども施策の拡充をはかるように見えますが、その実態は、依然として規制緩和路線が引き継がれています。今、各地で実践されている一時預かり事業は、以前は一時保育と言っていましたが、一時的な預かりは保育ではないとして、保育所での通常の保育の条件よりも切り下げた条件でいいのだとして、保育者の要件などが緩和されています。

現場では、それではいけないということで、それなりのベテランを配置して一時預かりを行っているところが多いのですが、国はそうした実態を顧みずに今まで来ています。低年齢児が中心になる「こども誰でも通園制度」も、どのような条件が設定されるのか全く未知数です。

やり方を誤ると、子どもの命が奪われるような危険も十分あると思います。そういう意味では本当に丁寧な論議をした上で発信をして、変えさせるべきは変えさせなければいけないと思います。しかし、政府は2024年度での本格実施としていますから、モデル事業の総括も、おそらく10月位から始めてしまうのではないでしょうか。

さらに、こうした新しい制度が、既存の保育所の制度を改悪するような制度改変に結びつく可能性も否定できないので、この点も注意が必要です。子ども・子育て支援新制度導入の際に論点の一つでもあった、保育の公的責任性の問題、具体的な焦点は、児童福祉法24条1項の市区町村による保育の実施責任の存否に関わる問題です。

佐藤　聞けば聞くほど、不安が募ります。私たちも一時預かりにベテランを充てています。そこでも対応は本当に難しいです。預かりながら、親御さんともコンタクトをマメに取って関係をつくっています。毎日通園しないお子さんもいる中で、子どもさんの特性を見たり、いろんな対応の仕方を考えたりするので、その力量が問われています。その上に今お話を聞いて、もっと不安になってしまいました。

逆井　今の孤立した子育ての実態をふまえれば、園との新しい関わり方を構築する時代なのでしょうね。

佐藤　はい。一時預かりでお子さんを託されたお母さんたちも、お迎えに来るときは、よい時間をありがとうございましたという、そういう気持ちが伝わってきます。そして、また次も申し込みますというのは、本当に切実な状況にいる親御さんが多いのだと。そういうニーズにも応えていきたいし、それこそ地域で、そういうお母さんたちと繋がっていくのが大事というのは、すごく思うところではあるのですが。ただその受け皿としての現場の体制が弱々しくては、それをお受けできない現状ではあるな、と思うところです。

村山　モデル事業の実施主体は、市町村になっています。だから、実施した市町村がどういう姿勢かが大事になってくると思います。

逆井　現時点のモデル事業は、村山さんがおっしゃるとおりですが、「こども誰でも通園制度」は、新しい給付の仕組みということですから、直接契約が前提になっているのではないでしょうか。とはいえ、今後どうなるかはなんともいえませんが。

村山　契約となると、ちょっと大変だと思います。

希望は運動をつくり広げることから

逆井　政府は、異次元の少子化対策をやるぞ、やるぞと言ってきましたが、未だその方針だけで、内容すらまだはっきりしないし、財源も決まったわけではないというところで、とても期待できないと思っている国民も多いようですが、私たち保育関係者として、何を目指していけばいいのか、一言ずつお願いをして、終わりにしたいと思います。

村山　保育の現場の大変さを、どう社会全体の問題にしていくのかという課題です。現場の大変さは関係者の中では共有されていますが、それが必ずしも社会問題になっているわけではありません。子どもを保育するということはどういう大変さがあるのか。例えば保育をする上での会議の必要性や、それから、記録を取る意味もそうです。そういうことが必要なのだと。だから、職員として、これだけの体制が必要なんだというような問題提起を現場から発信していくことが求められていると思います。

保育士がなかなか休みを取れないのもそうです。仕事を持ち帰りでやってる人もいるとか、事務作業で追われてるとか。あるいは、今、処遇改善等加算Ⅱとか Ⅲとかができて、事務仕事が山のように増えて、園長さん主任さんは大変な思いをしているとか。そうしたことが社会には伝わってない。もしかすると、職員や理事、評議員の方々にも正確には伝わっていないかも知れません。

事務職を配置するにしても、保育園の場合、加算で月５万円程度しか付きません。それなのに事務量がどんどん増えていっている。休みが取れない、会議が持てない。休むべき昼休みにむりやり会議しているけど、当然全員参加できないですよね。

そういう状況を、保護者も含めて伝える必要があると思います。保育園内部だけで矛盾を抱えたままで、何とかしようとしても問題解決の方向は見えてきません。大変さを訴えて、現実を見つめて、社会でこの問題を解決しようという、風潮をつくり上げることが大事じゃないかと思います。

逆井　大宮さん、いかがですか。

大宮　少子化っていうのかな。子ども人口の減少がすごいスピードじゃないですか。政府の予測を上回ってと言われていますが、日本の人口が50年したら半分になるという予測が、リアリティを持ってきている。何でそうなったのかっていうのは単純に言えない。先進国は世界中ある意味で同じような状況だから。でもやっぱり、日本はひどすぎる。

日本の少子化の根本にある問題というのは、本気で自殺を考えたことがある若者が３割を超えるという数字が示すように、「死にたい」「消えてしまいたい」という「生きづらさ」の感覚を多くの若者が、心の奥深く抱えているところではないかと思います。ひどい格差と貧困、競争と管理の教育などの現実が、安心して、自分らしく生きていけるという感覚を奪っている。そんな状況では、将来の家庭とか子育てする自分を希望を持って描けないでしょう。

もう一つは、保育とか介護とか、子育てとか、つまり、人間を愛したり、慈しんで育てたり、あるいはお互いをいたわったり、そうしたことはお金をかけないで、家族や自分でやってくれという問題ですね。政治や経済の側は、そうしたことに今までどおりなるべくお金を払いたくない、いつまでも無償でやってもらいたいと思っている。

つまり、いわゆるケアとかエッセンシャルワークと言われていたことについて、政治の側が目を向けていなかった。だから、安倍元首相が、コロナの初期の段階で、学校の一斉休校を突然決めたのも、結局、子どもを学校に送り出して、その間親が働いて、また子どもたちが帰ってきて世話をしてみたいな、そういう家庭の営みをまったく無視したわけですよね。そんなことは、適当にやればいい、どうやってやるかは知らないけれど、どうにかできるだろうと。そのために、保育や学童保育の現場は大混乱になりました。

そこで非常にはっきりしたのは、結局、経済っていうものを支えているのが、子育てであり、家庭のいろんな仕事であり、そしてそれを女性たちが非常に安い賃金で、あるいは無償で担ってきた、ということです。

政府や財界は、女性に子育てやケアを担わせつつ、労働力として安く使えていて、うまくいってるって、思ってたんだろうけど、実は今、ものすごいしっぺ返しを受けているのではないでしょうか。少子化はものすごく深刻な問題ですが、ある意味ものすごい国民の抵抗ですよ。経済最優先に対する異議申し立てみたいな。それは悲しい申し立てだけれど、何かそういう、非常に危機的な状況にまできていると思います。

今、小手先の対応でなく、本当にその危機の問題の根本に立ち戻って、何かするというふうに、未だになっていないというところが、なかなか世の中、変わらないと思うところでもありますが、でもやっぱりこのままじゃ駄目だっていうのはね、これからますますみんなの共通の問題意識になっていくと思います。

私たちはそういう運動を保育の側から推

し進めていく、非常に地道な運動かもしれないけれど、やっぱりそういうことの先にしかね、社会の希望は開けてこないとものすごく感じます。

保育とか福祉とか教育の実践は、他者を気遣い、その人らしい人生を無条件で支えようという情熱がいつも根底にある。そういう意味で、ケア的な人間相互のかかわりの場は、これからの社会のめざす方向性というか、前向きのエネルギーを生み出すことができる場だと思うんですね。

逆井　ありがとうございます。どうでしょう佐藤さん。

佐藤　今、年長児が裏の川からでっかいナマズを捕まえてきて、何を食べさせようかって頭を付き合わせて相談してますし、2歳児クラスがトカゲを3匹捕まえてきて、生きてる虫じゃないと食べないんだって言って、園中が、そのナマズくんとトカゲくんに夢中なんです。

コロナ禍で行事を縮小したりいろんな苦労とつらい時期を超えてきて、これからの保育をどうするのか大変かなと思ったんですが、実は、今年の親子遠足も懇談会もコロナ以前より多い参加率です。この間も、保育運動について親御さんと一緒に会議を持ったんですけれど、コロナ禍以降に入ったお母さんが、昨年11月に保育の充実を訴えて東京の銀座をみんなで歩いたパレードのことを話したのですが、「そんなパレード、楽しそう」みたいなことをおっしゃって、ありがたいな、嬉しいなって熱くなったんです。

懇談会も夜9時を回ってしまったのですが、まだ喋り足りないっていうお母さんやお父さんがいて、やっぱりそういう繋がりが必要で、こちらもお母さんやお父さんに元気をもらって、これからも頑張っていきたいなと思います。

先ほど村山さんが、現場の声を発信することをおっしゃっていましたが、7月には埼玉県下の自治体を訪問して保育の充実を訴える行動があるのですが、親御さんが5名ぐらい参加しますって言ってくださったりとか、秋には市との懇談があるので、一緒に行きましょうって言ったら、「わかった！」っていうお母さんたちがいたりして、お母さん、お父さんたちから元気をもらっています。

大げさに言うと、やっぱりこの地域の子育ての拠点になれるような園でありたいなと思います。そのためにも、私たち現場の職員が元気になれるように、それから学びが足りないので、私たち職員もいっぱい学んで、元気に保育を続け、声を上げていきたいなと思いましたし、今日はみなさんからお話をうかがえて、勉強になりました。ありがとうございました。

逆井　まだまだ政治の本流は動いていないというか、変わっていない。それどころか、さらに軍事力強化ということで国民の暮らしを豊かにすることと真逆の動きがでていますが、一方で、保育については、ずっと言ってきた配置基準改善について、その声が全国各地から起こり、大きくなっていくことで、状況が少し変わってきたようです。我々が歴史を動かしているんだっていう実感を、皆がもてるような取り組みを、楽しくしていきたいと思います。

そのためにも、やはり現場で語り合い、しっかりと学び、繋がり合って、自分たちが求めることを共有しながらその実現を目指す。そういう取り組みを全国各地でしていけたらいいな、と改めて思いました。

今日は、ありがとうございました。

2 「75年ぶりの配置基準改善」提案をどうみるのか

一歩前進と評価しつつ、「子どもの視点」からさらなる改善を

保育研究所　村山祐一

はじめに

岸田政権は、「『こども未来戦略方針』～次元の異なる少子化対策の実現のための「こども未来戦略」の策定に向けて～」を2023年６月13日に閣議決定した（資料編282頁に掲載）。その中で、保育士配置基準の１歳児６対１を５対１に、４・５歳児30対１を25対１とする提案が、「75年ぶりの改善」と大きく取り上げられている。

（1）すでに2012年時点で実施が確認されていた改善内容

しかし、今回提起されている１歳児、４・５歳児の改善案及び新制度導入時から実施されている公定価格の加算で３歳児15対１にする改善構想は、子ども・子育て支援新制度案（子ども・子育て関連３法案）が国会で審議されていた2012年６月前後から示されていた。法案審議にあたって公表された民主党・自民党・公明党の三党合意（2012年６月15日）でも「幼児教育・保育・子育て支援の質・量の充実を図るため、１兆円程度の財源が必要」と明記され、待機児童解消等の量的拡充に約0.4兆円程度、幼児教育・保育の質的拡充に0.6兆円程度が示されていた。

新制度の発足当初の財源には0.7兆円（量的拡充約0.4兆円＋質的拡充約0.3兆円）を充て、残りの「質的拡充の約0.3兆円」（0.3兆円メニュー）は「その後の各年度の予算編成において、最大限努力する」とされた。その際、３歳児15対１の改善は、2015年度の新制度開始に伴い、公定価格において「３歳児配置改善加算」と位置づけられ、15対１の保育士配置を実施する保育所等に対して加算をすることで実施された。

１歳児と４・５歳児の改善案は「0.3兆円メニュー」に位置づけられたものの、消費税の税率が10％になった2019年10月以降、現在に至るまで実施されていない。子ども・子育て支援法附則３条（財源の確保）における幼児教育・保育・子育て支援の質・量の充実を図るため、安定財源確保に努めるとの規定は、遵守されていないことになる。

（2）保育士配置基準改善は1960年代からの中児審等での指摘事項

ところで、保育士等職員配置基準のあり方やそれを定めている最低基準（設備・運営の基準）の改善は、子ども・子育て支援新制度の発足時初めて論議された問題ではない。すでに1960年代から当時の厚生省の中央児童福祉審議会（以下　中児審）で検討され、保育士配置基準の改善だけでなく、園長の位置づけ、専任の栄養士・看護師の配置、事務職員の常勤化、用務員等の配置等の必要性、さらに保育室や園庭などの面積基準の改善等について、何度か答申・意見具申等で表明され続けてきた。

にもかかわらず、保育士配置基準の改善は、1960年代にその一部が実施されたものの、多くが実施されないまま今日に至っている。

本稿では、第１に、これまで政府が招集した審議会でどのような改善が指摘されてきたのか、それが、「財源がない」等の理由で半世紀以上にわたって放置されてきた歴史的経過をもう一度検討したい。

さらに、今回の配置基準の改善が、基準（法令）の改正ではなく、公定価格上の加算の創

設に留まる理由として、最低基準（設備・運営基準）を改正すると、「必要な保育士数を確保できず、認可が取り消される園が出るリスク」が生じるとの意見が、政府内にあると報道されている（2023年３月16日『毎日新聞』「保育士の配置基準／上」）。しかも、「75年ぶりの配置基準改善」というタームが飛び交うと、非常に重大な改善が行われるとの印象をもつが、はたしてそうだろうか。改善の内容を、現実の保育現場の状況に合わせて検討することを、第２の柱とする。

そして、第３の柱として本稿の最後に、子どもの平等性を確保するために、公定価格上の幼稚園と保育所の間に激しい格差がある現状を確認し、その解消が急務であり、そのことが制度改善の要点であることを指摘したい。

1　最低基準の改善を怠ってきたのは誰か―中児審等で1960年代から指摘され続けていた課題

児童福祉施設最低基準は敗戦後間もない1948（昭和23）年12月に公布施行された。

この時の最低基準では、保育所が確保すべき職員構成としては、保母及び嘱託医だけが定められた。その保母の受け持ち人数は３歳未満児10対１、３歳以上児30対１が明記されたのみである。施設面積基準については、園児１人当たりの面積基準は乳児室1.65㎡以上、ほふく室3.3㎡以上、２歳以上の保育室は1.98㎡以上、園庭は２歳以上児１人3.3㎡以上と定められた。保母等の配置については これから述べるように、若干の改善があったが、施設面積基準は制定以降まったく改善がされていない。

この基準は、敗戦後の混乱した社会状況と保育所制度が戦後初めて創設されたこともあり、低く抑えられた水準で、スタートすることになった。そのため、厚生省児童局は厚生省委託研究「保育所の設備と運営―最低基準に関する研究調査報告―1955年」（1955年７月刊）、同「保育所の設備と運営（続）―最低基準に関する研究調査報告―1956年」（1956年７月刊）を次々公表し、保母（保育士）の受け持ち人数など最低基準の改善の必要性を指摘している。こうした状況を背景に1960年頃から厚生省の中児審でも最低基準のあり方が論議されはじめた。なお児童福祉施設最低基準は2011年に名称が「児童福祉施設の設備及び運営に関する基準」に変更されている（本稿では、最低基準と呼称する）。

（1）1960年代の最低基準改善提案とその一部実施

中児審は1960（昭和35）年８月４日「児童福祉行政刷新強化に関する意見」を公表、最低基準について「改善すべき点が多いと考えられるので、すみやかに検討を行うことが必要」と指摘した。

これを受けて中児審保育関係研究部会は最低基準を検討し、1961年に同研究部会の意見をまとめ、３歳未満児は５対１、３歳児20対１等への改善を提起[1]。1962年７月16日には「児童福祉施設最低基準の改善に関する意見具申」を公表し、保母１人当たりの受け持ち人数を３歳未満児は10人から６人、３歳児は30人から20人に、および調理人・雇傭人の設置等の改善案を示した。

さらに中児審は1964年10月８日に保育制度特別部会第２次中間報告「いま保育に必要なもの」を公表した。そこで、「（1）保育所保育要領（仮称）を作成し、保育内容の充実を図るべき」と提起しつつ同時に、「（2）保育所の整備充実を図るべき」では1962年７月の中児審意見具申で示した「保母１人の受け持つ乳幼児数については…最低の必要条件として早急に実現すべきであるとしている。さらに、進んだ基準として、乳児、１歳児、２歳児、３歳児、４・５歳児の年齢段階別に保母１人の受け持ち乳幼児数の望ましい割合が確保されるよう努力されるべき」と指摘している。

さらに、職員の構成について、保健婦、栄養士等は「専任で設置されることが必要」「保母が保母本来の保育業務に従事して保育の効果を上げるよう、事務職員が設置されるべき」等や、保育室、遊戯室、屋外遊戯場などの乳幼児1人当たりの面積を「早急に改善するよう検討してみることが必要」等を指摘している。

こうした状況の下で、厚生省は1962年7月の中児審「意見具申」で提起された「保母1人の受け持つ乳幼児数」をもとに段階的に最低基準の改善を行った。

1967年に0～2歳児は6人、1969年に3歳児は20人に改善、調理員の配置は1973年4月改正で明記された。

最低基準の改善に応じて、保育所運営費に関わる国庫負担金の補助内容も改善された。調理員や用務員については、1972年度までは「調理員及び用務員それぞれ1人」と計2人とされていたが、最低基準に「調理員」配置が明記されたことで、「調理員等」2人（定員151人以上は3人）となった。

しかしこの改善も、定員151人以下の施設が多数を占めている保育所の状況を踏まえれば、実質的な改善とはいえなかった。しかも、1962年7月の中児審意見具申で指摘された保健婦（看護婦）、栄養士、事務職員等の設置や保育室、遊戯室、屋外遊戯場の面積基準の改善については、その後も何らの検討もされていない。つまり、1960年代を中心に進んだ、最低基準等の改善も、中児審の意見具申の一部だけが実施されたに過ぎない。

(2) 放置された1970～90年代の厚生省・中児審等の改善提案

その後も、1970～90年代にかけて、中児審等では、答申などで保育士（保母）の配置基準の改善や看護師や栄養士の配置、保育士の事務軽減のため事務職員の配置・常勤化、屋外遊戯場や乳児室などの面積基準の改善について何度となく指摘している。例えば、1968（昭和43）年12月の中児審「当面推進すべき児童福祉対策に関する意見具申」では、乳児保育の保育士配置は3対1、さらに「乳児10人程度の保育集団を単位として行うことが適当」、「保健婦又は看護婦を1施設につき1人以上配置」、「間接的な保育業務を担当する用務員の設置」、「栄養士等の設置について検討すべき」等が提案されている。

1974年11月の中児審答申「今後推進すべき児童福祉対策について」では「最低基準は…部分的な修正が加えられてきたが、…全体的に検討を加えなければならない」、「3歳未満児、3歳以上児のそれぞれについて保母定数の基準をできる限り科学的根拠に基づいて策定し、具体化していくべき」と指摘している。

1993年4月の厚生省「これからの保育所懇談会の意見具申」では「保育所所長や保母が事務的業務にとらわれず、保育の仕事に専念できるよう、保育所の事務職員の常勤化についても検討する必要がある」と指摘している。

なお、0歳児については前述の1968年12月の中児審具申を踏まえ、0歳児3対1の保育士配置と乳児室等面積は乳児1人5㎡以上を条件に1969年度から乳児保育特別対策事業が実施され段階的に補助金が増額・拡充され定着していった。そして30年目の1998年度からは保育士配置3対1が最低基準に位置づけられ、乳児保育の一般化が進められた。しかし、30年間続いた乳児室等面積5㎡以上の補助基準は最低基準に位置づけられず、従来の乳児室（1.65㎡以上）又はほふく室（3.3㎡以上）のままで今日に至っている。中児審が提案した乳児室等面積5㎡以上の見解は無視されたことになった。

その後、2001年度から省庁再編成で厚生省は、旧労働省と統合され厚生労働省となり、それに伴い厚生省の中央児童福祉審議会など８つの審議会は社会保障審議会に統合された。社会保障審議会になってからは、政府の規制緩和政策推進のもとで、最低基準改善問題の審議はほとんどされず、放置され続けてきた。

このように、自ら招集した審議会等で、指摘を受けた最低基準等の改善提案を、放置し続けてきた厚生省・政府の責任は大きい。であるからこそ、この不作為の歴史を記憶にとどめ、継承していかなければならない。

（３）新制度導入時も「先送り」「たなざらし」された１歳児、４・５歳児の改善

これまでの審議会で改善課題が提起され続けているのを無視して、社会保障審議会少子化対策特別部会は2008（平成20）年５月20日「次世代育成支援のための新たな制度体系の設計に向けた基本的考え方」を公表、最低基準の規制緩和、保育の公的責任の縮小の方向での「新制度体系」の構築を公表した。これを契機に保育所制度再編問題が保育界への大波として押し寄せてきた。

全国各地で「保育所制度を守れ」の運動が沸き起こり、多くの地方議会での「現行保育制度の拡充」や新制度への疑問を呈するなどの意見書採択が行われた。

こうした社会の動向を背景に、2015年子ども・子育て支援新制度の発足時、民主党・自民党・公明党の３党合意や子ども・子育て会議での確認事項で、「保育の質の改善」として１歳児、３歳児、４歳以上児の保育士配置基準改善案が示された。この改善案は、中児審が1960年代後半以降の審議で指摘してきたほんの一部でしかない。

３歳児15対１の改善は、公定価格における加算と位置づけられ、この条件を実現している保育所等に、加算額を支給するという手法が取られている。現在、私立保育所の約９割でこの加算を受けているが、いまだ最低基準の改正はされていない。

１歳児５対１、４・５歳児25対１の改善については、今日まで実施されずにきている。４・５歳児の30対１の配置基準は、1948年の最低基準制定以来、約75年もの間何らの改善もされずにいる。今回やっと、この「先送り」「たなざらし」された課題の一つが、注目されることになったのだ。本来ならばもっと早く、改善されているべき課題であったことからすれば、「時代遅れ」的な改善といえる。

「異次元の少子化対策」というのであれば、これまで審議会で出されている改善課題を全て実施し、各年齢別の保育士等配置基準は実態を踏まえ「科学的根拠に基づいて策定」を行い、さらなる改善策を実施する等の総合的施策を明示すべきである。

２　公定価格における保育士配置基準の算定方式では最低基準さえ守れない

３歳児15対１、１歳児５対１、４・５歳児25対１の改善がされた場合、公定価格の算定方式で計算するとどの程度の保育士増になるのかを、実情を踏まえて検証する。

保育士配置基準は、０歳児３対１、１・２歳児６対１、３歳児20対１、４・５歳児30対１と示されているので、その保育所に必要な保育士数の算定は、子どもの年齢ごとに、小数点第１位を四捨五入で計算していると、保育関係者の多くが理解しているようだ。例えば、０歳児８人の場合$\frac{8}{3}$＝2.7人で３人配置、１歳児15人の場合は$\frac{15}{6}$＝2.5人で３人、４歳児18人の場合は$\frac{18}{30}$＝0.6人で１人といった具合で、それらを合計した人数が配置基準に基づく保育士数と思っているのではないか。

しかし、公定価格の保育士配置基準の算定方式はそのように年齢ごとに必要とされる保育士数を計算する方式は採用されていない。

（1）保育士数は公定価格では年齢別に算定されない

現在の公定価格では、当該施設に必要とされる保育士数は、最低基準に基づき、「４歳以上児30人につき１人、３歳児20人につき１人、１・２歳児６人につき１人、０歳児３人につき１人」であるとして、配置基準上の保育士数の算出は次のような式で計算すると明示されている。

４・５歳児数×$\frac{1}{30}$（小数点第１位まで計算（小数点第２位以下切り捨て））＋３歳児数×$\frac{1}{20}$（同）＋１・２歳児数×$\frac{1}{6}$（同）＋０歳児数×$\frac{1}{3}$（同）＝配置基準上保育士数（小数点以下四捨五入））

「保育所保育指針」に基づき年齢に応じた保育を進めるには、本来ならば、年齢ごとに配置基準上の保育士数を計算して、年齢ごとに少数点以下を切り上げないし四捨五入して、計算すべきといえる。しかし実際の計算は、４・５歳児といったように年齢区分ごとに保育士数を計算した合計数で保育士総数を算出する仕組みとなっている。

そのため、年齢区分ごとの計算では、例えば１歳児が15人の場合$\frac{15}{6}$=2.5人となる。年齢別のクラス編成を行うなどのルールは、最低基準上確立していないので、本来なら「小数点以下四捨五入」や「切り上げ」で３人配置とすべきところが、そうはならない。４・５歳児が38人の場合、$\frac{38}{30}$＝1.2人となる。実際の園では、１人で担当させられないので、保育士２人を配置することになり、そうするとそのしわ寄せが別の年齢の子どものところに行くことになる。例えば、先の１歳児では必要保育士は2.5人なので、本来なら３人配置したいところだが、２人配置しかできないというケースが生じてしまう。このことは、現在の算定方式では、最低基準に示されている年齢区分ごとの保育士配置基準さえ守れないケースが生じることを意味している。

こうした公定価格の配置基準上の保育士数の算式で、１歳児６対１を５対１に、４・５歳児30対１を25対１に改善した場合を、具体的に検討する。

（2）今回の提案に加え、３歳児の加算を合わせて、やっと１人増員できる程度の内容

１歳児６対１が５対１に改善されるということは、単純に考えれば、１歳児の保育士配置が保育士１人から保育士1.2人と約２割増に改善されるようにみえる。同様に、４・５歳児の30対１から25対１への改善も、保育士1.2人と約２割増である。

すでに実施済みの、３歳児20対１を15対１への改善は、1.3人と約３割増になる。

これらの改善すべてを実施した場合、0.2＋0.2＋0.3＝0.7人増ということで、どうにか１人増員ができるかどうかといった改善である。１人増員でも前進といえるが、保育現場の実情からみればわずかな前進に過ぎない。今回の提起が実施されても、やっと改善の糸口が見えたというところであり、その後の改善をどうすすめるかが重要な課題といえる。

今回の提案を、各種調査にもとづく平均規模の保育所にあてはめて検討してみよう。

●図表2-2-1として全国保育協議会（全保協）の会員の①「2021年実態調査」及び②「2016年実態調査」による全国平均保育所園児数規模と、③内閣府の「令和元年度幼稚園・保育所・認定こども園等の経営実態調査」（以下内閣府実態調査）の平均保育所園児数規模とを比較検討してみる。

①事例１の全保協「2021年実態調査」の場合

この調査結果を踏まえて、平均的規模といえる在籍児100人の保育所での子どもの年齢構成は「０歳児８人、１歳児15人、２歳児18人、３歳児19人、４歳児20人、５歳児20人」となる。

この場合、３歳児の配置基準改善加算もなく、０歳児３対１、１・２歳児６対１、３歳

児20対１、4･5歳児30対１の基準をもとに、先の算式から示される保育士配置数の合計値は10.3人であり、四捨五入で10人となる。

ここに３歳児15対１の改善加算を適用すると、３歳児が1.2人と20対１より0.3人増となり、合計値が10.6人、四捨五入で11人となる。さらに、今回提起されている１歳児５対１と４・５歳児25対１を適用すると、これまでと違って１歳児と２歳児を合わせず、分けて計算することになることもあって、１・２歳児で0.5人増の６人、４・５歳児は0.3人増の1.6人となる。しかし、合計値では11.4人であり、四捨五入すると11人であり、改善の効果はない。

②事例２の全保協「2016年実態調査」の場合

この調査のデータに基づくと、平均的保育所の在籍児数は96人で、子どもの年齢構成を試算すると「０歳児７人、１歳児15人、２歳児17人、３歳児19人、４歳児19人、５歳児19人」となる。

この場合、３歳児の配置基準改善加算もない、最低基準どおりの保育士配置数の合計値は9.7人で、四捨五入で10人となる。

３歳児15対１の加算を適用すると、３歳児が1.2人と20対１より0.3人増となるが、合計値は10.0で10人と変わらない。

さらに、１歳児５対１と４・５歳児25対１の改善を適用すると、１歳児と２歳児の計算がそれぞれの年齢で計算されることもあり、１・２歳児で0.5人増の5.8人、４・５歳児は0.3人増の1.5人となる。合計値では10.8人となり四捨五入で11人となる。１歳児、３歳児、４・５歳児の全ての改善を適用してはじめて１人増となる。

③事例３の内閣府実態調査の場合

この調査で、平均的保育所の在籍児は96人で、事例２と同じだが、その年齢構成の試算は「０歳児10人、１歳児16人、２歳児17人、３歳児18人、４歳児17人、５歳児18人」となる。

図表 2-2-1　３歳児と１歳児、４・５歳児の配置基準改善で基準保育士数はどの程度増えるのか

事例１　全保協 2021 年実態調査保育所平均在籍児数 100 人の場合

	0歳児	1歳児	2歳児	3歳児	4歳児	5歳児	配置基準上保育士数
年齢別在籍児数	8人	15人	18人	19人	20人	20人	
現行　基準のまま	$(\frac{8}{3}=2.6人)+(\frac{33}{6}=5.5人)+(\frac{19}{20}=0.9人)+(\frac{40}{30}=1.3人)$						10.3人→10人
現行　3歳児加算適用	$(\frac{8}{3}=2.6人)+(\frac{33}{6}=5.5人)+(\frac{19}{15}=1.2人)+(\frac{40}{30}=1.3人)$						10.6人→11人
1歳児、4・5歳児改善適用	$(\frac{8}{3}=2.6人)+(\frac{15}{5}=3.0人)+(\frac{18}{6}=3.0)+(\frac{19}{15}=1.2人)+(\frac{40}{25}=1.6人)$						11.4人→11人

事例２　全保協 2016 年実態調査保育所平均在籍児数 96 人の場合

	0歳児	1歳児	2歳児	3歳児	4歳児	5歳児	配置基準上保育士数
年齢別在籍児数	7人	15人	17人	19人	19人	19人	
現行　基準のまま	$(\frac{7}{3}=2.3人)+(\frac{32}{6}=5.3人)+(\frac{19}{20}=0.9人)+(\frac{38}{30}=1.2人)$						9.7人→10人
現行　3歳児加算適用	$(\frac{7}{3}=2.3人)+(\frac{32}{6}=5.3人)+(\frac{19}{15}=1.2人)+(\frac{38}{30}=1.2人)$						10.0人→10人
1歳児、4・5歳児改善適用	$(\frac{7}{3}=2.3人)+(\frac{15}{5}=3.0人)+(\frac{17}{6}=2.8)+(\frac{19}{15}=1.2人)+(\frac{38}{25}=1.5人)$						10.8人→11人

事例３　内閣府 2019 年実態調査保育所平均在籍児童数 96 人の場合

	0歳児	1歳児	2歳児	3歳児	4歳児	5歳児	配置基準上保育士数
年齢別在籍児数	10人	16人	17人	18人	17人	18人	
現行　基準のまま	$(\frac{10}{3}=3.3人)+(\frac{33}{6}=5.5人)+(\frac{18}{20}=0.9人)+(\frac{35}{30}=1.1人)$						10.8人→11人
現行　3歳児加算適用	$(\frac{10}{3}=3.3人)+(\frac{33}{6}=5.5人)+(\frac{18}{15}=1.2人)+(\frac{35}{30}=1.1人)$						11.1人→11人
1歳児、4・5歳児改善適用	$(\frac{10}{3}=3.3人)+(\frac{16}{5}=3.2人)+(\frac{17}{6}=2.8)+(\frac{18}{15}=1.2人)+(\frac{38}{25}=1.5人)$						12.0人→12人

内閣府「令和元年度幼稚園・保育所・認定こども園等の経営実態調査集計結果（平成30年度）」（速報値）及び「保育所等の運営実態に関する調査（確定額）」（平成30年度）を参考に作成。

事例１・２と比較して、０歳児が10名と多く、３歳以上児が１～２名少ない。そのため、現行最低基準どおりの基準での保育士配置数の合計値は10.8人で、四捨五入で11人となり、事例２のケースより１名多い。

３歳児15対１の加算を適用すると、３歳児が1.2人と20対１より0.3人増となるが、合計値が11.1であり11人で変わらない。

さらに、１歳児５対１と４・５歳児25対１の改善を適用すると、１・２歳児で0.5人増の6.0人、４・５歳児は0.4人増の1.5人となる。合計値では12.0人で12人となる。

資料１の事例１～３では、増員の仕方に少し違いがあるが、１歳児、３歳児、４・５歳児の改善がされても、保育士の１人増がどうにか可能となる程度だ。

3　３つの定数改善で公定価格はどうなるのか

１歳児、３歳児、４・５歳児の３つの定数改善を加算で実施した場合、公定価格単価額（園児１人当たりの単価額）との関連で、加算額（園児１人当たりの加算単価額）がどの程度引き上げられるかを検討してみる。

３歳児については、公定価格において「３歳児配置改善加算額」（以下　３歳児加算額）が実施済みである。今回新たに提起されている１歳児及び４・５歳児での加算による改善がどのような効果をもたらすのか、３歳児加算額について具体的に検討しその傾向を推察してみよう。

３歳児加算額は、定員規模等の違いに関わりなく、一律の額が８地域区分別に示されている。例えば単価額の最も高い$\frac{20}{100}$地域は7,890円、次の$\frac{16}{100}$地域は7,650円、$\frac{15}{100}$地域7,590円と少しずつ安くなり、単価額が最も低い「その他地域」は6,700円となっている。

この加算額は、それぞれの地域の３歳児の公定価格基本分単価に比べどの程度の増額になるのかをみてみよう。該当する保育所が最も多い「その他地域」の場合について検討したのが●図表2-2-2である。

●図表2-2-2では、３歳児加算額が加わることで基本分単価額が何％程度増額になるかを、増加率（基本分単価額／３歳児加算額×100）として示した。増加率について、定員区分を最も少ない定員20人から、60人、100人、140人、そして最大の171人以上、について、保育短時間認定（以下　短時間）と保育標準時間認定（以下　標準時間）別にまとめてみた。

公定価格基本分単価額の最も高い定員20人の場合は、増加率は短時間で約7.2%、標準時間で約5.8%であり、基本分単価額の最も低い定員171人以上の場合は、短時間で約21.3%、標準時間で約19.7%となっている。「その他地域」の増加率は約5.8～21.3%となる。

前述したように３歳児保育士配置が20対１から15対１に改善されると、単純に0.3人の配置増になるわけだが、その場合でも、３歳児の基本分単価額増加率は「その他地域」で約5.8～21.3%にすぎない。

今回提案されている、１歳児と４・５歳児

図表 2-2-2　３歳児配置改善加算額と基本分単価との比較
（保育所 2023 年 4 月公定価格「その他地域」の場合）

定員区分	保育認定区分	①基本分単価額	②３歳児配置改善加算額	増加率（②／①×100）
20 人	保育短時間認定	92,830 円	6,700 円	約 7.2%
	保育標準時間認定	115,720 円	6,700 円	約 5.8%
60 人	保育短時間認定	51,240 円	6,700 円	約 13.1%
	保育標準時間認定	58,870 円	6,700 円	約 11.4%
100 人	保育短時間認定	37,020 円	6,700 円	約 18.1%
	保育標準時間認定	41,600 円	6,700 円	約 16.1%
140 人	保育短時間認定	32,980 円	6,700 円	約 20.3%
	保育標準時間認定	36,250 円	6,700 円	約 18.5%
171 人以上	保育短時間認定	31,500 円	6,700 円	約 21.3%
	保育標準時間認定	34,040 円	6,700 円	約 19.7%

☆基本分単価額及び3歳児配置改善加算額は2023年4月実施の公定価格に基づく
☆増加率は小数点第2位四捨五入

の改善については、保育士配置数の増がそれぞれ0.2人にすぎず、３歳児のそれよりやや少ないので、改善加算額もやや低くなるし、増加率もやや少なくなることが予測される。

以上のことから３つの改善がされた場合でも、公定価格上は保育士１人分の人件費が保障されることにはなりにくいと推察できる。単価額・加算額の面からみても、わずかな改善でしかないといえる。

４　平均的保育所の実情と１人増の改善の意味

(1) 実際は公定価格基準の1.6～２倍の保育士等を配置

各調査の平均的保育所の保育士等保育従事者の配置状況をまとめたのが●図表2-2-3である。公定価格の基準では、看護師や無資格の保育補助者も保育に従事することが認められているし、実際の調査でもその数がカウントされているため、図表では保育士だけでなく従事者の配置状況を示した。

事例１の全保協2021年調査では、実際の保育士等保育従事者数は23.4人であるが、公定価格の基準上保育士数は11人（主任保育士含めて）にすぎない。つまり実際の保育従事者数は基準より12.4人多い、基準の約２倍強である。

事例２の全保協2016年調査では、実際の保育士等保育従事者数は20.7人であるが、公定価格の基準上保育士数は11人（主任保育士含めて）である。実際の保育従事者数は基準より9.7人多い約1.9倍強を配置している。

事例３の内閣府等2018年調査では、実際の保育士等保育従事者数は19.0人であるが、公定価格の基準上保育士数は12人（主任保育士含めて）であり、基準より７人多い約1.6倍の職員で保育に従事している。

(2) 保育士１人増は現状の約８～14%増にすぎない

こうした状況からみると、今回の加算が上積みされることで、どうにか１人増員となっても、事例１は約８%増（$\frac{1}{12.4}$人）、事例２は約10%増（$\frac{1}{9.7}$人）、事例３は約14%増（$\frac{1}{7}$人）であり、現場としてはほんのわずかな改善でしかない。

しかし、前述の『毎日新聞』「保育士の配置基準／上」(2023年３月16日）では、政府関係者が、最低基準（設備・運営基準）を改正する本格的な改善を行わない理由として、「必要な人数を確保できず、認可が取り消される園が出るリスク」をあげていることが紹介されている。もしその発言が本当にされたのならば、これは極めて恣意的かつ作為的な主張としかいいようがない。

仮に保育士１名増が困難になったとしても、その園での、０～２歳児の受入れを１名から３名程度少なくすれば済む話である。現

図表 2-2-3　平均的保育所の保育士等配置の実態と公定価格の基準による職員数の比較

	事例１　2021 年全保協調査 平均的保育所		事例２　2016 年全保協調査 平均的保育所		事例３　2019 年内閣府実態調査 平均的保育所	
	公定価格の基準による職員数	実際の配置数	公定価格の基準による職員数	実際の配置数	公定価格の基準による職員数	実際の配置数
平均在籍児数	100 人		96 人		96 人	
保育士	10 人	20.0 人	10 人	17.8 人	11 人	16.7 人
主任保育士加算	1 人	1 人	1 人	1 人	1 人	1 人
休憩保育士加算	0 人	0 人	0 人	0 人	0 人	0 人
看護師	—	0.5 人	—	0.4 人	—	0.4 人
保育補助	—	1.9 人	—	1.5 人	—	0.9 人
計	11 人 (100.0%)	23.4 人 (212.7%)	11 人 (100.0%)	20.7 人 (188.1%)	12 人 (100.0%)	19.0 人 (158.3%)

※ 2016・2021 年全保協調査、2019 年内閣府実態調査の説明は拙著『幼児教育・保育の真の「無償化」と「公定価格」改善課題』P149～P152 参照

在でも、年齢別の保育士の配置数に合わせて、各年齢入所児童数を決めている。「認可が取り消される」ことはあり得ない。そうした実情を踏まえない主張は暴論・極論としかいいようがない。

今回の提案程度の増員であるなら、最低基準の改善を行ってもほとんど問題は生じないであろう。慎重を期すなら3年程度の猶予期間を設けて最低基準を改正すればいい。にもかかわらず、加算での対応にこだわるのは、できる限り「改善加算」を実施しない保育所を確保して、少しでも支出の抑制を図りたいと考えているとしか思えない。場合によっては、加算を廃止して最低基準の低い水準に戻そうとする意図が見え隠れするようにも思える。

こうした姿勢はこども基本法や「こども政策の新たな推進体制に関する基本方針について」(令和3年12月21日閣議決定)で示されている「こどもまんなか」、「こどもの視点」、「こどもの最善の利益を第1に」という理念に反しているとしかいいようがない。

とはいえ、今回の改善が実施されるのであれば、それはこれまで頑なに配置基準の改善や保育士の増員を拒んできた国を動かしたという点で、大きな意味をもつ。

問題はこれからである。さらなる改善を求めて今こそ、取り組みを大きくすすめること呼びかけたい。

5　政府のこども政策基本方針に基づき抜本的な改善を

—公定価格での幼稚園と保育所の格差は子どもへの差別

現在の公定価格において保育時間の短い1号認定子ども(幼稚園)と、それより長い2号・3号認定子ども(保育所)の保育に従事する教諭・保育士の配置基準がどのような算定方式で決められているかを起点にして、問題状況を確認し、当面の改善方向を示したい。

(1)3つの不合理な問題点

公定価格において、幼稚園と保育所の間に、不合理な格差が3つ存在している。

まず、公定価格の基本分単価における格差をみる。

公定価格における基本分単価では、配置すべき保育士・教諭数は幼稚園、保育所とも全く同じ算出方式が採用されている。保育所の保育時間は幼稚園の約2倍程度長いのに、保育士・教諭の配置基準が全く同一に扱われていることになる。

子どもの処遇や保育を平等に保障するという視点からすれば、保育時間や保育日数の長さを当然考慮すべきであるが、それがされていない。これが1つ目の不合理である。

次に、幼稚園の公定価格基本分単価では、基準上配置すべき教諭数に加えさらに1人分が、学級編制調整教諭として位置づいている。一方、保育所の保育士数は、基準上必要とされている保育士数だけしかない。2つ目の不合理である。

このように、公定価格の基本分単価に位置づく職員配置数の決め方には、この2つの不合理な内容が含まれている。これは明らかに、子どもの保育における格差である。幼稚園の基準をベースに、保育所の保育士配置が改善されなければならないのは明白だ。

3つ目の不合理は、保育士・教諭の配置に関わる加算の仕組みにある。幼稚園では実施されているにも関わらず、保育所では実施されていない加算が複数あり、格差を拡大させている。その改善が緊急に必要である。

幼稚園の職員を加配できる加算は、①副園長加算(1人)、②主幹教諭加算、③チーム保育加配加算(1～8人)、④講師配置加算(0.8人)であり、①、②は全ての園が対象、③は定員35人以下と定員121人以上等である。これらの加算に先に述べた学級編制調整教諭（1人）を加えた保育者数は、基準上必要される教諭数と同等かやや多い人数となる。

つまり加算を含めて公定価格で保障されている教諭数は、現在においても、基準上必要とされる教諭数の約2倍かそれ以上の配置が可能とする状況にある。

一方、保育所の場合、職員を加配できる加算は、主任保育士1人だけなのである。これでは、まったく比較にもならない。

(2) 利用定員100人の施設での、幼稚園と保育所の比較

この状況を比較するために、利用定員100人の幼稚園と保育所を想定して、現状の公定価格で対応できる保育者数を示した●図表2-2-4。

公定価格で対応できる保育者数（基準上必要とされる保育者数＋加算等で加配できる保育者数）は、保育所が11人で基準上必要とされている保育者数（10人）の1.1倍にすぎない。一方、幼稚園の場合は9人で、基準上必要とされる保育者数（4人）の2.2倍にもなる。

その結果幼稚園の場合、3歳児16人、17人クラスに保育者をおのおの2人配置できる。さらに4・5歳児33人と34人クラスにも各2人の保育者を配置できる。クラスを担当する保育者は1人で担当する子どもは平均で16～17人という条件が可能となる。さらに、フリーとして専任できる保育者1人の配置もでき、4クラスを支える条件がすでにつくられている。実際に、文部科学省の学校基本調査の結果からも、平均学級・園児数（6学級・154人、6クラス）の場合においてほぼ同様の状況が確認できる。基準上必要とされる保育者6人、加算で加配した保育者は6.8人で、保育者の総計は12.8人で、基準上必要とされる保育者数の2.1倍であった。

保育所の場合、保育者は3歳児19人を1人、4歳児と5歳児のクラスで子ども20人であるのに、各1人の保育者を配置すると、8人の0歳児、15人の1歳児、18人の2歳児18人に、最低基準を踏まえて3人の保育者をそれぞれ配置したいところだが、実際に

図表 2-2-4　保育所・幼稚園の公定価格上配置できる保育者（保育士・教諭）数の比較

公定価格上の対応（年齢別園児数と加算等）によって配置できる保育者数（利用定員 100 人の場合）

			0 歳児	1 歳児	2 歳児	3 歳児		4 歳児	5 歳児		保育者数
保育所	園児数　1)		8 人	15 人	18 人	19 人		20 人	20 人		
保育所	基準上必要な保育者数（計算式と数値）		0 歳 $\frac{8}{3}$ +1･2 歳 $\frac{33}{6}$ +3 歳 $\frac{19}{20}$ +4･5 歳 $\frac{40}{30}$ = 10.3 → 四捨五入→								10 人（100）
保育所	保育者配置のイメージ	①基準上必要とされる保育者数	2 人	3 人	2 人	1 人		1 人	1 人		10 人
保育所	保育者配置のイメージ	②加算で加配可能な保育者数　4)	0.5 人		0.5 人						1 人
保育所	総計①＋②		2.5 人	3 人	2.5 人	1 人		1 人	1 人		11 人（110）
幼稚園	園児数　3)					16 人	17 人	33 人	34 人		
幼稚園	基準上必要な保育者数（計算式と数値）					$\frac{33}{20}+\frac{67}{30}$ = 3.8 → 四捨五入→					4 人(100)
幼稚園	保育者配置のイメージ	①基準上必要とされる保育者数				1 人	1 人	1 人	1 人		4 人
幼稚園	保育者配置のイメージ	②加算で加配可能な保育者数　5)				1 人	1 人	1 人	1 人	フリー 1 人	5 人
幼稚園	総計①＋②					2 人	2 人	2 人	2 人	1 人	9 人（225）

1）保育所平均在籍児数は全保協の 2021 年調査に基づく。
2）保育者数の（　）は基準上必要な保育者（保育士ないし教諭）数を 100 とした時の指数。
3）幼稚園在籍児数は保育所に合わせた推計値。
4）保育所で保育者を加配できる加算は、主任保育士加算のみ。
5）幼稚園で、この定員数で活用可能な加算を活用して、以下のような加配を想定した。学級編成調整 1 人＋副園長加算＋主幹教諭＋チーム保育加配加算 2 人＝5 人。

は困難なために、本来フリーの主任保育士がそれぞれに援助に入らざるをえない状況になってしまうことが見てとれる。

保育時間の短い幼稚園では２人担当が公定価格で保障されているが、保育時間の長い保育所において、幼児は１人担当、０歳児や低年齢児では、最低基準上の配置も守れない状況なのだ。しかもそんな保育所で、フリー保育士の配置も実質的にできないような、公定価格の設定がされているのだ。明らかに「差別的取扱い」といえる。

（3）幼稚園は保育者の2倍配置を公定価格で保障

そうしたなかで、多くの保育所では、自治体によっては単独補助などを受けながら、なんとかして多くの保育者を配置して、保育を営んでいるのだ。

前出の●図表2-2-3において、各種調査に基づいて、平均的保育所における実際の保育士等保育従事者数と基準上必要とされる保育士数を示した。先にみたように平均的保育所の実際の保育士等保育従事者数は、基準上必要とされている保育者数の約1.6倍（事例３）～２倍程度（事例１）であった。

保育所の場合は、先にみたように、公定価格で手当てできる保育者数は、基本分単価と加算を合わせて、基準上必要とされる保育者数の1.1倍でしかなかった。しかし、実際には、基準上必要とされる保育者の約1.6～２倍の保育者を配置している。となれば、実際に保育所が受け取る人件費で、その1.6～２倍の人に給与を分配することになる。当然に、賃金は抑制をせざるを得なくなる。

幼稚園の場合は　保育体制の充実のために保育者を増やしても、基準上必要とされている保育者数よりも約２倍の配置を可能にする公定価格の仕組みが制度上すでに確立しているのである。

しかし、保育所にはそのような保障がされておらず、園の自助努力に委ねられている。そのため、保育所の保育者の処遇は、劣悪化せざるを得ない状況におかれ、それが保育に様々な悪影響を生じさせているといえる。

これは、国が設定している公定価格の問題である。このような格差は、早急に是正されなければならない。

政府が、2020（令和３）年12月21日に閣議決定した「こども政策の新たな推進体制に関する基本方針」では、子ども政策の基本理念として、「こどもの最善の利益が第１に考慮されること」「全てのこどもが、…いかなる理由でも不当な差別的取扱いを受けることがないようにする」等が示されている。

この基本理念に基づくなら、保育所の加算を含む公定価格の設定は、幼稚園の教諭等職員配置基準（加算を含む）の実施内容を基にして、保育時間の長さを加味しながら、抜本的に改善されるべきである。

こども家庭庁の創設に際して「こどもまんなか社会を目指す」、「こどもの視点、子育て当事者の視点に立った政策立案」を強調しているが、現在の公定価格の職員配置は「こどもまんなか」ではなく、「こどもが隅におかれ」縦割り行政の歪みが子どもに押しつけられているといえる。子どもの保育に格差が持ち込まれていることは早急に改善されなければならない。

1）全社協「児童憲章制定15年と今日の保育―1966―」

参考文献　拙著『子育て支援後進国からの脱却Ⅱ―幼児教育･保育の真の「無償化」と「公定価格」改善課題』（新読書社　2023年１月刊）

※本稿は、月刊『保育情報』No.560.2023年７月号に掲載した、同名の論稿に、大幅な加筆修正を加えたものである。

3 スタートしたこども家庭庁で保育はどうなる？

桜美林大学　小泉広子

1．こども家庭庁の設置

2022年６月にこども家庭庁設置法とこども基本法が成立し、2023年４月１日より施行された。こども家庭庁を設置する理由について、政府は、「こども政策の新たな推進体制に関する基本方針について」（2021年12月21日閣議決定）において次のように述べていた。「（こどもや若者に関する施策については）様々な取組が着実に前に進められてきたものの、少子化、人口減少に歯止めがかからない。こうした中、令和２年度には、児童虐待の相談対応件数や不登校、いわゆるネットいじめの件数が過去最多となり、大変痛ましいことに令和２年は約800人もの19歳以下のこどもが自殺するなど、こどもを取り巻く状況は深刻になっており、さらに、コロナ禍がこどもや若者、家庭に負の影響を与えている」「常にこどもの最善の利益を第一に考え、こどもに関する取組・政策を我が国社会の真ん中に据えて（以下 「こどもまんなか社会」という）、こどもの視点で、こどもを取り巻くあらゆる環境を視野に入れ、こどもの権利を保障し、こどもを誰一人取り残さず、健やかな成長を社会全体で後押しする。そうしたこどもまんなか社会を目指すための新たな司令塔として、こども家庭庁を創設する」。

この文章からは、少子化のみならず、子どもを取り巻く深刻な状況に政府が取り組むために、新たな司令塔として、こども家庭庁が機能することが期待されるが、こども家庭庁によって保育はどうなるのだろうか？本稿では、まず、こども家庭庁体制の特徴を押さえたうえで、本稿執筆段階のこども家庭庁がスタートしてから約３か月までの保育政策に関連した動きを子どもの権利の視点から検討する。

2．こども家庭庁とは

こども家庭庁は、内閣府の外局に置かれ、こども家庭庁の長は、こども家庭庁長官である。また主任の大臣は、内閣府の長である内閣総理大臣である。内閣総理大臣を助け、命を受けて、こども家庭庁の事務を掌理する、特命担当大臣が任命されている。

こども家庭庁には特別の機関として、こども政策推進会議が置かれ、会長は内閣総理大臣、委員は特命担当大臣、内閣総理大臣が指定する国務大臣から構成される。こども政策推進会議は、こども大綱の案の作成、こども施策に関する重要事項について審議し、及びこども施策の実施を推進すること、こども施策について必要な関係機関相互の調整をすること等の事務を行う。こども家庭庁の所掌事務は、こども家庭庁設置法によれば分担管理事務として、「小学校就学前のこどもの健やかな成長のための環境の確保及び小学校就学前のこどものある家庭における子育て支援に関する基本的な政策の企画及び立案並びに推進に関すること」（４条１項１号）、「子育ての支援体制の整備並びに地域におけるこどもの適切な遊び及び生活の場の確保に関すること」（４条１項５号）などの新規の事務の他、子ども･子育て支援給付関係（同条同項２号）、認定こども園関係（同条同項３号）、こどもの保育及び養護に関すること（同条同項４号）、こどもの虐待防止に関すること（同条同項16号）など、これまで、内閣府や厚生労働省が所管していた子ども関係の事務が移管された。さらに、こども家庭庁は、特定の内閣の重要政策の事務を助けるために、「行政各部の施策の統一を図るために必要となる次に掲げる事項の企画及び立案並びに総合調整に関する事務」をつかさどる（4条2項）。「こどもが自立した個人としてひとしく健やかに成長することのできる社会の実現に向けた基本的な政策に関する事項」（4条2項1号）、「結婚、出産又は育児に希望を持つことができる社会環境の整備等少子化の克服に向けた基本的な政策に関する事項」（同条同項2号）、「こども・若者育成支援に関する事項」（同条同項3号）。加えて、こども家庭庁は、特定の分担管理事務に関わる総合調整事務を行う（4条3項）。

また、総合調整権限として、こども家庭庁長官は、関係行政機関の長に対し、資料提出等要求等ができる（5条）。特命担当大臣は、資料提出等命令、勧告権、報告徴収権、内閣総理大臣への意見具申権を有する（内閣府設置法5条）。

また、こども家庭庁設置法の制定と同時に、自民・公明党の議員立法により、こども基本法が制定されている。この法律は、「日本国憲法及び児童の権利に関する条約の精神にのっとり、次代の社会を担う全てのこどもが、生涯にわたる人格形成の基礎を築き、自立した個人としてひとしく健やかに成長することができ、心身の状況、置かれている環境等に関わらず、その権利の擁護が図られ、将来にわたって幸福な生活を送ることができる社会の実現を目指して、社会全体としてこども施策に取り組むことができるよう、こども施策に関し、基本理念を定め、国の責務等を明らかにし、及びこども施策の基本となる事項を定めるとともに、こども政策推進会議を設置すること等により、こども施策を総合的に推進すること」を目的としている。したがって、今後「こども施策」の実施は、日本国憲法および子どもの権利条約の精神にのっとり、権利の擁護、幸福な生活を送ることができる社会の実現を目指さなければならないことになる。

3．就学前のこどもの育ちに係る基本的な指針（仮称）の策定に向けた動き

すでに、2006年の教育基本法の「改正」から、保育内容への国家統制が段階を経て進められてきている。また、2017年の保育所保育指針、幼稚園教育要領の改訂により、新教育基本法2条の教育目標を反映した「育みたい資質・能力」「幼児期の終わりまでに育ってほしい姿」が設定され、子どもの自由な人格発達への権利に対する侵害が危惧されていた。

こども家庭庁設置に伴う法改正により、児童福祉法45条3項が追加され、内閣総理大臣は、保育所における保育の内容を定めるに当たっては、幼稚園の教育課程その他の保育内容に関する事項並びに幼保連携型認定こども園の教育課程その他の保育内容に関する事項との整合性の確保並びに小学校等における教育との円滑な接続に配慮しなければならないとされた。内閣総理大臣が保育行政を所管することになるため、政権与党の意向が保育所保育指針にさらに反映されやすくなる危惧や、この法文を根拠に、すでに推進されている文部科学省の「架け橋プログラム」なども梃にし、「学校教育」から、さらに保育所の保育内容への国家統制が強まる恐れがある。

さらに、こども家庭庁の設置を契機として、保育所のみならず、家庭や社会全体の保育や教育内容に対して、国家の介入が強まる懸念もある。こども家庭庁の設置に先立ち、閣議決定（「こども政策の新たな推進体制に関する基本方針について」2021年12月21日）では、「こども家庭庁は、…幼稚園に通うこどもやいずれの施設にも通っていない乳幼児を含む、就学前のすべてのこどもの育ちの保障を担う」。また「幼稚園、保育所、認定こど

も園…、家庭、地域を含めた、政府内の取組を主導する」ため、「就学前のこどもの育ちに係る基本的な指針（仮称）」を新たに閣議決定し、これに基づき強力に推進することとされた。この指針の策定については、2023年３月30日に、「「就学前のこどもの育ちに係る基本的な指針」に関する有識者懇談会報告～基本的な指針（仮称）の策定に向けた論点整理～」が公表されている。

同報告では、基本的な指針を策定する意義（目的）として「こども基本法のめざす目的・理念に則り、こどもの心身の状況、置かれている環境等にかかわらず、こどもの誕生前から幼児期までを通じて切れ目なく、こどもの心身の健やかな育ちを保障し、こどもの育ちを支える社会（環境）を構築するためにすべての人で共有したい基本的な考え方と、その取組の指針を示すことで、こども基本法の目指す、次代の社会を担うすべてのこどもが、その権利が守られ将来にわたって幸福（Well-being）な生活を送ることができる社会の実現を目的とする」としている。その一方、子どもの誕生前から乳幼児期を「こどもの生涯にわたる幸福（Well-being）の基礎を培い、人生の確かなスタートを切るための最も重要な時期であるとともに、この時期への社会的な投資が次代の社会の在り方を大きく左右するため、社会全体にとっても極めて重要な時期である。だからこそ、こどもの誕生前から乳幼児期の育ちについて、こどもと日常的には関わる機会がない人も含むすべての人とその重要性を共有し、共に保障することが必要なのである」（下線筆者）と位置づけ、社会的な投資が次代の社会の在り方を大きく左右する、すなわち、乳幼児期における人材育成への投資のねらいが見える。このことは、子どもの権利、すなわち、憲法で保障される個人の尊厳（憲法13条）や子どもの全面的な発達への権利（子どもの権利条約６条２項、29条１項、31条、児童福祉法１条、国連子どもの権利委員会一般的意見７号「乳幼児期の子どもの権利の実施」等）と矛盾するのではないかとの疑念がある。

さらに同報告では、今後基本的な指針で示したい「理念として目指したい姿や共有したい考え方」として、４つの基本理念を挙げ、その一つを「すべてのこどもが安心・安全に生きることができ、育ちの質が保障されている」（下線筆者）とする。４つの基本理念は、こども基本法の理念の考え方を、こどもの誕生前から幼児までに特化して整理したものとされるが、「育ちの質の保障」については、こども基本法の理念には見当たらない。同報告ではこの基本理念について、「どんな環境に生まれ育っても、心身・社会的にどんな状況であっても、すべてのこどもの生命・栄養状態を含む健康・衣食住が守られ、こども同士つながり合う中で、ひとしく健やかに育ち、育ちあい、学ぶ機会とそれらの質が保障されている」と説明している。今後「育ちの質」の内容を国家が一定の価値観に基づいて決めるなら、それは、子どもの権利とそれを保障するための保護者や保育者等の権利と衝突する可能性がある。

また、報告では、指針の名宛人を子どもとの関係性ごとに、「保護者、養育者」、「こども同士、親族、保育者、小児科医等の直接接する人」、「教育・保育施設等の運営者等のこどもを見守る人」、「近所の人、商店の人等の地域社会を構成する人」、「政策に携わる人、企業者メディアの人等の社会全体の環境をつくる人」にチャート化している。子どもの権利保障における、市民と国家権力（「政策に携わる人」）の性質と役割は本来異なるはずであるが、ここではその区別はない。当然、国家責任であるはずの、子どもの最善の利益を保障するための人的、物的条件整備義務や、貧困や労働問題の視点も見当たらない。

4.「こども未来戦略方針」における保育の位置づけ

2022年に生まれた子どもの数が、77万747人と統計を開始した1899年以来最低の数字となった。政府の予測よりも８年早いペースで少子化が進んでいる。2023年１月に岸田総理からの指示により、こども・子育て政策の強化に向けて、こども政策担当大臣を座長に、関係府省により構成される「こども政策の強化に関する関係府省会議」が開催され、2023年３月31日こども政策担当大臣名による「こども・子育て政策の強化について（試案）～次元の異なる少子化対策の実現に向けて～」が公表された。また、同日、内閣官房の全世代型社会保障構築本部の下に、内閣総理大臣を議長とし、関係閣僚、有識者、関係団体（経団連、日商、連合、地方３団体）を構成員とする、こども未来戦略会議が設置され、同年６月13日に、「こども未来戦略方針」（282頁に資料掲載）が閣議決定された。

第二次安倍政権以降、首相官邸主導による包括的・積極的な産業政策＝成長戦略が重視され、政策戦略を立案する機関が首相官邸に設置されている。これらの機関が審議・作成した「成長戦略」は、内閣府設置の経済財政諮問会議が審議・作成する「経済財政運営と改革の基本方針」（骨太の方針）とあわせて、毎年６月に閣議決定されるという政策サイクルが確立されたとされる*。

今回の「こども未来戦略方針」もまさにこの手法がとられ、同年６月16日に閣議決定された「骨太の方針2023」とセットとなり、「急速な少子化・人口減少に歯止めをかけなければ、我が国の経済・社会システムを維持することは難しく、世界第３位の経済大国という、我が国の立ち位置にも大きな影響を及ぼす」（こども未来戦略方針）といった経済政策として、少子化対策とこども・子育て支援を位置づけるものとなっている。こども家庭庁が創設されたにもかかわらず、首相官邸主導による経済政策を頂点とした政策決定の構造は変わっていない。

「こども未来戦略方針」は三つの基本理念として、第一に、賃上げ等により若い世代の所得を増やす、第二に、社会全体の構造・意識を変える、第三に、全てのこども・子育て世帯を切れ目なく支援する、を挙げる。保育については、第三の基本理念に該当し、さらに、今後３年間を集中的な取組期間とする「加速化プラン」の中に、位置づけられている。

ここでは、「待機児童対策の推進により量の拡大は進んだものの、一方で、昨今、幼児教育・保育の現場でのこどもをめぐる事故や不適切な対応事案などにより子育て世帯が不安を抱えており、安心してこどもを預けられる体制整備を急ぐ必要がある」とし、社会保障と税の一体改革以降積み残された１歳児及び４・５歳児の職員配置基準について１歳児は６対１から５対１へ、４・５歳児は30対１から25対１へと改善するとともに、民間給与動向等を踏まえた保育士の更なる処遇改善を検討するとしている。さらに、「０～２歳児の約６割を占める未就園児を含め、子育て家庭の多くが『孤立した育児』の中で不安を抱えており、支援の強化を求める意見がある」とし、「全てのこどもの育ちを応援し、こどもの良質な成育環境を整備するとともに、全ての子育て家庭に対して、多様な働き方やライフスタイルにかかわらない形での支援を強化するため、現行の幼児教育・保育給付に加え、月一定時間までの利用可能枠の中で、就労要件を問わず時間単位等で柔軟に利用できる新たな通園制度（「こども誰でも通園制度（仮称）」）を創設する」としている。

幼児教育・保育の質保障のために配置基準の改善と更なる処遇改善を行うという方向性に異論はないが、配置基準の改善や保育の拡充が、保護者側の視点のみ、すなわち保護者の不安対策や、子育てサービスとしてだけ位置づけられている点は問題である。

保育・幼児教育は、乳幼児期の子どもの発達、教育、遊びへの権利等を実現する重要な営みであり、子どもの最善の利益を優先に考慮した、専門性を持った十分な数の職員の配置、子どもの発達、遊び、文化的活動を可能にする設備や遊具・教材、子どもの発達に応じた豊かなプログラムが求められる（国連子どもの権利委員会一般的意見7号「乳幼児期の子どもの権利の実施」）。

乳幼児期の子どもの権利とそれを実施する保護者・保育者の権利、それを支える条件整備のあり方への十分な議論なしに、「こども誰でも通園制度」を拙速に導入することは、現在の厳しい保育現場をさらに追い詰め、子どもの重大事故や不適切保育の発生や保育者の離職を加速化することになるであろう。

＊中西新太郎、谷口聡、世取山洋介著　福祉国家構想研究会編『教育DXは何をもたらすか―個別最適化社会のゆくえ』大月書店、2023年、17頁

参考文献

浜田真一「「こども家庭庁」や関連政策を保育現場から問う」（『人間と教育』民主教育研究所編集、旬報社発行No.118、2023年6月号、30頁）

4 架け橋プログラムの概要と問題点

NPO保育福祉子育ちフォーラム　浜田真一

1．架け橋プログラムの発端―経済界の要請を受けて

「架け橋プログラム」は、義務教育開始前後の５歳児から小学校１年生の２年間を「架け橋期」と呼び、その時期に求められる教育の内容等を可視化し、モデル地域における実践と並行して、全国的な普及を促していくもので、文科省において2022年度から３年ほど、集中的に推進予定とされている。

幼保小連携については既に取り組まれていたもので、今回、突如、「架け橋プログラム」という新しい言葉で推進されるようになったのはなぜか。架け橋プログラムの発端は、内閣府「令和３年経済財政諮問会議」で萩生田光一文部科学大臣（当時、2021年10月４日から、2022年８月10日に発足した第二次岸田改造内閣までは経済産業大臣）が発表した「幼児教育スタートプラン」である。

「経済財政諮問会議」とは、「経済財政政策に関し、内閣総理大臣のリーダーシップを十全に発揮させるとともに、関係国務大臣や有識者議員等の意見を十分に政策形成に反映させることを目的として、内閣府に設置された合議制の機関」であり、内閣府発足以降、経済界の要請を各省庁の政策に反映させる役割を担ってきた。

2021年５月14日に行われた同会議では、「経済・財政一体改革の当面の重点課題～文教・科学技術～」（竹森俊平、中西宏明、新浪剛史、柳川範之各氏による報告）として、「オンライン教育・デジタル人材育成等」や「研究開発・大学改革の強化」が提言されている。全小中学校で、オンライン教育を日常化することや、デジタル人材の育成を早急に、国主導で徹底するべきであることや、大学においては「経営と教育研究の長を分離し、プロによる経営を徹底する」こと等が述べられている。

図表2-4-1　「架け橋プログラム」策定の流れ

日時	内容
2021年　５月14日	内閣府「令和３年経済財政諮問会議」 萩生田光一文部科学大臣（当時）が「幼児教育スタートプラン」を発表
５月25日	萩生田大臣記者会見
７月８日	中教審　初等中等教育分科会　「架け橋特別委員会」の設置の決定
７月20日～ ９月１日	第１～３回「架け橋委員会」開催
10月７日	第４回「架け橋委員会」開催 「幼保小の接続期の教育の質的向上に関する検討チーム」発足
12月15日～ 2022年　３月23日	第５～７回「架け橋委員会」開催
３月31日	「架け橋委員会」審議経過報告、「架け橋プログラム」の「手引き」（初版）発表
５月17日	「幼保小の架け橋プログラムに関する調査研究事業」応募全19自治体を採択
５月23日～ 12月16日	第８～10回「架け橋委員会」開催 「幼保小接続期の教育の質保障の方策に関するワーキンググループ」発足
2023年　１月30日	第11回「架け橋委員会」開催、「幼保小接続期の教育の質保障の方策に関するワーキンググループ」報告書を発表
２月１日～ 15日	「学びや生活の基盤をつくる幼児教育と小学校教育の接続について～幼保小の協働による架け橋期の教育の充実～（案）」パブリックコメント募集
２月27日	第12回「架け橋委員会」開催、「学びや生活の基盤をつくる幼児教育と小学校教育の接続について～幼保小の協働による架け橋期の教育の充実～」発表

萩生田大臣は同会議に臨時議員として出席し、「Society5.0」や「令和の日本型学校教育」への円滑な接続のため、「全ての幼児教育施設で、好奇心・粘り強さといった「育ち・学びを支える力」＝〔社会情動的スキル〕を育めるようにすることが急務」であるとし、「幼児教育スタートプラン（仮称）」のイメージを報告し、そこで示されていたのが「幼保小の架け橋プログラム」の計画である。

その後、５月25日の記者会見で萩生田大臣は、「(…) 私から「幼児教育スタートプラン」を発表させていただきました。具体的には、ことばの力、情報を活用する力、探究心といった生活・学習基盤を全ての５歳児に保障する「幼保小の架け橋プログラム」の開発・推進、また、保護者や地域の教育力を引き出すための子育て支援の充実、幼児教育推進体制の強化、また、保育人材の確保及び資質能力向上などの内容を柱としております。(…) たとえどういう施設にいても、どういうところにいてもですね、５歳の１年間は、小学校に上がる前段階として、同じ学びをしていただくことがこれからの義務教育に必要じゃないかと思っていますので (…)」と述べている。

これを受け、中央教育審議会内に「幼児教育と小学校の架け橋特別委員会」（以下 「架け橋委員会」）が設置され、「幼保小の架け橋プログラム」（以下 「架け橋プログラム」）が策定された（その経過については●図表2-4-1を参照のこと）。

以上見てきたように、「架け橋プログラム」は、子どもや保育者、教師、保護者、市民の議論や願いから生まれたものではなく、財界の要請をフォロー、後付けする形で策定されたものであるということを、まず念頭に置く必要があるだろう。

2．最終報告書の概要

架け橋委員会及び、「質的向上に関する検討チーム」「ワーキンググループ」の議論を経て、2023年２月27日、最終報告書「学びや生活の基盤をつくる幼児教育と小学校教育の接続について～幼保小の協働による架け橋期の教育の充実～」が発表されている。

この報告書で「目指す方向性」として、掲げられている方策を、報告書の見出しから●図表2-4-2にまとめた。

報告書は案の段階で、2023年２月１日～15日、パブリックコメントを募集している。概要[1] によれば、意見総数は17件で、主な意見の中には「年長の１年をカリキュラムに

図表2-4-2　報告書の概要見出し

報告書「学びや生活の基盤をつくる幼児教育と小学校教育の接続について ～幼保小の協働による架け橋期の教育の充実～」
１．架け橋期の教育の充実 　①　子供の発達の段階を見通した架け橋期の教育の充実 　②　架け橋期のカリキュラムの作成及び評価の工夫によるPDCAサイクルの確立
２．幼児教育の特性に関する社会や小学校等との認識の共有 　①　幼児教育の特性に関する認識の共有 　②　ICTの活用による教育実践や子供の学びの見える化
３．特別な配慮を必要とする子供や家庭への配慮 　①　特別な配慮を必要とする子供と家庭のための幼保小の接続 　②　好事例の収集
４．全ての子供に格差なく学びや生活の基盤を育むための支援 　①　幼児教育施設の教育機能と場の提供 　②　全ての子供のウェルビーイングを保障するカリキュラムの実現
５．教育の質を保障するために必要な体制等 　①　地方自治体における推進体制の構築 　②　架け橋期の教育の質保障のために必要な人材育成等 　③　幼児期の教育の質保障のために必要な人材確保・定着等
６．教育の質を保障するために必要な調査研究等 　①　幼保小接続期の教育に関する調査研究 　②　幼児期の教育に関する調査研究

沿ったやり方を子供にあてはめ、小学校の接続期として費やすことに反対。小学校に適合する子供を育てることが保育園や幼稚園が目指す保育ではない」「保幼少の連携を進める場合、小学校に合わせて、幼稚園、保育園がますます「学校化」する傾向がある」「架け橋プログラムについては、多忙な現場の実態と乖離している。配置基準や労働環境の改善を行うべきではないか」「幼児期から学齢期への接続を重視するなら、小学校１、２年生の時期は35人より少ない人数で学級編成すべき」といった、批判や意見も挙げられている。

これらの意見に対して委員会は、「幼児教育施設と小学校のどちらかがどちらかに合わせるということではなくて、それぞれの教育内容や指導方法について相互理解を深めながら、それぞれの教育をより一層充実し、豊かにしていくもの」「必要な教育環境、労働環境の改善については（…）教育の質を保障するために必要な体制等でも具体的な施策を示していますが、架け橋期の教育を充実するためにはこれらの施策をしっかり進めていくことが必要」等と、事務局からコメントするに留めている[2)]。

３.「架け橋プログラム」への批判

「架け橋プログラム」は既に、モデル地域等でのカリキュラム開発や、国としてのガイドライン作成等、全国的な普及が推進されているが、一方で、その問題点についての指摘もある。

①「10の姿」という視点の問題

2017年に指針・要領の改訂がされ、「幼児期の終わりまでに育ってほしい姿」(10の姿)が明示された。「架け橋プログラム」は幼保小連携において、「10の姿」への理解と活用に不徹底があるとし、保育者、教員のみならず、家庭・地域にもこの視点の共有を勧めようとしている。

指針等改訂当初から「10の姿」は到達目標ではないと説明されているが、到達目標として子どもを値踏みする指標になりかねないことや、国による特定の子ども像・人間像の押し付けであるという指摘はあった。

たとえば「10の姿」は「幼児教育の理念が提示されたというよりも、国家が国民（子ども）に対して『期待される子ども像』を提示したのであり、それは、国家による広義の道徳教育の一環だと考える必要がある」すなわち、「『10の姿』には、教育を国家の『統治』の手段として捉える発想や理論が濃厚にある。子どもを権利主体として捉え、大人とともに社会を形成し、社会を変革する主体として位置づける問題関心は弱い」という指摘がある[3)]。

②貧しい配置基準や労働条件下での保育・教育現場との乖離

「架け橋プログラム」は、「令和の日本型学校教育」に円滑に接続することをその使命としているが、「令和の日本型学校教育」がただでさえ、Society5.0型の教育と学習指導要領の過剰搭載のカリキュラムになっているところに、更に「架け橋プログラム」が加わることで、保育・教育の現場に過重な負担を強いることを危惧する意見もある[4)]。

先述の通り、パブコメにおいても、貧しい保育・教育条件や労働条件の下で、多忙な現場と乖離しているという指摘があり、文科省はそれに対して、必要な体制改善の施策を進めていくとコメントしている。

「必要な体制改善の施策」について、最終報告書では研修の充実や、「コーディネーター」「アドバイザー」といった専門職の育成、ICT環境の整備の推進を掲げているが、肝心の、保育・教育条件や労働条件については「国においては処遇改善等の必要な施策を引き続き実施する」と述べるに留まり、委員の中では一切議論されていない。

「一つには先生の配置基準、保育者の配置

基準を見直すことも必要かもしれませんし、むしろ私はそれよりも、何よりも子供たちが遊び込むというところが非常に重要かと思う」[5] との発言もあるが、条件改善に背を向けつつ、「質向上」の名の元、保育者・教員に過剰負担を強いる国の方向性を反映しているようである。

まとめ

「５歳の１年間は、小学校に上がる前段階として、同じ学びを」というのは「架け橋プログラム」の発端となった萩生田文科大臣（当時）の発言である。一見「架け橋プログラム」は、保育者・教職員・保護者たちによって、研修や会議を経て、各地域や各施設でのカリキュラム開発をするものであり、共通の保育内容を行うわけではないように見える。しかし、「10の姿」を共通の視点として徹底し、国の示した手引きに従うことは、結局はカリキュラムの統制、画一化につながりかねない。

これに抵抗するには、子ども、保育者、保護者による対話で、自治的・協同的に保育をつくっていくことが必要である。一見、「架け橋プログラム」はそのような協同を勧めているようにも見える。

しかしながら、条件改善に背を向け、研修や会議により更なる過剰負担を押し付けることは、現場を疲弊させ、自分たち自身で考え、対話する時間や余力を奪うことに他ならない。そうしておいたうえで「10の姿」という、特定の子ども像・人間像を、参照するべき「わかりやすい」視点として徹底させることは、自治・協同とは真逆の、支配的なイデオロギーの押し付けにならないか。

国は条件改善に背を向けることで、分断や忙殺によって子ども、保育者、保護者一人一人が自主的に学びあい、対話する機会を奪い、統制しやすくしているのではないかとすら思える。

支配的なイデオロギーを問い直し、真に自治的・共同的な保育をつくるためには、十分に余裕をもった話し合いや、省察や、文化的経験や遊びや休息が保育者に保障されなければならない。

保育条件・労働条件改善の要求を掲げ、運動に力を注ぐことが何よりも急務ではないだろうか。

1）「学びや生活の基盤をつくる幼児教育と小学校教育の接続について～幼保小の協働による架け橋期の教育の充実～（案）に関する意見募集の概要」幼児教育と小学校教育の架け橋特別委員会（第12回）参考資料2
2）幼児教育と小学校教育の架け橋特別委員会（第12回）議事録　https://www.mext.go.jp/b_menu/shingi/chukyo/chukyo3/086/gijiroku/mext_00011.html
3）和田悠「「架け橋プログラム」に民主主義を問う」『季刊　保育問題研究』319号 2023年2月
4）児美川孝一郎「公教育の再編と市場化をすすめる教育「改革」」月刊『保育情報』No.551.2022年10月号
5）幼児教育と小学校教育の架け橋特別委員会（第12回）議事録

5 就労の有無を問わない「こども誰でも通園制度」を考える

全国保育団体連絡会　井上晶子

1.「こども誰でも通園制度」とは

1）こども誰でも通園制度の登場

2023年６月13日、政府は「こども未来戦略方針」（以下　戦略方針）を閣議決定した。この戦略方針は、政府の重要政策を示す骨太の方針（経済財政運営と改革の基本方針）に盛り込むこども政策として、こども未来戦略会議でまとめられた。この中に、保育分野で盛り込まれたのが、75年ぶりの配置基準改善と保育士等の処遇改善、そして「こども誰でも通園制度（仮称）」の創設である。

戦略方針によれば、こども誰でも通園制度（以下、誰でも通園制度）は、現行の幼児教育・保育給付に加えて新たに創設する「月一定時間までの利用可能枠の中で、就労要件を問わず時間単位等で柔軟に利用できる新たな通園給付」とされている。2023年度から実施されている、未就園児のモデル事業をさらに拡充させ、2024年度から本格実施を見すえた形で実施する、と明記している。

2）未就園児のモデル事業とは

では未就園児のモデル事業とは何か。これは、こども家庭庁の2023年度予算に盛り込まれた新規の事業「保育所等の空き定員等を活用した未就園児の定期的な預かりモデル事業」をさしている●図表2-5-1。

事業の目的は、専門家による良質な成育環境を確保し子どもの発達を促すことに加え、育児疲れ等による負担を抱える保護者への継続的な支援、必要に応じて関係機関と連携して支援を行うこと等である。モデル事業を通して、利用促進の方法、利用認定の方法、要支援家庭等の確認方法や、保護者に対する関わり方などを具体的に検討し、保育所の多機能化に向けた効果を検証するとしている。

具体的には、定員に空きがある保育所等で、未就園児を対象に、週１～２回程度の定期的な預かり保育を行い、支援計画の作成や保護

図表2-5-1　保育所の空き定員等を活用した未就園児の定期的な預かりモデル事業

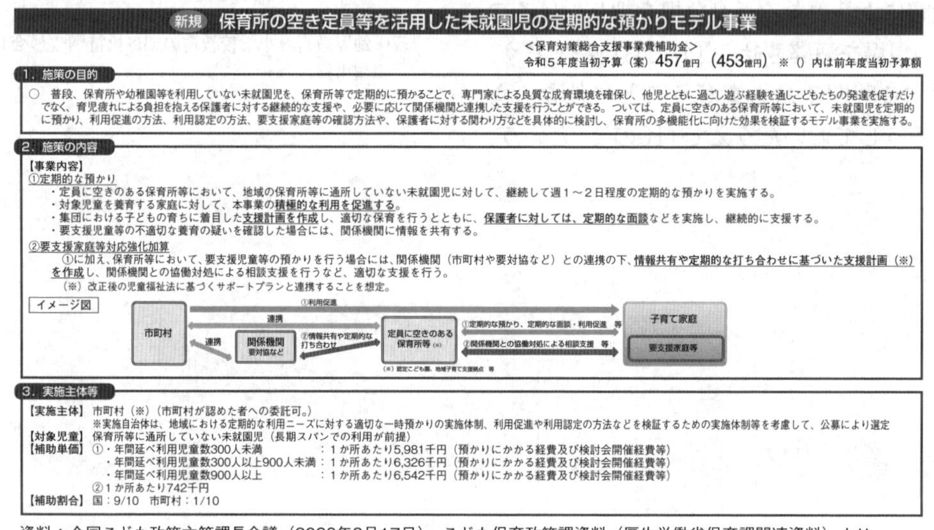
新規　保育所の空き定員等を活用した未就園児の定期的な預かりモデル事業

<保育対策総合支援事業費補助金>
令和５年度当初予算（案）457億円（453億円）※ () 内は前年度当初予算額

1．施策の目的

○　普段、保育所や幼稚園等を利用していない未就園児を、保育所等で定期的に預かることで、専門家による良質な成育環境を確保し、他児とともに過ごし遊ぶ経験を通じこどもたちの発達を促すだけでなく、育児疲れによる負担を抱える保護者に対する継続的な支援や、必要に応じて関係機関と連携した支援を行うことができる。ついては、定員に空きのある保育所等において、未就園児を定期的に預かり、利用促進の方法、利用認定の方法、要支援家庭等の確認方法や、保護者に対する関わり方などを具体的に検討し、保育所の多機能化に向けた効果を検証するモデル事業を実施する。

2．施策の内容

【事業内容】
①定期的な預かり
・定員に空きのある保育所等において、地域の保育所等に通所していない未就園児に対して、継続して週１～２日程度の定期的な預かりを実施する。
・対象児童を養育する家庭に対して、本事業の積極的な利用を促進する。
・集団における子どもの育ちに着目した支援計画を作成し、適切な保育を行うとともに、保護者に対しては、定期的な面談などを実施し、継続的に支援する。
・要支援児童等の不適切な養育の疑いを確認した場合には、関係機関に情報を共有する。

②要支援家庭等対応強化加算
①に加え、保育所等において、要支援児童等の預かりを行う場合には、関係機関（市町村や要対協など）との連携の下、情報共有や定期的な打ち合わせに基づいた支援計画（※）を作成し、関係機関との協働対処による相談支援を行うなど、適切な支援を行う。
（※）改正後の児童福祉法に基づくサポートプランと連携することを想定。

イメージ図

3．実施主体等

【実施主体】市町村（※）（市町村が認めた者への委託可。）
※実施自治体は、地域における定期的な利用ニーズに対する適切な一時預かりの実施体制、利用促進や利用認定の方法などを検証するための実施体制等を考慮して、公募により選定
【対象児童】保育所等に通所していない未就園児（長期スパンでの利用が前提）
【補助単価】①・年間延べ利用児童数300人未満：１か所あたり5,981千円（預かりにかかる経費及び検討会開催経費等）
・年間延べ利用児童数300人以上900人未満：１か所あたり6,326千円（預かりにかかる経費及び検討会開催経費等）
・年間延べ利用児童数900人以上：１か所あたり6,542千円（預かりにかかる経費及び検討会開催経費等）
②１か所あたり742千円
【補助割合】国：9/10　市町村：1/10

資料：全国こども政策主管課長会議（2023年3月17日）　こども保育政策課資料（厚生労働省保育課関連資料）より
https://www.cfa.go.jp/councils/kodomo_seisaku_r4_syukankacho/

者と定期的な面談を実施する。実施自治体は公募で選定される。2023年秋頃、中間的に実績報告を求める予定とされている。また、要支援児童の預かりを行う場合は加算が設けられている。設備基準及び保育内容・職員の配置については、2015年７月17日に発出した通知「一時預かり事業の実施について」の基準を遵守としており、一時預かり事業がベースとなっているようだ。

２．誰でも通園制度提案の背景と今後の動き

こうしたモデル事業や誰でも通園制度が提案される背景には、急速に進行する少子化問題がある。この間の施策の流れと政府が考える今後の見通しについて簡潔に整理する。

１）1.57ショック以降の施策の流れ

1989年の合計特殊出生率が1.57と戦後最も低くなり、政府は90年代以降少子化への対策を迫られるようになった（少子化の動向は10頁を参照）。1994年のエンゼルプランをはじめ、少子化への対策方針が次々示されたが、90年代以降も少子化傾向は続き、生まれる子どもの数は減り続けてきた。

ただし、保育分野では、共働き世帯の増加で保育所等に入所する子どもの数が増え続け、待機児童が大きな問題となった。待機児童問題への政府の対策は、詰込みと規制緩和による受け皿拡大が中心で、施設整備や保育士の増員・賃金引上げといった抜本的な条件整備はほとんど進んでいない。配置基準もほとんど改善されないまま現場の業務が増加し、残業や仕事の持ち帰り等が常態化し、保育士不足の要因にもつながっている。

少子化の一層の進行で、2020年代前後から、０・１歳児の定員割れが起きている。コロナ禍で預けることを控える例もあるが、人口減少地域だけでなく都市部でも年度当初に空きが目立つようになっている。都市部以外の地域では、人口減少が進み、施設の統廃合が課題になるなど、日常の生活圏で保育所等を維持できるのかも課題になっている。

こうしたなかで、2021年12月、定員に空きがある保育所等で未就園児を週１～２回程度一時預かり事業で預かる事業が、厚労省の「地域における保育所・保育士等の在り方に関する検討会取りまとめ」において提案された。この時点では、人口減少地域の実態をうけて保育所の多機能化を念頭に、その事業例として提案されている。それが、翌2022年12月に出された全世代型社会保障構築会議報告書では、すべての子育て世帯支援として未就園児の保護者についても一時預かりなどの支援を充実させる必要があると示してモデル事業を提案、それが戦略方針につながっている。人口減少地域への対策から、すべての子育て世帯を対象とする方向へと変わってきている。

２）政府が描く今後の流れ

政府は2030年代に入るまでの６～７年が少子化を食い止める最後の機会だとして、2024～2026年の３年間を集中取組期間に位置付け「こども・子育て支援加速化プラン」を推進するという。しかし、この加速化プランの内容を明らかにしているはずの戦略方針自体が「基本的な方向を取りまとめた」に過ぎず、あらためて具体化した「戦略」を2023年末に策定するという。戦略方針に掲げた施策を支える財源についても、2023年末に結論を出す、と先送りしてしまった。

政府は「戦略方針に沿って少子化傾向を反転させる」と意気込むが、配置基準改善・処遇改善等がどのように実施されるのか、見通しは、持ちにくい状況だ。

３．誰でも通園制度をどう考えるか

誰でも通園制度は、幼児教育・保育給付（保育所等の施設型給付や地域型保育給付。１章「３B　各種給付と事業、その財源」を参照85頁）とは別の、新たな給付とされている。詳細はまだわからないが、現時点での課題・

論点を整理してみたい。

1）外せない条件整備の観点

誰でも通園制度やモデル事業は、現行の一時預かり事業をもとに検討されていると考えられる。問題なのは、一時預かり事業では、職員の資格・配置の要件等が、認可保育所の基準よりも低くなっていることである。

戦略方針では、モデル事業を拡充しつつ基盤整備を進める、とされているが、過去の多くの施策では条件改善が後回しにされてきた。誰でも通園制度創設にあたり、職員配置や施設・設備等の基準がどうなるか、注目すべき観点である。

そもそもモデル事業の議論は、厚労省が2021年12月20日に公表した「地域における保育所・保育士等の在り方に関する検討会取りまとめ」の中で、人口減少地域における保育所の在り方について検討した際、在園児以外の子育て支援や多様なニーズへの対応例として示されたものである。そこでは、設備・条件には触れず、質の向上に向けた研修等の検討を提案するのみで、条件整備は中長期的な課題にもあがっていない。保育所の多機能化など施設の活用は考えるが、肝心の子どもにどのような保育を保障するのか・そのための条件整備、という視点が欠けているように思える。

保育現場では、業務量の多さ・職員の不足等から保育現場を離れる保育士も多い。条件整備の視点が不十分なままでは、さらに業務量が増え新たな負担が現場にのしかかるのではないかという不安や危惧を抱かざるを得ない。多くの現場が保育士確保に四苦八苦している中で、保育士を確保できるのだろうか。

また、条件整備を置き去りにしたまま、誰でも通園制度が拡大していくことも想定される。そうなれば、子どもの命にかかわる問題にもつながりかねない。保育現場での重大事故が多発し、安全確保が課題となっている今、軽視できない問題である。

2）就労の有無を問わないという点

誰でも通園制度は、子育てしにくい社会環境への対策として提案されている。子育て世帯の孤立が問題となっている一方で、在宅で子育て中の家庭が利用できる子育て支援等の事業はまだまだ少ない。

モデル事業の実施状況は今後明らかになるが、新聞報道によれば、東京都文京区では、7月からの事業開始に向け先着順で受付を開始したところ、10分ほどで100人以上から申し込みが殺到したという（『朝日新聞』6月3日付）。また、モデル事業ではないが、相模原市では、理由を問わず未就学児を預かる休日の一時保育事業を2024年度から開始する予定だ。子育て家庭の保育要求は高く、支援の強化は重要な課題である。

では、就労の有無を問わないという点をどう考えればいいのだろうか。

現行の子ども・子育て支援制度では、国の基準に従って市町村が保育の必要性を認定し、保育の必要量を決めている（1章「3C利用手続き」を参照89頁）。国が決めている基準（事由）は、保護者の就労・妊娠出産・疾病、災害復旧、求職活動、就学等で、基本的に保護者の状況による事柄である。そのため、障害や発達上の課題から集団での生活の場を必要とする子どもがいても、保護者が就労していなければ保育所入所は難しい。また、保護者が育児休暇を取得したために、上の子どもが退園を求められる育休退園も問題になっている。こうした実態から、子どもの状況も、必要性を認定する際の事由とすべきとの声は多くある。誰でも通園制度は、こうした要望に応えるものだろうか。

モデル事業は保育所が受け皿として想定されているが、誰でも通園制度は保育所等とは別の仕組みであることが示されている。そうなると、先に示したような障害児や育休退園等の保護者は就労していないが保育を必要とする子どもに対し、保育所の通常保育とは異なる受け皿で対応することを意味する。それは望ましいことなのだろうか。

また、就労要件を問わない仕組みについて、市町村の保育実施責任が形骸化する危険性を指摘する声も多い。現行の児童福祉法24条1項では、市町村は、「保護者の労働又は疾病その他の事由により」、保護者が監護すべき乳幼児等が「保育を必要とする場合において」、保育所で保育しなければならないと、定めている。保護者の労働という事由をなくし、すべての子どもを対象にした場合、市町村が保育実施責任をもつ必要がなくなるのでは、という懸念だ。

誰でも通園制度における保育は、子ども・子育て支援法等の法律に、どのように位置づけられるのだろうか。現行の施設や一時預かり事業等との関係、保育を必要とする子どもの保育が保障できるのか、自治体・施設での運用、自治体の保育実施責任など、整理すべき課題は多い。

3）すべての子どもに豊かな乳幼児期を　子どもの権利保障の視点

誰でも通園制度の課題や危惧される点を指摘したが、一方で在宅の子育て世帯が、子育てを社会的に支える環境や仕組みを必要としていることは確かだ。就園・未就園に関わらず、すべての子どもに豊かな乳幼児期をどう保障するか、という視点から考える必要がある。

乳幼児期の子どもにとって、特に未就園児の多くを占める低年齢児にとっては、特定の大人との応答的な関わりや、生活の安定が大切である。しかし、誰でも通園制度が想定する週１～２回・時間単位のこま切れ通園は、安定した保育環境とは言いにくく、制度の目的とされている「こどもの良質な成育環境の整備」と照らしても、不十分である。「時間単位等で柔軟に利用できる」とすることで便利さをアピールしているようにみえるが、子どもの視点に立てば、一定の保育日数・保育時間を設定し、ある程度固定したメンバーで生活できるような保育内容・環境が大切である。子どもの生活が安定することは、保護者の不安や負担を軽減し、子育て世帯の日々の生活を支えることにつながる。

では、保育認定を受けない未就園児の保育は、どこで担えるのだろうか。これまで、０～２歳児の保育実践を積み重ねてきたのは保育所である。未就園児の多くが低年齢児であることを考えると、保育所での保育実践の蓄積が、この事業に果たす役割は大きいと考える。しかし、この間の保育施策を見てみれば、規制緩和等で安上がりな受け皿整備が行われてしまうという予想も成り立つ。現在の条件のままで、保育所の業務を拡大し多機能化すればいいというわけではないが、未就園児の保育を市場化・商業化による安上がりな託児サービスに委ねるようなやり方は避けなければならない。すべての子どもが、安全で質の確保された保育を保障され、豊かな乳幼児期を過ごすためには、公の責任で保育を保障する仕組みが不可欠ではないだろうか。すべての子育て世帯への支援はどうあるべきか。国・自治体はもちろん、保育関係者も問われている。

当面、モデル事業の実施状況や検討内容に注目したい。ただし、モデル事業と誰でも通園制度はイコールではないので、注意が必要である。また、年末に示される「戦略」に向けては、有資格者を通常の保育より手厚く配置する等、施設・設備も含めて一定以上の条件整備と、そのための財源確保がなされるのか注目したい。

Chapter

3

小特集

人権を尊重する保育

Chapter 3

1 「不適切な保育」の問題をどうとらえ、どう解決するか

みんなで議論するための一つの素材として

全国保育団体連絡会会長　福島大学名誉教授　大宮勇雄

はじめに

いま、「不適切な保育」が大きな社会問題になっている。

きっかけは、2022年12月、静岡県の私立保育園の保育士３名が園児に対する暴行容疑で逮捕された事件だった。その後も子どもに対する暴行・虐待やハラスメントなどが相次いで報じられていて、現場での保育者と子どもとのかかわりに対して、不安が交じったまなざしが向けられている。

逮捕や告発に至った行為が事実としたら、子どもを深く傷つけ、保護者に大きな不安を与える重大な問題だ。保育の場から暴行・虐待をなくし、子どもの人権や人格を尊重する保育を実現することは、保育関係者全体で、そして社会全体で取り組まなければならない課題となっている。

1 「不適切な保育」をめぐるこの間の経緯

1）「不適切な保育」という言葉がもたらした「混乱と萎縮」

2023年５月、こども家庭庁･文部科学省は、この問題への政府としてのあらたな対処方針「昨年来の保育所等における不適切事案を踏まえた今後の対策について」と題する通知を各自治体・教育委員会等宛てに発出した（以下　「通知」本白書293頁に資料掲載）。同時に、各施設や各自治体における虐待防止や発生時の対処のための参考資料として、こども家庭庁「保育所等における虐待等の防止および発生時の対応等に関するガイドライン」を策定・公表した（以下　「ガイドライン」本白書297頁に資料掲載）。

事件直後の2022年12月にも、厚生労働省･内閣府・文科省の連名で政府としての考え方や対処方針を各施設・自治体宛に通知している（「保育所等における虐待等に関する対応」「保育所等における虐待等の不適切な保育への対応などに関する実態調査について」以下　これらの通知を「旧通知」と略記）。また、各園・自治体が対応する際には、厚労省「不適切な保育の未然防止及び発生の対応についての手引き」2021年３月（以下　「旧手引き」）を参考にするよう指示している。

しかしながら、「旧通知」「旧手引き」における「不適切な保育」の定義はかなりあいまいであった。すなわち、「不適切な保育」とは「子どもの人権や人格の尊重に照らして改善を要する行為」と定義された。ここでは「不適切な保育」は、ただちに「改善を要する」ような事態、言い換えれば子どもの心身に有害な影響（ときには生命や安全が脅かされる虐待さえ）が危惧されるような保育を指す。

他方、「不適切な保育」の具体的な事例を直接示すことはせず、全国保育士会の「保育所・認定こども園等における人権擁護のためのセルフチェックリスト～「子どもを尊重する保育」のために」において人権擁護の観点から「『良くない』と考えられるかかわり」として挙げられている項目を参考にして、各施設や自治体で判断するよう求めるものとなっていた。このチェックリストの項目は、保育者や各施設が自らの保育を振り返り捉えなおすためのツールとして作成されたものなので、ただちに改善を要する深刻な問題をはらむものとは言えないものが多く含まれていた。

つまり、「定義」では断じてあるまじき行

為とされているにもかかわらず、「具体例」にはそうとはいえない行為が多く含まれるというちぐはぐな形で、「不適切な保育」という言葉が使われていたのである。

新たに策定された「ガイドライン」は、従来の「不適切な保育」という言葉が持っていたこうしたちぐはぐさ・不明確さが保育現場に混乱や萎縮をもたらしたことを認めて、次のように書いている。

「保育現場において少しでも気になる行為がただちに虐待等になってしまうのではないかと心配し、日々の保育実践の中での過度な萎縮につながってしまうことや、不適切な保育や虐待等それぞれとるべき対応が必ずしも整理されていないことから各自治体においても必要な対応の遅れにつながることなどへの懸念が指摘」されてきた、と。

2）新たな「通知」「ガイドライン」にみる政府の対応方針

①言葉の整理

こうした不備を認め、今回の「通知」「ガイドライン」では、「不適切な保育」をはじめとした言葉の定義が以下のように変更された。

第一に、保育所等や自治体が未然防止や改善を要する重大な事態には、「虐待等」（及び「虐待が疑われる事案」）をあてることを明確にした。

「虐待等」とは、「身体的虐待」「性的虐待」「ネグレクト」「心理的虐待」及び「その他児童の心身に有害な影響を与える行為」とされ、その具体例が「ガイドライン」に示された。虐待は法律で禁止されているものであり、いかなる理由があっても行ってはいけない行為である。

第二に、「虐待等」（及びその「疑い事案」）と、こどもの人権擁護の観点から「望ましくない」と考えられるかかわりを「峻別」すべきであるとした。

第三に、「不適切な保育」という言葉は、「虐待等が疑われる事案」を指すものへと変更された。「旧通知」「旧手引き」での「不適切な保育」という言葉が、「虐待等」から「人権擁護の観点から望ましくないかかわり」までにわたる広範囲の行為を指して使われていたのに比べると非常に大きな変更である。虐待とその疑いのある行為への対処を現場に求めるということであるのなら、あいまいな言葉であった「不適切な保育」という言葉を、そもそも使うべきでなかったのではなかろうか。

②二つの基本的考え方と四つの方針

このような言葉の「整理」をした上で、こども家庭庁は今回の「通知」において、次の２点を基本的な考え方として今後の対策を進めるとしている。

i）こどもや保護者が不安を抱えることなく安心して保育所等に通う・こどもを預けられるようにすること

ii）保育所等、保育士等の皆様が日々の保育実践において安心して保育を担っていただくこと

そして、今後の対策として以下の４点が示された。

1）虐待につながる行為の防止及び発生時の対応のために「ガイドライン」を策定したので、従来の「手引き」に代えて活用されたいこと

2）保育所等の職員に虐待等の発見時の通報義務の創設を含めた、児童福祉法改正による制度的対応を検討していく方針であること

3）「虐待が起こる背景として、保育現場に余裕がないといったことも指摘されている」ので、「虐待等の未然防止に向けた保育現場の負担軽減と巡回支援の強化」に関する運用上の見直し・工夫が考えられる事項を事務連絡として示したこと

4）幼稚園等においても「通知」の趣旨を踏

まえて対応してほしいこと

③保育所における対応に関する指針

また「ガイドライン」には、各保育所と自治体が対応すべき課題と取り組みが具体的に描かれている（ここでは、「保育所等の対応」についてフローチャートとしてまとめられている箇所を引用した）●図表3-1-1（300頁にフローチャート全体を掲載）。

3）保育条件改善についての責任意識の欠如

新たな「通知」「ガイドライン」の内容をかいつまんで紹介したが、旧通知からまったく変わっていないのが、この問題の根底にあるわが国の保育条件の貧しさとその抜本的改善の必要性についてまったく言及していないという点である。

保育における「虐待等」の未然防止という点でも、またより良い保育にむけての改善という点でも、いま喫緊の課題は、保育者の配置人数・クラス規模・業務の過重など、世界でも最低レベルにあるわが国の保育条件・労働条件を抜本的に改善することが今、何より求められている。そのことは新旧いずれの通知においても、虐待や望ましくないかかわりの背景に、保育者の「時間的・精神的な余裕」のなさや「勤務環境」の問題に触れていることでも明らかである。

にもかかわらず、その対策としてあげられているのは、「指導計画」や「記録に関する書類」の種類を減らすことや、「休憩確保のために・・・本当に必要な業務を精選し、会議を短時間で効果的なものとする工夫や業務配分の『ムラ』の改善等、働き方の見直し」だけである。そしてこれらが推奨されている理由は、「財政負担を伴わず、運用の見直しや工夫により比較的迅速に改善が考えられる事項」だからだとされている。

これらのことは人手不足のため、あるいは職員の健康を守るために、すでに多くの園で行われていることである。それでもなお、十分な人手が確保できず、必要最小限の会議の時間や休憩時間すら確保できないという現実をどのように受け止めているのか。「ガイドライン」は、日頃から保育の振返りを行うよう保育所に求めているが、じっくりと時間をかけて話し合わなければ保育の悩みや本音はだしにくいものだろう。どう考えても保育者の抜本的な増員が必要な状況にある。

本来、国や自治体が責任を持って行うべき適正な保育者の配置や、ゆとりある労働と処遇の保障なしに、保育者の意識向上や園の自己努力だけに解決を委ねようとする政府の姿勢は厳しく批判されねばならない。

図表3-1-1　保育所等、市町村及び都道府県における対応のフローチャート

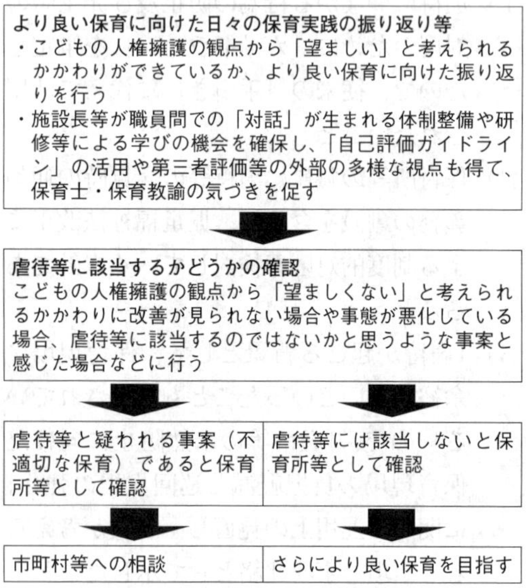

より良い保育に向けた日々の保育実践の振り返り等
・こどもの人権擁護の観点から「望ましい」と考えられるかかわりができているか、より良い保育に向けた振り返りを行う
・施設長等が職員間での「対話」が生まれる体制整備や研修等による学びの機会を確保し、「自己評価ガイドライン」の活用や第三者評価等の外部の多様な視点も得て、保育士・保育教諭の気づきを促す

↓

虐待等に該当するかどうかの確認
こどもの人権擁護の観点から「望ましくない」と考えられるかかわりに改善が見られない場合や事態が悪化している場合、虐待等に該当するのではないかと思うような事案と感じた場合などに行う

↓

虐待等と疑われる事案（不適切な保育）であると保育所等として確認	虐待等には該当しないと保育所等として確認
↓	↓
市町村等への相談	さらにより良い保育を目指す

出典：こども家庭庁「保育所等における虐待等の防止及び発生時の対応等に関するガイドライン」より

2　保育の「意味」は「現場の話合い」で創るもの

1）適否判断のむずかしさが意味すること

さて、政府の対応方針を読んでみると、保育所に対しては、日頃の振返りなどを通して「虐待」につながる「虐待が疑われる事案」や「望ましくない保育」などの問題を見つけ出す役割を与え、自治体には、問題発見の促し・相談・問題事案の調査・介入など監督権

限と役割を強化することによって解決を図ろうとしていることがわかる。「虐待」は急を要する問題であるから、行政の監督や介入もやむを得ない場合もあるだろう。しかし、保育の場を行政的監督や介入の対象とすることには慎重さが必要である。なぜなら、保育は、人間相互の信頼と愛情によって結ばれたかかわりの中でこそよりよく展開されるものだからである。

「問題ある保育を見つける」といっても、保育行為の適否を断定することはそう容易なことではない。その点をしっかり考えることが、この問題の解決方向を見定める上で重要である。

それがいかにむずかしいかは、「旧通知」の「不適切な保育」のとらえ方を訂正せざるを得なかった政府の対応に浮き彫りになっている。あいまいでちぐはぐな「不適切な保育」という言葉を用いたことによって現場に萎縮や混乱をもたらした点を国が反省して、より明確な定義を定めようとしたことはある程度評価してよいだろう。とはいえ、今回の「通知」においても、「虐待が疑われる事案」やこどもの人権擁護の観点から「望ましくない」と考えられるかかわりの具体例を挙げていない。できなかったのだろう。また、「虐待等」については事例を示しているが、その箇所においても厳密に定義することのむずかしさについて次のように述べている。

「これらはあくまで例であり、また、明らかに虐待等と判断できるものばかりでなく、個別の行為等について考えたとき、虐待等であるかどうかの判断しづらい場合もある。そうした場合には、保育所等に通うこどもの状況、保育所等の職員の状況等から総合的に判断すべきだが、その際にも、当該こどもの立場に立って判断すべきことに特に留意する必要がある」。

「虐待」にかかわる場合でも、明快な具体例を挙げることは簡単ではなく、またその事例のリストをもとに個々の行為の適否を判断することはもっとむずかしいというわけである。ましてや、「虐待疑い事案」や「人権の観点から望ましくないかかわり」を誰の目からも明らかな形で示すのは容易なことではない。

「ガイドライン」では「望ましくないかかわり」や「虐待等が疑われる事案」を見つけ出すことが、虐待を未然に防止する上で、保育所では「自己評価ガイドライン」や「チェックリスト」などを活用しながら、日頃から保育の振返りに取り組む必要があると勧めているのだが、それに伴う判断のむずかしさをよくわきまえて取り組む必要があるだろう。

2）何が「望ましくないか」は、状況や関係によって決まる

そもそも、保育行為の適否を判断するのがむずかしい本質的な理由を確かめておこう。

とりあえずここでは、全国保育士会が作成した『保育所・認定こども園等における人権擁護のためのセルフチェックリスト：「子どもを尊重する保育」のために』（全国保育士会　2017／2018一部改訂）を例にとる。

「子どもを尊重する」ことや「子どもの人権擁護」について意識の向上や保育の振り返りを目的として作成されたこの冊子では、人権擁護の視点から「『良くない』と考えられるかかわり」を具体的に五つのカテゴリーに分けて挙げ、「していないorしている（したことがある）」のいずれかをチェックする形式になっている。そしてチェックの結果を踏まえて、「自分がどのように保育に取り組むことが必要だと考えるか」について「自らの良い点」と「自らの改善すべき点や目標」を書き込むことが求められる。「改善に向けたミーティング」や「チェックを複数回実施し、時間の経過とともに自らの保育がどのように変わったか、振り返ることも重要」と勧めている。

そのリストに掲げられている29項目のうち４項目を抜き出してみた●図表3-1-2。子どもを「感情とプライドを持った一個の人間」として尊重するという視点を、何げないかかわりの中にまで貫こうとする積極的な問題意識が、いずれの項目にも見て取れる。

しかし、ここにリストアップされた言動が実際にあったとしても、それでただちに「良くない」と判断できるわけではない。

第一に、言わずもがなだが、同じ行為でもそれが子どもの人権や人格の否定になるかいなかは、その状況やお互いの関係性によって異なる。たとえばAの「恥ずかしいよ」という言葉も、相互信頼がありその子の性格を踏まえている場合には、その場の緊張をほぐすものとなるであろう。また、Cのような率直な物言いは、温かく子どもを見守る保護者との関係が形作られている証である場合もあるだろう。

よって、行為や言葉だけを周囲の状況や保育の意図等から切り離して、「適否」を即断することには慎重でなくてはならない。もし、発達途上の専門家として互いに励まし合う関係が薄い職場では、あるいは自分の保育が周囲から認められていないのではと不安に感じている場合には、「個々の行為」だけを切り取ってチェックするやり方は、率直な振り返りや相談がしにくい雰囲気を醸しだし、保育者に過剰な圧力をかけ萎縮させることになりかねない。

その上今回の「通知」では、「虐待が疑われる事案」として確認されたら、行政との相談や直接的な介入もありうる。そうした体制の中に日頃の振返りが位置づけられている。ますます率直な話しや振返りがやりにくくならないか懸念される。有意義な振返りや話し合いのためにどのような条件や配慮が必要とされるかについては、また後で触れたい。

3）「ネガティブな言動」を生み出す背景要因に目を向ける

もう少し、保育者の行為の適否を判断することがなぜむずかしいのか、検討を続ける。

先ほどの表でのB・Dのような言動は、子どもの思いを理解しようとせず否定的な感情をはきだすようなところがあり、明らかに「望ましくない行為」に見えるかもしれない。しかしそうした行為を防止するためには、保育者個々人の「意識」や「心構え」だけでなく、そうしたネガティブな感情やストレスが生じる背景となる原因を突き止め、その改善を図ることが必要だ。つまり、個々人の意識や専門的知識・経験だけでなく、その場の環境や保育条件によって規定されて、その時の行動

図表 3-1-2　保育所・認定こども園等における人権擁護のためのセルフチェックリスト（一部分を抜粋）

「良くない」と考えられるかかわり	より良いかかわりへのポイント
A　朝、母親に抱かれて、なかなか離れられない子どもに「ずっと抱っこしてもらっていると恥ずかしいよ」と言葉をかける。	「恥ずかしい」という表現は、大人の価値観の押しつけになる可能性があります。 たとえば、「お母さんの抱っこって嬉しいね」等、子どもの気持ちを受け止め、子どもが好きな遊びに誘うなどして気持ちを切り替えられるよう働きかけると良いでしょう。
B　苦手なことを渋っている子に、「早くやって。できないなら後ろに行って。」と言ったり、他者と比較したりなど、否定的な言葉がけをする。	保育者が子どもの頑張ろうという気持ちを置き去りにした発言をすると、子どもは自分を否定されていると感じます。自己肯定感を育む言葉がけをしましょう。
C　お迎えに来た保護者に「A君は、今日はケンカをしてお友だちを泣かせてしまいました」と、他の保護者にも聞こえるように言う。	子どもの自尊心を傷つける行為です。また、保護者が気まずい思いをしないよう、配慮が必要です。トラブルや困りごとを成長段階としてとらえ、親子にとって、相手の気持ちを理解する事や物事の良し悪しを学ぶ機会となるようにかかわりましょう。
D　なかなか寝つけずにいる子に「早く寝てよ。あなたが寝ないと仕事が出来ない んだよね」と言う。	自分の仕事を優先して考えるのではなく、子どもの気持ちやその日の状況に配慮したかかわりをしましょう。

（全国保育士会より）

が生まれてくる面がある―これが、保育者の行為だけを取り出して「適否」を判断することにつきまとうむずかしさの２つ目の点である。

たとえばBのような状況は、決められたスケジュールや課題をこなすことに保育者が追われているからかもしれないし、あるいは課題への取り組みがいつも遅いその子に対する指導援助が行き詰まった結果かもしれない。そして子どものペースや気分に合わせて保育のやり方を調整する権限が、その保育者に与えられていないために、焦りが生じた結果かもしれない。

またDは保育者のいらだちが聞こえてくるような描写になっているが、ふだんそんな物言いをしない保育者が、よほど仕事に切羽詰まったための「叫び」である場合もあろう。そうした言い方はさけるべきだが、同時に昼寝や休憩の時間にまで仕事を持ち込まざるを得ない状況―職場の工夫だけではすまない、政策や制度に起因する保育者配置の不足の問題を含めて―の改善が追求されなくてはならない。

ここでも、言動だけを切り取るのではなく、当の保育者の悩みや行き詰まり、それに至った経緯を含めて出し合い理解を深め合う職員相互のかかわりが決定的に重要である。しかしそれだけではなく、職場に「保育者の自由や権限」がどれだけ認められているか、「幼児期の終わりまでに」と時間を切って育ちを促す文科省の保育内容政策が「ゆとりある、楽しい保育」をどれだけ圧迫してきたか、保育者の配置人数や労働条件の改善を長年放置してきた保育政策の怠慢が保育者の多忙さ・ストレス・子ども観にどれだけ深刻な影響を与えてきたかという問題も、個々人の認識、職場の雰囲気に劣らず、決定的に重要な要素として取り上げ、職場で議論し、そうした中でも子どもたちに寄り添うとともに、職員相互が励まし合っていくことが必要となるだろう。

保育を何かチェックリストやガイドラインなど、「客観的な指標」や「具体例」をもとに判断することのむずかしさが浮き彫りにしているのは、保育における行為の適否というのは、関係する人々の意図や受け止め方、実践の経緯、さらにはその場の環境や条件など複雑な絡み合いから生まれてくる「現場における意味」に深く根ざしているということである。だから、当初は「ネガティブな意味」しかなかった行為であっても、話し合いや相互理解の努力がなされたことによって、そこにかかわる人々の間で相互に意図や受け止め、その背景や経緯などについての理解が深まっていくことによって、その意味合いが変わってきたり、新たなかかわりかたが生まれてくることもある。失敗を取り返し、信頼を取り戻すことは十分可能なのである。

それゆえ、保育における行為・判断の適切さというのは、どれほど遠回りに見えようと、現場の当事者間で豊かな話し合いが繰り返しなされることにかかっているのである。そしてまた、虐待の未然防止や人権尊重の保育を築くもっとも確かな方途は、行政による介入ではなく、そうした話し合いを子ども・保護者・同僚との間で築くことを中核にした、職員集団の専門性を高めることに依存しているのである。

3　虐待を未然に防止し、こどもの人権と人格を尊重する保育を実現するために

1）ネガティブな感情やストレスを感じたら、交代してもらおう

ここまでの検討を踏まえ、虐待を未然に防止しよりよい保育を実現するために、私たちが取り組むべき課題と方向性についていくつか指摘したい。

まず確認する必要があるのは、「虐待」や「こどもの心身に有害な保育」を根絶する取り組

みは、わが国の劣悪な保育条件の下にあっても、子どもの人権と人格を尊重する保育実践を創り出すという、容易ならざる課題に立ち向かうという意味で「挑戦」であり、持続的で集団的な努力を要するという意味で「たたかい」であるということである。

そしてこうした取り組みの出発点は、実践に当たる保育者が、子どもに対する否定的な感情やストレスに「正直になる」ということだ。

先ほどの「セルフ・チェックリスト」の検討等から言えることは、子どもの人格や心を傷つけるのは特定の行動や言葉それ自体というより、その根底に潜んでいる子どもに対する否定的な感情（いらだち・怒りなど）やストレス（疲れ・焦り・行き詰まり感など）だということである。そして、そうした感情は、たとえ人権や人格尊重の認識があり、子どもとの適切なかかわり方についての知識や経験があった場合でも生まれることがありえる。

大人数の子どもたちの安全に絶えず注意を向けつつ、集団としての生活と活動を一定の時間と空間の中で安定して展開する仕事は心身に大きな負荷がかかるから、保育者の中に子どもに対する否定的な感情が一時的に生じることは避けられない。そうしたときに思わず、不適切な言動が湧き出てしまうこともあるだろう、人間なのだから。

一方、乳幼児期の子どもたちは、大人のネガティブな感情＝言動にとても敏感で、とても傷つきやすいという特徴を持っている。よって、保育においては、大人の「否定的な感情やストレス」から子どもを守ることを最優先に行う必要がある。

そのためには、保育者が自らの「否定的な感情」に気づき、その感情に流されそうなときにはその場から離れることがなにより重要だ。つまり、つねに誰かに代わってもらえるような保育者の複数配置と、率直に自分の感情や行き詰まりを語り合える関係を創ることが、不適切な保育を防止する上で真っ先に取り組まなければならない課題といえる。

もちろん、子どもの言動を表面的にではなく、その動機や心情から理解しようとすることは必要なことであるし、多様な働きかけや肯定的な物言いを身につけることは重要である。そういう意味で、先ほどのチェックリストを使って話し合いや振り返りをすることにも意味はあるだろう。

しかし、チェックリストに描かれたような「正しいかかわり」を常に保育者はすべきであって、不適切なかかわりや否定的な感情は「あってはいけない」というとりすました建前論は、保育者の孤立やギスギスした雰囲気をもたらす危険をはらんでいる。保育は、保育者と子どもとの相互的なかかわり合いである。保育者もまた子どもたちの行動から影響を受け、時には傷ついたりストレスを感じたりすることがありうる。否定的な感情を「良くないこと」として抑えつけたり隠したりするのではなく、同僚に伝え、助けや交代を求めること、それに応えられる職場の環境ができているかを見直すことが重要となる。

2）振返りや話し合いを有意義なものにするために

今後、今回の「通知」「ガイドライン」に沿って、園での振返りや「望ましくないかかわり」の反省、そしてその報告などが、行政サイドから求められたりすることもあるだろう。そういうときに、どのような点に注意を払って振返りや話し合い、園での取り組みを進めたらいいのか、筆者が気づいた点をいくつか挙げておきたい。

- 「問題やあら探しの振返り」では率直に悩みを出し合ったり、助言し合ったりするのはむずかしくなる。
- 保育の振返りは、保育者の働きかけやかかわりについての何らかの形で「評価」になりやすく、またその適否については意見のくいちがいや対立が伴っている。そうしたむずかしい話し合いにとって何より重要なことは職員間（あるいは職員と保護者間）の信頼を出発点に据えることである。

・信頼関係は「心」で作られるものではなく、日々の助け合い、励まし合いなどの「実際の行動」を通して確かなものとなる。保育者が悩んだり行き詰まったり、あるいはネガティブな感情にとらわれたら、いつでも「ヘルプ」と発信でき、気づいたらただちに手助けしあう職場をめざそう。

・家事、子育て、介護、保育などの「ケアは、身体を触れあい愛情を育むような、文字通り親密な関係性を築きあげるプロセスでありつつも、いやだからこそ他方で、時に自分の欲求を抑え、怒りに駆られたとしても手も声もあげず、また期待した応答が得られなくてもなんとかやり過ごすといった、相反する感情のただ中で実践されている」という二面性を持っている*。

互いに助け合い、励まし合うことが必要なのは、その保育者が未熟だからではなく、保育は本質的に相反する感情にとらわれたり、後悔するようなかかわりをしてしまったりするものだからである。そうした保育観と、専門家としての保育者の成長は失敗や後悔から始まるという保育者観を職場で繰り返し確かめることも有意義だろう。

・保育の適否という問題は、その場における当事者間の関係の中で創り出される「意味」にかかわる問題である。行政による権力的介入を前提にせず、子ども・保護者も含めた民主的な話し合いを、時間をかけて繰り返すことが保育の場にもっともふさわしい解決方法である。

・虐待防止という点では、保育者が行き詰まったりネガティブな感情にとらわれたときにはただちに交代したり助けを求められる体制を築くことがもっとも効果的。クラスの常時複数担任という職員配置の必要性を社会に広く訴えていこう。

最後に、皆さんの職場で、この間の「虐待や不適切な保育」の問題についてさまざまな角度から話し合いをされることを呼びかけたい。その時のヒントとなる質問を四つ挙げてみた。参考にしていただければ幸いである。

【職場での議論のポイント】

○保育者のネガティブな感情やストレスから子どもたちを守るために、どのようなことをしていますか？

○子どもとのかかわりに悩んでいる保育者に対して、周囲の保育者はどのように支え励ましていますか？

○保育への率直な疑問や意見が保護者から提起されたとき、その不安に寄り添いながら、園全体で受け止め、率直に意見を交わす雰囲気がつくられていますか？

○わが国の保育政策や保育条件の問題点について、園として学び合ったり行動したりする機会をつくる努力をしていますか？

＊岡野八代「『見えない家事』の存在を無視しつづける『日本の社会と政治』、その致命的な欠陥：ケアの重要さを見ようとしない社会」 現代ビジネス 2021.7.21（https://gendai.media/articles/-/85178?imp=0 より取得）

本稿は、月刊『保育情報』No.557、2023年4月号に掲載した同名の論稿をもとに、大幅に加筆修正をしたものです。

2 保育におけるジェンダー問題を考える

山梨大学　秋山麻実

保育は「性」と隣り合わせ

子どもは、何らかの性をもって生まれる。そして生まれた途端に、「男の子」か「女の子」に振り分けられる。以降、その性別に従って、名前、服、おもちゃなどが与えられ、養育や関わりが行われる。大人が気づかぬうちに、子どもたちは性器に興味を示し、性に関わる質問をし、性的にふるまうことをおぼえる。保育・幼児教育は、常に性と隣り合わせにあると言っても過言ではない。

保育におけるジェンダー問題は本当に考える必要がある？

しかし、保育におけるジェンダーについて考えるとき、私たちは、ちょっとした抵抗を感じるかもしれない。子どもの性的な行動は自然な発達なのに、それを取り締まるべきなのだろうか？ジェンダー平等は、子どもたち自身の要求ではないのではないか？むしろ保育ではジェンダー問題よりも、子どもの声を聞き取りながら、日々の保育の質を高めることが、優先されるのではないか？

私たちは明らかに、保育におけるジェンダー問題について考えることに慣れていないのだ。

人権としての性の自由、健康、安全と幸福

そもそも、「ジェンダー問題」とは、何であり、何のためにあるのだろうか。ここでは、最近よく聞く性に関する用語の説明とともに、簡単に整理しておきたい。

人間の身体の性別と「性自認」（自身はどんな性別であるかについての考え）は、性染色体と性ホルモンによって決定される。この生物学的性別は「セックス」と呼ばれる。「男」「女」のほか、性染色体異常や身体の性と性自認の不一致（「トランス・ジェンダー」）など多様なセックスがある。

一方、人間の政治、経済、文化や社会には、人間を男と女に振り分け、意味や役割や状況を付与する装置があふれている。そうした意味や役割や状況の総称が「ジェンダー」である。男／女性「らしさ」、「性規範」（性によって決まるルール）、「性役割」（性によって異なる役割）だけでなく、進学、就職、所得、管理職や政治家の数の男女差などがこれに含まれる。また私たちは、性に関連した服装、振る舞い、考えなどについて、社会から影響を受けるだけでなく自分で選択し、表現している。「ジェンダー」は、こうした「性表現」も含む。

「セクシュアリティ」は、性行動や性的欲望に関わるあらゆることを指す。性自認や「性的指向」（どのような相手に性的魅力や欲望を感じるか）、性的な関係構築の方法や空想、行為の好みや心地よさなども含む。多様なセクシュアリティを意味するときによく使われる「LGBT」は、レズビアン、ゲイ、バイセクシュアルとトランス・ジェンダーをあわせて、「セクシュアル・マイノリティ（性的少数派）」を指す用語だが、性自認や、性的欲望、恋愛感情の持ち方は多様で、かつ一生の間に変化することもある。

ジェンダーに関わる問題（「ジェンダー問題」）を掘り起こし、議論し、運動するねらいは、性差別の撤廃である。差別は、ある特徴をもつ人々のグループに対する、日常的かつ構造的な偏見や不利益、暴力等を意味する。

フェミニズムの男女同権の主張は、1990年代以降、あらゆる社会において、男性やセクシュアル・マイノリティも含むすべての人が、性に関わる自由、健康、安心・安全、幸福といった人権を保障されることを目指して発展してきた。とはいえ、異なる立場の人々の利害は、必ずしも一致しない。たとえば、ある人々にとって結婚は、誰にも保障されるべき権利だが、別の人々にとっては、私生活についての手続きや枠組みを縛り、不公平を発生させる法制度である。「ジェンダー主流化」は、あらゆる場面にジェンダーの視点を導入し、誰もが自由、健康、安全、幸福への権利を享受するための条件として、対話を引き起こすことといえる。

保育におけるジェンダー問題

ジェンダー主流化の要請を受けるのは、保育も例外ではない。未来を生きる子どもたちのジェンダー平等社会の構築に希望を繋げるのであれば、教育・保育への期待はおのずと大きくなる。しかし、上述したような、他にもっと大事なことがあるのではないかという懸念は、保育界におけるジェンダー問題の取り上げ方を限定してきた。近年では、『季刊保育問題研究』（310号、2021年８月）における特集「保育の中のジェンダーを問う」や、『保育の友』（第71巻第２号、2023年１月）における人権としての幼児期の性教育の特集など、保育現場におけるジェンダーを問う動きが起こっている。ここではこれまでの議論の整理を試みたいが、それはおおよそ以下の５点にまとめられるだろう。

①男性保育士問題

1977年３月児童福祉法施行令及び厚生省令の改正によって、ようやく男性に「保母」資格が授与されることになった。全国男性保育者連絡会を中心とした資格をめぐる運動は、1999年には資格の統一名称「保育士」へと結実したが、それは男性保育者のかかえる課題を掘り起こすことにもなった。

男性保育者は現在も少なく（厚生労働省調査2020年４月１日付の登録者数は女性1,583,219人に対して男性82,330人）、ジェンダー問題としては、着替え場所やトイレなどの条件の不十分さ、男性としての役割期待、人間関係の難しさ、乳児保育担当への不信感などが指摘されている。近年では男性保育者のジェンダー構築の分析が進み、若手のうちは父親をモデルにしたり、男性ならではの視点を生かして保育にあたろうとするのに対し、保育者として成熟するに従って、ジェンダーに依拠せずに専門性を向上しようとする傾向があることがわかってきている[1)]。

②保育者とジェンダー

保育者のマジョリティ（多数派）は女性である。生活を支える「養護」や「ケア」の労働は、近代以降、労働市場のジェンダー・イデオロギー（性差や差別を価値づける考え方）によって、家庭における女性の役割か、「女性職」労働として生成されてきたという[2)]。ダンピングとやりがい搾取は現在も続き、労働者たる保育士の現状をおきざりにしている。一方、男性保育関係者をより高度な専門性や、管理職、研究職に結び付けるジェンダー観が1970年代にあったことが指摘されており[3)]、その傾向は現在でも散見される。

③保育活動のジェンダー分析

保育におけるジェンダー構造は、学校におけるジェンダーの「隠れたカリキュラム」と同じく、2000年代前半に着目された。子どもに対する保育者の働きかけが、便宜的に男児と女児を分けたり、「男の子だから頑張れるね」「女の子なんだからお行儀よく」という風に声を掛けたりすること、持ち物やシールなど身近なものにジェンダーがあること、着替えやプール、トイレ、性器いじり、性や排泄に関する発言など、園生活におけるジェンダーの様子が明らかにされ、保育を見直す示唆となっている。

④ジェンダー発達と構築に関する研究

乳幼児の性自認や性規範などに関する発達研究によると、子どもは、２歳頃から自身を男／女性というカテゴリーの一員として認識し、３、４歳頃からは、ジェンダー・ステレオタイプ（男／女性は通常〇〇だという考え）や性規範を身につけていく。筆者はあるとき、一か月前までスカートをはいてお姫様ごっこに興じていた年少男児に、「今日はお姫様にはならないの？」と聞くと、「あのねえ、おとこのこはおひめさまにはならないんだよ」と真面目に諭されたことがある。ジェンダー・ステレオタイプに対して、「そうではない場合もある」という柔軟な考えが発達していくのは、小学校２年生くらいからといわれている[4]。

子どもたちは周囲とのやりとりのなかで、ジェンダーを構築していく。近年では教育社会学などの分野で、男／女児の主流となる遊びや、男児が支配的な言動や行動の獲得、女児の女性モデル構築などの具体的な様相が明らかにされてきている[5]。

⑤性教育

日本の性教育は、主に小中学校の保健体育のなかで、身体発育や危険行為と関連づけ、性器と妊娠受胎の仕組みと、発育の個人差について教えてきた。それに対して、数多くの団体が、性行為やセクシュアリティに関する無知や、不平等なジェンダー観、そのために生ずる不利益、不安、暴力などに対抗する性教育を模索してきた。その過程で、ときに性教育バッシングと対峙しながら、子どもは、問いや感動を伴う学習者であり、かけがえのない権利主体として捉えられてきた。

今日、「国際セクシュアリティ教育ガイダンス」や「ヨーロッパにおけるセクシュアリティ教育スタンダード」など、包括的なセクシュアリティ教育の指針が作られてきている。これらは、すべての子どもたちが興味や関心、感情、安全、健康を尊重され、自己決定権を持つ主体として自他を認識し、多様なジェンダーやセクシュアリティを尊重する社会的関係を構築するために必要な価値観、スキル、知識、態度を身につけるといった性教育の「全体像」[6]を提示しており、日本の性教育にも影響を与えている。

特に後者は、０歳からのセクシュアリティ教育を含めて、生涯に渡るセクシュアリティの学びの枠組みを提示している。そこでは、たとえば０～４歳の生活のなかにある、自分の身体の探索やだっこ、スキンシップ、清潔などを、自身へのポジティブな感情の発達や、心地よさを知るセクシュアリティの学びといった枠組みのなかに位置付けている。また、赤ちゃんがどこから来るかという質問、「イヤ」と言えること、家族の話をすることなども、生殖や、自身の身体の権利、社会的関係について学ぶ枠組みのなかに置かれている。

たしかに、保育における性教育は、プライベートゾーンやからだのはなしをするなど、新しい側面もある。しかし、これまで保育の中で重視されてきた、子どもが声を聴きとられ、まるごと尊重されることが、性教育においても基本となるのである。この点で、北山ひと美氏の５歳児のセクシュアリティ教育についての論考は、具体的な示唆に富んでいる[7]。着替えるときに、男女が一緒でも平気な子もいれば、男女別でも恥ずかしい子もいる、その声を丁寧に聞き、対話を開き、どうしたらみんなが心地よく過ごせるかを子どもと一緒に考え、創っていく実践である。

保育の持つ可能性

保育の場には、ここまでの整理には入りきらないようなジェンダー問題が常にある。たとえば、家庭におけるジェンダー不平等のしんどさや、シングル親の大変さ、子どもの言動にみられる差別や偏見、楽しい探索ではなくストレスの表れである性器タッチ、保育者自身もワンオペで家事育児仕事をまわしてへトヘトなこと。貧困や虐待の背景にジェンダー問題があることも、少なくない。

こうした問題について対話し、気づき、考えることは、実は大人が自分たちのジェンダーに気づき、変わり、世界と向き合うことへとつながる。ジェンダー問題は、社会や文化の性別の話だけでなく、暮らしに直結する政治や経済の切実な問題である。にもかかわらずこれまで、「もっと大事なことが他にある」からと後回しにされてきた。保育現場は、ジェンダー問題抜きには人権を守れないという事実に出会う場所である。そして、子どもの権利の理念を具体化してきた保育現場だからこそ、ジェンダーやセクシュアリティに関してもまた、個々人の存在を認識し、声を聴き、対話することから、差別を解消し、多様性を尊重する民主的社会の構築へとつなげられるのではないだろうか。

1）中田奈月「男性保育者による『保育者』定義のシークエンス」『家族社会学研究』第16巻1号、2004年
2）山根純佳『なぜ女性はケア労働をするのか─性別分業の再生産を超えて─』勁草書房、2010年、p.103
3）喜多下悠貴「1970年代の男性保育者の専門性認識とジェンダー─全国男性保育者連絡会における記録に着目して─」『東京大学大学院教育学研究科紀要』第62巻、2022年
4）伊藤裕子『ジェンダーの発達心理学』ミネルヴァ書房、2000年
5）たとえば藤田由美子『子どものジェンダー構築─幼稚園・保育園のエスノグラフィ─』2015年
6）「包括的」と訳されるcomprehensiveという単語は、網羅的という意味をもつので、ここでは「全体像」と表現した。
7）北山ひと美「5歳児と行うからだのはなし─乳幼児期の性教育を考える─」『季刊SEXUALITY』105、2022年4月

Chapter

4

調査編

都道府県単独補助事業

調査１　2023年度保育に係る都道府県単独補助事業調査（2023年４月現在）

調査の概要と特徴

保育所等に係る単独補助事業に関する調査

保育行政は、市区町村が実施主体となり、私立保育所の運営に対して必要な経費として委託費を支弁している。国の負担金が実際の保育に係る経費と比べて、不十分なため、地方自治体が独自に保育に係る予算支出の事業（単独補助事業）を実施している。

保育研究所は都道府県の保育所等（認可外保育施設を含む）に係る単独補助事業（2023年度）の内容、予算額等について調査を行い、全都道府県から回答を得た。

①2023年度予算額の動向

2023年度の予算額を昨年度と比較すると、削減となったのは19自治体であった。

削減率でみると高知県の51％（高台移転補助が発生しなかった）以外は、10％台が３自治体、10％未満が15自治体である。

2019年10月から始まった国の保育料無償化以降、単独補助として保育料軽減事業を実施していた都道府県が予算を削減している傾向が続いていたが、今年度については削減した自治体・削減規模ともに小さく収まっているのが特徴である。

一方、事業予算を拡大したのは21自治体で、岩手県が前年度比20倍の予算額となった他、徳島県が増加率65.9％、福岡県60.3％、福井県16.3％、10％未満17自治体であった。

岩手県は今年度から第２子以降の３歳未満児の保育料無償化を開始し、市町村が無償化を実施する際に経費の$\frac{1}{2}$を補助する。この事業に４億6,400万円を計上したことで前年度から大幅増額となった（月刊『保育情報』2023年４月号p.16参照）。

徳島県は産休等代替職員や保育補助者・保育支援者の雇用に要する経費への補助を再編・新設、また福岡県は病児保育無償化事業を開始したことにより、いづれも前年度比1.6倍超の予算増額となった。

②低年齢児保育、乳児入所対応事業

国基準の１・２歳児担当保育士配置は児童６人に保育士１人であり、保育士の負担が大きい。そのため、１・２歳児担当の保育士を加配する事業が行われている。

栃木県、新潟県は、１歳児３人に対して保育士１人配置、埼玉県、長野県は、１歳児４人に対して保育士１人、鳥取県、山梨県は4.5人に１人の経費を補助している。滋賀県は１・２歳児の保育士配置を５：１、群馬県は１歳児の保育士配置を５：１に加配する経費を補助している。

また、保育所での乳児の受け入れは、年度途中が多くなるため、多くの都道府県が乳児対応保育士確保の経費補助を行っている。

③障害児保育補助事業

保育所の障害児保育は、国庫補助がなく交付税措置がなされ市町村で対応することになっているが、いわゆる「気になる子」等が増加傾向にあり、都道府県で補助事業として予算化しているところも多い。埼玉県は、中・軽度の障害児３人につき１人以上の保育士を加配する経費助成をしている。宮城県、山形県、新潟県、石川県、静岡県、滋賀県、奈良県、鳥取県、高知県、佐賀県などが保育士の加配等の経費補助を実施している。

④病児・病後児保育補助事業

この事業では保育施設の新築、増改築、運営、保育料等に係る経費の補助が行われている。富山県、石川県、京都府、鳥取県等が実施している。

⑤認可外保育施設補助事業

事業内容は、ⅰ運営経費の補助、ⅱ小規模保育事業への移行希望施設の運営費補助、ⅲ入所児童や保育者の健康診断費等の補助、ⅳ施設賠償責任保険に要する費用補助、ⅴ保護者への保育料補助等多様である。

（大橋哲郎）

調査1　2023年度保育に係る都道府県単独補助事業調査（2023年4月現在）

保育研究所調べ

都道府県	事業名	補助対象【実施主体】	事業内容	補助率（額）	2023年度予算（千円）	開始年度
北海道	社会福祉施設等産休等代替職員設置費	（指定都市、中核市を除く）市町村、社会福祉法人等【同上】	対象となる社会福祉施設等で直接処遇に従事する常勤職員が出産・傷病により有給で休業した場合に、その職務を臨時に行う者の任用に係る費用を助成する	道10/10	928千円	1962
北海道	多子世帯の保育料軽減支援事業	市町村【市町村】	保育所等を利用する第２子以降の３歳未満児の保育料を無償化する市町村の事業に対して補助する	道1/2 市町村1/2	1,031,766千円	2016
				【予算計】	1,032,694千円	
青森県	児童福祉施設等産休等代替職員設置費補助金	児童福祉施設等（公立、中核市所在施設を除く）【同上】	児童福祉施設等の職員が、出産等で休暇を要する場合に、代替職員の雇用費用を補助する	県10/10	8,405千円	2005
青森県	認可外保育施設児童対策事業費補助金	市町村（中核市除く）【市町村】	認可外保育所入所児童の健康診断に要する経費及び入所児童のために使用する保育材料の購入に要する経費を補助する	県1/4 市町村1/4	192千円	1997
青森県	保育料軽減事業費補助金	市町村【市町村】	保護者等が現に扶養している児童が３人以上いる世帯のうち、保育所、認定こども園、認可外保育施設、へき地保育所に入所している当該世帯３人目以降の３歳未満の児童の保育料を軽減する	県1/2 市町村1/2	60,803千円	1996
青森県	児童福祉施設等代替職員設置費補助金	児童福祉施設等（公立・中核市所在施設を除く）【同上】	児童福祉施設等の職員が新型コロナウイルス感染症の影響により休暇取得又は自宅待機等を必要とする場合に、代替職員の雇用費用を補助する	県10/10	549千円	2020
				【予算計】	69,949千円	
岩手県	産休等代替職員設置費補助	児童福祉施設等（公立、中核市所在施設を除く）【市町村】	児童福祉施設等の職員が出産・病休等で休暇を要する場合に、代替職員の雇用費を補助する	県10/10	22,018千円	2005
岩手県	いわて子育て応援保育料無償化事業費補助	市町村【市町村】	市町村が、幼児教育・保育の無償化の対象とならない第２子以降の３歳未満児の保育料を無償化する場合に要する経費に対して補助する。	県1/2	464,328千円	2023
				【予算計】	486,346千円	
宮城県	障害児保育事業（市町村振興総合補助金内の一事業）	私立保育所、私立認定こども園、私立地域型保育事業所【市町村】	児童福祉の向上をはかるため障害児保育事業に要する経費を補助する	県1/2 市町村1/2	＊個別事業ごとの予算なし	2005
宮城県	宮城県産休等代替職員費補助金	私立保育所、幼保連携型認定こども園【県】	民営の保育所等の職員が、産休又は病休を要する場合、代替職員の雇用費を補助する	県10/10	4,311千円	2005
			＊障害児保育事業の予算額が不明なため集計せず			
秋田県	すこやか子育て支援事業	市町村【市町村】	一定の所得制限の下、保育所、幼稚園、認定こども園等の保育施設（地域型保育事業、認可外保育施設を含む）を利用する子どもについて、世帯所得に応じて保育料・副食費の1/2又は1/4を助成。また、①H28.4.2以降に第３子以降が生まれた世帯の第２子以降及び②H30.4.2以降に生まれた第２子以降の保育料・副食費について全額助成	県1/2 市町村1/2	865,903千円	1991
秋田県	保育士産休等代替職員補助事業	保育所、認定こども園、幼稚園及び地域型保育事業を経営する民間事業者【民間事業者】	保育士が安心して働き続けることができるよう、出産休暇及び病気休暇を取得する保育士の代替職員を任用する事業者に対し助成	県10/10	2,112千円	2017
				【予算計】	868,015千円	
山形県	多子世帯における保育料負担軽減事業	保護者【市町村】	認可保育所や認可外保育施設に複数の子どもを同時に入所させている場合、国庫補助制度で軽減の対象とならない子どもの保育料について、保育料の全額又は半額相当額を補助する	県1/2 市町村1/2	34,020千円	2015
山形県	障がい児保育事業	児童館等【市町村】	児童館等において、障がい児保育の実施のために必要な職員を配置し、障がい児と健常児の混合による保育を実施する場合に補助する	県1/2 市町村1/2	2,325千円	2001
山形県	届出保育施設等すこやか保育事業	認可外保育施設【市町村】	待機児童の増加抑制及び入所児童の処遇向上を図るため、認可外保育施設における０～２歳児の受入等に係る経費を補助する	県1/4 市町村1/4 設置主体1/2	23,454千円	2010

保育研究所の照会に対する各都道府県からの回答を掲載

2023年度保育に係る都道府県単独補助事業調査（2023年４月現在）

都道府県	事業名	補助対象【実施主体】	事業内容	補助率（額）	2023年度予算（千円）	開始年度
山形県	保育料無償化に向けた段階的負担軽減事業	保育所、認定こども園等【市町村】	０歳～２歳児の保育料について、国基準の「所得階層８区分」のうち無償化されていない第３及び第４区分の世帯の負担軽減を市町村と連携して実施する。	県10/10	606,577千円	2021
	保育士宿舎借上費用緊急支援事業	市町村【市町村】	保育料無償化に向けた段階的負担軽減事業による低年齢児の保育需要の増に伴い必要となる保育士等の確保を目的として、保育士の宿舎の借上げを行う事業者等に経費を支出する市町村に対して補助する。	県1/8	750千円	2021
				【予算計】	667,126千円	
福島県	産休等代替職員費補助金	社会福祉法人等【施設等の長】	児童福祉施設等の職員が、出産又は傷病のため、長期にわたって継続する休暇を必要とする場合、その職員の職務を行わせるため、産休代替職員を配置するための補助	県10/10（基準額による）	6,149千円	1977
	多子世帯保育料軽減事業	市町村【市町村】	認可保育所、認可外保育施設に入所する第３子以降の３歳未満児にかかる保育料について、市町村が減免する額の一部を補助	保育所1/2～1/4、認可外1/2または1万円のうち低い額	88,158千円	2007
	認可外保育施設運営支援事業	市町村【市町村】	認可外保育施設（事業所内を除く施設に限る）に入所する児童の健康診断、運営に要する経費の一部を補助する（対象施設は県の指導監督基準を満たすことなどが必要）	県1/2（健康診断・運営助成）	1,927千円	1995
	保育士宿舎借り上げ支援事業	市町村【市町村】	市町村が保育士の宿舎を借り上げる保育事業者に補助する場合、事業者負担分の一部を補助	県1/4	720千円	2018
				【予算計】	96,954千円	
茨城県	民間保育所等乳児等保育事業	民間保育所等【市町村】	１歳児担当保育士等の雇用経費を民間保育所等に対し補助することで、低年齢児の保育の質を向上させる	県1/2 市町村1/2	242,765千円	2016
	多子世帯保育料軽減事業	市町村【市町村】	認可保育所、認定こども園や地域型保育事業を行う施設等へ入所する児童の保育料を軽減する市町村に対し、その額の1/2を補助する ①第２子で３歳未満児に係る保育料を全額負担から半額へ軽減 ②第３子以降で３歳未満児に係る利用者負担を無償化	県1/2 市町村1/2	532,673千円	2016
	保育・幼児教育人材復職支援事業	県内の保育所等に新たに復職する潜在保育士及び潜在幼稚園教諭【県】	潜在保育士及び潜在幼稚園教諭が復職する際、未就学児を保育所等に預けた場合の保育料の半額を補助する	県10/10	16,869千円	2017
				【予算計】	792,307千円	
栃木県	１歳児担当保育士増員事業費補助金	私立保育所、私立幼保連携型認定こども園【市町（中核市除く）】	１歳児３人に対して保育士１人を配置するための経費に対する補助	県1/2 市町1/2	199,962千円	1970
	食物アレルギー対応給食提供事業費補助金	私立保育所、私立幼保連携型認定こども園（保育認定子どもに係る利用定員90人以上の施設限定）【市町（中核市除く）】	食物アレルギー児に配慮した給食を提供するための調理員の増員に要する経費に対する補助	県1/4 市町1/4	28,350千円	2013
	産休等代替職員費補助金	私立児童福祉施設等【児童福祉施設等の設置者】	児童福祉施設等の職員が、出産又は傷病のため継続する休暇を必要とする場合において、施設の設置者が代替職員を臨時的に任用するための経費に対する補助	県10/10	2,767千円	2005
	第３子以降保育料等免除事業	市町【市町】	保育所、認定こども園、幼稚園に通う第３子以降の児童のうち３歳未満児の保育料及び３歳～５歳児の副食費を免除する市町に補助	県1/2 市町1/2	519,554千円	2001
				【予算計】	750,633千円	

保育研究所調べ

都道府県	事業名	補助対象【実施主体】	事業内容	補助率（額）	2023年度予算（千円）	開始年度
群馬県	保育充実促進費補助金	中核市を除く民間の保育所又は認定こども園【市町村】	①低年齢児保育：１歳児５人に対し1人の保育士配置への補助 ②食物アレルギー対策:食物アレルギー児童に対して安心な給食を提供するため、調理員の配置や、組織体制の強化、給食等に係る経費を補助	県1/2 市町村1/2	266,394千円	2015
	第３子以降３歳未満児保育料免除事業費補助金	認可保育所、認定こども園、家庭的保育事業等、認可外保育施設【市町村】	第３子以降３歳未満児の保育料を無料化、又は免除することにより人口減少対策として、子育てする多子世帯の経済的負担の軽減を図る（認可外保育施設は上限24,000円。その他の施設は無料化）	県1/2 市町村1/2	301,579千円	2015
	子育て環境づくり推進事業	私立保育所、幼保連携型認定こども園【市町村】	子育て環境づくりの推進と児童福祉の向上を図るための施設整備に要する費用の一部を補助	県1/2 市町村1/4	16,368千円	2006
				【予算計】	584,341千円	
埼玉県	１歳児担当保育士雇用費	私立保育所、認定こども園【市町村】	１歳児の担当保育士を県が定める配置基準（4：1）まで加配する場合の経費を助成する	県1/2 市町村1/2	953,160千円	2003
	乳児途中入所促進事業費	私立保育所、認定こども園【市町村】	乳児の年度途中入所を円滑に進めるため、年度当初から乳児担当保育士を雇用している場合に、年度当初３か月分の当該雇用費を助成する	県1/2 市町村1/2	68,880千円	2003
	障害児保育事業費	私立保育所、認定こども園【市町村】	中・軽度の障害児３人につき１人以上の保育士を加配するための経費を助成する	県1/2 市町村1/2	59,280千円	2003
	家庭保育室等運営事業費	家庭保育室（認可外保育施設）【市町村】	家庭保育室に対し、０～２歳児の保育に必要な経費（運営費、長時間保育推進費、障害児保育推進費）を助成する	県1/2 市町村1/2	4,996千円	1972
	多子世帯保育料軽減事業	多子世帯の第３子以降で認可保育所等を利用する満３歳未満の児童【市町村】	対象児童の保育料を軽減するための費用を助成する	県1/2 市町村1/2	1,110,785千円	2015
	社会福祉施設人材定着化事業（子育て支援事業）	民間社会福祉施設【県】	職員が産休又は病休を要する場合、代替職員の雇用費を助成する	県10/10	10,209千円	2009
	新卒保育士就職支援事業	新卒保育士を採用する保育所等【埼玉県社会福祉協議会】	新卒保育士を採用する保育所等に対して就職準備金を貸し付ける。貸付額は20万円、２年間勤務で返済免除	県3/4（15万円） 市町村又は事業者1/4（５万円）	81,000千円	2019
	潜在保育士就職支援事業	短時間勤務を希望する潜在保育士【埼玉県社会福祉協議会】	週10時間以上20時間未満の勤務を希望する潜在保育士に対し、県内保育所等への就職準備金を貸し付ける。貸付額は20万円、２年間勤務で返済免除	県10/10	9,000千円	2020
	保育士宿舎借上補助事業	保育士が宿舎を借り上げた場合の費用【市町村】	国の「保育士宿舎借り上げ支援事業」に県が上乗せ補助をすることで、実施市町村と事業者の負担を軽減させる （新設園）国1/2、県1/4、市町村・事業者1/8 （既設園）国1/2、県1/8、市町村・事業者3/16 ※キャリアパス要件を満たさない既設園は1施設1名まで	県10/10	131,540千円	2017
	保育士奨学金返済支援事業	県内保育所等で新たに勤務する保育士【市町村】	県内保育所等で新たに勤務する保育士に対して、奨学金を返済する費用の一部を補助する	県1/2 市町村1/2	42,500千円	2023
				【予算計】	2,471,350千円	
千葉県	保育士配置改善事業	民間保育所等【市町村】	保育所に入所する児童の処遇向上を図るため、公定価格の算定基準を上回って職員を配置した保育所に対し、その雇用に伴う経費に対して助成する	県1/2 市町村1/2	1,598,800千円	2005
	産休等代替職員費補助金	民間保育所等【県】	児童福祉施設等の職員が、出産又は傷病のため長期間にわたり休業を必要とする場合、その職員の母体の保護又は専心療養の保障を図り、児童等の処遇を確保するため、産休等代替職員の雇用に要する経費を補助する	県10/10	14,652千円	2005
	保育所整備促進事業	民間保育所等【県】	待機児童の早期解消を図るとともに、労務単価の上昇による工事費の高騰に対応するため、国の就学前教育・保育施設整備交付金又は安心こども基金事業で行う保育所緊急整備事業に県単独で上乗せを行い、保育所の施設整備を促進する	県1/2	179,400千円	2009

2023年度保育に係る都道府県単独補助事業調査（2023年４月現在）

都道府県	事業名	補助対象【実施主体】	事業内容	補助率（額）	2023年度予算（千円）	開始年度
千葉県	認可外保育施設入所児童処遇向上事業	認可外保育施設【市町村】	認可外保育施設に入所する児童の健全な発育及び安全を図るため、児童の健康診断に係る経費を助成し、当該施設に入所する児童の処遇向上を図る	県1/3 市町村2/3	1,354千円	2011
	賃貸による保育所・小規模保育事業所緊急整備事業	民間保育所等【県】	保育の受け皿整備と待機児童解消を加速するため、賃貸物件を活用した保育所・小規模保育事業所を新設、定員拡大のために改修する場合にその費用の一部を助成する	県1/8	226,000千円	2018
	保育士処遇改善事業	民間保育所等【市町村】	保育士の確保・定着対策を一層推進し、県内の保育環境の改善を図るため、民間保育所の保育士の処遇（給与）改善を実施する	県1/2 市町村1/2	2,329,350千円	2017
				【予算計】	4,349,556千円	
東京都	東京都認証保育所事業	区市町村【区市町村】	①区市町村から設置の計画に基づいて推薦を受け、都独自の認証保育所基準を満たした施設について都が認証する ②保護者が認証保育所との直接契約により入所することができ、保育料を認証保育所が直接徴収するシステムとする	都1/2 区市町村1/2	3,432,278千円	2001
	保育所産休等代替職員費補助	児童福祉施設等【区市町村】	児童福祉施設等に勤務する職員が、出産又は傷病のため、長期間にわたって休暇を要する場合、代替職員の雇用費を補助	都10/10	包括補助	1962
	保育士等キャリアアップ補助	民間保育所等【区市町村（社会福祉法人等立認可保育所は都）】	保育士等が保育の専門性を高めながら、やりがいを持って働くことができるよう、保育士等のキャリアアップに取組む事業者を支援し、保育士の確保・定着を図り、保育サービスの向上を図る	都10/10又は 都1/2、 区市町村1/2	30,982,131千円	2015
	東京都認証化移行支援事業	区市町村【区市町村】	認証保育所へ移行する認可外保育施設に対し、運営費、改修費等を補助	都1/2 区市町村1/2	16,791千円	2018
	ベビーシッター利用支援事業	①待機児童の保護者【都】 ②１年間の育児休業満了者【都】 ③夜間帯保育を必要とする保護者【都】 ④一時的に保育を必要とする保護者等【区市町村】	ベビーシッター利用料等を助成	①待機児童の保護者分　都7/8 区市町村1/8 ②育児休業満了者分　都10/10 ③夜間帯保育を必要とする保護者分　都10/10 ④一時預かり 都10/10	816,778千円	2018
	夜間帯保育事業	区市町村【区市町村】	夜間帯保育や休日保育を実施する認証保育所及び認証化移行施設に対し、割増賃金分の人件費等を補助	都1/2	包括補助	2019
	区市町村認可居宅訪問型保育促進事業	区市町村【区市町村】	待機児童対策として区市町村が行う地域型の居宅訪問型保育事業に係る地域型保育給付の区市町村負担分相当額を補助	都10/10	135,869千円	2018
	家庭的保育事業に対する補助	区市町村【区市町村】	区市町村が行う家庭的保育事業等に係る経費を補助	都1/2 区市町村1/2	64,719千円	1960
	認証保育所１歳児受入促進事業	区市町村【区市町村】	認証保育所における１歳児の受入れを促進するため、１歳児の受入人数を増やすことで生じる運営費減額分（０歳児と１歳児との単価の差額）を補助	都1/2 区市町村1/2	47,525千円	2020
	認可外保育施設利用支援事業	区市町村【区市町村】	区市町村が実施する認可外保育施設利用者に対する負担軽減に係る費用の一部を補助するとともに、多子世帯に対し都独自に認可外保育施設利用者の負担軽減を図る	都1/2 区市町村1/2 （多子世帯支援都10/10）	4,003,645千円	2016
	保育サービス推進事業・保育力強化事業	民間保育所等【区市町村（ただし、社会福祉法人等立認可保育所は都）】	特別保育事業や地域子育て支援事業などを地域の実情に応じて推進するため、取組に要する費用の一部を予算の範囲内で補助することにより、保育サービスの質の向上を図る	都10/10 又は都1/2 区市町村1/2	16,361,629千円	2015
	保育所等デジタル化推進事業	区市町村【区市町村】	新規開設保育所等において保育業務支援システムを導入する場合や、業務委託により、ICT専門人材が管内保育所を巡回し、支援を行う場合の費用の一部を補助する。	都1/2 区市町村1/2 又は都1/2 区市町村1/4 事業者1/4	43,290千円	2017

＊保育所産休等代替職員費補助・夜間帯保育事業の予算額が不明なため集計せず

保育研究所調べ

都道府県	事業名	補助対象【実施主体】	事業内容	補助率（額）	2023年度予算（千円）	開始年度
神奈川県	低年齢児受入対策緊急支援事業費補助	私立保育所及び私立幼保連携型認定こども園【市町村】	０歳児を年度途中に定員超過して受け入れるため、年度当初から配置基準を超えて保育士を雇用している保育所等に対し、必要な経費を補助	県1/2 市町村1/2	66,707千円	2017
	民間保育所健康管理体制強化事業費補助	私立保育所及び私立幼保連携型認定こども園【市町村】	健康管理の維持強化を図るため、看護師又は保健師を雇用する保育所等に対し、保育士を雇用した場合の経費との差額を補助（医療的ケア児を保育する看護師等の人件費を追加）	県1/2 市町村1/2	14,422千円	2015
	要保護児童保育所受入促進事業費補助	私立保育所及び私立幼保連携型認定こども園【市町村】	児童相談所ケースの要保護児童などを受け入れた保育所等に対し、保育士の雇用経費の一部を補助	県1/2 市町村1/2	54,879千円	2015
	届出保育施設利用者支援事業費補助	認可外保育施設のうち届出保育施設【市町村】	届出保育施設に対し、入所児童の健康診断、調理担当職員等の保菌検査、施設賠償責任保険加入に要する費用の一部を助成	県1/3 市町村1/3 事業者1/3	1,932千円	2002
	短時間保育士雇上事業費補助	私立保育所及び私立幼保連携型認定こども園【市町村】	保育所等が配置基準外の保育士として短時間勤務の保育士を雇い上げる際に必要な費用の一部を補助	県1/4 市町村1/4 事業者1/2	8,342千円	2019
	病児保育支援事業費補助	病児保育及び病後児保育施設【市町村】	利用者の利便性を向上させるため、病児保育施設のICT化を進める市町村に対して補助する	県1/2 市町村1/2	3,500千円	2023
				【予算計】	149,782千円	
新潟県	未満児保育事業	保育所等（私営）【市町村】	児童３人:保育士１人の職員配置を１歳児まで拡充するための人件費の補助	県1/2 市町村1/2	722,823千円	1990
	障害児等保育事業	保育所等（私営）【市町村】	障害児等を受け入れている保育所等に対する人件費の補助	気になる子： 県1/2、市町村1/2	13,671千円	1989
	保育所等産休等代替職員設置補助金	児童福祉施設等（私立）【県】	児童福祉施設等の職員が出産又は傷病のため、長期間にわたり継続する休暇を必要とする場合に、その代替職員の任用費用を補助する	県10/10	6,210千円	1962
				【予算計】	742,704千円	
富山県	すこやか保育推進事業	（公、私）保育所、幼保連携型認定こども園【市町村】	乳児９名以上入所する保育所等を対象に、入所児童全体の健康管理を行う常勤の看護師又は保健師を配置するための経費を助成	私:県1/2 市町村1/2 公:県1/3 市町村2/3	18,128千円	2001
	年度途中入所促進事業	私立保育所、私立幼保連携型認定こども園【市町村】	３歳未満児の年度途中入所が多く見込まれる保育所等において、年度当初から予め受入担当保育士又は保育教諭（２人上限）を配置する経費を助成	県1/2 市町村1/2	30,934千円	1994
	食物アレルギー対応特別給食提供事業	私立保育所、私立幼保連携型認定こども園【市町村】	食物アレルギーを有する乳幼児を一定数以上受け入れている保育所等に対し、専用食器類、調理器具等に係る経費や調理員が研修等に参加するための代替調理員の経費を助成	県1/2 市町村1/2	2,560千円	2016
	産休等代替職員制度	（私立）児童福祉施設等【市町村】	児童福祉施設等の直接処遇職員が、産休、病休を取得した場合に産休代替職員費の一部を補助	県10/10	4,483千円	1991
	保育所等保育料軽減事業	市町村【市町村】	認可保育所等に入所する低所得世帯の第1子及び第２子、また多子世帯（第３子以降）に対する保育料の軽減または無償化を実施する市町村に対して補助	県1/2 市町村1/2	140,490千円	1994
	病児・病後児保育充実促進事業	病児保育事業を実施する民間施設【市町村】	病児・病後児保育に従事する看護師・保育士等の配置や医師との連携等に対して運営の充実のために補助 ①病児・病後児保育開設支援事業…病児保育事業のうち「病児対応型」「病後児対応型」保育を新たに実施する民間施設に対し、2年を限度として運営費を助成、②医師との連携に取り組む事業者への助成…医療機関以外の民間の「病児対応型」施設に対する指導医との連携体制構築に係る経費（指導医報酬）へ助成、③病児保育施設環境整備助成…開設から10年以上経過している病児・病後児対応型保育実施の民間既存施設が行う小規模修繕や設備整備等へ助成	県1/2 市町村1/2	3,025千円	2018
	保育所等副食費軽減事業	市町村【市町村】	認可保育所等に入所する一定の所得世帯の多子世帯（第３子以降）に対する副食費の軽減無償化を実施する市町村に対して補助	県1/2 市町村1/2	31,694千円	2019
				【予算計】	231,314千円	

2023年度保育に係る都道府県単独補助事業調査（2023年４月現在）

都道府県	事業名	補助対象【実施主体】	事業内容	補助率（額）	2023年度予算（千円）	開始年度
石川県	障害児保育支援事業	私立保育所及び私立幼保連携型認定こども園【市町】	障害のある児童を受け入れる民間保育所等に対して、加配職員の人件費を助成する	県1/2 市町1/2	44,600千円	2023
	産休等代替職員設置事業	私立保育所及び私立幼保連携型認定こども園等【県】	民間児童福祉施設等の職員が、出産または傷病のため、長期継続して休暇を必要とする場合において、代替職員の雇用賃金を助成する	県10/10	12,747千円	1980
	在宅育児家庭通園保育モデル事業	私立認定こども園等 【市町】	３歳未満児の在宅育児家庭に対し、通園保育サービスを提供することで、同世代の子どもや親以外の大人との関わりの中で健やかに育つ機会を提供し、また保護者の子育てに関する精神的不安の軽減を図る	県1/2 市町1/2	14,500千円	2015
	多子世帯保育料無料化事業	市町 【市町】	所得制限内の世帯に属する第２子及び、18歳未満児童を３人以上養育する所得制限内の世帯に属する第３子以降の保育料を無料とする市町に対し、その経費の1/2を補助する	県1/2 市町1/2	165,000千円	2015
	病児・病後児保育利用料無料化事業	市町 【市町】	所得制限内の世帯に属する第２子及び、18歳未満児童を３人以上養育する所得制限内の世帯に属する第３子以降の病児・病後児保育料を無料とする市町に対し、その経費の1/2を補助する	県1/2 市町1/2	1,600千円	2017
	マイ保育園登録事業	保育所及び認定こども園等 【市町】	近隣の保育所等を「マイ保育園」として登録した家庭（妊娠中から３歳未満程度の未就学児を持つ家庭が対象）に対して、一時預かり無料券を交付し、その利用実績に応じて、各施設に対して補助する	県1/2 市町1/2	3,035千円	2006
	マイ保育園地域子育て支援拠点化推進事業	私立保育所及び私立認定こども園等 【市町】	マイ保育園登録者に対する「子育て支援プラン」等の作成実績に応じて、各施設に対して補助する	県1/2 市町1/2	3,881千円	2008
	マイ保育園体制強化事業	私立保育所及び私立認定こども園等 【市町】	SNS等を活用した相談体制の整備や、マイ保育園登録者に対する定期的なフォロー及び地域の関係機関とのネットワークの確立・活用を実施するマイ保育園に対して経費の一部を補助する	県1/2 市町1/2	5,600千円	2020
				【予算計】	250,963千円	
福井県	低年齢児保育充実促進事業	保育所および幼保連携型認定こども園【市町】	低年齢児（０～２歳児）の受入を促進するための保育士または保育教諭の配置に係る経費を補助	県1/2 市町1/2	158,816千円	2001
	産休等代替職員費補助事業	児童福祉施設等（私立） 【県】	児童福祉施設等の職員が、出産または傷病のため長期にわたって休暇を必要とする場合に、代替職員の配置に係る経費を補助	県10/10	7,639千円	1963
	すくすく保育支援事業	市町 【市町】	世帯の第２子以降（第２子は世帯収入640万円未満）の保育料および世帯の第３子以降の副食材料費に係る児童の特定教育・保育施設及び特定地域型保育事業等の利用者負担額を無料化する市町に補助	県1/2 市町1/2	485,130千円	1996
	保育カウンセラー配置事業	市町 【市町】	就学前の子どもの発達に関して専門的な知識及び経験を有する者を保育カウンセラーとして市町に配置し、保育所等を定期的に巡回し、保育士や保護者に対し専門的助言、援助を行うための経費を補助	県1/2 市町1/2	9,946千円	2010
	保育士等トライアル就労応援事業	市町 【市町】	保育ニーズ拡大に伴い発生する待機児童（潜在的待機児童含む）の解消のために、非正規雇用（短時間等）を希望する保育士等を新たに雇用し、保育人材確保を行う保育所等に対し、当該保育士の雇用に要する経費の一部を補助	県10/10	11,088千円	2022
				【予算計】	672,619千円	
山梨県	保育所等特別保育事業推進事業費補助金	私立保育所等 【市町村】	原則乳児を３人以上受け入れており、かつ１歳児を５人以上保育している保育所等の１歳児の保育士配置基準を児童4.5人に対し１人とするのに要する経費を補助	県1/2 市町村1/2	79,975千円	1993
	やまなし子育て応援事業補助金	市町村 【市町村】	保育所等に入所している第２子以降の３歳未満児の保育料を無料化する市町村に対する補助	県1/2 市町村1/2	257,013千円	2016
				【予算計】	336,988千円	

保育研究所調べ

都道府県	事業名	補助対象【実施主体】	事業内容	補助率（額）	2023年度予算（千円）	開始年度
長野県	低年齢児保育支援事業	私立保育所【市町村】	年度途中入所する低年齢児（０・１歳）に対応するため、年度当初から児童福祉施設の設備及び運営の基準に関する条例で定める基準以上に保育士を配置する経費を補助。また、１歳児概ね４人に対し１人以上保育士を配置する経費を補助	県1/2 市町村1/2	「子育て支援総合助成金」内に予算措置（全体額15,003千円）	2002
	認可外保育施設児童処遇向上事業	市町村【市町村】	認可保育施設の補完をしている認可外保育施設の運営等に要する経費を補助	県1/2 市町村1/2		2007
	家庭保育保護者支援事業	市町村【市町村】	３歳未満児を保育所等を利用せずに家庭で保育する保護者がレスパイト等のために利用する一時預かり事業等の利用料を補助	県1/2 市町村1/2		2022
	多子世帯保育料減免事業	保育所、認定こども園、地域型保育事業所、認可外保育施設【市町村】	市町村が、複数の子どもの同時入所を要件とせずに第３子以降の保育料を軽減する場合に、その経費の一部を助成する	県1/2 市町村1/2 （上限６千円）	76,121千円	2015
	社会福祉施設代替職員雇用事業	広域連合、一部事務組合、社会福祉法人等【県】	社会福祉施設等（市町村以外設置）の職員が、出産または傷病のため、長期間にわたって有給休暇を取得する場合の代替職員を雇用する経費を補助	県1/2 設置者1/2	2,666千円	1977
			＊「子育て支援総合助成金」には保育以外の事業も含まれるため集計せず			
岐阜県	低年齢児保育促進事業費補助金	私立保育所等【市町村】	年度途中に低年齢児（０～２歳児）を受け入れるための年度当初からの保育士加配に要する経費を補助	県1/2 市町村1/2	44,900千円	2008
	産休等代替職員設置事業費補助金	私立保育所等【私立保育所等】	保育所等の直接処遇職員が、産休、病休を取得する場合の産休等代替職員の雇用に要する経費を補助	県10/10	7,547千円	1962
	保育所ふれあい活動推進事業費補助金	私立保育所等の団体【私立保育所等の団体】	愛着形成モデル事業や保育所等が外部講師を招聘して施設内で行う研修の実施に要する経費を補助	県1/2	3,750千円	1994
	乳幼児保育特別対策事業費補助金	認可外保育施設【市町村】	認可外保育施設における乳幼児（０～２歳）保育または延長保育の実施に要する経費を補助	県1/2 市町村1/2	211千円	1995
	多子世帯病児・病後児保育利用料無償化事業費補助金	市町村【市町村】	満18歳未満の児童が３人以上の世帯に対する病児・病後児保育料の無償化に要する経費を補助	県1/2	3,049千円	2015
	第３子以降保育料等無償化事業費補助金	市町村【市町村】	満18歳未満の児童が３人以上の年収約470万円未満（市町村民税所得割課税額97,000円未満）の世帯に対する第３子以降保育料（３歳未満児）及び副食費（３歳以上児）の無償化に要する経費を補助	県1/2	52,768千円	2016
	療育支援体制強化事業費補助金	私立保育所等【市町村】	療育支援加算適用施設における療育支援補助者となる保育士等の配置に要する経費を補助	県1/2 市町村1/2	74,383千円	2018
				【予算計】	186,608千円	
静岡県	年度途中入所サポート事業費	民間保育所及び幼保連携型認定こども園【市町】	年度途中に増加する０、１、２歳児を受け入れるため、年度当初から保育士を加配するための費用を補助	県1/3 市町1/3	56,900千円	2013
	乳幼児保育事業	民間保育所、幼保連携型認定こども園、認可外保育施設【市町】	１～２歳児を年間延べ72日以上保育する民間保育所、及び幼保連携型認定こども園、及び０～２歳児を年間延べ72日以上保育する認可外保育施設に対し助成する	県1/2 市町1/2	712,870千円	1970
	障害児保育事業	認可外保育施設【市町】	障害児を保育する認可外保育施設に対し助成する	県1/2 市町1/2	98千円	1976
	産休等代替職員雇上事業	民間保育所及び幼保連携型認定こども園他【県】	民間保育所等の直接処遇職員が産休・病休を取得した場合に、産休等代替職員費の一部を補助	県10/10	4,104千円	2005
	外国人児童保育事業	民間保育所【市町】	外国人児童を６人以上保育する民間保育所に外国人児童にかかる教材費等を助成する	県1/2 市町1/2	3,324千円	1992
	緊急・リフレッシュ保育事業	認可外保育施設【市町】	緊急・一時的に保育を必要とする児童が利用する認可外保育施設に対して、経費の一部を補助する	県1/2 市町1/2	311千円	1990
	休日保育事業	認可外保育施設【市町】	継続して入所する児童の休日保育に係る非常勤保育士等の人件費を認可外保育施設に助成する	県1/2 市町1/2	397千円	2005
				【予算計】	778,004千円	

2023年度保育に係る都道府県単独補助事業調査（2023年4月現在）

都道府県	事業名	補助対象【実施主体】	事業内容	補助率（額）	2023年度予算（千円）	開始年度
愛知県	民間保育所運営費補助金	民間保育所【市町村】	市町村が民間保育所における整備費借入金返済金について補助した場合、交付要綱に基づき補助する	県1/2 市町村1/2	1,581千円	1973
	低年齢児途中入所円滑化事業費補助金	民間保育所【市町村】	低年齢児の年度途中入所に対応するため、あらかじめ配置基準を超えて保育士を配置するために必要な経費を補助する	県1/2 市町村1/2	58,000千円	2009
	１歳児保育実施費補助金	保育所【市町村】	1歳児担当保育士の配置割合を国配置基準の6：1より充実させるための人件費を補助する	県1/2 市町村1/2	133,020千円	1967
	第３子保育料無料化等事業費補助金	市町村【市町村】	第３子以降の３歳未満児の保育料を無料化又は軽減する市町村に対し、無料化又は軽減する経費を補助する	県1/2 市町村1/2	164,974千円	2007
	産休・病休代替職員設置費	民間保育所その他民間児童福祉施設等【市町村、社会福祉法人等】	民間児童福祉施設等の直接処遇職員等が、出産又は疾病のため、長期にわたり休暇を取る場合に、その代替職員の任用に係る経費を補助する ※国補助事業を上限額まで活用した施設のみ対象	県10/10	12,231千円	産:1962 病:1976
	保育所等施設消毒支援事業	認可保育所、認定こども園、地域型保育事業所、認可外保育施設、放課後児童クラブ【同上】	新型コロナウイルス感染症の発生により休業した保育所等が、事業再開のため施設消毒を実施した場合に必要となる経費を補助する	県1/2 事業者1/2	9,750千円	2020
				【予算計】	379,556千円	
三重県	家庭支援推進保育事業費補助金	私立保育所【市町】	国の家庭支援推進事業の対象外で、かつ当該事業の「対象児童」を20%以上あるいは6人以上受け入れている私立保育所で保育士加配にかかる経費を補助	県1/2 市町1/2	35,586千円	1980
	低年齢児保育充実事業費補助金	私立保育所、私立幼保連携型認定こども園【市町】	児童全体における０～２歳児の割合が一定以上である対象施設が、低年齢児保育のために保育士の加配をした場合にかかる経費を補助	県1/2 市町1/2	75,076千円	2014
				【予算計】	110,662千円	
滋賀県	低年齢児保育保育士等特別配置事業（県保育対策総合支援事業費等補助金の一事業）	私立保育所及び幼保連携型認定こども園(中核市除く)【市町】	1、２歳児の保育士及び保育教諭を6：1から5：1に加配する経費に対し補助を行う	県1/3 市町2/3	171,669千円	1973
	家庭支援推進保育事業（県保育対策総合支援事業費等補助金の一事業）	公・私立保育所及び幼保連携型認定こども園（中核市除く）【市町】	日常生活における基本的な習慣や態度の涵養等について、家庭環境に対する配慮など保育を行う上で特に配慮が必要とされる児童が多数入所している保育所及び幼保連携型認定こども園に対し、保育士・保育教諭の加配、対象児童や家庭に対する助言、指導及び職員の研修等を行う場合に補助	県1/3 市町2/3	41,313千円	1997
	障害児保育支援事業（県自治振興交付金の中の一事業）	公・私立保育所及び認定こども園（中核市除く）【市町】	障害児が入所する保育所及び認定こども園（幼保連携型または保育所型）において、「障害児2人に対し保育士1人」を超えて障害児の保育を担当する専任の保育士等を配置する経費を支援する	交付金への算入率は対象事業費の1/3以内	＊交付金総額480,000千円	2019
	産休等代替職員設置費補助金	私立保育所等（中核市除く）【県】	保育所及び幼保連携型認定こども園の職員が、出産又は傷病のため、長期間休暇を必要とする場合、その職務を代替する職員を設置する際に必要な経費に対する補助	県10/10	1,995千円	1980
	多子世帯子育て応援事業	公立・私立の保育所、認定こども園、幼稚園、地域型保育事業を利用する第３子以降の乳幼児【市町】	保育所、認定こども園、幼稚園、および地域型保育事業所を利用する乳幼児にかかる保育料及び副食費について、同時入所に関わらず、当該児童が第３子以降である場合（所得制限あり）に、その保育料及び副食費を市町が無料（副食費については上限あり）とする場合に補助	県1/2 市町1/2	34,348千円	2016
	保育士等奨学金返還支援事業費補助金	県内の保育所等に新たに就労した保育士等【市町】	大学、短期大学または専修学校の専門課程の在学中に奨学金の貸与を受けて修学し、卒業後に県内の保育所等に新たに就労した保育士等であって、継続して勤務する者に対して、当該奨学金の返還に要する費用の補助を行う	県1/2 市町1/2	6,332千円	2021

＊事業別予算額が明示されていない事業があるため集計せず

保育研究所調べ

都道府県	事業名	補助対象【実施主体】	事業内容	補助率（額）	2023年度予算（千円）	開始年度
京都府	未入園児一時保育事業	保育所及び幼保連携型認定こども園【府】	家庭で子育てを行う保護者の精神的負担の軽減等を図るため、登録した保護者を対象に保育所が実施する情報提供、相談、一時預かり等の経費に対して助成	府10/10	43,000千円	2011
	産休・病休代替職員設置費補助金	社会福祉施設（私立）【府】	社会福祉施設職員の産休・病休代替職員の人件費を補助	府10/10	8,000千円	産休1962 病休1966
	病児保育整備促進事業	市町村【府】	医療機関において、病児保育を実施するための施設整備費を支援	府1/2	135,712千円 病児保育運営費等補助事業等を含む	2013
	第3子以降保育料無償化事業	市町村【市町村】	市町村が実施する保育所等に通う同時在園ではない3人目以降の児童の保育料無償化事業、副食費支援事業に対し助成	保育料無償化事業 府1/2 市町村1/2 副食費支援事業 府1/4 市町村3/4	240,000千円	2015
				【予算計】	426,712千円	
大阪府	産休等代替職員費補助金	児童福祉施設等【児童福祉施設等】	児童福祉施設等に勤務する職員が、出産等で休暇を要する期間中、代替職員の雇用費を補助	府10/10	3,077千円	2005
				【予算計】	3,077千円	
兵庫県	民間社会福祉施設運営支援事業	民間保育所、民間幼保連携型認定こども園【県】	利用者処遇に直接影響のある施設職員を配置基準以上に配置している民間社会福祉施設に対して、人件費を支援することにより、利用者の処遇の向上を図る	定額	335,686千円	2011
	産休等代替職員費補助事業	民間保育所、民間幼保連携型認定こども園【県】	産休等代替職員の任用を行う児童福祉施設等に対し、産休等代替職員に支払う賃金について、その実働勤務日数に応じて補助	定額 県10/10	4,643千円	2005
	認定こども園整備等促進事業（整備費補助）	幼稚園型又は保育所型認定こども園を整備する民間保育所、私立幼稚園【県】	保育所及び幼稚園が認定こども園として整備するのに際し、安心こども基金の補助対象外となる施設の拡充にかかる経費の一部を支援	県1/2 補助金上限額 6,165千円	18,495千円	2010
	認定こども園整備等促進事業（移行事務費補助）	認定こども園への移行を予定する私立幼稚園又は民間保育所【県】	幼稚園又は保育所が、認定こども園への移行にあたって必要となる経費の一部を補助	県1/2又は国1/2 補助金上限額 800千円	22,400千円	2014
	ひょうご保育料軽減事業	保育所、認定こども園、小規模保育・家庭的保育・事業所内保育・企業主導型保育・居宅訪問型保育各事業【県】	保育所等を利用する子どもについて、月額5,000円を超える保育料に対し、次の額を上限に補助 第3子以降：①3歳未満児・15,000円 ②3歳以上児・無償化 第2子：①3歳未満児・15,000円 ②3歳以上児・無償化 第1子：①3歳未満児・10,000円 ②3歳以上児・無償化	第3子以降： 県10/10 第2子： 県1/2 市町1/2 第1子： 県1/2 市町1/2	441,240千円	2008
	加配保育士等の研修参加支援（ひょうご保育士等キャリアパス促進事業）	県所管の私立保育所、保育所型・幼保連携型認定こども園【県】	加配保育士等に対して公定価格と同様の研修参加代替要員費（3日分）見合額を助成し、研修参加を支援する	定額	5,354千円	2020
				【予算計】	827,818千円	
奈良県	障害児保育質向上事業	保育所（公立・私立）【市町村】	保育所における障害児の受け入れを促進し、かつ保育の質の向上のために担当保育士の増員配置により手厚いケアを実施する保育所に対し補助する	県10/10	136,278千円	2015
	家庭支援推進保育事業	保育所（公立・私立）【市町村】	2名以上の保育士を家庭支援に加配している場合において、2人目の保育士を加配するために要する経費に対する補助	定額	20,292千円	2002
	家庭支援推進保育研修事業	奈良県人権保育研究会【同上】	研修に要する経費および研修事業促進に要する経費に対する補助	県10/10	5,100千円	2002
	産休等代替職員設置事業	児童福祉施設等（民間に限る）【同上】	産休等代替職員の任用を行う児童福祉施設等に対し、産休等代替職員に支払う賃金について、その実勤務日数に応じて補助	県10/10	2,780千円	1977

2023年度保育に係る都道府県単独補助事業調査（2023年4月現在）

都道府県	事業名	補助対象【実施主体】	事業内容	補助率（額）	2023年度予算（千円）	開始年度
奈良県	企業主導型保育利用者負担軽減補助事業	企業主導型保育事業を実施する事業主【同上】	企業主導型保育事業を実施する事業主が、従業員枠を利用する児童の利用者負担額を、国が定める利用者負担相当額を下回って設定する場合に、利用者負担相当額と当該利用者負担額の差額を補助	県1/2	2,469千円	2017
				【予算計】	166,919千円	
和歌山県	紀州っ子いっぱいサポート	保育所、認定こども園、幼稚園、児童発達支援センター等、認可外保育施設等【市町村】	同一世帯内の第３子以降及び第２子の一部の児童に係る保育料の無償化をする市町村に補助。2018年度から第２子を追加（所得制限あり・年収360万円未満相当）	県1/2 市町村1/2	238,474千円	2008
	家庭支援推進保育事業	入所児童が60名以上で対象児童が入所児童の概ね25%以上の保育所【市町村】	日常生活における基本的な習慣や態度の涵養等について、家庭環境など、保育を行う上で、特に配慮が必要とされる児童が多数入所している保育所に対し、保育士の加配を行うことにより、入所児童の処遇の向上を図る	県1/2 市町村1/2	2,445千円	1997
	和歌山県私立幼保連携型認定こども園障害児教育教育費補助金	心身障害児が就園する私立幼保連携型認定こども園【県】	心身障害児の私立幼保連携型認定こども園への就園機会を増やし、障害児教育の振興を図るとともに、幼保連携型認定こども園及び保護者の負担を軽減するため、心身障害児が就園する私立幼保連携型認定こども園に対し経費を補助	国1/2 県1/2	36,064千円	1995
				【予算計】	276,983千円	
鳥取県	低年齢児受入施設保育士等特別配置事業	保育所・認定こども園・地域型保育事業所（公立・私立）【市町村】	１歳児加配：１歳児が５人以上入所している保育所で、１歳児の保育士定数が４．５：１となる保育士の加配に要する経費について市町村に対して補助	県1/2 市町村1/2	201,052千円	2002
	産休等代替職員費補助金	児童福祉施設等【市町村、民間】	産休等代替職員の任用を行う児童福祉施設等に対し、産休等代替職員に支払う賃金について、その実勤務日数に応じて補助	県10/10	8,005千円	1999
	保育サービス多様化促進事業	保育所・認定こども園・地域型保育事業所（公立・私立）【市町村】	①障がい児保育:障がいの程度に関わらず、市町村が特別な支援が必要と認めた児童に対して保育士等を配置する場合に助成 ②乳児保育（私立のみ）:年度途中入所の乳児受入に対応するため、年度当初から６か月分の乳児保育担当保育士を配置する経費を助成	県1/2 市町村1/2	110,056千円	2000
	保育料無償化等子育て支援事業	保育所、認定こども園、幼稚園、地域型保育事業所（公立・私立）【市町村】	世帯の第３子以降の保育料の無償化、及び年収約360万円未満の世帯の第2子の保育料を無償化（第１子と同時在園の場合のみ）を実施する市町村に対して助成	県1/2 市町村1/2	204,871千円	2015
	中山間地域市町村保育料無償化等モデル事業	保育所、認定こども園、幼稚園、地域型保育事業所（公立・私立）【市町村】	少子化、人口減少の危機に直面している中山間地域において、自治体独自に保育料の無償化等による子育て支援施策の取組により、若者の移住定住など地域活性化に果敢に挑戦する市町村に対して助成	県1/2 市町村1/2	33,558千円	2014
	病児・病後児保育普及促進事業	病児・病後児保育施設を設置する保育所等（公立・私立）【市町村】	①国の補助基準を上回る職員を配置する病児・病後児保育施設（以下施設）に対する助成 ②病児保育の予約・キャンセル等のシステム利用料等を助成 ③病後児へ保護者を誘導する病児施設の事務費及び病後児へ移る保護者に対する利用料の一部を助成 ④職員配置に係る国の補助要件を満たさない施設に対する運営費助成 ⑤施設を開設するための改修費等について、国制度の基準額を上回る場合、その上回った部分に対して助成 ⑥施設の小規模修繕や設備整備等に係る経費を助成 ⑦広域利用の申し入れ等を行った市町村に対して、施設や市町村間の連絡調整等に係る経費負担相当分を助成 ⑧研修会等への参加経費を助成 ⑨新任保育士・看護師等の実地研修として、県内施設が受け入れた場合に当該施設へ助成	①～②、④、⑥～⑧ 県1/2 市町村1/2 ③、⑨県10/10 ⑤県1/3 市町村1/3以上	2,163千円	2011
				【予算計】	559,705千円	

保育研究所調べ

都道府県	事業名	補助対象【実施主体】	事業内容	補助率（額）	2023年度予算（千円）	開始年度
島根県	しまねすくすく子育て支援事業	市町村【市町村】	市町村において地域の実情に応じた子育て支援のための事業が、柔軟に、かつ効果的に実施できるよう、事業の実施に要する経費に対し、交付金を交付する	県10/10	90,034千円	2015
	小規模民間保育所運営対策事業	市町村【市町村】	市町村以外の者が設置する定員20人の保育所で各月初日の在籍児童数の合算数が240人未満の保育所に対して運営費の一部を助成	県10/10	62,454千円	2018
	第３子以降保育料軽減事業	保育所等【市町村】	第３子以降の３歳未満の児童に係る保育料を軽減する	県1/2	149,588千円	2003
	第１子・第２子保育料軽減事業	保育所等【市町村】	一定所得以下の世帯について、第1子、第2子の3歳未満の児童に係る保育料を市町村が本来定める保育料から1/3以上軽減する	県10/10	233,199千円	2016
	待機児童ゼロ化事業	令和４年４月１日以降に定員を10人以上（利用定員100人未満の保育所等については10%以上）増やした私立保育所及び認定こども園【待機児童及び潜在的待機児童発生市町村】	年度途中の児童受け入れに対応するための加配保育士に係る人件費の一部を補助	県1/2	10,285千円	2016
	病児保育促進事業	市町村【市町村、社会福祉法人等】	病児保育施設の施設整備、改修等に係る経費を補助	県1/2等	13,000千円	2016
				【予算計】	558,560千円	
岡山県	第３子以降保育料無償化事業	保育所、認定こども園、地域型保育事業を利用する保育認定を受けた３歳未満児【市町村】	子どもが３人以上いる世帯の第３子以降の保育料を無償化又は軽減する市町村に対して補助	県1/2 市町村1/2 ※政令市は 県1/3、市2/3	361,998千円	2016
				【予算計】	361,998千円	
広島県	産休等代替職員費補助金	保育所等【県】	児童福祉施設等の職員が、出産又は傷病のため、長期間にわたる休暇を必要とする場合に、その代替職員の任用費用を補助する	県10/10	20,143千円	1976
	保育コンシェルジュ配置事業	市町【市町】	希望する全ての保護者が安心して子どもを保育所に預けて働くことができるよう、情報提供によるマッチングを行う保育コンシェルジュを配置する。コンシェルジュ機能と保育士の就業支援機能を兼ねた支援員配置にも補助	県10/10	31,874千円	2013
	１・２歳児受入促進事業	特定教育・保育施設【市町】	待機児童の大半を占める１・２歳児の受け入れを促進するため、平成29年度に待機児童が発生している市町の保育施設に対して、新たな１・２歳児の受け入れによる公定価格が人件費相当に達しない場合にその差額を補助する	県1/2 市町村1/2	21,357千円	2018
				【予算計】	73,374千円	
山口県	産休等代替職員雇用費補助	社会福祉施設（地域型保育事業所追加）【県】	社会福祉施設の職員が、出産又は傷病のため長期間にわたる休暇を必要とする場合に、その代替職員の任用費用を補助する	県10/10	15,035千円	1962
	民間保育サービス施設入所児童処遇向上事業費補助金	認可外保育施設【市町】	①認可外保育施設が、研修会に参加するため代替職員を雇用した場合に、その雇用費を補助する ②認可外保育施設が、入所児童の健康診断を実施した場合の健診費を補助する	県1/2 市町村1/2	345千円	1993
	多子世帯応援保育料等軽減事業	市町【市町】	年収約360万円以上の世帯について、第3子以降の保育料等の軽減を図る	３歳未満児 県1/2、市町村1/2 ３歳以上児 県10/10、市町上乗せ負担任意	163,138千円	2015
	シニアも応援！子育てサポーター事業	市町【市町】	地域の高齢者や子育て経験者等を「やまぐち子育てサポーターバンク」に登録し、保育所や子育て支援拠点での活動を促進する	県1/2 市町村1/2	2,100千円	2016
				【予算計】	180,618千円	
徳島県	阿波っ子はぐくみ保育料助成事業	公立・私立の保育所、認定こども園【市町村】	18歳未満の子どもを３人以上持つ同一世帯で、国が無償化の対象としない０歳～２歳の課税世帯のうち第３子以降の子どもの保育料無償化に取り組む市町村に対し補助	県1/2 市町村1/2	85,000千円	2015
	とくしま子育てはぐくみ応援推進交付金	市町村、保育所等【県・市町村】	①多子世帯に対する経済的負担軽減の実施 ②地域の元気高齢者を活用した子育て支援の実践　等	県1/2 市町村1/2	11,900千円	2020

2023年度保育に係る都道府県単独補助事業調査（2023年4月現在）

都道府県	事業名	補助対象【実施主体】	事業内容	補助率（額）	2023年度予算（千円）	開始年度
徳島県	とくしま在宅育児応援クーポン事業	市町村【市町村】	保育所等を利用せず、在宅で0～2歳児までの乳幼児を育児している家庭の負担軽減のため、様々な子育て支援サービスを利用できるクーポンを交付する市町村を補助	県1/2 市町村1/2	11,061千円	2018
徳島県	保育環境向上支援事業	市町村・保育所等【県・市町村】	①保育補助者及び保育支援者の雇用に要する経費（訓練指導者の人件費・研修経費・物品購入費）の助成 ②保育所等の職員が、出産又は傷病のため長期間にわたって業務に従事できない場合、これに代わる臨時職員の任用に要する経費の助成等	県1/2 市町村1/2 ※産休等代替は県10/10	162,606千円	2023
徳島県	放課後児童クラブ利用料軽減事業	市町村【市町村】	保育所等の保育料が無料となっている世帯を対象に、市町村が放課後児童クラブの利用料を無料化または一部軽減する場合に、その費用の1/2を補助する。	県1/2 市町村1/2	28,000千円	2020
				【予算計】	298,567千円	
香川県	第3子以降保育料免除事業費補助	市町【市町】	子どもを3人以上養育している世帯に属する第3子以降就学前児童の保育料等について、所得に応じて減免することにより、多子世帯の子育てに係る経済的負担の軽減を図る。	県1/2 市町1/2	164,645千円	1997
香川県	病児・病後児保育利用料無料化事業	市町【県】	第2子3歳未満児及び第3子以降未就学児が病児・病後児保育を利用した場合の利用料を無料にする事業	県10/10	17,756千円	2012
香川県	保護者・保育者負担軽減のための紙おむつ処分支援事業	市町【市町】	使用済み紙おむつを保育所等で処分することにより、保護者の負担を軽減するとともに、保育士の業務の負担軽減に繋げる。 県内市町が私立保育施設に対し、使用済み紙おむつの処理費用を助成する場合、その半額を市町に補助する。	県1/2 市町1/2	14,000千円	2023
				【予算計】	196,401千円	
愛媛県	産休等代替職員設置事業費	児童福祉施設等の職員（私立のみ）【県】	児童福祉施設等に勤務する職員が、出産又は傷病で長期休暇を要する場合の代替職員の臨時的任用に要する経費について補助	県10/10	4,054千円	1962
愛媛県	県外保育士移住促進事業	県内保育所等に就職希望の県外保育士等【県社協】	県外在住の保育士等に対し、県内保育所等への就職活動に要する経費について補助	県10/10 （上限50千円）	1,000千円	2018
				【予算計】	5,054千円	
高知県	産休等代替職員雇用事業費補助金	私立保育所・施設型給付をうける私立幼稚園・私立認定こども園・私立地域型保育事業所（中核市除く）【設置者】	私立保育所等に勤務する職員が、出産又は傷病のため休暇を必要とし、産休等代替職員を雇用した場合、経費について補助	県3/4以内	10,738千円	2005
高知県	保育サービス等推進総合補助金	保育所・幼稚園・認定こども園・地域型保育事業所【市町村】	地域ニーズに応じた保育サービスの充実を図る事業実施に要する経費について補助 ①低年齢児保育促進事業 ②家庭支援推進保育事業	県1/2以内 市町村1/2	59,487千円	2003
高知県	多子世帯保育料軽減事業費補助金	認定保育所・認定こども園・地域型保育事業所・届出認可外保育施設【中核市除く市町村】	児童を3人以上養育している世帯の第3子以降3歳未満児の保育料を軽減または無料化する事業を実施する市町村に補助	県1/2以内 市町村1/2	87,117千円	2009
高知県	保育所・幼稚園等高台移転施設整備事業費補助金	保育所・幼稚園・認定こども園【市町村・社会福祉法人・学校法人】	南海トラフ地震により発生が予測されている津波から乳幼児の安全を確保するため、保育所等の高台移転及び高層化に必要となる経費を補助	県3/4以内	0千円	2013
高知県	地域型保育等人材育成事業費補助金	認可外保育施設【設置者】	認可外保育施設が職員に子育て支援員研修及び家庭的保育者等研修を受講させる際に必要な代替職員の雇用経費について補助	県1/2以内	0千円	2015
高知県	多機能型保育支援事業費補助金	保育所・小規模保育事業所等【設置者】	保育所等を中心とした地域の高齢者や子育て世代等の交流の場づくりを進め、保育所等の子育て支援機能を強化し、子育て家庭を地域で見守り支え合う、地域ぐるみの子育て支援を行うことが可能な多機能型の保育事業を推進	私立：定額 公立：1/2	4,650千円	2016
				【予算計】	161,992千円	

保育研究所調べ

都道府県	事業名	補助対象【実施主体】	事業内容	補助率（額）	2023年度予算（千円）	開始年度
福岡県	産休等代替職員費補助事業	児童福祉施設等（私立・公設民営）【県】	産休・病休代替職員の雇用経費を補助	県10/10	20,182千円	1976
	届出（認可外）保育施設保育環境支援費	届出保育施設（企業主導型除く）【市町村】	届出保育施設を利用する児童の健康診断費用の一部を助成する市町村に対する補助	県1/2 市町村1/2	3,835千円	2019
	福岡県待機児童解消推進事業	待機児童発生市町村【市町村】	待機児童の解消を図るため、保育士不足で定員まで受入ができなかった保育所において、非正規職員を複数名雇用することにより発生する正規職員1名分の人件費との差額相当分を助成（必要な保育士1名配置（正規職員換算）ごとに上限60万円を補助）	県1/2 市町村1/2	6,600千円	2023
	福岡県病児保育利用料無償化事業費補助金	病児保育事業を実施している市町村（政令市・中核市を含む）、企業主導型保育事業所等【市町村、企業主導型保育事業所等】	病児保育事業の実施主体である市町村、企業主導型保育事業所等に対し、県内に住所地がある保護者が負担している利用料を助成（病児保育施設を利用する保護者が負担する利用料のうち、飲食費等を除くもの。利用1日あたり2,000円を上限）	県10/10	198,638千円	2023
				【予算計】	229,255千円	
佐賀県	認可外保育施設等健康安全対策事業	佐賀県認証保育施設基準に適合する認可外保育施設、宗教法人立・個人立幼稚園【市町】	佐賀県認証保育施設基準に適合する認可外保育施設及び宗教法人又は個人立幼稚園に対して①児童健康診断費、②職員健康診断費（※1）、③児童傷害保険費、④安全対策設備費の補助を行う市町に対し、その経費を補助する。 （※1）宗教法人又は個人立幼稚園職員を対象	県1/2 市町1/2	676千円	2000
	特別支援保育事業	佐賀県認証保育施設基準に適合する認可外保育施設【市町】	佐賀県認証保育施設基準に適合する認可外保育施設に対して、障害児保育のための保育士人件費及び保育材料費の補助を行う市町に対し、その経費を補助する	県1/2 市町1/2	672千円	2012
	病児・病後児保育施設設置促進事業費補助（運営費）	病児・病後児保育施設を設置する保育所等【市町】	病児・病後児保育施設の運営に要する経費について、国庫補助事業に上乗せして補助を行う市町に対し補助を行う	県1/2 市町1/2	3,150千円	2016
	多様な事業者の参入促進・能力活用事業	特別な支援が必要な子どもが在籍する私立認定こども園【市町】	特別な支援が必要な子どもが在籍する私立認定こども園の職員の加配に係る経費について、国庫補助事業に上乗せして補助する市町に対し補助を行う	県1/2 市町1/2	（※2）10,968千円	2015
	（※2）の予算が国庫補助分を含んでいるため集計せず					
長崎県	産休病休代替職員費補助事業	児童福祉施設等（公立、中核市除く）【県】	職員が出産又は傷病のため、長期休暇を必要とする場合において、児童福祉施設等が産休等代替職員を任用し、県がその所要経費を負担する	県1/2	3,780千円	2005
				【予算計】	3,780千円	
熊本県	児童福祉施設等産休等代替職員費補助事業	児童福祉施設（私立）【県】	児童福祉施設等の職員が、出産等で休暇を要する期間中、代替職員の雇用費を補助する	県1/2	2,776千円	1962
	多子世帯子育て支援事業	市町村【市町村】	第３子（18歳未満の子どもを第１子としてカウント）以降の保育料の減免を行う市町村への補助	県1/2 市町村1/2	556,401千円	1998
	認可外保育施設児童等健康管理支援事業	認可外保育施設【市町村】	認可外保育施設入所児童の健康診断に要する費用に対する補助	県1/2 市町村1/2	332千円	2000
	予備保育士確保促進事業	私立保育所、私立認定こども園【市町村】	年度当初から配置基準を超えて、予備的に保育士を配置する保育所等に対して、人件費の一部を補助	県1/2 市町村1/2	57,768千円	2021
				【予算計】	617,277千円	

2023年度保育に係る都道府県単独補助事業調査（2023年４月現在）

都道府県	事業名	補助対象【実施主体】	事業内容	補助率（額）	2023年度予算（千円）	開始年度
大分県	認可外保育施設衛生・安全対策事業	認可外保育施設【市町村】	次に掲げる経費に対し、市町村が補助する場合における当該補助に要する経費の1/2を補助 ①施設に通所する未就学児童の健康診断に要する経費（年１回上限4,200円） ②調理担当職員の検便に要する経費（１人当たり月１回上限2,700円）	県1/2 市町村1/2	141千円	2003
	大分にこにこ保育支援事業	認可保育所、（保育所型、幼稚園型、幼保連携型）認定こども園、地域型保育事業所、認可外保育施設に通園する３歳未満の第２子以降の児童【市町村】	次に掲げる助成を市町村が行う場合に、当該市町村に対して補助する 第２子以降３歳未満児: ・保育所等を利用している場合、市町村が徴収する保育料の全額補助 ・認可外保育施設を利用している場合、当該施設が定める利用料に要する費用の全額補助（その費用が35,000円を超える場合は、35,000円を補助すれば足りる）	県1/2 市町村1/2 大分市（中核市）のみ 県1/4 大分市3/4	664,888千円	2004
				【予算計】	665,029千円	
宮崎県	乳幼児すこやか健康管理事業	認可外保育施設【中核市除く市町村】	認可外保育施設に在園する子どもの健康診断にかかる経費を市町村に補助	県1/2 市町村1/2	600千円	2002
				【予算計】	600千円	
鹿児島県	多子世帯保育料等軽減事業	保育所等に通う第３子以降の児童を有し、経済的負担が大きいと思われる世帯【市町村】	少子化対策として、保育所等に通う多子世帯の第３子以降の保育料を助成し、子育てに係る経済的負担を軽減する	県1/2 市町村1/2	31,223千円	2009
	認可外保育施設すこやか健診事業	認可外保育施設指導監督基準をすべて満たす認可外保育施設（中核市除く）【市町村】	認可外保育施設における健康診断の確実な実施を促進し、入所児童の健康管理を確保するため、認可外保育施設が行う健康診断（内科検診２回、歯科検診１回）の費用を助成する	県1/2 市町村1/2	259千円	2010
				【予算計】	31,482千円	
沖縄県	認可外保育施設保育サービス向上事業	市町村【市町村】	認可外保育施設における保育サービスの確保・向上を図り、入所児童の処遇改善向上、保育環境の整備等の支援を行う市町村に対して補助等を行う。 【細事業】新すこやか保育事業、認可外保育施設研修事業、指導監督基準達成・継続支援事業、認可化移行支援事業（運営費・施設改善費）	県1/10、 市町村1/10 国8/10（沖縄振興特別推進交付金）	285,536千円	2012
	保育士確保対策強化事業	市町村【市町村】	待機児童解消に必要な保育士を確保するため、市町村等が実施する取り組みについて支援を行い、保育士の新規確保、離職防止を図る。 【細事業】保育士試験受験者支援事業、県外保育士誘致支援事業、保育士正規職員雇用支援事業、保育士負担軽減促進事業（年休・休憩・産休等代替保育士配置）	県1/10、 市町村1/10 国8/10（沖縄振興特別推進交付金）	318,649千円	2015
	認可保育所保育提供体制強化事業	市町村【市町村】	待機児童が生じることのないよう年度途中の０～２歳児を受け入れるための加配保育士の配置や、障害児を受け入れるために保育の提供体制の強化に取り組む市町村に対して補助を行う。 【細事業】保育士特別配置等支援事業、障害児保育支援員配置支援事業	県1/10、 市町村1/10 国8/10（沖縄振興特別推進交付金）	142,195千円	2012
	ひとり親家庭等認可外保育利用支援事業	市町村【市町村】	認可外保育所に空きがない等の理由により、子どもを認可外保育施設に入所させているひとり親家庭等に対し、認可外保育施設がその利用料の全部又は一部を減免した場合において、当該施設へ減免相当額を補助する。	県1/10、 市町村1/10 国8/10（沖縄振興特別推進交付金）	7,580千円	2015
				【予算計】	753,960千円	

主要87都市保育料表

調査2　2023年度県庁所在地・指定都市・中核市保育料表（3号認定）

調査の概要と特徴

保育研究所は、毎年、政令指定都市、中核市、県庁所在市、東京特別区（杉並区）を対象に保育料等に関する調査を実施している。

本年度は例年の調査事項に加えて、保育料無償化に関わる各自治体の独自施策等についても調査した。

調査は下記の事項について、各自治体の担当課に調査表を送付し、４月１日現在の状況の回答を得て掲載している。

1　保育料表等の解説

保育料表については、2019年10月から３～５歳児の保育料が無償化されたため、**３号認定**（０～２歳児）の**保育標準時間認定分**のみを掲載している。

①国の徴収基準額に対する実際の徴収割合

保護者が納める保育料は、ほとんどすべての自治体が、国の徴収基準額（94頁に国の「特定教育・保育施設等の利用者負担・月額」を掲載）より低く設定している。国の徴収金（精算）基準に基づく保育料徴収（設定）額に対する自治体の保育料徴収（設定）額の割合を出すことで、自治体がどの程度、独自に財政負担しているかがわかる。

徴収割合が低いほど自治体の独自財源で保育料を国基準より低く設定していることになる。なお、この徴収割合は３号認定の予算・決算で算定している。

②保育料額の規定

保育料を自治体の条例、規則、施行細則等のいずれで制定しているかの調査で、ほとんどの自治体が条例で保育料徴収の根拠等を定め、具体的な保育料額は規則、施行細則で定めている。

③標準・短時間保育料の差額

保育標準時間と保育短時間の保育料金額の差額は０～1,000円台が多い。佐世保市は同一額で、豊田市も市内園利用は同一である。

④多子世帯軽減等負担軽減に関する自治体の独自基準

多子世帯等の負担軽減に関わる国基準は94頁の通りであるが、この基準に上乗せをして軽減している自治体の基準を掲載している。

⑤その他

対象の87自治体のうち、80自治体から回答を得た。回答が期日までに間に合わなかった自治体については、ホームページで保育料表等を確認の上、転載している。

なお、保育料に関しては本文の解説、93頁の「保育料の仕組み」を参照のこと。

2　副食費に関わる自治体の独自施策の調査

２号認定の保育料は無償となったが、副食費は実費徴収化された。ただし国の基準では、年収360万円未満世帯の子どもと、所得階層にかかわらず第３子以降の子どもについては、副食費を免除している。これについて、国基準を超えて減免措置を行っているか調査した。

回答は「国基準と同じ」が46自治体、「国基準より対象を広げている」は34自治体であった。４割程の自治体が独自の減免措置を行っており、その概要を下記の一覧表に示した。　　（大橋哲郎）

自治体名	副食費減免措置の概要
旭川市	世帯の生計を同一とする子どもでカウントした第３子以降の副食費を免除
盛岡市	税額133,000円未満の世帯の子どもで、国基準による副食費免除の対象にならない子どもについて月額4,500円を上限に助成
秋田市	一定の要件のもと、全額、１／２、１／４を助成
山形市	第３子以降の副食費免除（多子計算の年齢上限撤廃）
宇都宮市	同一世帯で３人以上の児童がいる場合、第３子以降は免除
前橋市	第３子以降の副食費を無償化
高崎市	児童の属する世帯が子どもを３人以上扶養している場合、上の子の年齢や世帯収入にかかわらず第３子以降無料
八王子市	２号認定のみ、年齢制限を設けない多子の数え方で第3子以降を決定し、その第3子以降を無償としている。
新潟市	18歳未満の子どもが３人以上いる世帯は第３子以降の副食費無料
富山市	年収640万円未満世帯の第３子以降について4,500円を上限に軽減
福井市	国基準に該当しない児童3人以上の世帯で第3子以降は4,500円を上限に減免
岐阜市	税額97,000円未満の世帯は18歳までの子どものうち第3子以降無料
豊田市	１号認定の基準に合わせ対象を拡大。主食費も減免
豊橋市	国の免除に該当しない18歳未満の児童が２人以上いる世帯の２人目は4,500円を上限に助成、３人目以降無料
一宮市	市の事業で保育料無料の対象となる世帯は副食費も免除
大津市	市町村民税所得割額57,700円以上97,000円未満世帯の利用児童で第3子以降は減免（県の事業）
京都市	税額57,700円以上169,000円未満で扶養している児童が3人以上いる世帯は第3子以降減免
奈良市	国基準に該当しない子どものうち、同一世帯内の第3子以降の子どもの副食費を月額4,700円を上限に助成
枚方市	生計を一にする第２子以降の副食費を免除
神戸市	多子計算の所得制限を撤廃し、全ての世帯において第３子以降無償
和歌山市	同一世帯で第3子以降の副食費を、当該児童以外の子の年齢にかかわらず免除
明石市	所得や第何子かにかかわらず、３歳以上児の副食費を完全無料化
鳥取市	税額57,700円以上世帯は第1子・第2子の年齢にかかわらず、同一世帯の第3子以降の副食費を免除
松江市	生計を一にする兄姉が2人以上いる子どもの副食費を減免
広島市	年少扶養の人数が3人以上いる世帯の場合は、２人を超える1人につき22,800円を世帯の所得割合計額から控除した税額で世帯の階層区分を認定
山口市	税額57,700円以上97,000円未満世帯の第３子以降の副食費を免除
下関市	税額57,700円以上97,000円未満世帯で20歳未満の扶養児童の第3子以降は、副食費の半額分を助成（県の事業）
徳島市	税額169,000円未満で第１子が18歳未満の第２子減免 養育する子どもが３人以上いる世帯は、上の子の年齢に関わらず第３子以降減免
松山市	公立保育園等で病気等やむを得ない事由で長期欠席した場合、欠席日数等に応じて副食費を日割り減免
高知市	税額57,700円未満世帯は副食費免除 ひとり親世帯で税額57,700円以上77,101円未満は副食費免除、税額77,101円以上は第２子の副食費を軽減（上限4,500円／月）
長崎市	第3子を数える際の最年長児の年齢制限撤廃を税額97,000円未満世帯まで拡大
佐世保市	同時利用の２人目以降を無償化
熊本市	18歳未満の児童３人以上の世帯で第３子以降の３歳以上児は副食費補助（税額301,000円未満の世帯に限る）
大分市	免除対象者：震災等の災害で家屋・家財の価格3／10以上を損失した家庭の児童　等

調査2　2023年度県庁所在地・指定都市・中核市保育料表（3号認定）

（2023年４月１日現在）　（単位：円）
人口は2022年1月1日現在の住民基本台帳人口による

区分	市区名（人口：人） / 国基準額 3号認定	札幌市（1,960,668）	旭川市（327,960）	函館市（248,106）	青森市（275,099）	八戸市（223,434）	盛岡市（285,270）
		3号認定	3号認定	3号認定	3号認定	3号認定	3号認定
2	市町村民税非課税世帯 0円	0	0	0	0	0	0
3	均等割額のみ	11,000	7,800	7,800	15,500	17,000	5,400
3	所得割課税額 19,500円 4.86万円未満			12,300 2.43万円以上 16,700	17,500	19,500	7,400
4	4.86万円以上 30,000円	15,680 6.7万円以上 22,550	11,000 5.3万円以上 14,800 6.9万円以上 19,100 8.7万円以上 24,000	20,400 5.31万円以上 21,800 6.21万円以上 25,100 8.06万円以上 28,500	21,250 23,000 24,750 6.68万円以上 26,500 7.77万円以上 28,250	24,000 5.77万円以上 24,500 6.5万円以上 25,000 7.71万円以下 25,500	10,600 5.46万円以上 14,000 5.94万円以上 17,600 7.86万円以上 21,600
5	9.7万円以上 44,500円	30,250 14万円以上 39,600	10.5万円以上 30,200 12.3万円以上 33,400 14万円以上 36,700 16.3万円以上 40,000	9.86万円以上 32,900 11.66万円以上 36,400 13.46万円以上 40,000 15.82万円以上 43,600	35,000 10.85万円以上 35,800 12.33万円以上 38,700 13.7万円以上 41,600	31,000 11.1万円以上 35,500 12.5万円以上 41,000 14.9万円以上 41,500	26,600 11.5万円以上 30,000 13.3万円以上 36,000
6	16.9万円以上 61,000円	45,870 25.4万円以上 53,740	19.35万円以上 47,400 25.4万円以上 54,900	17.19万円以上 47,600	50,000	44,000 19.5万円以上 44,500 21.9万円以上 45,000 25.8万円以上 47,000	42,000 26.8万円以上 47,100
7	30.1万円以上 80,000円	60,170 34.1万円以上 65,450	36万円以上 63,400	29.49万円以上 51,700 36.69万円以上 55,800		49,000	51,600
8	39.7万円以上 104,000円	75,900	41.5万円以上 72,000	59,700 64,400 69,000 73,700 78,400 86,200		53,500	66,000
国の徴収基準額に対する実際の徴収割合 3号認定	2022年度決算ベースの数値	――	――	54.1％（公立含む）	76.9％（公立除く）	60.8％（公立除く）	57.3％（公立含む）
	2023年度予算ベースの数値（試算）	54.1％（公立含む）	44.3％（公立除く）	56.6％（公立除く）	76.8％（公立除く）	60.8％（公立除く）	37.5％（公立含む）
保育料額の規定		規則	条例	規則	規則	規則	規則
標準・短時間保育料の差額		180～1,290円	0～1,200円	0～1,600円	0～850円	0～900円	0～1,200円
多子世帯軽減等負担軽減に関する自治体の独自基準（国基準は94頁に掲載）		同時入所要件の撤廃範囲を世帯年収360万円未満から640万円未満に拡大。3歳未満第2子無料。	第2子軽減率1/4。年収640万円未満世帯の第2子以降無料。	年収640万円未満相当世帯の第2子以降無料	2人入所時、最年長児7/10、次年長児半額徴収。3人入所時、最年長児・最年少児無料、次年長児7/20徴収。4人入所時、全員無料。同時入所以外の第3子以降、別途軽減措置あり。ひとり親、障害者世帯等軽減あり。	国の4階層の一部から8階層の世帯で、第3子以降の保育料を25～95％に軽減。	第2子以降（0～2歳）無料

3号認定（0～2歳児）の保育標準時間の保育料額

保育研究所調べ

（単位：円）

区分	市区名（人口：人）	秋田市（303,122）	山形市（242,284）	仙台市（1,065,365）	福島市（273,348）	郡山市（319,702）	いわき市（314,913）
区分	国基準額 3号認定	3号認定	3号認定	3号認定	3号認定	3号認定	3号認定
2	市町村民税非課税世帯 0円	0	0	0	0	0	0
3	均等割額のみ	13,850	9,200	7,650	15,400	11,000	11,000
3	所得割課税額 19,500円 4.86万円未満	15,990 5千円以上 17,320	12,700 1.5万円以上 16,900	8,860	18,500	15,000 3.8万円以上 18,000	14,000
4	4.86万円以上 30,000円	18,000 21,000 21,600 6.2万円以上 24,300 7.9万円以上 24,600 8.6万円以上 27,750	20,900	11,700 5.4万円以上 15,300 6.9万円以上 20,700 8.3万円以上 27,400	23,100 7.8万円以上 29,000	21,000 5.85万円以上 23,000 7.1万円以上 25,000 8.4万円以上 27,000	21,000 6.5万円以上 23,000 7.5万円以上 25,000 8.5万円以上
5	9.7万円以上 44,500円	27,820 10.9万円以上 31,600 11.9万円以上 31,820 13.1万円以上 34,490 14.2万円以上 34,940 15.4万円以上 38,720	35,600	33,500 11.4万円以上 39,000 13.4万円以上 44,500	29,500 13.5万円以上 39,500	31,000 11.5万円以上 34,000 13.3万円以上 38,000 15.1万円以上 42,000	28,000 12.2万円以上 33,000 13.1万円以上 37,000
6	16.9万円以上 61,000円	39,040 40,260 19.9万円以上 45,140 23万円以上 46,670 26.8万円以上 46,970	43,700	49,900 22.1万円以上 55,400	40,000 18.3万円以上 45,000 21.6万円以上 56,000	46,000 19.2万円以上 48,000 23.1万円以上 50,000	16.8万円以上 42,000 21.3万円以上 47,000 22万円以上 54,000
7	30.1万円以上 80,000円	47,200 47,360 33.9万円以上	51,500	59,200	59,000	60,000	35.3万円以上
8	39.7万円以上 104,000円	52,000	56,700	62,400 65,200 67,600 61.1万円以上 70,000	67,000	70,000	57,000
国の徴収基準額に対する実際の徴収割合3号認定	2022年度決算ベースの数値	——	60.9%（公立除く）	——	66.9%（公立含む）	69.0%（公立除く）	43.1%（公立含む・見込み）
国の徴収基準額に対する実際の徴収割合3号認定	2023年度予算ベースの数値（試算）	71.7%（公立含む）	61.9%（公立除く）	78.1%（公立除く）	59.7%（公立含む）	69.0%（公立除く）	51.7%（公立含む）
保育料額の規定		規則	規則	規則	規則	規則	規則
標準・短時間保育料の差額		0～880円	0～900円	0～1,100円	0～1,100円	0～1,200円	0～500円
多子世帯軽減等負担軽減に関する自治体の独自基準 （国基準は94頁に掲載）		（生年月日や出生順位、階層区分）一定の要件のもと保育料の全額、1/2、1/4を助成。	保育所・認定こども園等を兄弟で利用している第2子半額、第3子以降無料（年齢上限等なし）。税額77,100円以下のひとり親・障がい児者世帯の第2子無料。	多子、ひとり親、障害者各世帯の負担額軽減。	生計を一にする最年長の子どもから順に2人目半額、3人目以降無料。福島型給食推進事業として副食費を1,000円減額。	①税額133,000円未満世帯の第1子5,000円軽減、48,600円未満無料。②18歳未満の兄姉が2人以上いる世帯の3歳未満入所児童の軽減。税額97,000円未満1/2、97,000円以上3/4に軽減。③郡山市内の認可保育施設で働く保育士の保育料を1/2軽減。	18歳未満の兄姉が2人以上いる世帯で税額122,000円未満は半額、122,000円以上も軽減規定あり。税額57,000円未満は兄姉の年齢に関わらず2人目半額、3人目以降無料。

保育研究所調べ

2023年度県庁所在地・指定都市・中核市保育料表（3号認定）（2023年4月1日現在）

区分	市区名（人口：人） 国基準額 3号認定	水戸市（271,156）	宇都宮市（519,136）	前橋市（333,263）	高崎市（370,806）	さいたま市（1,332,226）	川越市（353,235）
区分	国基準額 3号認定	3号認定	3号認定	3号認定	3号認定	3号認定	3号認定
2	市町村民税非課税世帯 0円	0	0	0	0	0	0
3	均等割額のみ	10,000	6,000	7,000	7,600	8,000	6,000
3	所得割課税額 19,500円 4.86万円未満	14,000	8,000	8,300 2.43万円以上 8,800	9,940 2.43万円以上 10,370	10,000	6,500 1.5万円以上 7,400
4	4.86万円以上 30,000円	20,000 6.3万円以上 26,000 7.71万円以下 28,000	13,000 7.71万円以上 14,000	11,000 12,500 15,300 6.42万円以上 21,100 7.86万円以上 27,000	12,690 14,680 5.87万円以上 17,010 7.8万円以上 22,950	12,500 6.39万円以上 19,500	8,200 5.3万円以上 9,900 6万円以上 11,900 7万円以上 16,200 8万円以上 21,600
5	9.7万円以上 44,500円	36,000 13.6万円以上 42,000	20,000 10.9万円以上 27,000	33,500 11.7万円以上 37,400 14.01万円以上 40,400 15.57万円以上 42,700	27,940 11.45万円以上 33,270 13.41万円以上 39,430	33,000 13.76万円以上 44,000	10万円以上 28,100 11.5万円以上 35,200 13万円以上 42,200 14.5万円以上 44,400
6	16.9万円以上 61,000円	52,000 23.5万円以上 54,000	37,000 21.12万円以上 41,000	45,200 28.81万円以上	45,950 24.24万円以上 48,210	55,000	17万円以上 50,400 20万円以上 52,800 23.5万円以上 55,200 27万円以上 57,200
7	30.1万円以上 80,000円	56,000	54,000 34.1万円以上 56,000	46,800	49,960	60,000	30万円以上 58,500 34万円以上 58,900 36.5万円以上
8	39.7万円以上 104,000円	58,000	67,000		51,280	72,800	59,300
国の徴収基準額に対する実際の徴収割合3号認定	2022年度決算ベースの数値	70.4％（公立除く）	39.5％（公立含む）	59.9％（公立除く）	59.1％（公立除く）	76.0％（公立含む）	73.8％（公立除く・見込み）
国の徴収基準額に対する実際の徴収割合3号認定	2023年度予算ベースの数値(試算)	——	39.5％（公立含む）	59.9％（公立除く）	62.3％（公立除く）	74.6％（公立含む）	81.7％（公立除く）
保育料額の規定		条例	規則	条例	規則	規則	条例
標準・短時間保育料の差額		0～1,000円	0～2,000円	0～700円	0～880円	0～1,300円	200～1,100円
多子世帯軽減等負担軽減に関する自治体の独自基準 （国基準は94頁に掲載）		上の子の年齢にかかわらず所得制限なしで、第3子以降無料、税額169,000円未満は第2子半額。	同一世帯で3人以上の児童がいる場合、第3子以降は免除。	第3子以後の保育料等の無料化。	児童の属する世帯が3人以上扶養の場合、上の子の年齢や世帯の収入所得にかかわらず第3子以降無料。	第3子以降の3歳未満児無料。年齢制限なし。	県の事業により第3子以降の保育料無償化。

3号認定（0～2歳児）の保育標準時間の保育料額

（単位：円）

市区名(人口:人)		越谷市 (345,047)	川口市 (605,545)	千葉市 (976,328)	船橋市 (645,718)	柏市 (431,267)	八王子市 (561,758)
区分	国基準額 3号認定	3号認定	3号認定	3号認定	3号認定	3号認定	3号認定
2	市町村民税非課税世帯 0円	0	0	0	0	0	0
3	均等割額のみ	11,900	6,000	4,110	7,800	5,900	5,000
3	所得割課税額 19,500円 4.86万円未満	13,800 1.1万円以上 15,700	9,000	6,170	8,950 2.43万円以上 10,100	7,700 9,500 11,300 13,100	6千円以上 8,000 1.44万円以上 11,000
4	4.86万円以上 30,000円	17,400 19,200 21,000 6.36万円以上 23,800 7.86万円以上 27,600	12,500 5.87万円以上 19,500	11,180 14,960 5.66万円以上 18,840 7.4万円以上 26,650	15,000 7.28万円以上 20,100	16,400 5.7万円以上 19,700 6.7万円以上 23,000 7.7万円以上 26,300 8.7万円以上 29,600	3.54万円以上 14,000 5.44万円以上 17,000 8.14万円以上 20,000
5	9.7万円以上 44,500円	32,000 11.7万円以上 36,500 13.5万円以上 41,900	33,000 13.13万円以上 44,000	33,450 11.2万円以上 40,760 13.2万円以上 44,000	25,000 11.5万円以上 29,000 13.3万円以上 33,000 15.1万円以上 37,000	32,900 11.5万円以上 36,200 13.3万円以上 39,500 15.1万円以上 42,800	10.24万円以上 23,000 12.94万円以上 26,000 14.64万円以上 28,000
6	16.9万円以上 61,000円	43,700 20.2万円以上 50,000 23.5万円以上 52,900 26.8万円以上 55,800	54,000 21.3万円以上 57,000 25.7万円以上 60,000	51,690 20.38万円以上 54,330	42,700 20.2万円以上 46,700 23.5万円以上 50,800 26.8万円以上 54,900	46,100 19.5万円以上 49,400 22.1万円以上 52,700 24.7万円以上 56,000 27.3万円以上 59,300	17.14万円以上 30,000 19.54万円以上 33,000 21.94万円以上 36,000 24.34万円以上 39,000 26.14万円以上 42,000
7	30.1万円以上 80,000円	60,600 34.9万円以上 61,200	63,000 34.9万円以上 66,000	57,460	57,500	61,300 63,300 65,300	29.24万円以上 45,000 31.74万円以上 48,000 34.34万円以上 51,000
8	39.7万円以上 104,000円	66,500	69,000	60,600 65,750 67.18万円以上 70,900	34.9万円以上 60,000	67,300 69,300 50万円以上 71,300	35.74万円以上 54,000
国の徴収基準額に対する実際の徴収割合3号認定	2022年度決算ベースの数値	——	——	80.8％（公立除く）	71.4％（公立除く）	——	39.1％（公立含む）
	2023年度予算ベースの数値(試算)	73.5％（公立除く）	——	80.4％（公立除く）	73.0％（公立除く）	——	31.4％（公立除く）
保育料額の規定		条例	規則	規則	規則	規則	公立は条例・規則 私立は規則
標準・短時間保育料の差額		0～1,200円	0～1,200円	0～1,210円	0～1,020円	0～1,220円	0～1,000円
多子世帯軽減等負担軽減に関する自治体の独自基準 （国基準は94頁に掲載）		税額57,700円未満世帯の軽減に年齢制限なし。0～2歳児の3人目以降は、税額57,700円以上であっても申請により無料。	0～2歳児で第3子以降は無料。	国基準	半額保育料の特例を実施。世帯で負担する保育料の上限額を月額7万円に設定。第2子の保育料を半額以下とすることで調整。	国基準	世帯の所得に関わらず、年齢制限を設けない多子の数え方で保育料を算定（第1子全額、第2子半額、第3子無償、ひとり親世帯等は第1子半額、第2子以降無償）。

保育研究所調べ

2023年度県庁所在地・指定都市・中核市保育料表（3号認定）（2023年4月1日現在）

区分	市区名(人口:人) 国基準額 3号認定	杉並区（569,703） 3号認定 0歳児	杉並区（569,703） 3号認定 1・2歳児	横浜市（3,755,793） 3号認定	川崎市（1,522,390） 3号認定	横須賀市（392,817） 3号認定	相模原市（719,112） 3号認定	新潟市（779,613） 3号認定
2	市町村民税非課税世帯 0円	0	0	0	0	0	0	0
3	均等割額のみ	2,200	2,000	6,700	5,300	0	6,300	11,000
3	所得割課税額 19,500円 4.86万円未満	2,800～9,900 2万円以上 11,200 18,400	2,600～9,100 2万円以上 10,300 16,900	8,200 1万円以下 10,000	6,300 5千円以上 7,100	0	7,600 1.18万円以上 9,200	13,300
4	4.86万円以上 30,000円	18,800 5.77万円以上 22,900 7.71万円以上 25,800	17,200 5.77万円以上 21,000 7.71万円以上 23,600	12,500 5.04万円以下 14,500 57,701円以上 16,500 7.71万円以下 20,400	9,200 5.04万円以上 11,700 6万円以上 14,700 7.08万円以上 18,200 8.46万円以上 22,000	0	13,400 14,700 16,300 6.4万円以上 18,000 7.9万円以上 21,300 8.65万円以上 23,600	16,300 6万円以上 20,500 7.9万円以上 25,000
5	9.7万円以上 44,500円	28,300 12.85万円以上 30,600	25,900 12.85万円以上 28,000	25,000 10.26万円以下 29,000 12.06万円以下 34,000 13.86万円以下 38,000 16.9万円以下	25,700 10.86万円以上 29,500 12.3万円以上 33,300 13.86万円以上 37,200 15.42万円以上 41,200	11.5万円以上 35,400	26,500 10.9万円以上 29,100 12.4万円以上 32,000 13.9万円以上 34,900 15.4万円以上 38,000	29,500 11.4万円以上 33,000 14万円以上 37,600
6	16.9万円以上 61,000円	33,000 35,000 37,200 39,000 25.63万円以上 41,000 42,800	30,200 32,100 34,100 35,700 25.63万円以上 37,600 39,200	41,500 17.49万円以下 44,500 19.29万円以下 47,500 21.12万円以下 50,200 53,000 55,000 57,000 26.47万円以下 58,000 59,000 60,000 61,000	45,200 18.39万円以上 50,000 20.46万円以上 54,500 23.46万円以上 57,000 25.86万円以上 59,000 27.66万円以上 60,500	41,400 22.9万円以上 48,700 26.8万円以上 53,700	40,100 19.9万円以上 43,600 23.65万円以上 46,200 26.05万円以上 48,800 28.02万円以上 50,500	43,000 19.9万円以上 48,500
7	30.1万円以上 80,000円	44,600 46,200 36.6万円以上 48,000	40,900 42,300 36.6万円以上 44,000	64,500 68,000 71,500 73,600 75,600	65,500 70,000 73,000 74,000	58,700 60,000 34.3万円以上	53,200 33.92万円以上 55,100 37.3万円以上 56,400	53,500 33.6万円以上
8	39.7万円以上 104,000円	52,000 ～ 92,400	47,700 ～ 89,000	77,500	81,500 47.53万円以上 82,800	61,500	41.05万円以上 61,700	57,200
国の徴収基準額に対する実際の徴収割合 3号認定	2022年度決算ベースの数値	―		―	―	―	―	―
	2023年度予算ベースの数値(試算)	―		―	82.5％（公立含む）	46.1％（公立除く）	―	55.5％（公立含む）
保育料額の規定		条例		規則	施行細則	規則	規則	規則
標準・短時間保育料の差額		100～1,600円		0～1,400円	50～1,400円	0～1,000円	0～1,000円	0～1,000円
多子世帯軽減等負担軽減に関する自治体の独自基準 （国基準は94頁に掲載）		ひとり親世帯等で税額77,101円未満の世帯第1子半額、第2子以降無料。その他世帯第2子半額、第3子以降無料。		税額19.29万円以下は、最年長児全額、次年長児概ね35/100徴収、その他無料。税額19.29万円超は最年長児全額、次年長児45/100～55/100徴収、その他無料。	国基準	年収約500万円未満世帯の0～2歳児の保育料無償化を実施。 兄姉の年齢・利用施設に関わらず、第2子概ね半額、第3子無料。	国基準 ひとり親世帯等の負担軽減あり。	きょうだい2人以上同時利用で、第2子国基準1/2を1/4徴収に軽減。18歳未満の子どもが3人以上いる世帯の第3子以降は無料。

3号認定（0～2歳児）の保育標準時間の保育料額

（単位：円）

区分	市区名(人口:人)	富山市（411,222）	福井市（259,642）	金沢市（448,702）	甲府市（186,249）	長野市（371,651）	松本市（236,968）
区分	国基準額 3号認定	3号認定	3号認定	3号認定	3号認定	3号認定	3号認定
2	市町村民税非課税世帯 0円	0	0	0	0	0	0
3	均等割額のみ	6,500	9,100	9,500	10,400	9,900	14,100
3	所得割課税額 19,500円 4.86万円未満		9,100 2.43万円以上 13,100	12,400	14,200		14,900
4	4.86万円以上 30,000円	23,000	16,400 6.47万円以上 21,800 8.08万円以上 27,200	16,200 5.57万円以上 19,100 5.92万円以上 23,600 7.95万円以上 29,500	17,200 5.2万円以上 19,200 6.7万円以上 20,200 8.5万円以上 27,400	14,200 6万円以上 19,400 7.6万円以上 24,500	22,200 6.93万円以上 28,700
5	9.7万円以上 44,500円	32,000	33,400 12.1万円以上 36,700 14.5万円以上 41,100	35,100 10.68万円以上 39,500 13.36万円以上 42,700	29,800 14.3万円以上 36,400 15.5万円以上 40,800	31,500 12.3万円以上 40,500 14.8万円以上 44,000	41,200 13.3万円以上 44,300
6	16.9万円以上 61,000円	48,800	45,600	45,400	44,400 23.7万円以上 48,200	50,500 21.9万円以上 53,600 26.5万円以上 54,500	51,900 23.5万円以上 57,600
7	30.1万円以上 80,000円	64,000	48,600	46,300	48,400	55,600	60,600
8	39.7万円以上 104,000円	73,600	54,900			56,700	62,600
国の徴収基準額に対する実際の徴収割合3号認定	2022年度決算ベースの数値	69.9％（公立除く）	56.6％（公立含む）	59.4％（公立除く）	39.0％（公立除く）	——	70.3％（公立除く）
国の徴収基準額に対する実際の徴収割合3号認定	2023年度予算ベースの数値(試算)	70.5％（公立除く）	56.6％（公立含む）	62.9％（公立除く）	37.1％（公立除く）	——	70.7％（公立除く）
保育料額の規定		基準額は条例、軽減は規則	規則	施行細則	規則	規則	規則
標準・短時間保育料の差額		0～1,300円	0～1,000円	100～700円	0～800円	0～1,000円	0～6,600円
多子世帯軽減等負担軽減に関する自治体の独自基準 （国基準は94頁に掲載）		第３子以降無料化（所得制限：国基準５階層以下）。年収360万円未満のひとり親世帯又は障害者同居世帯の児童無償化。第３子以降の児童が同時入所している世帯で、国基準での軽減がかからない児童について、同時入所している最年少の子が３歳未満のときに軽減。	国基準に該当しない児童３人以上の世帯で第３子以降は無料。年収640万円未満世帯の第２子も無料。	保護者の所得・同時利用の有無にかかわらず、第２子半額、第３子以降無料(県の制度含む)。同時利用で第１子・第２子がともに３歳未満児のとき、第２子は３分の１。税額57,700円未満世帯は年齢制限なく第２子以降無料。	税額16.9万円未満で、子ども２人以上世帯の第２子以降保育料無料（３歳未満）。0～15歳の子どもが３人以上いる世帯は第３子以降の年少扶養控除があるとみなし、当該児１人当たり19,800円を控除して保育料を算定。	兄・姉の年齢・所得に関わらず、税額169,000円未満の第３子以降は保育料無料。税額169,000円以上は月額6,000円軽減。	国基準で半額になる第２子を３割負担へと追加軽減。第３子を一律２割軽減（軽減額が6,000円に満たない場合は6,000円軽減）。単独通園の第２子で満３歳未満児の負担額を２割軽減。

保育研究所調べ

2023年度県庁所在地・指定都市・中核市保育料表（3号認定）（2023年4月1日現在）

区分	市区名（人口：人）	岐阜市（404,304）	静岡市（689,079）	浜松市（795,771）	名古屋市（2,293,437）	豊田市（419,249）	豊橋市（372,604）
1	国基準額 3号認定	3号認定	3号認定	3号認定	3号認定	3号認定	3号認定
2	市町村民税非課税世帯 0円	0	0	0	0	0	0
3	均等割額のみ	14,900	7,500	8,100	5,700		
	所得割課税額 19,500円 4.86万円未満		8,500	11,400 2.43万円以上 13,200	6,400 7,500 11,200		
4	4.86万円以上 30,000円	23,000	13,300 6万円以上 14,800 6.7万円以上 17,500 77,101円以上 20,500	15,500 6.07万円以上 17,800 7.28万円以上 20,100 8.49万円以上 22,500	4.38万円以上 13,900 5.52万円以上 17,500 6.7万円以上 22,100 8.88万円以上 25,800	7.71万円以上 12,000	5.77万円以上 15,700 7.3万円以上 22,200
5	9.7万円以上 44,500円	32,000	25,500 11.5万円以上 31,500 13.3万円以上 32,500	26,100 12.1万円以上 29,700 14.5万円以上 33,300	11万円以上 29,400 13.16万円以上 34,900	15,000	11.6万円以上 30,300
6	16.9万円以上 61,000円	48,000	39,000 18.9万円以上 42,000 19.9万円以上 45,000 24.7万円以上 46,500	41,000 23.5万円以上 48,800	18万円以上 42,700 23.68万円以上 50,300 28.1万円以上 58,300	32,000	16.3万円以上 39,000 20.9万円以上 48,000
7	30.1万円以上 80,000円	53,300	52,000 33.9万円以上 55,200	56,400 34.9万円以上 64,000	35.15万円以上 63,400	37,000	34万円以上 53,000
8	39.7万円以上 104,000円	62,000	57,200	73,600	41.18万円以上 63,900 51.8万円以上 64,000		58,000
国の徴収基準額に対する実際の徴収割合 3号認定	2022年度決算ベースの数値	70.1％（公立除く）	66.3％（公立除く）	―	―	―	39.7％（公立除く）
	2023年度予算ベースの数値（試算）	72.3％（公立除く）	40.6％（公立除く）	69.2％（公立除く）	63.2％（公立除く）	20.4％（公立除く）	31.5％（公立除く）
保育料額の規定		条例	規則	公立は条例・規則　私立は規則	条例	規則	規則
標準・短時間保育料の差額		0～1,000円	0～1,600円	0～1,200円	0～1,000円	0～3,000円	450～2,800円
多子世帯軽減等負担軽減に関する自治体の独自基準（国基準は94頁に掲載）		税額9.7万円未満の世帯で18歳までの子どもが3人以上いる場合、3番目以降は無料。	第2子以降無料（きょうだいの就学状況や所得による条件を撤廃）。	国基準	18歳未満の児童が3人以上の世帯で、第3子以降の3歳未満児が入所した場合は無料。	3号認定：多子カウントの年齢制限なし。 2号認定：①多子カウントの年齢制限は3号認定と同じ、②一般世帯の多子カウント年齢制限なしの課税額をひとり親世帯と同額。	18歳未満の児童が2人以上いる世帯の2人目以降は無料。 2023年度より、税額5.77万円未満は無料。

3号認定（0～2歳児）の保育標準時間の保育料額

（単位：円）

区分	市区名（人口：人）／国基準額 3号認定	岡崎市（385,355）	一宮市（382,349）	津市（274,065）	大津市（344,247）	京都市（1,388,807）	奈良市（353,158）
	国基準額 3号認定	3号認定	3号認定	3号認定	3号認定	3号認定	3号認定
2	市町村民税非課税世帯 0円	0	0	0	0	0	0
3	均等割額のみ	7,700	8,200	7,500	13,300	4,500	8,000
3	所得割課税額 19,500円 4.86万円未満	9,300	（4.7万円未満） 9,400 （4.7万円以上） 10,800	9,000 10,000 2.42万円以上 11,200 12,500	15,400	7,300 3.5万円以上 8,100 4.2万円以上 8,500	
4	4.86万円以上 30,000円	11,600 6.4万円以上 16,500 8.3万円以上 21,200	13,000 5.2万円以上 15,200 5.8万円以上 18,000 6.3万円以上 23,800 8.8万円以上 29,400	13,800 5.77万円以上 15,100 6.58万円以上 16,500 7.44万円以上 19,000 8.47万円以上 21,500	18,600 5.77万円以上 22,700 8.44万円以上 29,600	15,200 5.81万円以上 19,500 6.76万円以上 24,000 77,101円以上 25,100 8.7万円以上 26,200	12,500 6.7万円以上 20,000 77,101円以上 22,000
5	9.7万円以上 44,500円	11.5万円以上 27,100 14.1万円以上 33,000	11.1万円以上 34,500 13.2万円以上 37,900 15.5万円以上 40,900	24,000 11.04万円以上 27,500 12.31万円以上 31,000 13.59万円以上 36,000	34,200 12.25万円以上 39,500 14.73万円以上 44,400	27,400 10.26万円以上 34,400 11.09万円以上 35,600 12.5万円以上 36,500 13.86万円以上 43,200	30,500 13.3万円以上 39,800
6	16.9万円以上 61,000円	17万円以上 40,400 20.8万円以上 45,400	17.8万円以上 43,700 20万円以上 44,900 25.8万円以上 45,600	41,500 25.75万円以上 44,000	53,400 22.36万円以上 56,700	49,800 17.46万円以上 56,900 211,201円以上 58,900	46,800 211,201円以上 52,300
7	30.1万円以上 80,000円	33万円以上 48,000	34.1万円以上 45,800	48,000	59,700 33.22万円以上 63,600	67,800 35.8万円以上 74,100	58,300
8	39.7万円以上 104,000円		40.4万円以上 46,800 48,500 69.4万円以上 51,000		76,300	91,600	64,800
国の徴収基準額に対する実際の徴収割合 3号認定	2022年度決算ベースの数値	——	——	65.2％（公立除く）	——	——	75.4％（公立除く）
国の徴収基準額に対する実際の徴収割合 3号認定	2023年度予算ベースの数値（試算）	——	69.7％（公立含む）	65.3％（公立除く）	83.3％（公立除く）	71.6％（公立含む）	72.7％（公立除く）
保育料額の規定		規則	規則	規則	規則	公立・規則／私立・細則	規則
標準・短時間保育料の差額		0～2,000円	0～800円	0～900円	0～1,200円	0～16,900円	0～1,100円
多子世帯軽減等負担軽減に関する自治体の独自基準（国基準は94頁に掲載）		多子世帯は兄姉の年齢にかかわらず第２子半額、第３子無料。	18歳未満の児童が３人以上いる世帯の３人目以降は課税状況に応じて半額または無料。同一世帯から３人以上入所すると３人とも無料。	国基準	税額5.77万円以上9.7万円未満の世帯はきょうだいの年齢にかかわらず３人目以降無料（県の事業）。	10.5時間利用児童の保育料表。税額16.9万円未満世帯の３人目以降の保育料無料。同時入所等の２人目保育料は基準額の半額以下。	上の子の年齢や保護者の所得に関わらず、同一世帯内の第２子以降の保育料を無償化。

保育研究所調べ

2023年度県庁所在地・指定都市・中核市保育料表（3号認定）（2023年4月1日現在）

区分	市区名(人口:人)	大阪市(2,732,197)	堺市(826,158)	豊中市(408,802)	高槻市(349,941)	東大阪市(482,133)	枚方市(397,681)
区分	国基準額 3号認定	3号認定	3号認定	3号認定	3号認定	3号認定	3号認定
2	市町村民税非課税世帯 0円	0	0	0	0	0	0
3	均等割額のみ	8,100	10,000		10,000	14,130	6,500
3	所得割課税額 19,500円 4.86万円未満	10,100 4.6万円以上 11,800	12,000	10,700			9,000 1万円以上 10,300 1.9万円以上 11,500 4.4万円以上 13,700
4	4.86万円以上 30,000円	14,000 15,700 18,300 5.9万円以上 21,500 7.9万円以上 24,900	17,000 7.09万円以上 25,000	19,400	13,000 6.06万円以上 17,000 7.6万円以上 20,000 8.79万円以上 23,300	21,750	5.3万円以上 16,000 7万円以上 21,000 8.3万円以上 25,500
5	9.7万円以上 44,500円	28,300 11.5万円以上 32,700 13.3万円以上 39,400	10.82万円以上 30,000 13.81万円以上 40,000	34,000	30,500 12.92万円以上 33,400 14.11万円以上 41,100	32,260	11.5万円以上 28,000 14.2万円以上 36,000
6	16.9万円以上 61,000円	45,100 21.7万円以上 50,700 25.6万円以上 53,000	19.84万円以上 45,000	45,900	45,800 20.79万円以上 49,400 24.91万円以上 51,100	44,220	19万円以上 39,000 23.5万円以上 44,000
7	30.1万円以上 80,000円	59,200 35.8万円以上 61,700	29.74万円以上 54,000 33.85万円以上 56,000	57,700	56,600	58,000	30.4万円以上 46,500 34.6万円以上 50,600
8	39.7万円以上 104,000円	65,900 53.6万円以上 70,600	67,000	78,000	69,000	75,400	44.6万円以上 52,000
国の徴収基準額に対する実際の徴収割合 3号認定	2022年度決算ベースの数値	―	―	―	74.9％（公立除く）	72.4％（公立含む）	―
国の徴収基準額に対する実際の徴収割合 3号認定	2023年度予算ベースの数値(試算)	75.4％（公立除く）	―	―	77.7％（公立除く）	―	―
保育料額の規定		公立・条例　私立・規則	規則	規則	条例	条例及び規則	公立・条例　私立・規則
標準・短時間保育料の差額		0～600円	100～1,200円	0～1,300円	0～1,200円	0～1,160円	0～900円
多子世帯軽減等負担軽減に関する自治体の独自基準 （国基準は94頁に掲載）		国基準	上のきょうだいの年齢や所得制限を設けず、第２子以降の保育料を無償化。	所得制限・年齢制限なく第２子以降の保育料無償化（認可保育施設、家庭保育所等の０～２歳児クラス在籍児童のみ）。	国基準	国基準	生計を一にする第２子以降の保育料を無償化。

3号認定（0～2歳児）の保育標準時間の保育料額

（単位：円）

区分	市区名(人口:人) / 国基準額 3号認定	八尾市 (263,693)	寝屋川市 (229,177)	吹田市 (378,869)	和歌山市 (362,662)	神戸市 (1,517,627)	姫路市 (530,877)
	国基準額 3号認定	3号認定	3号認定	3号認定	3号認定	3号認定	3号認定
2	市町村民税非課税世帯 0円	0	0	0	0	0	0
3	均等割額のみ	9,800	8,400	6,800	10,700	6,200	13,500
3	所得割課税額 19,500円 4.86万円未満	11,700	2万円以上 10,700 2.6万円以上 12,300	8,200	13,600		
4	4.86万円以上 30,000円	17,000 7.1万円以上 21,000	13,500 5.3万円以上 14,800 6.2万円以上 15,900 7.2万円以上 19,900 9万円以上 25,900	10,000 5.8万円以上 12,800 6.7万円以上 16,400	18,000 21,000 5.96万円以上 24,900 77,101円以上 30,000	10,300 6.66万円以上 24,000	19,600 5.9万円以上 24,000 7.9万円以上 28,000
5	9.7万円以上 44,500円	11.7万円以上 29,200 16.2万円以上	10万円以上 30,200 12万円以上 35,400 14万円以上 39,000 16万円以上 42,000	19,600 10.3万円以上 24,600 14万円以上 33,000	35,600 11.99万円以上 40,900 13.71万円以上 44,500	35,600	33,000 12.1万円以上 39,500 14.5万円以上 43,500
6	16.9万円以上 61,000円	35,600 20.6万円以上 48,800	18万円以上 45,200 23万円以上 47,400 25.9万円以上 49,600 28.1万円以上 51,800	42,000 25.7万円以上 51,200	54,900	49,700	48,000 23万円以上 53,000
7	30.1万円以上 80,000円	35万円以上	30万円以上 54,400 32.8万円以上 59,000	59,200 33.5万円以上 67,200	64,000	66,000	56,500
8	39.7万円以上 104,000円	63,000	62,600	77,200 47.2万円以上 87,200	74,000		61,000
国の徴収基準額に対する実際の徴収割合 3号認定	2022年度 決算ベースの数値	34.0％（公立除く）	72.1％（公立除く）	71.8％（公立除く）	——	——	81.9％（公立除く）
	2023年度 予算ベースの数値(試算)	28.1％（公立除く）	72.6％（公立除く）	——	74.2％（公立除く）	63.3％（公立含む）	——
保育料額の規定		規則	規則	規則	条例	規則	規則
標準・短時間保育料の差額		0～1,100円	0～1,100円	50～1,400円	0～1,200円	0～1,100円	0～1,000円
多子世帯軽減等負担軽減に関する自治体の独自基準（国基準は94頁に掲載）		国基準	国基準	国基準	同一世帯に扶養している子どもが3人以上いるとき、3人目以降の保育料免除(県市の補助)。税額5.77万円未満世帯第2子無料。	無償化対象外世帯で多子計算の年齢制限を撤廃し、第2子半額、第3子以降無料。	国基準

保育研究所調べ

2023年度県庁所在地・指定都市・中核市保育料表（3号認定）（2023年4月1日現在）

区分	市区名（人口：人） 国基準額 3号認定	尼崎市（460,148）	西宮市（483,394）	明石市（304,906）	鳥取市（184,557）	松江市（199,432）	岡山市（704,487）
		3号認定	3号認定	3号認定	3号認定	3号認定	3号認定
2	市町村民税非課税世帯 0円	0	0	0	0	0	0
3	均等割額のみ	13,200	10,400	9,000	13,600	4,000	9,000
	所得割課税額 19,500円 4.86万円未満			11,900 1.6万円以上 13,900 3.2万円以上 16,700		7,000	10,000 1.08万円以上 12,000
4	4.86万円以上 30,000円	21,000 6.47万円以上 22,300 8.08万円以上 23,700	16,500 6.48万円以上 24,000	22,400 7.71万円以下 29,700	19,200 7.28万円以上 23,800	10,000 7.28万円以上 13,000	14,000 5.77万円以上 16,000 6.5万円以上 20,000 8.1万円以上 24,000
5	9.7万円以上 44,500円	34,300 13.3万円以上 36,100	35,600 12.1万円以上 39,100	37,300	28,000 13.3万円以上 34,000	19,000 11.5万円以上 25,000 13.3万円以上 30,000 15.1万円以上 35,000	28,000 12.1万円以上 32,000 14.5万円以上 36,000
6	16.9万円以上 61,000円	49,500 21.3万円以上 52,200 25.7万円以上 54,900	51,700 21.3万円以上 56,200	46,200 18.7万円以上 51,900 20.6万円以上 56,500 22.5万円以上 59,900 24.4万円以上 60,100 26.3万円以上 60,600 28.2万円以上 61,000	40,000 23.5万円以上 46,000	40,000 20.2万円以上 44,000 23.5万円以上 48,000	40,000 19.9万円以上 43,000 22.9万円以上 45,700
7	30.1万円以上 80,000円	72,000	69,800	61,700	52,000	52,000 34.9万円以上 56,000	48,000
8	39.7万円以上 104,000円	93,600	84,400	62,500	58,000	60,000	55,700
国の徴収基準額に対する実際の徴収割合 3号認定	2022年度決算ベースの数値	—	—	45.3％（公立除く）	56.3％（公立除く）	39.1％（公立除く）	—
	2023年度予算ベースの数値（試算）	80.4％（公立除く）	86.9％（公立除く。認定こども園・地域型除く）	46.1％（公立除く）	56.3％（公立除く）	39.8％（公立除く）	60.9％（公立除く）
保育料額の規定		規則	規則	規則	規則	条例	条例
標準・短時間保育料の差額		0～1,400円	0～1,300円	0～1,000円	0～2,900円	100～1,100円	0～1,000円
多子世帯軽減等負担軽減に関する自治体の独自基準 （国基準は94頁に掲載）		年収360万円以上世帯で同一生計の就学前児童が、認可保育所を希望しながら入所保留となったため認可外保育施設に在園している場合も、第２子半額、第３子以降無料。	国基準	年齢や所得に関わらず、第２子以降の保育料を完全無料化。	税額57,700円以上世帯の第３子以降は第1子・第2子の年齢にかかわらず無料。税額57,700円未満で児童が２人以上入所世帯の２人目無料、１人目が入所していない場合は半額。税額57,700円以上で児童が２人以上入所世帯は、最年長児が3歳以上なら２人目半額、3歳未満なら２人目1/5。	生計を一にする兄姉が２人以上いる子どもの保育料を無償化。	税額57,700円以上で３人以上子どもがいる世帯は、３歳未満の第３子以降1/2に軽減。

3号認定（0～2歳児）の保育標準時間の保育料額

（単位：円）

区分	市区名（人口：人）	倉敷市（479,861）	広島市（1,189,149）	福山市（463,324）	呉市（213,008）	山口市（189,576）	下関市（253,996）
	国基準額 3号認定	3号認定	3号認定	3号認定	3号認定	3号認定	3号認定
2	市町村民税非課税世帯 0円	0	0	0	0	0	0
3	均等割額のみ	12,800	7,200	12,200	11,000	9,000	13,600
3	所得割課税額 19,500円 4.86万円未満	14,400 1.1万円以上 17,000 3万円以上 19,400	3.96万円以上 8,000 4.41万円以上 9,200	13,900 4.8千円以上 15,600	14,500 5千円以上 16,000	11,000	15,600
4	4.86万円以上 30,000円	22,000 6.2万円以上 25,800 7.5万円以上 26,400	10,700 12,200 14,250 6.4万円以上 18,750 7.9万円以上 23,850	17,600 5.68万円以上 19,700 6.5万円以上 21,800 7.3万円以上 24,000 8.1万円以上 26,500 8.9万円以上 30,000	18,500 5.64万円以上 20,500 6.46万円以上 21,900 7.26万円以上 25,100 8.16万円以上 28,000 9.06万円以上 30,000	15,000 7.72万円以上 21,000 8.52万円以上 24,000	20,200 5.88万円以上 24,900 77,101円以上 28,000
5	9.7万円以上 44,500円	31,800 10.9万円以上 33,400 13.9万円以上 39,400	29,750 11.4万円以上 35,800 13.3万円以上 41,600 15.1万円以上 44,500	32,500 11.14万円以上 34,000 12.58万円以上 37,500 14.02万円以上 39,000 15.46万円以上 44,500	35,000 11.76万円以上 39,500 14.46万円以上 44,500	35,000	32,600 10.86万円以上 40,000
6	16.9万円以上 61,000円	42,800 19.9万円以上 45,600 22.9万円以上 47,000	49,800 20.5万円以上 52,450 25.6万円以上 55,450	57,000	47,500 19.86万円以上 56,800	43,000 21.13万円以上 52,000	43,600 211,201円以上 45,400 23.01万円以上 55,000
7	30.1万円以上 80,000円	47,800	57,250	61,200	59,000	62,000	59,400
8	39.7万円以上 104,000円	55,000	62,400	80,000	65,000	72,000	78,000
国の徴収基準額に対する実際の徴収割合 3号認定	2022年度決算ベースの数値	71.0％（公立除く）	——	——	63.5％（公立含む・見込）	67.0％（公立除く）	——
	2023年度予算ベースの数値（試算）	71.0％（公立除く）	77.1％（公立除く）	——	64.4％（公立含む）	——	72.5％（公立含む）
保育料額の規定		条例	規則	公立は条例・規則、私立は規則	規則	規則	条例
標準・短時間保育料の差額		400～1,000円	150～1,100円	0～1,600円	100～1,200円	0～1,200円	0～1,200円
多子世帯軽減等負担軽減に関する自治体の独自基準 （国基準は94頁に掲載）		県の軽減規定適用（第３子以降の３歳未満児半額）。	16歳未満の扶養親族が３人以上いる世帯は、２人を超える１人につき22,800円を世帯の合計所得割額から控除した税額で階層区分認定。	年少扶養親族が３人以上の世帯については、19,800円×（年少扶養親族数－2）を世帯の所得割額から減じた額が該当する階層で保育料を決定。	18歳未満の子を３人以上扶養する世帯において、第３子以降３歳になる年度末までは無料。	第３子以降の３歳未満児は、国基準に加え、無料もしくは半額。	①20歳未満の扶養児童のうち第３子以降は階層に応じて半額または無料（県の事業）。②小学校３年生以下の扶養児童のうち第２子は階層にかかわらず半額（①に該当する場合を除く）。

保育研究所調べ

2023年度県庁所在地・指定都市・中核市保育料表（3号認定）（2023年4月1日現在）

区分	国基準額 3号認定	徳島市（250,723）	松山市（507,211）	高松市（424,414）	高知市（322,526）	北九州市（936,586）	福岡市（1,568,265）
市区名（人口：人）		3号認定	3号認定	3号認定	3号認定	3号認定	3号認定
2	市町村民税非課税世帯 0円	0	0	0	0	0	0
3	均等割額のみ	16,000	15,000	15,000	10,000	12,000	14,200
3	所得割課税額 4.86万円未満 19,500円	19,000	17,500	18,000	15,000	14,100	17,000
4	4.86万円以上 30,000円	23,500 7.3万円以上 29,500	5.6万円以上 21,000 6.3万円以上 25,000 7.4万円以上 29,000	23,000 5.8万円以上 30,000	22,000 5.77万円以上 26,000 77,101円以上 27,500 8.7万円以上 29,000	17,100 5.5万円以上 21,600 7.9万円以上 28,400	19,800 6.1万円以上 22,600 7.3万円以上 25,400 8.5万円以上 28,200
5	9.7万円以上 44,500円	38,000 13.3万円以上 44,500	11.1万円以上 34,000 11.9万円以上 38,500 16.4万円以上 44,000	38,000 13.4万円以上 44,500	30,000 11.5万円以上 37,000 13.3万円以上 43,500	33,200 11.5万円以上 39,900 15.2万円以上 43,800	31,900 12.6万円以上 35,600 14.9万円以上 39,300
6	16.9万円以上 61,000円	56,000	20.1万円以上 52,000 21万円以上 54,000	49,000	47,000 211,201円以上 54,000	49,800 23万円以上 52,800 26.9万円以上 55,800	44,600 25.5万円以上 53,000
7	30.1万円以上 80,000円	59,000	34.2万円以上 57,000	53,000	56,000	59,300 35.1万円以上 61,300	64,000
8	39.7万円以上 104,000円				57,000	63,300	83,200
国の徴収基準額に対する実際の徴収割合 3号認定	2022年度決算ベースの数値	——	——	70.4％（公立除く）	37.8％（公立除く）	——	——
	2023年度予算ベースの数値（試算）	——	74.2％（公立除く）	71.1％（公立除く）	59.7％（公立除く）	——	——
保育料額の規定		規則	規則	条例・規則	公立は規則、私立は施行細則	規則	規則
標準・短時間保育料の差額		300〜1,100円	0〜1,000円	0〜1,000円	0〜1,000円	0〜1,100円	0〜1,500円
多子世帯軽減等負担軽減に関する自治体の独自基準（国基準は94頁に掲載）		国基準に加え、第３子以降は税の扶養の対象である兄姉の年齢制限なく無料。	税額57,700円以上で、18歳未満の児童３人以上の世帯は第３子以降の３歳未満児半額。	保育所等を利用している年長児が３歳以上児なら年少児は半額、未満児なら無料。18歳未満の子どもが３人以上いる場合、第３子以降無料。	２人以上の児童が入所・入園しているときは、２人目以降無料。税額57,700円未満世帯で小学生以上の子どもが１人いる場合は保育料半額、２人以上なら無料。税額77,101円未満のひとり親世帯は保育料軽減。	国基準	第２子以降の保育料を同時入所や所得制限などの要件を設けず、無償化。

3号認定（0〜2歳児）の保育標準時間の保育料額

（単位：円）

区分	国基準額 3号認定	久留米市（303,052）	佐賀市（230,316）	長崎市（406,116）	佐世保市（243,074）	熊本市（731,722）	大分市（477,584）
		3号認定	3号認定	3号認定	3号認定	3号認定	3号認定
2	市町村民税非課税世帯 0円	0	0	0	0	0	0
3	均等割額のみ	8,000	19,500	16,000	12,400	10,000	9,800
3	所得割課税額 19,500円 4.86万円未満	11,000			17,600	2.43万円以上 12,000	13,600
4	4.86万円以上 30,000円	14,000 5.3万円以上 16,000 7万円以上 18,000	22,800 6.47万円以上 26,200 8.08万円以上 28,900	24,000	22,200 7.71万円以下 27,000	16,000 6.5万円以上 22,500 8.1万円以上 27,500	22,500
5	9.7万円以上 44,500円	27,500 13.2万円以上 35,500	31,500 11.34万円以上 35,500 13.29万円以上 38,900 15.21万円以上 43,300	37,000	33,600	33,000 12.1万円以上 34,500 14.5万円以上 38,000	36,000
6	16.9万円以上 61,000円	45,600	46,200 20.04万円以上 49,200	47,000	40,000 21.12万円以下 44,000	45,000 21.3万円以上 47,000 25.7万円以上 50,000	44,000
7	30.1万円以上 80,000円	49,800	51,000	51,000	48,000	53,000 34.9万円以上 55,000	46,000
8	39.7万円以上 104,000円		66,300	58,000	62,400	58,000	59,800
国の徴収基準額に対する実際の徴収割合3号認定	2022年度決算ベースの数値	66.5％（公立含む）	80.8％（公立除く）	——	73.5％（公立除く）	——	——
国の徴収基準額に対する実際の徴収割合3号認定	2023年度予算ベースの数値(試算)	66.6％（公立含む）	80.7％（公立除く）	75.5％（公立除く）	73.3％（公立除く）	37.7％（公立除く）	35.9％（公立除く）
保育料額の規定		規則	規則	公立は条例・規則、私立は規則	公立は条例・規則、私立は規則	規則	規則
標準・短時間保育料の差額		0～900円	0～1,000円	0～5,800円	0円	0～1,000円	0～1,100円
多子世帯軽減等負担軽減に関する自治体の独自基準 （国基準は94頁に掲載）		国基準	国基準	税額9.7万円未満の多子世帯について第1子として数える年齢制限を撤廃し、第2子半額、第3子無料。	国基準	18歳未満の兄姉がいる3人目以降の3号認定児童無料。	第2子以降の3歳未満児は無料。第何子かの判定に年齢や生計同一の制限なし。

保育研究所調べ

2023年度県庁所在地・指定都市・中核市保育料表（3号認定）（2023年4月1日現在）

（単位：円）

区分	市区名（人口：人） 国基準額 3号認定	宮崎市（400,918） 3号認定	鹿児島市（600,318） 3号認定	那覇市（318,339） 3号認定
2	市町村民税非課税世帯 0円	0	0	0
3	均等割額のみ	14,000	11,300	13,200
3	所得割課税額 4.86万円未満 19,500円	15,000	14,500	15,600
4	4.86万円以上 30,000円	20,000 5.9万円以上 24,000 7.72万円以上 27,500	19,200 6.7万円以上 27,100	19,100 5.63万円以上 22,900 6.55万円以上 26,400 8.49万円以上 29,400
5	9.7万円以上 44,500円	29,700 11.1万円以上 33,000	10.3万円以上 35,500 14万円以上 40,800	34,300 11.98万円以上 38,200
6	16.9万円以上 61,000円	37,400 21.13万円以上 40,000	17.6万円以上 46,500 27.9万円以上	39,600
7	30.1万円以上 80,000円	41,000	51,000	40,800
8	39.7万円以上 104,000円	54,000	66,300	53,000
国の徴収基準額に対する実際の徴収割合 3号認定	2022年度決算ベースの数値	――	――	――
国の徴収基準額に対する実際の徴収割合 3号認定	2023年度予算ベースの数値（試算）	70.4％（公立除く）	――	72.7％（公立含む）
保育料額の規定		規則	規則	規則
標準・短時間保育料の差額		0～1,000円	0～1,200円	150～1,000円
多子世帯軽減等負担軽減に関する自治体の独自基準（国基準は94頁に掲載）		16歳未満の子ども3人以上の世帯は扶養控除をみなし適用。	税額9.7万円未満の世帯で、18歳未満の児童の3人目以降はさらに軽減。	国基準

3号認定（0～2歳児）の保育標準時間の保育料額

保育研究所調べ

Chapter

5

資料・統計編

異次元の少子化対策・こども未来戦略方針

資料 1　「こども未来戦略方針」～次元の異なる少子化対策の実現のための「こども未来戦略」の策定に向けて～

（2023年６月13日 閣議決定）

Ⅰ．こども・子育て政策の基本的考え方

～「日本のラストチャンス」2030年に向けて～

○　少子化は、我が国が直面する、最大の危機である。

○　2022年に生まれたこどもの数は77万747人となり、統計を開始した1899年以来、最低の数字となった。1949年に生まれたこどもの数は約270万人だったことを考えると、こどもの数はピークの３分の１以下にまで減少した。また、2022年の合計特殊出生率は、1.26と過去最低となっている。

○　しかも、最近、少子化のスピードが加速している。出生数が初めて100万人を割り込んだのは2016年だったが、2019年に90万人、2022年に80万人を割り込んだ。このトレンドが続けば、2060年近くには50万人を割り込んでしまうことが予想されている。

○　そして、少子化は、人口減少を加速化させている。2022年には80万人の自然減となった。今後も、100万人の大都市が毎年１つ消滅するようなスピードで人口減少が進む。現在、日本の総人口は１億2,500万人だが、このままでは、2050年代に１億人、2060年代に９千万人を割り込み、2070年に8,700万人程度になる。わずか50年で、我が国は人口の３分の１を失うおそれがある。

○　こうした急速な少子化・人口減少に歯止めをかけなければ、我が国の経済・社会システムを維持することは難しく、世界第３位の経済大国という、我が国の立ち位置にも大きな影響を及ぼす。人口減少が続けば、労働生産性が上昇しても、国全体の経済規模の拡大は難しくなるからである。今後、インド、インドネシア、ブラジルといった国の経済発展が続き、これらの国に追い抜かれ続ければ、我が国は国際社会における存在感を失うおそれがある。

○　若年人口が急激に減少する2030年代に入るまでが、こうした状況を反転させることができるかどうかの重要な分岐点であり、2030年までに少子化トレンドを反転できなければ、我が国は、こうした人口減少を食い止められなくなり、持続的な経済成長の達成も困難となる。2030年までがラストチャンスであり、我が国の持てる力を総動員し、少子化対策と経済成長実現に不退転の決意で取り組まなければならない。

○　今回の少子化対策で特に重視しているのは、若者・子育て世代の所得を伸ばさない限り、少子化を反転させることはできないことを明確に打ち出した点にある。もとより、結婚、妊娠・出産、子育ては個人の自由な意思決定に基づくものであって、これらについての多様な価値観・考え方が尊重されるべきであることは大前提である。その上で、若い世代の誰もが、結婚や、こどもを生み、育てたいとの希望がかなえられるよう、将来に明るい希望をもてる社会を作らない限り、少子化トレンドの反転はかなわない。

○　このため、政府として、若者・子育て世代の所得向上に全力で取り組む。新しい資本主義の下、賃上げを含む人への投資と新たな官民連携による投資の促進を進めきており、既に、本年の賃上げ水準は過去30年間で最も高い水準となっているほか、半導体、蓄電池、再生可能エネルギー、観光分野等において国内投資が活性化してきている。まずは、こうした取組を加速化することで、安定的な経済成長の実現に先行して取り組む。その中で、経済成長の果実が若者・子育て世代にもしっかり分配されるよう、最低賃金の引上げや三位一体の労働市場改革を通じて、物価高に打ち勝つ持続的で構造的な賃上げを実現する。

○　次元の異なる少子化対策としては、（1）構造的賃上げ等と併せて経済的支援を充実させ、若い世代の所得を増やすこと、（2）社会全体の構造や意識を変えること、（3）全てのこども・子育て世帯をライフステージに応じて切れ目なく支援すること、の３つを基本理念として抜本的に政策を強化する。

○　こうした若者・子育て世代の所得向上と、次元の異なる少子化対策を、言わば「車の両輪」として進めていくことが重要であり、少子化対策の財源を確保するために、経済成長を阻害し、若者・子育て世代の所得を減らすことがあってはならない。

○　少子化対策の財源は、まずは徹底した歳出改革等によって確保することを原則とする。全世代型社会保障を構築する観点から歳出改革の取組を徹底するほか、既定予算の最大限の活用などを行う。このことによって、実質的に追加負担を生じさせないことを目指していく。

○　その際、歳出改革等は、国民の理解を得ながら、複数年をかけて進めていく。

○　このため、経済成長の実現に先行して取り組みながら、歳出改革の積上げ等を待つことなく、2030年の節目に遅れることのないように、前倒しで速やかに少子化対策を実施することとし、その間の財源不足は必要に応じてこども特例公債を発行する。

○　以上のとおり、経済を成長させ、国民の所得が向上することで、経済基盤及び財源基盤を確固たるものとするとともに、歳出改革等による公費と社会保険負担軽減等の効果を活用することによって、国民に実質的な追加負担を求めることなく、少子化対策を進める。少子化対策の財源確保のための消費税を含めた新たな税負担は考えない。

○　繰り返しになるが、我が国にとって2030年までがラストチャンスである。全ての世代の国民一人ひとりの理解と協力を得ながら、次元の異なる少子化対策を推進する。これにより、若い世代が希望どおり結婚し、希望する誰もがこどもを持ち、安心して子育てができる社会、こどもたちがいかなる環境、家庭状況にあっても、分け隔てなく大切にされ、育まれ、笑顔で暮らせる社会の実現を図る。

Ⅱ．こども・子育て政策の強化：３つの基本理念

１．こども・子育て政策の課題

○　こども・子育て政策については、過去30年という流れの中で見れば、その政策領域の拡充や安定財源の確保に伴い、待機児童が大きく減少するなど一定の成果はあったものの、少子化傾向には歯止めがかかっていない状況にある。

○　少子化の背景には、経済的な不安定さや出会いの機会の減少、仕事と子育ての両立の難しさ、家事・育児の負担が依然として女性に偏っている状況、子育ての孤立感や負担感、子育てや教育にかかる費用負担など、個々人の結婚、妊娠・出産、子育ての希望の実現を阻む様々な要因が複雑に絡み合っているが、とりわけ、こども・子育て政策を抜本的に強化していく上で我々が乗り越えるべき課題としては、以下の３点が重要である。

（1）若い世代が結婚・子育ての将来展望を描けない

○　若い世代において、未婚化・晩婚化が進行しており、少子化の大きな要因の一つとなっていると指摘されている。

○　若い世代（18～34歳の未婚者）の結婚意思については、依然として男女の８割以上が「いずれ結婚するつもり」と考えているものの、近年、「一生結婚するつもりはない」とする者の割合が増加傾向となっている。さらに、未婚者の希望するこども数については、夫婦の平均理想こども数（2.25人）と比べて低水準であることに加えて、その減少傾向が続いており、直近では男性で1.82人、女性で1.79人と特に女性で大きく減少し、初めて２人を下回った。

○　また、雇用形態別に有配偶率を見ると、男性の正規職員・従業員の場合の有配偶率は25～29歳で30.5％、30～34歳で59.0％であるのに対し、非正規の職員・従業員の場合はそれぞれ12.5％、22.3％となっており、さらに、非正規のうちパート・アルバイトでは、それぞれ8.4％、15.7％にまで低下するなど、雇用形態の違いによる有配偶率の差が大きいことが分かる。また、年収別に見ると、いずれの年齢層でも一定水準までは年収が高い人ほど配偶者のいる割合が高い傾向にある。

○　実際の若者の声としても、「自分がこれから先、こどもの生活を保障できるほどお金を稼げる自信がない」、「コロナ禍で突然仕事がなくなったり、解雇されたりすることへの不安が強くなった」などの将来の経済的な不安を吐露する意見が多く聞かれる。また、「結婚、子育てにメリットを感じない」との声や、「子育て世帯の大変な状況を目の当たりにして、結婚・出産に希望を感じない」との声もある。

○　このように、若い世代が結婚やこどもを生み、育てることへの希望を持ちながらも、所得や雇用への不安等から、将来展望を描けない状況に陥っている。雇用の安定と質の向上を通じた雇用不安の払拭等に向け、若い世代の所得の持続的な向上につながる幅広い施策を展開するとともに、Ⅲ．で掲げる「こども・子育て支援加速化プラン」（以下「加速化プラン」という。）で示すこども・子育て政策の強化を早急に実現し、これを持続していくことが必要である。あわせて、25～34歳の男女が独身でいる理由について、「適当な相手に巡り合わない」とする割合が最も高くなっていることも踏まえた対応も必要である。さらに、幼少期から10代、20代のうちに、こどもと触れ合う機会を多く持つことができるようにすることが重要である[1)]。

1）地方自治体による結婚支援（マッチング支援や若い世代のライフデザイン支援等）及び結婚に伴うスタートアップに係る家賃や引っ越し費用等の支援、地方自治体による乳幼児を含むこどもとのふれあい体験に関する取組等に対して、国が実施している支援事業について、引き続き、実施していくことが重要である。

（2）子育てしづらい社会環境や子育てと両立しにくい職場環境がある

○　「自国はこどもを生み育てやすい国だと思うか」との問いに対し、スウェーデン、フランス及びドイツでは、いずれも約８割以上が「そう思う」と回答しているのに対し、日本では約６割が「そう思わない」と回答している。また、「日本の社会が結婚、妊娠、こども・子育てに温かい社会の実現に向かっているか」との問いに対し、約７割が「そう思わない」と回答している。

○　子育て中の方々からも「電車内のベビーカー問題など、社会全体が子育て世帯に冷たい印象」、「子連れだと混雑しているところで肩身が狭い」などの声が挙がっており、公園で遊ぶこどもの声に苦情が寄せられるなど、社会全体の意識・雰囲気がこどもを生み、育てることをためらわせる状況にある。

○　こどもや子育て世帯が安心・快適に日常生活を送ることができるようにするため、こどもや子育て世帯の目線に立ち、こどものための近隣地域の生活空間を形成する「こどもまんなかまちづくり」を加速化し、こどもの遊び場の確保や、親同士・地域住民との交流機会を生み出す空間の創出などの取組の更なる拡充を図っていく必要がある。

○　また、全世帯の約３分の２が共働き世帯となる中で、未婚女性が考える「理想のライフコース」は、出産後も仕事を続ける「両立コース」が「再就職コース」を上回って最多となっているが、実際には女性の正規雇用における「Ｌ字カーブ」の存在など、理想とする両立コースを阻む障壁が存在している。

○　女性（妻）の就業継続や第２子以降の出生割合は、夫の家事・育児時間が長いほど高い傾向にあるが、日本の夫の家事・育児関連時間は２時間程度と国際的に見ても低水準である。また、こどもがいる共働きの夫婦について平日の帰宅時間は女性よりも男性の方が遅い傾向にあり、保育所の迎え、夕食、入浴、就寝などの育児負担が女性に集中する「ワンオペ」になっている傾向もある。

○　実際の若者の声としても「女性にとって子育てとキャリアを両立することは困難」、「フルタイム共働きで子育ては無理があるかもしれない」といった声が挙がっている。

○　一方で、男性について見ると、正社員の男性について育児休業制度を利用しなかった理由を尋ねた調査では、「収入を減らしたくなかった（39.9％）」が最も多かったが、「育児休業制度を取得しづらい職場の雰囲気、育児休業取得への職場の無理解（22.5％）」、「自分にしかできない仕事や担当している仕事があった（22.0％）」なども多く、制度はあっても利用しづらい職場環境が存在していることがうかがわれる。

○　こうしたことから、こども・子育て政策を推進す

るに当たっては、今も根強い固定的な性別役割分担意識から脱却し、社会全体の意識の変革や働き方改革を正面に据えた総合的な対策をあらゆる政策手段を用いて実施していく必要がある。

（3）子育ての経済的・精神的負担感や子育て世帯の不公平感が存在する

○　夫婦の平均理想こども数及び平均予定こども数は2000年代以降、ゆるやかに低下してきており、直近では、平均理想こども数は2.25人、平均予定こども数は2.01人となっている。理想のこども数を持たない理由としては、「子育てや教育にお金がかかりすぎるから」という経済的理由が52.6%で最も高く、特に第３子以降を持ちたいという希望の実現の大きな阻害要因となっている。

○　また、妻の年齢別に見ると、35歳未満では経済的理由が高い傾向にあるが、35歳以上の夫婦では、「ほしいけれどもできないから」といった身体的な理由が高い。また、いずれの世代も「これ以上、育児の心理的、肉体的負担に耐えられないから」が高い。

○　これまでのこども・子育て政策の中では、保育対策にかなりの比重を置いてきたが、０～２歳児の約６割はいわゆる未就園児であり、こうした家庭の親の多く集まる子育て支援拠点が行った調査によれば、拠点を利用する前の子育て状況として「子育てをしている親と知り合いたかった」、「子育てをつらいと感じることがあった」、「子育ての悩みや不安を話せる人がほしかった」など、「孤立した育児」の実態が見られる。

○　一方で、在宅の子育て家庭を対象とする「一時預かり」、「ショートステイ」、「養育訪問支援」などの整備状況は、未就園児１人当たりで見ると、一時預かりは年間約2.86日、ショートステイは年間約0.05日、養育支援訪問は年間約0.1件など、圧倒的に整備が遅れている。

○　実際の若者の声としても「教育費が昔より高くなっているので、経済的負担を考えると１人しか産めなさそう」、「住居費などの固定費に対してお金がかかる」といった負担感のほか、「親の所得でこどもへの支援の有無を判断すべきではない」といった子育て世帯の不公平感を指摘する声もある。

○　さらに、子育て家庭が負担感を抱えている現状については、若い世代が子育てに対してネガティブなイメージを持つことにもつながっており、「こどもがいると今の趣味や自由な生活が続けられなくなる」、「こどもを育てることに対する制度的な子育て罰が存在する」などといった指摘の背景ともなっていると考えられる。

○　公教育の再生は少子化対策としても重要であり、こどもを安心して任せることのできる質の高い公教育を再生し充実させることは、次代を担うこどもたちの健やかな育成はもとより、若い世代の所得向上に向けた取組の基盤となり得るほか、基礎的な教育に係る子育て家庭の負担軽減にもつながるものである。このため、次代にふさわしい教育の保障、優れた教師の確保・教育環境の整備、GIGAスクール構想の次なる展開など、公教育の再生に向けた取組を着実に進めていくことが重要である。

○　また、学校給食費の無償化の実現に向けて、まず、学校給食費の無償化を実施する自治体における取組実態や成果・課題の調査、全国ベースでの学校給食の実態調査を速やかに行い、１年以内にその結果を公表する。

その上で、小中学校の給食実施状況の違いや法制面等も含め課題の整理を丁寧に行い、具体的方策を検討する。

２．３つの基本理念

○　Ⅰ．でも述べたとおり、我々が目指すべき社会の姿は、若い世代が希望どおり結婚し、希望する誰もがこどもを持ち、安心して子育てができる社会、そして、こどもたちが、いかなる環境、家庭状況にあっても分け隔てなく大切にされ、育まれ、笑顔で暮らせる社会である。また、公教育の再生は少子化対策と経済成長実現にとっても重要であり、以下の基本理念とも密接に関連する。こうした社会の実現を目指す観点から、こども・子育て政策の抜本的な強化に取り組むため、今後、こども未来戦略会議において策定する「こども未来戦略」（以下「戦略」という。）の基本理念は、以下の３点である。

（1）若い世代の所得を増やす

○　第一に、若い世代が「人生のラッシュアワー」と言われる学びや就職・結婚・出産・子育てなど様々なライフイベントが重なる時期において、現在の所得や将来の見通しを持てるようにすること、すなわち「若い世代の所得を増やす」ことが必要である。

○　このため、こども・子育て政策の範疇（ちゅう）を越えた大きな社会経済政策として、最重要課題である「賃上げ」に取り組む。新しい資本主義の下、持続的な成長を可能とする経済構造を構築する観点から、「質の高い」投資の促進を図りつつ、「成長と分配の好循環」（成長の果実が賃金に分配され、セーフティネット等による暮らしの安心の下でそれが消費へとつながる）と「賃金と物価の好循環」（企業が賃金上昇やコストを適切に価格に反映することで収益を確保し、それが更に賃金に分配される）という「２つの好循環」の実現を目指す。

○　また、「一人ひとりが自らのキャリアを選択する」時代となり、働き方が大きく変化する中で、労働者の主体的な選択による職業選択、労働移動が、企業と経済の更なる成長につながり、構造的賃上げに資するものとなるよう、リ・スキリングによる能力向上支援、個々の企業の実態に応じた職務給の導入、成長分野への労働移動の円滑化という三位一体の労働市場改革を加速する。

○　さらに、賃上げの動きを全ての働く人々が実感でき、将来への期待も含めて、持続的なものとなるよう、Ｌ字カーブの解消などを含め、男女ともに働きやすい環境の整備、「同一労働同一賃金」[2]の徹底と必要な制度見直しの検討、希望する非正規雇用の方々の正規化を進める。

2）「働き方改革」の一環として導入された、短時間労働者及び有期雇用労働者の雇用管理の改善等に関する法律（平成５年法律第76号）等に基づく不合理な待遇差の禁止。

○　こうした施策を支える基盤として、多様な働き方を効果的に支える雇用のセーフティネットを構築するため、週所定労働時間20時間未満の労働者に対する雇用保険の適用拡大について検討し、2028年度までを目途に実施する。また、いわゆる106万円・130万円の壁を意識せずに働くことが可能となるよう、短時間労働者への被用者保険の適用拡大や最低賃金の引上げに取り組むことと併せて、被用者が新たに106万円の壁を超えても手取りの逆転を生じさせないための当面の対応を本年中に決定した上で実行し、さらに、制度の見直しに取り組む。

○　また、全国どの地域に暮らす若者・子育て世代にとっても、経済的な不安なく、良質な雇用環境の下で、将来展望を持って生活できるようにすることが重要であり、引き続き、地方創生に向けた取組を促進する。特に、地方において若い女性が活躍できる環境を整備することが必要であり、地方における分厚い中間層の形成に向けて、国内投資の拡大を含め、持続的に若い世代の所得が向上し、未来に希望を感じられるような魅力的な仕事を創っていくための取組を支援していく。

○　こうした取組と併せて、Ⅲ．で掲げる「加速化プラン」において、ライフステージを通じた経済的支援の強化や若い世代の所得向上に向けた取組、こども・子育て支援の拡充、共働き・共育てを支える環境整備などを一体として進め、若者・子育て世帯の所得を増やすことで、経済的な不安を覚えることなく、若者世代が、希望どおり、結婚、妊娠・出産、子育てを選択できるようにしていく。

（2）社会全体の構造・意識を変える

○　第二に、少子化には我が国のこれまでの社会構造や人々の意識に根差した要因が関わっているため、家庭内において育児負担が女性に集中している「ワンオペ」の実態を変え、夫婦が相互に協力しながら子育てし、それを職場が応援し、地域社会全体で支援する社会を作らなければならない。

○　このため、これまで関与が薄いとされてきた企業や男性、さらには地域社会、高齢者や独身者を含めて、皆が参加して、社会全体の構造や意識を変えていく必要がある。こうした観点から、「加速化プラン」においては、こどもまんなか社会に向けた社会全体の意識改革への具体策についても掲げることとする。

○　また、企業においても、出産・育児の支援を投資と捉え、職場の文化・雰囲気を抜本的に変え、男性、女性ともに、希望どおり、気兼ねなく育児休業制度を使えるようにしていく必要がある。この点については、特に、企業のトップや管理職の意識を変え、仕事と育児を両立できる環境づくりを進めていくことが重要である。同時に、育児休業制度自体についても、多様な働き方に対応した自由度の高い制度へと強化するとともに、職場に復帰した後の子育て期間における「働き方」も変えていく必要がある。特に、出生率の比較的高い地方から東京圏への女性の流出が続いている現状を踏まえ、全国の中小企業を含めて、女性が活躍できる環境整備を強力に進めていくという視点が重要である。

○　働き方改革は、長時間労働の是正により夫婦双方の帰宅時間を早め、育児・家事に充てる時間を十分に確保することや、各家庭の事情に合わせた柔軟な働き方を実現すること等につながる。また、子育て家庭にとってのみならず、事業主にとっても、企業の生産性向上や労働環境の改善を通じた優秀な人材の確保といった効果があることに加えて、延長保育等の保育ニーズの減少を通じて社会的コストの抑制効果が期待されるものでもある。さらに、価値観・ライフスタイルが多様となる中で、子育てに限らない家庭生活における様々なニーズや、地域社会での活動等との両立が可能となるような柔軟で多様な働き方が普及することは、全ての働く人にとってメリットが大きい。このため、特に、働き方改革の実施に課題のある中小企業の体制整備に向けた取組を強力に後押ししていくことが必要である。

○　育児休業を取りやすい職場づくりと、育児休業制度の強化、この両方があって、子育て世帯に「こどもと過ごせる時間」を作ることができ、夫婦どちらかがキャリアを犠牲にすることなく、協力して育児をすることができる。このため、働き方改革の推進とそれを支える育児休業制度等の強化など、「加速化プラン」で掲げる具体的な施策について、官民挙げて強力に取り組んでいくこととする。

（3）全てのこども・子育て世帯を切れ目なく支援する

○　第三に、様々なこども・子育て支援に関しては、親の就業形態にかかわらず、どのような家庭状況にあっても分け隔てなく、ライフステージに沿って切れ目なく支援を行い、多様な支援ニーズにはよりきめ細かい対応をしていくこと、すなわち「全てのこども・子育て世帯を切れ目なく支援すること」が必要である。

○　これまでも保育所の整備、幼児教育・保育の無償化など、こども・子育て政策を強化してきたが、この10年間で社会経済情勢は大きく変わるとともに、今後、取り組むべきこども・子育て支援の内容も変化している。

○　具体的には、経済的支援の拡充、社会全体の構造・意識の改革に加え、こども・子育て支援の内容についても、

- 親が働いていても、家にいても、全ての子育て家庭を等しく支援すること
- 幼児教育・保育について、量・質両面からの強化を図ること、その際、待機児童対策などに一定の成果が見られたことも踏まえ、量の拡大から質の向上へと政策の重点を移すこと
- これまで比較的支援が手薄だった、妊娠・出産期から０～２歳の支援を強化し、妊娠・出産・育児を通じて、全ての子育て家庭の様々な困難・悩みに応えられる伴走型支援を強化するなど、量・質両面からの強化を図ること
- 貧困の状況にある家庭、障害のあるこどもや医療的ケアが必要なこどもを育てる家庭、ひとり親家庭などに対してよりきめ細かい対応を行うこと

などが必要となっている。

○　こうした観点から、こども・子育て支援に関する現行制度全体を見直し、全てのこども・子育て世帯について、親の働き方やライフスタイル、こどもの年齢に応じて、切れ目なく必要な支援が包括的に提供されるよう、「加速化プラン」で掲げる各種施策に着実に取り組むとともに、「総合的な制度体系」を構築することを目指していく。

○　また、「総合的な制度体系」を構築する際に重要なことは、伴走型支援・プッシュ型支援への移行である。従来、当事者からの申請に基づいて提供されてきた様々な支援メニューについて、行政が切れ目なく伴走する、あるいは支援を要する方々に行政からアプローチする形に、可能な限り転換していくことが求められる。

○　さらに、制度があっても現場で使いづらい・執行しづらいという状況にならないよう、「こども政策

DX」を推進し、プッシュ型通知や、デジタル技術を活用した手続等の簡素化、データ連携などを通じ、子育て世帯等の利便性向上や子育て関連事業者・地方自治体等の手続・事務負担の軽減を図る。なお、こうした「こども政策DX」に積極的に取り組むとともに、関係データの連携、そのデータの利活用を図ることは、Ⅳ．で掲げるPDCAの推進のためにも重要と考えられる。

○　また、全国それぞれの地域社会において、地域の実情に応じた包括的な支援が提供されるよう、国と地方自治体が連携して、こども・子育て支援の強化を図っていく必要がある。その際には、地域ごとの多様なニーズに対して、幼児教育・保育事業者はもとより、企業やNPO・NGO、ボランティア団体、地域住民などの多様な主体の参画の下で、それぞれの地域が有する資源を最大限に活用しながら、こども・子育て世帯を地域全体で支えるための取組を促進していくことが重要である。

Ⅲ．「加速化プラン」～今後３年間の集中的な取組～

（これから６～７年がラストチャンス）

○　我が国の出生数を1990年以降で見ると、2000年代に入って急速に減少しており、1990年から2000年までの10年間の出生数は約３％の減少であるのに対し、2000年から2010年は約10％の減少、2010年から2020年は約20％の減少となっている。さらに、コロナ禍の３年間（2020～2022年）で婚姻件数は約９万組減少、未婚者の結婚希望や希望こども数も大幅に低下・減少している。

○　このままでは、2030年代に入ると、我が国の若年人口は現在の倍速で急減することになり、少子化はもはや歯止めの利かない状況になる。2030年代に入るまでのこれからの６～７年が、少子化傾向を反転できるかどうかのラストチャンスであり、少子化対策は待ったなしの瀬戸際にある。

○　このため、以下の各項目に掲げる具体的政策について、「加速化プラン」として、今後３年間の集中取組期間において、できる限り前倒しして実施する。

Ⅲ－1．「加速化プラン」において実施する具体的な施策

１．ライフステージを通じた子育てに係る経済的支援の強化や若い世代の所得向上に向けた取組

（１）児童手当の拡充～全てのこどもの育ちを支える制度へ～

○　児童手当については、次代を担う全てのこどもの育ちを支える基礎的な経済支援としての位置付けを明確化する。このため、所得制限を撤廃し、全員を本則給付[3]とするとともに、支給期間について高校生年代[4]まで延長する[5]。

児童手当の多子加算については、こども３人以上の世帯数の割合が特に減少していることや、こども３人以上の世帯はより経済的支援の必要性が高いと考えられること等を踏まえ、第３子以降３万円とする。

これらについて、実施主体である地方自治体の事務負担も踏まえつつ、2024年度中に実施できるよう検討する。

３）現在は、主たる生計者の年収960万円以上、年収1,200万円未満の場合、月額5,000円の支給となり、年収1,200万円以上の場合、支給対象外となっている（※）。これらを改め、主たる生計者の年収960万円以上の場合についても、第１子・第２子について、０歳から３歳未満については月額15,000円とし、３歳から高校生については月額10,000円とする。また、第３子以降について、０歳から高校生まで全て月額３万円とする。

（※）こども２人と年収103万円以下の配偶者の場合。

４）18歳に達する日以後の最初の３月31日までの間にある者。

５）その際、中学生までの取扱いとのバランス等を踏まえ、高校生の扶養控除との関係をどう考えるか整理する。

（２）出産等の経済的負担の軽減～妊娠期からの切れ目ない支援、出産費用の見える化と保険適用～

○　これまで実施してきた幼児教育・保育の無償化に加え、支援が手薄になっている妊娠・出産期から２歳までの支援を強化する。令和４年度第二次補正予算で創設された「出産・子育て応援交付金」（10万円）について、制度化に向けて検討することを含め、妊娠期からの伴走型相談支援とともに着実に実施する。

○　本年４月からの出産育児一時金の大幅な引上げ（42万円→50万円）及び低所得の妊婦に対する初回の産科受診料の費用助成を着実に実施するとともに、出産費用の見える化について来年度からの実施に向けた具体化を進める。その上でこれらの効果等の検証を行い、2026年度を目途に、出産費用（正常分娩）の保険適用の導入を含め、出産に関する支援等の更なる強化について検討を進める。あわせて、無痛分娩について、麻酔を実施する医師の確保を進めるなど、妊婦が安全・安心に出産できる環境整備に向けた支援の在り方を検討する。

（３）医療費等の負担軽減～地方自治体の取組への支援～

○　おおむね全ての地方自治体において実施されているこども医療費助成について、国民健康保険の国庫負担の減額調整措置を廃止する。あわせて、適正な抗菌薬使用などを含め、こどもにとってより良い医療の在り方について、今後、医学界など専門家の意見も踏まえつつ、国と地方の協議の場などにおいて検討し、その結果に基づき必要な措置を講ずる。

（４）高等教育費の負担軽減～奨学金制度の充実と「授業料後払い制度（いわゆる日本版HECS）」の創設～

○　教育費の負担が理想のこども数を持てない大きな理由の一つとなっているとの声があることから、特にその負担軽減が喫緊の課題とされる高等教育については、教育の機会均等を図る観点からも、着実に取組を進めていく必要がある。

○　まず、貸与型奨学金について、奨学金の返済が負担となって、結婚・出産・子育てをためらわないよう、減額返還制度を利用可能な年収上限について、325万円から400万円に引き上げるとともに、子育て時期の経済的負担に配慮する観点から、こども２人世帯については500万円以下まで、こども３人以上世帯について600万円以下まで更に引き上げる。また、所得連動方式を利用している者について、返還額の算定のための所得計算においてこども１人につき33万円の所得控除を上乗せする。

○　授業料等減免及び給付型奨学金について、低所得世帯の高校生の大学進学率の向上を図るとともに、2024年度から多子世帯や理工農系の学生等の中間層（世帯年収約600万円）に拡大することに加え、執行状況や財源等を踏まえつつ、多子世帯の学生等に対する授業料等減免について更なる支援拡充（対象年収の拡大、年収区分ごとの支援割合の引上げ等）を検討し、必要な措置を講ずる。

○　授業料後払い制度について、まずは、2024年度から修士段階の学生を対象として導入[6] した上で、本格導入に向けた更なる検討を進める。その財源基盤を強化するため、Ⅲ－２．で後述するHECS債（仮称）による資金調達手法を導入する。

6）所得に応じた納付が始まる年収基準は300万円程度とするとともに、子育て期の納付に配慮し、例えば、こどもが２人いれば、年収400万円程度までは所得に応じた納付は始まらないこととする。

○　地方自治体による高等教育費の負担軽減に向けた支援を促す方策として、地方創生を推進するデジタル田園都市国家構想交付金において実施している移住支援について、大学卒業後に地方に移住する学生を対象とすることなどにより支援を強化する。

（5）個人の主体的なリ・スキリングへの直接支援

○　企業経由が中心となっている国の在職者への学び直し支援策について、働く個人が主体的に選択可能となるよう、５年以内を目途に、効果を検証しつつ、過半が個人経由での給付が可能となるようにしていく。

○　その際、教育訓練給付について、訓練効果をより高める観点から、補助率等を含めた拡充を検討するとともに、個々の労働者が教育訓練中に生ずる生活費等への不安なく、主体的にリ・スキリングに取り組むことができるよう、訓練期間中の生活を支えるための新たな給付や融資制度の創設などについて検討する。

（6）いわゆる「年収の壁（106万円／130万円）」への対応

○　いわゆる106万円・130万円の壁を意識せずに働くことが可能となるよう、短時間労働者への被用者保険の適用拡大、最低賃金の引上げに引き続き取り組む。

○　こうした取組と併せて、人手不足への対応が急務となる中で、壁を意識せずに働く時間を延ばすことのできる環境づくりを後押しするため、当面の対応として、被用者が新たに106万円の壁を超えても手取り収入が逆転しないよう、労働時間の延長や賃上げに取り組む企業に対し、複数年（最大３年）で計画的に取り組むケースを含め、必要な費用を補助するなどの支援強化パッケージを本年中に決定した上で実行し、さらに、制度の見直しに取り組む。

（7）子育て世帯に対する住宅支援の強化～子育てにやさしい住まいの拡充～

○　こどもや子育て世帯の目線に立った「こどもまんなかまちづくり」を加速化させる。その中で、理想のこども数を持てない理由の一つとして若い世代を中心に「家が狭いから」が挙げられており、また、子育て支援の現場からも子育て世代の居住環境の改善を求める声があることから、子育てにやさしい住まいの拡充を目指し、住宅支援を強化する。

○　具体的には、まず、立地や間取りなどの面で子育て環境に優れた公営住宅等の公的賃貸住宅を対象に、全ての事業主体で子育て世帯等が優先的に入居できる仕組みの導入を働きかける。これにより、今後10年間で子育て世帯等の居住に供する住宅約20万戸を確保する。

○　さらに、ひとり親世帯など支援が必要な世帯を含め、子育て世帯が住宅に入居しやすい環境を整備する観点から、空き家の活用を促す区域を設定し、空き家の所有者へ活用を働きかけ、空き家の改修・サブリースを促進するとともに、戸建てを含めた空き家の子育て世帯向けのセーフティネット住宅への登録を促進することなどにより、既存の民間住宅ストックの活用を進める。これらにより、今後10年間で子育て世帯等の居住に供する住宅約10万戸を確保する。

○　あわせて、子育て世帯等が良質な住宅を取得する際の金利負担を軽減するため、住宅金融支援機構が提供する長期固定金利の住宅ローン（フラット35）の金利優遇について、ポイント制[7] を活用し、住宅の広さを必要とする多子世帯に特に配慮しつつ、2024年度までのできるだけ早い時期に支援を大幅に充実させる。

7）フラット35固有の制度として、住宅性能や地方自治体の施策との連携などの項目に応じたポイントが定められている。

○　これらの取組に加えて、こどもの声や音などの面で近隣住民に気兼ねせず入居できる住まいの環境づくりとして、集合住宅の入居者等への子育て世帯に対する理解醸成を図る。また、子育て世帯向け住宅の周知の強化や、子育て世帯に対して入居や生活に関する相談等の対応を行う居住支援法人に重点的な支援を講じることにより、住まいに関する支援を必要としながらも支援が行き届いていない子育て世帯への取組を強化する。

２．全てのこども・子育て世帯を対象とする支援の拡充

（1）妊娠期からの切れ目ない支援の拡充～伴走型支援と産前・産後ケアの拡充～

○　妊娠から産後２週間未満までの妊産婦の多くが不安や負担感を抱いていることや、こどもの虐待による死亡事例の６割が０歳児（うち５割は０か月児）であることなどを踏まえると、妊娠期からの切れ目ない支援と産前・産後ケアの拡充は急務となっている。

○　このため、妊娠期から出産・子育てまで、身近な場所で相談に応じ、多様なニーズに応じた支援につなぐ「伴走型相談支援」について、地方自治体の取組と課題を踏まえつつ、継続的な実施に向け制度化の検討を進める。その際、手続等のデジタル化も念頭に置きつつ制度設計を行う。

○　退院直後の母子に対して心身のケアや育児のサポートなどを行い、産後も安心して子育てができる支援体制の確保を図る産後ケア事業については、利用者負担の軽減措置を本年度から全ての世帯に対象を拡大して実施するとともに、支援を必要とする全ての方が利用できるようにするための提供体制の確保に向けた取組を進めるなど、子育て家庭の産前・産後の心身の負担軽減を図る観点から実施体制の強化等を行う。また、乳幼児健診等を推進する。

○　女性が、妊娠前から妊娠・出産後まで、健康で活躍できるよう、国立成育医療研究センターに、「女性の健康」に関するナショナルセンター機能を持たせ、女性の健康や疾患に特化した研究やプレコンセプションケア[8] を含む成育医療等の提供に関する研究、相談支援等を進める。また、2022年度から保険適用された不妊治療について、推進に向けた課題を整理、検討する。

8）男女ともに性や妊娠に関する正しい知識を身に付け、健康管理を行うよう促すこと。

（2）幼児教育・保育の質の向上～75年ぶりの配置基準改善と更なる処遇改善～

○　待機児童対策の推進により量の拡大は進んだものの、一方で、昨今、幼児教育・保育の現場でのこどもをめぐる事故や不適切な対応事案などにより子育て世帯が不安を抱えており、安心してこどもを預けられる体制整備を急ぐ必要がある。

○　このため、保育所・幼稚園・認定こども園の運営費の基準となる公的価格の改善について、公的価格評価検討委員会中間整理（2021年12月）を踏まえた費用の使途の見える化を進め、保育人材確保、待機児童解消その他関連する施策との関係を整理しつつ、取組を進める。

○　具体的には、「社会保障と税の一体改革」以降積み残された１歳児及び４・５歳児の職員配置基準について１歳児は６対１から５対１へ、４・５歳児は30対１から25対１へと改善するとともに、民間給与動向等を踏まえた保育士等の更なる処遇改善を検討する。

（3）全ての子育て家庭を対象とした保育の拡充～「こども誰でも通園制度（仮称）」の創設～

○　０～２歳児の約６割を占める未就園児を含め、子育て家庭の多くが「孤立した育児」の中で不安や悩みを抱えており、支援の強化を求める意見がある。全てのこどもの育ちを応援し、こどもの良質な成育環境を整備するとともに、全ての子育て家庭に対して、多様な働き方やライフスタイルにかかわらない形での支援を強化するため、現行の幼児教育・保育給付に加え、月一定時間までの利用可能枠の中で、就労要件を問わず時間単位等で柔軟に利用できる新たな通園給付（「こども誰でも通園制度（仮称）」）を創設する。具体的な制度設計に当たっては、基盤整備を進めつつ、地域における提供体制の状況も見極めながら、速やかに全国的な制度とすべく、本年度中に未就園児のモデル事業を更に拡充させ、2024年度からは制度の本格実施を見据えた形で実施する。あわせて、病児保育の安定的な運営に資するよう、事業の充実を図る。

（4）新・放課後子ども総合プランの着実な実施～「小１の壁」打破に向けた量・質の拡充～

○　保育の待機児童が減少する一方で、放課後児童クラブの待機児童は依然として1.5万人程度存在し、安全対策についての強化が求められるなど、学齢期の児童が安全・安心に過ごせる場所の拡充は急務である。

○　このため、全てのこどもが放課後を安全・安心に過ごし、多様な体験・活動を行うことができるよう、新・放課後子ども総合プラン（2019年度～2023年度）による受け皿の拡大（約122万人から約152万人への拡大）を着実に進めるとともに、放課後児童クラブの安定的な運営を図る観点から常勤職員配置の改善などを図る。

（5）多様な支援ニーズへの対応～社会的養護、障害児、医療的ケア児等の支援基盤の充実とひとり親家庭の自立支援～

○　経済的に困難な家庭のこども、障害のあるこどもや医療的ケア児、異なる文化的背景を持つこどもなど、多様な支援ニーズを有するこどもの健やかな育ちを支え、「誰一人取り残さない」社会を実現する観点から、それぞれの地域において包括的な支援を提供する体制の整備が求められる。

○　2022年に成立した児童福祉法（昭和22年法律第164号）等の一部改正では、児童虐待の相談対応件数が増加を続けるなど、子育てに困難を抱える世帯が顕在化してきている状況を踏まえ、子育て世帯に対する包括的な支援体制の中核を担うこども家庭センターの設置や地域における障害児支援の中核的役割を担う児童発達支援センターの位置付けの明確化などが行われた。

○　また、こどもの貧困対策は、我が国に生まれた全てのこどもの可能性が十全に発揮される環境を整備し、全てのこどもの健やかな育ちを保障するという視点のみならず、公平・公正な社会経済を実現する観点からも極めて重要である。こどものいる世帯の約１割はひとり親世帯であり、その約５割が相対的貧困の状況にあることを踏まえれば、特に、ひとり親家庭の自立と子育て支援は、こどもの貧困対策としても喫緊の課題であると認識する必要がある。

○　こうした多様なニーズを有する子育て世帯への支援については、支援基盤や自立支援の拡充に重点を置き、以下の対応を中心に進める。今後、本年中に「こども大綱」が策定される過程において、更にきめ細かい対応について議論していく。

（社会的養護・ヤングケアラー等支援）

○　子育てに困難を抱える世帯やヤングケアラー等への支援を強化する。児童福祉法等の一部改正により2024年度から実施される「こども家庭センター」の人員体制の強化等を図る。また、新たに法律に位置付けられる子育て世帯訪問支援事業について、支援の必要性の高い家庭に対する支援を拡充する。さらに、社会的養護の下で育ったこどもの自立支援に向け、学習環境整備等の支援強化を図る。

（障害児支援、医療的ケア児支援等）

○　障害の有無にかかわらず、安心して暮らすことができる地域づくりを進めるため、地域における障害児の支援体制の強化や保育所等におけるインクルージョンを推進する。具体的には、地域における障害児支援の中核的役割を担う児童発達支援センターについて、専門的な支援の提供と併せて、地域の障害児支援事業所や保育所等への支援を行うなどの機能強化を行うとともに、保育所等への巡回支援の充実を図る。また、医療的ケア児、聴覚障害児など、専門的支援が必要なこどもたちへの対応のため地域における連携体制を強化する。こうした体制の強化が全国各地域で進むよう、国や都道府県等による状況把握や助言等の広域的支援を進め、地域の支援体制の整備を促進する。

（ひとり親家庭の自立促進）

○　ひとり親家庭の自立を促進する環境整備を進めるため、ひとり親を雇い入れ、人材育成・賃上げに向けた取組を行う企業に対する支援を強化する。あわせて、看護師・介護福祉士等の資格取得を目指すひとり親家庭の父母に対する給付金制度（高等職業訓練促進給付金制度）について、短期間で取得可能な民間資格を含む対象資格に拡大するなど、より幅広いニーズに対応できる制度とする。また、養育費の履行確保のため、養育費に関する相談支援や取決めの促進についても強化を図る。

３．共働き・共育ての推進

（1）男性育休の取得促進～「男性育休は当たり前」になる社会へ～

○　国際的に見ても低水準にある夫の家事・育児関連時間を増やし、共働き・共育てを定着させていくための第一歩が男性育休の取得促進である。「男性育休は当たり前」になる社会の実現に向けて、官民一体となって取り組む。このため、制度面と給付面の両面からの対応を抜本的に強化する。

○　なお、こうした対応を図るに当たっては、各種施策によって、かえって女性側に家事･育児負担が偏ってしまうということのないように十分に留意しなければならない。

制度面の対応

○　まず、制度面では、男性の育児休業取得率について、現行の政府目標（2025年までに30％）を大幅に引き上げる。具体的には、国・地方の公務員（一般職・一般行政部門常勤）について育児休業の内容にも留意しつつ、先行的に目標の前倒しを進め、公務員、民間の双方について、以下のように男性の育児休業取得率の目標を引き上げる。

（男性の育児休業取得率の目標）
2025年　公務員85％（１週間以上の取得率）、民間50％
2030年　公務員85％（２週間以上の取得率）、民間85％
（参考）民間の直近の取得率：女性85.1％、男性13.97％

○　また、2025年３月末で失効する次世代育成支援対策推進法（平成15年法律第120号）を改正し、その期限を延長した上で、一般事業主行動計画について、数値目標の設定や、PDCAサイクルの確立を法律上の仕組みとして位置付けるとともに、今後の次世代育成支援において重要なのは「男女とも仕事と子育てを両立できる職場」であるという観点を明確化した上で、男性の育児休業取得を含めた育児参加や育児休業からの円滑な職場復帰支援、育児のための時間帯や勤務地への配慮等に関する行動が盛り込まれるようにする。あわせて、育児休業、介護休業等育児又は家族介護を行う労働者の福祉に関する法律（平成３年法律第76号。以下「育児・介護休業法」という。）における育児休業取得率の開示制度の拡充を検討し、これを踏まえて有価証券報告書における開示を進める。

給付面の対応

○　さらに給付面の対応として、いわゆる「産後パパ育休」（最大28日間）を念頭に、出生後一定期間内に両親ともに育児休業を取得することを促進するため、給付率を現行の67％（手取りで８割相当）から、８割程度（手取りで10割相当）へと引き上げる。

○　具体的には、両親ともに育児休業を取得することを促進するため、男性が一定期間以上の「産後パパ育休」を取得した場合には、その期間の給付率を引き上げるとともに、女性の産休後の育休取得について28日間（産後パパ育休期間と同じ期間）を限度に給付率を引き上げることとし、2025年度からの実施を目指して、検討を進める。

○　男女ともに、職場への気兼ねなく育児休業を取得できるようにするため、現行の育児休業期間中の社会保険料の免除措置及び育児休業給付の非課税措置に加えて、育児休業を支える体制整備を行う中小企業に対する助成措置を大幅に強化する。その際、業務を代替する周囲の社員への応援手当の支給に関する助成の拡充や代替期間の長さに応じた支給額の増額を検討する。あわせて、「くるみん認定」の取得など、各企業の育児休業の取得状況等に応じた加算等を検討し、実施インセンティブの強化を図る。

○　あわせて、男性育休の大幅な取得増等に対応できるよう、育児休業給付を支える財政基盤を強化する。

（2）育児期を通じた柔軟な働き方の推進～利用しやすい柔軟な制度へ～

○　育児期を通じて多様な働き方を組み合わせることで、男女で育児・家事を分担しつつ、育児期の男女が共に希望に応じてキャリア形成との両立を可能とする仕組みを構築するとともに、好事例の紹介等の取組を進める。

○　こどもが３歳になるまでの場合においては、現行の育児・介護休業法上、短時間勤務を措置することが事業主に義務付けられており、フレックスタイム制を含む出社・退社時刻の調整等が努力義務となっている。これらに加え、新たに、子育て期の有効な働き方の一つとして、テレワークも事業主の努力義務の対象に追加することを検討する。

○　また、こどもが３歳以降小学校就学前までの場合においては、育児・介護休業法で、短時間勤務、テレワーク、フレックスタイム制を含む出社・退社時刻の調整、休暇など柔軟な働き方について、事業主が職場の労働者のニーズを把握しつつ複数の制度を選択して措置し、その中から労働者が選択できる制度（「親と子のための選べる働き方制度（仮称）」）の創設を検討する。さらに、現在はこどもが３歳になるまで請求することができる残業免除（所定外労働の制限）について、対象となるこどもの年齢の引上げを検討する。

○　あわせて、柔軟な働き方として、男女ともに、一定時間以上の短時間勤務をした場合に、手取りが変わることなく育児・家事を分担できるよう、こどもが２歳未満の期間に、時短勤務を選択したことに伴う賃金の低下を補い、時短勤務の活用を促すための給付（「育児時短就業給付（仮称）」）を創設する。給付水準については、男女ともに、時短勤務を活用した育児とキャリア形成の両立を支援するとの考え方に立って、引き続き、具体的な検討を進め、2025年度からの実施を目指す。その際には、女性のみが時短勤務を選択することで男女間のキャリア形成に差が生じることにならないよう、留意する。

○　上記の柔軟な働き方についても、男性育休促進と同様に、周囲の社員への応援手当支給等の体制整備を行う中小企業に対する助成措置の大幅な強化と併せて推進する。

○　また、こどもが病気の際などに休みにくい等の問題を踏まえ、病児保育の拡充と併せて、こうした場合に休みやすい環境整備を検討する。具体的には、こどもが就学前の場合に年５日間[9]取得が認められる「子の看護休暇」について、こどもの世話を適切に行えるようにする観点から、対象となるこどもの年齢の引上げのほか、こどもの行事（入園式等）参加や、感染症に伴う学級閉鎖等にも活用できるように休暇取得事由の範囲を見直すとともに、取得促進に向けた支援についても検討する。

9）就学前のこどもが２人以上の場合は、年10日間。

○　また、仕事と育児の両立に取り組む労働者の心身の健康を守るため、企業における勤務間インターバル制度の導入やストレスチェック制度の活用など、労働者の健康確保のために事業主の配慮を促す仕組みを検討するとともに、選択的週休３日制度の普及にも取り組む。

○　こうした個々の制度の前提として、長時間労働の是正を始め、企業全体の働き方改革をより一層推進し、育児期の男女が共に職場からの帰宅後に育児や家事を行うことができるようにすることが重要である。このため、まずは、2024年度からの時間外労働の上限規制の全面施行に向け、法制度の周知を徹底し、必要な支援を実施するとともに、更なる長時間労働の是正に向けて、実効性を高めるための一層の取組を推進していく。このことは、家族介護や不妊治療など、様々な事情を抱える方々が、仕事との両立を可能とし、各自の能力を発揮することにもつながるものである。

（３）多様な働き方と子育ての両立支援～多様な選択肢の確保～

○　子育て期における仕事と育児の両立支援を進め、多様な働き方を効果的に支える雇用のセーフティネットを構築する観点から、現在、雇用保険が適用されていない週所定労働時間20時間未満の労働者についても失業給付や育児休業給付等を受給できるよう、雇用保険の適用拡大に向けた検討を進める。失業した場合に生計に支障を与えるような生計の一端を担う者を新たに適用対象とし、その範囲を制度に関わる者の手続や保険料負担も踏まえて設定する。また、その施行時期については適用対象者数[10]や事業主の準備期間等を勘案して2028年度までを目途に施行する。

10）仮に週所定労働時間10時間以上まで適用拡大した場合は最大約500万人が、15時間以上まで適用拡大した場合は最大約300万人が新規適用となると見込まれる。

○　自営業・フリーランス等の育児期間中の経済的な給付に相当する支援措置として、国民年金の第１号被保険者について育児期間に係る保険料免除措置を創設することとする。その際、現行の産前・産後期間の保険料免除制度や被用者保険の育児休業期間の保険料免除措置を参考としつつ、免除期間や給付水準等の具体的な制度設計の検討を早急に進め、2026年度までの実施を目指す。

４．こども・子育てにやさしい社会づくりのための意識改革

○　こども・子育て政策を実効あるものとするためには、行政が責任をもって取り組むことはもとより、こどもや子育て中の方々が気兼ねなく様々な制度や支援メニューを利用できるよう、地域社会、企業など様々な場で、年齢、性別を問わず、全ての人がこどもや子育て中の方々を応援するといった社会全体の意識改革を進める必要がある。

○　こどもや子育て世帯を社会全体で支える気運を醸成するため、優先案内や専門レーンを設置するなどの取組が国立博物館など国の施設において今春にスタートしており、利用者のニーズを踏まえつつ、こうした取組を他の公共施設や民間施設にも広げていくとともに、公共インフラのこども向け現場見学機会の増加など、有意義な体験の場を提供する。

○　また、鉄道やバスなどにおけるベビーカー使用者のためのフリースペース等の設置や分かりやすい案内の促進とともに、公共交通機関等において、妊産婦や乳幼児連れの方を含め、配慮が必要な方に対する利用者の理解・協力を啓発する取組を推進する。

○　さらに、本年５月には「こどもまんなか宣言」の趣旨に賛同する企業・個人・地方自治体などに「こどもまんなか応援サポーター」となっていただき、「今日からできること」を実践し、取り組んだ内容を自らSNSなどで発表する「こどもまんなか応援プロジェクト」の取組が始まっている。こうした取組に加え、子育て世帯を対象としたニーズ調査も行いつつ、こども・子育てを応援する地域や企業の好事例を共有・横展開するなど、こども・子育てにやさしい社会づくりのための意識改革に向けた国民運動を夏頃を目途にスタートさせる。

○　もとよりこうした意識改革は、少子化の危機的な状況、そして今のこどもを取り巻く状況や、子育て世帯の負担がいかに大きなものかということをより多くの方に理解していただくことによって、自然と周囲の協力が行われることが望ましい。社会の意識を変えていくことは簡単ではないが、大きな挑戦と捉え、様々な手法で国民的な議論を起こし、より多くの方の理解と行動を促していく。

Ⅲ－２．「加速化プラン」を支える安定的な財源の確保

○　Ⅲ－１．の１．～４．で掲げた給付面の改革や意識改革と並行して、次のような財政面の改革に取り組む。

（見える化）

○こども家庭庁の下に、こども・子育て支援のための新たな特別会計（いわゆる「こども金庫」）を創設し、既存の（特別会計）事業[11]を統合しつつ、こども・子育て政策の全体像と費用負担の見える化を進める。

11）年金特別会計子ども・子育て支援勘定及び労働保険特別会計雇用勘定（育児休業給付）。

（財源の基本骨格）

①　財源については、国民的な理解が重要である。このため、2028年度までに徹底した歳出改革等を行い、それらによって得られる公費の節減等の効果及び社会保険負担軽減の効果を活用しながら、実質的に追加負担を生じさせないこと[12]を目指す。

歳出改革等は、これまでと同様、全世代型社会保障を構築[13]するとの観点から、歳出改革の取組を徹底するほか、既定予算の最大限の活用などを行う[14]。なお、消費税などこども・子育て関連予算充実のための財源確保を目的とした増税は行わない。

12）高齢化等に伴い医療介護の保険料率は上昇するが、徹底した歳出改革による公費節減等や保険料の上昇抑制を行うための各般の取組を行い、後述する支援金制度（仮称）による負担が全体として追加負担とならないよう目指すこと。このため、具体的な改革工程表の策定による社会保障の制度改革や歳出の見直し、既定予算の最大限の活用などに取り組む。

13）「全世代型社会保障構築会議 報告書」（令和４年12月16日）では、少子化対策は、個人の幸福追求と社会の福利向上を併せて実現する極めて価値の大きい社会保障政策であるとの観点から、

子育て費用を社会全体で分かち合い、こどもを生み育てたいと希望する全ての人が、安心して子育てができる環境を整備することが求められる旨を指摘し、これを、我々の目指すべき社会の将来方向の第一として掲げている。また、「年齢に関わりなく、全ての国民が、その能力に応じて負担し、支え合うことによって、それぞれの人生のステージに応じて、必要な保障がバランスよく提供されることを目指す」のが全世代型社会保障であるとも指摘している。

14) こども・子育て政策の強化は、国と地方が車の両輪となって取り組んでいくべきであり、「加速化プラン」の地方財源についてもこの中で併せて検討する。

② 経済活性化、経済成長への取組を先行させる。経済基盤及び財源基盤を確固たるものとするよう、ポストコロナの活力ある経済社会に向け、新しい資本主義の下で取り組んでいる、構造的賃上げと官民連携による投資活性化に向けた取組を先行させる。

③ ①の歳出改革等による財源確保、②の経済社会の基盤強化を行う中で、企業を含め社会・経済の参加者全員が連帯し、公平な立場で、広く負担していく新たな枠組み（「支援金制度（仮称）」）を構築することとし、その詳細について年末に結論を出す[15]。

15) 支援金制度（仮称）については、以下の点を含め、検討する。
- 現行制度において育児休業給付や児童手当等は社会保険料や子ども・子育て拠出金を財源の一部としていることを踏まえ、公費と併せ、「加速化プラン」における関連する給付の政策強化を可能とする水準とすること。
- 労使を含めた国民各層及び公費で負担することとし、その賦課・徴収方法については、賦課上限の在り方や賦課対象、低所得者に対する配慮措置を含め、負担能力に応じた公平な負担とすることを検討し、全世代型で子育て世帯を支える観点から、賦課対象者の広さを考慮しつつ社会保険の賦課・徴収ルートを活用すること。

④ 2030年代に入るまでの少子化対策のラストチャンスを逃さないよう、徹底した歳出改革等や構造的賃上げ・投資促進の取組を複数年にわたって先行させつつ、「加速化プラン」の大宗を３年間（2026年度まで）で実施し、「加速化プラン」の実施が完了する2028年度[16]までに安定財源を確保する。

16)「加速化プラン」のうち歳出項目については2028年度までに実施することになると見込まれる。

⑤ その間に財源不足が生じないよう、必要に応じ、つなぎとして、こども特例公債（こども金庫が発行する特会債）を発行する。

⑥ 上記の安定財源とは別に、授業料後払い制度の導入に関して、学生等の納付金により償還が見込まれること等を踏まえHECS債（仮称）[17]による資金調達手法を導入する。

17) 独立行政法人日本学生支援機構において、授業料後払い制度を他の奨学金制度と区分した上で、その財源として財政融資資金から借入を行う。

○ 上記の基本骨格等に基づき、Ⅲ－１．の内容の具体化と併せて、予算編成過程における歳出改革等を進めるとともに、新たな特別会計の創設など、必要な制度改正のための所要の法案を2024年通常国会に提出する。

Ⅲ－３．こども・子育て予算倍増に向けた大枠

○ 「加速化プラン」の予算規模は、現時点ではおおむね３兆円程度[18]となるが、さらに、本戦略方針に盛り込まれている施策のうち、高等教育費の更なる支援拡充策、今後「こども大綱」の中で具体化する貧困、虐待防止、障害児・医療的ケア児に関する支援策について、今後の予算編成過程において施策の拡充を検討し、全体として３兆円半ばの充実を図る。

18) 国・地方の事業費ベース。

○ 「加速化プラン」を実施することにより、我が国のこども・子育て関係予算は、こども一人当たりの家族関係支出で見て、OECDトップ水準のスウェーデンに達する水準となり[19]、画期的に前進する。

19) 2019年度の国際比較をベースにその後の我が国におけるこども・子育て予算充実や2022年度時点の人口の影響を加味した上で、「加速化プラン」の実施の影響見込み額を考慮して試算したもの。こども一人当たりは18歳以下人口で試算。

○ 現時点の「加速化プラン」を実施することにより、国のこども家庭庁予算（2022年度4.7兆円）は約５割増加すると見込まれる[20]。また、育児休業については、新たな男性育休の取得目標の下での職場の意識改革や制度拡充[21]の効果により関連予算が倍増していくと見込まれる。

20) 一定の仮定を置いた試算。なお、国・地方の事業費ベースで見ると、2022年度（約８兆円）の約４割増となると見込まれる。また、「加速化プラン」とは別に公教育の再生等のための支出が行われる。

21)「加速化プラン」においては、育児休業給付（2022年度0.7兆円程度）に関連して、給付率の引上げ、時短勤務をした際の給付の創設、自営業者等に対する育児期間中の保険料免除制度の創設、体制整備を行う中小企業に対する助成の大幅強化が盛り込まれている。

○ こども・子育て予算倍増に向けては、「加速化プラン」の効果の検証を行いながら、政策の内容・予算をさらに検討し、こども家庭庁予算で見て、2030年代初頭までに、国の予算又はこども一人当たりで見た国の予算の倍増を目指す。その財源については、今後更に政策の内容を検討し、内容に応じて、社会全体でどう支えるかさらに検討する。

Ⅳ．こども・子育て政策が目指す将来像とPDCAの推進

○ 全てのこども・子育て世帯を切れ目なく支援することにより、以下に掲げる「こどもと向き合う喜びを最大限に感じるための４原則」を実現するため、今後３年間の集中取組期間における「加速化プラン」の実施状況や各種施策の効果等を検証しつつ、こども・子育て政策の適切な見直しを行い、PDCAを推進していく[22]。

22) 今後、検討する「こども大綱」についても、PDCAを推進していく。

○ その際には、現行のこども・子育て政策が、これまでの経緯などから、医療保険や雇用保険、子ども・子育て支援制度など様々な制度が関わっており、その結果、制度間の縦割りや不整合といった問題や、申請手続・窓口が異なるために制度を利用しづらいといった問題が指摘されてきているほか、費用負担など財政構造も制度ごとに異なっている状況にあることを見直し、「総合的な制度体系」を構築する観点から、現行の関連制度を一つの制度に統合していくことも視野に置き、給付と負担の関係を含めて、その全体像が国民にとって分かりやすい制度としていく。

～こどもと向き合う喜びを最大限に感じるための４原則～

1．こどもを生み、育てることを経済的理由であきらめない

○　第一に、こどもを生み、育てることを経済的理由であきらめない社会の実現である。このため、「加速化プラン」の「ライフステージを通じた子育てに係る経済的支援の強化や若い世代の所得向上に向けた取組」に基づき実施する施策を着実に進め、その実施状況や効果等を検証しつつ、高等教育費の負担や奨学金の返済などが少子化の大きな要因の一つとなっているとの指摘があることに鑑み、奨学金制度の更なる充実や授業料負担の軽減など、高等教育費の負担軽減を中心に、ライフステージを通じた経済的支援の更なる強化や若い世代の所得向上に向けた取組について、適切な見直しを行う。

2．身近な場所でサポートを受けながらこどもを育てられる

○　第二に、身近な場所でサポートを受けながらこどもを育てることができる社会の実現である。このためには「加速化プラン」の「全てのこども・子育て世帯を対象とする支援の拡充」に基づき実施する施策を着実に進め、その実施状況や効果等を検証しつつ、適切な見直しを行う。

3．どのような状況でもこどもが健やかに育つという安心感を持てる

○　第三に、どのような状況でもこどもが健やかに育つという安心がある社会の実現である。このためには「加速化プラン」の「全てのこども・子育て世帯を対象とする支援の拡充」に基づき実施する施策を着実に進め、その実施状況や効果等を検証しつつ、適切な見直しを行う。

4．こどもを育てながら人生の幅を狭めず、夢を追いかけられる

○　第四に、こどもを育てながら、キャリアや趣味など人生の幅を狭めることなく、夢を追いかけられる社会の実現である。このためには「加速化プラン」の「共働き・共育ての推進」に基づき実施する施策を着実に進め、その実施状況や効果等を検証しつつ、適切な見直しを行う。

おわりに

○　本戦略方針は、こども基本法（令和４年法律第77号）に基づきこども施策の基本的な方針や重要事項等について定める「こども大綱」とあいまって、少子化・人口減少のトレンドを反転させるため、これまでとは次元の異なる少子化対策の実現に向けて取り組むべき政策強化の基本的方向を取りまとめたものであり、今後３年間の集中取組期間において実施すべき「加速化プラン」の内容を明らかにするとともに、将来的なこども・子育て予算の倍増に向けた大枠を示している。

○　今後、本戦略方針の具体化を進め、年末までに「戦略」を策定する。

○　その上で、こども・子育て政策の抜本的な強化に向け、少子化の克服に向けた基本的な政策の企画立案・総合調整をつかさどるこども家庭庁が中心となり、文部科学省や厚生労働省等の関係省庁と連携し、若い世代や子育て当事者の視点に立って、政府を挙げて、取り組んでいく。

（参考）これまでのこども・子育て政策の変遷～1.57ショックからの30年～

○　我が国で「少子化」が政策課題として認識されるようになったのは、1990年のいわゆる「1.57ショック」以降である。1989年の合計特殊出生率が1.57となり、戦後最低の合計特殊出生率となったことを契機に、政府は対策をスタートさせ、1994年12月には４大臣（文部・厚生・労働・建設）合意に基づく「エンゼルプラン」が策定された。

○　これに基づき「緊急保育対策等５か年事業」として、保育の量的拡大、多様な保育（低年齢児保育、延長保育等）の充実などについて、数値目標を定めて取組が進められたが、同時期に「ゴールドプラン」に基づき基盤整備を進めた高齢社会対策と比べるとその歩みは遅く、また、施策の内容も保育対策が中心であった。

○　2000年代に入ると対策の分野は保育だけでなく、雇用、母子保健、教育等にも広がり、2003年には少子化社会対策基本法（平成15年法律第133号）が制定された。翌年には「少子化社会対策大綱」が閣議決定され、少子化対策は政府全体の取組として位置付けられるようになった。

○　また、次世代育成支援対策推進法により、2005年４月から、国や地方公共団体に加え、事業主も行動計画を策定することとなり、職域における「両立支援」の取組が進められるようになった。

○　このように法的な基盤は整えられていったものの、こども・子育て分野への資源投入は限定的であり、例えば家族関係社会支出の対GDP比は、1989年度の0.36%に対し、1999年度には0.53%とわずかな伸びにとどまった。

○　2010年代に入り、「社会保障と税の一体改革」の流れの中で大きな転機が訪れた。消費税率の引上げに伴う社会保障の充実メニューとして、こども・子育て分野に0.7兆円規模の財源が充てられることとなり、さらに、2017年には「新しい経済政策パッケージ」（平成29年12月８日閣議決定）により、「人づくり革命」の一環として追加財源２兆円が確保された。

○　こうした安定財源の確保を背景に、待機児童対策、幼児教育・保育の無償化、高等教育の無償化などの取組が進められ、待機児童は一部の地域を除きほぼ解消に向かうなど、一定の成果を挙げた。これらにより、家族関係社会支出の対GDP比は、2013年度の1.13%から2020年度には2.01%まで上昇した。

○　これまで累次にわたり策定されてきた「少子化社会対策大綱」は、本年４月に施行されたこども基本法に基づき、こども施策に関する基本的な方針や重要事項等を一元的に定める「こども大綱」に引き継がれることとなった[23]。

23）同月に創設されたこども家庭庁は、結婚、出産又は育児に希望を持つことができる社会環境の整備等少子化の克服に向けた基本的な政策に関する事項の企画及び立案並びに総合調整に関する事務をつかさどることとされている（こども家庭庁設置法（令和４年法律第75号）第４条第２項第２号）。

資料 2　（通知）昨年来の保育所等における不適切事案を踏まえた今後の対策について

（2023（令和5）年5月12日　こ成保44・5文科初第420号
こども家庭庁成育局長　文部科学省初等中等教育局長）

保育所、地域型保育事業所、認可外保育施設、認定こども園（全類型。以下同じ。）、幼稚園及び特別支援学校幼稚部における虐待等への対応については、「保育所等における虐待等の不適切な保育への対応等に関する実態調査について」（令和４年12月27日付け事務連絡）に基づき、保育所、地域型保育事業所、認可外保育施設及び認定こども園（以下「保育所等」という。）における実態や、各自治体等（都道府県、市町村（特別区を含む。以下同じ。）及び国立大学法人をいう。以下同じ。）における不適切な保育への対応の実態を把握するための実態調査を実施したところです。

今般、昨年来の保育所等における不適切事案を踏まえた今後の対策を行うことといたしましたので、下記のとおりお示しします。

つきましては、各都道府県知事におかれては所管・所轄の保育所等並びに幼稚園及び幼稚部を設置する特別支援学校（以下「幼稚園等」という。）に対して、各指定都市・中核市市長におかれては所管の保育所等及び幼稚園等に対して、各都道府県教育委員会教育長におかれては所管の幼稚園等及び域内の市区町村教育委員会（指定都市・中核市教育委員会を除く。）に対して、各指定都市・中核市教育委員会教育長におかれては所管の幼稚園等に対して、各国立大学法人の長におかれては、その設置する幼稚園等に対して、遺漏なく周知していただきますようお願いいたします。

記

○　昨年来、保育所等における不適切事案が多く明らかになったが、虐待等はあってはならないことである一方で、日々の保育実践の中で過度に委縮し、安心して保育に当たれないといった不安もあるものと承知している。こうしたことを受け、今般の実態調査の結果も踏まえ、次の２点を基本的な考え方として、今後の対策を進めていくこととする。
　①　１つ目は、こどもや保護者が不安を抱えることなく安心して保育所等に通う・こどもを預けられるようにすること、
　②　２つ目は、保育所等、保育士等の皆様が日々の保育実践において安心して保育を担っていただくことである。

○　具体的には、以下及び**別紙１**のとおり、昨年来の保育所等における不適切事案を踏まえた今後の対策として、「保育所等における虐待等の防止及び発生時の対応等に関するガイドライン」（以下単に「ガイドライン」という。）を策定し、「不適切な保育」の考え方を明確化するなど、虐待等を未然に防止できるような環境・体制づくり、負担軽減策や保育実践における不安等に寄り添う巡回支援の強化を行うこととしている。

（1）ガイドラインの策定

○　実態調査の結果、「不適切な保育」の捉え方、保育所等、自治体等における取組・対応にばらつきが見られた。

○　こうした中で、保育現場において少しでも気になる行為が直ちに「虐待等」になってしまうのではないかと心配し、日々の保育実践の中での過度な萎縮につながってしまうことや、「不適切な保育」や「虐待等」それぞれで取るべき対応が必ずしも整理されていないことから各都道府県、市町村においても必要な対応の遅れにつながることなどの懸念も指摘されている。

○　こうしたことから、今般、国において、手引きの内容を整理し、
・　「不適切な保育」の考え方の明確化を行うとともに、
・　保育所等における虐待等の防止及び発生時の対応に関して、保育所等や各都道府県・市町村にそれぞれ求められる事項等

について、**別紙２**のとおりガイドラインとして改めて整理して示すこととした。

○　各保育所等、各自治体等におかれては、本ガイドラインを踏まえて適切に対応いただくとともに、「不適切な保育の未然防止及び発生時の対応についての手引き」（令和３年３月株式会社キャンサースキャン）で示した自治体における先進的な取組事例や、各保育所等や各自治体等で策定されているチェックリストやガイドラインなども踏まえ、行政担当者と保育関係者が連携し、地域の実情に合わせた対応を検討・実施いただきたい。

○　その上で、各保育所等におかれては、本調査結果やガイドラインを踏まえ、より良い保育に向けて、改めて日々の保育実践を振り返っていただきたい。

○　また、各自治体等におかれては、ガイドラインを踏まえ、域内の保育所等に対しては、行政指導等の対応のほか、必要な相談・支援等を行うなど、事案に応じた適切な対応を行っていただきたい。また、各自治体等における虐待等の防止及び発生時の対応に関する体制等や未然防止の取組について、適切に振り返り、改善等を行っていただきたい。

（2）児童福祉法の改正による制度的対応の検討

○　児童養護施設等職員、障害者施設職員、高齢者施設職員による虐待に対する制度上の仕組み[1]と比較して、保育所等の職員による虐待に対する制度上の仕組みは限定的である。

○　こうしたことから、国においては、保育所等の職員による虐待等の発見時の通報義務の創設を含め、保育所等における虐待等への対応として児童福祉法の改正による制度的対応を検討していきたいと考えている。

○　なお、各市町村におかれては、上記制度的対応に先立って、ガイドラインの「３　市区町村・都道府県における対応」の（４）虐待等と判断した場合（ガイドラインP23～）に記載のとおり、虐待等に該当すると判断した場合には、こども家庭庁の下記連絡先に対しても情報共有を行っていただきたい。

・　認可保育所、地域型保育事業における事案について：こども家庭庁成育局保育政策課企画法令第一係
　Tel:03-6858-0058
　Mail:hoikuseisaku.hourei1@cfa.go.jp

・　認定こども園における事案について
　こども家庭庁成育局保育政策課企画法令第二係
　Tel:03-6858-0059
　Mail:hoikuseisaku.hourei2@cfa.go.jp

・　認可外保育施設における事案について
こども家庭庁成育局保育政策課認可外保育施設担当室
Tel:03-6858-0133
Mail:ninkagaihoikushisetsu.shidou@cfa.go.jp

（3）虐待等の未然防止に向けた保育現場の負担軽減と巡回支援の強化

○　保育所等において虐待等が起きる背景として、保育現場に余裕がないといったことも指摘されている。
○　このため、「虐待等の未然防止に向けた保育現場の負担軽減と巡回支援の強化について」（令和５年５月12日付けこども家庭庁成育局成育基盤企画課、保育政策課、文部科学省初等中等教育局幼児教育課、特別支援教育課連名事務連絡）において、保育現場の負担軽減に資するよう、運用上で見直し・工夫が考えられる事項についてお示しするとともに、日々の保育実践における不安等にも寄り添えるような支援の取組を拡げていく観点から、巡回支援事業の更なる活用等についてもお示ししたところであるため、併せてご参照いただきたい。

（4）幼稚園等について

○　幼稚園等においても、体罰に準ずる行為はもちろんのこと、幼児の心身に悪影響を及ぼすような不適切な保育はあってはならず、こどもの安全・安心が最も配慮されるべきである。各幼稚園等におかれては、ガイドライン「２（1）より良い保育に向けた日々の保育実践の振り返り等」を参照しつつ、日頃から自らの指導の在り方を見直し、指導力の向上に取り組むとともに、不適切な保育の未然防止に取り組んでいただきたい。
○　また、ガイドライン「２（2）虐待等に該当するかどうかの確認」、「２（3）市町村等への相談」を参照しつつ、不適切な保育であると幼稚園等として確認した場合には、所轄庁等に対して、把握した状況等を速やかに情報提供・相談し、今後の対応について協議いただきたい。なお、幼稚園等が組織として適切な対応を行わない場合には、不適切な保育の発見者は一人で抱え込まずに速やかに所轄庁等に相談していただきたい。
○　幼稚園等の所轄庁等におかれては、ガイドライン「３　市町村、都道府県における対応」を参照しつつ、対応窓口の設置や研修の実施などによって不適切な保育の未然防止に取り組むとともに、不適切な保育の相談や通報を受けた場合には、事案の重大性によって初動対応や緊急性を速やかに判断し、事案に応じた適切な対応を行っていただきたい。
○　なお、現場の負担軽減に資するよう、各幼稚園等におかれても「虐待等の未然防止に向けた保育現場の負担軽減と巡回支援の強化について」（令和５年５月12日付けこども家庭庁成育局成育基盤企画課、保育政策課、文部科学省初等中等教育局幼児教育課、特別支援教育課連名事務連絡）を併せてご参照いただきたい。

【添付資料】
・（別紙１）昨年来の保育所等における不適切事案を踏まえた今後の対策について
・（別紙２）保育所等における虐待等の防止及び発生時の対応等に関するガイドライン（令和５年５月こども家庭庁）

○本件についての問合せ先
・認可保育所、地域型保育事業及び認定こども園に関すること
こども家庭庁成育局保育政策課企画法令第一係
tel：03-6858-0058
・認可外保育施設に関すること
こども家庭庁成育局保育政策課認可外保育施設担当室
tel：03-6858-0133
・保育の内容等に関すること
こども家庭庁成育局成育基盤企画課企画法令第二係
tel：03-6861-0054
・幼稚園に関すること
文部科学省初等中等教育局幼児教育課企画係
tel：03-5253-4111（内線　3136）
・特別支援学校幼稚部に関すること
文部科学省初等中等教育局特別支援教育課指導係
tel：03-5253-4111（内線　3716）

1）それぞれ、児童福祉法（昭和22年法律第164号）、障害者虐待の防止、障害者の養護者に対する支援等に関する法律（平成23年法律第79号）、高齢者虐待の防止、高齢者の養護者に対する支援等に関する法律（平成17年法律第124号）に基づく対応

（別紙１）

昨年来の保育所等における不適切事案を踏まえた今後の対策について

- **昨年来の保育所等における不適切事案を踏まえた今後の対策について、次の２点を基本的な考え方として、進めていくこととする。**
  ①　こどもや保護者が不安を抱えることなく安心して保育所等に通う・こどもを預けられるようにすること
  ②　保育所等、保育士等の皆様が日々の保育実践において安心して保育を担っていただくこと
- **具体的には、下記３点の対応を行う**（5/12付でこども家庭庁・文部科学省連名の通知を発出）。

①　虐待等の防止及び発生時の対応等に関するガイドラインの策定

今まで必ずしも明確ではなかった「不適切な保育」の考え方を明確化するとともに、保育所等、自治体等に求められることを整理したガイドラインを策定。

② 児童福祉法の改正による制度的対応の検討

保育所等における虐待等への対応として児童福祉法の改正による制度的対応を検討。

③ 虐待等の未然防止に向けた保育現場の負担軽減と巡回支援の強化

保育現場の負担軽減に資するよう、運用上で見直し・工夫が考えられる事項について周知。
併せて、巡回支援事業の更なる活用等について周知。

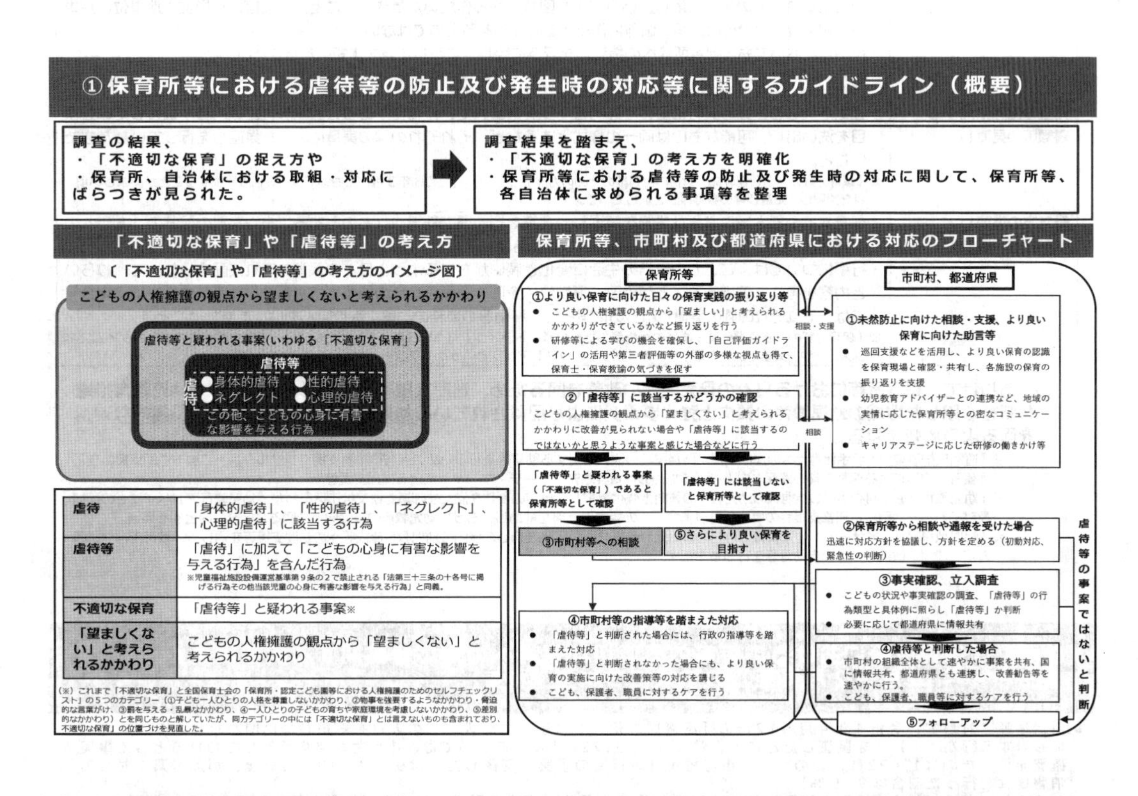

②施設職員による虐待に関する通報義務等について

○ 児童養護施設等職員、障害者施設職員、高齢者施設職員による虐待に対する制度上の仕組みと比較し、保育所等の職員による虐待に対する制度上の仕組みは限定的。

	通報義務	通報を受けた際の適切な権限行使	都道府県による事案の公表	国による調査・研究	国によるガイドライン等の有無
児童養護施設等職員による虐待	○ （児童福祉法33条の12） ※都道府県等へ	○ （児童福祉法33条の14）	○ （児童福祉法33条の16）	○ （児童福祉法33条の17）	○
障害者施設職員による虐待	○ （障害者虐待防止法16条） ※市町村へ	○ （障害者虐待防止法19条）	○ （障害者虐待防止法20条）	○ （障害者虐待防止法42条）	○
高齢者施設職員による虐待	○ （高齢者虐待防止法21条） ※市町村へ	○ （高齢者虐待防止法24条）	○ （高齢者虐待防止法25条）	○ （高齢者虐待防止法26条）	○
保育所等職員による虐待	×	○ （※１）	×	×	○ （※２）

（※１）通報を受けた際の対応に関する規定は無いが、児童福祉法に基づく一般的な規定として、虐待等の事案に対して、都道府県等による指導監査等を通じて把握し、適切に対処していくこととなる。
（※２）令和２年度の調査研究事業により委託事業者が作成した「不適切な保育の未然防止及び発生時の対応についての手引き」を周知している。
さらに、今般、「保育所等における虐待等の防止及び発生時の対応等に関するガイドライン」を作成。

③保育士等の負担軽減策（運用上で見直し・工夫が考えられる事項の周知）

○　**保育士等の負担軽減の観点から、運用上で見直し・工夫が考えられる以下のような事項について周知**を図る。

項目	周知内容
指導計画の作成	・指導計画については、保育所保育指針解説等に則り、こどもの実態等を踏まえて、長期・短期の２種類の計画をそれぞれの園の実情に応じ、創意工夫を図りながら作成いただきたいこと。例えば、年単位、期単位、月単位、週単位、日単位の計画を個別に作成する必要があるものではない。 ・自治体においても、保育所等への指導等を行うに際し、こうした点を了知いただきたいこと。 ※保育所保育指針解説においては、①年・数ヶ月単位の期・月など長期的な見通しを示す指導計画と、②それを基に更にこどもの生活に即した週・日などの短期的な予測を示す指導計画の２種類の計画を作成するよう示している。
児童の記録に関する書類等の見直し	・種類が異なる複数の資料に重複する内容が多く含まれている場合があることから、記載内容が重複している項目を洗い出し、可能なものは同一の様式とするなど、それぞれの園の実情に応じた見直しを行っていただきたいこと。 ※「保育分野の業務負担軽減・業務の再構築のためのガイドライン」（令和３年３月）においては、最低限記載することが望ましい項目を整理し、児童票等の参考様式を示している。
働き方の見直し、業務内容の改善	・保育する上で本当に必要な業務を精選し、会議を短時間で効果的なものとする工夫や業務の配分の「ムラ」の改善など、働き方の見直しに取り組んでいただきたいこと。 ・行事については、こどもの日常の生活に変化と潤いがもてるよう、日々の保育の流れに配慮した上で、ねらいと内容を考えて実施することが重要。恒常的に企画や準備のための残業や持ち帰り作業等が生じている場合等には、それぞれの園の実情やねらいに照らし、準備等の業務の改善に取り組んでいただきたいこと。 ※「保育分野の業務負担軽減・業務の再構築のためのガイドライン」（令和３年３月）においては、保育士等の業務内容のタイムマネジメントや、業務の配分の偏りなどの「ムラ」のリストアップといったアプローチの方法を例示している。

○　あわせて、**保育所等における日々の保育実践の改善を図るため、巡回支援事業の活用とともに、「幼児教育推進体制を活用した地域の幼児教育の質向上強化事業」により配置されている幼児教育アドバイザーとの積極的な連携を図るよう周知**を図る。

※「巡回支援事業」：若手保育士への巡回支援、勤務環境の改善に関する助言等を行うための保育事業者支援コンサルタントによる巡回支援、自己評価等の充実による保育の質の確保・向上を図るための保育実践充実コーディネーターによる巡回支援等
※「幼児教育推進体制を活用した地域の幼児教育の質向上強化事業」：一定の要件を満たす都道府県又は市区町村が、幼児教育アドバイザーの配置及びそれらを活用した研修支援等の事業を行う場合、その経費の一部を補助し、もって幼児教育の質の向上を図ることを目的とする事業。
※「幼児教育アドバイザー」：幼児教育の専門的な知見や豊富な実践経験を有し、域内の幼児教育施設等への訪問支援等を通じて、教育内容や指導方法、環境の改善等について助言等を行う者を指す。

（参考）「保育所等における虐待等の不適切な保育への対応等に関する実態調査」（令和４年12月～２月実施）の結果について（概要）

● 自治体等に対して、令和４年４月～12月の「不適切な保育」（子ども一人一人の人格を尊重しない関わりなど５つの類型に該当する行為（※））を調査したところ、保育所（22,720施設）については、市町村が当該行為が疑われるとして事実確認を行ったのは1,492件。このうち、市町村が当該行為の事実を確認したのは914件（事実確認後、都道府県に対して情報提供を行った割合は９.５％）。
このうち、市町村が「虐待」と確認したのは90件（事実確認後、都道府県に対して情報提供を行った割合は27.8％）。

（※）①子ども一人一人の人格を尊重しない関わり、②物事を強要するような関わり・脅迫的な言葉がけ、③罰を与える・乱暴な関わり、④子ども一人一人の育ちや家庭環境への配慮に欠ける関わり、⑤差別的な関わり

● また、自治体等の体制等や未然防止の取組は下記のとおり。

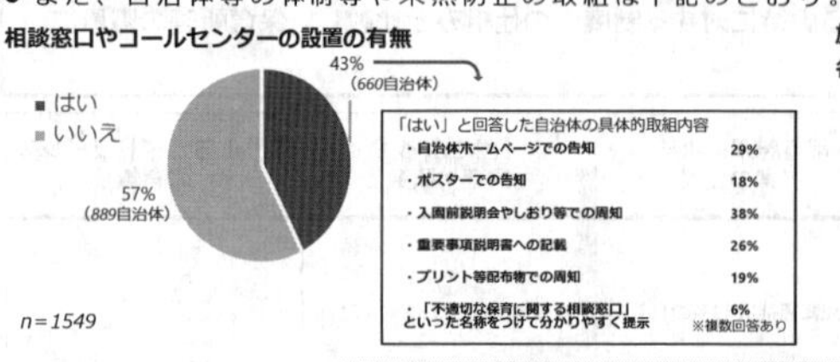

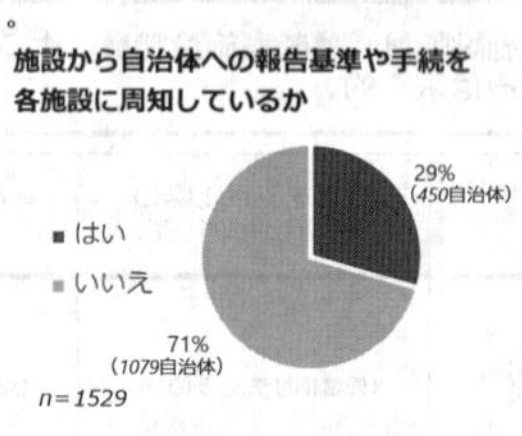

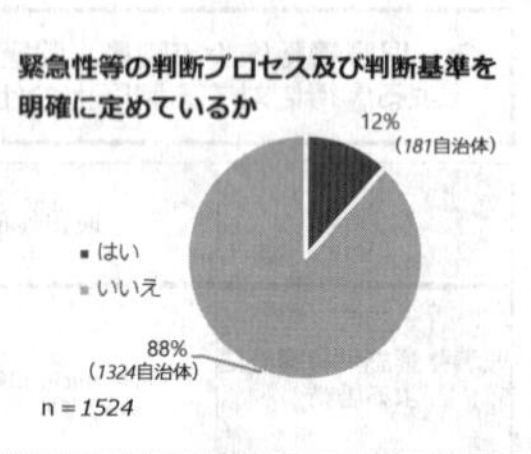

（注１）自治体等に対する調査について、保育所の回収率は88.2%（（47/47（都道府県）、1530自治体／1741（市町村+特別区）））
（注２）同様の調査を、地域型保育事業、認可外保育施設、認定こども園（全類型）、幼稚園・特別支援学校幼稚部（※）に対しても実施しており、調査結果はHP掲載
（※）幼稚園・特別支援学校幼稚部に係る個別事案の件数は、別調査（体罰の実態把握について）より把握
（注３）保育所の数は、令和３年社会福祉施設等調査より（令和３年10月１日時点）

● 施設に対して、令和４年４月～12の月「不適切な保育」の件数を尋ねたところ、保育所については、０件と回答した施設が73%(15,757施設)、１～５件まで合わせると90%（19,369施設）となった一方で、31件以上の件数を回答した施設（82施設（全体の0.4%））から、全体の約４割の件数の回答があり、「不適切な保育」の捉え方にばらつきが見られた。

（注１）施設に対する調査について、保育所の回収率は95.3%（21,649施設／22,720施設（令和３年社会福祉施設等調査より（令和３年１０月１日時点）））
（注２）同様の調査を、地域型保育事業、認可外保育施設、認定こども園（全類型）に対しても実施しており、調査結果はHP掲載

（別紙２）

保育所等における虐待等の防止及び発生時の対応等に関するガイドライン

2023（令和5）年5月　こども家庭庁

1　はじめに

（1）本ガイドラインの位置づけ

○　こどもの安全・安心が最も配慮されるべき保育所、地域型保育事業所、認可外保育施設及び認定こども園（以下「保育所等」という。）において、虐待等はあってはならず、これまでも保育所等における保育士・保育教諭等職員によるこどもへの虐待等に関しては、以下のような対応を行ってきた。

- 児童福祉施設の設備及び運営に関する基準（昭和23年厚生省令第63号）第９条の２においては、「児童福祉施設の職員は、入所中の児童に対し、法第三十三条の十各号に掲げる行為その他当該児童の心身に有害な影響を与える行為をしてはならない」と、施設内での虐待等を禁止する旨の規定が置かれている[1]。
- 保育所保育指針解説（平成30年３月）においては、「子どもに対する体罰や言葉の暴力が決してあってはならないことはもちろんのこと、日常の保育においても、子どもに身体的、精神的苦痛を与えることがないよう、子どもの人格を尊重するとともに、子どもが権利の主体であるという認識をもって保育に当たらなければならない。」ことを示している。
- 「不適切な保育の未然防止及び発生時の対応についての手引き」（令和３年３月株式会社キャンサースキャン。以下「手引き」という。）を作成、周知している。

○　一方で、全国各地の保育所等において、虐待等が行われていたという事案が相次いでおり、令和４年12月には、国において、改めて虐待等への対応について周知を図るとともに、保育施設における虐待等の実態や、通報等があった場合の自治体等（都道府県、市町村（特別区を含む。以下同じ。）、国立大学法人）における対応や体制についての全国的な実態調査を実施した。

○　当該実態調査では、少しでも気になる行為等は不適切な保育に当たると考え、多くの不適切な保育の事例を報告した保育所等もあれば、虐待等と同義に厳密に捉え、事例は０件と報告した保育所等もあると考えられるなど、各施設、各自治体によってこれまで手引き等で示していた不適切な保育にあたる行為等の捉え方や対応に差が見られる結果となった。また、調査に回答するにあたり、不適切な保育の取扱いを改めて明確にしたうえで、各施設、各自治体が取るべき対応を改めて整理してほしいといった意見も寄せられたところである。

　このような状況を踏まえると、保育現場において少しでも気になる行為が直ちに虐待等になってしまうのではないかと心配し、日々の保育実践の中での過度な萎縮につながってしまうことや、不適切な保育や虐待等それぞれで取るべき対応が必ずしも整理されていないことから各自治体においても必要な対応の遅れにつながることなどの懸念も指摘されている。

○　こうしたことから、今般、国において、手引きの内容を整理し、

- 不適切な保育や虐待等の考え方の明確化を行うとともに、
- 保育所等における虐待等の防止及び発生時の対応に関して、保育所等や自治体にそれぞれ求められる事項等について、本ガイドラインにおいて改めて整理して示すこととした。

○　各保育所等、各自治体におかれては、本ガイドラインを踏まえて適切に対応いただくとともに、手引きで示した自治体における先進的な取組事例や、各自治体で策定されているチェックリストやガイドラインなども踏まえ、行政担当者と保育関係者が連携し、地域の実情に合わせた対応を検討・実施いただきたい。

○　なお、本ガイドラインは、現場で運用していく中で、工夫すべき点など、様々な意見が出てくることが想定される。これらの意見なども踏まえ、本ガイドラインの改訂には柔軟に対応していく旨申し添える。

（2）虐待等と不適切な保育の考え方について

〈虐待等について〉

○　保育所等における虐待等については、前述のとおり児童福祉施設の設備及び運営に関する基準などにおいて、「児童福祉施設の職員は、入所中の児童に対し、法第三十三条の十各号に掲げる行為その他当該児童の心身に有害な影響を与える行為をしてはならない」と規定されており、虐待等の行為は禁止されている。

　一方で、保育所等における虐待等の具体例についてはこれまで明記されていなかったことから、本ガイドラインにおいて、禁止される虐待等の考え方を下記のとおり明確化し、整理することとする。

○　まず、保育所等における虐待とは、保育所等の職員が行う次のいずれかに該当する行為である。また、下記に示す行為のほか保育所等に通うこどもの心身に有害な影響を与える行為である「その他当該児童の心身に有害な影響を与える行為」を含め、虐待等と定義される。

①　身体的虐待：保育所等に通うこどもの身体に外傷が生じ、又は生じるおそれのある暴行を加えること。

②　性的虐待：保育所等に通うこどもにわいせつな行為をすること又は保育所等に通うこどもをしてわいせつな行為をさせること。

③　ネグレクト：保育所等に通うこどもの心身の正常な発達を妨げるような著しい減食又は長時間の放置、当該保育所等に通う他のこどもによる①②又は④までに掲げる行為の放置その他の保育所等の職員としての業務を著しく怠ること。

④　心理的虐待：保育所等に通うこどもに対する著しい暴言又は著しく拒絶的な対応その他の保育所等に通うこどもに著しい心理的外傷を与える言動を行うこと。

○　各行為類型の具体例としては下記のとおりである。なお、これらはあくまで例であり、また、明らかに

虐待等と判断できるものばかりでなく、個別の行為等について考えたとき、虐待等であるかどうかの判断しづらい場合もある。そうした場合には、保育所等に通うこどもの状況、保育所等の職員の状況等から総合的に判断すべきだが、その際にも、当該こどもの立場に立って判断すべきことに特に留意する必要がある。

〈不適切な保育について〉

○　手引きにおいては、不適切な保育は、「保育所での保育士等による子どもへの関わりについて、保育所保育指針に示す子どもの人権・人格の尊重の観点に照らし、改善を要すると判断される行為」であるとし、全国保育士会の「保育所・認定こども園等における人権擁護のためのセルフチェックリスト～「子どもを尊重する保育」のために～」(以下「保育士会チェックリスト」) を参考に、当該チェックリストに記載される、人権擁護の観点から「『良くない』と考えられるかかわり」の5つのカテゴリー（(1) 子ども一人ひとりの人格を尊重しないかかわり、(2) 物事を強要するようなかかわり・脅迫的な言葉がけ、(3) 罰を与える・乱暴なかかわり、(4) 一人ひとりの子どもの育ちや家庭環境を考慮しないかかわり、(5) 差別的なかかわり）を不適切な保育の具体的な行為類型として示している[2]。

一方、保育士会チェックリストは、保育の振り返りを行うためのツールとして用いられることを主眼としている。具体的には、保育士・保育教諭が各項目についてチェックを行い、「『良くない』と考えられるかかわり」を「している（したことがある)」にチェックした場合、「していない」とチェックした場合どちらも、本チェックリストに掲載されている「より良いかかわり」へのポイント等を用いて、自らの保育をとらえなおし、保育の専門職としてさらなる保育の質の向上を目指すといった趣旨のものである。

このため、保育士会チェックリストの「『良くない』

保育所等における、職員によるこどもに対する虐待

行為類型	具体例
身体的虐待	・　首を絞める、殴る、蹴る、叩く、投げ落とす、激しく揺さぶる、熱湯をかける、布団蒸しにする、溺れさせる、逆さ吊りにする、異物を飲ませる、ご飯を押し込む、食事を与えない、戸外に閉め出す、縄などにより身体的に拘束するなどの外傷を生じさせるおそれのある行為及び意図的にこどもを病気にさせる行為 ・　打撲傷、あざ（内出血)、骨折、頭蓋内出血などの頭部外傷、内臓損傷、刺傷など外見的に明らかな傷害を生じさせる行為　など
性的虐待	・　下着のままで放置する ・　必要の無い場面で裸や下着の状態にする ・　こどもの性器を触るまたはこどもに性器を触らせる性的行為（教唆を含む) ・　性器を見せる ・　本人の前でわいせつな言葉を発する、又は会話する。性的な話を強要する（無理やり聞かせる、無理やり話させる) ・　こどもへの性交、性的暴行、性的行為の強要・教唆を行う ・　ポルノグラフィーの被写体などを強要する又はポルノグラフィーを見せる　など
ネグレクト	・　こどもの健康・安全への配慮を怠っているなど。例えば、体調を崩しているこどもに必要な看護等を行わない、こどもを故意に車の中に放置するなど ・　こどもにとって必要な情緒的欲求に応えていない（愛情遮断など) ・　おむつを替えない、汚れている服を替えないなど長時間ひどく不潔なままにするなど ・　泣き続けるこどもに長時間関わらず放置する ・　視線を合わせ、声をかけ、抱き上げるなどのコミュニケーションをとらず保育を行う ・　適切な食事を与えない ・　別室などに閉じ込める、部屋の外に締め出す ・　虐待等を行う他の保育士・保育教諭などの第三者、他のこどもによる身体的虐待や性的虐待、心理的虐待を放置する ・　他の職員等がこどもに対し不適切な指導を行っている状況を放置する ・　その他職務上の義務を著しく怠ること　など
心理的虐待	・　ことばや態度による脅かし、脅迫を行うなど ・　他のこどもとは著しく差別的な扱いをする ・　こどもを無視したり、拒否的な態度を示したりするなど ・　こどもの心を傷つけることを繰り返し言うなど（例えば、日常的にからかう、「バカ」「あほ」など侮蔑的なことを言う、こどもの失敗を執拗に責めるなど) ・　こどもの自尊心を傷つけるような言動を行うなど（例えば、食べこぼしなどを嘲笑する、「どうしてこんなことができないの」などと言う、こどもの大切にしているものを乱暴に扱う、壊す、捨てるなど) ・　他のこどもと接触させないなどの孤立的な扱いを行う ・　感情のままに、大声で指示したり、叱責したりする　など

※このほか、こどもの心身に有害な影響を与える行為を含め、虐待等と定義する。

※個別の行為等が虐待等であるかどうかの判断は、こどもの状況、保育所等の職員の状況等から総合的に判断する。その際、保育所等に通うこどもの立場に立って判断すべきことに特に留意する必要がある。

※上記具体例は、「被措置児童等虐待対応ガイドライン」や「障害者福祉施設等における障害者虐待の防止と対応の手引き」等で示す例を参照し、保育所等向けの例を記載したもの。

と考えられるかかわり」の５つのカテゴリーの具体的なかかわりの中には、不適切な保育とまではいえないものも含まれており、当該カテゴリーと不適切な保育とを同じものとして解することは必ずしも適当ではない。

○　こうしたことから、本ガイドラインでは、手引きの不適切な保育の位置づけを見直すこととし、不適切な保育は、保育士会チェックリストの「『良くない』と考えられるかかわり」の５つのカテゴリーと同じものとは解さず、「虐待等と疑われる事案」と捉えなおすこととする。

○　このため、不適切な保育の中には虐待等が含まれ得るものであり、不適切な保育自体が未然防止や改善を要するものであるとして、必要な対応を講じていく必要がある。
　また、こどもの人権擁護の観点から「望ましい」と考えられるかかわりができているかどうかといった、より良い保育に向けた日々の保育実践の振り返り等の取組は、不適切な保育や虐待等そのものへの対応とは峻別して、各保育所や自治体において取り組まれるべきものである。

○　ただし、例えば、本人はこどもへの親しみを表しているつもりの行為で、振り返りの中で改善が図られていくべきものであっても、周囲の職員は見過ごしてしまったり少し気になりつつも指摘せずに済ませてしまったりする中で、それが繰り返されるうちに問題が深刻化し、不適切な保育や虐待等につながることが考えられることから、日々の保育実践の振り返り等の取組と、不適切な保育や虐待等への対応は密接に関連することにも留意が必要である。
　重要なのは、日々の保育実践において、より良い保育に向けた振り返りが実施され、改善につながる一連の「流れ」ができていることである。そうした不断の取組が、虐待等と疑われる事案（不適切な保育）があった際にも、行政も含めた施設内外に風通しよく共有され、適切な対応につながると考えられる。

○　なお、こどもの人権擁護の観点から「望ましくない」と考えられるかかわりや虐待等と疑われる事案（不適切な保育）といったものの具体例については、本ガイドラインにおいて言及していないが、今後議論を深めながら、本ガイドラインの改訂には柔軟に対応していく旨申し添える。

（3）保育所等、市町村及び都道府県における対応のフローチャート

○　上記の整理を踏まえ、保育所等における虐待等の防止に向けた対応や発生時の対応に関して、保育所等、自治体に求められる対応を次頁のフローチャートに整理している。各保育所等、各自治体におかれては、フローチャートの番号に沿って具体的な対応をまとめた下記２、３をそれぞれ参照し、必要な対応を講じていただきたい。

（「虐待等」と「虐待等と疑われる事案（不適切な保育）」の概念図）

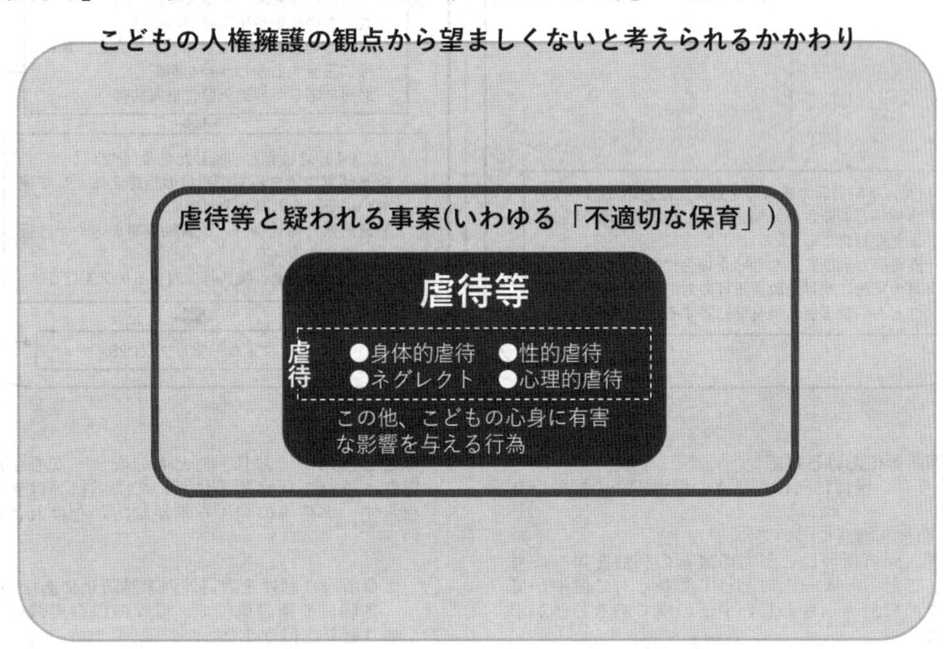

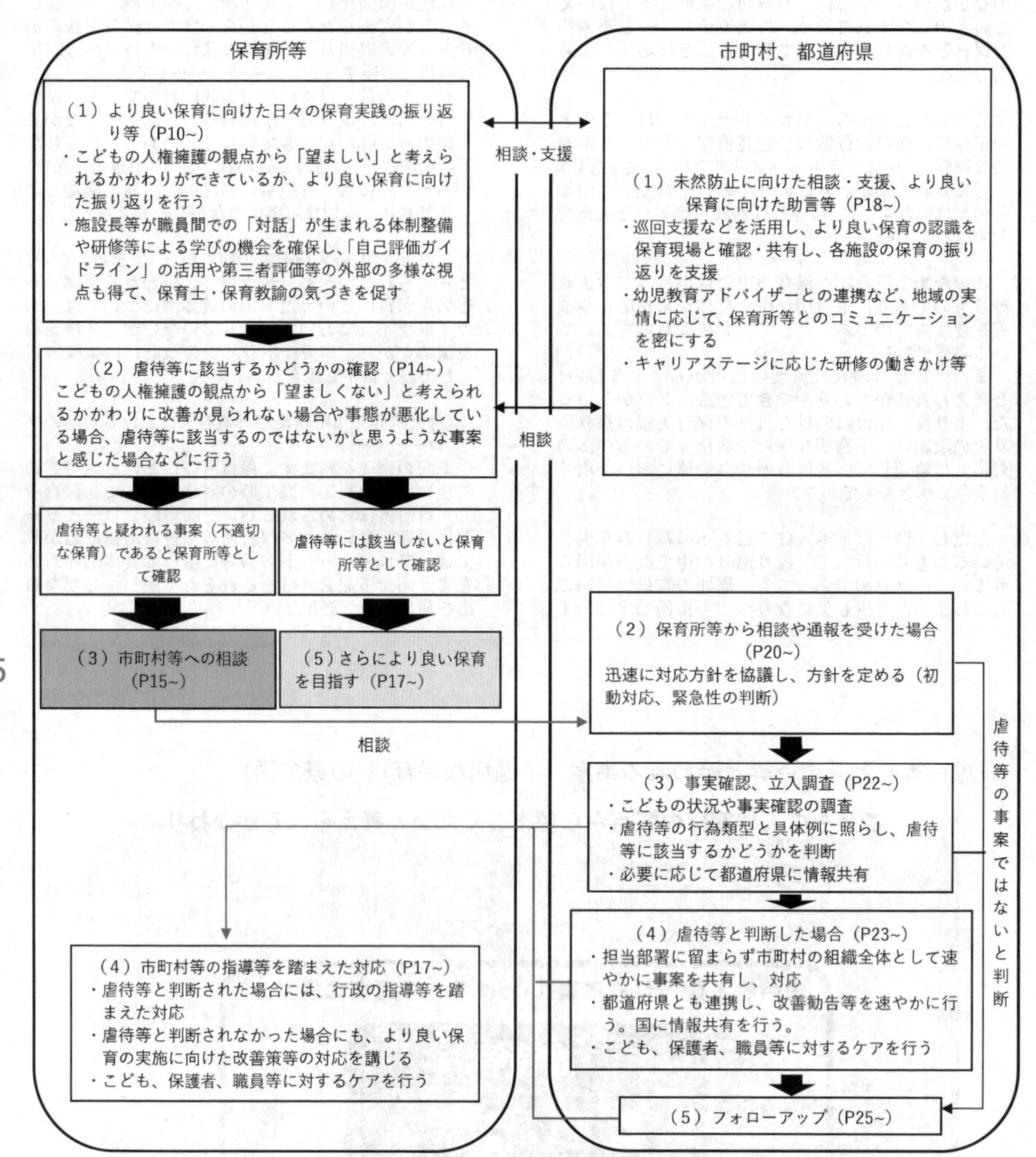

Chapter 5

2　保育所等における対応

（1）より良い保育に向けた日々の保育実践の振り返り等

〈こどもの権利擁護について〉

○　まず、保育所等はこどもの最善の利益を第一に考慮し、こども一人一人にとって心身ともに健やかに育つために最もふさわしい生活の場であることが求められる。

○　保育所保育指針（平成29年厚生労働省告示第117号）や幼保連携型認定こども園教育・保育要領（平成29年内閣府・文部科学省・厚生労働省告示第１号）においては、こどもの生命の保持や情緒の安定を図ることを求めており、こどもの安全・安心が最も配慮されるべき保育所等において、虐待等はあってはならず、虐待等の発生を未然に防がなければならない。

○　保育所等における虐待等の未然防止にあたっては、
・　各職員や施設単位で、日々の保育実践における振り返りを行うこと
・　職員一人一人がこどもの人権・人格を尊重する意識を共有することが重要である。

〈各職員や施設単位で、日々の保育実践における振り返りを行うこと〉

○　保育所保育指針解説において「子どもの人権に配慮した保育となっているか、常に全職員で確認することが必要である」と示されている[13]とおり、日々の保育実践の振り返りにあたっては、常に「こどもにとってどうなのか」という視点から考えていくことが何より大切である。自らのかかわりや施設の保育が「こどもの人権への配慮」や「一人一人の人格を尊重」したものとなっているかを振り返る際には、例えば、保育士会チェックリスト等を活用することが考えられる。

○　チェックリスト等を活用して、言葉でうまく伝えられないこどもの気持ちを汲み取り、こどもの人権擁護の観点から「望ましい」と考えられるかかわりができているかどうか振り返り、「望ましくない」と考えられるかかわりをしていた場合もしていなかった場合も、個々の振り返りや職員間のミーティング等における対話を通じて保育の実践をとらえなおし、保育の専門職としてさらなる保育の質の向上を目指すことが重要である。

○　また、こうした振り返りにあたって、日々の保育に不安等があれば、巡回支援の場面などで、積極的に市町村等に相談を行う等、市町村等とのコミュニケーションを密にしていくことも重要である。

○　こうした日々の振り返りを行ってもなお、こどもの人権擁護の観点から「望ましくない」と考えられるかかわりに改善が見られない場合や事態が悪化している場合、虐待等に該当するのではないかと思うような事案と感じた場合などには、保育所等の会議の場などで共有し、保育所等として、本ガイドラインの虐待等と疑われる事案（不適切な保育）かどうか確認されたい（(2) へ続く)。

○　上記の対応にあたっては、各自治体や各保育所等において作成するチェックリストやガイドライン、保育士会チェックリスト等を活用するなど、行政担当者と保育関係者が連携し、地域の実情に合わせた対応を検討・実施いただきたい。

○　こうした振り返りにあたっては、保育士・保育教諭同士による振り返りの場や、施設での話し合いの場を定期的に持つことが求められるため、保育所等の施設長・園長など管理責任者におかれては、こうした機会の確保、組織内で相談がしやすい職場環境づくり等の対応が求められる。

〈職員一人一人がこどもの人権・人格を尊重する意識の共有をすること〉

○　職員一人一人が、こどもの人権や人格尊重に関する理解を十分に深めた上で、こどもの人権・人格を尊重する保育や、それに抵触する接し方等について認識し、職員間でそうした意識を共有することが重要である。
　このような意識を持つことは、保育所保育指針や幼保連携型認定こども園教育・保育要領に則った保育の実施という意味において、保育士・保育教諭一人一人の責務であると同時に、施設長・園長及びリーダー層の責任において、そうした意識を徹底することが求められる。

○　このため、保育士・保育教諭等の職員に対し、こどもの人権・人格を尊重する保育についての教育・研修を行うことも重要である。施設長・園長及びリーダー層は、施設内での研修を実施するなど、そうした意識を共有するための学びの機会を設ける必要がある。

○　また、上記のとおり、日々の保育について、定期的に振り返りを行い、こどもに対する接し方が適切であったか、より望ましい対応はあったのか等、保育士・保育教諭同士で率直に話すことができる場を設けること等も、全職員がこどもの人権・人格を尊重する保育行うための意識を共有する上で、非常に重要な取組である。

○　こうしたことから、施設内の研修等にとどまらず、保育内容等に関する自己評価を行うことが重要である。「保育所における自己評価ガイドライン（2020年改訂版）（「「保育所における自己評価ガイドライン」の改訂について（通知）」（令和２年３月19日厚生労働省子ども家庭局保育課長通知））では、保育所保育指針に基づき、保育の質の確保・向上を図ることを目的に、保育士等や保育所が自ら行う「保育内容等の評価」について、その基盤となる「子どもの理解」や「職員間の対話が生まれる環境づくりの重要性」等を含め、自己評価の取組を進めていく上での基本的な考え方やポイント、留意点を示している。
　また、同ガイドラインでは保育内容等の自己評価の観点（例）を別添として示すとともに、これらの観点のうち「子どもの人権への配慮と一人一人の人格の尊重」について考えられる評価項目の具体例を挙げている。こうした具体例を参考に、自己評価の観点に「こどもの人権への配慮、一人一人の人格の尊重」を位置づけ、自己評価を行うことが重要である。

○　加えて、第三者評価や公開保育、地域の合同研修等の活用を通じて、日々の保育について施設外部からより多様な視点を得ながら、保育士・保育教諭の気づきを促すことも考えられる。

コラム：保育士・保育教諭の“気づき”
　保育には様々なシーンが存在し、また、その中でのこどもへの接し方はこどもの個性や状況に応じて柔軟に行われるものである。その一つ一つの行為を、何が適切で何が不適切なのか定義することはできず、保育士・保育教諭一人一人が、状況に応じた判断を行う必要がある。そうした判断力を身に付けるためには、こどもの人権についての理解を深めるのはもちろんのこと、保育士・保育教諭が、自分が行っている保育を振り返る中で、改善点につながる課題、自身のかかわりの特徴等への気づきを得ていく必要がある。
　保育所における自己評価ガイドラインハンドブックでも、「保育士等が、評価を適切に実施して、子どもや保育についての理解を深め、よりよい保育の実現に向けたアイデアを生み出す上で、様々な人たちと語り合い、多様な視点を取り入れたり、自分の思いや直感を言葉にして発信したりすることは、とても大きな意味を持」つとされ、そのための職員間での「こどもへのかかわりや配慮、保育の状況などについての対話」が推奨されている。
　保育所において、職員間での「対話」が生まれる体制を整備し、保育士・保育教諭等が“気づき”を得られる環境を作っていくことは、施設長・園長やリーダー層の重要な役割である。

(2) 虐待等に該当するかどうかの確認

○　(1) の日々の保育実践の振り返りを行ってもなお、

こどもの人権擁護の観点から「望ましくない」と考えられるかかわりの改善が見られない場合や虐待等に該当するのではないかと疑われるような事案であると感じた場合には、保育所等の会議の場などで共有し、本ガイドラインの虐待等と疑われる事案（不適切な保育）かどうか、保育所等として確認する必要がある。

○　なお、保育所等として、虐待等に該当しないと確認することに迷いが生じたり、リーダー層の間でも判断が分かれたりしたときには、積極的に市町村等に情報提供、相談を行うことが望ましい。

○　また、虐待等と疑われる事案（不適切な保育）といったものの具体例については、本ガイドラインにおいて言及していないが、今後議論を深めながら、本ガイドラインの改訂には柔軟に対応していく旨申し添える。

（3）市町村等への相談

〈虐待等と疑われる事案（不適切な保育）と確認した場合〉

○　虐待等と疑われる事案（不適切な保育）であると保育所等として確認した場合には、保育所等は状況を正確に把握するとともに市町村や都道府県に設置されている相談窓口や担当部署に対して、把握した状況等を速やかに情報提供・相談し、今後の対応について協議する必要がある。

○　その際に基本となるのが、「隠さない」「嘘をつかない」という誠実な対応である。そうした誠実な対応は、管理者等が日頃から行うべきことであり、こどもや保護者への適切なケアを含め、そのような対応が早期に行われないことは、改善の機会を遅らせ、こどもに対して大きな不利益を与え続けることになる。

○　こうした対応を組織として行うことが重要であり、施設長·園長、副施設長、副園長、教頭、主幹保育教諭、主任保育士、副主任保育士といった施設のなかでのリーダー層の意識と適切な対応が必要不可欠である。このため、各市町村及び各都道府県においては、施設長・園長や主任保育士等を対象とした会議やキャリアアップ研修を含む研修等の機会を通じ、施設長・園長や主任保育士等の管理者等に対してこうした意識の醸成や適切な対応についての周知徹底を図ることが重要である。

○　また、保育所等が組織として適切な対応を行わない場合、虐待等と疑われる事案（不適切な保育）の発見者は一人で抱え込まずに速やかに市町村や都道府県に設置されている相談窓口や担当部署に相談することが重要である。

　なお、公益通報者保護法（平成16年法律第122号）第5条には、公益通報をしたことを理由として、降格、減給その他不利益な取扱いをしてはならないと規定されている[4]。

〈虐待等に該当しないと確認した場合〉

○　虐待等に該当しないと保育所等として確認した場合には、引き続き（1）の対応を進めていくとともに、保育の専門職としてさらなる保育の質の向上を目指していくことが重要である（（5）へ続く）。

　また、巡回支援の場面など、指導監査等の場面に限らず、自治体への相談をする機会を活用し、相談を行うことが重要である。

（4）市町村等の指導等を踏まえた対応

○　当該事案が、市町村等において虐待等と判断されたかどうかにかかわらず、今後のより良い保育の実施を目指し、同様の事案が生じないための環境を整備することが重要である。

　そのため、個別の事案だけに焦点を当てた改善の検討を行うのではなく、その背景にある原因を理解した上で、保育所等の組織全体として改善するための方法を市町村等とともに探ることが重要である。保育所等は、虐待等と疑われる事案（不適切な保育）が確認された場合、施設長・園長・法人本部等が中心となり、改善に向けた行動計画を策定し、保育所等全体で改善に取り組むことが求められる。

○　また、市町村等において虐待等と判断された場合、その対象となったこどものみならず、その他の保育所等を利用するこども、虐待等に関わっていない職員も含め、十分な心のケアを行う必要がある。併せて、虐待等が行われた経緯や今後の保育所等としての対応方針等について、保育所等を利用するこどもの保護者に対して、丁寧に説明し、理解を得ることが重要である。その際、虐待等を受けたこどもの保護者から、他の保護者に対して事案の経緯等を説明することの同意を得る必要が生じる場合があることに留意する必要がある。

（5）さらにより良い保育を目指す

○　（4）において、市町村に虐待等に該当しないと判断された場合においても、引き続き（1）の対応を進め、どうすればより良い保育を行うことができるのか保育所等として検討を行うとともに、保育の専門職としてさらなる保育の質の向上を目指していくことが重要である。

3　市町村、都道府県における対応

（1）未然防止に向けた相談・支援、より良い保育に向けた助言等

○　市町村においては、“こどもの最善の利益”を考慮した保育の実現に向けて、保育所等と緊密に連携する立場として、助言・指導を行うことが期待される。このため、巡回支援などを積極的に実施し、より良い保育の認識を保育現場と確認・共有し、各施設の振り返りを支援することが考えられる。

　また、巡回支援の他、保育所、幼稚園、幼保連携型認定こども園等に対して、質の高い保育を実施するための助言等を行う幼児教育アドバイザーとの連携など、地域の実情に応じて、保育所等とのコミュニケーションを密にして、積極的に日々の保育実践の支援に取り組んでいくことが重要である。

○　また、保育士・保育教諭等や保護者が、保育所等において行われる保育に対して違和感を覚えた場合に相談できる先として、対応窓口を設けることが重要である。

　例えば、虐待等と疑われる事案（不適切な保育）の対応窓口として、相談窓口やコールセンターを設置している自治体も一定数存在しており、こうした取組を参考にすることも考えられる。また、当該窓口は、例えば「虐待等が疑われる事案に関する相談窓口」といった名称をつけてわかりやすく掲示・周知するなど、広く一般に認知されるよう工夫を行うこと。

　仮に専用の対応窓口を設けない場合にも、保育所等において行われる日々の保育実践に疑義が生じた際に相談を受け付ける担当部署の連絡先を周知しておくことが望ましい。

　その際、内部告発者や保護者は、事実を訴えることで不利益を被る状態にある恐れがあることに留意し、必要な配慮を行うこと。

○　さらに、施設長・園長やリーダー層に対しては、職場環境も虐待等が発生する要因となり得ることについても十分に理解を求めるとともに、保育所等としてどのように虐待等の未然防止に取り組んでいくかを検討するきっかけを提供することが望まれる。例えば、中堅層に対するキャリアアップ研修による人権意識の醸成とともに、新任研修や施設長・園長等向けの研修などキャリアステージに応じた働きかけも有効と考えられる。
　また、保育現場で実際に保育に従事する保育士・保育教諭等に対して、こどもの人権・人格を尊重する保育や、それに抵触する接し方等についての研修等を行う中で、グループワーク形式で“日々の保育を通したこどもへのかかわりについて気づいたこと、感じたこと”等を話し合う場を設けるなど、保育士・保育教諭同士の話合いの中で“気づき”を促す工夫を行っている自治体も見られる。また、市町村主催の研修という形とは別に、保育現場で定期的にそのような話合いの場を持つよう推奨している自治体も見られるところである。こうした各自治体における取組の好事例については、手引きにおいて事例集として示しているため、参照されたい。

（2）保育所等からの相談や通報を受けた場合
○　市町村及び都道府県における虐待等に関する相談窓口等において、虐待等と疑われる事案（不適切な保育）の相談や通報を受けた場合には、まず、市町村及び都道府県の担当部局等において迅速に対応方針を協議し、方針を定めることが必要である。その際、事案の重大性によって、例えば下記のように、初動対応や緊急性を速やかに判断することが大変重要である。

〈初動対応の決定〉
○　相談・通報を受けた際は、直ちに緊急対応が必要な場合であるかどうかを判断する必要がある[5]。これらは相談等の受付者個人ではなく、担当部局管理職や事案を担当することとなる者などによって組織的に行うことが重要である。

○　初動対応において、こどもや保育士・保育教諭等の状況に関する更なる事実確認の方法や関係機関への連絡・情報提供依頼等に関する今後の対応方針、行政職員の役割分担等を決定する。また、事実確認の日時の決定と事実確認の結果を受けて会議の開催日時まで決定しておくことで、緊急性の判断や対応をスムーズに進めることが可能である。また、平日日中だけでなく、夜間や休日等の緊急の事態に速やかに対応ができるよう、事前に、責任者やメンバー、各々の具体的な役割を明確化しておくことも考えられる。

〈初動対応のための緊急性の判断について〉
○　受付記録の作成後（場合によっては詳細な受付記録の作成に先立ち）、直ちに相談等の受付者が担当部局の管理職（又はそれに準ずる者）等に相談し、担当部局として判断を行う。緊急性の判断の際には保育士・保育教諭等の職員への支援の視点も意識しつつ、こどもの安全確保が最優先であることに留意が必要である。情報が不足する等から緊急性の程度を判断できない場合には、こどもの安全が確認できるまで、さらに調査を進めることが重要である。

〈緊急性の判断後の対応〉
○　緊急性が高いと判断したときには、
・　保育所等に通うこどもの生命や身体に重大な危険が生じるおそれがあると判断した場合、虐待等を受けたとされるこどもの安全を目視により確認することを原則とする。

○　緊急性は低いと判断したときには、
・　緊急性が低いと判断できる場合には、その後の調査方針と担当者を決定し、遅滞なく計画的に事実関係の確認と指導・助言を行う。その際、調査項目と情報収集する対象機関を明らかにして職員間で分担する。

○　また、上記いずれの場合においても、
・　決定内容は会議録に記録し、速やかに責任者の確認を受けて保存しつつ、
・　複数対応を原則とし、性的虐待が疑われる場合は、対応する職員の性別にも配慮することが重要である[6]。

○　また、特に、市町村においては、虐待等と疑われる事案（不適切な保育）を把握した場合、事案の重大性に応じ、担当部局にとどまらず、市町村の組織全体として迅速に事案を共有するとともに、児童福祉法（昭和22年法律第164号）や就学前の子どもに関する教育、保育等の総合的な提供の推進に関する法律（平成18年法律第77号。いわゆる「認定こども園法」）に基づく指導監督権限を有する都道府県に対しても迅速に情報共有を行うことが重要である。

○　対応方針の協議、都道府県に対する情報提供を行ったうえで、速やかに事実確認、立入調査等の対応を講じる必要がある（（3）へ続く）。

（3）事実確認、立入調査
○　（2）を踏まえ、市町村及び都道府県において、指導監査等による事実関係の確認を行う場合には、相談者や保育所等関係者から丁寧に状況等を聞き取りつつ事実関係を正確に把握することが重要である。
　この場合、相談者や保育所等の関係者から丁寧に状況等を聞き取りつつ事実関係を正確に把握し、市町村及び都道府県の間で緊密に情報を共有することが望ましい。

○　事実関係等の聞き取りを行うにあたり、虐待等が保育所等における保育の一連の流れの中で生じるものであるという特性を踏まえ、事情を的確に把握するために、保育経験者（施設長・園長経験者など）である専門職員等が立ち合うことも考えられる。

○　そのうえで、虐待等に該当するかどうかを判断する必要がある。

〈虐待等に該当すると判断した場合〉
○　虐待等に該当すると判断した場合には、（4）に従って対応する必要がある（（4）へ続く）。

〈虐待等に該当しないと判断した場合〉
○　虐待等に該当しないと判断した場合には、
・　引き続き注視が必要な施設として、当該施設の状況等を担当部署内都道府県に情報共有すること、
・　巡回支援などの機会を増やし、必要な相談、支援等を行うこと
・　指導監査の場面で特にフォローすること
などの対応が考えられる。

（4）虐待等と判断した場合
○　指導監査等を実施した結果、保育所等において虐待等が行われたと判断する場合には、虐待等が行われた要因や改善に向けての課題も含め、指導監査に

より是正を求める立場である都道府県や、保育所等と連携して改善に向けた助言・指導を行う立場である市町村として、丁寧に把握することが重要である。また、虐待等に該当すると判断した場合には、市町村において、国（こども家庭庁）に対しても情報共有を行っていただきたい。

○　また、状況を丁寧に把握したうえで、当該保育所等に対して、書面指導や改善勧告等による改善の指示を適切に行う必要がある。改善勧告等のみでなく、引き続き、当該保育所等に対するフォローアップが求められる（（5）へ続く）。

○　さらに、事案の性質や重大性等に応じ、事案の公表等の対応も判断していくことが重要である。公表は保育所等における虐待等の防止に向けた各自治体の取組に反映していくことを目的とするものであり、公表することにより当該施設に対して制裁を与えることを目的とするものではないことに配慮するとともに、虐待等を受けたこどもやほかのこどもへの影響に十分配慮する形の公表とすることに留意が必要である。

○　また、各自治体においては、当該事案を個別の保育所等の事案として対応するのみでなく、管内の保育所等において同様の事案が生じないよう、必要な対策の検討を行うべきである。

○　虐待等を行った保育士・保育教諭の保育士資格の登録の取消等についても、都道府県等と市町村が連携し、十分に事実確認を行った上で、適切に対応することが必要である[7]。

○　このほか、当該虐待等の対象となったこどものみならず、その他の保育所等を利用するこども、虐待等に関与していない職員も含め、十分な心のケアを行う必要がある。併せて、虐待等が行われた経緯や今後の保育所等としての対応方針等について、保育所等とも連携のうえ、保育所等を利用するこどもの保護者に対して、丁寧に説明し、理解を得ることが重要である。

その際、虐待等を受けたこどもの保護者から、他の保護者に対して事案の経緯等を説明することの同意を得る必要が生じる場合があることに留意する必要がある。

（5）フォローアップ

○　虐待等が行われた保育所等に対するフォローアップにおいては、虐待等が行われた原因や保育所等が抱える組織的な課題を踏まえ、助言・指導を継続的に行うことが必要である。

○　保育の実施主体である市町村及び認可・指導監査実施主体である都道府県は、保育所等に対して、書面指導や改善勧告等により改善を求めることとなるが、その際には、実際に生じた個別の事案だけを改善するのではなく、その背景にある原因を理解した上で、保育所等の組織全体としての改善を図るための指示を行うことが期待される。

具体的には、指導監査等の事実確認において把握した、虐待等が行われた原因や保育所等が抱える組織的な課題を踏まえ、市町村及び都道府県が緊密に連携して、保育所等が策定する改善計画の立案を支援・指導するとともに、その実現に向けた取組に対する助言・指導を継続的に行うことが求められる。

虐待等が行われた背景や保育者が抱える組織的な課題は、個々のケースにより異なる。その改善のための取組の在り方も様々であるが、例えば、次のような支援が考えられる。

・　他の施設等で保育を経験した立場からの助言
・　他の保育所等の取組等を知る立場からの助言や、具体的ケースの共有
・　保育所等の組織マネジメントに関する助言・指導
・　保育士・保育教諭等の職員への研修や指導に関する助言・指導

○　なお、虐待等が行われた保育所等に対し、継続的な支援を市町村及び都道府県が実施することは重要であるが、虐待等が行われた場合に限らず、日頃から保育所等と市町村及び都道府県が密にコミュニケーションを取りつつ、虐待等の未然防止や保育の質の向上に取り組んでいくことが望ましいことに留意する必要がある。

1）　幼保連携型認定こども園については、幼保連携型認定こども園の学級の編制、職員、設備及び運営に関する基準（平成26年内閣府・文部科学省・厚生労働省令第１号）第13条により準用、それ以外の認定こども園については、就学前の子どもに関する教育、保育等の総合的な提供の推進に関する法律第三条第二項及び第四項の規定に基づき内閣総理大臣、文部科学大臣及び厚生労働大臣が定める施設の設備及び運営に関する基準（平成26年内閣府・文部科学省・厚生労働省告示第２号）第五の五の８により規定

2）　手引きにおいては、不適切な保育の意味を「保育所での保育士等による子どもへの関わりについて、保育所保育指針に示す子どもの人権・人格の尊重の観点に照らし、改善を要すると判断される行為」と解することとしている。

また、不適切な保育の具体的な行為類型としては、例えば、次のようなものが考えられるとしている。

①　子ども一人一人の人格を尊重しない関わり
②　物事を強要するような関わり・脅迫的な言葉がけ
③　罰を与える・乱暴な関わり
④　子ども一人一人の育ちや家庭環境への配慮に欠ける関わり
⑤　差別的な関わり

3）　幼保連携型認定こども園教育・保育要領においても、「園児が将来、性差や個人差などにより人を差別したり、偏見をもったりすることがないよう、人権に配慮した教育及び保育を心掛け、保育教諭等自らが自己の価値観や言動を省察していくことが必要である。」等としている。

4）　（参考）公益通報者に対する保護規定：①解雇の無効、②その他不利益な取扱い（降格、減給、訓告、自宅待機命令、給与上の差別、退職の強要、専ら雑務に従事させること、退職金の減給・没収等）の禁止

5）　相談等の受付者が委託を受けた職員である場合などには、市町村において通報内容の詳細を確認することが必要。

6）　なお、性的虐待への対応に関しては、「保育士による児童生徒性暴力等の防止に関する基本的な指針」についても参照すること。

7）　信用失墜行為による保育士登録の取消（児童福祉法第18条の19第２項）の事例としては、これまで園児に対する虐待行為により取消が行われた事例もある。また、児童生徒性暴力等を行ったと認められる場合については、都道府県知事は保育士登録を取り消さなければならないこととされている（児童福祉法第18条の19）。

予算関連資料

資料 3-1 こども家庭庁2023（令和5）年度当初予算案のポイント

令和５年度 こども家庭庁関連予算の全体像

○令和5年度のこども家庭庁当初予算案（一般会計・特別会計）は、４．８兆円。令和4年度第2次補正予算で前倒しで実施するもの等を含めれば、５.２兆円規模。

（単位：億円）

区分	令和５年度当初予算案	【参考】令和４年度第２次補正予算額（こども関係予算）	【参考】令和４年度予算額（移管予定分）
一般会計	14，657	2，428	14，133
うち社会保障関係費	14，560	2，124	14，018
年金特別会計（子ども・子育て勘定）	33，447	1，336	32，738
合計	48，104	3，764	46，871

［計数整理の結果、異動を生ずることがある。］

（注）計数は、それぞれ四捨五入によっているので、端数において合計と合致しないものがある。
（注）一般会計の金額は、年金特別会計に繰り入れる額を除いたもの。

（参考1）対前年度と比較して、約1,233億円（＋2.6%）の増（一般会計及び年金特別会計）となっているが、主な要因としては、「出産・子育て応援交付金」の継続実施（+370億円）、保育士等の処遇改善（+564億円）、保育所等の受け皿整備（+554億円）など。
（参考2）上記のほか、厚生労働省において育児休業給付（労働保険特別会計） 7,625億円（＋325億円、令和4年度：7,300億円）を確保。

こども家庭庁関連予算の基本姿勢

こども家庭庁関連予算の要求・編成に当たっては、以下の５つの基本姿勢を踏まえ行っていく。

1．こども政策は国の未来への投資であり、こどもへの投資の最重要の柱である。その実現のためには将来世代につけをまわさないように、安定財源を確実に確保する。
2．単年度だけではなく、複数年度で戦略的に考えていく。
3．こどもの視点に立ち施策を立案し、国民に分かりやすい目標を設定して進める。
4．こども家庭庁の初年度にふさわしく、制度や組織による縦割りの狭間に陥っていた問題に横断的に取り組む。
5．支援を求めているこどもの声を聴き、支援を求めている者にしっかりと届ける。

○年齢や制度の壁を克服した切れ目ない包括的支援イメージ

・［点線枠］は、こども家庭庁準備室として新たに取り組むもの
・赤字（アンダーライン―編集部）は主な新規事業

結婚 ＞ 妊娠前 ＞ 妊娠期～産後 ＞ 乳幼児期（～5歳） ＞ 学齢期以降（6歳～） ＞ 18歳以降

結婚支援
妊娠相談・支援
妊産婦支援（産後ケア含む）
子育て支援（未就園児含む）（地域子育て支援拠点、ファミリー・サポート・センター等）
・伴走型の支援 新
・定期預かりモデル事業 新
幼稚園（特別支援学校を含む）
認定こども園・保育所 新
・認定こども園向け補助金の一元化
就学前こども育ち指針の策定 新
義務教育（特別支援学校を含む）
高校教育（特別支援学校を含む）
大学等
いじめ・不登校
・地域におけるいじめ防止対策の体制構築の推進 新
こどもの居場所（こどもの居場所づくり指針の策定）
（放課後児童クラブ、児童館、こども食堂、学習支援の場、青少年センター等）
・居場所づくり支援モデル事業 新
母子保健
児童手当（15歳まで）
こどもの安全（事故防止、災害共済給付、性被害防止等）
・こども関連業務従事者の性犯罪歴等確認の仕組み（日本版DBS） 新
困難な状況にあるこども支援（児童虐待、貧困、ひとり親、ヤングケアラー、障害児、高校中退、非行等）
こどもの意見聴取と政策への反映
周産期医療
こどもに対する医療

令和５年度 こども家庭庁関連予算のポイント

※金額は、令和５年度当初予算案と令和４年度第２次補正予算の合計

こどもの視点に立った司令塔機能の発揮、こども基本法の着実な施行

- **こども大綱の策定・推進** １．４億円
  - ➢こども大綱の策定と周知のための情報発信
  - ➢地方自治体こども計画策定支援事業
- **こども基本法・児童の権利に関する条約の普及啓発** ０．３億円
  - ➢こども基本法の普及啓発、児童の権利条約に関する意識調査と普及啓発方法の検討
- **こどもの意見聴取と政策への反映** ２．３億円（うちR4補正０．５億円）
  - ➢こども・若者意見反映推進事業（一部補正）
- **こども政策に関するデータ・統計とEBPMの充実** ０．５億円
  - ➢こども大綱の策定・推進に関する総合的な調査、EBPMの在り方に関する研究等

全てのこどもに、健やかで安全・安心に成長できる環境を提供する

- **総合的な子育て支援** ３兆６，０５０億円（うちR4補正１，９２０億円）
  - ➢子ども・子育て支援新制度の推進（一部補正）
  - ・子どものための教育・保育給付等（チーム保育推進加算の拡充、スポット支援員の配置等による保育士の負担軽減）
  - ・保育士・幼稚園教諭等に対する処遇改善（※）
令和４年人事院勧告に伴う給与の引き上げや３％程度（月額９千円）の処遇改善の満年度化
（※）放課後児童クラブや児童養護施設、障害児入所施設等の職員についても同様の措置を実施。
  - ➢「新・放課後子ども総合プラン」に基づく放課後児童クラブの受け皿整備・放課後子供教室との連携推進(一部補正)
  - ➢保育の受け皿整備・保育人材の確保等（一部補正）
  - ・チーム保育推進加算の拡充、スポット支援員の配置等による保育士の負担軽減、ICTによる業務効率化の推進（再掲）
  - ・保育所の空き定員等を活用し、未就園児を定期的に預かるためのモデル事業を実施 等
  - ➢放課後児童クラブ等のICT化の推進（補正）
  - ➢認定こども園向け施設整備補助金の一元化（一部補正）
  - ➢就学前の全てのこどもの育ちを支える指針の策定・普及等
- **こどもの居場所づくり支援** １，４３８億円の内数（うちR4補正５８億）
  - ➢「新・放課後子ども総合プラン」に基づく放課後児童クラブの受け皿整備・放課後子供教室との連携推進(一部補正)(再掲)
  - ➢ＮＰＯ等と連携したこどもの居場所づくり支援モデル事業の実施（補正）
  - ➢「こども食堂」等に対する支援（一部補正）
- **こどもの安全・安心** ２８６億円（うちR4補正２６２億円）
  - ➢こども関連業務従事者の性犯罪歴等確認の仕組み（日本版ＤＢＳ）の導入に向けた検討
  - ➢災害共済給付事業
  - ➢予防のためのこどもの死亡検証（Child Death Review）のモデル事業の実施、他の検証事業を踏まえたこどもの安全確保の推進
  - ➢「こどもの安心・安全対策支援パッケージ」の推進（補正）
  - ➢児童福祉施設等の災害復旧への支援（補正）

結婚・妊娠・出産・子育てに夢や希望を感じられる社会の実現、少子化の克服

- **地域の実情や課題に応じた少子化対策** １００億円（うちR4補正９０億円）
  - ➢地域少子化対策重点推進交付金（一部補正）
- **子育て世帯を優しく包み込む社会的機運の醸成のための情報発信** ２．５億円
  - ➢少子化に対する国民全体の危機感共有のための情報発信等
- **妊娠期から子育て期の包括的な切れ目のない支援** １，９０５億円（うちR4補正１，３７４億円）
  - ➢妊婦・低年齢児の親への伴走型相談支援と経済的支援の一体的実施の継続
  - ➢全ての産婦への産後ケア事業の利用料減免導入、低所得妊婦への初回産科受診料支援
  - ➢都道府県による成育医療等に関する協議会設置などの広域連携の実施支援
  - ➢母子保健情報デジタル化実証事業の実施（補正） 等
- **高等教育の無償化** ５，３１１億円
  - ➢高等教育の修学支援新制度の実施

成育環境にかかわらず誰一人取り残すことなく健やかな成長を保障する

- **児童虐待防止対策・社会的養育の迅速かつ強力な推進** １，７２１億円の内数（うちR4補正４５億円）
  - ➢保護者指導等に関する事業を拡充し、親子関係の再構築を図る民間団体の育成支援等による児童虐待防止対策の強化
  - ➢児童相談所等でのタブレット端末等の活用促進、ＡＩを活用した緊急性の判断に資する全国統一のツールの開発促進による児童虐待防止対策の推進（補正）
  - ➢包括的な里親支援を行う機関への支援の強化、児童養護施設退所者等への支援の年齢要件の緩和等による社会的養育の充実
  - ➢未就園児等のいる家庭を支援につなぐ「申請手続等支援」の実施
- **ひとり親家庭等の自立支援の推進** １，６９４億円（うちR4補正３０億円）
  - ➢必要な支援につなぐ同行型の支援の強化、職業訓練に係る給付金の対象資格拡充等の措置の継続等によるひとり親家庭の自立支援の推進
  - ➢困窮するひとり親家庭等のこども等を対象としたこども食堂等への支援（補正）
- **障害児支援体制の強化** ４，７４５億円の内数
  - ➢児童発達支援センターの機能強化等による地域の障害児支援体制の強化 等
- **地域におけるいじめ防止対策の体制構築の推進** ２．１億円
  - ➢首長部局が専門家等を活用し、いじめの相談から解決まで取り組む手法の開発・実証を行うほか、重大事態調査を立ち上げる自治体に第三者性確保等の助言
- **ヤングケアラーなどの困難な状況にあるこども・家庭に対する支援** ２１６億円の内数
  - ➢ヤングケアラーの実態調査や関係機関職員の研修等に対する支援の強化、外国語対応が必要な家庭への通訳の派遣の実施、市町村の体制強化 等
- **潜在的に支援が必要なこどもをアウトリーチ支援につなげるためのこどもデータ連携の推進** １２億円（うちR4補正１２億円）
  - ➢潜在的に支援が必要なこどもをアウトリーチ支援につなげるための情報・データ連携に係る実証事業（補正）

＜参考＞この外、こども政策に関連する主なものとしては、厚生労働省において、出産育児一時金（医療保険制度）の増額（42万円→50万円）を実施。また、育児休業給付（０.８兆円）を確保。

参考資料

子どものための教育・保育給付交付金

令和５年度予算額案　　1兆5,948億円（１兆4,918億円）

1. 施策の目的･内容

子ども･子育て支援法に基づき、市町村が支給する施設型給付費等の支給に要する費用の一部を負担することにより、子どもが健やかに成長するように支援することを目的とする。

教育･保育給付認定を受けた小学校就学前の子どもが、幼稚園、保育所、認定こども園、地域型保育事業(小規模保育事業、家庭的保育事業等)を利用する際に施設型給付費等を支給する市町村に対し、支給に必要な費用の一部を負担するため交付金を交付する。

2. 令和5年度予算案の主な内容

○新子育て安心プランに基づく保育所等の受け皿整備に伴う利用児童数の増(＋1.7万人)

○保育士･幼稚園教諭等の3%程度(月額9千円)の処遇改善に係る満年度化、令和4年人事院勧告に伴う国家公務員給与改定への対応

○チーム保育推進加算の充実

比較的規模の大きな保育所(利用定員121人以上)(※)について、25:1の配置が実現可能となるよう、2人までの加配を可能とする(現行は保育所の規模にかかわらず1人。)拡充を行い、保育士の負担軽減、こどもの安心･安全な保育環境の整備を推進する。

(※)これまでと同様に、複数保育士のチームによる保育体制や職員の平均経験年数(12年以上)等に一定の要件あり。

○主任保育士専任加算等の要件についての特例の創設

0歳児3人以上の利用に係る要件について、①0歳児の利用定員が3人以上あり、かつ、②3人以上の0歳児保育を実施する職員体制を維持している場合には、新型コロナウイルス感染症による利用控えが想定される令和5年度に限り、前年度に要件を満たしていた月については、引き続き、要件を満たすものとして取り扱う。

○処遇改善等加算Ⅱの他の施設への配分に関する期限の延長

処遇改善等加算Ⅱの加算額の一部を同一の者が運営する他の施設･事業所に配分することができる取扱いの期限について、令和4年度末までから令和6年度末までに延長する。

(注)新型コロナウイルス感染症による休園等に伴う保育料減免は、令和4年度末までの措置とする。

3. 実施主体等

【実施主体】市町村

【負担割合】

	国	都道府県	市町村
施設型給付(私立)	1/2	1/4	1/4
地域型保育給付(公私共通)	1/2	1/4	1/4

※公立の施設型給付については、地方交付税により措置
※0～2歳児相当分については、事業主拠出金の充当割合を控除した後の負担割合
※1号給付に係る国･地方の負担については、経過措置あり

国 → 国負担分の交付 → 市町村
都道府県 → 都道府県負担分の交付 → 市町村
市町村 → 施設型給付費等の支弁 → 幼稚園･保育所･認定こども園等

保育士等の処遇改善の推移

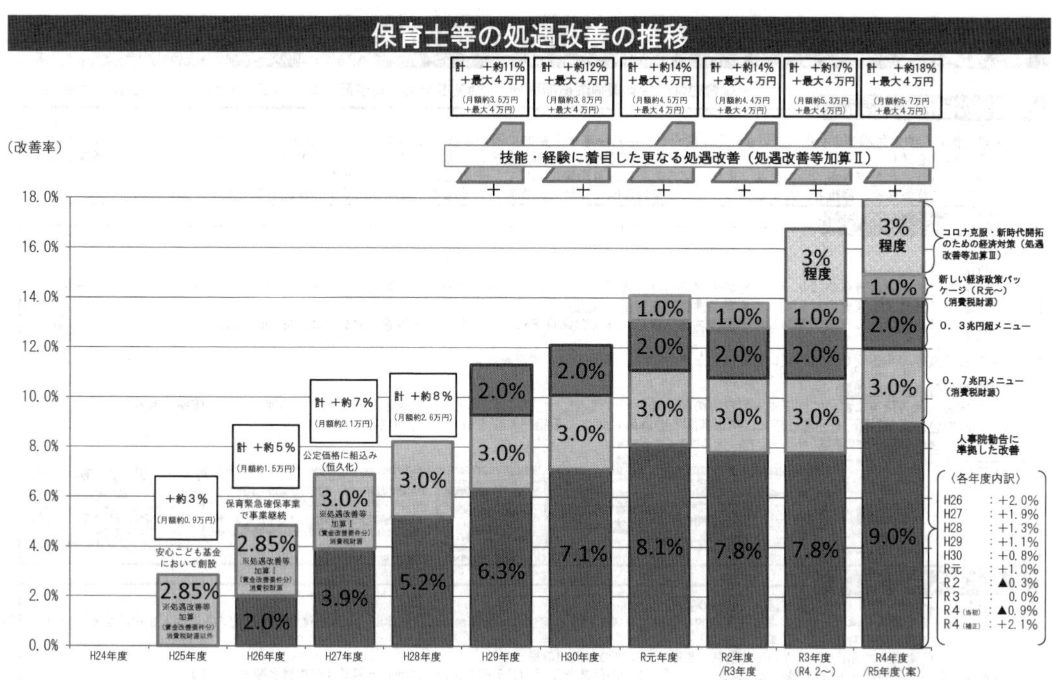

※ 処遇改善等加算（賃金改善要件分）は、平成25、26年度においては「保育士等処遇改善臨時特例事業」により実施
※ 各年度の月額給与改善額は、予算上の保育士の給与改善額
※ 上記の改善率は、各年度の予算における改善率を単純に足し上げたものであり、24年度と比較した実際の改善率とは異なる
※ 「コロナ克服・新時代開拓のための経済対策」による処遇改善は、令和４年２～９月は「保育士・幼稚園教諭等処遇改善臨時特例事業」により実施。令和４年10月以降は公定価格により実施（恒久化）

拡充　保　育　体　制　強　化　事　業

＜保育対策総合支援事業費補助金＞

令和５年度当初予算（案）　457億円の内数（453億円の内数）

1. 施策の目的

○　清掃業務や遊具の消毒、給食の配膳、寝具の用意、片付け、外国人の児童の保護者とのやりとりに係る通訳や、園外活動時の見守り等といった保育に係る周辺業務を行う者（保育支援者）の配置の支援を行い、保育士の業務負担の軽減を図る。

2. 施策の内容

（１）保育支援者の配置

保育支援者は、保育士資格を有しない者で、保育に係る次の周辺業務を行う。

ア　保育設備、遊ぶ場所、遊具等の消毒・清掃　　イ　給食の配膳・あとかたづけ　　ウ　寝具の用意・あとかたづけ

エ　外国人の児童の保護者とのやりとりに係る通訳及び翻訳　　オ　児童の園外活動時の見守り等　　カ　その他、保育士の負担軽減に資する業務

（２）児童の園外活動時の見守り等

保育支援者又は安全管理に知見を有する者として市町村が認めた者（いわゆる「キッズ・ガード」）が、散歩等の園外活動時において、散歩の経路、目的地における危険箇所の確認、道路を歩く際の体制・安全確認等、現地での児童の行動把握などを行う。

（３）スポット支援員の配置

既存事業の保育に係る周辺業務を行う者（保育支援者）の配置に加え、登園時の繁忙な時間帯やプール活動時など一部の時間帯にスポット的に支援者を配置する場合も補助する。※（１）と合わせて補助する場合は、（１）の職員とは別に加配することを要件とする。

3. 実施主体等

【実施主体】　市区町村が認めた者

【補助基準額】　１か所当たり　月額100千円

※1 保育支援者が「園外活動時の見守り等」にも取り組む場合　１か所当たり　月額145千円
・勤務時間の上乗せ及び傷害保険加入料を追加
＊保育支援者が、市区町村が認めた交通安全に関する講習会等に参加することを要件とする

※2 キッズ・ガードに謝金を支払う場合又は園外活動時の見守り等を委託する場合　１か所当たり　月額　45千円

※3 スポット支援員の配置を行った場合　１か所当たり　月額　45千円

【補助割合】　国：１／２、都道府県：１／４、市区町村：１／４
国：１／２、市区町村：１／２

【対象施設】　保育所、幼保連携型認定こども園

⇒　園児の見落とし等による事故を防止するため、園外活動時の見守り等を行う保育支援者を配置する場合の補助（１箇所当たり月額45千円）の対象施設に、小規模保育事業、家庭的保育事業、事業所内保育事業及び幼稚園型認定こども園を追加【拡充】

⇒　スポット支援員の配置に係る対象施設は、児童の園外活動時の見守り等に係る対象施設と同様

【実施要件】　保育士の業務負担が軽減される内容や、職員の雇用管理や勤務環境の改善に関する取組等を記載した実施計画書を提出すること

新規 推進枠 保育所の空き定員等を活用した未就園児の定期的な預かりモデル事業

<保育対策総合支援事業費補助金> 令和５年度当初予算（案） 457億円の内数（453億円の内数）

1. 施策の目的

○ 普段、保育所や幼稚園等を利用していない未就園児を、保育所等で定期的に預かることで、専門家による良質な成育環境を確保し、他児とともに過ごし遊ぶ経験を通じこどもたちの発達を促すだけでなく、育児疲れによる負担を抱える保護者に対する継続的な支援や、必要に応じて関係機関と連携した支援を行うことができる。ついては、定員に空きのある保育所等において、未就園児を定期的に預かり、利用促進の方法、利用認定の方法、要支援家庭等の確認方法や、保護者に対する関わり方などを具体的に検討し、保育所の多機能化に向けた効果を検証するモデル事業を実施する。

2. 施策の内容

【事業内容】

①定期的な預かり

・定員に空きのある保育所等において、地域の保育所等に通所していない未就園児に対して、継続して週１～２日程度の定期的な預かりを実施する。
・対象児童を養育する家庭に対して、本事業の**積極的な利用を促進する**。
・集団における子どもの育ちに着目した**支援計画を作成**し、適切な保育を行うとともに、**保護者に対しては、定期的な面談**などを実施し、継続的に支援する。
・要支援児童等の不適切な養育の疑いを確認した場合には、関係機関に情報を共有する。

②要支援家庭等対応強化加算

①に加え、保育所等において、要支援児童等の預かりを行う場合には、関係機関（市町村や要対協など）との連携の下、**情報共有や定期的な打ち合わせに基づいた支援計画（※）を作成**し、関係機関との協働対処による相談支援を行うなど、適切な支援を行う。

（※）改正後の児童福祉法に基づくサポートプランと連携することを想定。

イメージ図

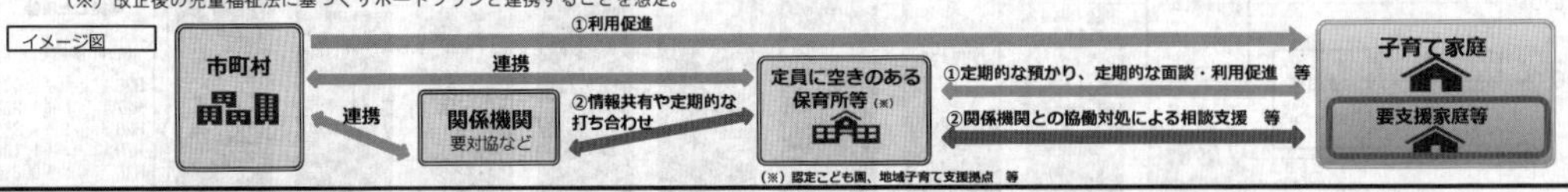

3. 実施主体等

【実施主体】市町村（※）（市町村が認めた者への委託可。）
※実施自治体は、地域における定期的な利用ニーズに対する適切な一時預かりの実施体制、利用促進や利用認定の方法などを検証するための実施体制等を考慮して、公募により選定

【対象児童】保育所等に通所していない未就園児（長期スパンでの利用が前提）

【補助単価】①・年間延べ利用児童数300人未満 ：１か所あたり 5,981千円（預かりにかかる経費及び検討会開催経費等）
・年間延べ利用児童数300人以上900人未満 ：１か所あたり 6,326千円（預かりにかかる経費及び検討会開催経費等）
・年間延べ利用児童数900人以上 ：１か所あたり 6,542千円（預かりにかかる経費及び検討会開催経費等）
②１か所あたり 742千円

【補助割合】国：9/10 市町村：1/10

新規 就学前教育・保育施設整備交付金

令和５年度当初予算（案） 295億円

1. 施策の目的

○ 市区町村が策定する整備計画等に基づき、保育所、認定こども園及び小規模保育事業所等に係る施設整備事業及び防音壁設置の実施等に要する経費に充てるため、市区町村等に交付金を交付する。

2. 施策の内容

【対象事業】

・保育所整備事業
・幼保連携型認定こども園整備事業
・認定こども園整備事業（保育所型、幼稚園型）
・公立認定こども園整備事業
・小規模保育整備事業
・防音壁整備事業
・防犯対策強化整備事業

※保育所や認定こども園向け補助金の一元化

3. 実施主体等

【実施主体】 （私立）市区町村

【設置主体】 （私立）社会福祉法人、日本赤十字社、公益社団法人、公益財団法人、学校法人等 （公立）都道府県・市区町村
（保育所及び認定こども園（保育所機能部分）については公立を除く）

【対象校種】 保育所、幼稚園（認定こども園への移行に伴うもの）、認定こども園、小規模保育施設 等
（保育所及び認定こども園（保育所機能部分）については公立を除く）

【補助割合】
（私立） 国：１／２、市区町村：１／４、設置主体：１／４
（新子育て安心プランに参加する等一定の要件を満たす場合）
国：２／３、市区町村：１／１２、設置主体：１／４
（公立） 原則国１／３、設置者（市区町村）２／３
※補助率は個別のメニュー等により異なる。また、沖縄分は内閣府において計上。

資料 3-2 2023(令和5)年度保育関係予算案の概要〈抄〉

令和５年度 保育関係予算案の概要

（令和５年度予算案・令和４年度第２次補正予算（※））　（前年度予算額）
７５７億円＋６１９億円（※）　（　　９５５億円）【旧厚生労働省予算】
２兆１，１１８億円＋１，２８３億円（※）　（1兆９，９６５億円）【旧内閣府予算】

《保育関係予算案の主な内容》

1 保育士の負担軽減

○ 比較的規模の大きな保育所について、25：1の配置が実現可能となるよう、公定価格におけるチーム保育推進加算について、２人までの加配を可能とする拡充を行う。

○ 保育体制強化事業について、既存事業の保育に係る周辺業務を行う者（保育支援者）の配置（月額10万円）に加え、登園時の繁忙な時間帯やプール活動時など一部の時間帯にスポット的に支援者を配置する場合も補助（月額4.5万円）する。

また、園外活動時等における園児の見落とし等の発生防止のため、園外活動時の見守りを含む周辺業務を行う者（キッズガード）の補助対象に小規模保育事業、家庭的保育事業、事業所内保育事業を追加する。

（*）このほか、令和４年度第二次補正予算に計上した「保育所等におけるＩＣＴ化推進等事業」において、業務のICT化等を行うためのシステム導入による業務の効率化を更に推進する。

2 保育の受け皿整備

○ 「新子育て安心プラン」に基づき、補助率の嵩上げ（1/2→2/3）等による保育所等の整備を推進する。

3 保育人材確保のための総合的な対策

○ 保育士養成施設に対する就職促進支援事業について、人口減少地域における保育人材の確保に資するため、従来からの要件である「保育所等への就職内定の割合が、前年度の就職割合を上回る場合」に加え、「過疎地や離島などいわゆる人口減少地域に所在する保育所等への就職内定の割合が、前年度の当該保育所等への就職割合を上回る場合」についても補助対象とする。

○ 修学資金貸付について、過疎地域に適用されている返還免除の特例（実務従事５年→３年）について、離島その他の地域にも適用を拡大する。

○ 保育環境改善等事業について、ノンコンタクトタイムを確保し、保育士同士で保育の振り返り等を実施するためのスペース等の設置に必要となる改修費等について補助する。

4 多様な保育の充実

○ 定員に空きのある保育所等において、未就園児を定期的に預かり、利用促進の方法、利用の調整、要支援家庭等の確認方法や、保護者に対する関わり方などを具体的に検討し、保育所の多機能化に向けた効果を検証するモデル事業を創設する。

○ 家庭支援推進保育事業について、「特に配慮が必要な家庭における子どもを40%以上」及び「外国人割合20%以上」の要件を満たす保育所については、保育士の代わりに、受け入れる外国人家庭の文化・慣習等に精通した方など、外国人家庭に対する支援を適切に実施できる職員（非常勤可）を１名配置することができるよう拡充する。

○ 病児保育事業について、当日キャンセルに対する受入体制を維持していることを一定程度評価するための加算を試行的に実施する。

5 認可外保育施設の質の確保・向上

○ 認可保育所への移行に向けた支援を引き続き行うとともに、認可外保育施設指導監督基準の適合を促進するため、改修費等の支援を行う。さらに、ベビーシッターの研修機会を増加させることにより、更なる質の向上を図る。

6 子ども・子育て支援新制度の推進＜一部再掲＞

○ すべての子ども・子育て家庭を対象に、市区町村が実施主体となり、教育・保育、地域の子ども・子育て支援の量的拡充及び質の向上を図る。また、保育士の処遇改善、幼児教育・保育の無償化、企業主導型の事業所内保育への支援等を引き続き実施する。

【主な拡充内容】

◇ チーム保育推進加算の充実
比較的規模の大きな保育所（利用定員121人以上）(※)について、25：1の配置が実現可能となるよう、２人までの加配を可能とする（現行は保育所の規模にかかわらず1人。）拡充を行い、保育士の負担軽減、こどもの安心・安全な保育環境の整備を推進する。
(※)これまでと同様に、複数保育士のチームによる保育体制や職員の平均経験年数(12年以上)等に一定の要件あり。

◇ 主任保育士専任加算等の要件についての特例の創設
０歳児３人以上の利用に係る要件について、①０歳児の利用定員が３人以上あり、かつ、②０歳児保育を実施する職員体制を維持している場合には、令和５年度に限り、前年度に要件を満たしていた月については、引き続き、要件を満たすものとして取り扱う。

◇ 処遇改善等加算Ⅱの他の施設への配分に関する期限の延長
処遇改善等加算Ⅱの加算額の一部を同一の者が運営する他の施設・事業所に配分することができる取扱いの期限について、令和４年度末までから令和６年度末までに延長する。

◇ 保育士・幼稚園教諭等に対する処遇改善
令和４年人事院勧告に伴う給与の引き上げや３%程度（月額９千円）の処遇改善の満年度化（令和４年度：半年分→令和５年度：12か月分）に必要な経費について計上する。

（注）新型コロナウイルス感染症による休園等に伴う保育料減免は、令和４年度末までの措置とする。

7 認定こども園向け補助金の一元化＜一部再掲＞

○ 「こども政策の新たな推進体制に関する基本方針について」（令和３年12月閣議決定）に基づき、認定こども園に対する施設整備費の一元化等を行い、事務の輻輳や縦割りの問題の改善を図る。

資料 3-3 文部科学省 2023（令和５）年度（幼稚園・幼児教育関係）予算案の概要〈抄〉

幼児期及び幼保小接続期の教育の質的向上

令和5年度予算額（案） 23億円
（前年度予算額 25億円）
令和4年度第2次補正予算額 35億円

幼児期及び幼保小接続期の教育の質的向上に向けて、「幼保小の架け橋プログラム」の実施、**質を支える体制整備の支援**により、**全ての子供に対して格差なく質の高い学びを保障**する**「幼児教育スタートプラン」**を実現する。

1 「幼保小の架け橋プログラム」の実施 5.2億円（4.5億円）

幼保小接続期の教育の質的向上に向け、全ての子供たちの多様性にも配慮した上で学びや生活の基盤を育む**「幼保小の架け橋プログラム」について、モデル地域における開発・実践とその成果の検証等を実施する調査研究**や、幼児教育の研究拠点の充実強化に資するよう、**研究機関による幼児教育の質保障に係る調査研究**を実施

- ■幼保小の架け橋プログラム事業 2.8億円（1.8億円）
- ■幼児教育施設の機能を生かした幼児の学び強化事業 0.4億円（0.5億円）
- ■幼児教育の理解・発展推進事業 0.3億円（0.3億円）
- ■大学等を通じたキャリア形成支援による幼児教育の「職」の魅力向上・発信事業 1.2億円（1.3億円）
- ■幼児教育のデータの蓄積・活用に向けた調査研究 0.4億円（0.6億円） 等

2 幼児教育の質の向上を支える自治体への支援 3.0億円（2.7億円）

地域全体の幼児教育の質の向上を図るため、**幼児教育センターの設置やアドバイザーの配置、外部専門職や自治体の保健、福祉部局との連携**等により、地域の課題に的確に対応する自治体の**幼児教育推進体制の活用支援を強化**

- ■幼児教育推進体制を活用した地域の幼児教育の質向上強化事業 3.0億円（2.7億円）

3 幼児教育の質を支える教育環境の整備 15億円（17億円）

ICT環境整備や**感染症対策**、**施設の耐震化**等、**幼児教育の質を支える教育環境整備を支援**

- ■教育支援体制整備事業費交付金 10億円（13億円）［令和4年度第２次補正予算額 19億円］
- ■私立幼稚園施設整備費補助金 5億円（ 5億円）［令和4年度第２次補正予算額 17億円］

※**認定こども園施設整備交付金**、**私立幼稚園施設整備費補助金**のうち**幼稚園型認定こども園**に対する**支援**は**こども家庭庁に移管**

幼保小の架け橋プログラム事業

令和5年度予算額（案） 2.8億円
（前年度予算額 1.8億円）

背景・課題

幼保小の接続期の教育の質的向上に向け、全ての子供たちの多様性にも配慮した上で**学びや生活の基盤を育む「幼保小の架け橋プログラム」**について、全国的な取組の充実と併せて、実施モデル地域において具体的に開発し実践を行い、その成果の検証等を実施する調査研究を行う。また、幼児教育の研究拠点の充実強化に資するよう、**研究機関による幼児教育の質保障に係る調査研究**を実施

事業内容

①モデル地域における検証等を通じた「幼保小の架け橋プログラム」の開発・改善

「幼児期の終わりまでに育ってほしい姿」を手掛かりに、一人一人の多様性に配慮した上で全ての幼児に学びや生活の基盤を育む**『幼保小の架け橋プログラム』**の開発・実践を進める。

モデル地域 ※重点的に取り組む幼保小を指定

- ・中央教育審議会初等中等教育分科会「幼児教育と小学校教育の架け橋特別委員会」における議論の成果を踏まえ、接続期のカリキュラムの開発及び取組の評価
- ・接続期のカリキュラムの実施に必要な教材や研修等を開発・実施
- ・園や小学校におけるカリキュラム、指導計画や保育の計画の作成・実施

↑ 実態調査等

モデル地域の成果検証 ※研究機関による客観的な成果検証

接続期のカリキュラム等に関する改善事項を整理し、全国展開に向けた提言を行う

（※）成果普及の在り方に関する調査研究を併せて行う。

②幼児教育の質保障に関する調査研究

教育の質に関するデータに基づき、幼児教育の質の保障を図る必要がある。そのため、**大学等の研究機関のネットワークを強化し、**次のような調査研究を一体的に行う。

- ・幼児期の環境や体験、学びが、その後の非認知能力や認知能力等に与える影響に関する**大規模実態調査**
- ・海外での研究動向も踏まえた**質保障の在り方**に関する調査研究

委託先	① 都道府県、市町村 ② 大学、研究機関等
委託対象経費	調査研究に必要な経費（人件費、委員旅費、謝金等）

箇所数単価、期間	① 都道府県・市町村 700万円【継続のみ】 （※）については、研究機関等1,700万円（1団体） ② 6,700万円（1団体）

幼児教育施設の機能を生かした幼児の学び強化事業

令和5年度予算額（案）　0.4億円
（前年度予算額　0.5億円）

背景・課題

幼児期の教育は、生涯にわたる人格形成の基礎を培う重要なものである。幼児教育施設の有する機能を家庭や地域に提供することにより、未就園児も含め、幼児期にふさわしい学びを深めていくことが重要である。そして、幼児教育施設入園後には、幼児教育が今直面している課題に関する指導方法等の充実を図ることにより、幼児が園での活動を通して学びを深めていくことが重要である。

事業内容

子育ての支援や家庭等との連携強化に関する調査研究

都市化、核家族化、少子化、情報化などの社会状況が変化する中で、例えば、家庭や地域社会で幼児が育つ場の不足などの課題が指摘されていることから、未就園児も含め、**幼児教育施設の機能を家庭や地域に提供し、幼児の学びを強化**していくことが求められている。また、「社会に開かれた教育課程」を実現していくためには、**遊びを通した総合的な指導を行う幼児教育の重要性等について、家庭や地域と認識を共有**し、意識を高めていくことが必要である。

こうした要請に応え、子育ての支援や家庭等の連携を強化していくことができるよう、調査研究を行う。

（研究の視点の例）

- 幼児教育施設の機能を生かした子育ての支援の在り方
- 家庭や地域における幼児教育の質に関する認識についての実態調査
- 子育ての支援としての３歳未満児の預かり保育に関する実態調査

教育課題に関する調査研究

幼児教育の質の向上や今後の教育課程の基準の改善等に向けた資料・データ収集のため、幼児教育に関する様々な課題について調査研究を行う。

（研究の視点の例）

- 障害のある幼児や外国人幼児などに対する支援の在り方
- ICT機器を活用した幼児教育の実践
- 幼児教育関係者を対象とした研修の在り方

等

対象校種	幼稚園、保育所、認定こども園
箇所数 単価 期間	子育ての支援や家庭等との連携強化 ２団体、890万円/箇所、１年 教育課題 ６箇所、240万円/箇所、１年

委託先	研究機関、大学、都道府県、市町村、幼児教育関係団体　等
委託 対象経費	調査研究に必要な経費 （人件費、委員旅費、謝金等）

幼児教育の理解・発展推進事業

令和5年度予算額（案）　0.3億円
（前年度予算額　0.3億円）

背景・課題

幼稚園教育要領、幼保連携型認定こども園教育・保育要領、保育所保育指針の整合性が図られており、これらの正しい理解の下、**幼児教育施設が一体となって、幼児に対して適切な指導が行われることが求められている。**

幼児教育施設を取り巻く現状を踏まえ、研究協議会の開催や指導資料等の作成を行い、**先進的な実践や幼保小の架け橋プログラム等の理解を深める。**

事業内容

幼児教育の理解・発展推進事業

各都道府県において、設置者（国公私）や施設類型（幼稚園、保育所、認定こども園）を問わず、自治体の幼児教育担当者や幼稚園教諭、保育士、保育教諭等を対象として、幼保小の架け橋プログラムなど、**幼児教育に関する専門的な研究協議等を行う都道府県協議会を開催**する。

また、都道府県協議会における成果を**中央協議会において発表・共有**することで、さらなる幼児教育の振興・充実を図る。

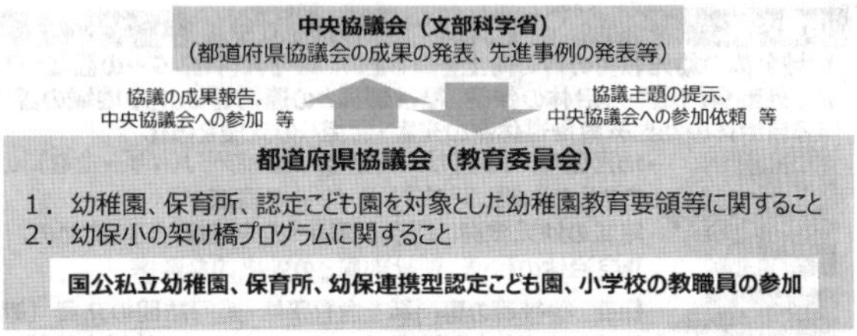

中央協議会（文部科学省）
（都道府県協議会の成果の発表、先進事例の発表等）

協議の成果報告、
中央協議会への参加　等

協議主題の提示、
中央協議会への参加依頼　等

都道府県協議会（教育委員会）
1. 幼稚園、保育所、認定こども園を対象とした幼稚園教育要領等に関すること
2. 幼保小の架け橋プログラムに関すること

国公私立幼稚園、保育所、幼保連携型認定こども園、小学校の教職員の参加

幼児教育実施のための指導資料の作成

幼稚園教育要領等に基づく活動を着実に実施するため、その内容を踏まえた具体的な教育課程の編成や指導の在り方等に関する指導資料等を作成する。

対象 校種	幼稚園、保育所、認定こども園
箇所数 単価 期間	４７箇所 ５０万円/箇所 １年

支出先	都道府県 ※幼児教育実施のための指導資料の作成は本省執行
対象経費	都道府県協議会に必要な経費 （諸謝金、委員等旅費、教職員研修費）

幼児教育のデータの蓄積・活用に向けた調査研究

令和5年度予算額（案）　0.4億円
（前年度予算額　0.6億円）

背景・課題

幼児の多様性に配慮し、幼児の学びや発達を促すような保育の充実を図るとともに、**幼児教育の成果が小学校教育につながる仕組みの構築**が求められている。このため、幼児教育施設における**幼児教育の好事例（データ）等を収集・蓄積して活用**するとともに、**小学校や家庭とも共有**する。

事業内容

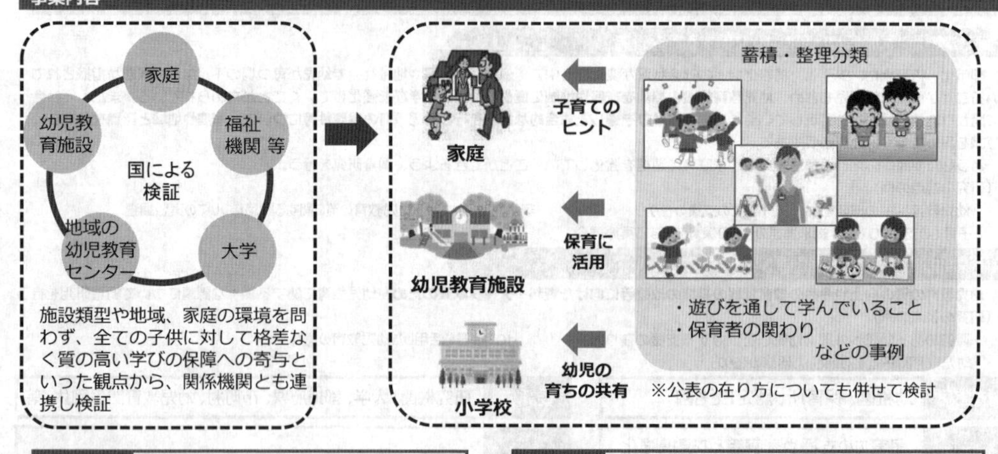

対象校種	幼稚園、保育所、認定こども園
委託先	研究機関　等

箇所数期間	事例（データ）収集 3,000万円、1箇所、1年 データ公表の在り方 300万、1箇所、1年

Chapter 5

幼児教育推進体制を活用した地域の幼児教育の質向上強化事業

令和5年度予算額（案）　3.0億円
（前年度予算額　2.7億円）

背景・課題

○複数の施設類型が存在し、私立が多い幼児教育の現場において、**公私・施設類型問わず保育者の専門性の向上等の取組を一体的に推進するためには**、幼稚園教育要領等の着実な実施、小学校教育への円滑な接続、特別な配慮を必要とする幼児への対応など**教育内容面での質向上を担う地方公共団体の体制の充実が必要。**

○また、幼児教育施設の教職員が幼児教育の質向上にしっかり向き合うことができるよう、地域の幼児教育に関する課題に対して的確に対応した保健・福祉等の専門職をはじめとした人的体制の充実を図ることが必要。

事業内容

地域全体の幼児教育の質の向上を図るため、幼児教育センターの設置やアドバイザーの配置、外部専門職や自治体の保健、福祉部局との連携等により、地域の課題に的確に対応する自治体の幼児教育推進体制の充実・活用への支援を強化

- **体制の充実**
  - **・幼児教育アドバイザー（幼保小接続アドバイザー含む）の配置、質向上のための取組、新規アドバイザーの育成**
  - **・地域の幼児教育に関する課題への的確な対応のための、外部専門職や自治体の保健、福祉部局との効果的な連携**
- **体制の活用**
  - **・保健、福祉等の専門職を含む研修・巡回訪問の充実（継続地域における質向上のための研修<新規>）、域内の幼保小接続の推進、公開保育等の実施支援、内定者等学生支援、人材育成方針の更新・活用　等**
- **域内全体への波及**
  - **・都道府県・市町村の連携を含めた関係者間の情報共有等、域内全体における幼児教育の質向上を図るための仕組み作り**

○○県(市)
幼児教育センター
幼児教育アドバイザーの配置・育成
連携
△△市
保健、福祉部局
妊産婦、子育て世帯、子どもへの相談支援

新規体制整備促進策　**・幼児教育推進体制未実施地域の整備促進策に関する実証研究<委託事業>**

補助要件	①幼児教育センターの設置　②担当部局一元化（ＰＴ等での対応可）　③小学校指導担当課との連携体制確保
補助対象	都道府県、市町村
単価・個所数・補助率	（補助）７～９百万円程度（１／２）×６７団体 （委託）１３０万円程度×４団体

対象経費	（補助）・幼児教育アドバイザー配置に必要な経費（人件費等） ・専門職との連携に必要な経費（謝金等） ・研修・巡回訪問等に必要な経費（謝金、旅費等） （委託）・検討会議運営経費（会議費等） ・先進地視察に係る経費（旅費）<新規> ・幼児教育アドバイザー試行配置経費（謝金等）

教育支援体制整備事業費交付金

令和5年度予算額（案）　10億円
（前年度予算額　13億円）
令和4年度第2次補正予算額　19億円 ※

背景・課題

認定こども園の設置を支援するとともに、**幼児を健やかに育むために必要な環境整備を推進**する。

事業内容

1 幼児教育の質の向上のための緊急環境整備

子供の学びに必要不可欠な遊具・運動用具等の整備費用

2 認定こども園等における教育の質の向上のための研修支援

教育の質の向上を図るため、教職員を対象とした研修を支援

3 認定こども園等の業務体制への支援

（1）認定こども園等に移行する準備に必要な経費を支援

（2）認定こども園等の園務の平準化に必要な経費を支援

対象校種	1 幼稚園、幼稚園型認定こども園、幼保連携型認定こども園 2 幼稚園・認定こども園・保育所の教職員等 3 幼稚園、幼稚園型認定こども園
実施主体	都道府県

補助対象経費	1 物品等の購入費等 2 研修参加費等 3 事務職員雇用費等
補助割合	国　1/2

※　幼稚園の感染症対策の支援・ICT環境整備支援については令和4年度第2次補正予算で措置（感染症対策　11億円、ICT　8億円）

私立幼稚園施設整備費補助金

令和5年度予算額（案）　5億円
（前年度予算額　5億円）
令和4年度第2次補正予算額　17億円 ※

緊急の課題となっている耐震化のための園舎、外壁や天井等の非構造部材の**耐震対策**、防犯対策、アスベスト対策、付帯設備のエコ改修等に要する経費の一部を補助。特に、**預かり保育などコロナ禍においても子供を安心して育てることができる環境整備**や、**感染症予防の観点からの衛生環境の改善**を促進する。

1 耐震補強工事（※）　・・・ 耐震補強、非構造部材の耐震対策、防災機能強化
（耐震化を一層促進するため、３年以内に耐震化に着手することを条件に耐震診断に係る経費への支援を含む）

2 防犯対策工事　・・・ 門・フェンス・防犯監視システム等の設置工事

3 新築・増築・改築等事業（※）　・・・ 新築、増築、耐震改築、その他危険建物の改築

4 アスベスト等対策工事　・・・ 吹き付けアスベストの除去等

5 屋外教育環境整備（※）　・・・ アスレチック遊具、屋外ステージ、防音壁等の整備

6 エコ改修事業　・・・ 太陽光発電の設置、省エネ型設備等の設置・改修

7 内部改修工事（※）　・・・ 預かり保育、分散保育、衛生環境の改善のための園舎の改修
（間仕切り設置、トイレの乾式化、空き教室の空調整備等）

8 バリアフリー化工事　・・・ スロープの設置、障害者用トイレのバリアフリー化等

対象校種	私立の幼稚園
実施主体	事業者（学校設置者）

補助割合	国１/３、事業者２/３ 地震による倒壊等の危険性が高い施設の耐震補強 国１/２、事業者１/２
補助対象経費	工事費、実施設計費、耐震診断費等

※　非構造部材の耐震対策、耐震補強・改築及び増築の一部、屋外教育環境整備、内部改修工事については令和4年度第2次補正予算で措置

新制度関連資料

資料 4　特定教育・保育、特別利用保育、特別利用教育、特定地域型保育、特別利用地域型保育、特定利用地域型保育及び特例保育に要する費用の額の算定に関する基準等

（2015（平成27）年3月31日　内閣府告示第49号
2023（令和5）年3月31日　内閣府告示第29号により改正
2023年4月1日から適用）

（定義）

第1条　この告示において、次の各号に掲げる用語の意義は、当該各号に定めるところによる。

1　幼稚園　子ども・子育て支援法（以下「法」という。）第7条第4項に規定する幼稚園をいう。

2　保育所　法第7条第4項に規定する保育所をいう。

3　認定こども園　法第7条第4項に規定する認定こども園をいう。

4　家庭的保育事業　児童福祉法（昭和22年法律第164号）第6条の3第9項に規定する家庭的保育事業をいう。

5　小規模保育事業　児童福祉法第6条の3第10項に規定する小規模保育事業であって、次のイからハまでに掲げるものをいう。

イ　A型（家庭的保育事業等の設備及び運営に関する基準（平成26年厚生労働省令第61号。以下「家庭的保育事業等設備運営基準」という。）第28条に規定する小規模保育事業A型をいう。）

ロ　B型（家庭的保育事業等設備運営基準第31条に規定する小規模保育事業B型をいう。）

ハ　C型（家庭的保育事業等設備運営基準第33条に規定する小規模保育事業C型をいう。）

6　事業所内保育事業　児童福祉法第6条の3第12項に規定する事業所内保育事業であって、次のイからハまでに掲げるものをいう。

イ　小規模型事業所内保育事業A型（小規模型事業所内保育事業（家庭的保育事業等設備運営基準第47条に規定する小規模型事業所内保育事業をいう。ロにおいて同じ。）のうち、保育従事者が全て保育士（当該事業に係る事業所が国家戦略特別区域法（平成25年法律第107号）第12条の5第5項に規定する事業実施区域内にある場合にあっては、保育士又は当該事業実施区域に係る国家戦略特別区域限定保育士。）であるものをいう。）

ロ　小規模型事業所内保育事業B型（小規模型事業所内保育事業のうち、小規模型事業所内保育事業A型を除いたものをいう。）

ハ　保育所型事業所内保育事業（家庭的保育事業等設備運営基準第43条に規定する保育所型事業所内保育事業をいう。）

7　居宅訪問型保育事業　児童福祉法第6条の3第11項に規定する居宅訪問型保育事業をいう。

8　教育・保育給付認定子ども　法第20条第4項に規定する教育・保育給付認定子どもをいう。

9　地域区分　別表第1の表の上欄に掲げる地域区分について、それぞれ教育・保育給付認定子どもの利用に係る施設等（第1号から第7号までに掲げる施設又は事業に係る事業所をいう。以下同じ。）が所在する同表の中欄に掲げる都道府県の区域内の下欄に掲げる地域をいう。

10　認定区分　次のイからハまでに該当する区分をいう。

イ　1号　法第19条第1号に掲げる小学校就学前子どもの区分についての認定（法第20条の規定による認定をいう。ロ及びハにおいて同じ。）

ロ　2号　法第19条第2号に掲げる小学校就学前子どもの区分についての認定

ハ　3号　法第19条第3号に掲げる小学校就学前子どもの区分についての認定

11　年齢区分　次のイからニまでに掲げる者に該当する区分をいう。

イ　4歳以上児　満4歳から小学校就学の始期に達するまでの者

ロ　3歳児

ハ　1、2歳児

ニ　乳児　満1歳に満たない者

12　公定価格　当該教育・保育給付認定子どもについて、第2条から第14条までの規定により基本部分（第15号に規定する基本部分をいう。）、基本加算部分（第16号に規定する基本加算部分をいう。次号において同じ。）、加減調整部分（第30号に規定する加減調整部分をいう。）、乗除調整部分（第31号に規定する乗除調整部分をいう。）及び特定加算部分（第32号に規定する特定加算部分をいう。）を基に算出する額とする。

13　月額調整　当該教育・保育給付認定子どもに適用される年齢区分が年度の途中において変わった場合に、当該年度内に限り適用する基本分単価（次号に規定する基本分単価をいう。）又は基本加算部分の単価の区分をいう。

14　基本分単価　事務費及び事業費を基に別表第2及び別表第3の各区分に応じて定める単価をいう。

15　基本部分　当該施設等において、別表第2及び別表第3の各区分に応じた基本分単価（月額調整が適用される場合は月額調整に定める額）をいう。

16　基本加算部分　当該施設等において、別表第2及び別表第3の各区分に応じて第21号から第28号の2まで、第46号、第47号、第50号から第51号の2まで、第56号、第59号から第62号まで、第64号及び第65号に掲げる加算（各加算について月額調整が適用される場合は月額調整に定める額）を合計したものをいう。

17　基礎分　次の表の上欄に掲げる当該施設等における職員1人当たりの平均経験年数の区分に応じ、それぞれ同表の下欄に掲げる割合をいう。

当該施設等における職員1人当たりの平均経験年数	割合
1年未満	2%
1年以上2年未満	3%
2年以上3年未満	4%
3年以上4年未満	5%
4年以上5年未満	6%
5年以上6年未満	7%
6年以上7年未満	8%
7年以上8年未満	9%
8年以上9年未満	10%
9年以上10年未満	11%
10年以上	12%

18　賃金改善要件分　当該施設等において賃金改善の実施計画の策定等を行った場合に、上欄に掲げる当該施設等における職員1人当たりの平均経験年数の区分に応じ、基礎分に加算されるものとして下欄に掲げる割合をいう。

当該施設等における職員1人当たりの平均経験年数	割合
11年未満	6%
11年以上	7%

19　キャリアパス要件分　当該施設等において職員の職位、職責又は職務内容等に応じた勤務条件の策定等を行わなかった場合に賃金改善要件分から減じる２パーセントの割合をいう。
20　加算率　当該施設等における職員１人当たりの平均経験年数の区分に応じ、当該施設等に該当する基礎分、賃金改善要件分及びキャリアパス要件分を合わせたものをいう。
21　処遇改善等加算Ⅰ　当該施設等における職員の平均経験年数並びに賃金改善及びキャリアアップの取組を踏まえた加算率を基に各区分に応じ算出し、加算されるものをいう。
22　副園長・教頭配置加算　当該施設等において、副園長又は教頭を配置する場合に加算されるものをいう。
23　３歳児配置改善加算　当該施設等において、３歳児15人につき、教員、保育士（当該施設等が国家戦略特別区域法第12条の５第５項に規定する事業実施区域内にある場合にあっては、保育士又は当該事業実施区域に係る国家戦略特別区域限定保育士。第59号を除き、以下同じ。）等を１人配置する場合に加算されるものをいう。
24　満３歳児対応加配加算　当該施設等において、満３歳児（法第19条第１号に掲げる小学校就学前子どもに該当する教育・保育給付認定子どものうち、年度の初日の前日における満年齢が２歳である者）６人につき、担当する教員、保育士等を１人配置する場合に加算されるものをいう。
24の２　講師配置加算　当該施設等において、その利用定員（法第19条第１号に掲げる小学校就学前子どもの区分に係るものに限る。）が35人以下又は121人以上の場合であって、講師を配置する場合に加算されるものをいう。
25　チーム保育加配加算　当該施設等において、チーム保育を担当する教員、保育士等を配置する場合に、年齢別配置基準（第29号に規定する年齢別配置基準をいう。）等を超えて配置する加配人数（次の表の上欄に掲げる当該施設等の利用定員（法第19条第１号又は第２号に掲げる小学校就学前子どもの区分に係るものに限る。）の区分に応じ、それぞれ同表の下欄に掲げる上限人数の範囲内で配置する教員、保育士等の数をいう。）に応じて加算されるものをいう。

当該施設等の利用定員	上限人数
45人以下	１人
46人以上150人以下	２人
151人以上240人以下	３人
241人以上270人以下	3.5人
271人以上300人以下	５人
301人以上450人以下	６人
451人以上	８人

26　通園送迎加算　当該施設等において、通園送迎を行う場合に加算されるものをいう。
27　給食実施加算　当該施設等において、法第19条第１号に掲げる小学校就学前子どもに該当する教育・保育給付認定子どもについて給食を実施する場合に、週当たりの給食の実施日数に応じて加算されるものをいう。
28　外部監査費加算　当該施設等において、会計監査人による外部監査を実施した場合に加算されるものをいう。
28の２　副食費徴収免除加算　当該施設等において、給食を実施する際、副食費の徴収が免除されることについて、市町村から教育・保育給付認定保護者及び当該教育・保育給付認定保護者が利用する施設等に対する通知がなされた教育・保育給付認定子どもがいる場合に加算されるものをいう。
29　年齢別配置基準　当該施設等の区分に応じて適用される法第34条第１項に規定する教育・保育施設の認可基準、法第46条第１項に規定する地域型保育事業の認可基準等における教育・保育給付認定子どもの年齢及び数に応じた教員、保育士等の配置基準をいう。
30　加減調整部分　当該施設等において、年齢別配置基準を下回っている等の事情がある場合に、別表第２及び別表第３の各区分に応じて基本部分及び基本加算部分を加減調整するものをいう。
31　乗除調整部分　当該施設等において、当該施設等を利用する教育・保育給付認定子どもの数が当該施設等の定員を恒常的に超過している場合に、別表第２及び別表第３の各区分に応じて基本分単価及び基本加算部分を乗除調整するものをいう。
32　特定加算部分　当該施設等において、別表第２及び別表第３の各区分に応じて次号から第43号まで及び第53号から第55号までに掲げる加算（各加算について月額調整が適用される場合は月額調整に定める額）を合計したものをいう。
33　主幹教諭等専任加算　当該施設等において、事業の取組状況に応じて主幹教諭等を指導計画の立案の業務に専任することができるよう、代替教員を配置する場合に加算されるものをいう。
34　子育て支援活動費加算　当該施設等において、事業の取組状況に応じて専任化した主幹教諭等が保護者又は地域住民からの育児相談、地域の子育て支援活動等に取り組む場合に加算されるものをいう。
35　療育支援加算　当該施設等において障害児を受け入れており、かつ、主幹教諭等を専任化させ地域住民等の子どもの療育支援に取り組む場合に加算されるものをいう。
35の２　事務職員配置加算　当該施設等において、その利用定員91人以上の場合であって、事務職員を配置する場合に加算されるものをいう。
35の３　指導充実加配加算　当該施設等において、その利用定員（法第19条第１号又は第２号に掲げる小学校就学前子どもの区分に係るものに限る。）271人以上の場合であって、講師を配置する場合に加算されるものをいう。
35の４　事務負担対応加配加算　当該施設等において、その利用定員271人以上の場合であって、事務職員を配置する場合に加算されるものをいう。
35の５　処遇改善等加算Ⅱ　当該施設等において、技能及び経験を有する職員について追加的な賃金改善を行う場合に加算されるものをいう。
35の６　処遇改善等加算Ⅲ　当該施設等において、賃上げ効果が継続されることを前提に、追加的な賃金改善を行う場合に加算されるものをいう。
36　冷暖房費加算　当該施設等において、当該施設等の所在する地域（次のイからホまでに掲げる地域）の区分に応じ、冷暖房費として加算されるものをいう。
イ　一級地（国家公務員の寒冷地手当に関する法律（昭和24年法律第200号。以下「寒冷地手当法」という。）別表に規定する一級地をいう。）
ロ　二級地（寒冷地手当法別表に規定する二級地をいう。）
ハ　三級地（寒冷地手当法別表に規定する三級地をいう。）
ニ　四級地（寒冷地手当法別表に規定する四級地をいう。）
ホ　その他地域（イからニまでに掲げる地域以外の地域をいう。）
37　施設関係者評価加算　当該施設等において、施設等の関係者（当該施設等の職員を除く。）による評価を実施し、その結果を公表する場合に加算されるものをいう。
38　除雪費加算　当該施設等が特別豪雪地帯（豪雪地帯対策特別措置法（昭和37年法律第73号）第２条第２項に規定する地域をいう。）に所在する場合に加算されるものをいう。
39　降灰除去費加算　当該施設等が降灰防除地域（活動火山対策特別措置法（昭和48年法律第61号）第23条第１項に規定する降灰防除地域をいう。）に所在する場合に加算されるものをいう。
40　施設機能強化推進費加算　一時預かり事業等の複数事業を行う当該施設等において、職員等の防災教育や、災害発生時の安全かつ迅速な避難誘導体制を充実する等総合的な防災対策の充実強化等を行う場合に加算されるものをいう。
41　小学校接続加算　当該施設等において、小学校との連携及び接続に係る取組を行う場合に加算されるものをいう。
42　栄養管理加算　当該施設等において、栄養士を活用して給食を実施する場合に加算されるものをいう。
43　第三者評価受審加算　当該施設等において、第三者評価を受け、その結果を公表する場合に加算されるものをいう。
44　保育必要量区分　次のイ及びロに掲げるものをいう。
イ　保育標準時間認定　１月当たり平均275時間まで（１日当たり11時間までに限る。）の区分として、保育必要量の認定（子ども・子育て支援法施行規則（平成26年内閣府令第44号）第４条第１項の規定に基づく認定をいう。ロにおいて同じ。）を受けたものをいう。
ロ　保育短時間認定　１月当たり平均200時間まで（１日当たり８時間までに限る。）の区分として、保育必要量の認定を受けたものをいう。
45　削除
46　休日保育加算　当該施設等（休日及び祝日（国民の祝日に関する法律（昭和23年法律第178号）に規定する休日をいう。）を含めて、年間を通じて開所する施設等（複数の施設等との共同により年間を通じて開所する施設等を含む。）として市町村（特別区を含む。以下同じ。）から確認を受けたものに限る。）において、休日保育を実施する場合に、当該休日保育の年間延べ利用数の規模に応じて加算されるものをいう。
47　夜間保育加算　当該施設等（夜間に保育を行う施設等として市町村から確認を受けたものに限る。）が夜間に保育を実施している場合に、加算されるものをいう。
48　都市部　当該地域における人口密度が１平方キロメートル当たり1,000人以上の地域をいう。
49　標準部　都市部以外の地域をいう。
50　減価償却費加算　施設整備費補助金を受けない施設等のうち、自己所有の建物を保有するものに対して、加算されるものをいう。
51　賃借料加算　次の表に掲げる地域（次の表の上欄に掲げる区分に応じ、それぞれ同表の下欄に掲げる地域をいう。）において、当該施設等が賃貸物件である場合に加算されるものをいう。

区分	地域
a地域	埼玉県、千葉県、東京都、神奈川県
b地域	静岡県、滋賀県、京都府、大阪府、兵庫県、奈良県
c地域	宮城県、茨城県、栃木県、群馬県、新潟県、石川県、長野県、愛知県、三重県、和歌山県、鳥取県、岡山県、広島県、香川県、福岡県、沖縄県
d地域	北海道、青森県、岩手県、秋田県、山形県、福島県、富山県、福井県、山梨県、岐阜県、島根県、山口県、徳島県、愛媛県、高知県、佐賀県、長崎県、熊本県、大分県、宮崎県、鹿児島県

51の２　チーム保育推進加算　当該施設等において、年齢別配置基準等を超えて保育士を配置し、チーム保育に係る体制の整備を図るとともに、職員１人当たりの平均経験年数が12年以上である場合に、加配人数（次の表の上欄に掲げる当該施設等の利用定員の区分に応じ、それぞれ同表の下欄に掲げる上限人数の範囲内で配置する保育士の数をいう。）に応じて、加算されるものをいう。

当該施設等の利用定員	上限人数
120人以下	1人
121人以上	2人

52　分園　児童福祉法第35条第４項の規定により保育所の設置認可を受けている者が、当該保育所と同等の機能を有するものとして設置するもの等をいう。
53　主任保育士専任加算　当該施設等において、事業の取組状況に応じて主任保育士を保育計画の立案並びに保護者からの育児相談及び地域の子育て支援活動に専任することができるよう、代替保育士を配置する場合に加算されるものをいう。
54　事務職員雇上費加算　一時預かり事業等のうちいずれかの事業を行う当該施設等において、事務職員を配置する場合に、加算されるものをいう。
55　高齢者等活躍促進加算　当該施設等において、高齢者等の雇用の促進を図るため、これらの者を活用して教育・保育給付認定子どもの処遇の向上を図り、かつ、一時預かり事業等の複数事業を行う場合に加算されるものをいう。
56　学級編制調整加配加算　当該施設等において、その利用定員（法第19条第1号又は第２号に掲げる小学校就学前子どもの区分に係るものに限る。）36人以上300人以下の場合であって、全ての学級に専任の学級担任を配置するため、保育教諭等を１人加配する場合に加算されるものをいう。
57　認可施設　幼稚園、保育所又は幼保連携型認定こども園の認可を受けている施設をいう。
58　機能部分　認定こども園において、認可施設以外の部分をいう。
59　資格保有者加算　当該施設等における家庭的保育者（児童福祉法第６条の３第９項第１号に規定する家庭的保育者をいう。）が保育士資格（当該施設等が国家戦略特別区域法第12条の５第５項に規定する事業実施区域内にある場合にあっては、児童福祉法第18条の６に規定する保育士となる資格及び国家戦略特別区域法第12条の５第５項に規定する国家戦略特別区域限定保育士となる資格をいう。）、看護師免許又は准看護師免許を有する場合に加算されるものをいう。
60　家庭的保育補助者加算　当該施設等において、当該施設等を利用する教育・保育給付認定子どもの数に応じて家庭的保育補助者（家庭的保育事業等設備運営基準第23条第３項に規定する家庭的保育補助者をいう。）を配置する場合に加算されるものをいう。
61　家庭的保育支援加算　当該施設等が家庭的保育支援者（家庭的保育事業の支援に係る市町村長（特別区の区長を含む。）の認定を受け、家庭的保育者若しくは家庭的保育補助者に対し指導及び支援を行う者をいう。）又は連携施設（特定教育・保育施設及び特定地域型保育事業並びに特定子ども・子育て支援施設等の運営に関する基準（平成26年内閣府令第39号。以下「特定教育・保育施設等運営基準」という。）第42条第１項に規定する連携施設をいう。）から代替保育等の特別な支援を受けて保育を実施する場合に加算されるものをいう。
62　障害児保育加算　当該施設等において、児童福祉法第４条第２項に規定する障害児を受け入れ、かつ、障害児数に応じた職員を加配する場合に加算されるものをいう。

63 削除

64 保育士比率向上加算 B型又は小規模型事業所内保育事業B型において、配置基準上求められる保育者数（家庭的保育事業等設備運営基準第31条第2項に規定する保育従事者の数をいう。）の4分の3以上の保育士を常に配置する場合に加算されるものをいう。

65 連携施設加算 居宅訪問型保育事業者が居宅訪問型保育連携施設（特定教育・保育施設等運営基準第42条第6項に規定する居宅訪問型保育連携施設をいう。）を設定し、必要な支援を受けて保育を実施する場合に加算されるものをいう。

（特定教育・保育に要する費用の額の算定に関する基準）

第2条 法第27条第3項第1号に規定する内閣総理大臣が定める基準については、別表第2に規定するものとする。

（特別利用保育に要する費用の額の算定に関する基準）

第3条 法第28条第2項第2号に規定する内閣総理大臣が定める基準については、別表第2における保育所の表中2号の保育短時間認定区分に規定するもの（当該施設等を利用する教育・保育給付認定子どものうち、当該年度中に満3歳となる教育・保育給付認定子どもにおける基本分単価については、別表第2に定めた額から7,500円（副食費の徴収が免除されることについて、市町村から教育・保育給付認定保護者及び当該教育・保育給付認定保護者が利用する施設等に対する通知がなされた教育・保育給付認定子ども（第6条及び第7条において「副食費徴収免除対象子ども」という。）にあっては、3,000円）を減じた額）とする。

（特別利用教育に要する費用の額の算定に関する基準）

第4条 法第28条第2項第3号に規定する内閣総理大臣が定める基準については、別表第2における幼稚園の表中1号に規定するものとする。

（特定地域型保育に要する費用の額の算定に関する基準）

第5条 法第29条第3項第1号に規定する内閣総理大臣が定める基準については、別表第3に規定するものとする。ただし、国家戦略特別区域法第12条の4第4項の規定により読み替えて適用する法第29条第1項に規定する特定満3歳以上保育認定地域型保育にあっては、第7条第2号イからハまでに掲げる区分に応じ、それぞれ同号イ（ただし書を除く。）、ロ（ただし書を除く。）及びハの規定を準用する。

（特別利用地域型保育に要する費用の額の算定に関する基準）

第6条 法第30条第2項第2号に規定する内閣総理大臣が定める基準については、次の各号に掲げるものとする。

1 家庭的保育事業 別表第3における家庭的保育事業の表中3号の保育短時間認定区分に規定するもの（基本分単価については、別表第3に定めた額から7,500円を減じた額）とする。

2 小規模保育事業 次のイからハまでに掲げるものとする。

イ A型 別表第3における小規模保育事業A型の表中3号の1、2歳児の保育短時間認定区分に規定するもの（基本分単価については、3歳児（当該年度中に満3歳となる教育・保育給付認定子どもを除き、当該年度中に満4歳となる教育・保育給付認定子どもを含む。以下この条及び次条において同じ。）は100分の65、4歳以上児（当該年度中に満4歳となる教育・保育給付認定子どもを除く。以下この条及び次条において同じ。）は100分の60を別表第3に定めた額に乗じた額、当該年度中に満3歳となる教育・保育給付認定子どもは、別表第3の額から7,500円を減じた額）とする。ただし、当該施設等を利用する教育・保育給付認定子どものうち、3歳児及び4歳以上児の利用が利用定員の3割未満の場合においては、別表第3における小規模保育事業A型の表中3号の1、2歳児の保育短時間認定区分に規定するもの（基本分単価については、別表第3に定めた額から7,500円を減じた額）とする。

ロ B型 別表第3における小規模保育事業B型の表中3号の1、2歳児の保育短時間認定区分に規定するもの（基本分単価については、3歳児は100分の65、4歳以上児は100分の60を別表第3に定めた額に乗じた額、当該年度中に満3歳となる教育・保育給付認定子どもは、別表第3の額から7,500円を減じた額）とする。ただし、当該施設等を利用する教育・保育給付認定子どものうち、3歳児及び4歳以上児の利用が利用定員の3割未満の場合においては、別表第3における小規模保育事業B型の表中3号の1、2歳児の保育短時間認定区分に規定するもの（基本分単価については、別表第3に定めた額から7,500円を減じた額）とする。

ハ C型 別表第3における小規模保育事業C型の表中3号の保育短時間認定区分に規定するもの（基本分単価については、別表第3に定めた額から7,500円を減じた額）とする。

3 事業所内保育事業 次のイからハまでに掲げるものとする。

イ 小規模型事業所内保育事業A型 別表第3における小規模型事業所内保育事業A型の表中3号の保育短時間認定区分に規定するもの（基本分単価については、3歳児は100分の65、4歳以上児は100分の60を別表第3に定めた額に乗じた額、当該年度中に満3歳となる教育・保育給付認定子どもは、別表第3の額から7,500円を減じた額）とする。ただし、当該施設等を利用する教育・保育給付認定子どものうち、3歳児及び4歳以上児の利用が利用定員の3割未満の場合においては、別表第3における小規模型事業所内保育事業A型の表中3号の1、2歳児の保育短時間認定区分に規定するもの（基本分単価については、別表第3に定めた額から7,500円を減じた額）とする。

ロ 小規模型事業所内保育事業B型 別表第3における小規模型事業所内保育事業B型の表中3号の保育短時間認定区分に規定するもの（基本分単価については、3歳児は100分の65、4歳以上児は100分の60を別表第3に定めた額に乗じた額、当該年度中に満3歳となる教育・保育給付認定子どもは、別表第3の額から7,500円を減じた額）とする。ただし、当該施設等を利用する教育・保育給付認定子どものうち、3歳児及び4歳以上児の利用が利用定員の3割未満の場合においては、別表第3における小規模型事業所内保育事業B型の表中3号の1、2歳児の保育短時間認定区分に規定するもの（基本分単価については、別表第3に定めた額から7,500円を減じた額）とする。

ハ 保育所型事業所内保育事業 別表第3における保育所型事業所内保育事業の表中3号の1、2歳児の保育短時間認定区分に規定するもの（基本分単価については、3歳児は100分の50、4歳以上児は100分の45を別表第3に定めた額に乗じた額、当該年度中に満3歳となる教育・保育給付認定子どもは、別表第3の額から7,500円を減じた額）とする。

4 居宅訪問型保育事業 別表第3における居宅訪問型保育事業の表中3号の保育短時間認定区分に規定するものとする。

5 第1号から第3号までにおいて、副食費徴収免除対象子どもについては、算定した額に4,500円を加えた額とする。

（特定利用地域型保育に要する費用の額の算定に関する基準）

第7条 法第30条第2項第3号に規定する内閣総理大臣が定める基準については、次の各号に掲げるものとする。

1 家庭的保育事業 別表第3における家庭的保育事業の表中3号の区分に規定するもの（当該年度中に満3歳となる教育・保育給付認定子どもを除き、基本分単価については、別表第3に定めた額から7,500円を減じた額）とする。

2 小規模保育事業 次のイからハまでに掲げるものとする。

イ A型 別表第3における小規模保育事業A型の表中3号の1、2歳児の区分に規定するもの（基本分単価については、3歳児は100分の65、4歳以上児は100分の60を別表第3に定めた額に乗じた額）とする。ただし、当該施設等を利用する教育・保育給付認定子どものうち、3歳児及び4歳以上児の利用が利用定員の3割未満となる又は3割以上となるが、地域における保育の提供体制に鑑み、やむを得ないと市町村が認める場合においては、別表第3における小規模保育事業A型の表中3号の1、2歳児の区分に規定するもの（当該年度中に満3歳となる教育・保育給付認定子どもを除き、基本分単価については、別表第3に定めた額から7,500円を減じた額）とする。

ロ B型 別表第3における小規模保育事業B型の表中3号の1、2歳児の区分に規定するもの（基本分単価については、3歳児は100分の65、4歳以上児は100分の60を別表第3に定めた額に乗じた額）とする。ただし、当該施設等を利用する教育・保育給付認定子どものうち、3歳児及び4歳以上児の利用が利用定員の3割未満となる又は3割以上となるが、地域における保育の提供体制に鑑み、やむを得ないと市町村が認める場合においては、別表第3における小規模保育事業B型の表中3号の1、2歳児の区分に規定するもの（当該年度中に満3歳となる教育・保育給付認定子どもを除き、基本分単価については、別表第3に定めた額から7,500円を減じた額）とする。

ハ C型 別表第3における小規模保育事業C型の表中3号の区分に規定するもの（当該年度中に満3歳となる教育・保育給付認定子どもを除き、基本分単価については、別表第3に定めた額から7,500円を減じた額）とする。

3 事業所内保育事業 次のイからハまでに掲げるものとする。

イ 小規模型事業所内保育事業A型 別表第3における小規模型事業所内保育事業A型の表中3号の区分に規定するもの（基本分単価については、3歳児は100分の65、4歳以上児は100分の60を別表第3に定めた額に乗じた額）とする。ただし、当該施設等を利用する教育・保育給付認定子どものうち、3歳児及び4歳以上児の利用が利用定員の3割未満となる又は3割以上となるが、地域における保育の提供体制に鑑み、やむを得ないと市町村が認める場合においては、別表第3における小規模型事業所内保育事業A型の表中3号の1、2歳児の区分に規定するもの（当該年度中に満3歳となる教育・保育給付認定子どもを除き、基本分単価については、別表第3に定めた額から7,500円を減じた額）とする。

ロ 小規模型事業所内保育事業B型 別表第3における小規模型事業所内保育事業B型の表中3号の区分に規定するもの（基本分単価については、3歳児は100分の65、4歳以上児は100分の60を別表第3に定めた額に乗じた額）とする。ただし、当該施設等を利用する教育・保育給付認定子どものうち、3歳児及び4歳以上児の利用が利用定員の3割未満となる又は3割以上となるが、地域における保育の提供体制に鑑み、やむを得ないと市町村が認める場合においては、別表第3における小規模型事業所内保育事業B型の表中3号の1、2歳児の区分に規定するもの（当該年度中に満3歳となる教育・保育給付認定子どもを除き、基本分単価については、別表第3に定めた額から7,500円を減じた額）とする。

ハ 保育所型事業所内保育事業 別表第3における保育所型事業所内保育事業の表中3号の1、2歳児の区分に規定するもの（基本分単価については、3歳児は100分の55、4歳以上児は100分の45を別表第3に定めた額に乗じた額）とする。

4 居宅訪問型保育事業 別表第3における居宅訪問型保育事業の表中3号の区分に規定するものとする。

（特例保育に要する費用の額の算定に関する基準）

5 第1号から第3号までにおいて、副食費徴収免除対象子ども（当該年度中に満3歳となるものを除く。）については、算定した額に4,500円を加えた額とする。

第8条 法第30条第2項第4号に規定する内閣総理大臣が定める基準については、当該特例保育を行う施設等の所在する地域の実情等に応じて内閣総理大臣が定めるものとする。

（特定教育・保育に要する費用の額の算定に関する経過措置）

第9条 法附則第6条第1項に規定する内閣総理大臣が定める基準については、別表第2の保育所の表に規定するものとする。

（施設型給付費に関する経過措置）

第10条 法附則第9条第1項第1号イに規定する内閣総理大臣が定める基準については、別表第2の額に1,000分の744を乗じた額とする。

（特例施設型給付費に関する経過措置）

第11条 法附則第9条第1項第2号イ(1)に規定する内閣総理大臣が定める基準については、別表第2の額に1,000分の744を乗じた額とする。

② 法附則第9条第1項第2号ロ(1)に規定する内閣総理大臣が定める基準については、第3条の規定による額に1,000分の744を乗じて得た額とする。

（特例地域型保育給付費に関する経過措置）

第12条 法附則第9条第1項第3号イ(1)に規定する内閣総理大臣が定める基準については、第6条各号の規定による額に1,000分の744を乗じて得た額とする。

② 法附則第9条第1項第3号ロ(1)に規定する内閣総理大臣が定める基準については、第8条の規定による額に1,000分の744を乗じて得た額とする。

（月の途中における入退所に関する公定価格）

第13条 子ども・子育て支援法施行令（平成26年政令第213号）第24条第2項に規定する事由（子ども・子育て支援法施行規則第58条第3号に規定する事由を除く。）のあった教育・保育給付認定子どもに係る教育・保育給付認定保護者についての公定価格は、第2条から前条までの規定による額に、当該月における利用日数を20（法第19条第2号又は第3号に掲げる小学校就学前子どもに該当する教育・保育給付認定子ども（法第28条第1項第3号に規定する特別利用教育を受ける者を除く。）については、25）で除して得た数を乗じて得た額とする。

（端数計算）

第14条 第1条第13号、第15号、第21号（第22号、第26号、第27号及び第30号（認定こども園において、主幹教諭等の専任を実施していない場合及び配置基準上求められる職員資格を有しない場合に加減調整されるものに限る。）に係るものを除く。）、第22号から第28号の2まで、第30号、第31号、第33号から第43号まで、第46号、第47号、第50号から第51号の2まで、第53号から第56号まで、第59号から第62号まで、第64号及び第65号の各号により算出される額については、当該額が10円以上の場合においては、10円未満の端数が生じたときはこれを切り捨て、当該額が10円未満の場合においては、1円未満の端数が生じたときはこれを切り捨てる。この場合において、各号において算出される額の端数計算は、それぞれの額ごとに行うものとする。

（公定価格の特例）

第15条　こども家庭庁長官は、緊急その他やむを得ない事由がある場合は、第1条から前条までの規定にかかわらず、こども家庭審議会（こども家庭庁設置法（令和4年法律第75号）第6条に規定するこども家庭審議会をいう。）の意見を聴いた上で、特定教育・保育、特別利用保育、特別利用教育、特定地域型保育、特別利用地域型保育、特定利用地域型保育及び特例保育に要する費用の額の算定に関する基準等を別に定めることができる。

（地方公共団体が設置する幼稚園、保育所及び認定こども園に係る費用の額の算定に関する基準）

第16条　地方公共団体が設置する幼稚園、保育所及び認定こども園に係る法第27条第3項第1号に規定する内閣総理大臣が定める基準、地方公共団体が設置する保育所に係る法第28条第2項第2号に規定する内閣総理大臣が定める基準及び地方公共団体が設置する幼稚園に係る法第28条第2項第3号に規定する内閣総理大臣が定める基準については、第2条から第4条までの規定にかかわらず、当該規定による公定価格の額、地域の実情等を踏まえて当該地方公共団体が定める額とする。

（教育・保育給付認定保護者の負担上限額の算定に関する基準）

第17条　子ども・子育て支援法施行令第4条第2項（同令第5条第2項、第9条、第11条第2項及び第12条第2項において準用する場合を含む。）に規定する内閣総理大臣が定める基準により算定した費用の額については、公定価格の額から処遇改善等加算Ⅰ、外部監査費加算、副食費徴収免除加算、処遇改善等加算Ⅱ、処遇改善等加算Ⅲ、療育支援加算、施設関係者評価加算、除雪費加算、降灰除去費加算、施設機能強化推進費加算、小学校接続加算、栄養管理加算、第三者評価受審加算、休日保育加算（居宅訪問型保育事業を除く。）、減価償却費加算、賃借料加算、チーム保育推進加算、高齢者等活躍促進加算及び障害児保育加算が適用される場合の額を減じた額とする。

別表第1

地域区分	都道府県	地域
100分の20地域	東京都	特別区
100分の16地域	茨城県	取手市、つくば市
	埼玉県	和光市
	千葉県	我孫子市、袖ヶ浦市、印西市
	東京都	武蔵野市、調布市、町田市、小平市、日野市、国分寺市、狛江市、清瀬市、多摩市
	神奈川県	横浜市、川崎市、厚木市
	愛知県	刈谷市、豊田市、日進市
	京都府	長岡京市
	大阪府	大阪市、守口市
100分の15地域	茨城県	守谷市
	埼玉県	さいたま市、蕨市、志木市
	千葉県	千葉市、成田市、習志野市
	東京都	八王子市、三鷹市、青梅市、府中市、昭島市、小金井市、東村山市、国立市、福生市、稲城市、西東京市
	神奈川県	鎌倉市、逗子市
	静岡県	裾野市
	愛知県	名古屋市、豊明市
	大阪府	池田市、高槻市、大東市、門真市、高石市、大阪狭山市
	兵庫県	西宮市、芦屋市、宝塚市
100分の12地域	茨城県	牛久市
	埼玉県	東松山市、狭山市、朝霞市、ふじみ野市
	千葉県	船橋市、浦安市
	東京都	立川市、東大和市、東久留米市
	神奈川県	相模原市、藤沢市、海老名市、座間市、愛川町
	三重県	鈴鹿市
	京都府	京田辺市
	大阪府	豊中市、吹田市、寝屋川市、松原市、箕面市、羽曳野市
	兵庫県	神戸市
	奈良県	天理市
100分の10地域	宮城県	多賀城市
	茨城県	水戸市、日立市、土浦市、龍ヶ崎市、稲敷市、石岡市、阿見町
	埼玉県	新座市、桶川市、富士見市、坂戸市、鶴ヶ島市
	千葉県	市川市、松戸市、佐倉市、市原市、八千代市、富津市、四街道市
	東京都	あきる野市、羽村市、日の出町、檜原村
	神奈川県	横須賀市、平塚市、小田原市、茅ヶ崎市、三浦市、大和市、伊勢原市、綾瀬市、葉山町、寒川町
	愛知県	西尾市、知多市、知立市、清須市、みよし市、長久手市、東郷町
	三重県	四日市市
	滋賀県	大津市、草津市、栗東市
	京都府	京都市、向日市
	大阪府	堺市、枚方市、茨木市、八尾市、柏原市、摂津市、藤井寺市、東大阪市、交野市、島本町
	兵庫県	尼崎市、伊丹市、高砂市、川西市、三田市
	奈良県	奈良市、大和郡山市、川西町
	広島県	広島市、府中町
	福岡県	福岡市、春日市、福津市
100分の6地域	宮城県	仙台市、富谷市、七ヶ浜町、大和町
	茨城県	古河市、常総市、ひたちなか市、坂東市、神栖市、つくばみらい市、那珂市、大洗町、河内町、五霞町、境町、利根町、東海村
	栃木県	宇都宮市、大田原市、さくら市、下野市、野木町
	群馬県	高崎市、明和町
	埼玉県	川越市、川口市、行田市、所沢市、飯能市、加須市、春日部市、羽生市、鴻巣市、深谷市、上尾市、草加市、越谷市、戸田市、入間市、久喜市、北本市、八潮市、三郷市、蓮田市、幸手市、吉川市、白岡市、伊奈町、三芳町、川島町、鳩山町、ときがわ町、宮代町、杉戸町、松伏町、滑川町
	千葉県	野田市、茂原市、東金市、柏市、流山市、鎌ヶ谷市、白井市、香取市、大網白里市、木更津市、君津市、酒々井町、栄町、白子町、長柄町、長南町
	東京都	奥多摩町
	神奈川県	秦野市、大磯町、二宮町、中井町、大井町、山北町、清川村
	山梨県	甲府市
	長野県	塩尻市
100分の6地域	岐阜県	岐阜市、海津市
	静岡県	静岡市、沼津市、磐田市、御殿場市
	愛知県	岡崎市、瀬戸市、春日井市、豊川市、津島市、碧南市、安城市、蒲郡市、犬山市、江南市、稲沢市、東海市、大府市、尾張旭市、高浜市、岩倉市、田原市、愛西市、北名古屋市、弥富市、あま市、豊山町、大治町、蟹江町、幸田町、飛島村
	三重県	津市、桑名市、亀山市、木曽岬町
	滋賀県	彦根市、守山市、甲賀市、野洲市
	京都府	宇治市、亀岡市、八幡市、南丹市、木津川市、城陽市、大山崎町、笠置町、和束町、精華町、久御山町、宇治田原町
	大阪府	岸和田市、泉大津市、貝塚市、泉佐野市、富田林市、河内長野市、和泉市、泉南市、四條畷市、阪南市、豊能町、能勢町、忠岡町、熊取町、田尻町、岬町、太子町、河南町、千早赤阪村
	兵庫県	明石市、赤穂市、丹波篠山市、猪名川町
	奈良県	大和高田市、橿原市、生駒市、香芝市、葛城市、御所市、平群町、三郷町、斑鳩町、安堵町、上牧町、王寺町、広陵町、河合町
	和歌山県	和歌山市、橋本市、紀の川市、岩出市、かつらぎ町
	香川県	高松市
	福岡県	大野城市、太宰府市、糸島市、那珂川市、志免町、新宮町、粕屋町
	佐賀県	佐賀市、吉野ヶ里町
100分の3地域	北海道	札幌市
	宮城県	塩釜市、名取市、村田町、利府町
	茨城県	結城市、下妻市、常陸太田市、笠間市、鹿嶋市、潮来市、筑西市、桜川市、茨城町、城里町、八千代町
	栃木県	栃木市、佐野市、鹿沼市、日光市、小山市、真岡市、上三川町、芳賀町、壬生町
	群馬県	前橋市、桐生市、伊勢崎市、太田市、沼田市、渋川市、みどり市、吉岡町、東吾妻町、玉村町、板倉町、千代田町、大泉町、榛東村
	埼玉県	熊谷市、日高市、毛呂山町、越生町、嵐山町、吉見町
	千葉県	鴨川市、八街市、富里市、山武市、九十九里町、芝山町、大多喜町
	東京都	武蔵村山市、瑞穂町
	神奈川県	箱根町
	新潟県	新潟市
	富山県	富山市、南砺市、上市町、立山町、舟橋村
	石川県	金沢市、津幡町、内灘町
	福井県	福井市
	山梨県	南アルプス市、北杜市、甲斐市、上野原市、中央市、市川三郷町、早川町、身延町、南部町、昭和町、富士河口湖町、道志村
	長野県	長野市、松本市、上田市、岡谷市、飯田市、諏訪市、伊那市、大町市、茅野市、長和町、下諏訪町、辰野町、箕輪町、木曽町、南箕輪村、大鹿村、木祖村、朝日村、筑北村
	岐阜県	大垣市、高山市、多治見市、関市、羽島市、美濃加茂市、土岐市、各務原市、可児市、瑞穂市、本巣市、岐南町、笠松町、神戸町、安八町、北方町、坂祝町、八百津町、御嵩町
	静岡県	浜松市、三島市、富士宮市、島田市、富士市、焼津市、掛川市、藤枝市、袋井市、湖西市、函南町、清水町、長泉町、小山町、川根本町、森町
	愛知県	豊橋市、一宮市、半田市、常滑市、小牧市、新城市、大口町、扶桑町、阿久比町、東浦町、武豊町
	三重県	名張市、いなべ市、伊賀市、東員町、菰野町、朝日町、川越町
	滋賀県	長浜市、湖南市、高島市、東近江市、米原市、日野町、竜王町、愛荘町、多賀町
	京都府	井手町、南山城村
	兵庫県	姫路市、加古川市、三木市、小野市、加西市、加東市、稲美町、播磨町
	奈良県	桜井市、五條市、宇陀市、三宅町、田原本町、高取町、吉野町、山添村、曽爾村、明日香村
	岡山県	岡山市、玉野市、備前市
	広島県	呉市、竹原市、三原市、東広島市、廿日市市、安芸高田市、熊野町、安芸太田町、世羅町、海田町、坂町
	山口県	岩国市、周南市
	徳島県	徳島市、鳴門市、小松島市、阿南市、美馬市、勝浦町、松茂町、北島町、藍住町
	香川県	坂出市、さぬき市、三木町、綾川町
	福岡県	北九州市、飯塚市、筑紫野市、古賀市、宮若市、宇美町、篠栗町、須惠町、久山町
	佐賀県	鳥栖市
	長崎県	長崎市
その他地域	全ての都道府県	100分の20地域から100分の3地域まで以外の地域

備考　この表の下欄に掲げる地域は、令和2年4月1日において当該地域に係る名称によって示された区域をいい、その後における当該名称又は当該区域の変更によって影響されるものでない。

別表第2
○幼稚園（教育標準時間認定）

地域区分 ①	定員区分 ②	認定区分 ③	年齢区分 ④	基本分単価 ⑤	（注）	処遇改善等加算Ⅰ ⑥	（注）		副園長・教頭配置加算 ⑦	処遇改善等加算Ⅰ	3歳児配置改善加算 ⑧	処遇改善等加算Ⅰ
20/100地域	15人まで	1号	4歳以上児	116,110	(124,220)	1,140	(1,220)	×加算率	7,640	70×加算率	(8,110)	(80×加算率)
			3歳児	124,220		1,220		×加算率			8,110	80×加算率
	76人から90人まで	1号	4歳以上児	39,290	(47,400)	370	(450)	×加算率	1,270	10×加算率	(8,110)	(80×加算率)
			3歳児	47,400		450		×加算率			8,110	80×加算率
その他地域	15人まで	1号	4歳以上児	99,110	(105,980)	970	(1,040)	×加算率	6,280	60×加算率	(6,870)	(60×加算率)
			3歳児	105,980		1,040		×加算率			6,870	60×加算率
	76人から90人まで	1号	4歳以上児	33,990	(40,860)	320	(390)	×加算率	1,040	10×加算率	(6,870)	(60×加算率)
			3歳児	40,860		390		×加算率			6,870	60×加算率

地域区分 ①	定員区分 ②	年齢区分 ④	満3歳児対応加配加算（3歳児配置改善加算無し） ⑨	処遇改善等加算Ⅰ	満3歳児対応加配加算（3歳児配置改善加算有り） ⑨'	処遇改善等加算Ⅰ	講師配置加算 ⑩	処遇改善等加算Ⅰ	チーム保育加配加算 ※加配1人当たり単価 ⑪	処遇改善等加算Ⅰ	通園送迎加算 ⑫	処遇改善等加算Ⅰ	給食実施加算（施設内調理） ⑬	処遇改善等加算Ⅰ	給食実施加算（外部搬入） ⑬'	処遇改善等加算Ⅰ	外部監査費加算 ⑭	副食費徴収免除加算 ※副食費の徴収が免除される子どもの単価に加算 ⑮	年齢別配置基準を下回る場合〈減算〉 ⑯	定員を恒常的に超過する場合 ⑰
20/100地域	15人まで	4歳以上児					5,780	50×加算率	32,460×加配人数	320×加算率×加配人数	3,640	30×加算率	2,730×週当たり実施日数	20×週当たり実施日数×加算率	480×週当たり実施日数	4×週当たり実施日数×加算率	27,330	225×各月の給食実施日数	(32,460+320×加算率)×人数	(⑤～⑯(⑮を除く。))×63/100
		3歳児	56,800	560×加算率	48,690	480×加算率														
	76人から90人まで	4歳以上児					—	—	5,410×加配人数	50×加算率×加配人数	860	8×加算率	500×週当たり実施日数	5×週当たり実施日数×加算率	80×週当たり実施日数	1×週当たり実施日数×加算率	5,220	225×各月の給食実施日数	(5,410+50×加算率)×人数	(⑤～⑯(⑮を除く。))×87/100
		3歳児	56,800	560×加算率	48,690	480×加算率														
その他地域	15人まで	4歳以上児					5,780	50×加算率	27,510×加配人数	270×加算率×加配人数	3,640	30×加算率	2,730×週当たり実施日数	20×週当たり実施日数×加算率	480×週当たり実施日数	4×週当たり実施日数×加算率	27,330	225×各月の給食実施日数	(27,510+270×加算率)×人数	(⑤～⑯(⑮を除く。))×63/100
		3歳児	48,150	480×加算率	41,280	410×加算率														
	76人から90人まで	4歳以上児					—	—	4,580×加配人数	40×加算率×加配人数	860	8×加算率	500×週当たり実施日数	5×週当たり実施日数×加算率	80×週当たり実施日数	1×週当たり実施日数×加算率	5,220	225×各月の給食実施日数	(4,580+40×加算率)×人数	(⑤～⑯(⑮を除く。))×88/100
		3歳児	48,150	480×加算率	41,280	410×加算率														

加算部分2			
主幹教諭等専任加算	⑱	基本額 処遇改善等加算Ⅰ （108,530 ＋ 1,080 × 加算率） ÷ 各月初日の利用子ども数	※各月初日の利用子どもの単価に加算
子育て支援活動費加算	⑲	基本額 処遇改善等加算Ⅰ （4,050 ＋ 40 × 加算率） ÷ 各月初日の利用子ども数	※各月初日の利用子どもの単価に加算
療育支援加算	⑳	A 基本額 処遇改善等加算Ⅰ （36,570 ＋ 360 × 加算率） ÷ 各月初日の利用子ども数 B 基本額 処遇改善等加算Ⅰ （24,380 ＋ 240 × 加算率） ÷ 各月初日の利用子ども数	※以下の区分に応じて、各月初日の利用子どもの単価に加算 A：特別児童扶養手当支給対象児童受入施設 B：それ以外の障害児受入施設
事務職員配置加算	㉑	基本額 処遇改善等加算Ⅰ （78,020 ＋ 780 × 加算率） ÷ 各月初日の利用子ども数	※各月初日の利用子どもの単価に加算
指導充実加配加算	㉒	基本額 処遇改善等加算Ⅰ （82,880 ＋ 820 × 加算率） ÷ 各月初日の利用子ども数	※各月初日の利用子どもの単価に加算
事務負担対応加配加算	㉓	基本額 処遇改善等加算Ⅰ （69,060 ＋ 690 × 加算率） ÷ 各月初日の利用子ども数	※各月初日の利用子どもの単価に加算
処遇改善等加算Ⅱ	㉔	以下の加算を合算した額を各月初日の利用子ども数で除した額 ・処遇改善等加算Ⅱ－① 51,280 × 人数A ・処遇改善等加算Ⅱ－② 6,410 × 人数B	※1 各月初日の利用子どもの単価に加算 ※2 人数A及び人数Bについては、別に定める
処遇改善等加算Ⅲ	㉕	別に定める額 × 平均年齢別利用子ども数 ÷各月初日の利用子ども数	※1 各月初日の利用子どもの単価に加算 ※2 平均年齢別利用子ども数については、別に定める
冷暖房費加算	㉖	1級地 1,800 2級地 1,590 3級地 1,570 4級地 1,240 その他地域 110	※以下の区分に応じて、各月の単価に加算 1級地から4級地：国家公務員の寒冷地手当に関する法律（昭和24年法律第200号）第1条第1号及び第2号に掲げる地域 その他地域 ：1級地から4級地以外の地域
施設関係者評価加算	㉗	A 306,010 ÷ 3月初日の利用子ども数 B 60,520 ÷ 3月初日の利用子ども数	※以下の区分に応じて、3月初日の利用子どもの単価に加算 A：公開保育の取組と組み合わせて施設関係者評価を実施する施設 B：それ以外の施設
除雪費加算	㉘	6,120	※3月初日の利用子どもの単価に加算
降灰除去費加算	㉙	154,880 ÷ 3月初日の利用子ども数	※3月初日の利用子どもの単価に加算
施設機能強化推進費加算	㉚	160,000（限度額）÷ 3月初日の利用子ども数	※3月初日の利用子どもの単価に加算
小学校接続加算	㉛	96,840 ÷ 3月初日の利用子ども数	※3月初日の利用子どもの単価に加算
栄養管理加算	㉜	A 基本額 処遇改善等加算Ⅰ （65,120 ＋ 650 × 加算率） ÷ 各月初日の利用子ども数 B 基本額 処遇改善等加算Ⅰ （50,000 ＋ 500 × 加算率） ÷ 各月初日の利用子ども数 C 基本額 10,000 ÷ 各月初日の利用子ども数	※以下の区分に応じて、各月初日の利用子どもの単価に加算 A：Bを除き栄養士を雇用契約等により配置している施設 B：基本分単価及び他の加算の認定に当たって求められる職員（施設内の調理設備を使用して調理を行う給食実施加算の適用施設において雇用等される調理員を含む。）が栄養士を兼務している施設 C：A又はBを除き、栄養士を嘱託等している施設
第三者評価受審加算	㉝	150,000 ÷ 3月初日の利用子ども数	※3月初日の利用子どもの単価に加算
国家公務員給与改定対応部分の補助を受けた場合	㉞	別に定める額 × 年齢別平均利用児童延べ数 ÷3月初日の利用子ども数	※1 3月初日の利用子どもの単価から減算 ※2 年齢別平均利用児童延べ数については、別に定める

（注）年度の初日の前日における満年齢に応じて月額を調整

処遇改善等加算Ⅲに係る別に定める額

定員区分	年齢区分	処遇改善等加算Ⅲ
15人まで	4歳以上児	4,460
	3歳児	4,840
	満3歳児	5,530
76人から90人まで	4歳以上児	1,270
	3歳児	1,650
	満3歳児	2,340

国家公務員給与改定対応部分の補助を受けた場合に係る別に定める額

地域区分	定員区分	年齢区分	国家公務員給与改定対応部分の補助を受けた場合
20/100地域	15人まで	4歳以上児	1,320
		3歳児	1,540
		満3歳児	1,830
	76人から90人まで	4歳以上児	460
		3歳児	680
		満3歳児	960
その他地域	15人まで	4歳以上児	1,130
		3歳児	1,230
		満3歳児	1,410
	76人から90人まで	4歳以上児	270
		3歳児	360
		満3歳児	550

（編集部 注）「20/100地域」と「その他地域」の定員「15人まで」と「76人から90人まで」の部分のみ掲載

○保育所（保育認定）

地域区分	定員区分	認定区分	年齢区分	保育必要量区分⑤ 保育標準時間認定 基本分単価	(注)	保育必要量区分⑤ 保育短時間認定 基本分単価	(注)	処遇改善等加算Ⅰ 保育標準時間認定	(注)		処遇改善等加算Ⅰ 保育短時間認定	(注)		3歳児配置改善加算	処遇改善等加算Ⅰ	休日保育加算	処遇改善等加算Ⅰ		夜間保育加算	(注)	処遇改善等加算Ⅰ	減価償却費加算 加算額 標準	都市部	賃借料加算	加算額 標準	都市部	チーム保育推進加算	処遇改善等加算Ⅰ	副食費徴収免除加算 ※副食費の徴収が免除される子どもの単価に加算	分園の場合（減算）	施設長を配置していない場合（減算）	処遇改善等加算Ⅰ	土曜日に閉所する場合〈減算〉 月に1日土曜日を閉所する場合	月に2日土曜日を閉所する場合	月に3日以上土曜日を閉所する場合	全ての土曜日を閉所する場合	定員を恒常的に超過する場合
①	②	③	④	⑥		⑥		⑦			⑦			⑧		⑨			⑩			⑪		⑫			⑬		⑭	⑮	⑯		⑰				⑱
20/100地域	20人	2号	4歳以上児	126,460	(134,350)	100,010	(107,900)	1,240	(1,310)	×加算率	980	(1,050)	×加算率	(7,890)	(70×加算率)	休日保育の年間延べ利用子ども数 〜210人 269,600 211人〜279人 288,800 280人〜349人 327,300 (中略) 1,050人〜 750,800	休日保育の年間延べ利用子ども数 〜210人 2,690×加算率 211人〜279人 2,880×加算率 280人〜349人 3,270×加算率 (中略) 1,050人〜 7,500×加算率	÷各月初日の利用子ども数	30,750		230×加算率	7,900	8,700	a地域	15,800	17,600	23,670	230×加算率	4,700	(⑥+⑦)×10/100	27,400	270×加算率	(⑥+⑦+⑧+⑩)×1/100	(⑥+⑦+⑧+⑩)×3/100	(⑥+⑦+⑧+⑩)×4/100	(⑥+⑦+⑧+⑩)×5/100	(⑥〜⑰(⑭を除く。))×別に定める調整率
			3歳児	134,350	(197,840)	107,900	(171,390)	1,310	(1,860)	×加算率	1,050	(1,600)	×加算率	7,890	70×加算率					28,990				b地域	8,700	9,700											
		3号	1、2歳児	197,840	(276,750)	171,390	(250,300)	1,860	(2,650)	×加算率	1,600	(2,390)	×加算率						28,990					c地域	7,600	8,400											
			乳児	276,750		250,300		2,650		×加算率	2,390		×加算率											d地域	6,800	7,500											
	81人から90人まで	2号	4歳以上児	46,570	(54,460)	40,700	(48,590)	440	(510)	×加算率	380	(450)	×加算率	(7,890)	(70×加算率)				12,330		50×加算率	3,100	3,400	a地域	6,300	7,100	5,260	50×加算率	4,700		6,090	60×加算率	(⑥+⑦+⑧+⑩)×1/100	(⑥+⑦+⑧+⑩)×3/100	(⑥+⑦+⑧+⑩)×4/100	(⑥+⑦+⑧+⑩)×6/100	
			3歳児	54,460	(117,950)	48,590	(112,080)	510	(1,070)	×加算率	450	(1,010)	×加算率	7,890	70×加算率					10,560				b地域	3,500	3,900											
		3号	1、2歳児	117,950	(196,860)	112,080	(190,990)	1,070	(1,860)	×加算率	1,010	(1,800)	×加算率						10,560					c地域	3,000	3,400											
			乳児	196,860		190,990		1,860		×加算率	1,800		×加算率											d地域	2,700	3,000											
その他地域	20人	2号	4歳以上児	109,020	(115,720)	86,130	(92,830)	1,070	(1,130)	×加算率	840	(900)	×加算率	(6,700)	(60×加算率)	休日保育の年間延べ利用子ども数 〜210人 235,500 211人〜279人 252,100 280人〜349人 285,300 (中略) 1,050人〜 651,100	休日保育の年間延べ利用子ども数 〜210人 2,350×加算率 211人〜279人 2,520×加算率 280人〜349人 2,850×加算率 (中略) 1,050人〜 6,510×加算率		30,750		230×加算率	7,900	8,700	a地域	15,800	17,600	20,110	200×加算率	4,700		22,860	220×加算率	(⑥+⑦+⑧+⑩)×1/100	(⑥+⑦+⑧+⑩)×3/100	(⑥+⑦+⑧+⑩)×4/100	(⑥+⑦+⑧+⑩)×6/100	
			3歳児	115,720	(170,920)	92,830	(148,030)	1,130	(1,590)	×加算率	900	(1,360)	×加算率	6,700	60×加算率					28,990				b地域	8,700	9,700											
		3号	1、2歳児	170,920	(237,980)	148,030	(215,090)	1,590	(2,260)	×加算率	1,360	(2,030)	×加算率						28,990					c地域	7,600	8,400											
			乳児	237,980		215,090		2,260		×加算率	2,030		×加算率											d地域	6,800	7,500											
	81人から90人まで	2号	4歳以上児	40,160	(46,860)	35,070	(41,770)	380	(440)	×加算率	330	(390)	×加算率	(6,700)	(60×加算率)				12,330		50×加算率	3,100	3,400	a地域	6,300	7,100	4,470	40×加算率	4,700		5,080	50×加算率	(⑥+⑦+⑧+⑩)×2/100	(⑥+⑦+⑧+⑩)×3/100	(⑥+⑦+⑧+⑩)×5/100	(⑥+⑦+⑧+⑩)×7/100	
			3歳児	46,860	(102,060)	41,770	(96,970)	440	(900)	×加算率	390	(850)	×加算率	6,700	60×加算率					10,560				b地域	3,500	3,900											
		3号	1、2歳児	102,060	(169,120)	96,970	(164,030)	900	(1,570)	×加算率	850	(1,520)	×加算率						10,560					c地域	3,000	3,400											
			乳児	169,120		164,030		1,570		×加算率	1,520		×加算率											d地域	2,700	3,000											

加算部分2

加算	番号	算式	備考
主任保育士専任加算	⑲	基本額 (256,460 ＋ 処遇改善等加算 2,560 × 加算率) ÷ 各月初日の利用子ども数	※各月初日の利用子どもの単価に加算
療育支援加算	⑳	A 基本額 (49,870 ＋ 処遇改善等加算 490 × 加算率) ÷ 各月初日の利用子ども数 B 基本額 (33,250 ＋ 処遇改善等加算 330 × 加算率) ÷ 各月初日の利用子ども数	※以下の区分に応じて、各月初日の利用子どもの単価に加算 A：特別児童扶養手当支給対象児童受入施設 B：それ以外の障害児受入施設
事務職員雇上費加算	㉑	基本額 (46,100 ＋ 処遇改善等加算 460 × 加算率) ÷ 各月初日の利用子ども数	※各月初日の利用子どもの単価に加算
処遇改善等加算Ⅱ	㉒	以下の加算を合算した額を各月初日の利用子ども数で除した額 ・処遇改善等加算Ⅱ－① 48,900 × 人数A ・処遇改善等加算Ⅱ－② 6,110 × 人数B	※1 各月初日の利用子どもの単価に加算 ※2 人数A及び人数Bについては、別に定める
処遇改善等加算Ⅲ	㉓	11,000 × 加算Ⅲ算定対象人数 ÷ 各月初日の利用子ども数	※1 各月初日の利用子どもの単価に加算 ※2 加算Ⅲ算定対象人数については、別に定める
冷暖房費加算	㉔	1級地 1,840 2級地 1,630 3級地 1,610 4級地 1,270 その他地域 110	※以下の区分に応じて、各月の単価に加算 1級地から4級地：国家公務員の寒冷地手当に関する法律（昭和24年法律第200号）第1条第1号及び第2号に掲げる地域 その他地域：1級地から4級地以外の地域
除雪費加算	㉕	6,180	※3月初日の利用子どもの単価に加算
降灰除去費加算	㉖	155,870 ÷ 3月初日の利用子ども数	※3月初日の利用子どもの単価に加算
高齢者等活躍促進加算	㉗	400時間以上800時間未満 456,000 ÷ 3月初日の利用子ども数 800時間以上1200時間未満 760,000 ÷ 3月初日の利用子ども数 1200時間以上 1,065,000 ÷ 3月初日の利用子ども数	※加算額は、高齢者等の年間総雇用時間数を基に区分 ※3月初日の利用子どもの単価に加算
施設機能強化推進費加算	㉘	160,000（限度額）÷ 3月初日の利用子ども数	※3月初日の利用子どもの単価に加算
小学校接続加算	㉙	96,840 ÷ 3月初日の利用子ども数	※3月初日の利用子どもの単価に加算
栄養管理加算	㉚	A 基本額 (76,960 ＋ 処遇改善等加算Ⅰ 760 × 加算率) ÷ 各月初日の利用子ども数 B 基本額 (50,000 ＋ 処遇改善等加算Ⅰ 500 × 加算率) ÷ 各月初日の利用子ども数 C 基本額 10,000 ÷ 各月初日の利用子ども数	※以下の区分に応じて、各月初日の利用子どもの単価に加算 A：Bを除き栄養士を雇用契約等により配置している施設 B：基本分単価及び他の加算の認定に当たって求められる職員が栄養士を兼務している施設 C：A又はBを除き、栄養士を嘱託等している施設
第三者評価受審加算	㉛	150,000 ÷ 3月初日の利用子ども数	※3月初日の利用子どもの単価に加算

（注）年度の初日の前日における満年齢に応じて月額を調整

定員を恒常的に超過する場合に係る別に定める調整率

地域区分	定員区分	認定区分	年齢区分	利用子ども数 20人まで	21人から30人まで	31人から40人まで	41人から50人まで	51人から60人まで	61人から70人まで	71人から80人まで	81人から90人まで	91人から100人まで	101人から110人まで	111人から120人まで	121人から130人まで	131人から140人まで	141人から150人まで	151人から160人まで	161人から170人まで	171人以上
20/100地域	20人	2号	4歳以上児	／	79/100	69/100	66/100	61/100	57/100	54/100	52/100	48/100	47/100	46/100	46/100	45/100	44/100	44/100	43/100	43/100
			3歳児																	
		3号	1、2歳児																	
			乳児																	
	81人から90人まで	2号	4歳以上児	／	／	／	／	／	／	／	／	93/100	91/100	89/100	88/100	87/100	85/100	84/100	83/100	82/100
			3歳児																	
		3号	1、2歳児																	
			乳児																	
その他地域	20人	2号	4歳以上児	／	79/100	69/100	66/100	61/100	57/100	54/100	52/100	48/100	47/100	46/100	46/100	45/100	45/100	44/100	44/100	43/100
			3歳児																	
		3号	1、2歳児																	
			乳児																	
	81人から90人まで	2号	4歳以上児	／	／	／	／	／	／	／	／	93/100	91/100	89/100	88/100	87/100	86/100	85/100	84/100	83/100
			3歳児																	
		3号	1、2歳児																	
			乳児																	

（編集部　注）「20/100地域」と「その他地域」の定員「20人」と「81人から90人まで」の部分のみ掲載

○認定こども園（教育標準時間認定）

地域区分 ①	定員区分 ②	認定区分 ③	年齢区分 ④	基本分単価 ⑤	（注）	処遇改善等加算Ⅰ ⑥	（注）		副園長・教頭配置加算 ⑦	処遇改善等加算Ⅰ	学級編制調整加配加算 ※1号・2号の利用定員の合計が36人以上300人以下の場合に加算 ⑧	処遇改善等加算Ⅰ	3歳児配置改善加算 ⑨	処遇改善等加算Ⅰ	満3歳児対応加配加算（3歳児配置改善加算無し）⑩	処遇改善等加算Ⅰ	満3歳児対応加配加算（3歳児配置改善加算有り）⑩'	処遇改善等加算Ⅰ	講師配置加算 ⑪	処遇改善等加算Ⅰ	チーム保育加配加算 ※1号・2号の利用定員合計に応じて利用子どもの単価に加算 ⑫	処遇改善等加算Ⅰ	通園送迎加算 ⑬	処遇改善等加算Ⅰ	給食実施加算（施設内調理）⑭	処遇改善等加算Ⅰ	給食実施加算（外部搬入）⑭'	処遇改善等加算Ⅰ	外部監査費加算 ※認定こども園全体の利用定員の区分に応じて加算 ※3月分の単価に加算 ⑮	副食費徴収免除加算 ※副食費の徴収が免除される子どもの単価に加算 ⑯	主幹教諭等の専任化により子育て支援の取り組みを実施していない場合〈減算〉⑰	年齢別配置基準を下回る場合〈減算〉⑱	配置基準上求められる職員資格を有しない場合〈減算〉⑲	定員を恒常的に超過する場合 ⑳
20/100地域	15人まで	1号	4歳以上児	87,890	(96,010)	860	(940)	×加算率	7,650	70×加算率	32,500	320×加算率	(8,120)	(80×加算率)					5,780	50×加算率	～15人 32,500×加配人数 (中略) 76人～90人 5,410×加配人数 (以下略)	320×加算率×加配人数 (中略) 50×加算率×加配人数 (以下略)	3,640	30×加算率	2,730×週当たり実施日数	20×週当たり実施日数×加算率	480×週当たり実施日数	4×週当たり実施日数×加算率	～15人 27,330 (中略) 76人～90人 5,220 (以下略)	235×各月の給食実施日数	(7,500＋70×加算率)	(32,500＋320×加算率)×人数	(24,520＋240×加算率)×人数	(⑤～⑲（⑯を除く。）)×別に定める調整率
			3歳児	96,010		940		×加算率					8,120	80×加算率	56,880	560×加算率	48,760	480×加算率																
	76人から90人まで	1号	4歳以上児	29,130	(37,250)	270	(350)	×加算率	1,270	10×加算率	5,410	50×加算率	(8,120)	(80×加算率)					—	—			860	8×加算率	500×週当たり実施日数	5×週当たり実施日数×加算率	80×週当たり実施日数	1×週当たり実施日数×加算率		235×各月の給食実施日数	(1,250＋10×加算率)	(5,410＋50×加算率)×人数	(4,080＋40×加算率)×人数	
			3歳児	37,250		350		×加算率					8,120	80×加算率	56,880	560×加算率	48,760	480×加算率																
その他地域	15人まで	1号	4歳以上児	76,380	(83,260)	740	(810)	×加算率	6,290	60×加算率	27,550	270×加算率	(6,880)	(60×加算率)					5,780	50×加算率	～15人 27,550×加配人数 (中略) 76人～90人 4,590×加配人数 (以下略)	270×加算率×加配人数 (中略) 40×加算率×加配人数 (以下略)	3,640	30×加算率	2,730×週当たり実施日数	20×週当たり実施日数×加算率	480×週当たり実施日数	4×週当たり実施日数×加算率		235×各月の給食実施日数	(7,500＋70×加算率)	(27,550＋270×加算率)×人数	(19,570＋190×加算率)×人数	
			3歳児	83,260		810		×加算率					6,880	60×加算率	48,220	480×加算率	41,340	410×加算率																
	76人から90人まで	1号	4歳以上児	25,560	(32,440)	230	(300)	×加算率	1,040	10×加算率	4,590	40×加算率	(6,880)	(60×加算率)					—	—			860	8×加算率	500×週当たり実施日数	5×週当たり実施日数×加算率	80×週当たり実施日数	1×週当たり実施日数×加算率		235×各月の給食実施日数	(1,250＋10×加算率)	(4,590＋40×加算率)×人数	(3,260＋30×加算率)×人数	
			3歳児	32,440		300		×加算率					6,880	60×加算率	48,220	480×加算率	41,340	410×加算率																

加算部分2				
療育支援加算	㉑	A	基本額（18,280 ＋ 処遇改善等加算Ⅰ 180 × 加算率）÷ 各月初日の利用子ども数	※以下の区分に応じて、各月初日の利用子どもの単価に加算 A：特別児童扶養手当支給対象児童受入施設 B：それ以外の障害児受入施設
		B	基本額（12,190 ＋ 処遇改善等加算Ⅰ 120 × 加算率）÷ 各月初日の利用子ども数	
事務職員配置加算	㉒		基本額（78,020 ＋ 処遇改善等加算Ⅰ 780 × 加算率）÷ 各月初日の利用子ども数	※認定こども園全体（1号～3号）の利用定員が91人以上の場合に各月初日の利用子どもの単価に加算
指導充実加配加算	㉓		基本額（82,880 ＋ 処遇改善等加算Ⅰ 820 × 加算率）÷ 各月初日の利用子ども数	※各月初日の利用子どもの単価に加算
事務負担対応加配加算	㉔		基本額（69,060 ＋ 処遇改善等加算Ⅰ 690 × 加算率）÷ 各月初日の利用子ども数	※各月初日の利用子どもの単価に加算
処遇改善等加算Ⅱ	㉕		以下の加算を合算した額を各月初日の利用子ども数で除した額 ・処遇改善等加算Ⅱ－① 50,140 × 人数A × 1/2 ・処遇改善等加算Ⅱ－② 6,270 × 人数B × 1/2	※1 各月初日の利用子どもの単価に加算 ※2 人数A及び人数Bについては、別に定める
処遇改善等加算Ⅲ	㉖		11,280 ×加算Ⅲ算定対象人数× 1/2 ÷各月初日の利用子ども数	※1 各月初日の利用子どもの単価に加算 ※2 加算Ⅲ算定対象人数については、別に定める
冷暖房費加算	㉗		1級地 1,840	※以下の区分に応じて、各月の単価に加算 1級地から4級地：国家公務員の寒冷地手当に関する法律（昭和24年法律第200号）第1条第1号及び第2号に掲げる地域 その他地域：1級地から4級地以外の地域
			2級地 1,630	
			3級地 1,610	
			4級地 1,270	
			その他地域 110	
施設関係者評価加算	㉘	A	153,010 ÷ 3月初日の利用子ども数	※以下の区分に応じて、3月初日の利用子どもの単価に加算 A：公開保育の取組と組み合わせて施設関係者評価を実施する施設 B：それ以外の施設
		B	30,260 ÷ 3月初日の利用子ども数	
除雪費加算	㉙		6,180	※3月初日の利用子どもの単価に加算
降灰除去費加算	㉚		77,930 ÷ 3月初日の利用子ども数	※3月初日の利用子どもの単価に加算
施設機能強化推進費加算	㉛		80,000（限度額）÷ 3月初日の利用子ども数	※3月初日の利用子どもの単価に加算
小学校接続加算	㉜		48,420 ÷ 3月初日の利用子ども数	※3月初日の利用子どもの単価に加算
第三者評価受審加算	㉝		75,000 ÷ 3月初日の利用子ども数	※3月初日の利用子どもの単価に加算

（注）年度の初日の前日における満年齢に応じて月額を調整

定員を恒常的に超過する場合に係る別に定める調整率

地域区分	定員区分	認定区分	年齢区分	利用子ども数 15人まで	16人から25人まで	26人から35人まで	36人から45人まで	46人から60人まで	61人から75人まで	76人から90人まで	91人から105人まで	106人から120人まで	121人から135人まで	136人から150人まで	151人から180人まで	181人から210人まで	211人から240人まで	241人から270人まで	271人から300人まで	301人以上
20/100地域	15人まで	1号	4歳以上児・3歳児	/	63/100	49/100	42/100	40/100	35/100	32/100	31/100	29/100	28/100	27/100	27/100	26/100	25/100	25/100	24/100	24/100
	76人から90人まで	1号	4歳以上児・3歳児	/	/	/	/	/	/	/	95/100	90/100	87/100	84/100	83/100	80/100	77/100	76/100	75/100	74/100
その他地域	15人まで	1号	4歳以上児・3歳児	/	63/100	49/100	42/100	40/100	36/100	33/100	31/100	30/100	28/100	27/100	27/100	26/100	25/100	25/100	24/100	24/100
	76人から90人まで	1号	4歳以上児・3歳児	/	/	/	/	/	/	/	95/100	90/100	87/100	83/100	82/100	78/100	76/100	75/100	74/100	74/100

（編集部　注）「20/100地域」と「その他地域」の定員「15人まで」と「76人から90人まで」の部分のみ掲載

○認定こども園（保育認定）

地域区分 ①	定員区分 ②	認定区分 ③	年齢区分 ④	保育必要量区分 ⑤ 保育標準時間認定 基本分単価 ⑥	(注1)	保育短時間認定 基本分単価 ⑥	(注1)	処遇改善等加算Ⅰ 保育標準時間認定 ⑦	(注1)		処遇改善等加算Ⅰ 保育短時間認定 ⑦	(注1)		3歳児配置改善加算 ⑧	処遇改善等加算Ⅰ
20/100地域	10人まで	2号	4歳以上児	245,090	(252,980)	192,200	(200,090)	2,430	(2,500)	×加算率	1,900	(1,970)	×加算率	(7,890)	(70×加算率)
			3歳児	252,980	(316,470)	200,090	(263,580)	2,500	(3,050)	×加算率	1,970	(2,520)	×加算率	7,890	70×加算率
		3号	1、2歳児	316,470	(395,380)	263,580	(342,490)	3,050	(3,840)	×加算率	2,520	(3,310)	×加算率		
			乳児	395,380		342,490		3,840		×加算率	3,310		×加算率		
	81人から90人まで	2号	4歳以上児	48,040	(55,930)	42,160	(50,050)	460	(530)	×加算率	400	(470)	×加算率	(7,890)	(70×加算率)
			3歳児	55,930	(119,420)	50,050	(113,540)	530	(1,080)	×加算率	470	(1,020)	×加算率	7,890	70×加算率
		3号	1、2歳児	119,420	(198,330)	113,540	(192,450)	1,080	(1,870)	×加算率	1,020	(1,810)	×加算率		
			乳児	198,330		192,450		1,870		×加算率	1,810		×加算率		
その他地域	10人まで	2号	4歳以上児	214,100	(220,800)	168,320	(175,020)	2,120	(2,180)	×加算率	1,660	(1,720)	×加算率	(6,700)	(60×加算率)
			3歳児	220,800	(276,000)	175,020	(230,220)	2,180	(2,640)	×加算率	1,720	(2,180)	×加算率	6,700	60×加算率
		3号	1、2歳児	276,000	(343,060)	230,220	(297,280)	2,640	(3,310)	×加算率	2,180	(2,850)	×加算率		
			乳児	343,060		297,280		3,310		×加算率	2,850		×加算率		
	81人から90人まで	2号	4歳以上児	41,740	(48,440)	36,650	(43,350)	390	(450)	×加算率	340	(400)	×加算率	(6,700)	(60×加算率)
			3歳児	48,440	(103,640)	43,350	(98,550)	450	(920)	×加算率	400	(870)	×加算率	6,700	60×加算率
		3号	1、2歳児	103,640	(170,700)	98,550	(165,610)	920	(1,590)	×加算率	870	(1,540)	×加算率		
			乳児	170,700		165,610		1,590		×加算率	1,540		×加算率		

地域区分 ①	定員区分 ②	認定区分 ③	年齢区分 ④	休日保育加算 ⑨	処遇改善等加算Ⅰ		夜間保育加算 ⑩	(注1)	処遇改善等加算Ⅰ	チーム保育加配加算 ※1号・2号の利用定員合計に応じて2号利用子どもの単価に加算 ⑪	処遇改善等加算Ⅰ	減価償却費加算 ⑫ 加算額 認可施設 標準	認可施設 都市部	機能部分 標準	機能部分 都市部	賃借料加算 ⑬	加算額 認可施設 標準	認可施設 都市部	機能部分 標準	機能部分 都市部
20/100地域	10人まで	2号	4歳以上児	休日保育の年間延べ利用子ども数 ～210人 269,600 211人～279人 288,800 280人～349人 327,300 (中略) 1,050人～ 750,800	休日保育の年間延べ利用子ども数 ～210人 2,690×加算率 211人～279人 2,880×加算率 280人～349人 3,270×加算率 (中略) 1,050人～ 7,500×加算率	÷各月初日の利用子ども数	54,450		470×加算率	～15人 32,500×加配人数 (中略)	320×加算率×加配人数 (中略)	15,800	17,400	11,000	11,000	a地域	31,600	35,200	22,100	22,100
			3歳児					52,680								b地域	17,400	19,400	12,200	12,200
		3号	1、2歳児				52,680									c地域	15,200	16,900	10,600	10,600
			乳児													d地域	13,600	15,100	9,500	9,500
	81人から90人まで	2号	4歳以上児				12,330		50×加算率	76人～90人 5,410×加配人数 (以下略)	50×加算率×加配人数 (以下略)	3,100	3,400	2,200	2,200	a地域	6,300	7,100	4,400	4,400
			3歳児					10,560								b地域	3,500	3,900	2,400	2,400
		3号	1、2歳児				10,560									c地域	3,000	3,400	2,100	2,100
			乳児													d地域	2,700	3,000	1,900	1,900
その他地域	10人まで	2号	4歳以上児	休日保育の年間延べ利用子ども数 ～210人 235,500 211人～279人 252,100 280人～349人 285,300 (中略) 1,050人～ 651,100	休日保育の年間延べ利用子ども数 ～210人 2,350×加算率 211人～279人 2,520×加算率 280人～349人 2,850×加算率 (中略) 1,050人～ 6,510×加算率		54,450		470×加算率	～15人 27,550×加配人数 (中略)	270×加算率×加配人数 (中略)	15,800	17,400	11,000	11,000	a地域	31,600	35,200	22,100	22,100
			3歳児					52,680								b地域	17,400	19,400	12,200	12,200
		3号	1、2歳児				52,680									c地域	15,200	16,900	10,600	10,600
			乳児													d地域	13,600	15,100	9,500	9,500
	81人から90人まで	2号	4歳以上児				12,330		50×加算率	76人～90人 4,590×加配人数 (以下略)	40×加算率×加配人数 (以下略)	3,100	3,400	2,200	2,200	a地域	6,300	7,100	4,400	4,400
			3歳児					10,560								b地域	3,500	3,900	2,400	2,400
		3号	1、2歳児				10,560									c地域	3,000	3,400	2,100	2,100
			乳児													d地域	2,700	3,000	1,900	1,900

地域区分 ①	定員区分 ②	認定区分 ③	年齢区分 ④	外部監査費加算 ⑭	副食費徴収免除加算 ※副食費の徴収が免除される子どもの単価に加算 ⑮	1号認定こどもの利用定員を設定しない場合 ⑯	処遇改善等加算Ⅰ	分園の場合〈減算〉 ⑰	土曜日に閉所する場合〈減算〉 ⑱ 月に1日土曜日を閉所する場合	月に2日土曜日を閉所する場合	月に3日以上土曜日を閉所する場合	全ての土曜日を閉所する場合	主幹教諭等の専任化により子育て支援の取り組みを実施していない場合〈減算〉 ⑲	年齢別配置基準を下回る場合〈減算〉 ⑳	配置基準上求められる職員資格を有しない場合〈減算〉 ㉑	定員を恒常的に超過する場合 ㉒
20/100地域	10人まで	2号	4歳以上児	認定こども園全体の利用定員 ～15人 27,330 (中略) 76人～90人 5,220 (以下略) ※3月分の単価に加算	4,700	22,050	220×加算率	(⑥+⑦)×10/100	(⑥+⑦+⑧+⑩)×1/100	(⑥+⑦+⑧+⑩)×2/100	(⑥+⑦+⑧+⑩)×3/100	(⑥+⑦+⑧+⑩)×4/100	(12,720+120×加算率)	(47,340+470×加算率)×人数	(31,210+310×加算率)×人数	(⑥～㉑(⑮を除く。))×別に定める調整率
			3歳児													
		3号	1、2歳児													
			乳児													
	81人から90人まで	2号	4歳以上児		4,700	2,450	20×加算率		(⑥+⑦+⑧+⑩)×1/100	(⑥+⑦+⑧+⑩)×3/100	(⑥+⑦+⑧+⑩)×4/100	(⑥+⑦+⑧+⑩)×6/100	(1,410+10×加算率)	(5,260+50×加算率)×人数	(3,460+30×加算率)×人数	
			3歳児													
		3号	1、2歳児													
			乳児													
その他地域	10人まで	2号	4歳以上児		4,700	20,970	200×加算率		(⑥+⑦+⑧+⑩)×1/100	(⑥+⑦+⑧+⑩)×3/100	(⑥+⑦+⑧+⑩)×4/100	(⑥+⑦+⑧+⑩)×5/100	(12,720+120×加算率)	(40,230+400×加算率)×人数	(24,100+240×加算率)×人数	
			3歳児													
		3号	1、2歳児													
			乳児													
	81人から90人まで	2号	4歳以上児		4,700	2,330	20×加算率		(⑥+⑦+⑧+⑩)×2/100	(⑥+⑦+⑧+⑩)×3/100	(⑥+⑦+⑧+⑩)×5/100	(⑥+⑦+⑧+⑩)×6/100	(1,410+10×加算率)	(4,470+40×加算率)×人数	(2,670+20×加算率)×人数	
			3歳児													
		3号	1、2歳児													
			乳児													

加算部分 2

加算	番号	区分	算定式	備考
療育支援加算 (注2)	㉓	A	基本額 処遇改善等加算Ⅰ (24,930 + 240 × 加算率) ÷ 各月初日の利用子ども数	※以下の区分に応じて、各月初日の利用子どもの単価に加算 A：特別児童扶養手当支給対象児童受入施設 B：それ以外の障害児受入施設
		B	基本額 処遇改善等加算Ⅰ (16,620 + 160 × 加算率) ÷ 各月初日の利用子ども数	
処遇改善等加算Ⅱ (注2)	㉔		以下の加算を合算した額を各月初日の利用子ども数で除した額 ・処遇改善等加算Ⅱ－① 50,140 × 人数A × 1/2 ・処遇改善等加算Ⅱ－② 6,270 × 人数B × 1/2	※1 各月初日の利用子どもの単価に加算 ※2 人数A及び人数Bについては、別に定める
処遇改善等加算Ⅲ (注2)	㉕		11,280 ×加算Ⅲ算定対象人数× 1/2 ÷各月初日の利用子ども数	※1 各月初日の利用子どもの単価に加算 ※2 加算Ⅲ算定対象人数については、別に定める
冷暖房費加算	㉖		1級地 1,840	※以下の区分に応じて、各月の単価に加算 1級地から4級地：国家公務員の寒冷地手当に関する法律（昭和24年法律第200号）第1条第1号及び第2号に掲げる地域 その他地域：1級地から4級地以外の地域
			2級地 1,630	
			3級地 1,610	
			4級地 1,270	
			その他地域 110	
施設関係者評価加算 (注2)	㉗	A	153,010 ÷ 3月初日の利用子ども数	※以下の区分に応じて、3月初日の利用子どもの単価に加算 A：公開保育の取組と組み合わせて施設関係者評価を実施する施設 B：それ以外の施設
		B	30,260 ÷ 3月初日の利用子ども数	
除雪費加算	㉘		6,180	※3月初日の利用子どもの単価に加算
降灰除去費加算 (注2)	㉙		77,930 ÷ 3月初日の利用子ども数	※3月初日の利用子どもの単価に加算
高齢者等活躍促進加算	㉚		400時間以上800時間未満 456,000 ÷ 3月初日の利用子ども数	※加算額は、高齢者等の年間総雇用時間数を基に区分 ※3月初日の利用子どもの単価に加算
			800時間以上1,200時間未満 760,000 ÷ 3月初日の利用子ども数	
			1,200時間以上 1,065,000 ÷ 3月初日の利用子ども数	
施設機能強化推進費加算 (注2)	㉛		80,000（限度額）÷ 3月初日の利用子ども数	※3月初日の利用子どもの単価に加算
小学校接続加算 (注2)	㉜		48,420 ÷ 3月初日の利用子ども数	※3月初日の利用子どもの単価に加算
栄養管理加算	㉝	A	基本額 処遇改善等加算Ⅰ (76,960 + 760 × 加算率) ÷各月初日の利用子ども数	※以下の区分に応じて、各月初日の利用子どもの単価に加算 A：Bを除き栄養士を雇用契約等により配置している施設 B：基本分単価及び他の加算の認定に当たって求められる職員が栄養士を兼務している施設 C：A又はBを除き、栄養士を嘱託等している施設
		B	基本額 処遇改善等加算Ⅰ (50,000 + 500 × 加算率) ÷各月初日の利用子ども数	
		C	基本額 10,000 ÷各月初日の利用子ども数	
第三者評価受審加算 (注2)	㉞		75,000 ÷ 3月初日の利用子ども数	※3月初日の利用子どもの単価に加算

定員を恒常的に超過する場合に係る別に定める調整率

地域区分	定員区分	認定区分	年齢区分	利用子ども数 10人まで	11人から20人まで	21人から30人まで	31人から40人まで	41人から50人まで	51人から60人まで	61人から70人まで	71人から80人まで	81人から90人まで	91人から100人まで	101人から110人まで	111人から120人まで	121人から130人まで	131人から140人まで	141人から150人まで	151人から160人まで	161人から170人まで	171人以上
20/100地域	10人まで	2号	4歳以上児		61/100	48/100	42/100	40/100	37/100	35/100	33/100	32/100	30/100	29/100	28/100	28/100	28/100	27/100	27/100	27/100	26/100
			3歳児																		
		3号	1、2歳児																		
			乳児																		
	81人から90人まで	2号	4歳以上児										93/100	91/100	89/100	88/100	87/100	86/100	85/100	84/100	83/100
			3歳児																		
		3号	1、2歳児																		
			乳児																		
その他地域	10人まで	2号	4歳以上児		61/100	48/100	42/100	40/100	37/100	35/100	33/100	32/100	30/100	29/100	28/100	28/100	27/100	27/100	27/100	26/100	26/100
			3歳児																		
		3号	1、2歳児																		
			乳児																		
	81人から90人まで	2号	4歳以上児										93/100	91/100	89/100	88/100	86/100	85/100	84/100	83/100	82/100
			3歳児																		
		3号	1、2歳児																		
			乳児																		

（編集部　注）「20/100地域」と「その他地域」の定員「10人まで」と「81人から90人まで」の部分のみ掲載

（注）年度の初日の前日における満年齢に応じて月額を調整
（注2）1号認定子どもの利用定員を設定しない場合、それぞれの額に「2」を乗じて算定

別表第３
○家庭的保育事業（保育認定）

地域区分	認定区分	保育必要量区分	基本分単価	処遇改善等加算Ⅰ	資格保有者加算		家庭的保育補助者加算		家庭的保育支援加算	障害児保育加算 ※特別な支援が必要な利用子どもの単価に加算		減価償却費加算		賃借料加算			連携施設を設定しない場合〈減算〉	食事の搬入について自園調理又は連携施設等からの搬入以外の方法による場合〈減算〉	土曜日に閉所する場合〈減算〉			
						処遇改善等加算Ⅰ		処遇改善等加算Ⅰ			処遇改善等加算Ⅰ	加算額			加算額				月に１日土曜日を閉所する場合	月に２日土曜日を閉所する場合	月に３日以上土曜日を閉所する場合	全ての土曜日を閉所する場合
												標準	都市部		標準	都市部						
①	②	③	④	⑤	⑥		⑦		⑧	⑨		⑩		⑪			⑫	⑬	⑭			
20/100地域	3号	保育標準時間認定	176,460	1,670 ×加算率	5,670	50 ×加算率	利用子どもが４人以上の場合 28,310	280 ×加算率	53,690	35,390	＋350 ×加算率	9,000	9,900	A 地域	46,400	51,600	6,170	(④+⑤+⑧) × 18/100	1,290	2,580	3,860	5,150
														B 地域	25,600	28,400						
		保育短時間認定					利用子どもが３人以下の場合 24,140	240 ×加算率	48,140					C 地域	22,300	24,800		(④+⑤+⑧) × 18/100	1,060	2,110	3,170	4,230
														D 地域	20,000	22,200						
その他地域	3号	保育標準時間認定	159,640	1,500 ×加算率	4,720	40 ×加算率	利用子どもが４人以上の場合 28,310	280 ×加算率	46,580	35,390	＋350 ×加算率	9,000	9,900	A 地域	46,400	51,600	6,170	(④+⑤+⑧) × 20/100	1,290	2,580	3,860	5,150
														B 地域	25,600	28,400						
		保育短時間認定					利用子どもが３人以下の場合 24,140	240 ×加算率	41,030					C 地域	22,300	24,800		(④+⑤+⑧) × 21/100	1,060	2,110	3,170	4,230
														D 地域	20,000	22,200						

（編集部　注）「20/100 地域」と「その他地域」のみ掲載

加算部分２				
処遇改善等加算Ⅱ	⑮	A：処遇改善等加算Ⅱ－① 48,900 ÷各月初日の利用子ども数		※１　各月初日の利用子どもの単価に加算 ※２　A若しくはBのいずれかとする
		B：処遇改善等加算Ⅱ－② 6,110 ÷各月初日の利用子ども数		
処遇改善等加算Ⅲ	⑯	11,000 ×加算Ⅲ算定対象人数÷各月初日の利用子ども数		※１　各月初日の利用子どもの単価に加算 ※２　加算Ⅲ算定対象人数については、別に定める
冷暖房費加算	⑰	１級地	1,840	※以下の区分に応じて、各月の単価に加算 １級地から４級地：国家公務員の寒冷地手当に関する法律（昭和 24 年法律第 200 号）第１条第１号及び第２号に掲げる地域 その他地域：１級地から４級地以外の地域
		２級地	1,630	
		３級地	1,610	
		４級地	1,270	
		その他地域	110	
除雪費加算	⑱	6,180		※３月初日の利用子どもの単価に加算
降灰除去費加算	⑲	155,870 ÷３月初日の利用子ども数		※３月初日の利用子どもの単価に加算
施設機能強化推進費加算	⑳	160,000（限度額）÷３月初日の利用子ども数		※３月初日の利用子どもの単価に加算
栄養管理加算	㉑	A	基本額　処遇改善等加算Ⅰ （76,960 ＋ 760 × 加算率）÷各月初日の利用子ども数	※以下の区分に応じて、各月初日の利用子どもの単価に加算 A：Bを除き栄養士を雇用契約等により配置している施設 B：基本分単価及び他の加算の認定に当たって求められる職員が栄養士を兼務している施設 C：A又はBを除き、栄養士を嘱託等している施設
		B	基本額　処遇改善等加算Ⅰ （50,000 ＋ 500 × 加算率）÷各月初日の利用子ども数	
		C	基本額 10,000 ÷各月初日の利用子ども数	
第三者評価受審加算	㉒	150,000 ÷３月初日の利用子ども数		※３月初日の利用子どもの単価に加算

○小規模保育事業（A 型）（保育認定）

①地域区分	②定員区分	③認定区分	④年齢区分	⑥保育必要量区分⑤ 保育標準時間認定 基本分単価	⑥（注）	⑥保育短時間認定 基本分単価	⑥（注）	⑦処遇改善等加算Ⅰ 保育標準時間認定	⑦（注）		⑦保育短時間認定	⑦（注）		⑨障害児保育加算 ※特別な支援が必要な利用子どもの単価に加算	⑨（注）	⑨処遇改善等加算Ⅰ	⑨（注）	
20/100地域	6人から12人まで	3号	1、2歳児	214,000	(293,200)	209,380	(288,580)	2,030	(2,820)	×加算率	1,980	(2,770)	×加算率	158,400	(79,200)	1,580	(790)	×加算率
20/100地域	6人から12人まで	3号	乳児	293,200		288,580		2,820 ×加算率			2,770 ×加算率			79,200		＋790 ×加算率		
20/100地域	13人から19人まで	3号	1、2歳児	168,420	(247,620)	165,490	(244,690)	1,570	(2,360)	×加算率	1,540	(2,330)	×加算率	158,400	(79,200)	＋1,580	(790)	×加算率
20/100地域	13人から19人まで	3号	乳児	247,620		244,690		2,360 ×加算率			2,330 ×加算率			79,200		＋790 ×加算率		
その他地域	6人から12人まで	3号	1、2歳児	187,590	(254,920)	182,960	(250,290)	1,760	(2,430)	×加算率	1,720	(2,390)	×加算率	134,660	(67,330)	＋1,340	(670)	×加算率
その他地域	6人から12人まで	3号	乳児	254,920		250,290		2,430 ×加算率			2,390 ×加算率			67,330		＋670 ×加算率		
その他地域	13人から19人まで	3号	1、2歳児	147,350	(214,680)	144,430	(211,760)	1,360	(2,030)	×加算率	1,320	(2,000)	×加算率	134,660	(67,330)	＋1,340	(670)	×加算率
その他地域	13人から19人まで	3号	乳児	214,680		211,760		2,030 ×加算率			2,000 ×加算率			67,330		＋670 ×加算率		

①地域区分	⑩休日保育加算	⑩処遇改善等加算Ⅰ	
20/100地域	休日保育の年間延べ利用子ども数 ～210人 269,500 211人～279人 288,700 280人～349人 327,200 （以下略）	2,690 ×加算率 2,880 ×加算率 3,270 ×加算率 （以下略）	÷各月初日の利用子ども数
その他地域	休日保育の年間延べ利用子ども数 ～210人 235,500 211人～279人 252,100 280人～349人 285,300 （以下略）	2,350 ×加算率 2,520 ×加算率 2,850 ×加算率 （以下略）	÷各月初日の利用子ども数

①地域区分	②定員区分	⑪夜間保育加算	⑪処遇改善等加算Ⅰ	⑫減価償却費加算 加算額 標準	⑫都市部	⑬賃借料加算 加算額	⑬標準	⑬都市部	⑭連携施設を設定しない場合（減算）	⑮食事の搬入について自園調理又は連携施設等からの搬入以外の方法による場合（減算）	⑯管理者を配置していない場合（減算）	⑯処遇改善等加算Ⅰ	⑰土曜日に閉所する場合（減算） 月に1日土曜日を閉所する場合	⑰月に2日土曜日を閉所する場合	⑰月に3日以上土曜日を閉所する場合	⑰全ての土曜日を閉所する場合	⑱定員を恒常的に超過する場合
20/100地域	6人から12人まで	44,780	390×加算率	3,000	3,300	a地域 b地域 c地域 d地域	20,300 11,200 9,700 8,700	22,600 12,400 10,800 9,700	2,050	(⑥+⑦+⑪)×8/100	39,910	390×加算率	(⑥+⑦+⑨+⑪)×2/100	(⑥+⑦+⑨+⑪)×3/100	(⑥+⑦+⑨+⑪)×5/100	(⑥+⑦+⑨+⑪)×6/100	(⑥～⑰)×82/100
20/100地域	13人から19人まで	30,230	240×加算率	1,900	2,100	a地域 b地域 c地域 d地域	25,700 14,200 12,300 11,000	28,600 15,700 13,700 12,300	1,290	(⑥+⑦+⑪)×8/100	25,200	250×加算率	(⑥+⑦+⑨+⑪)×2/100	(⑥+⑦+⑨+⑪)×3/100	(⑥+⑦+⑨+⑪)×5/100	(⑥+⑦+⑨+⑪)×6/100	（離島その他の地域）各月初日の利用子ども数 20人～30人 (⑥～⑰)×80/100 31人～40人 (⑥～⑰)×75/100 41人～ (⑥～⑰)×70/100
その他地域	6人から12人まで	44,780	390×加算率	3,000	3,300	a地域 b地域 c地域 d地域	20,300 11,200 9,700 8,700	22,600 12,400 10,800 9,700	2,050	(⑥+⑦+⑪)×10/100	32,330	320×加算率	(⑥+⑦+⑨+⑪)×2/100	(⑥+⑦+⑨+⑪)×3/100	(⑥+⑦+⑨+⑪)×5/100	(⑥+⑦+⑨+⑪)×7/100	(⑥～⑰)×82/100
その他地域	13人から19人まで	30,230	240×加算率	1,900	2,100	a地域 b地域 c地域 d地域	25,700 14,200 12,300 11,000	28,600 15,700 13,700 12,300	1,290	(⑥+⑦+⑪)×9/100	20,420	200×加算率	(⑥+⑦+⑨+⑪)×2/100	(⑥+⑦+⑨+⑪)×3/100	(⑥+⑦+⑨+⑪)×5/100	(⑥+⑦+⑨+⑪)×7/100	（離島その他の地域）各月初日の利用子ども数 20人～30人 (⑥～⑰)×80/100 31人～40人 (⑥～⑰)×75/100 41人～ (⑥～⑰)×70/100

（編集部　注）「20/100 地域」と「その他地域」のみ掲載

加算部分２			
処遇改善等加算Ⅱ	⑲	以下の加算を合算した額を各月初日の利用子ども数で除した額 ・処遇改善等加算Ⅱ－①　48,900 ×人数Ａ ・処遇改善等加算Ⅱ－②　6,110 ×人数Ｂ	※１　各月初日の利用子どもの単価に加算 ※２　人数Ａ及び人数Ｂについては、別に定める
処遇改善等加算Ⅲ	⑳	11,000 ×加算Ⅲ算定対象人数÷各月初日の利用子ども数	※１　各月初日の利用子どもの単価に加算 ※２　加算Ⅲ算定対象人数については、別に定める
冷暖房費加算	㉑	１級地　1,840 ２級地　1,630 ３級地　1,610 ４級地　1,270 その他地域　110	※以下の区分に応じて、各月の単価に加算 １級地から４級地：国家公務員の寒冷地手当に関する法律（昭和24 年法律第 200 号）第１条第１号及び第２号に掲げる地域 その他地域：１級地から４級地以外の地域
除雪費加算	㉒	6,180	※３月初日の利用子どもの単価に加算
降灰除去費加算	㉓	155,870 ÷３月初日の利用子ども数	※３月初日の利用子どもの単価に加算
施設機能強化推進費加算	㉔	160,000（限度額）÷３月初日の利用子ども数	※３月初日の利用子どもの単価に加算
栄養管理加算	㉕	Ａ　基本額　処遇改善等加算Ⅰ （76,960 ＋ 760 ×加算率）÷各月初日の利用子ども数 Ｂ　基本額　処遇改善等加算Ⅰ （50,000 ＋ 500 ×加算率）÷各月初日の利用子ども数 Ｃ　基本額 10,000 ÷各月初日の利用子ども数	※以下の区分に応じて、各月初日の利用子どもの単価に加算 Ａ：Ｂを除き栄養士を雇用契約等により配置している施設 Ｂ：基本分単価及び他の加算の認定に当たって求められる職員が栄養士を兼務している施設 Ｃ：Ａ又はＢを除き、栄養士を嘱託等している施設
第三者評価受審加算	㉖	150,000 ÷３月初日の利用子ども数	※３月初日の利用子どもの単価に加算

（ 注 ） 年度の初日の前日における満年齢に応じて月額を調整

○小規模保育事業（B 型）（保育認定）

地域区分①	定員区分②	認定区分③	年齢区分④	保育必要量区分⑤ 保育標準時間認定 基本分単価⑥	(注)	保育短時間認定 基本分単価⑥	(注)	処遇改善等加算Ⅰ 保育標準時間認定⑦	(注)	保育短時間認定⑦	(注)	保育士比率向上加算⑧	(注)	処遇改善等加算Ⅰ	(注)	障害児保育加算 ※特別な支援が必要な利用子どもの単価に加算⑨	(注)	処遇改善等加算Ⅰ	(注)
20/100地域	6人から12人まで	3号	1、2歳児	187,020	(248,230)	182,390	(243,600)	1,760	(2,370) ×加算率	1,710	(2,320) ×加算率	13,490	(22,480)	+130	(220) ×加算率	122,420	(61,210)	+1,220	(610) ×加算率
			乳児	248,230		243,600		2,370	×加算率	2,320	×加算率	22,480		+220	×加算率	61,210		+610	×加算率
	13人から19人まで	3号	1、2歳児	144,670	(205,880)	141,750	(202,960)	1,330	(1,940) ×加算率	1,300	(1,910) ×加算率	11,930	(20,920)	+120	(210) ×加算率	122,420	(61,210)	+1,220	(610) ×加算率
			乳児	205,880		202,960		1,940	×加算率	1,910	×加算率	20,920		+210	×加算率	61,210		+610	×加算率
その他地域	6人から12人まで	3号	1、2歳児	169,510	(224,780)	164,880	(220,150)	1,580	(2,130) ×加算率	1,540	(2,090) ×加算率	9,040	(15,070)	+90	(150) ×加算率	110,550	(55,270)	+1,100	(550) ×加算率
			乳児	224,780		220,150		2,130	×加算率	2,090	×加算率	15,070		+150	×加算率	55,270		+550	×加算率
	13人から19人まで	3号	1、2歳児	131,440	(186,710)	128,520	(183,790)	1,200	(1,750) ×加算率	1,170	(1,720) ×加算率	7,990	(14,020)	+80	(140) ×加算率	110,550	(55,270)	+1,100	(550) ×加算率
			乳児	186,710		183,790		1,750	×加算率	1,720	×加算率	14,020		+140	×加算率	55,270		+550	×加算率

地域区分①	定員区分②	認定区分③	年齢区分④	休日保育加算⑩	処遇改善等加算Ⅰ		夜間保育加算⑪	処遇改善等加算Ⅰ	減価償却費加算 加算額⑫ 標準	都市部	賃借料加算 加算額⑬	標準	都市部	連携施設を設定しない場合（減算）⑭	食事の搬入について自園調理又は連携施設等からの搬入以外の方法による場合〈減算〉⑮	管理者を配置していない場合〈減算〉⑯	処遇改善等加算Ⅰ	土曜日に閉所する場合〈減算〉⑰ 月に1日土曜日を閉所する場合	月に2日土曜日を閉所する場合	月に3日以上土曜日を閉所する場合	全ての土曜日を閉所する場合	定員を恒常的に超過する場合⑱
20/100地域	6人から12人まで	3号	1、2歳児	休日保育の年間延べ利用子ども数 ～210人 200,200 211人～279人 213,900 280人～349人 241,300 （以下略）	2,000 ×加算率 2,130 ×加算率 2,410 ×加算率 （以下略）	÷各月初日の利用子ども数	44,780	390 × 加算率	3,000	3,300	a地域 b地域	20,300 11,200	22,600 12,400	2,050	(⑥+⑦+⑪) × 10/100	39,910	390× 加算率	(⑥+⑦+⑨+⑪) × 2/100	(⑥+⑦+⑨+⑪) × 4/100	(⑥+⑦+⑨+⑪) × 6/100	(⑥+⑦+⑨+⑪) × 8/100	(⑥~⑰) × 81/100
			乳児								c地域 d地域	9,700 8,700	10,800 9,700									
	13人から19人まで	3号	1、2歳児				30,230	240 × 加算率	1,900	2,100	a地域 b地域	25,700 14,200	28,600 15,700	1,290	(⑥+⑦+⑪) × 10/100	25,200	250× 加算率	(⑥+⑦+⑨+⑪) × 2/100	(⑥+⑦+⑨+⑪) × 4/100	(⑥+⑦+⑨+⑪) × 7/100	(⑥+⑦+⑨+⑪) × 9/100	（離島その他の地域） 各月初日の利用子ども数 20人～30人 (⑥~⑰)×80/100 31人～40人 (⑥~⑰)×75/100 41人～ (⑥~⑰)×70/100
			乳児								c地域 d地域	12,300 11,000	13,700 12,300									
その他地域	6人から12人まで	3号	1、2歳児	休日保育の年間延べ利用子ども数 ～210人 183,200 211人～279人 195,400 280人～349人 219,900 （以下略）	1,830 ×加算率 1,950 ×加算率 2,190 ×加算率 （以下略）	÷各月初日の利用子ども数	44,780	390 × 加算率	3,000	3,300	a地域 b地域	20,300 11,200	22,600 12,400	2,050	(⑥+⑦+⑪) × 11/100	32,330	320× 加算率	(⑥+⑦+⑨+⑪) × 2/100	(⑥+⑦+⑨+⑪) × 5/100	(⑥+⑦+⑨+⑪) × 7/100	(⑥+⑦+⑨+⑪) × 9/100	(⑥~⑰) × 81/100
			乳児								c地域 d地域	9,700 8,700	10,800 9,700									
	13人から19人まで	3号	1、2歳児				30,230	240 × 加算率	1,900	2,100	a地域 b地域	25,700 14,200	28,600 15,700	1,290	(⑥+⑦+⑪) × 10/100	20,420	200× 加算率	(⑥+⑦+⑨+⑪) × 2/100	(⑥+⑦+⑨+⑪) × 5/100	(⑥+⑦+⑨+⑪) × 7/100	(⑥+⑦+⑨+⑪) × 10/100	（離島その他の地域） 各月初日の利用子ども数 20人～30人 (⑥~⑰)×80/100 31人～40人 (⑥~⑰)×75/100 41人～ (⑥~⑰)×70/100
			乳児								c地域 d地域	12,300 11,000	13,700 12,300									

（編集部　注）「20/100 地域」と「その他地域」のみ掲載

加算部分 2				
処遇改善等加算Ⅱ	⑲	以下の加算を合算した額を各月初日の利用子ども数で除した額 ・処遇改善等加算Ⅱ－①　48,900 ×人数A ・処遇改善等加算Ⅱ－②　6,110 ×人数B		※1　各月初日の利用子どもの単価に加算 ※2　人数A及び人数Bについては、別に定める
処遇改善等加算Ⅲ	⑳	11,000 ×加算Ⅲ算定対象人数÷各月初日の利用子ども数		※1　各月初日の利用子どもの単価に加算 ※2　加算Ⅲ算定対象人数については、別に定める
冷暖房費加算	㉑	1級地	1,840	※以下の区分に応じて、各月の単価に加算 1級地から4級地：国家公務員の寒冷地手当に関する法律（昭和24年法律第200号）第1条第1号及び第2号に掲げる地域 その他地域：1級地から4級地以外の地域
		2級地	1,630	
		3級地	1,610	
		4級地	1,270	
		その他地域	110	
除雪費加算	㉒	6,180		※3月初日の利用子どもの単価に加算
降灰除去費加算	㉓	155,870 ÷3月初日の利用子ども数		※3月初日の利用子どもの単価に加算
施設機能強化推進費加算	㉔	160,000（限度額）÷3月初日の利用子ども数		※3月初日の利用子どもの単価に加算
栄養管理加算	㉕	A	基本額　処遇改善等加算Ⅰ （76,960 ＋ 760 ×加算率）÷各月初日の利用子ども数	※以下の区分に応じて、各月初日の利用子どもの単価に加算 A：Bを除き栄養士を雇用契約等により配置している施設 B：基本分単価及び他の加算の認定に当たって求められる職員が栄養士を兼務している施設 C：A又はBを除き、栄養士を嘱託等している施設
		B	基本額　処遇改善等加算Ⅰ （50,000 ＋ 500 ×加算率）÷各月初日の利用子ども数	
		C	基本額 10,000 ÷各月初日の利用子ども数	
第三者評価受審加算	㉖	150,000 ÷3月初日の利用子ども数		※3月初日の利用子どもの単価に加算

（注）年度の初日の前日における満年齢に応じて月額を調整

○小規模保育事業（C 型）（保育認定）

地域区分	定員区分	認定区分	保育必要量区分④ 保育標準時間認定 基本分単価	保育短時間認定 基本分単価	処遇改善等加算Ⅰ 保育標準時間認定	保育短時間認定	資格保有者加算	処遇改善等加算Ⅰ	障害児保育加算 ※特別な支援が必要な利用子どもの単価に加算	処遇改善等加算Ⅰ	減価償却費加算 加算額 標準	都市部	賃借料加算	加算額 標準	都市部	連携施設を設定しない場合（減算）	食事の搬入について自園調理又は連携施設等からの搬入以外の方法による場合（減算）	管理者を配置していない場合（減算）	処遇改善等加算Ⅰ	土曜日に閉所する場合（減算） 月に1日土曜日を閉所する場合	月に2日土曜日を閉所する場合	月に3日以上土曜日を閉所する場合	全ての土曜日を閉所する場合	定員を恒常的に超過する場合
①	②	③	⑤	⑤	⑥	⑥	⑦		⑧		⑨		⑩			⑪	⑫	⑬		⑭				⑮
20/100地域	6人から10人まで	3号	210,200	204,650	1,990 ×加算率	1,930 ×加算率	1人 2,260 2人以上 4,520	20 ×加算率 40 ×加算率	45,250	+450 ×加算率	3,600	3,900	a地域 b地域 c地域 d地域	21,000 11,600 10,100 9,000	23,400 12,900 11,200 10,000	2,460	(⑤+⑥) × 7/100	47,890	470×加算率	(⑤+⑥+⑧)× 2/100	(⑤+⑥+⑧)× 4/100	(⑤+⑥+⑧)× 6/100	(⑤+⑥+⑧)× 7/100	(⑤~⑭)×90/100
	11人から15人まで	3号	184,410	180,710	1,730 ×加算率	1,690 ×加算率	1人 1,510 2人 3,020 3人以上 4,530	10 ×加算率 20 ×加算率 30 ×加算率	45,250	+450 ×加算率	2,400	2,600	a地域 b地域 c地域 d地域	28,300 15,600 13,600 12,200	31,500 17,300 15,100 13,500	1,640	(⑤+⑥) × 7/100	31,930	310×加算率	(⑤+⑥+⑧)× 2/100	(⑤+⑥+⑧)× 4/100	(⑤+⑥+⑧)× 6/100	(⑤+⑥+⑧)× 8/100	
その他地域	6人から10人まで	3号	187,530	181,980	1,760 ×加算率	1,710 ×加算率	1人 1,890 2人以上 3,780	10 ×加算率 20 ×加算率	38,510	+380 ×加算率	3,600	3,900	a地域 b地域 c地域 d地域	21,000 11,600 10,100 9,000	23,400 12,900 11,200 10,000	2,460	(⑤+⑥) × 8/100	38,800	380×加算率	(⑤+⑥+⑧)× 2/100	(⑤+⑥+⑧)× 4/100	(⑤+⑥+⑧)× 6/100	(⑤+⑥+⑧)× 8/100	(⑤~⑭)×90/100
	11人から15人まで	3号	164,800	161,100	1,530 ×加算率	1,500 ×加算率	1人 1,260 2人 2,520 3人以上 3,780	10 ×加算率 20 ×加算率 30 ×加算率	38,510	+380 ×加算率	2,400	2,600	a地域 b地域 c地域 d地域	28,300 15,600 13,600 12,200	31,500 17,300 15,100 13,500	1,640	(⑤+⑥) × 8/100	25,870	250×加算率	(⑤+⑥+⑧)× 2/100	(⑤+⑥+⑧)× 4/100	(⑤+⑥+⑧)× 7/100	(⑤+⑥+⑧)× 9/100	

（編集部　注）「20/100 地域」と「その他地域」のみ掲載

加算部分２			
処遇改善等加算Ⅱ	⑯	以下の加算を合算した額を各月初日の利用子ども数で除した額 ・処遇改善等加算Ⅱ－①　48,900 ×人数A ・処遇改善等加算Ⅱ－②　6,110 ×人数B	※１　各月初日の利用子どもの単価に加算 ※２　人数A及び人数Bについては、別に定める
処遇改善等加算Ⅲ	⑰	11,000 ×加算Ⅲ算定対象人数÷各月初日の利用子ども数	※１　各月初日の利用子どもの単価に加算 ※２　加算Ⅲ算定対象人数については、別に定める
冷暖房費加算	⑱	１級地　1,840 ２級地　1,630 ３級地　1,610 ４級地　1,270 その他地域　110	※以下の区分に応じて、各月の単価に加算 １級地から４級地：国家公務員の寒冷地手当に関する法律（昭和24 年法律第 200 号）第１条第１号及び第２号に掲げる地域 その他地域：１級地から４級地以外の地域
除雪費加算	⑲	6,180	※３月初日の利用子どもの単価に加算
降灰除去費加算	⑳	155,870 ÷３月初日の利用子ども数	※３月初日の利用子どもの単価に加算
施設機能強化推進費加算	㉑	160,000（限度額）÷３月初日の利用子ども数	※３月初日の利用子どもの単価に加算
栄養管理加算	㉒	A　基本額　処遇改善等加算Ⅰ （76,960 ＋ 760 ×加算率）÷各月初日の利用子ども数 B　基本額　処遇改善等加算Ⅰ （50,000 ＋ 500 ×加算率）÷各月初日の利用子ども数 C　基本額 10,000 ÷各月初日の利用子ども数	※以下の区分に応じて、各月初日の利用子どもの単価に加算 A：Bを除き栄養士を雇用契約等により配置している施設 B：基本分単価及び他の加算の認定に当たって求められる職員が栄養士を兼務している施設 C：A又はBを除き、栄養士を嘱託等している施設
第三者評価受審加算	㉓	150,000 ÷３月初日の利用子ども数	※３月初日の利用子どもの単価に加算

○居宅訪問型保育事業（保育認定）

地域区分	認定区分	保育必要量区分	基本分単価	処遇改善等加算Ⅰ	資格保有者加算		休日保育加算		夜間保育加算		連携施設加算		特定の日に保育を行わない場合〈減算〉
						処遇改善等加算Ⅰ		処遇改善等加算Ⅰ		処遇改善等加算Ⅰ	障害・疾病のある子どもを保育する場合	それ以外の場合	
①	②	③	④	⑤	⑥		⑦		⑧		⑨		⑩
20/100地域	3号	保育標準時間認定	500,820	5,000×加算率	22,680	220×加算率	19,810	190×加算率	45,850	450×加算率	42,770	24,680	(④+⑤+⑧+⑨)×8/100×事業を行わない週当たり日数
	3号	保育短時間認定	445,320	4,450×加算率									(④+⑤+⑧+⑨)×7/100×事業を行わない週当たり日数
その他地域	3号	保育標準時間認定	433,550	4,330×加算率	18,900	180×加算率	16,520	160×加算率	38,320	370×加算率			(④+⑤+⑧+⑨)×9/100×事業を行わない週当たり日数
	3号	保育短時間認定	378,050	3,780×加算率									(④+⑤+⑧+⑨)×8/100×事業を行わない週当たり日数

（編集部　注）「20/100地域」と「その他地域」のみ掲載

処遇改善等加算Ⅱ ⑪	A：処遇改善等加算Ⅱ－① 48,900 ÷ 各月初日の利用子ども数	※1　各月初日の利用子どもの単価に加算 ※2　A若しくはBのいずれかとする
	B：処遇改善等加算Ⅱ－② 6,110 ÷ 各月初日の利用子ども数	
処遇改善等加算Ⅲ ⑫	11,000×加算Ⅲ算定対象人数 ÷各月初日の利用子ども数	※1　各月初日の利用子どもの単価に加算 ※2　加算Ⅲ算定対象人数については、別に定める
第三者評価受審加算⑬	150,000	※3月初日の利用子どもの単価に加算

資料 5 （通知）施設型給付費等に係る処遇改善等加算について

（2023（令和5）年6月7日　こ成保39・5文科初第591号
こども家庭庁成育局長　文部科学省初等中等教育局長）

特定教育・保育、特別利用保育、特別利用教育、特定地域型保育、特別利用地域型保育、特定利用地域型保育及び特例保育に要する費用の額の算定に関する基準等（平成27年内閣府告示第49号。以下「告示」という。）の実施に伴う留意事項として、「特定教育・保育等に要する費用の額の算定に関する基準等の実施上の留意事項について」（令和5年5月19日付けこ成保38・5文科初第483号こども家庭庁成育局長及び文部科学省初等中等教育局長連名通知）別紙1から別紙9までにおいて「別に定める」こととしている処遇改善等加算Ⅰ（各種加算項目に付随するものを含む。以下同じ。）（以下「加算Ⅰ」という。）、処遇改善等加算Ⅱ（以下「加算Ⅱ」という。）及び処遇改善等加算Ⅲ（以下「加算Ⅲ」という。）（以下「処遇改善等加算」と総称する。）に係る取扱いを下記のとおり定めたので、通知する。

本通知では、「平成30年の地方からの提案等に関する対応方針」（平成30年12月25日閣議決定）を踏まえ、本通知に基づく都道府県の事務の実施を希望する市町村（特別区を含む。以下同じ。）への権限委譲や加算Ⅱの配分方法の更なる緩和を講じるとともに、「子ども・子育て支援新制度施行後5年の見直しに係る対応方針について」（令和元年12月10日子ども・子育て会議取りまとめ）を踏まえ、処遇改善等加算の賃金改善の起点を前年度とし、計画・実績報告の手続の簡素化を図っている。そのほか、「令和元年の地方からの提案等に関する対応方針」（令和元年12月23日閣議決定）を踏まえ、加算Ⅰの加算率の認定に係る職員の経験年数について、年金加入記録等による推認が可能であることを明確にする措置を講じている。

また、「待機児童解消、子どもの貧困対策等の子ども・子育て支援施策に関する会計検査の結果について」（令和元年12月20日会計検査院報告）を踏まえ、処遇改善等加算による賃金改善に要した費用について、前年度の加算額に係る残額の支払分を除くことについて明確化を図っている。

各都道府県知事におかれては、これらの趣旨を十分に御了知の上、管内の市町村に対して遅滞なく周知するようお願いする。

なお、本通知は、令和5年4月1日以降に支給された処遇改善等加算から適用する。これに伴い、「施設型給付費等に係る処遇改善等加算について」（令和2年7月30日付け府子本第761号・2文科初第643号・子発0730第2号内閣府子ども・子育て本部統括官、文部科学省初等中等教育局長及び厚生労働省子ども家庭局長連名通知）は廃止する。

この通知の適用前に、旧通知に基づき支給された処遇改善等加算の取り扱いについては、なお従前の例によることとする。

記

第1　目的・対象

1　目的

処遇改善等加算は、教育・保育の提供に従事する人材の確保及び資質の向上のため、特定教育・保育等に通常要する費用の額を勘案して定める基準額（以下「公定価格」という。）において、職員の平均経験年数の上昇に応じた昇給に要する費用（加算Ⅰの基礎分）、職員の賃金の改善やキャリアパスの構築の取組に要する費用（加算Ⅰの賃金改善要件分）、職員の技能・経験の向上に応じた追加的な賃金の改善に要する費用（加算Ⅱ）及び職員の賃金の継続的な引上げ（ベースアップ）等に要する費用（加算Ⅲ）を確保することにより、賃金体系の改善を通じて「長く働くことができる」職場環境を構築し、もって質の高い教育・保育の安定的な供給に資するものとすること。

2　加算対象施設・事業所

特定教育・保育施設（都道府県又は市町村が設置するものを除く。）及び特定地域型保育事業所（加算Ⅰ及び加算Ⅱにあっては都道府県又は市町村が運営するものを除く。）とすること。

第2　加算の認定に関する事務

1　加算の認定

(1)　加算Ⅰ及び加算Ⅱの認定に関する事務は、次に掲げる区分に応じ、それぞれに定めるところにより行うこと。

ア　指定都市、中核市及び特定市町村（都道府県知事との協議により本通知に基づく事務を行うこととする市町村をいう。以下同じ。）（以下「指定都市等」という。）が管轄する施設・事業所については、その施設・事業所を管轄する指定都市等の長が加算の認定を行うこととし、認定の内容を施設・事業所に通知することとする。

イ　一般市町村（指定都市等以外の市町村をいう。以下同じ。）が管轄する施設・事業所については、その施設・事業所を管轄する一般市町村の長が取りまとめた上で都道府県知事が加算の認定を行うこととする。都道府県知事は、一般市町村の長に施設・事業所ごとの認定結果を通知し、通知を受けた一般市町村は、その内容を施設・事業所の設置者・事業者に通知することとする。

(2)　加算Ⅲの認定に関する事務は、施設・事業所を管轄する市町村の長が加算の認定を行うこととし、認定の内容を施設・事業所に通知することとする。

2　加算申請書の提出時期

(1)　加算Ⅰ及び加算Ⅱに関する加算申請書の提出については、次に掲げる区分に応じ、それぞれに定めるところにより行うこと。

ア　指定都市等が管轄する施設・事業所の設置者・事業者は、指定都市等の長の定める日までに、施設・事業所ごとに、必要書類を当該施設・事業所の所在する指定都市等の長に提出すること。

イ　一般市町村が管轄する施設・事業所の設置者・事業者は、都道府県知事の定める日までに、施設・事業所ごとに、必要書類を当該施設・事業所の所在する一般市町村の長に提出するものとする。一般市町村の長は、管轄する施設・事業所の必要書類を取りまとめた上で、都道府県知事の定める日までに、都道府県知事に提出すること。

(2)　加算Ⅲに関する加算申請書の提出については、施設・事業所の設置者・事業者は、市町村の長の定める日までに、施設・事業所ごとに、必要書類を当該施設・事業所の所在する市町村の長に提出すること。

第3　加算額に係る使途

1　基本的な考え方

加算Ⅰの基礎分に係る加算額は、職員（非常勤職員及び法人の役員等を兼務している職員を含む。以下同じ。）の賃金（退職金[注]及び法人の役員等としての報酬を除く。以下同じ。）の勤続年数等を基準として行う昇給等に適切に充てること。

加算Ⅰの賃金改善要件分、加算Ⅱ及び加算Ⅲに係る加算額は、その全額を職員の賃金の改善に確実に充てること。

また、当該改善の前提として、国家公務員の給与改定に伴う公定価格における人件費の増額改定（以下「増額改定」という。）分に係る支給額についても、同様であること。

（注）　退職者に対して第１の１の目的と関連なく適用される賃金の項目やその増額については、その名目にかかわらず、処遇改善等加算の賃金の改善に要した費用に含めることができない。

２　賃金の改善の方法

処遇改善等加算による賃金の改善に当たっては、第１の１の目的に鑑み、その方針をあらかじめ職員に周知し、改善を行う賃金の項目以外の賃金の項目（業績等に応じて変動するものを除く。）の水準を低下させないこと[注]を前提に行うとともに、対象者や賃金改善額が恣意的に偏ることなく、改善が必要な職種の職員に対して重点的に講じられるよう留意すること。

（注）　３により加算額の一部を同一の設置者・事業者が運営する他の施設・事業所の賃金改善に充てる場合であっても、それを理由として賃金水準を低下させたり、加算による改善の水準を拠出の程度を超えて低下させたりしないこと。

また、加算Ⅰのキャリアパス要件を満たさなくなること等により賃金改善要件分に係る加算率が減少する場合や令和５年度における加算Ⅲ算定対象人数の算定に伴い令和４年度と比べて加算額が減少する場合（利用する子どもの数の減少や加算の適用月数の違いによる影響を除く）については、減少する加算額に相当する部分はこの限りでない。

加算Ⅰの賃金改善要件分及び加算Ⅲに係る加算額については、各施設・事業所で決定する範囲の職員に対し、基本給、手当、賞与又は一時金等のうちから改善を行う賃金の項目を特定した上で、毎月払い、一括払い等の方法により賃金の改善を行うことができ、各施設・事業所においてその名称、内訳等を明確に管理すること。なお、手当や一時金等については、基本給の引上げや定期昇給の増額等に段階的に反映していくことが望ましく、給与表や給与規程の見直しを推進すること。

加算Ⅱに係る加算額については、副主任保育士、専門リーダー又は中核リーダー及び職務分野別リーダー又は若手リーダーに対し、役職手当、職務手当など職位、職責又は職務内容等に応じて、決まって毎月支払われる手当又は基本給により賃金の改善を行うこととし、各施設・事業所においてその名称、内訳等を明確に管理すること。

３　他の施設・事業所の賃金の改善への充当

加算Ⅰの賃金改善要件分及び加算Ⅲ（令和６年度までの間は、加算Ⅱを含む。）に係る加算額については、その一部（加算Ⅱにあっては、加算見込額の20％（10円未満の端数切り捨て）を上限とする。）を同一の設置者・事業者が運営する他の施設・事業所[注]における賃金の改善に充てることができること。

（注）　特定教育・保育施設及び特定地域型保育事業所（当該施設・事業所が所在する市町村の区域外に所在するものを含む。）に限る。

４　加算残額の取扱い

加算Ⅰの賃金改善要件分、加算Ⅱ及び加算Ⅲについて、加算当年度（加算の適用を受けようとする年度をいう。以下同じ。）の終了後、第４の２⑶又は⑷、第５の２⑶又は⑷及び第６の２⑶又は⑷による算定の結果、賃金改善等実績総額が特定加算実績額を下回り、又は支払賃金総額が起点賃金水準を下回った場合には、その翌年度内に速やかに、その差額（以下「加算残額」という。）の全額を一時金等により支払い、賃金の改善に充てること。

なお、第２の１により加算の認定を行った地方自治体は、加算当年度に係る加算残額については、加算当年度分の実績報告において金額を確定するとともに、監査や当該翌年度分の実績報告により、当該翌年度内にその支払が完了したことを確認すること。

第４　加算Ⅰの要件

１　加算率

加算額の算定に用いる加算率は、職員１人当たりの平均経験年数の区分に応じ、基礎分の割合に、賃金改善要件分の割合（キャリアパス要件に適合しない場合は、当該割合からキャリアパス要件分の割合を減じた割合。賃金改善要件分の要件に適合しない場合は、０％。）を加えて得た割合とする（加算率については、以下の加算率区分表を参照。）。

（加算率区分表）

<table>
<tr><th rowspan="3">職員一人当たりの平均経験年数</th><th colspan="3">加算率</th></tr>
<tr><th rowspan="2">基礎分</th><th rowspan="2">賃金改善要件分</th><th></th></tr>
<tr><th>うちキャリアパス要件分</th></tr>
<tr><td>11年以上</td><td>12%</td><td>7%</td><td rowspan="12">2%</td></tr>
<tr><td>10年以上　11年未満</td><td>12%</td><td rowspan="11">6%</td></tr>
<tr><td>9年以上　10年未満</td><td>11%</td></tr>
<tr><td>8年以上　9年未満</td><td>10%</td></tr>
<tr><td>7年以上　8年未満</td><td>9%</td></tr>
<tr><td>6年以上　7年未満</td><td>8%</td></tr>
<tr><td>5年以上　6年未満</td><td>7%</td></tr>
<tr><td>4年以上　5年未満</td><td>6%</td></tr>
<tr><td>3年以上　4年未満</td><td>5%</td></tr>
<tr><td>2年以上　3年未満</td><td>4%</td></tr>
<tr><td>1年以上　2年未満</td><td>3%</td></tr>
<tr><td>1年未満</td><td>2%</td></tr>
</table>

「職員１人当たりの平均経験年数」は、その職種にかかわらず、当該施設・事業所に勤務する全ての常勤職員（当該施設・事業所の就業規則において定められている常勤の従事者が勤務すべき時間数（教育・保育に従事する者にあっては、１か月に勤務すべき時間数が120時間以上であるものに限る。）に達している者又は当該者以外の者であって１日６時間以上かつ月20日以上勤務するもの）について、当該施設・事業所又は他の施設・事業所（次に掲げるものに限る。）における勤続年月数を通算した年月数を合算した総年月数を当該職員の総数で除して得た年数（６月以上の端数は１年とし、６月未満の端数は切り捨てとする。）とする（居宅訪問型保育事業においても、当該事業を行う事業所を単位として職員１人当たりの平均経験年数を算定すること。）。なお、勤続年月数の確認に当たっては、施設・事業所による職歴証明書のほか、年金加入記録等から推認する取扱いも可能である。

⑴　子ども・子育て支援法（平成24年法律第65号。以下「支援法」という。）第７条第４項に定める教育・保育施設、同条第５項に定める地域型保育事業を行う事業所及び同法第30条第１項第４号に定める特例保育を行う施設・事業所

⑵　学校教育法（昭和22年法律第26号）第１条に定める学校及び同法第124条に定める専修学校

⑶　社会福祉法（昭和26年法律第45号）第２条に

定める社会福祉事業を行う施設・事業所

(4) 児童福祉法（昭和22年法律第164号）第12条の4に定める施設

(5) 認可外保育施設（児童福祉法第59条の2第1項に定める施設をいう。以下同じ。）で以下に掲げるもの

ア 地方公共団体における単独保育施策による施設

イ 認可外保育施設指導監督基準を満たす旨の証明書を交付された施設

ウ 企業主導型保育施設

エ 幼稚園を設置する者が当該幼稚園と併せて設置している施設

オ アからエまでに掲げる施設以外の認可外保育施設が(1)の施設・事業所に移行した場合における移行前の認可外保育施設

(6) 医療法（昭和23年法律第205号）に定める病院、診療所、介護老人保健施設、介護医療院及び助産所（保健師、看護師又は准看護師に限る。）

また、「職員1人当たりの平均経験年数」の算定は、加算当年度の4月1日（当該年度の途中において支援法第27条第1項又は第29条第1項の確認（以下「支援法による確認」という。）を受けた施設・事業所にあっては、支援法による確認を受けた日）時点で行うこと。

2 賃金改善要件

（加算認定に係る要件）

次の(1)ア又は(2)アのいずれかに掲げる要件を満たす別紙様式5「賃金改善計画書（処遇改善等加算Ⅰ）」を都道府県知事又は指定都市等の長に対して提出するとともに、その具体的な内容を職員に周知していること。

また、一般市町村が管轄する施設・事業所であって、加算Ⅲの申請を行うものは、別紙様式5の添付資料として、別紙様式9「賃金改善計画書（処遇改善等加算Ⅲ）」の写しを添付すること。

(1) 加算Ⅰ新規事由がある場合

ア 加算当年度における次に掲げる事由（以下「加算Ⅰ新規事由」という。）に応じ、賃金改善実施期間において、賃金改善等見込総額が特定加算見込額を下回っていないこと。また、加算当年度の途中において増額改定が生じた場合には、それに応じた賃金の追加的な支払を行うものとすること。

ⅰ 加算前年度（加算当年度の前年度をいう。以下同じ。）に加算Ⅰの賃金改善要件分の適用を受けており、加算当年度に適用を受けようとする賃金改善要件分に係る加算率が公定価格の改定やキャリアパス要件の充足等により基準年度に比して増加する場合（当該加算率の増加のない施設・事業所において、当該加算率の増加のある他の施設・事業所に係る特定加算見込額の一部を受け入れる場合を含む。）

ⅱ 新たに加算Ⅰの賃金改善要件分の適用を受けようとする場合

イ 「賃金改善実施期間」とは、加算当年度の賃金改善を実施する月からその後の最初の3月までをいう。

ウ 「賃金改善等見込総額」とは、「賃金改善見込総額」と「事業主負担増加見込総額」を合計して得た額（千円未満の端数は切り捨て）をいう。

エ 「賃金改善見込総額」とは、各職員について「賃金改善見込額」を合算して得た額をいう。

オ 「事業主負担増加見込総額」とは、各職員について「賃金改善見込額」に応じて増加することが見込まれる法定福利費等の事業主負担分の額を合算して得た額をいい、次の<算式>により算定することを標準とする。

<算式>

「加算前年度における法定福利費等の事業主負担分の総額」÷「加算前年度における賃金の総額」×「加算当年度の賃金改善見込額」

カ 「賃金改善見込額」とは、加算当年度内の賃金改善実施期間における見込賃金（当該年度に係る第5の2(1)アに定める加算Ⅱ新規事由及び第6の2(1)イに定める加算Ⅲ新規事由による賃金の改善見込額並びに加算前年度に係る加算残額の支払を除く。）のうち、その水準が「起点賃金水準」を超えると認められる部分に相当する額をいう。

キ 「起点賃金水準」とは、次に掲げる場合に応じ、それぞれに定める基準年度の賃金水準※1（当該年度に係る加算残額（令和4年度の加算Ⅲに係るものを除く。）を含み、基準年度の前年度に係る加算残額の支払並びに令和4年度の加算Ⅲ、「保育士・幼稚園教諭等処遇改善臨時特例事業の実施について」（令和3年12月23日付け府子本第1203号内閣府子ども・子育て本部統括官通知）に定める保育士・幼稚園教諭等処遇改善臨時特例事業による賃金改善額、教育支援体制整備事業費交付金（幼稚園の教育体制支援事業）実施要領（令和4年2月4日文部科学省高等教育局長裁定）に定める事業及び私立高等学校等経常費助成費補助金（一般補助）交付要綱（昭和51年12月21日文部大臣裁定）の別表第2中の3に定める都道府県補助金の増額分を活用した賃金改善額（以下「令和4年度の加算Ⅲ等による賃金改善額」という。）を除く。）に、基準年度の翌年度（以下「基準翌年度」という。）から加算当年度までの公定価格における人件費の改定分※2を合算した水準をいう。

a アⅰの場合又は私立高等学校等経常費助成費補助金（以下「私学助成」という。）を受けていた幼稚園が初めて加算Ⅰの賃金改善要件分の適用を受ける場合　加算前年度の賃金水準。ただし、施設・事業所において基準年度を加算前年度とすることが難しい事情があると認められる場合には、加算当年度の3年前の年度の賃金水準とすることができる。

b アⅱの場合（私学助成を受けていた幼稚園が初めて加算Ⅰの賃金改善要件分の適用を受ける場合を除く。）次に掲げる場合に応じ、それぞれに定める基準年度の賃金水準※3。

b－1 加算前年度に加算Ⅰの賃金改善要件分の適用を受けておらず、それ以前に適用を受けたことがある場合　加算Ⅰの賃金改善要件分の適用を受けた直近の年度。

b－2 加算当年度に初めて加算Ⅰの賃金改善要件分の適用を受けようとする場合　支援法による確認の効力が発生する年度の前年度（平成26年度以前に運営を開始した保育所にあっては、平成24年度。）。

※1 基準年度に施設・事業所がない場合は、地域又は同一の設置者・事業者における当該年度の賃金水準との均衡が図られていると認められる賃金水準。

※2 「基準翌年度から加算当年度までの公定価格における人件費の改定分」の額は、利用子どもの認定区分及び年齢区分ごとに、次の<算式1>により算定した額を合算して得た額から<算式2>を標準として算定した法定福利費等の事業主負担分を控除した額とする。

<算式１>
「加算当年度の加算Ⅰの単価の合計額」×{「基準翌年度から加算当年度までの人件費の改定分に係る改定率」×100}×「見込平均利用子ども数」×「賃金改善実施期間の月数」
<算式２>
「加算前年度における法定福利費等の事業主負担分の総額」÷「加算前年度における賃金の総額及び法定福利費等の事業主負担分の総額の合計額」×「<算式１>により算定した金額」
※３ ｂ－１の場合は、基準年度における加算Ⅰの賃金改善要件分による賃金改善額を控除すること。

ク 「特定加算見込額」とは、賃金改善実施期間における加算見込額のうち加算Ⅰ新規事由に係る額として、利用子どもの認定区分及び年齢区分ごとに、次の<算式>により算定した額を合算して得た額※（千円未満の端数は切り捨て）をいう。
<算式>
「加算当年度の加算Ⅰの単価の合計額」×{「加算Ⅰ新規事由に係る加算率」×100}×「見込平均利用子ども数」×「賃金改善実施期間の月数」
※ 施設・事業所間で加算見込額の一部の配分を調整する場合には、それぞれ、その受入（拠出）見込額が基準年度の受入（拠出）実績額を上回る（下回る）ときはその差額を加える（減じる）こと。

ケ 「加算Ⅰ新規事由に係る加算率」とは、次に掲げる場合に応じ、それぞれに定める割合をいう。
ａ アⅰの場合 賃金改善要件分に係る加算率について、加算当年度の割合から基準年度の割合を減じて得た割合
※ 例えば、賃金改善要件分を加算当年度から加算前年度に比して１％引き上げる公定価格の改定が行われた場合は0.01、キャリアパス要件を新たに充足した場合は0.02、両事例に該当する場合はその合算値の0.03となる。
ｂ アⅱの場合 適用を受けようとする賃金改善要件分に係る加算率

コ 「見込平均利用子ども数」とは、加算当年度内の賃金改善実施期間における各月初日の利用子ども数（広域利用子ども数を含む。以下同じ。）の見込数の総数を賃金改善実施期間の月数で除して得た数をいう。利用子ども数の見込数については、過去の実績等を勘案し、実態に沿ったものとすること。

サ 特定の年度における「賃金水準」とは、加算当年度の職員について、雇用形態、職種、勤続年数、職責等が加算当年度と同等の条件の下で、当該特定の年度に適用されていた賃金の算定方法により算定される賃金の水準をいう。
したがって、例えば、基準年度から継続して勤務する職員に係る水準は、単に基準年度に支払った賃金を指すものではなく、短時間勤務から常勤への変更、補助者から保育士への変更、勤続年数の伸び、役職の昇格、職務分担の増加（重点的に改善していた職員の退職に伴うものなど）等を考慮し、加算当年度における条件と同等の条件の下で算定されたものとする必要がある。

⑵ 加算Ⅰ新規事由がない場合
ア 賃金改善実施期間において、賃金見込総額が起点賃金水準を下回っていないこと。また、加算当年度の途中において増額改定が生じた場合には、それに応じた賃金の追加的な支払を行うものとすること。
イ 「賃金改善実施期間」とは、加算当年度の４月から翌年３月までをいう。
ウ 「賃金見込総額」とは、各職員について「賃金見込額」を合算して得た額（千円未満の端数は切り捨て）をいう。
エ 「賃金見込額」とは、加算当年度内の賃金改善実施期間における見込賃金（当該年度における第５の２⑴アに定める加算Ⅱ新規事由及び第６の２⑴イに定める加算Ⅲ新規事由による賃金の改善見込額並びに加算前年度に係る加算残額の支払を除く。）をいう。
オ 「起点賃金水準」とは、基準年度の賃金水準（加算前年度の賃金水準。ただし、施設・事業所において基準年度を加算前年度とすることが難しい事情があると認められる場合には、加算当年度の３年前の年度の賃金水準とすることができる。また、基準年度に係る加算残額（令和４年度の加算Ⅲに係るものを除く。）を含み、基準年度の前年度に係る加算残額の支払並びに令和４年度の加算Ⅲ等による賃金改善額を除く。）に、基準翌年度から加算当年度までの公定価格における人件費の改定分※1を合算した水準※2・※3（千円未満の端数は切り捨て）をいう。
※１ 「基準翌年度から加算当年度までの公定価格における人件費の改定分」の額については⑴キに準じる。
※２ キャリアパス要件を満たさなくなる場合等、賃金改善要件分に係る加算率が減少する場合において、基準年度の賃金水準を算定するに当たっては、減少する賃金改善要件分の加算率に相当する加算見込額（注1）（法定福利費等の事業主負担分（注2）を除く。）を控除すること。
※３ 施設・事業所間で加算額の一部の配分を調整する場合には、それぞれ、その受入（拠出）見込額が基準年度の受入（拠出）実績額を上回る（下回る）ときはその差額から法定福利費等の事業主負担分を控除した額（注3）を加える（減じる）こと。
（注１） 利用子どもの認定区分及び年齢区分ごとに、次の<算式１>により算定した額を合算して得た額とする。
<算式１>
「加算当年度の加算Ⅰの単価の合計額」×「見込平均利用子ども数」×「賃金改善実施期間の月数」×{「減少する賃金改善要件分の加算率」×100}
（注２） 次の<算式２>により算定することを標準とする。
<算式２>
「基準年度における法定福利費等の事業主負担分の総額」÷「基準年度における賃金の総額」×「減少する賃金改善要件分の加算率に相当する加算見込額」
（注３） 次の<算式３>を標準として算定した法定福利費等の事業主負担分を控除すること。
<算式３>
「加算前年度における法定福利費等の事業主負担分の総額」÷「加算前年度における賃金の総額」×「受入（拠出）見込額と基準年度の受入（拠出）実績額との差額」
カ 「見込平均利用子ども数」については⑴コに、特定の年度における「賃金水準」については⑴サに、それぞれ準じる。

（実績報告に係る要件）

加算当年度の翌年度速やかに、次の(3)ア又は(4)アのいずれかに掲げる要件を満たす別紙様式６「賃金改善実績報告書（処遇改善等加算Ⅰ）」を市町村の長に対して提出すること。

(3)　加算Ⅰ新規事由がある場合

ア　加算Ⅰ新規事由に応じ、賃金改善実施期間において、賃金改善等実績総額が特定加算実績額を下回っていないこと。また、賃金改善等実績総額が特定加算実績額を下回った場合には、生じた加算残額の全額を当該翌年度に速やかに職員の賃金（法定福利費等の事業主負担分を含む。）として支払うこと。

イ「賃金改善等実績総額」とは、「賃金改善実績総額」と「事業主負担増加相当総額」を合計して得た額（千円未満の端数は切り捨て）をいう。

ウ「賃金改善実績総額」とは、各職員について「賃金改善実績額」を合算して得た額をいう。

エ「事業主負担増加相当総額」とは、各職員について「賃金改善実績額」に応じて増加した法定福利費等の事業主負担分に相当する額を合算して得た額をいい、次の<算式>により算定することを標準とする。

<算式>

「加算前年度における法定福利費等の事業主負担分の総額」÷「加算前年度における賃金の総額」×「加算当年度の賃金改善実績額」

オ「賃金改善実績額」とは、加算当年度内の賃金改善実施期間における支払賃金（当該年度に係る加算残額を含む。また、当該年度に係る第５の２(1)アに定める加算Ⅱ新規事由及び第６の２(1)イに定める加算Ⅲ新規事由による賃金の改善額並びに加算前年度に係る加算残額の支払を除く。）のうち、その水準が「起点賃金水準」（加算当年度に国家公務員の給与改定に伴う公定価格における人件費の改定があった場合には、当該改定分※を反映させた賃金水準）を超えると認められる部分に相当する額をいう。

※　増額改定があった場合の、各職員の増額改定分の合算額（法定福利費等の事業主負担分の増額分を含む。）は、次の<算式１>により算定した額以上となっていることを要する。

<算式１>

「加算当年度の加算Ⅰの加算額総額（増額改定を反映させた額）」×「増額改定に係る改定率」÷「加算当年度に適用を受けた基礎分及び賃金改善要件分に係る加算率」

また、国家公務員の給与改定に伴う公定価格における人件費の減額改定（以下「減額改定」という。）があった場合の、各職員の減額改定分の合算額（法定福利費等の事業主負担分の減額分を含む。）は、以下の<算式２>により算定した額を超えない減額となっていることを要する。

<算式２>

「加算当年度の加算Ⅰの加算額総額（減額改定を反映させた額）」×「減額改定に係る改定率」÷「加算当年度に適用を受けた基礎分及び賃金改善要件分に係る加算率」

カ「起点賃金水準」とは、次に掲げる場合に応じ、それぞれに定める基準年度の賃金水準※1（当該年度に係る加算残額（令和４年度の加算Ⅲに係るものを除く。）を含み、基準年度の前年度に係る加算残額の支払並びに令和４年度の加算Ⅲ等による賃金改善額を除く。）に、基準翌年度から加算当年度までの公定価格における人件費の改定分※2を合算した水準をいう。

a　(1)アⅰの場合又は私学助成を受けていた幼稚園が初めて加算Ⅰの賃金改善要件分の適用を受ける場合　加算前年度の賃金水準。ただし、施設・事業所において基準年度を加算前年度とすることが難しい事情があると認められる場合には、加算当年度の３年前の年度の賃金水準とすることができる。

b　(1)アⅱの場合（私学助成を受けていた幼稚園が初めて加算Ⅰの賃金改善要件分の適用を受ける場合を除く。）次に掲げる場合に応じ、それぞれに定める基準年度の賃金水準※3。

b－１　加算前年度に加算Ⅰの賃金改善要件分の適用を受けておらず、それ以前に適用を受けたことがある場合　加算Ⅰの賃金改善要件分の適用を受けた直近の年度。

b－２　加算当年度に初めて加算Ⅰの賃金改善要件分の適用を受けようとする場合　支援法による確認の効力が発生する年度の前年度（平成26年度以前に運営を開始した保育所にあっては、平成24年度。）。

※１　基準年度に施設・事業所がない場合は、地域又は同一の設置者・事業者における当該年度の賃金水準との均衡が図られていると認められる賃金水準。

※２「基準翌年度から加算当年度までの公定価格における人件費の改定分」の額は、次の<算式１>により算定した額から<算式２>を標準として算定した法定福利費等の事業主負担分を控除した額とする。

<算式１>

「加算当年度の加算Ⅰの加算額総額（増額改定又は減額改定を反映させた額）」×「基準翌年度から加算当年度までの人件費の改定分に係る改定率」÷「加算当年度に適用を受けた基礎分及び賃金改善要件分に係る加算率」

<算式２>

「加算前年度における法定福利費等の事業主負担分の総額」÷「加算前年度における賃金の総額及び法定福利費等の事業主負担分の総額の合計額」×「<算式１>により算定した金額」

※３　b－１の場合は、基準年度における加算Ⅰの賃金改善要件分による賃金改善額を控除すること。

キ「特定加算実績額」とは、賃金改善実施期間における加算実績額のうち加算Ⅰ新規事由に係る額（加算当年度に増額改定があった場合には、当該増額改定における加算Ⅰの単価増に伴う増加額を、減額改定があった場合には、当該減額改定における加算Ⅰの単価減に伴う減少額を反映させた額。）として次の<算式>により算定した額※（千円未満の端数は切り捨て）をいう。

<算式>

「加算当年度の加算Ⅰの加算額総額（増額改定又は減額改定を反映させた額）」×「加算Ⅰ新規事由に係る加算率」÷「加算当年度に適用を受けた基礎分及び賃金改善要件分に係る加算率」

※　施設・事業所間で加算実績額の一部の配分を調整した場合には、それぞれ、受入（拠出）実績額が基準年度の受入（拠出）実績額を上回った（下回った）ときはその差額を加える（減じる）こと。

ク　特定の年度における「賃金水準」については(1)サに準じる。

(4)　加算Ⅰ新規事由がない場合

ア　賃金改善実施期間において、支払賃金総額が起点賃金水準を下回っていないこと。また、支払賃金総額が起点賃金水準を下回った場合には、生じた加算残額の全額を当該翌年度に速やかに職員の賃金（法定福利費等の事業主負担分を含む。）として支払うこと。

イ「支払賃金総額」とは、各職員について「支払賃金額」を合算して得た額（千円未満の端数は切り捨て）をいう。

ウ「支払賃金額」とは、加算当年度内の賃金改善実施期間における支払賃金（当該年度に係る加算残額を含む。また、当該年度に係る第５の２(1)アに定める加算Ⅱ新規事由及び第６の２(1)イに定める加算Ⅲ新規事由による賃金の改善額並びに加算前年度に係る加算残額の支払を除く。）をいう。

エ「起点賃金水準」とは、基準年度の賃金水準（加算前年度の賃金水準。ただし、施設・事業所において基準年度を加算前年度とすることが難しい事情があると認められる場合には、加算当年度の３年前の年度の賃金水準とすることができる。また、基準年度に係る加算残額（令和４年度の加算Ⅲに係るものを除く。）を含み、基準年度の前年度に係る加算残額の支払並びに令和４年度の加算Ⅲ等による賃金改善額を除く。）に、基準翌年度から加算当年度までの公定価格における人件費の改定分[※1・※2]を合算した水準[※3・※4]（千円未満の端数は切り捨て）をいう。

※１　「基準翌年度から加算当年度までの公定価格における人件費の改定分」の額については(3)カに準じる。

※２　増額改定があった場合の、各職員の増額改定分の合算額（法定福利費等の事業主負担分の増額分を含む。）は、次の＜算式１＞により算定した額以上となっていることを要する。

＜算式１＞

「加算当年度の加算Ⅰの加算額総額（増額改定を反映させた額）」×「増額改定に係る改定率」÷「加算当年度に適用を受けた基礎分及び賃金改善要件分に係る加算率」

また、減額改定があった場合の、各職員の減額改定分の合算額（法定福利費等の事業主負担分の減額分を含む。）は、以下の＜算式２＞により算定した額を超えない減額となっていることを要する。

＜算式２＞

「加算当年度の加算Ⅰの加算額総額（減額改定を反映させた額）」×「減額改定に係る改定率」÷「加算当年度に適用を受けた基礎分及び賃金改善要件分に係る加算率」

※３　キャリアパス要件を満たさなくなった場合等、賃金改善要件分に係る加算率が減少した場合において、基準年度の賃金水準を算定するに当たっては、減少した賃金改善要件分の加算率に相当する加算実績額[注1]（法定福利費等の事業主負担分[注2]を除く。）を控除すること。

※４　施設・事業所間で加算額の一部の配分を調整した場合には、それぞれ、受入（拠出）実績額が基準年度の受入（拠出）実績額を上回った（下回った）ときはその差額から法定福利費等の事業主負担分を控除した額[注3]を加える（減じる）こと。

（注１）　次の＜算式１＞により算定した額とする。

＜算式１＞

「加算当年度の加算Ⅰの加算額総額（増額改定又は減額改定を反映させた額）」×「減少した賃金改善要件分の加算率」÷「加算当年度に適用を受けた基礎分及び賃金改善要件分に係る加算率」

（注２）　次の＜算式２＞により算定することを標準とする。

＜算式２＞

「基準年度における法定福利費等の事業主負担分の総額」÷「基準年度における賃金の総額」×「減少した賃金改善要件分の加算率に相当する加算実績額」

（注３）　次の＜算式３＞を標準として算定した法定福利費等の事業主負担分を控除すること。

＜算式３＞

「加算前年度における法定福利費等の事業主負担分の総額」÷「加算前年度における賃金の総額」×「受入（拠出）実績額と基準年度の受入（拠出）実績額との差額」

オ　特定の年度における「賃金水準」については(1)サに準じる。

３　キャリアパス要件

当該施設・事業所の取組が次の(1)及び(2)のいずれにも適合すること又は加算Ⅱの適用を受けていること。

(1)　次に掲げる要件の全てに適合し、それらの内容について就業規則等の明確な根拠規定を書面で整備し、全ての職員に周知していること。

ア　職員の職位、職責又は職務内容等に応じた勤務条件等の要件（職員の賃金に関するものを含む。）を定めていること。

イ　アに掲げる職位、職責又は職務内容等に応じた賃金体系（一時金等の臨時的に支払われるものを除く。）を定めていること。

(2)　職員の職務内容等を踏まえ、職員と意見を交換しながら、資質向上の目標並びに次のア及びイに掲げる具体的な計画を策定し、当該計画に係る研修（通常業務中に行うものを除き、教育に係る長期休業期間に行うものを含む。以下同じ。）の実施又は研修の機会を確保し、それを全ての職員に周知していること。

ア　資質向上のための計画に沿って、研修機会の提供又は技術指導等を実施するとともに、職員の能力評価を行うこと。

イ　幼稚園教諭免許状・保育士資格等を取得しようとする者がいる場合は、資格取得のための支援（研修受講のための勤務シフトの調整、休暇の付与、費用（交通費、受講料等）の援助等）を実施すること。

第５　加算Ⅱの要件

１　加算Ⅱ算定対象人数の算定

(1)　家庭的保育事業、事業所内保育事業（利用定員５人以下の事業所に限る。）及び居宅訪問型保育事業を行う事業所以外の施設・事業所

加算Ⅱ－①の「人数Ａ」又は加算Ⅱ－②の「人数Ｂ」（告示別表第２特定加算部分及び別表第３特定加算部分。以下「加算Ⅱ算定対象人数」という。）は、次の＜算式＞により算定すること（１人未満の端数は四捨五入。ただし、四捨五入した結果が「０」となる場合は「１」とする。）。

＜算式＞

「人数Ａ」＝「基礎職員数」[注] × $\frac{1}{3}$

「人数Ｂ」＝「基礎職員数」[注] × $\frac{1}{5}$

（注）「基礎職員数」とは、別表１の左欄の施設・事業所の区分に応じて同表の右欄により算出

される基礎職員数（１人未満の端数は四捨五入）をいう。

別表１の右欄による算出に当たっては、年齢別の児童数は、加算当年度の４月時点の利用子ども数又は「見込平均利用子ども数」（算定方法は第４の２⑴コに準じる。）を用い、各種加算の適用状況は、加算当年度の４月時点の状況により判断する。

⑵　家庭的保育事業、事業所内保育事業（利用定員５人以下の事業所に限る。）及び居宅訪問型保育事業を行う事業所

加算Ⅱ－①又は加算Ⅱ－②のいずれの適用を受けるかを選択する（「人数Ａ」又は「人数Ｂ」のいずれかを「１」とし、他方を「０」とする）こと。

２　加算要件

（加算認定に係る要件）

次の⑴ア又は⑵アのいずれかに掲げる要件を満たす別紙様式７「賃金改善計画書（処遇改善等加算Ⅱ）」を都道府県知事又は指定都市等の長に対して提出するとともに、その具体的な内容を職員に周知していること。

⑴　加算Ⅱ新規事由がある場合

ア　加算当年度における次に掲げる事由（以下「加算Ⅱ新規事由」という。）に応じ、賃金改善実施期間において、賃金改善等見込総額が特定加算見込額※を下回っていないこと。

ｉ　加算前年度に加算の適用を受けており、加算当年度に適用を受けようとする加算Ⅱ－①若しくは加算Ⅱ－②の単価又は加算Ⅱ算定対象人数が公定価格の改定※により加算前年度に比して増加する場合（当該単価又は当該人数の増加のない施設・事業所において、当該単価又は当該人数の増加のある他の施設・事業所に係る特定加算見込額の一部を受け入れる場合を含む。）

ⅱ　新たに加算Ⅱの適用を受けようとする場合

※　賃金改善に係る算定額（コにおいて原則として示す額）の増額改定による単価の増加及び１⑴の<算式>において基礎職員数に乗じる割合の増額改定による加算Ⅱ算定対象人数の増加に限り、法定福利費等の事業主負担分の算定額のみの増額及び基礎職員数の変動に伴う加算Ⅱ算定対象人数の増加を除く。

イ　「賃金改善実施期間」とは、加算当年度の賃金改善を実施する月からその後の最初の３月までをいう。

ウ　「賃金改善等見込総額」とは、「賃金改善見込総額」と「事業主負担増加見込総額」を合計して得た額（千円未満の端数は切り捨て）をいう。

エ　「賃金改善見込総額」とは、以下の①から③までの職員に係る「賃金改善見込額」を合算して得た額をいう。

①　ケｉに定める副主任保育士等

②　ケⅱに定める職務分野別リーダー等

③　ケ（注１）に定める園長以外の管理職（ケ（注１）に基づき賃金の改善を行う職員に限る。）

オ　「事業主負担増加見込総額」とは、エ①から③までの職員に係る「賃金改善見込額」に応じて増加することが見込まれる法定福利費等の事業主負担分の額を合算して得た額をいい、次の<算式>により算定することを標準とする。

<算式>

「加算前年度における法定福利費等の事業主負担分の総額」÷「加算前年度における賃金の総額」×「加算当年度の賃金改善見込額」

カ　「賃金改善見込額」とは、加算当年度内の賃金改善実施期間におけるエ①から③までの職員に係る見込賃金（役職手当、職務手当など職位、職責又は職務内容等に応じて、決まって毎月支払われる手当及び基本給に限る。また、当該年度に係る加算残額を含み、加算前年度に係る加算残額の支払を除く。）のうち、その水準がエ①から③までの職員に係る「起点賃金水準」を超えると認められる部分に相当する額をいう。

ただし、基準年度に加算Ⅱの賃金改善の対象であり、かつ、加算当年度において加算Ⅱの賃金改善の対象外である職員がいる場合は、当該職員に係る基準年度における加算Ⅱによる賃金改善額を控除するものとする。

キ　「起点賃金水準」とは、次に掲げる場合に応じ、それぞれに定める基準年度の賃金水準※1（役職手当、職務手当など職位、職責又は職務内容等に応じて、決まって毎月支払われる手当及び基本給に限る。また、当該年度に係る加算残額（令和４年度の加算Ⅲに係るものを除く。）を含み、基準年度の前年度に係る加算残額の支払並びに令和４年度の加算Ⅲ等による賃金改善額を除く。算定方法は、第４の２⑴サに準じる。）に、基準翌年度から加算当年度までの公定価格における人件費の改定分※2を合算した水準をいう。

ａ　アｉの場合　加算前年度の賃金水準。ただし、施設・事業所において基準年度を加算前年度とすることが難しい事情があると認められる場合には、加算当年度の３年前の年度の賃金水準とすることができる。

ｂ　アⅱの場合　次に掲げる場合に応じ、それぞれに定める基準年度の賃金水準※3。

ｂ－１　加算前年度に加算Ⅱの適用を受けておらず、それ以前に適用を受けたことがある場合　加算Ⅱの適用を受けた直近の年度。

ｂ－２　加算当年度に初めて加算Ⅱの適用を受けようとする場合　加算前年度。

※１　基準年度に施設・事業所がない場合は、地域又は同一の設置者・事業者における当該年度の賃金水準との均衡が図られていると認められる賃金水準。

※２　「基準翌年度から加算当年度までの公定価格における人件費の改定分」の額は、国家公務員の給与改定に伴う公定価格における人件費の改定分（法定福利費等の事業主負担分を除く。）による賃金の改善（賃金改善実施期間におけるものに限る。）のうち、加算Ⅱによる賃金改善対象となる各職員の役職手当、職務手当など職位、職責又は職務内容等に応じて、決まって毎月支払われる手当及び基本給に係る部分を合算して得た額とする。

※３　ｂ－１の場合は、基準年度における加算Ⅱによる賃金改善額を控除すること。

ク　「特定加算見込額」とは、賃金改善実施期間における加算見込額のうち加算Ⅱ新規事由に係る額として、次に掲げる施設・事業所の区分に応じ、それぞれに定めるところにより算定した額※をいう。

<アｉの場合>

ａ　家庭的保育事業、事業所内保育事業（利用定員５人以下の事業所に限る。）及び居宅訪問型保育事業を行う事業所以外の施設・事業所　加算Ⅱの区分に応じてそれぞれに定める<算式>により算定した額の合算額

<算式>

加算Ⅱ－①　｛「加算当年度の単価」×「加算当年度の人数Ａ」－「基準年度の単価」×「基準年度の人数Ａ」｝×「賃金改善実施期間の月数」（千円未満の端数は切り捨て）

新制度関連資料 Chapter 5

加算Ⅱ－②　{「加算当年度の単価」×「加算当年度の人数Ｂ」－「基準年度の単価」×「基準年度の人数Ｂ」}×「賃金改善実施期間の月数」（同）

ｂ　家庭的保育事業、事業所内保育事業（利用定員５人以下の事業所に限る。）及び居宅訪問型保育事業を行う事業所　加算Ⅱ－①又は加算Ⅱ－②のいずれか選択されたものについて、次に掲げる<算式>により算定した額

<算式>

{「加算当年度の単価」－「基準年度の単価」}×「賃金改善実施期間の月数」（千円未満の端数は切り捨て）

<アⅱの場合>

ａ　家庭的保育事業、事業所内保育事業（利用定員５人以下の事業所に限る。）及び居宅訪問型保育事業を行う事業所以外の施設・事業所　加算Ⅱの区分に応じてそれぞれに定める<算式>により算定した額の合算額

<算式>

加算Ⅱ－①「加算当年度の単価」×「加算当年度の人数Ａ」×「賃金改善実施期間の月数」（千円未満の端数は切り捨て）

加算Ⅱ－②「加算当年度の単価」×「加算当年度の人数Ｂ」×「賃金改善実施期間の月数」（同）

ｂ　家庭的保育事業、事業所内保育事業（利用定員５人以下の事業所に限る。）及び居宅訪問型保育事業を行う事業所　加算Ⅱ－①又は加算Ⅱ－②のいずれか選択されたものについて、次に掲げる<算式>により算定した額

<算式>

「加算当年度の単価」×「賃金改善実施期間の月数」（千円未満の端数は切り捨て）

※　施設・事業所間で加算見込額の一部の配分を調整する場合には、それぞれ、その受入（拠出）見込額が基準年度の受入（拠出）実績額を上回る（下回る）ときはその差額を加える（減じる）こと。

ケ　次に掲げる加算の区分に応じそれぞれに定める職員（看護師、調理員、栄養士、事務職員等を含む。）に対し賃金の改善を行い、かつ、職員の職位、職責又は職務内容等に応じた勤務条件等の要件（職員の賃金に関するものを含む。）及びこれに応じた賃金体系（一時金等の臨時的に支払われるものを除く。）を定めて就業規則等の書面で整備し、全ての職員に周知していること。

ⅰ　加算Ⅱ－①　次に掲げる要件を満たす職員（以下「副主任保育士等」という。）[注1]

ａ　副主任保育士・専門リーダー（保育所、地域型保育事業所及び認定こども園）若しくは中核リーダー・専門リーダー（幼稚園及び認定こども園）又はこれらに相当する職位の発令や職務命令を受けていること[注2]。

ｂ　概ね７年以上の経験年数[注3]を有するとともに、別に定める研修を修了していること[注4]。

ⅱ　加算Ⅱ－②　次に掲げる要件を満たす職員（以下「職務分野別リーダー等」という。）[注5]

ａ　職務分野別リーダー（保育所、地域型保育事業所及び認定こども園）若しくは若手リーダー（幼稚園及び認定こども園）又はこれらに相当する職位の発令や職務命令を受けていること[注2]。

ｂ　概ね３年以上の経験年数[注3]を有するとともに、「乳児保育」「幼児教育」「障害児保育」「食育・アレルギー」「保健衛生・安全対策」「保護者支援・子育て支援」のいずれかの分野（若手リーダー又はこれに相当する職位については、これに準ずる分野や園運営に関する連絡調整等）を担当するとともに、別に定める研修を修了していること[注4]。

（注１）　職員の経験年数、技能、給与等の実態を踏まえ、当該施設・事業所において必要と認める場合には、職務分野別リーダー等に対して加算Ⅱ－①による賃金の改善を行うことができる。

また、改善後の副主任保育士等の賃金が園長以外の管理職（幼稚園及び認定こども園の副園長、教頭及び主幹教諭等並びに保育所等の主任保育士をいう。以下同じ。）の賃金を上回ることとなる場合など賃金のバランス等を踏まえて必要な場合には、当該園長以外の管理職に対して加算Ⅱ－①による賃金の改善を行うことができる。

（注２）　家庭的保育事業及び居宅訪問型保育事業にあっては、職位の発令や職務命令を受けていることを要しない。

（注３）　職員の経験年数の算定については、第４の１に準じる。「概ね」の判断については、施設・事業所の職員の構成・状況を踏まえた柔軟な対応が可能である。

家庭的保育事業及び居宅訪問型保育事業にあっては、副主任保育士等について「概ね７年以上」とあるのを「７年以上」、職務分野別リーダー等について「概ね３年以上」とあるのを「３年以上」と読み替える。

（注４）　研修に係る要件の適用時期については、別に定める。

（注５）　要件を満たす者が人数Ｂ以上（家庭的保育事業、事業所内保育事業（利用定員５人以下の事業所に限る。）及び居宅訪問型保育事業にあっては、１人以上）いること。

コ　個別の職員に対する賃金の改善額は、次に掲げる職員の区分に応じそれぞれに定める要件を満たすこと。

ⅰ　副主任保育士等　原則として月額４万円[注1]。ただし、月額４万円の改善を行う者を１人以上確保した上で[注2]、それ以外の副主任保育士等[注3]について月額５千円以上４万円未満の改善額とすることができる。

ⅱ　職務分野別リーダー等　原則として月額５千円[注1]。ただし、副主任保育士等において月額４万円の改善を行う者を１人以上確保した場合には、月額５千円以上４万円未満の改善額[注4]とすることができる。

（注１）　例えば、法定福利費等の事業主負担がない又は少ない非常勤職員の賃金の改善を図っているなど、事業主負担額の影響により前年度において残額が生じた場合には、その実績も加味し、計画当初から原則額を上回る賃金の改善額を設定することが望ましい。

（注２）「人数Ａ」に２分の１を乗じて得た人数が１人未満となる場合には、確保することを要しない。家庭的保育事業、事業所内保育事業（利用定員５人以下の事業所に限る。）及び居宅訪問型保育事業にあっても同じ。

（注３）　ケ（注１）により園長以外の管理職に対して加算Ⅱ－①による賃金の改善を行う必要がある場合に限っては、当該園長以外の管理職を含む。

（注４）　ⅰのただし書による副主任保育士等（園長以外の管理職は含まない。）に対する改善額のうち最も低い額を上回らない範囲とする。

(2)　加算Ⅱ新規事由がない場合

ア　賃金改善実施期間において、次に掲げる要件を満たしていること。

ⅰ　(1)エ①から③までの職員に係る賃金見込総額が当該職員に係る起点賃金水準を下回っていないこと。

ⅱ　加算当年度における(1)エ①から③までの職員に係る役職手当、職務手当など職位、職責又は職務内容等に応じて、決まって毎月支払われる手当及び基本給（加算Ⅱにより改善を行う部分に限り、これに対応する法定福利費等の事業主負担分を含む。）の総額が加算当年度の加算Ⅱによる加算見込額を下回っていないこと。

イ　「賃金改善実施期間」とは、加算当年度の４月から翌年３月までをいう。

ウ　「賃金見込総額」とは、(1)エ①から③までの職員に係る「賃金見込額」を合算して得た額（千円未満の端数は切り捨て）をいう。

エ　「賃金見込額」とは、加算当年度内の賃金改善実施期間における見込賃金（役職手当、職務手当など職位、職責又は職務内容等に応じて、決まって毎月支払われる手当及び基本給に限る。また、加算前年度に係る加算残額の支払を除く。）をいう。

オ　「起点賃金水準」とは、基準年度の賃金水準（加算前年度の賃金水準。ただし、施設・事業所において基準年度を加算前年度とすることが難しい事情があると認められる場合には、加算当年度の３年前の年度の賃金水準とすることができる。また、役職手当、職務手当など職位、職責又は職務内容等に応じて、決まって毎月支払われる手当及び基本給に限る。基準年度に係る加算残額（令和４年度の加算Ⅲに係るものを除く。）を含み、基準年度の前年度に係る加算残額の支払並びに令和４年度の加算Ⅲ等による賃金改善額を除く。算定方法は、第４の２(1)サに準じる。）に、基準翌年度から加算当年度までの公定価格における人件費の改定分※1を合算した水準※2（千円未満の端数は切り捨て）をいう。

※１　「基準翌年度から加算当年度までの公定価格における人件費の改定分」の額については(1)キに準じる。

※２　施設・事業所間で加算額の一部の配分を調整する場合には、それぞれ、その受入（拠出）見込額が基準年度の受入（拠出）実績額を上回る（下回る）ときはその差額（注）を加える（減じる）こと。

（注）　次の<算式>を標準として算定した法定福利費等の事業主負担分を控除すること。

<算式>

「加算前年度における法定福利費等の事業主負担分の総額」÷「加算前年度における賃金の総額」×「受入（拠出）見込額（と基準年度の受入（拠出）実績額との差額）」

カ　加算の区分に応じた賃金改善の対象者等については(1)ケに、個別の職員に対する賃金の改善額については(1)コに、それぞれ準じる。

（実績報告に係る要件）

加算当年度の翌年度速やかに、次の(3)ア又は(4)アのいずれかに掲げる要件を満たす別紙様式８「賃金改善実績報告書（処遇改善等加算Ⅱ）」を市町村の長に対して提出すること。

(3)　加算Ⅱ新規事由がある場合

ア　加算Ⅱ新規事由に応じ、賃金改善実施期間において、賃金改善等実績総額が特定加算実績額を下回っていないこと。また、賃金改善等実績総額が特定加算実績額を下回った場合には、生じた加算残額の全額を当該翌年度に速やかに加算当年度の加算対象職員の賃金（法定福利費等の事業主負担分を含む。）として支払うこと。

イ　「賃金改善等実績総額」とは、「賃金改善実績総額」と「事業主負担増加相当総額」を合計して得た額（千円未満の端数は切り捨て）をいう。

ウ　「賃金改善実績総額」とは、以下の①から③までの職員に係る「賃金改善実績額」を合算して得た額をいう。

①　副主任保育士等

②　職務分野別リーダー等

③　園長以外の管理職（２(1)ケ（注１）に基づき賃金の改善を行った職員に限る。）

エ　「事業主負担増加相当総額」とは、ウ①から③までの職員に係る「賃金改善実績額」に応じて増加した法定福利費等の事業主負担分に相当する額を合算して得た額をいい、次の<算式>により算定することを標準とする。

<算式>

「加算前年度における法定福利費等の事業主負担分の総額」÷「加算前年度における賃金の総額」×「加算当年度の賃金改善実績額」

オ　「賃金改善実績額」とは、加算当年度内の賃金改善実施期間におけるウ①から③までの職員に係る支払賃金（役職手当、職務手当など職位、職責又は職務内容等に応じて、決まって毎月支払われる手当及び基本給に限る。また、当該年度に係る加算残額を含み、加算前年度に係る加算残額の支払を除く。）のうち、その水準がウ①から③までの職員に係る「起点賃金水準」を超えると認められる部分に相当する額をいう。ただし、基準年度に加算Ⅱの賃金改善の対象であり、かつ、加算当年度において加算Ⅱの賃金改善の対象外である職員がいる場合は、当該職員に係る基準年度における加算Ⅱによる賃金改善額を控除するものとする。

カ　「起点賃金水準」とは、次に掲げる場合に応じ、それぞれに定める基準年度の賃金水準※1（役職手当、職務手当など職位、職責又は職務内容等に応じて、決まって毎月支払われる手当及び基本給に限る。また、当該年度に係る加算残額（令和４年度の加算Ⅲに係るものを除く。）を含み、基準年度の前年度に係る加算残額の支払並びに令和４年度の加算Ⅲ等による賃金改善額を除く。算定方法は、第４の２(1)サに準じる。）に、基準翌年度から加算当年度までの公定価格における人件費の改定分※2を合算した水準をいう。

ａ　(1)アⅰの場合　加算前年度の賃金水準。ただし、施設・事業所において基準年度を加算前年度とすることが難しい事情があると認められる場合には、加算当年度の３年前の年度の賃金水準とすることができる。

ｂ　(1)アⅱの場合　次に掲げる場合に応じ、それぞれに定める基準年度の賃金水準※3。

ｂ－１　加算前年度に加算Ⅱの適用を受けておらず、それ以前に適用を受けたことがある場合　加算Ⅱの適用を受けた直近の年度。

新制度関連資料

Chapter 5

b－２　加算当年度に初めて加算Ⅱの適用を受けようとする場合　加算前年度。
※１　基準年度に施設・事業所がない場合は、地域又は同一の設置者・事業者における当該年度の賃金水準との均衡が図られていると認められる賃金水準。
※２「基準翌年度から加算当年度までの公定価格における人件費の改定分」の額については⑴キに準じる。
※３　b－１の場合は、基準年度における加算Ⅱによる賃金改善額を控除すること。
キ「特定加算実績額」とは、賃金改善実施期間における加算実績額のうち加算Ⅱ新規事由に係る額（加算当年度に増額改定があった場合には、当該増額改定における加算Ⅱの単価増に伴う増加額を含む。）をいい、⑴クの<算式>において、実際に適用を受けた加算Ⅱ算定対象人数により算定した額※をいう。
※　施設・事業所間で加算実績額の一部の配分を調整した場合には、それぞれ、受入（拠出）実績額が基準年度の受入（拠出）実績額を上回った（下回った）ときはその差額を加える（減じる）こと。
⑷　加算Ⅱ新規事由がない場合
ア　賃金改善実施期間において、次に掲げる要件を満たしていること。また、支払賃金総額が起点賃金水準を下回った場合又は⑶ウ①から③までの職員に係る役職手当、職務手当など職位、職責又は職務内容等に応じて、決まって毎月支払われる手当及び基本給（加算Ⅱにより改善を行う部分に限り、これに対応する法定福利費等の事業主負担分を含む。）の総額が加算当年度の加算Ⅱによる加算実績額を下回った場合には、生じた加算残額の全額を当該翌年度に速やかに加算当年度の加算対象職員の賃金（法定福利費等の事業主負担分を含む。）として支払うこと。
ⅰ　⑶ウ①から③までの職員に係る支払賃金総額が当該職員に係る起点賃金水準を下回っていないこと。
ⅱ　加算当年度における⑶ウ①から③までの職員に係る役職手当、職務手当など職位、職責又は職務内容等に応じて、決まって毎月支払われる手当及び基本給（加算Ⅱにより改善を行う部分に限り、これに対応する法定福利費等の事業主負担分を含む。）の総額が加算当年度の加算Ⅱによる加算実績額を下回っていないこと。
イ「支払賃金総額」とは、⑶ウ①から③までの職員に係る「支払賃金額」を合算して得た額（千円未満の端数は切り捨て）をいう。
ウ「支払賃金額」とは、加算当年度内の賃金改善実施期間における支払賃金（役職手当、職務手当など職位、職責又は職務内容等に応じて、決まって毎月支払われる手当及び基本給に限る。また、当該年度に係る加算残額を含み、加算前年度に係る加算残額の支払を除く。）をいう。
エ「起点賃金水準」とは、基準年度の賃金水準（加算前年度の賃金水準。ただし、施設・事業所において基準年度を加算前年度とすることが難しい事情があると認められる場合には、加算当年度の３年前の年度の賃金水準とすることができる。役職手当、職務手当など職位、職責又は職務内容等に応じて、決まって毎月支払われる手当及び基本給に限る。また、基準年度に係る加算残額（令和４年度の加算Ⅲに係るものを除く。）を含み、基準年度の前年度に係る加算残額の支払並びに令和４年度の加算Ⅲ等による賃金改善額を除く。算定方法は、第４の２⑴サに準じる。）に、基準翌年度から加算当年度までの公定価格における人件費の改定分※1を合算した水準※2（千円未満の端数は切り捨て）をいう。
※１「基準翌年度から加算当年度までの公定価格における人件費の改定分」の額については⑴キに準じる。
※２　施設・事業所間で加算額の一部の配分を調整した場合には、それぞれ、受入（拠出）実績額が基準年度の受入（拠出）実績額を上回った（下回った）ときはその差額から法定福利費等の事業主負担分を控除した額(注)を加える（減じる）こと。
(注)　次の<算式>を標準として算定した法定福利費等の事業主負担分を控除すること。
<算式>
「加算前年度における法定福利費等の事業主負担分の総額」÷「加算前年度における賃金の総額」×「受入（拠出）実績額と基準年度の受入（拠出）実績額との差額」

第６　加算Ⅲの要件

１　加算Ⅲ算定対象人数の算定
加算Ⅲの加算算定対象人数（告示別表第２特定加算部分及び別表第３特定加算部分。以下「加算Ⅲ算定対象人数」という。）は、別表２の左欄の施設・事業所の区分に応じて同表の右欄により算出される職員数（１人未満の端数は四捨五入）とすること。
別表２の右欄による算出に当たっては、年齢別の児童数は、加算当年度の「見込平均利用子ども数」（算定方法は第４の２⑴コに準じる。）を用い、各種加算の適用状況は、加算当年度の４月時点の状況により判断すること。
２　加算要件
（加算認定に係る要件）
次の⑴ア又は⑵アのいずれかに掲げる要件を満たす別紙様式９「賃金改善計画書（処遇改善等加算Ⅲ）」を市町村の長に対して提出するとともに、その具体的な内容を職員に周知していること。
また、一般市町村が管轄する施設・事業所であって、加算Ⅱの申請を行うものは、別紙様式９の添付資料として、別紙様式７「賃金改善計画書（処遇改善等加算Ⅱ）」の写しを添付すること。
⑴　加算Ⅲ新規事由がある場合
ア　賃金改善実施期間において、次に掲げる要件を満たしていること。
ⅰ　職員（法人の役員を兼務している施設長を除く。以下２において同じ。）に係る賃金改善等見込総額が特定加算見込額を下回っていないこと。
ⅱ　職員の賃金見込総額のうち加算Ⅲにより改善を行う部分の総額（当該改善に伴い増加する法定福利費等の事業主負担分を含む。）が加算当年度の加算見込額を下回っていないこと。また、加算Ⅲにより改善を行う部分の総額（当該改善に伴い増加する法定福利費等の事業主負担分を含む。）の３分の２以上が、基本給又は決まって毎月支払われる手当の引上げによるものであること。
イ「加算Ⅲ新規事由」とは、次に掲げる事由をいう。
ⅰ　加算前年度に加算Ⅲの適用を受けており、加算当年度に適用を受けようとする加算単価が公定価格の改定※により加算前年度に比して増加する場合（令和４年度に加算Ⅲの適用を受けた場合を除き、当該単価の増加のない施設・事業所において、当該単価の増加のある他の施設・事業所に係る特定加算見込額の一部を受け入れる場合を含む。）

ⅱ　令和５年度以降、新たに加算Ⅲの適用を受けようとする場合

ⅲ　令和４年度に引き続き令和５年度も加算Ⅲの適用を受けようとする場合

※　法定福利費等の事業主負担分の算定額の増額による加算単価の改定を除く。

ウ　「賃金改善実施期間」とは、加算当年度の賃金改善を実施する月からその後の最初の３月までをいう。

エ　「賃金改善等見込総額」とは、「賃金改善見込総額」と「事業主負担増加見込総額」を合計して得た額（千円未満の端数は切り捨て）をいう。

オ　「賃金改善見込総額」とは、職員に係る「賃金改善見込額」を合算して得た額をいう。

カ　「事業主負担増加見込総額」とは、職員に係る「賃金改善見込額」に応じて増加することが見込まれる法定福利費等の事業主負担分の額を合算して得た額をいい、次の＜算式＞により算定することを標準とする。

＜算式＞

「加算前年度における法定福利費等の事業主負担分の総額」÷「加算前年度における賃金の総額」×「加算当年度の賃金改善見込額」

キ　「賃金改善見込額」とは、加算当年度内の賃金改善実施期間における職員に係る見込賃金（当該年度に係る第５の２⑴アに定める加算Ⅱ新規事由による賃金の改善見込み額及び加算前年度に係る加算残額の支払を除く。）のうち、その水準が当該職員に係る「起点賃金水準」を超えると認められる部分に相当する額をいう。

ク　「賃金見込総額」とは、職員について「賃金見込額」を合算して得た額（千円未満の端数は切り捨て）をいう。

ケ　「賃金見込額」とは、加算当年度内の賃金改善実施期間における職員に係る見込賃金（当該年度における第５の２⑴アに定める加算Ⅱ新規事由による賃金の改善見込額及び加算前年度に係る加算残額の支払を除く。）をいう。

コ　「起点賃金水準」とは、次に掲げる場合に応じ、それぞれに定める基準年度の賃金水準※1（当該年度に係る加算残額（令和４年度の加算Ⅲに係るものを除く。）を含み、基準年度の前年度に係る加算残額の支払並びに令和４年度の加算Ⅲ等による賃金改善額を除く。）に、基準翌年度から加算当年度までの公定価格における人件費の改定分※2を合算した水準※3をいう。

a　イⅰの場合　加算前年度の賃金水準。ただし、施設・事業所において基準年度を加算前年度とすることが難しい事情があると認められる場合には、加算当年度の３年前の年度の賃金水準とすることができる。

b　イⅱの場合　次に掲げる場合に応じ、それぞれに定める基準年度の賃金水準※4。

b－1　加算前年度に加算Ⅲの賃金改善要件分の適用を受けておらず、それ以前に適用を受けたことがある場合　加算Ⅲの適用を受けた直近の年度。

b－2　加算当年度に初めて加算Ⅲの適用を受けようとする場合　加算前年度。

c　イⅲの場合　令和４年度

※1　基準年度に施設・事業所がない場合は、地域又は同一の設置者・事業者における当該年度の賃金水準との均衡が図られていると認められる賃金水準。

※2　「基準翌年度から加算当年度までの公定価格における人件費の改定分」の額については第４の２⑴キに準じる。

※3　加算Ⅰのキャリアパス要件を満たさなくなる場合等、第４の１に定める賃金改善要件分に係る加算率が減少する場合において、基準年度の賃金水準を算定するに当たっては、減少する賃金改善要件分の加算率に相当する加算Ⅰの加算見込額（法定福利費等の事業主負担分を除く。算定方法は第４の２⑵オに準じる。）を控除すること。

※4　b－1の場合は、基準年度における加算Ⅲによる賃金改善額を控除すること。

サ　「特定加算見込額」とは、賃金改善実施期間における加算見込額のうち加算Ⅲ新規事由に係る額として、以下により算定した額※をいう。

＜イⅰの場合＞

｛「加算当年度の単価」－「基準年度の単価」｝×「加算当年度の加算Ⅲ算定対象人数」×「賃金改善実施期間の月数」（千円未満の端数は切り捨て）

＜イⅱ及びⅲの場合＞

「加算当年度の単価」×「加算当年度の加算Ⅲ算定対象人数」×「賃金改善実施期間の月数」（千円未満の端数は切り捨て）

※　施設・事業所間で加算見込額の一部の配分を調整する場合には、それぞれ、その受入（拠出）見込額が基準年度の受入（拠出）実績額を上回る（下回る）ときはその差額を加える（減じる）こと。

シ　「見込平均利用子ども数」については第４の２⑴コに、特定の年度における「賃金水準」については第４の２⑴サに、それぞれ準じる。

⑵　加算Ⅲ新規事由がない場合

ア　賃金改善実施期間において、次に掲げる要件を満たしていること。

ⅰ　職員に係る賃金見込総額が、当該職員に係る起点賃金水準を下回っていないこと。

ⅱ　職員の賃金見込総額のうち加算Ⅲにより改善を行う部分の総額（当該改善に伴い増加する法定福利費等の事業主負担分を含む。）が加算当年度の加算見込額を下回っていないこと。また、加算Ⅲにより改善を行う部分の総額（当該改善に伴い増加する法定福利費等の事業主負担分を含む。）の３分の２以上が、基本給又は決まって毎月支払われる手当の引上げによるものであること。

イ　「賃金改善実施期間」とは、加算当年度の４月から翌年３月までをいう。

ウ　「賃金見込総額」とは、各職員について「賃金見込額」を合算して得た額（千円未満の端数は切り捨て）をいう。

エ　「賃金見込額」とは、加算当年度内の賃金改善実施期間における見込賃金（当該年度における第５の２⑴アに定める加算Ⅱ新規事由による賃金の改善見込額及び加算前年度に係る加算残額の支払を除く。）をいう。

オ　「起点賃金水準」とは、基準年度の賃金水準（加算前年度の賃金水準。ただし、施設・事業所において基準年度を加算前年度とすることが難しい事情があると認められる場合には、加算当年度の３年前の年度の賃金水準とすることができる。また、基準年度に係る加算残額（令和４年度の加算Ⅲに係るものを除く。）を含み、基準年度の前年度に係る加算残額の支払並びに令和４年度の加算Ⅲ等による賃金改善額を除く。算定方法は、第４の２⑴サに準じる。）に、基準翌年

度から加算当年度までの公定価格における人件費の改定分※1を合算した水準※2・※3（千円未満の端数は切り捨て）をいう。
※１「基準翌年度から加算当年度までの公定価格における人件費の改定分」の額については第４の２(1)キに準じる。
※２　施設・事業所間で加算額の一部の配分を調整する場合には、それぞれ、その受入（拠出）見込額が基準年度の受入（拠出）実績額を上回る（下回る）ときはその差額から法定福利費等の事業主負担分を控除した額（注1）を加える（減じる）こと。
※３　加算Ⅰのキャリアパス要件を満たさなくなる場合等、第４の１に定める賃金改善要件分に係る加算率が減少する場合において、基準年度の賃金水準を算定するに当たっては、減少する賃金改善要件分の加算率に相当する加算Ⅰの加算見込額（法定福利費等の事業主負担分を除く。算定方法は第４の２(2)オに準じる。）を控除すること。
（注１）　次の＜算式＞を標準として算定した法定福利費等の事業主負担分を控除すること。
＜算式＞
「加算前年度における法定福利費等の事業主負担分の総額」÷「加算前年度における賃金の総額」×「受入（拠出）見込額と基準年度の受入（拠出）実績額との差額」
カ　「見込平均利用子ども数」については第４の２(1)コに、特定の年度における「賃金水準」については第４の２(1)サに、それぞれ準じる。
（実績報告に係る要件）
加算当年度の翌年度速やかに、次の(3)ア又は(4)アのいずれかに掲げる要件を満たす別紙様式10「賃金改善実績報告書（処遇改善等加算Ⅲ）」を市町村の長に対して提出すること。
(3)　加算Ⅲ新規事由がある場合
ア　賃金改善実施期間において、次に掲げる要件を満たしていること。また、賃金改善等実績総額が特定加算実績額を下回った場合又は職員の支払賃金のうち加算Ⅲにより改善を行う部分の総額（当該改善に伴い増加する法定福利費等の事業主負担分を含む。）が加算当年度の加算実績額を下回った場合には、生じた加算残額の全額を当該翌年度に速やかに職員の賃金（法定福利費等の事業主負担分を含む。）として支払うこと。
ⅰ　職員に係る賃金改善等実績総額が特定加算実績額を下回っていないこと。
ⅱ　職員の支払賃金のうち加算Ⅲにより改善を行う部分の総額（当該改善に伴い増加する法定福利費等の事業主負担分を含む。）が加算当年度の加算実績額を下回っていないこと。また、加算Ⅲにより改善を行う部分の総額（当該改善に伴い増加する法定福利費等の事業主負担分を含む。）の３分の２以上が、基本給又は決まって毎月支払われる手当の引上げによるものであること。
イ　「加算Ⅲ新規事由」とは、次に掲げる事由をいう。
ⅰ　加算前年度に加算Ⅲの適用を受けており、加算当年度に適用を受けようとする加算単価が公定価格の改定※により加算前年度に比して増加する場合（令和４年度に加算Ⅲの適用を受けた場合を除き、当該単価の増加のない施設・事業所において、当該単価の増加のある他の施設・事業所に係る特定加算見込額の一部を受け入れる場合を含む。）
ⅱ　令和５年度以降、新たに加算Ⅲの適用を受けようとする場合
ⅲ　令和４年度に引き続き令和５年度も加算Ⅲの適用を受けようとする場合
※　法定福利費等の事業主負担分の算定額の増額による加算単価の改定を除く。
ウ　「賃金改善等実績総額」とは、「賃金改善実績総額」と「事業主負担増加相当総額」を合計して得た額（千円未満の端数は切り捨て）をいう。
エ　「賃金改善実績総額」とは、職員に係る「賃金改善実績額」を合算して得た額をいう。
オ　「事業主負担増加相当総額」とは、職員に係る「賃金改善実績額」に応じて増加した法定福利費等の事業主負担分に相当する額を合算して得た額をいい、次の＜算式＞により算定することを標準とする。
＜算式＞
「加算前年度における法定福利費等の事業主負担分の総額」÷「加算前年度における賃金の総額」×「加算当年度の賃金改善実績額」
カ　「賃金改善実績額」とは、加算当年度内の賃金改善実施期間における職員に係る支払賃金（当該年度に係る第５の２(1)アに定める加算Ⅱ新規事由による賃金の改善額及び加算前年度に係る加算残額の支払を除く。）のうち、その水準が当該職員に係る「起点賃金水準」（加算当年度に国家公務員の給与改定に伴う公定価格における人件費の改定があった場合には、当該改定分※を反映させた賃金水準）を超えると認められる部分に相当する額をいう。
※　増額改定があった場合の、各職員の増額改定分の合算額（法定福利費等の事業主負担分の増額分を含む。）は、次の＜算式１＞により算定した額以上となっていることを要する。
＜算式１＞
「加算当年度の加算Ⅰの加算額総額（増額改定を反映させた額）」×「増額改定に係る改定率」÷「加算当年度に適用を受けた基礎分及び賃金改善要件分に係る加算率」
また、国家公務員の給与改定に伴う公定価格における人件費の減額改定（以下「減額改定」という。）があった場合の、各職員の減額改定分の合算額（法定福利費等の事業主負担分の減額分を含む。）は、以下の＜算式２＞により算定した額を超えない減額となっていることを要する。
＜算式２＞
「加算当年度の加算Ⅰの加算額総額（減額改定を反映させた額）」×「減額改定に係る改定率」÷「加算当年度に適用を受けた基礎分及び賃金改善要件分に係る加算率」
キ　「支払賃金総額」とは、職員について「支払賃金額」を合算して得た額（千円未満の端数は切り捨て）をいう。
ク　「支払賃金額」とは、加算当年度内の賃金改善実施期間における職員に係る支払賃金（当該年度における第５の２(1)アに定める加算Ⅱ新規事由による賃金の改善額及び加算前年度に係る加算残額の支払を除く。）をいう
ケ　「起点賃金水準」とは、次に掲げる場合に応じ、それぞれに定める基準年度の賃金水準※1（当該年度に係る加算残額（令和４年度の加算Ⅲに係るものを除く。）を含み、基準年度の前年度に係る加算残額の支払並びに令和４年度の加算Ⅲ等による賃金改善額を除く。）に、基準翌年度から加算当年度までの公定価格における人件費の改定分※2を合算した水準※3をいう。

a　イｉの場合　加算前年度の賃金水準。ただし、施設・事業所において基準年度を加算前年度とすることが難しい事情があると認められる場合には、加算当年度の３年前の年度の賃金水準とすることができる。
b　イⅱの場合　次に掲げる場合に応じ、それぞれに定める基準年度の賃金水準※4。
b－１　加算前年度に加算Ⅲの賃金改善要件分の適用を受けておらず、それ以前に適用を受けたことがある場合　加算Ⅲの適用を受けた直近の年度。
b－２　加算当年度に初めて加算Ⅲの適用を受けようとする場合　加算前年度。
c　イⅲの場合　令和４年度
※１　基準年度に施設・事業所がない場合は、地域又は同一の設置者・事業者における当該年度の賃金水準との均衡が図られていると認められる賃金水準とする。
※２「基準翌年度から加算当年度までの公定価格における人件費の改定分」の額については第４の２(3)カに準じる。
※３　加算Ⅰのキャリアパス要件を満たさなくなった場合等、第４の１に定める賃金改善要件分に係る加算率が減少した場合において、基準年度の賃金水準を算定するに当たっては、減少した賃金改善要件分の加算率に相当する加算Ⅰの加算実績額（法定福利費等の事業主負担分を除く。算定方法は第４の２(4)エに準じる。）を控除すること。
※４　b－１の場合は、基準年度における加算Ⅲによる賃金改善額を控除すること。

コ「特定加算実績額」とは、賃金改善実施期間における加算実績額のうち加算Ⅲ新規事由に係る額として、以下により算定した額※をいう。
<イｉの場合>
{「加算当年度の単価」－「基準年度の単価」}×「加算当年度の加算Ⅲ算定対象人数」×「賃金改善実施期間の月数」（千円未満の端数は切り捨て）
<イⅱ及びⅲの場合>
「加算当年度の単価」×「加算当年度の加算Ⅲ算定対象人数」×「賃金改善実施期間の月数」（千円未満の端数は切り捨て）
※　施設・事業所間で加算実績額の一部の配分を調整する場合には、それぞれ、その受入（拠出）実績額が基準年度の受入（拠出）実績額を上回る（下回る）ときはその差額を加える（減じる）こと。

サ　特定の年度における「賃金水準」については第４の２(1)サに準じる。

(4)　加算Ⅲ新規事由がない場合
ア　賃金改善実施期間において、次に掲げる要件を満たしていること。また、支払賃金総額が起点賃金水準を下回った場合又は職員の支払賃金のうち加算Ⅲにより改善を行う部分の総額（当該改善に伴い増加する法定福利費等の事業主負担分を含む。）が加算当年度の加算実績額を下回った場合には、生じた加算残額の全額を当該翌年度に速やかに職員の賃金（法定福利費等の事業主負担分を含む。）として支払うこと。
ｉ　職員に係る支払賃金総額が、当該職員に係る起点賃金水準を下回っていないこと。
ⅱ　職員の支払賃金のうち加算Ⅲにより改善を行う部分の総額（当該改善に伴い増加する法定福利費等の事業主負担分を含む。）が加算当年度の加算実績額を下回っていないこと。また、加算Ⅲにより改善を行う部分の総額（当該改善に伴い増加する法定福利費等の事業主負担分を含む。）の３分の２以上が、基本給又は決まって毎月支払われる手当の引上げによるものであること。

イ「支払賃金総額」とは、職員に係る「支払賃金額」を合算して得た額（千円未満の端数は切り捨て）をいう。

ウ「支払賃金額」とは、加算当年度内の賃金改善実施期間における支払賃金（当該年度における第５の２(1)アに定める加算Ⅱ新規事由による賃金の改善額及び加算前年度に係る加算残額の支払を除く。）をいう。

エ「起点賃金水準」とは、基準年度の賃金水準（加算前年度の賃金水準。ただし、施設・事業所において基準年度を加算前年度とすることが難しい事情があると認められる場合には、加算当年度の３年前の年度の賃金水準とすることができる。また、基準年度に係る加算残額（令和４年度の加算Ⅲに係るものを除く。）を含み、基準年度の前年度に係る加算残額の支払並びに令和４年度の加算Ⅲ等による賃金改善額を除く。）に、基準翌年度から加算当年度までの公定価格における人件費の改定分※1・※2を合算した水準※3・※4（千円未満の端数は切り捨て）をいう。
※１「基準翌年度から加算当年度までの公定価格における人件費の改定分」の額については第４の２(3)カに準じる。
※２　増額改定があった場合の、各職員の増額改定分の合算額（法定福利費等の事業主負担分の増額分を含む。）は、次の<算式１>により算定した額以上となっていることを要する。
<算式１>
「加算当年度の加算Ⅰの加算額総額（増額改定を反映させた額）」×「増額改定に係る改定率」÷「加算当年度に適用を受けた基礎分及び賃金改善要件分に係る加算率」また、減額改定があった場合の、各職員の減額改定分の合算額（法定福利費等の事業主負担分の減額分を含む。）は、以下の<算式２>により算定した額を超えない減額となっていることを要する。
<算式２>
「加算当年度の加算Ⅰの加算額総額（減額改定を反映させた額）」×「減額改定に係る改定率」÷「加算当年度に適用を受けた基礎分及び賃金改善要件分に係る加算率」
※３　施設・事業所間で加算額の一部の配分を調整した場合には、それぞれ、受入（拠出）実績額が基準年度の受入（拠出）実績額を上回った（下回った）ときはその差額から法定福利費等の事業主負担分を控除した額(注)を加える（減じる）こと。
※４　加算Ⅰのキャリアパス要件を満たさなくなった場合等、第４の１に定める賃金改善要件分に係る加算率が減少した場合において、基準年度の賃金水準を算定するに当たっては、減少した賃金改善要件分の加算率に相当する加算Ⅰの加算実績額（法定福利費等の事業主負担分を除く。算定方法は第４の２(4)エに準じる。）を控除すること。
(注)　次の<算式>を標準として算定した法定福利費等の事業主負担分を控除すること。
<算式>
「加算前年度における法定福利費等の事業主負担分の総額」÷「加算前年度におけ

る賃金の総額」×「受入（拠出）見込額と基準年度の受入（拠出）実績額との差額」
オ　特定の年度における「賃金水準」については第４の２⑴サに準じる。

第７　加算の認定、算定、実績の報告等
１　加算の認定
加算Ⅰの認定をするに当たっては、設置者・事業者から別紙様式１「加算率等認定申請書（処遇改善等加算Ⅰ）」を徴し、加算Ⅰの賃金改善要件分の適用を申請する設置者・事業者（加算Ⅱの適用を申請する設置者・事業者を除く。）については、別紙様式２「キャリアパス要件届出書（処遇改善等加算Ⅰ）」も徴し[注1]、加算の適用の可否及び適用する加算率の値を決定すること。
また、都道府県知事は、一般市町村が管轄する施設・事業所であって、加算Ⅰ及び加算Ⅲの両方について適用の申請を行っているものに対しては、別紙様式５の添付資料として加算Ⅲの適用の申請に係る書類（別紙様式９）の写しの提出を求めること。
（注１）　キャリアパス要件分を含む加算率の適用を受けようとする施設・事業所の設置者・事業者が過年度に別紙様式２を提出している場合においてその内容に変更がないときは、その提出を省略させることができる。
加算Ⅱの認定をするに当たっては、設置者・事業者から別紙様式３「加算算定対象人数等認定申請書（処遇改善等加算Ⅱ）」を徴し、基礎職員数・見込平均利用子ども数の算出方法書を別紙様式３に添付させること。
加算Ⅲの認定をするに当たっては、設置者・事業者から別紙様式４「加算算定対象人数等認定申請書（処遇改善等加算Ⅲ）」を徴し、基礎職員数・見込平均利用子ども数の算出方法書を別紙様式４に添付させること。
また、加算Ⅰの賃金改善要件分、加算Ⅱ及び加算Ⅲの認定をするに当たっては、上記に加え、設置者・事業者から別紙様式５「賃金改善計画書（処遇改善等加算Ⅰ）」、別紙様式７「賃金改善計画書（処遇改善等加算Ⅱ）」[注2]及び別紙様式９「賃金改善計画書（処遇改善等加算Ⅲ）」を徴するとともに、職員ごとの賃金水準や賃金改善等見込額を示す明細書（別紙様式５別添１、別紙様式７別添１及び別紙様式９別添１）を添付させること。その際、改善の対象者や賃金改善額が偏っている場合等必要があると認める場合には、必要に応じて改善が必要な職種の職員に対する改善の充実を行うよう指導すること。
加算Ⅰの賃金改善要件分、加算Ⅱ又は加算Ⅲに係る加算額を複数の施設・事業所間で調整しようとする場合には、施設・事業所ごとの拠出・受入の見込みに係る内訳表（別紙様式５別添２、別紙様式７別添２及び別紙様式９別添２）を添付させること。
同一の市町村内に所在する施設・事業所分については、各施設・事業所の内訳を明らかにした上で、一括して申請させるなど事務処理の簡素化を適宜図って差し支えないこと。
（注２）　加算Ⅰの賃金改善要件分の適用を申請する施設・事業所の設置者・事業者については、見込平均利用子ども数の算出方法書を別紙様式５に添付させること（加算Ⅱの適用を受ける施設・事業所について、別紙様式３に添付した場合を除く。）。
２　加算の算定
加算Ⅰの加算額は、加算当年度を通じて同じ加算率の値を適用するとともに、実際の各月の利用子ども数により算定すること。
加算Ⅱの加算額は、原則として、加算当年度を通じて同じ加算Ⅱ算定対象人数及び加算Ⅱの種類を適用すること。
加算Ⅲの加算額は、原則として、加算当年度を通じて同じ加算Ⅲ算定対象人数により算定すること。
また、市町村の長は、職員への賃金の適切な支払に資するよう、加算当年度内に公定価格における人件費の改定があった場合には、その影響額を設置者・事業者に速やかに通知すること。
この場合において、増額改定があった場合には、設置者・事業者に対し、加算額の増加分を含む給付増加額について、一時金等による迅速かつ確実な賃金や法定福利費等の事業主負担の支払に充てるよう指導するとともに、増額改定を加味した次年度以降の給与表、給与規程等の改定にも計画的に取り組むことについても要請すること。
また、減額改定があった場合には、設置者・事業者に対し、減額改定を理由に公定価格を原資とする職員の人件費をやむを得ず引き下げる場合でも、賃金や法定福利費等の事業主負担分について、施設・事業所全体で公定価格の年間の減額相当額（第４の２⑶オ※又は⑷エ※２に示す<算式２>により算出される減額改定分）を超える減額が行われないよう指導するとともに、減額改定を加味した次年度以降の給与表、給与規定等の改定を行う場合は、この趣旨を適切に反映したものとなるよう要請すること。
３　実績の報告等
市町村の長は、加算Ⅰの賃金改善要件分、加算Ⅱ又は加算Ⅲの適用を受けた施設・事業所の設置者・事業者から、加算当年度の翌年度速やかに、別紙様式６「賃金改善実績報告書（処遇改善等加算Ⅰ）」、別紙様式８「賃金改善実績報告書（処遇改善等加算Ⅱ）」及び別紙様式10「賃金改善実績報告書（処遇改善等加算Ⅲ）」を提出させること。加算当年度内に公定価格における人件費の改定があった場合には、別紙様式６、別紙様式８及び別紙様式10においてそれに伴う対応[注]を反映させること。
（注）　加算Ⅰについては第４の２⑶イからクまで又は⑷イからオまでを、加算Ⅱについては第５の２⑶イからキまで又は⑷イからエまでを、加算Ⅲについては第６の２⑶ウからサまで又は⑷イからオまでを参照。
加えて、職員ごとの賃金水準や賃金改善等実績額を示す明細書（別紙様式６別添１、別紙様式８別添１及び別紙様式10別添１）を添付させ、改善の対象者や賃金改善額が偏っている場合等必要と認める場合には、理由を徴するとともに、必要に応じて改善が必要な職種の職員に対する改善の充実を行うよう指導すること。
加算Ⅰの賃金改善要件分、加算Ⅱ又は加算Ⅲに係る加算額を複数の施設・事業所間で調整した場合には、施設・事業所ごとの拠出・受入の実績に係る内訳表（別紙様式６別添２、別紙様式８別添２又は別紙様式10別添２）を添付させること。
また、加算Ⅰの賃金改善要件分、加算Ⅱ又は加算Ⅲの適用を受けた施設・事業所は、賃金の改善に係る収入及び支出を明らかにした帳簿を備え、当該収入及び支出についての証拠書類を整理し、かつ、当該帳簿及び証拠書類を実績報告後５年間保管し、市町村からこの提供を求められた場合には提出をしなければならないこと。

第８　虚偽等の場合の返還措置
施設・事業者が虚偽又は不正の手段により処遇改善等加算の適用を受けた場合には、支給された加算額の全部又は一部に関し、一般市町村が管轄する施設・事業所については、都道府県知事が一般市町村の長に対し返還措置を講じるよう求め、指定都市等が管轄する施設・事業所については、指定都市等の長が設置者・事業者に対し返還を命じることとする。

別表１（第５の１関係）　加算Ⅱ算定対象人数の算出の基礎とする職員数

施設・事業所	基礎職員数
幼稚園	以下のａ～ｊの合計に、定員35人以下又は301人以上の場合は0.4、定員36～300人の場合は1.4を加え、ｋ・ｌの合計を減じて得た人数 ａ　年齢別配置基準による職員数　次の算式により算出する数 {４歳以上児数×1/30（小数点第２位以下切り捨て）} ＋ {３歳児及び満３歳児数×1/20（同）}（小数点第１位以下四捨五入） ※１　３歳児配置改善加算を受けている場合 {３歳児及び満３歳児数×1/20（同）} を {３歳児及び満３歳児数×1/15（同）} に置き換えて算出 ※２　満３歳児対応加配加算を受けている場合 ｉ）３歳児配置改善加算を受けていない場合 {３歳児及び満３歳児数×1/20（同）} を {３歳児数（満３歳児を除く）×1/20（同）} ＋ {満３歳児数×1/6（同）} に置き換えて算出 ⅱ）３歳児配置改善加算を受けている場合 {３歳児及び満３歳児数×1/20（同）} を {３歳児数（満３歳児を除く）×1/15（同）} ＋ {満３歳児数×1/6（同）} に置き換えて算出 ｂ　講師配置加算を受けている場合　0.8 ｃ　チーム保育加配加算を受けている場合　算定上の加配人数 ｄ　通園送迎加算を受けている場合　定員150人以下の場合は0.8、151人以上の場合は1.5 ｅ　給食実施加算（自園調理に限る。）を受けている場合　定員150人以下の場合は２、151人以上の場合は３ ｆ　主幹教諭等専任加算を受けている場合　１ ｇ　事務職員配置加算を受けている場合　0.8 ｈ　指導充実加配加算を受けている場合　0.8 ｉ　事務負担対応加配加算を受けている場合　0.8 ｊ　栄養管理加算（Ａ：配置）を受けている場合　0.5 ｋ　副園長・教頭配置加算を受けている場合　１ ｌ　年齢別配置基準を下回る場合　下回る人数（必要教員数－配置教員数）
保育所	以下のａ～ｇの合計に、定員40人以下の場合は1.5、定員41～90人の場合は2.5、定員91～150人の場合は2.3、定員151人以上の場合は3.3を加えて得た人数 ａ　年齢別配置基準による職員数　次の算式により算出する数 {４歳以上児×1/30（小数点第２位以下切り捨て）} ＋ {３歳児数×1/20（同）} ＋ {１，２歳児数×1/6（同）} ＋ {０歳児数×1/3（同）}（小数点第１位以下四捨五入） ※　３歳児配置改善加算を受けている場合 {３歳児数×1/20（同）} を {３歳児数×1/15（同）} に置き換えて算出 ｂ　保育標準時間認定の子どもがいる場合　1.4 ｃ　主任保育士専任加算を受けている場合　１ ｄ　事務職員雇上加算を受けている場合　0.3 ｅ　休日保育加算を受けている場合　0.5 ｆ　チーム保育推進加算を受けている場合　算定上の加配人数 ｇ　栄養管理加算（Ａ：配置）を受けている場合　0.6
認定 こども園	以下のａ～ｎの合計に、定員90人以下の場合は1.4、定員91人以上の場合は2.2を加え、ｏ～ｑの合計を減じて得た人数 ａ　年齢別配置基準による職員数　次の算式により算出する数 {４歳以上児数×1/30（小数点第２位以下切り捨て）} ＋ {３歳児及び満３歳児数×1/20（同）} ＋ {１，２歳児数（保育認定子どもに限る。）×1/6（同）} ＋ {乳児数×1/3（同）}（小数点第１位以下四捨五入） ※１　３歳児配置改善加算を受けている場合 {３歳児及び満３歳児数×1/20（同）} を {３歳児及び満３歳児数×1/15（同）} に置き換えて算出 ※２　満３歳児対応加配加算を受けている場合 ｉ）　３歳児配置改善加算を受けていない場合 {３歳児及び満３歳児数×1/20（同）} を {３歳児数（満３歳児を除く）×1/20（同）} ＋ {満３歳児数×1/6（同）} に置き換えて算出 ⅱ）　３歳児配置改善加算を受けている場合 {３歳児及び満３歳児数×1/20（同）} を {３歳児数（満３歳児を除く）×1/15（同）} ＋ {満３歳児数×1/6（同）} に置き換えて算出 ｂ　休けい保育教諭　２・３号定員90人以下の場合は１、91人以上の場合は0.8 ｃ　調理員　２・３号定員40人以下の場合は１、41～150人の場合は２、151人以上の場合は３ ｄ　保育標準時間認定の子どもがいる場合　1.4 ｅ　学級編制調整加配加算を受けている場合　１ ｆ　講師配置加算を受けている場合　0.8 ｇ　チーム保育加配加算を受けている場合　算定上の加配人数 ｈ　通園送迎加算を受けている場合　１号定員150人以下の場合は0.8、151人以上の場合は1.5 ｉ　給食実施加算（自園調理に限る。）を受けている場合　１号定員150人以下の場合は２、151人以上の場合は３ ｊ　休日保育加算を受けている場合　0.5 ｋ　事務職員配置加算を受けている場合　0.8 ｌ　指導充実加配加算を受けている場合　0.8

認定こども園	m　事務負担対応加配加算を受けている場合　0.8 n　栄養管理加算（Ａ：配置）を受けている場合　0.6 o　副園長・教頭配置加算を受けている場合　1 p　主幹保育教諭等の専任化により子育て支援の取組を実施していない場合であって代替保育教諭等を配置していない場合　配置していない人数（必要代替保育教諭等数－配置代替保育教諭等数） q　年齢別配置基準を下回る場合 下回る人数（必要保育教諭等数－配置保育教諭等数）
小規模保育事業（Ａ型又はＢ型）及び事業所内保育事業（定員（小規模保育事業Ａ型又はＢ型の基準が適用されるもの））	以下のａ～ｄの合計に1.3を加え、ｅを減じて得た人数 a　年齢別配置基準による職員数　次の算式により算出する数 ｛1，2歳児数×1/6（小数点第２位以下切り捨て）｝＋｛０歳児数（同）×1/3（同）｝＋１（小数点第１位四捨五入） ※　障害児保育加算を受けている場合　次の算式により算出された数 ｛1，2歳児数（障害児を除く）×1/6（小数点第２位以下切り捨て）｝＋｛０歳児数（同）×1/3（同）｝＋｛障害児数×1/2（同）｝＋１（小数点第１位以下四捨五入） b　保育標準時間認定の子どもがいる場合　0.4 c　休日保育加算を受けている場合　0.5 d　栄養管理加算（Ａ：配置）を受けている場合　0.6 e　食事の提供について自園調理又は連携施設等からの搬入以外の方法による減算を受けている場合　1
小規模保育事業（Ｃ型）	以下のａ～ｃの合計に1.6を加え、ｄを減じて得た人数 a　年齢別配置基準による職員数　次の割合により算出する数 利用子ども３人（家庭的保育補助者を配置する場合は５人）につき１人（小数点第１位以下四捨五入） ※　障害児保育加算を受けている場合　次の算式により算出された数 ｛利用子ども数（障害児を除く）×1/5（小数点第２位以下切り捨て）｝＋｛障害児数×1/2（同）｝（小数点第１位以下四捨五入） b　保育標準時間認定の子どもがいる場合　0.4 c　栄養管理加算（Ａ：配置）を受けている場合　0.6 d　食事の提供について自園調理又は連携施設等からの搬入以外の方法による減算を受けている場合　1
事業所内保育事業（20人以上）	以下のａ～ｄの合計に、定員40人以下の場合は1.5、41人以上の場合は2.5を加え、ｅを減じて得た人数 a　年齢別配置基準による職員数　次の算式により算定する数 ｛1，2歳児数×1/6（小数点第２位以下切り捨て）｝＋｛０歳児数×1/3（同）｝（小数点第1位以下四捨五入） ※　障害児保育加算を受けている場合 次の算式により算出された数 ｛1，2歳児数（障害児を除く）×1/6（小数点第２位以下切り捨て）｝＋｛０歳児数（同）×1/3（同）｝＋｛障害児数×1/2（同）｝（小数点第１位以下四捨五入） b　保育標準時間認定の子どもがいる場合　1.4 c　休日保育加算を受けている場合　0.5 d　栄養管理加算（Ａ：配置）を受けている場合　0.6 e　食事の提供について自園調理又は連携施設等からの搬入以外の方法による減算を受けている場合 定員40人以下の場合は１、41人以上の場合は２

別表２（第６の１関係）加算Ⅲ算定対象人数の算出の基礎とする職員数

施設・事業所	基礎職員数
幼稚園	以下のａ～ｋの合計に、定員35人以下又は301人以上の場合は2.4、定員36～300 人の場合は3.5を加え、ｍを減じて得た人数 a　年齢別配置基準による職員数　次の算式により算出する数に1.1を乗じて得た数 ｛４歳以上児数×1/30（小数点第２位以下切り捨て）｝＋｛３歳児及び満３歳児数×1/20（同）｝（小数点第１位以下四捨五入） ※１　３歳児配置改善加算を受けている場合　｛３歳児及び満３歳児数×1/20（同）｝を｛３歳児及び満３歳児数×1/15（同）｝に置き換えて算出 ※２　満３歳児対応加配加算を受けている場合 ｉ）　３歳児配置改善加算を受けていない場合 ｛３歳児及び満３歳児数×1/20（同）｝を｛３歳児数（満３歳児を除く）×1/20（同）｝＋｛満３歳児数×1/6（同）｝に置き換えて算出 ii）　３歳児配置改善加算を受けている場合 ｛３歳児及び満３歳児数×1/20（同）｝を｛３歳児数（満３歳児を除く）×1/15（同）｝＋｛満３歳児数×1/6（同）｝に置き換えて算出 b　講師配置加算を受けている場合　0.7 c　チーム保育加配加算を受けている場合　算定上の加配人数×1.1 d　通園送迎加算を受けている場合　定員150人以下の場合は0.7、151人以上の場合は1.3 e　給食実施加算を受けている場合 ・施設内調理の場合：定員150人以下の場合は1.8、151人以上の場合は2.7 ・外部搬入の場合：定員150人以下の場合は0.3、151人以上の場合は0.5 f　主幹教諭等専任加算を受けている場合　0.8 g　療育支援加算を受けている場合　Ａの場合は0.3、Ｂの場合は0.2 h　事務職員配置加算を受けている場合　0.7 i　指導充実加配加算を受けている場合　0.6 j　事務負担対応加配加算を受けている場合　0.6 k　栄養管理加算（Ａ：配置）を受けている場合　0.5

<table>
<tr><td>幼稚園</td><td>m　年齢別配置基準を下回る場合 下回る人数（必要教員数－配置教員数）×1.1</td></tr>
<tr><td>保育所</td><td>以下のａ～ｉの合計に、定員30人以下の場合は4.5、定員31～40人の場合は4.2、定員41～90人の場合は5.4、定員91～150人の場合は5.1、定員151人以上の場合は6.3を加え、ｊ、ｋの合計を減じて得た人数
ａ　年齢別配置基準による職員数　次の算式により算出する数に1.3を乗じて得た数
｛4歳以上児×1/30（小数点第２位以下切り捨て）｝＋｛３歳児数×1/20（同）｝＋｛1，２歳児数×1/6（同）｝＋｛０歳児数×1/3（同）｝（小数点第１位以下四捨五入）
※　３歳児配置改善加算を受けている場合　｛３歳児数×1/20（同）｝を｛３歳児数×1/15（同）｝に置き換えて算出
ｂ　保育標準時間認定の子どもがいる場合　1.7
ｃ　主任保育士専任加算を受けている場合　1.2
ｄ　療育支援加算を受けている場合　Ａの場合は0.4、Ｂの場合は0.3
ｅ　事務職員雇上加算を受けている場合　0.4
ｆ　休日保育加算を受けている場合　下表に定める人数
<table>
<tr><th>休日保育の年間延べ利用子ども数</th><th>人数</th><th>休日保育の年間延べ利用子ども数</th><th>人数</th></tr>
<tr><td>～210人</td><td>0.5</td><td>630人～699人</td><td>1.0</td></tr>
<tr><td>211人～279人</td><td>0.5</td><td>700人～769人</td><td>1.1</td></tr>
<tr><td>280人～349人</td><td>0.6</td><td>770人～839人</td><td>1.1</td></tr>
<tr><td>350人～419人</td><td>0.7</td><td>840人～909人</td><td>1.2</td></tr>
<tr><td>420人～489人</td><td>0.8</td><td>910人～979人</td><td>1.3</td></tr>
<tr><td>490人～559人</td><td>0.8</td><td>980人～1,049人</td><td>1.4</td></tr>
<tr><td>560人～629人</td><td>0.9</td><td>1,050人～</td><td>1.5</td></tr>
</table>
ｇ　夜間保育加算を受けている場合　2.7
ｈ　チーム保育推進加算を受けている場合　算定上の加配人数×1.3
ｉ　栄養管理加算（Ａ：配置）を受けている場合　0.6
ｊ　分園の場合　定員40人以下の場合1.3、定員41人～150人の場合2.6、定員151人以上の場合3.8人
ｋ　施設長を配置していない場合　1</td></tr>
<tr><td>認定
こども園</td><td>以下の１号定員、2・3号定員により算定される値の合計に、ａ～ｐの合計を加え、ｑ～ｔの合計を減じて得た人数
・１号定員：定員90人以下の場合は2.0、定員91人以上の場合は2.7
・2・3号定員：定員30人以下の場合は2.8、定員31人以上の場合は2.4
ａ　年齢別配置基準による職員数　１号、2・3号それぞれの利用子ども数により以下の算式で算定される値に、１号は1.1、2・3号は1.3を乗じて得た値の合計
｛4歳以上児数×1/30（小数点第2位以下切り捨て）｝＋｛３歳児及び満３歳児数×1/20（同）｝＋｛1，２歳児数（保育認定子どもに限る。）×1/6（同）｝＋｛乳児数×1/3（同）｝（小数点第１位以下四捨五入）
※1　３歳児配置改善加算を受けている場合
｛３歳児及び満３歳児数×1/20（同）｝を｛３歳児及び満３歳児数×1/15（同）｝に置き換えて算出
※2　満３歳児対応加配加算を受けている場合
ｉ）　３歳児配置改善加算を受けていない場合
｛３歳児及び満３歳児数×1/20（同）｝を｛３歳児数（満３歳児を除く）×1/20（同）｝＋｛満３歳児数×1/6（同）｝に置き換えて算出
ⅱ）　３歳児配置改善加算を受けている場合
｛３歳児及び満３歳児数×1/20（同）｝を｛３歳児数（満３歳児を除く）×1/15（同）｝＋｛満３歳児数×1/6（同）｝に置き換えて算出
ｂ　休けい保育教諭　2・3号定員90人以下の場合は1.3、91人以上の場合は0.9
ｃ　調理員　2・3号定員40人以下の場合は1.3、41～150人の場合は2.6、151人以上の場合は3.8
ｄ　保育標準時間認定の子どもがいる場合　1.7
ｅ　学級編制調整加配加算を受けている場合　1.1
ｆ　講師配置加算を受けている場合　0.7
ｇ　チーム保育加配加算を受けている場合　算定上の加配人数×1.1
ｈ　通園送迎加算を受けている場合　１号定員150人以下の場合は0.7、151人以上の場合は1.3
ｉ　給食実施加算を受けている場合
・施設内調理の場合：１号定員150人以下の場合は1.8、151人以上の場合は2.7
・外部搬入の場合：１号定員150人以下の場合は0.3、151人以上の場合は0.5
ｊ　休日保育加算を受けている場合　下表に定める人数
<table>
<tr><th>休日保育の年間延べ利用子ども数</th><th>人数</th><th>休日保育の年間延べ利用子ども数</th><th>人数</th></tr>
<tr><td>～210人</td><td>0.5</td><td>630人～699人</td><td>1.0</td></tr>
<tr><td>211人～279人</td><td>0.5</td><td>700人～769人</td><td>1.1</td></tr>
<tr><td>280人～349人</td><td>0.6</td><td>770人～839人</td><td>1.1</td></tr>
<tr><td>350人～419人</td><td>0.7</td><td>840人～909人</td><td>1.2</td></tr>
<tr><td>420人～489人</td><td>0.8</td><td>910人～979人</td><td>1.3</td></tr>
<tr><td>490人～559人</td><td>0.8</td><td>980人～1,049人</td><td>1.4</td></tr>
<tr><td>560人～629人</td><td>0.9</td><td>1,050人～</td><td>1.5</td></tr>
</table></td></tr>
</table>

<table>
<tr><td>認定
こども園</td><td>k　夜間保育加算を受けている場合　2.7
l　療育支援加算を受けている場合　Aの場合は0.4、Bの場合は0.3
m　事務職員配置加算を受けている場合　0.7
n　指導充実加配加算を受けている場合　0.6
o　事務負担対応加配加算を受けている場合　0.6
p　栄養管理加算（A：配置）を受けている場合　0.6
q　主幹保育教諭等の専任化により子育て支援の取組を実施していない場合であって代替保育教諭等を配置していない場合
・１号が調整の適用を受ける場合　0.8
・２・３号が調整の適用を受ける場合　0.6
r　年齢別配置基準を下回る場合　下回る人数（必要保育教諭等数－配置保育教諭等数）×1.2
s　１号認定子どもの利用定員を設定しない場合　1.2
t　分園の場合　分園の２・３号定員40人以下の場合1.3、定員41人～150人の場合2.6、定員151人以上の場合3.8人</td></tr>
<tr><td>家庭的
保育事業</td><td>以下のａ～ｃの合計に2.6を加え、ｄを減じて得た人数
a　家庭的保育補助者加算
・利用子どもが4人以上の場合　1.1
・利用子どもが3人以下の場合　0.5
b　障害児保育加算　特別な支援が必要な利用子どもの人数×0.3
c　栄養管理加算（A：配置）を受けている場合　0.6
d　食事の提供について自園調理又は連携施設等からの搬入以外の方法による場合　1</td></tr>
<tr><td>小規模保育事業（A型又はB型）及び事業所内保育事業（定員（小規模保育事業A型又はB型の基準が適用されるもの））</td><td>以下のａ～ｅの合計に3.1を加え、ｆ、ｇの合計を減じて得た人数
a　年齢別配置基準による職員数　次の算式により算出する数に1.3を乗じて得た数
{1，2歳児数×1/6（小数点第２位以下切り捨て）}＋{０歳児数（同）×1/3（同）}＋１（小数点第１位四捨五入）
※　障害児保育加算を受けている場合　次の算式により算出された数
{1，2歳児数（障害児を除く）×1/6（小数点第２位以下切り捨て）}＋{０歳児数（同）×1/3（同）}＋{障害児数×1/2（同）}＋１（小数点第１位以下四捨五入）
b　保育標準時間認定の子どもがいる場合　0.4
c　休日保育加算を受けている場合　下表に定める人数
<table>
<tr><th>休日保育の年間延べ利用子ども数</th><th>人数</th><th>休日保育の年間延べ利用子ども数</th><th>人数</th></tr>
<tr><td>～210人</td><td>0.5</td><td>630人～699人</td><td>1.0</td></tr>
<tr><td>211人～279人</td><td>0.5</td><td>700人～769人</td><td>1.1</td></tr>
<tr><td>280人～349人</td><td>0.6</td><td>770人～839人</td><td>1.1</td></tr>
<tr><td>350人～419人</td><td>0.7</td><td>840人～909人</td><td>1.2</td></tr>
<tr><td>420人～489人</td><td>0.8</td><td>910人～979人</td><td>1.3</td></tr>
<tr><td>490人～559人</td><td>0.8</td><td>980人～1,049人</td><td>1.4</td></tr>
<tr><td>560人～629人</td><td>0.9</td><td>1,050人～</td><td>1.5</td></tr>
</table>
d　夜間保育加算を受けている場合　2.7
e　栄養管理加算（A：配置）を受けている場合　0.6
f　食事の提供について自園調理又は連携施設等からの搬入以外の方法による減算を受けている場合　1.2
g　管理者を配置していない場合　0.4</td></tr>
<tr><td>小規模保育
事業（C型）</td><td>以下のａ～ｃの合計に1.8を加え、ｄ、ｅの合計を減じて得た人数
a　年齢別配置基準による職員数　次の割合により算出する数に1.3を乗じて得た数
利用子ども３人（家庭的保育補助者を配置する場合は５人）につき１人（小数点第１位以下四捨五入）
※　障害児保育加算を受けている場合 次の算式により算出された数
{利用子ども数（障害児を除く）×1/5（小数点第２位以下切り捨て）}＋{障害児数×1/2（同）}（小数点第１位以下四捨五入）
b　保育標準時間認定の子どもがいる場合　0.4
c　栄養管理加算（A：配置）を受けている場合　0.6
d　食事の提供について自園調理又は連携施設等からの搬入以外の方法による減算を受けている場合　0.6
e　管理者を配置していない場合　0.4</td></tr>
<tr><td>事業所内
保育事業
（20人以上）</td><td>以下のａ～ｅの合計に、定員30人以下の場合は4.5、定員31人～40人以下の場合は4.2、41人以上の場合は5.4を加え、ｆ、ｇの合計を減じて得た人数
a　年齢別配置基準による職員数　次の算式により算定する数に1.3を乗じて得た数
{1，2歳児数×1/6（小数点第２位以下切り捨て）}＋{０歳児数×1/3（同）}（小数点第1位以下四捨五入）
※　障害児保育加算を受けている場合　次の算式により算出された数{1，２歳児数（障害児を除く）×1/6（小数点第２位以下切り捨て）}＋{０歳児数（同）×1/3（同）}＋{障害児数×1/2（同）}（小数点第１位以下四捨五入）
b　保育標準時間認定の子どもがいる場合　1.7
c　休日保育加算を受けている場合　下表に定める人数</td></tr>
</table>

<table>
<tr>
<td>事業所内
保育事業
（20人以上）</td>
<td>
<table>
<tr><th>休日保育の年間延べ利用子ども数</th><th>人数</th><th>休日保育の年間延べ利用子ども数</th><th>人数</th></tr>
<tr><td>～210人</td><td>0.5</td><td>630人～699人</td><td>1.0</td></tr>
<tr><td>211人～279人</td><td>0.5</td><td>700人～769人</td><td>1.1</td></tr>
<tr><td>280人～349人</td><td>0.6</td><td>770人～839人</td><td>1.1</td></tr>
<tr><td>350人～419人</td><td>0.7</td><td>840人～909人</td><td>1.2</td></tr>
<tr><td>420人～489人</td><td>0.8</td><td>910人～979人</td><td>1.3</td></tr>
<tr><td>490人～559人</td><td>0.8</td><td>980人～1,049人</td><td>1.4</td></tr>
<tr><td>560人～629人</td><td>0.9</td><td>1,050人～</td><td>1.5</td></tr>
</table>
d　夜間保育加算を受けている場合　2.7
e　栄養管理加算（A：配置）を受けている場合　0.6
f　食事の提供について自園調理又は連携施設等からの搬入以外の方法による減算を受けている場合
定員40人以下の場合は1.3、41人以上の場合は2.6
g　管理者を配置していない場合　1
</td>
</tr>
<tr>
<td>居宅訪問型
保育事業</td>
<td>以下のaに1.3を加え、bを減じて得た人数
a　保育標準時間認定の子どもがいる場合　0.4
b　特定の日に保育を行わない場合　0.2</td>
</tr>
</table>

統計資料

資料 6　保育所・幼稚園・幼保連携型認定こども園の施設数・在園児数の推移

年	保育所		幼稚園		幼保連携型認定こども園	
	施設数	入所児数	施設数	園児数	施設数	園児数
1946	871					
1947	1,618	164,510	1,480	197,623		
1948	1,787	158,904	1,529	198,946		
1949	2,353	216,887	1,787	228,807		
1950	2,971	256,690	2,100	224,653		
1951	4,485	366,430	2,455	244,423		
1952	5,123	502,345	2,874	370,667		
1953	6,856	643,697	3,490	519,750		
1954	7,693	625,383	4,471	611,609		
1955	8,321	653,727	5,426	643,683		
1956	8,749	653,333	6,141	651,235		
1957	9,138	657,010	6,620	663,253		
1958	9,355	647,599	6,837	673,879		
1959	9,568	666,388	7,030	699,778		
1960	9,782	689,242	7,207	742,367		
1961	10,018	712,145	7,359	799,085		
1962	10,247	739,886	7,520	855,909		
1963	10,524	766,434	7,687	935,805		
1964	10,822	799,438	8,022	1,060,968		
1965	11,199	829,740	8,551	1,137,733		
1966	11,619	869,931	9,083	1,221,926		
1967	12,158	930,754	9,588	1,314,607		
1968	12,732	994,410	10,021	1,419,593		
1969	13,416	1,065,894	10,418	1,551,017		
1970	14,101	1,131,361	10,796	1,674,625		
1971	14,806	1,201,166	11,180	1,715,756		
1972	15,555	1,303,219	11,564	1,842,458		
1973	16,411	1,425,637	12,186	2,129,471		
1974	17,341	1,523,861	12,686	2,233,470		
1975	18,238	1,631,025	13,106	2,292,591		
1976	19,054	1,737,202	13,492	2,371,422		
1977	19,794	1,832,269	13,855	2,453,422		
1978	20,604	1,913,140	14,229	2,497,895		
1979	21,381	1,974,886	14,627	2,486,604		
1980	22,036	1,996,082	14,893	2,407,093		
1981	22,487	1,982,530	15,059	2,292,810		
1982	22,709	1,956,725	15,152	2,227,615		
1983	22,858	1,925,006	15,189	2,192,808		
1984	22,904	1,880,122	15,211	2,132,942		
1985	22,899	1,843,550	15,220	2,067,951		
1986	22,879	1,808,303	15,189	2,018,523		
1987	22,826	1,784,193	15,156	2,016,224		
1988	22,776	1,767,275	15,115	2,041,820		
1989	22,737	1,745,296	15,080	2,037,614		
1990	22,744	1,759,981	15,076	2,007,964		
1991	22,706	1,739,848	15,041	1,977,611		
1992	22,668	1,724,069	15,006	1,948,868		
1993	22,635	1,713,682	14,958	1,907,110		
1994	22,584	1,701,449	14,901	1,852,183		
1995	22,529	1,696,234	14,856	1,808,432		
1996	22,505	1,697,257	14,790	1,798,051		
1997	22,439	1,726,223	14,690	1,789,523		
1998	22,398	1,762,021	14,603	1,786,129		
1999	22,332	1,813,969	14,527	1,778,286		
2000	22,278	1,875,568	14,451	1,773,682		
2001	22,211	1,934,272	14,375	1,753,422		
2002	22,243	1,985,933	14,279	1,769,096		
2003	22,313	2,037,902	14,174	1,760,494		
2004	22,402	2,082,422	14,061	1,753,393		
2005	22,521	2,126,708	13,949	1,738,766		
2006	22,635	2,152,133	13,835	1,726,520		
2007	22,764	2,169,036	13,723	1,705,402		
2008	22,876	2,178,839	13,626	1,674,163		
2009	22,933	2,183,430	13,516	1,630,336		
2010	22,960	2,201,443	13,392	1,605,912		
2011	22,389	2,179,860	13,299	1,596,170		
2012	23,202	2,261,265	13,170	1,604,225		
2013	23,782	2,327,569	13,043	1,583,610		
2014	24,107	2,372,015	12,905	1,557,461		
2015	24,541	2,416,079	11,674	1,402,448	1,943	281,136
2016	23,642	2,297,443	11,252	1,339,761	2,822	397,587
2017	23,519	2,258,310	10,878	1,271,918	3,673	505,740
2018	23,508	2,223,204	10,474	1,207,884	4,521	603,954
2019	23,551	2,186,063	10,070	1,145,576	5,276	695,214
2020	23,599	2,149,891	9,698	1,078,496	5,847	759,013
2021	23,767	2,121,935	9,418	1,008,815	6,269	796,882
2022	23,910	2,093,884	9,111	923,295	6,657	821,411

（注）保育所数は1946年は3月末現在、1947、48年は7月現在、1949、50年は6月現在、1951年は12月現在、1952年は3月30日現在、1953～1971年は12月31日現在、1972～1989年は10月1日現在、1990年以降は3月1日現在の数値。幼稚園数は、各年5月1日現在。幼保連携型認定こども園数は新たな単一の認可施設となった2015年度から数値を示した。またその数値は5月1日現在のもの。

資料：保育所数は、1989年以前については厚生労働省「社会福祉施設等調査報告」1990年以降は同省「福祉行政報告例」（同調査では私的契約児を含む在籍児数を表示）による。幼稚園数は文部科学省「学校基本調査」による（2011年度は保育所・幼稚園ともに宮城県・福島県の一部の自治体が、2012年度については郡山・いわき市以外の福島県の一部地域が対象から除かれている）。幼保連携型認定こども園数も前出「学校基本調査」による。（編集部）

資料 7　保育所の年齢別利用児童数（都道府県別）

2021年10月1日現在

都道府県	総数	0歳	1歳	2歳	3歳	4歳	5歳	6歳以上
全国	1,934,977人	57,349人	266,197人	361,663人	322,326人	372,800人	368,302人	186,339人
北海道	45,289	1,934	6,236	8,320	7,540	8,847	8,920	3,492
青森県	11,721	488	1,685	2,089	1,958	2,211	2,238	1,053
岩手県	18,310	506	2,758	3,497	2,653	3,567	3,434	1,895
宮城県	32,093	976	4,680	6,268	5,250	5,835	5,866	3,218
秋田県	12,824	886	1,781	2,542	1,814	2,277	2,325	1,198
山形県	16,807	814	2,527	2,814	2,793	3,072	3,215	1,573
福島県	22,318	764	3,539	4,361	3,719	3,877	3,923	2,135
茨城県	38,975	975	5,255	6,994	6,337	7,695	7,547	4,173
栃木県	29,131	1,180	4,727	5,677	4,281	5,404	4,929	2,934
群馬県	24,318	665	3,458	4,717	3,994	4,638	4,631	2,216
埼玉県	112,167	3,309	15,486	19,741	18,542	22,651	22,033	10,405
千葉県	94,256	2,068	12,914	16,331	17,267	18,948	18,438	8,290
東京都	280,572	11,150	42,446	54,321	48,328	50,481	48,123	25,723
神奈川県	151,969	4,011	21,480	31,436	26,116	28,302	27,879	12,744
新潟県	36,691	797	4,671	6,287	5,905	7,608	7,714	3,710
富山県	13,250	185	1,742	2,352	2,347	2,502	2,708	1,413
石川県	9,366	331	1,291	1,690	1,551	1,863	1,788	851
福井県	10,427	75	1,181	1,517	1,956	2,177	2,425	1,096
山梨県	14,050	240	1,535	2,522	2,116	2,890	2,959	1,788
長野県	40,054	536	4,146	6,367	6,188	8,416	9,591	4,811
岐阜県	27,213	352	2,804	4,051	4,245	5,452	5,927	4,382
静岡県	36,715	1,118	4,565	7,475	5,480	6,855	7,239	3,982
愛知県	120,081	2,307	12,504	20,359	21,400	24,704	26,023	12,785
三重県	34,642	641	4,158	5,701	5,798	7,299	7,336	3,710
滋賀県	21,309	432	2,527	3,583	3,613	4,414	4,389	2,351
京都府	38,388	1,161	5,232	6,882	6,453	7,563	7,397	3,700
大阪府	96,414	3,149	13,763	19,227	14,974	17,784	18,500	9,018
兵庫県	53,137	1,196	6,784	9,886	9,050	10,728	10,297	5,197
奈良県	17,070	256	2,111	3,079	2,974	3,392	3,460	1,799
和歌山県	10,864	166	952	1,595	2,029	2,317	2,473	1,332
鳥取県	11,812	319	1,575	2,139	1,964	2,302	2,381	1,133
島根県	16,523	639	2,550	3,529	2,244	2,908	3,025	1,628
岡山県	33,898	823	4,651	6,260	5,694	6,620	6,567	3,284
広島県	44,548	1,325	6,089	8,034	7,012	8,838	8,366	4,884
山口県	20,703	383	2,795	3,993	3,342	3,953	4,235	2,002
徳島県	9,419	363	1,659	2,150	1,927	1,675	1,072	572
香川県	13,287	421	2,155	2,635	2,207	2,612	2,181	1,076
愛媛県	17,695	264	2,422	3,336	3,053	3,347	3,389	1,883
高知県	16,364	458	2,170	3,207	2,861	3,076	3,049	1,543
福岡県	107,659	3,451	15,642	20,361	17,945	20,025	19,371	10,864
佐賀県	15,120	475	2,083	2,771	2,322	3,086	2,910	1,473
長崎県	24,006	939	3,847	4,802	3,617	4,607	4,220	1,974
熊本県	37,746	1,335	5,045	7,061	6,038	7,228	7,273	3,765
大分県	13,858	487	2,279	2,929	2,078	2,723	2,479	883
宮崎県	16,688	594	2,443	3,231	2,559	3,135	3,200	1,526
鹿児島県	23,108	591	3,076	4,545	3,883	4,209	4,492	2,312
沖縄県	42,121	1,816	6,781	9,000	6,908	8,687	6,365	2,564

(注) 2021年9月末日の利用児童を対象とした。
資料：厚生労働省「社会福祉施設等調査報告」。なお、2009年版以降の同調査は作業が民間委託され、回収率が下がり全数調査とはいえなくなった。よって、2008年以前の数値との年次比較は行えない。なお、2015年から保育所数から保育所型認定こども園が除かれている。（編集部）
（編集部注）社会福祉施設等調査は2018年以降、全数調査から抽出・推計方式に変わったため、合計が合わない場合がある。

資料　８　保育所の状況（都道府県別）

都道府県	施設数（か所）			認可定員（人）			利用定員（人）			在		
										総数		
	総数	公立	私立	総数	公立	私立	総数	公立	私立	総数	公立	私立
全国	23,910	7,516	16,394	2,272,209	778,689	1,493,520	2,215,756	760,779	1,454,977	2,093,884	647,360	1,446,517
北海道	809	242	567	63,938	19,595	44,343	62,805	19,273	43,532	59,499	15,325	44,174
青森県	235	7	228	15,766	530	15,236	15,364	418	14,946	14,940	415	14,525
岩手県	283	104	179	21,989	7,489	14,500	21,092	7,362	13,730	19,866	5,747	14,119
宮城県	419	151	268	34,380	12,775	21,605	33,682	12,490	21,192	32,641	10,818	21,823
秋田県	192	47	145	17,012	4,691	12,321	15,829	4,456	11,373	14,725	3,092	11,633
山形県	230	78	152	20,617	8,070	12,547	20,395	7,987	12,408	19,228	6,661	12,567
福島県	291	144	147	25,313	11,938	13,375	24,654	11,422	13,232	24,046	10,224	13,822
茨城県	466	121	345	47,194	11,451	35,743	46,158	11,260	34,898	43,725	9,253	34,472
栃木県	318	102	216	33,667	10,549	23,118	30,774	9,677	21,097	30,185	8,039	22,146
群馬県	280	97	183	28,019	10,014	18,005	27,281	9,646	17,635	26,410	8,118	18,292
埼玉県	1,359	399	960	117,491	40,533	76,958	116,863	40,358	76,505	112,344	36,023	76,321
千葉県	1,177	342	835	107,592	39,959	67,633	106,167	39,908	66,259	100,952	34,282	66,670
東京都	3,489	821	2,668	313,911	86,620	227,291	312,613	86,484	226,129	291,718	82,724	208,994
神奈川県	1,865	204	1,661	151,688	20,950	130,738	150,932	20,670	130,262	148,707	19,287	129,420
新潟県	531	326	205	52,788	32,161	20,627	49,224	30,633	18,591	42,198	24,057	18,141
富山県	175	119	56	17,193	11,190	6,003	16,878	10,875	6,003	15,081	9,203	5,878
石川県	199	113	86	20,597	11,730	8,867	19,930	11,440	8,490	17,497	9,356	8,141
福井県	147	96	51	13,474	8,429	5,045	13,314	8,359	4,955	11,741	6,605	5,136
山梨県	176	105	71	18,936	12,272	6,664	17,428	11,595	5,833	14,399	8,695	5,704
長野県	526	415	111	57,566	45,533	12,033	57,086	45,153	11,933	46,389	34,869	11,520
岐阜県	340	204	136	37,675	21,851	15,824	36,213	20,734	15,479	30,818	16,062	14,756
静岡県	401	126	275	40,737	13,409	27,328	40,378	13,217	27,161	38,885	11,552	27,333
愛知県	1,336	698	638	163,678	95,582	68,096	160,621	93,656	66,965	137,540	75,382	62,158
三重県	370	189	181	39,678	20,245	19,433	38,588	20,015	18,573	34,068	16,171	17,897
滋賀県	228	74	154	23,923	8,733	15,190	22,866	8,001	14,865	22,344	7,381	14,963
京都府	391	103	288	41,926	12,066	29,860	41,464	11,704	29,760	40,623	10,176	30,447
大阪府	982	214	768	108,281	24,522	83,759	99,445	23,426	76,019	97,755	21,873	75,882
兵庫県	606	204	402	56,465	20,129	36,336	56,185	20,009	36,176	57,373	19,146	38,227
奈良県	137	64	73	17,742	8,538	9,204	17,515	8,352	9,163	16,827	7,092	9,735
和歌山県	148	91	57	17,427	10,595	6,832	15,944	9,333	6,611	14,441	7,850	6,591
鳥取県	148	81	67	14,662	7,982	6,680	14,373	7,840	6,533	13,131	6,508	6,623
島根県	278	63	215	21,433	4,225	17,208	21,060	4,122	16,938	21,601	3,482	18,119
岡山県	347	137	210	37,683	12,436	25,247	36,315	12,228	24,087	36,248	10,920	25,328
広島県	530	272	258	55,023	27,779	27,244	54,384	27,519	26,865	50,220	23,275	26,945
山口県	272	92	180	24,196	7,475	16,721	23,244	7,290	15,954	22,575	5,819	16,756
徳島県	158	86	72	12,373	6,959	5,414	12,154	6,805	5,349	10,794	5,264	5,530
香川県	147	72	75	15,798	7,551	8,247	15,397	7,521	7,876	14,389	6,563	7,826
愛媛県	257	145	112	22,915	12,801	10,114	22,096	12,307	9,789	19,958	9,730	10,228
高知県	231	124	107	24,434	11,520	12,914	20,354	9,910	10,444	18,281	8,016	10,265
福岡県	1,009	120	889	115,671	12,736	102,935	114,791	12,551	102,240	114,129	11,529	102,600
佐賀県	187	32	155	18,509	3,690	14,819	17,501	3,634	13,867	17,031	2,874	14,157
長崎県	388	32	356	28,814	2,419	26,395	27,609	2,419	25,190	28,333	2,117	26,216
熊本県	500	80	420	42,320	6,055	36,265	40,610	6,015	34,595	41,734	5,240	36,494
大分県	227	49	178	17,123	3,233	13,890	17,049	3,213	13,836	16,849	2,853	13,996
宮崎県	281	42	239	21,027	2,573	18,454	19,516	2,457	17,059	19,861	1,990	17,871
鹿児島県	353	43	310	25,837	3,170	22,667	24,847	3,130	21,717	26,070	2,656	23,414
沖縄県	491	46	445	47,728	3,936	43,792	46,768	3,905	42,863	45,708	3,046	42,662

(注1) 児童福祉法による措置人員は在籍人員総数の全国の総数のみに含まれており、各都道府県別総数には含まない。(注2)「障害児受入人数（再掲）」は入所人員と措置人員、私的契約人員の再掲である。

Chapter 5

2022年3月1日現在

籍					人				員（人）		
入所人員			障害児受入人員（再掲）			特別児童扶養手当受給児童（再掲）			私的契約人員		
総数	公立	私立	総数	公立	私立	総数	公立	私立	総数	公立	私立
2,093,481	647,032	1,446,449	60,153	29,642	30,511	9,604	4,505	5,099	328	396	68
59,494	15,320	44,174	1,367	471	896	206	95	111	5	5	0
14,940	415	14,525	210	4	206	153	4	149	0	0	0
19,865	5,746	14,119	250	127	123	84	32	52	1	1	0
32,641	10,818	21,823	902	407	495	196	104	92	0	0	0
14,725	3,092	11,633	444	167	277	95	26	69	0	0	0
19,228	6,661	12,567	258	143	115	39	23	16	0	0	0
24,044	10,224	13,820	614	401	213	184	121	63	0	2	2
43,725	9,253	34,472	598	209	389	78	28	50	0	0	0
30,185	8,039	22,146	797	448	349	79	40	39	0	0	0
26,410	8,118	18,292	556	243	313	53	15	38	0	0	0
112,344	36,023	76,321	2,380	1,462	918	477	287	190	0	0	0
100,952	34,282	66,670	2,393	1,382	1,011	257	170	87	0	0	0
291,707	82,713	208,994	5,316	2,211	3,105	409	142	267	11	11	0
148,695	19,275	129,420	3,647	983	2,664	519	145	374	12	12	0
42,198	24,057	18,141	2,033	1,544	489	304	198	106	0	0	0
15,081	9,203	5,878	410	318	92	31	24	7	0	0	0
17,497	9,356	8,141	414	312	102	63	44	19	0	0	0
11,741	6,605	5,136	409	267	142	97	56	41	0	0	0
14,399	8,695	5,704	367	289	78	43	31	12	0	0	0
46,362	34,844	11,518	1,970	1,801	169	409	348	61	25	27	2
30,809	16,053	14,756	1,200	708	492	171	121	50	9	9	0
38,885	11,552	27,333	1,512	674	838	122	53	69	0	0	0
137,217	75,123	62,094	5,482	3,517	1,965	848	596	252	259	323	64
34,068	16,171	17,897	1,342	1,002	340	204	129	75	0	0	0
22,344	7,381	14,963	1,262	614	648	108	70	38	0	0	0
40,623	10,176	30,447	2,598	1,090	1,508	249	141	108	0	0	0
97,755	21,873	75,882	3,388	1,394	1,994	739	282	457	0	0	0
57,373	19,146	38,227	2,234	1,227	1,007	249	106	143	0	0	0
16,827	7,092	9,735	561	382	179	226	143	83	0	0	0
14,441	7,850	6,591	1,129	724	405	69	56	13	0	0	0
13,125	6,502	6,623	358	250	108	43	28	15	6	6	0
21,601	3,482	18,119	359	87	272	174	43	131	0	0	0
36,248	10,920	25,328	1,828	691	1,137	95	47	48	0	0	0
50,220	23,275	26,945	1,260	877	383	142	108	34	0	0	0
22,575	5,819	16,756	1,024	424	600	138	49	89	0	0	0
10,794	5,264	5,530	470	326	144	21	16	5	0	0	0
14,389	6,563	7,826	450	308	142	57	42	15	0	0	0
19,958	9,730	10,228	970	634	336	124	81	43	0	0	0
18,281	8,016	10,265	438	249	189	156	100	56	0	0	0
114,129	11,529	102,600	2,582	515	2,067	641	131	510	0	0	0
17,031	2,874	14,157	396	80	316	115	29	86	0	0	0
28,333	2,117	26,216	567	69	498	152	15	137	0	0	0
41,734	5,240	36,494	1,009	225	784	357	73	284	0	0	0
16,849	2,853	13,996	312	88	224	86	27	59	0	0	0
19,861	1,990	17,871	296	69	227	42	13	29	0	0	0
26,070	2,656	23,414	658	87	571	61	8	53	0	0	0
45,708	3,046	42,662	1,133	142	991	439	65	374	0	0	0

資料：厚生労働省「福祉行政報告例」を元に、指定都市・中核市の数値を都道府県の数値に加算

資料 9　幼稚園の状況（都道府県別）

区　分	幼稚園数（か所）				在園者数（1）（人）			
	計	国立	公立	私立	計	国立	公立	私立
北海道	347	2	39	306	33,715	100	1,191	32,424
青森県	85	1	2	82	3,820	45	22	3,753
岩手県	70	1	29	40	3,902	81	603	3,218
宮城県	212	1	63	148	21,180	134	2,417	18,629
秋田県	32	1	1	30	1,849	66	36	1,747
山形県	59	1	9	49	4,805	63	441	4,301
福島県	218	1	118	99	14,936	77	4,458	10,401
茨城県	206	1	91	114	17,867	118	3,186	14,563
栃木県	74	1	1	72	8,433	150	48	8,235
群馬県	114	1	59	54	7,444	122	2,129	5,193
埼玉県	503	1	41	461	75,621	80	1,940	73,601
千葉県	459	1	74	384	61,885	140	3,342	58,403
東京都	969	2	161	806	122,669	355	8,122	114,192
神奈川県	616	–	36	580	89,843	–	1,446	88,397
新潟県	70	2	22	46	3,525	113	581	2,831
富山県	30	1	10	19	1,741	89	258	1,394
石川県	45	1	1	43	4,042	107	54	3,881
福井県	63	1	48	14	975	112	302	561
山梨県	55	1	2	52	3,472	82	103	3,287
長野県	91	1	7	83	8,338	95	304	7,939
岐阜県	149	–	58	91	17,132	–	2,753	14,379
静岡県	340	1	179	160	27,734	89	7,519	20,126
愛知県	399	1	53	345	62,736	138	4,029	58,569
三重県	157	1	112	44	11,004	93	3,292	7,619
滋賀県	125	1	105	19	9,407	111	7,450	1,846
京都府	194	1	46	147	19,082	100	2,025	16,957
大阪府	535	1	204	330	67,972	150	9,336	58,486
兵庫県	446	2	260	184	39,222	194	10,671	28,357
奈良県	143	2	102	39	9,317	228	4,318	4,771
和歌山県	65	–	37	28	3,998	–	881	3,117
鳥取県	19	1	3	15	1,719	26	136	1,557
島根県	80	1	69	10	2,280	53	1,989	238
岡山県	207	1	176	30	10,791	135	5,837	4,819
広島県	213	2	68	143	18,191	130	1,091	16,970
山口県	156	1	25	130	12,263	84	515	11,664
徳島県	94	1	84	9	4,134	129	3,137	868
香川県	108	1	74	33	7,450	134	2,947	4,369
愛媛県	117	1	45	71	9,460	113	1,019	8,328
高知県	36	1	12	23	2,167	88	363	1,716
福岡県	415	1	27	387	51,368	38	1,340	49,990
佐賀県	48	1	5	42	3,123	66	133	2,924
長崎県	101	1	21	79	7,231	94	395	6,742
熊本県	100	1	24	75	7,556	123	839	6,594
大分県	152	1	94	57	6,944	139	1,572	5,233
宮崎県	90	1	11	78	4,949	103	166	4,680
鹿児島県	138	1	67	70	7,920	64	1,219	6,637
沖縄県	166	–	135	31	8,083	–	4,811	3,272
計	9,111	49	2,910	6,152	923,295	4,751	110,766	807,778

（注1）３歳の「うち満３歳児入園」とは、満３歳に達する日以降の翌年度４月１日を待たずに随時入園した者である。
（注2）教員数は休職者、産休者及び育児・介護休業者並びに産休代替者及び育児・介護休業代替者を含む。

2022年5月1日現在

在園者数及び入園者数（2）（人）				教員数（本務者）（人）				修了者数（2022年3月）（人）
3歳	うち満3歳児入園	4歳	5歳	計	国立	公立	私立	
10,199	3,571	11,433	12,083	4,022	11	265	3,746	13,924
1,147	680	1,271	1,402	643	7	8	628	1,575
1,094	465	1,326	1,482	503	12	136	355	1,678
6,169	1,208	7,173	7,838	2,060	8	374	1,678	8,873
562	223	622	665	304	7	4	293	751
1,402	596	1,665	1,738	677	6	60	611	1,987
4,165	1,093	5,191	5,580	1,611	4	507	1,100	6,340
4,962	1,415	6,123	6,782	1,783	7	450	1,326	7,554
2,586	1,181	2,845	3,002	1,001	7	10	984	3,644
2,266	970	2,454	2,724	1,075	9	331	735	3,154
23,077	3,661	25,264	27,280	5,879	5	251	5,623	29,428
18,308	2,670	21,132	22,445	4,805	7	400	4,398	24,452
36,127	4,563	41,175	45,367	10,546	20	811	9,715	49,088
26,866	3,754	30,392	32,585	7,442	–	176	7,266	35,541
1,054	534	1,143	1,328	586	10	102	474	1,602
535	234	590	616	227	6	38	183	715
1,233	813	1,392	1,417	548	7	7	534	1,600
279	122	346	350	183	10	71	102	432
1,094	416	1,168	1,210	501	7	21	473	1,296
2,712	851	2,816	2,810	884	10	33	841	2,916
5,447	2,088	5,643	6,042	1,843	–	499	1,344	6,528
8,430	2,590	9,182	10,122	2,857	8	1,049	1,800	11,220
19,670	4,860	20,993	22,073	4,558	11	386	4,161	23,642
3,085	790	3,771	4,148	1,088	7	482	599	4,529
2,957	30	3,079	3,371	1,077	7	873	197	3,755
5,892	2,666	6,398	6,792	1,974	7	231	1,736	7,554
19,884	3,362	23,131	24,957	6,051	9	1,169	4,873	26,879
10,606	1,580	13,478	15,138	3,796	17	1,220	2,559	16,252
2,667	264	3,146	3,504	964	16	541	407	4,011
1,226	480	1,343	1,429	428	–	171	257	1,584
542	324	525	652	222	6	15	201	760
604	30	769	907	371	7	327	37	1,031
2,991	638	3,821	3,979	1,197	9	695	493	4,520
5,326	1,784	6,158	6,707	1,755	11	200	1,544	7,280
3,819	1,750	4,134	4,310	1,377	8	97	1,272	4,627
486	126	1,614	2,034	552	7	450	95	2,352
2,195	716	2,499	2,756	797	7	355	435	2,963
2,954	1,393	3,135	3,371	995	9	177	809	3,467
635	204	774	758	294	6	54	234	867
15,891	7,093	17,180	18,297	4,971	6	172	4,793	19,519
970	469	1,056	1,097	372	5	24	343	1,216
2,228	1,152	2,401	2,602	912	7	63	842	2,750
2,358	1,146	2,575	2,623	880	6	123	751	2,944
1,616	603	2,139	3,189	819	8	245	566	3,628
1,426	917	1,686	1,837	750	8	36	706	1,904
2,356	1,055	2,654	2,910	777	5	172	600	3,179
1,089	226	2,068	4,926	795	–	474	321	6,053
273,187	67,356	310,873	339,235	87,752	357	14,355	73,040	371,564

資料：文部科学省「学校基本調査報告書」

資料 10　幼保連携型認定こども園の状況（都道府県別）

2022年5月1日現在

区分	園数（か所）			在園者数（1）（人）			在園者数（2）及び入園者数（人）					
	計	公立	私立	計	公立	私立	0歳	1歳	2歳	3歳	4歳	5歳
北海道	297	20	277	36,578	1,848	34,730	1,373	3,518	4,165	8,978	9,209	9,335
青森県	247	1	246	18,650	143	18,507	1,000	2,656	3,083	3,806	3,976	4,129
岩手県	121	13	108	12,450	820	11,630	540	1,532	1,711	2,692	2,945	3,030
宮城県	99	7	92	11,984	586	11,398	616	1,417	1,546	2,839	2,735	2,831
秋田県	85	11	74	9,425	1,218	8,207	413	1,183	1,267	2,111	2,160	2,291
山形県	77	4	73	8,308	428	7,880	406	1,025	1,134	1,857	1,919	1,967
福島県	106	30	76	12,824	2,300	10,524	435	1,332	1,576	3,000	3,240	3,241
茨城県	172	21	151	22,401	2,134	20,267	655	2,125	2,606	5,353	5,753	5,909
栃木県	123	3	120	20,354	381	19,973	380	1,486	1,862	5,287	5,526	5,813
群馬県	202	5	197	26,064	808	25,256	770	3,228	3,844	5,989	6,054	6,179
埼玉県	122	2	120	20,610	173	20,437	473	1,527	1,871	5,419	5,662	5,658
千葉県	127	34	93	17,708	3,774	13,934	576	1,718	2,048	4,252	4,495	4,619
東京都	45	9	36	7,367	1,026	6,341	270	668	807	1,801	1,865	1,956
神奈川県	159	12	147	23,849	1,350	22,499	723	1,998	2,242	6,061	6,361	6,464
新潟県	201	11	190	23,427	1,119	22,308	915	3,041	3,431	5,322	5,321	5,397
富山県	127	10	117	16,718	1,265	15,453	527	2,318	2,597	3,719	3,743	3,814
石川県	161	2	159	18,880	116	18,764	756	2,863	3,206	3,964	4,049	4,042
福井県	149	25	124	15,620	2,276	13,344	472	2,288	2,578	3,436	3,379	3,467
山梨県	59	−	59	7,004	−	7,004	256	878	1,026	1,664	1,584	1,596
長野県	47	7	40	5,503	504	4,999	78	535	710	1,349	1,350	1,481
岐阜県	79	28	51	8,022	1,694	6,328	205	826	1,080	1,962	1,914	2,035
静岡県	291	82	209	36,636	7,442	29,194	1,264	3,998	4,591	8,748	8,938	9,097
愛知県	235	26	209	36,187	3,024	33,163	790	3,043	3,853	9,557	9,456	9,488
三重県	68	16	52	9,217	2,485	6,732	294	995	1,312	2,145	2,223	2,248
滋賀県	116	38	78	16,898	6,239	10,659	457	1,742	2,211	4,150	4,052	4,286
京都府	138	20	118	17,801	2,231	15,570	851	2,473	2,857	3,832	3,848	3,940
大阪府	679	90	589	94,259	12,389	81,870	4,598	11,401	13,448	21,302	21,460	22,050
兵庫県	547	90	457	62,254	9,392	52,862	2,167	6,896	8,421	14,395	14,938	15,437
奈良県	94	44	50	11,955	5,037	6,918	420	1,323	1,642	2,774	2,853	2,943
和歌山県	51	6	45	7,813	920	6,893	253	841	1,117	1,828	1,899	1,875
鳥取県	41	17	24	4,967	1,467	3,500	162	632	742	1,141	1,156	1,134
島根県	22	2	20	2,038	175	1,863	109	272	293	439	464	461
岡山県	120	63	57	14,845	7,392	7,453	568	1,593	1,860	3,468	3,640	3,716
広島県	162	5	157	20,708	620	20,088	637	2,354	2,685	4,967	5,082	4,983
山口県	31	14	17	3,216	1,305	1,911	92	360	448	744	780	792
徳島県	60	18	42	6,962	1,823	5,139	307	923	1,057	1,540	1,602	1,533
香川県	84	41	43	10,147	4,891	5,256	427	1,353	1,561	2,223	2,252	2,331
愛媛県	57	15	42	8,011	1,179	6,832	188	664	762	2,069	2,092	2,236
高知県	18	9	9	1,844	717	1,127	61	189	320	396	438	440
福岡県	68	3	65	9,554	340	9,214	380	1,029	1,202	2,270	2,316	2,357
佐賀県	80	1	79	10,294	112	10,182	333	1,185	1,371	2,474	2,433	2,498
長崎県	110	6	104	11,971	541	11,430	529	1,580	1,738	2,598	2,709	2,817
熊本県	132	1	131	16,675	87	16,588	873	2,114	2,304	3,654	3,808	3,922
大分県	118	6	112	12,032	399	11,633	543	1,709	1,904	2,604	2,648	2,624
宮崎県	146	−	146	14,727	−	14,727	682	2,075	2,324	3,074	3,231	3,341
鹿児島県	243	2	241	22,535	156	22,379	869	2,525	3,030	5,288	5,332	5,491
沖縄県	141	43	98	14,119	3,461	10,658	555	1,110	1,311	2,757	3,497	4,889
計	6,657	913	5,744	821,411	97,787	723,624	30,248	92,541	108,754	191,298	196,387	202,183

資料：文部科学省「学校基本調査報告書」

資料 11 設置主体・経営主体別認定こども園、保育所、小規模保育事業所数

2021年10月1日現在

経営主体 ＼ 設置主体の種類	総数	公立					私立						
		総数	国・独立行政法人	都道府県	市区町村	一部事務組合・広域連合	総数	社会福祉法人	医療法人	公益法人・日赤	営利法人(会社)	その他の法人	その他
幼保連携型認定こども園													
総数	6,111	886	–	8	878	–	5,225	3,469	–	–	–	1,753	3
公営	863	863	–	7	856	–	–	–	–	–	–	–	–
国・独立行政法人	–	–	–	–	–	–	–	–	–	–	–	–	–
都道府県	7	7	–	7	–	–	–	–	–	–	–	–	–
市区町村	855	855	–	–	855	–	–	–	–	–	–	–	–
一部事務組合・広域連合	1	1	–	–	1	–	–	–	–	–	–	–	–
私営	5,248	23	–	1	22	–	5,225	3,469	–	–	–	1,753	3
社会福祉法人	3,491	22	–	1	21	–	3,469	3,469	–	–	–	–	–
医療法人	–	–	–	–	–	–	–	–	–	–	–	–	–
公益法人・日赤	–	–	–	–	–	–	–	–	–	–	–	–	–
営利法人(会社)	–	–	–	–	–	–	–	–	–	–	–	–	–
その他の法人	1,754	1	–	–	1	–	1,753	–	–	–	–	1,753	–
その他	3	–	–	–	–	–	3	–	–	–	–	–	3
保育所型認定こども園													
総数	1,164	380	–	–	380	–	784	641	–	16	57	64	6
公営	334	334	–	–	334	–	–	–	–	–	–	–	–
国・独立行政法人	1	1	–	–	1	–	–	–	–	–	–	–	–
都道府県	–	–	–	–	–	–	–	–	–	–	–	–	–
市区町村	333	333	–	–	333	–	–	–	–	–	–	–	–
一部事務組合・広域連合	–	–	–	–	–	–	–	–	–	–	–	–	–
私営	830	46	–	–	46	–	784	641	–	16	57	64	6
社会福祉法人	673	32	–	–	32	–	641	641	–	–	–	–	–
医療法人	1	1	–	–	1	–	–	–	–	–	–	–	–
公益法人・日赤	18	2	–	–	2	–	16	–	–	16	–	–	–
営利法人(会社)	60	3	–	–	3	–	57	–	–	–	57	–	–
その他の法人	72	8	–	–	8	–	64	–	–	–	–	64	–
その他	6	–	–	–	–	–	6	–	–	–	–	–	6
保育所													
総数	22,720	7,204	1	–	7,200	3	15,516	11,450	17	39	3,011	899	100
公営	6,722	6,722	1	–	6,718	3	–	–	–	–	–	–	–
国・独立行政法人	1	1	1	–	–	–	–	–	–	–	–	–	–
都道府県	–	–	–	–	–	–	–	–	–	–	–	–	–
市区町村	6,718	6,718	–	–	6,718	–	–	–	–	–	–	–	–
一部事務組合・広域連合	3	3	–	–	–	3	–	–	–	–	–	–	–
私営	15,998	482	–	–	482	–	15,516	11,450	17	39	3,011	899	100
社会福祉法人	11,807	357	–	–	357	–	11,450	11,450	–	–	–	–	–
医療法人	17	–	–	–	–	–	17	–	17	–	–	–	–
公益法人・日赤	44	5	–	–	5	–	39	–	–	39	–	–	–
営利法人(会社)	3,091	80	–	–	80	–	3,011	–	–	–	3,011	–	–
その他の法人	938	39	–	–	39	–	899	–	–	–	–	899	–
その他	101	1	–	–	1	–	100	–	–	–	–	–	100
小規模保育事業所A型													
総数	4,855	82	–	–	80	2	4,773	887	22	7	2,565	1,055	237
公営	47	47	–	–	47	–	–	–	–	–	–	–	–
国・独立行政法人	–	–	–	–	–	–	–	–	–	–	–	–	–
都道府県	–	–	–	–	–	–	–	–	–	–	–	–	–
市区町村	47	47	–	–	47	–	–	–	–	–	–	–	–
一部事務組合・広域連合	–	–	–	–	–	–	–	–	–	–	–	–	–
私営	4,808	35	–	–	33	2	4,773	887	22	7	2,565	1,055	237
社会福祉法人	905	17	–	–	17	–	888	887	–	–	–	–	1
医療法人	22	–	–	–	–	–	22	–	22	–	–	–	–
公益法人・日赤	7	–	–	–	–	–	7	–	–	7	–	–	–
営利法人(会社)	2,574	9	–	–	8	1	2,565	–	–	–	2,565	–	–
その他の法人	1,061	6	–	–	5	1	1,055	–	–	–	–	1,055	–
その他	239	3	–	–	3	–	236	–	–	–	–	–	236
小規模保育事業所B型													
総数	778	21	–	–	21	–	757	88	2	1	372	159	135
公営	16	16	–	–	16	–	–	–	–	–	–	–	–
国・独立行政法人	–	–	–	–	–	–	–	–	–	–	–	–	–
都道府県	–	–	–	–	–	–	–	–	–	–	–	–	–
市区町村	16	16	–	–	16	–	–	–	–	–	–	–	–
一部事務組合・広域連合	–	–	–	–	–	–	–	–	–	–	–	–	–
私営	762	5	–	–	5	–	757	88	2	1	372	159	135
社会福祉法人	90	2	–	–	2	–	88	88	–	–	–	–	–
医療法人	2	–	–	–	–	–	2	–	2	–	–	–	–
公益法人・日赤	1	–	–	–	–	–	1	–	–	1	–	–	–
営利法人(会社)	374	2	–	–	2	–	372	–	–	–	372	–	–
その他の法人	160	1	–	–	1	–	159	–	–	–	–	159	–
その他	135	–	–	–	–	–	135	–	–	–	–	–	135
小規模保育事業所C型													
総数	94	8	–	–	8	–	86	13	–	–	29	10	34
公営	5	5	–	–	5	–	–	–	–	–	–	–	–
国・独立行政法人	–	–	–	–	–	–	–	–	–	–	–	–	–
都道府県	–	–	–	–	–	–	–	–	–	–	–	–	–
市区町村	5	5	–	–	5	–	–	–	–	–	–	–	–
一部事務組合・広域連合	–	–	–	–	–	–	–	–	–	–	–	–	–
私営	89	3	–	–	3	–	86	13	–	–	29	10	34
社会福祉法人	13	–	–	–	–	–	13	13	–	–	–	–	–
医療法人	–	–	–	–	–	–	–	–	–	–	–	–	–
公益法人・日赤	–	–	–	–	–	–	–	–	–	–	–	–	–
営利法人(会社)	32	3	–	–	3	–	29	–	–	–	29	–	–
その他の法人	10	–	–	–	–	–	10	–	–	–	–	10	–
その他	34	–	–	–	–	–	34	–	–	–	–	–	34

資料：厚生労働省「社会福祉施設等調査報告」。なお、2009年版以降の同調査は、作業が民間委託され、回収率が下がり全数調査とはいえなくなった。よって、2008年以前の数値との年次比較は行えない。ただし、2012年度より施設数のみは全数調査となった。なお、保育所型認定こども園は保育所といえるが、本調査では別に分類されており、保育所数から除かれている。本表は自治体が回答した基本票の数値である。（編集部）

資料 12　保育所、地域型保育事業所の常勤換算ではない従事者数

職種 常勤― 非常勤	保育所													地域型保育事業所												
	総数	公営					私営							総数	公営					私営						
		総数	国・独立行政法人	都道府県	市区町村	一部事務組合・広域連合	総数	社会福祉法人	医療法人	公益法人・日赤	営利法人（会社）	その他の法人	その他		総数	国・独立行政法人	都道府県	市区町村	一部事務組合・広域連合	総数	社会福祉法人	医療法人	公益法人・日赤	営利法人（会社）	その他の法人	その他
総数	628,211	201,718	–	–	201,718	–	426,493	343,521	67	1,315	58,021	22,337	1,232	84,549	1,081	97	6	979	–	83,468	13,244	1,956	388	41,334	16,678	9,867
常勤専従	398,256	119,110	–	–	119,110	–	279,146	222,165	43	819	41,200	14,335	583	40,664	536	48	3	485	–	40,128	7,195	1,154	205	19,889	8,073	3,611
常勤兼務	19,929	5,550	–	–	5,550	–	14,379	11,692	10	6	1,635	881	156	6,350	113	9	–	104	–	6,237	1,011	123	31	2,844	1,168	1,059
非常勤	210,027	77,058	–	–	77,058	–	132,969	109,664	14	490	15,186	7,121	494	37,535	432	40	2	390	–	37,103	5,038	679	152	18,601	7,437	5,196
施設長	22,719	7,023	–	–	7,023	–	15,696	11,987	5	50	2,687	906	62	201	7	5	1	1	–	194	49	69	10	48	16	1
常勤専従	22,139	6,720	–	–	6,720	–	15,419	11,754	–	50	2,674	882	58	155	2	2	–	–	–	153	37	56	7	37	14	1
常勤兼務	458	255	–	–	255	–	203	169	–	–	12	18	4	20	1	1	–	–	–	19	4	10	1	4	–	–
非常勤	122	49	–	–	49	–	74	64	5	–	–	5	–	26	4	2	1	1	–	22	7	4	2	6	2	–
保育士	429,624	137,010	–	–	137,010	–	292,614	235,597	39	947	39,807	15,310	915	2,330	73	57	2	13	–	2,257	598	810	179	456	197	18
常勤専従	303,250	92,223	–	–	92,223	–	211,026	169,654	34	657	29,451	10,783	447	1,579	38	36	2	–	–	1,540	435	563	133	265	139	6
常勤兼務	11,825	3,577	–	–	3,577	–	8,248	6,598	–	–	1,009	515	126	89	–	–	–	–	–	89	14	27	17	24	7	–
非常勤	114,550	41,210	–	–	41,210	–	73,340	59,344	5	290	9,347	4,012	342	662	35	22	–	13	–	628	148	220	29	166	51	12
うち幼稚園教諭免許保有者	259,696	88,128	–	–	88,128	–	171,568	143,731	39	267	19,490	7,532	509	1,201	31	28	2	–	–	1,171	386	421	96	178	88	–
常勤専従	202,148	66,441	–	–	66,441	–	135,707	112,942	34	258	16,186	6,021	266	861	16	14	2	–	–	845	303	284	69	120	69	–
常勤兼務	5,675	1,939	–	–	1,939	–	3,736	3,323	–	–	291	7	115	50	–	–	–	–	–	50	3	25	16	7	–	–
非常勤	51,874	19,748	–	–	19,748	–	32,125	27,466	5	9	3,014	1,504	127	290	14	14	–	–	–	275	80	113	11	51	20	–
保育補助者	41,517	16,385	–	–	16,385	–	25,132	20,352	–	19	3,354	1,392	15	128	–	–	–	–	–	128	26	34	13	39	9	7
常勤専従	9,574	3,894	–	–	3,894	–	5,679	3,992	–	6	1,255	422	4	48	–	–	–	–	–	48	7	18	4	15	1	2
常勤兼務	586	262	–	–	262	–	324	285	–	–	24	14	–	3	–	–	–	–	–	3	1	–	1	1	–	–
非常勤	31,357	12,229	–	–	12,229	–	19,128	16,075	–	13	2,075	956	11	77	–	–	–	–	–	77	18	16	7	23	8	4
うち子育て支援員	8,212	2,183	–	–	2,183	–	6,029	4,146	–	19	1,352	510	2	59	–	–	–	–	–	59	12	15	5	26	1	–
常勤専従	3,089	554	–	–	554	–	2,535	1,651	–	6	595	281	1	23	–	–	–	–	–	23	5	9	–	10	–	–
常勤兼務	130	10	–	–	10	–	120	102	–	–	10	8	–	3	–	–	–	–	–	3	1	–	1	1	–	–
非常勤	4,994	1,619	–	–	1,619	–	3,375	2,393	–	13	748	221	1	32	–	–	–	–	–	32	6	6	4	15	1	–
医師・歯科医師	10,564	2,084	–	–	2,084	–	8,480	7,345	–	9	616	444	66	2,167	17	2	–	15	–	2,151	412	21	5	971	453	289
常勤専従	–	–	–	–	–	–	–	–	–	–	–	–	–	–	–	–	–	–	–	–	–	–	–	–	–	–
常勤兼務	–	–	–	–	–	–	–	–	–	–	–	–	–	–	–	–	–	–	–	–	–	–	–	–	–	–
非常勤	10,564	2,084	–	–	2,084	–	8,480	7,345	–	9	616	444	66	2,167	17	2	–	15	–	2,151	412	21	5	971	453	289
保健師・看護師	11,359	2,788	–	–	2,788	–	8,571	6,547	–	12	1,658	347	7	1,324	28	4	–	24	–	1,296	244	47	12	631	272	90
常勤専従	7,621	1,942	–	–	1,942	–	5,678	4,183	–	6	1,237	247	6	511	17	4	–	13	–	494	103	26	6	227	106	26
常勤兼務	447	157	–	–	157	–	290	178	–	–	100	12	–	137	2	–	–	2	–	135	31	6	–	62	26	10
非常勤	3,292	689	–	–	689	–	2,603	2,186	–	6	321	88	1	676	9	–	–	9	–	667	110	15	5	343	140	54
管理者	–	–	–	–	–	–	–	–	–	–	–	–	–	7,040	116	2	–	114	–	6,924	1,208	95	11	3,149	1,329	1,132
常勤専従	–	–	–	–	–	–	–	–	–	–	–	–	–	5,649	54	1	–	53	–	5,595	996	60	9	2,862	1,128	540
常勤兼務	–	–	–	–	–	–	–	–	–	–	–	–	–	619	32	1	–	31	–	587	105	7	–	160	101	214
非常勤	–	–	–	–	–	–	–	–	–	–	–	–	–	771	30	–	–	30	–	742	107	27	2	126	100	378
保育従事者（保育士資格あり）	–	–	–	–	–	–	–	–	–	–	–	–	–	43,374	450	10	–	440	–	42,924	7,581	628	83	22,711	9,355	2,565
常勤専従	–	–	–	–	–	–	–	–	–	–	–	–	–	24,448	265	3	–	262	–	24,183	4,459	348	28	12,735	5,265	1,349
常勤兼務	–	–	–	–	–	–	–	–	–	–	–	–	–	2,197	25	5	–	20	–	2,173	356	30	–	1,220	424	143
非常勤	–	–	–	–	–	–	–	–	–	–	–	–	–	16,728	161	2	–	159	–	16,567	2,766	250	56	8,757	3,666	1,073
保育従事者（保育士資格なし）	–	–	–	–	–	–	–	–	–	–	–	–	–	3,930	57	–	–	57	–	3,873	657	26	12	1,831	941	407
常勤専従	–	–	–	–	–	–	–	–	–	–	–	–	–	1,060	15	–	–	15	–	1,046	194	8	–	463	227	153
常勤兼務	–	–	–	–	–	–	–	–	–	–	–	–	–	228	2	–	–	2	–	225	20	1	–	116	65	23
非常勤	–	–	–	–	–	–	–	–	–	–	–	–	–	2,642	40	–	–	40	–	2,602	442	17	12	1,252	649	231
うち子育て支援員	–	–	–	–	–	–	–	–	–	–	–	–	–	2,038	18	–	–	18	–	2,020	345	11	7	968	468	221
常勤専従	–	–	–	–	–	–	–	–	–	–	–	–	–	598	7	–	–	7	–	591	115	3	–	260	129	84
常勤兼務	–	–	–	–	–	–	–	–	–	–	–	–	–	111	–	–	–	–	–	111	11	–	–	61	21	19
非常勤	–	–	–	–	–	–	–	–	–	–	–	–	–	1,328	10	–	–	10	–	1,317	219	8	7	646	319	119
家庭的保育者（保育士資格あり）	–	–	–	–	–	–	–	–	–	–	–	–	–	1,527	46	–	–	46	–	1,481	107	–	–	171	156	1,047
常勤専従	–	–	–	–	–	–	–	–	–	–	–	–	–	762	33	–	–	33	–	730	65	–	–	88	52	524
常勤兼務	–	–	–	–	–	–	–	–	–	–	–	–	–	216	10	–	–	10	–	206	7	–	–	11	9	179
非常勤	–	–	–	–	–	–	–	–	–	–	–	–	–	549	3	–	–	3	–	545	35	–	–	72	94	343

資料：厚生労働省「社会福祉施設等調査報告」。なお、2009年版以降の同調査は、作業が民間委託され、回収率が下がり全数調査とはいえなくなった。よって、2008年以前の数値との年次比較は行えない。保育所は保育所型認定こども園を含まない。地域型保育事業所には小規模保育（A型・B型・C型）・家庭的保育・居宅訪問型保育・事業所内保育の各事業所が含まれる。（編集部）

（注1）　従事者数を調査していない施設は除く。

（注2）　有給・無給にかかわらず、10月1日現在に施設・事業所（以下「施設等」という。）に在籍する者を以下の区分で分類した。

①常勤　ⅰ 専従　施設等が定めた、常勤の従事者が勤務すべき時間数（以下「施設等の勤務時間数」という。）のすべてを勤務している者で、施設等内の他の職務及び併設施設等の他の職務に従事しない者、ⅱ　兼務　施設等の勤務時間数のすべてを勤務している者で、施設等内の複数の職務に従事する者または併設施設等にも従事する者　②非常勤　常勤以外の従事者（他の施設等にも勤務するなど収入及び時間的拘束の伴う仕事をもっている者、短時間のパートタイマー等）

（編集部注）社会福祉施設等調査は2018年以降、全数調査から抽出・推計方式に変わったため、合計が合わない場合がある。

2021 年 10 月 1 日現在

職種 常勤―非常勤	保育所													地域型保育事業所												
	総数	公営					私営							総数	公営					私営						
		総数	国・独立行政法人	都道府県	市区町村	一部事務組合・広域連合	総数	社会福祉法人	医療法人	公益法人・日赤	営利法人(会社)	その他の法人	その他		総数	国・独立行政法人	都道府県	市区町村	一部事務組合・広域連合	総数	社会福祉法人	医療法人	公益法人・日赤	営利法人(会社)	その他の法人	その他
家庭的保育者（保育士資格なし）	–	–	–	–	–	–	–	–	–	–	–	–	–	500	14	–	–	14	–	486	45	–	–	36	51	354
常勤専従	–	–	–	–	–	–	–	–	–	–	–	–	–	245	4	–	–	4	–	241	28	–	–	20	10	183
常勤兼務	–	–	–	–	–	–	–	–	–	–	–	–	–	72	7	–	–	7	–	65	–	–	–	3	–	62
非常勤	–	–	–	–	–	–	–	–	–	–	–	–	–	183	2	–	–	2	–	180	17	–	–	13	41	109
うち子育て支援員	–	–	–	–	–	–	–	–	–	–	–	–	–	247	2	–	–	2	–	244	35	–	–	22	46	141
常勤専従	–	–	–	–	–	–	–	–	–	–	–	–	–	108	–	–	–	–	–	108	26	–	–	13	9	60
常勤兼務	–	–	–	–	–	–	–	–	–	–	–	–	–	22	–	–	–	–	–	22	–	–	–	2	–	20
非常勤	–	–	–	–	–	–	–	–	–	–	–	–	–	117	2	–	–	2	–	115	9	–	–	7	37	61
家庭的保育補助者	–	–	–	–	–	–	–	–	–	–	–	–	–	2,064	42	–	–	42	–	2,022	53	–	–	126	92	1,751
常勤専従	–	–	–	–	–	–	–	–	–	–	–	–	–	373	12	–	–	12	–	361	6	–	–	34	13	308
常勤兼務	–	–	–	–	–	–	–	–	–	–	–	–	–	146	6	–	–	6	–	140	–	–	–	11	1	128
非常勤	–	–	–	–	–	–	–	–	–	–	–	–	–	1,545	24	–	–	24	–	1,521	47	–	–	81	78	1,315
うち子育て支援員	–	–	–	–	–	–	–	–	–	–	–	–	–	786	23	–	–	23	–	763	9	–	–	66	52	635
常勤専従	–	–	–	–	–	–	–	–	–	–	–	–	–	109	4	–	–	4	–	106	2	–	–	12	4	87
常勤兼務	–	–	–	–	–	–	–	–	–	–	–	–	–	39	4	–	–	4	–	36	–	–	–	5	–	30
非常勤	–	–	–	–	–	–	–	–	–	–	–	–	–	637	16	–	–	16	–	621	7	–	–	48	48	518
居宅訪問型保育者（保育士資格あり）	–	–	–	–	–	–	–	–	–	–	–	–	–	454	–	–	–	–	–	454	–	–	–	407	46	–
常勤専従	–	–	–	–	–	–	–	–	–	–	–	–	–	44	–	–	–	–	–	44	–	–	–	1	43	–
常勤兼務	–	–	–	–	–	–	–	–	–	–	–	–	–	47	–	–	–	–	–	47	–	–	–	44	3	–
非常勤	–	–	–	–	–	–	–	–	–	–	–	–	–	362	–	–	–	–	–	362	–	–	–	362	–	–
居宅訪問型保育者（保育士資格なし）	–	–	–	–	–	–	–	–	–	–	–	–	–	1,385	–	–	–	–	–	1,385	2	–	–	1,374	8	–
常勤専従	–	–	–	–	–	–	–	–	–	–	–	–	–	11	–	–	–	–	–	11	–	–	–	2	8	–
常勤兼務	–	–	–	–	–	–	–	–	–	–	–	–	–	26	–	–	–	–	–	26	2	–	–	24	–	–
非常勤	–	–	–	–	–	–	–	–	–	–	–	–	–	1,348	–	–	–	–	–	1,348	–	–	–	1,348	–	–
うち子育て支援員	–	–	–	–	–	–	–	–	–	–	–	–	–	–	–	–	–	–	–	–	–	–	–	–	–	–
常勤専従	–	–	–	–	–	–	–	–	–	–	–	–	–	–	–	–	–	–	–	–	–	–	–	–	–	–
常勤兼務	–	–	–	–	–	–	–	–	–	–	–	–	–	–	–	–	–	–	–	–	–	–	–	–	–	–
非常勤	–	–	–	–	–	–	–	–	–	–	–	–	–	–	–	–	–	–	–	–	–	–	–	–	–	–
栄養士	21,023	1,702	–	–	1,702	–	19,321	14,245	5	51	4,069	909	42	3,061	19	3	–	16	–	3,042	401	61	11	1,716	629	223
常勤専従	16,803	988	–	–	988	–	15,815	11,378	5	45	3,688	674	24	1,256	5	–	–	5	–	1,251	205	21	3	749	219	53
常勤兼務	2,092	347	–	–	347	–	1,745	1,444	–	6	181	115	–	548	4	1	–	3	–	544	118	14	3	277	106	25
非常勤	2,128	366	–	–	366	–	1,761	1,423	–	–	201	120	18	1,256	10	2	–	8	–	1,246	77	26	5	689	303	145
うち管理栄養士	6,417	564	–	–	564	–	5,853	3,671	–	26	1,841	313	2	1,055	6	1	–	5	–	1,048	134	40	3	580	221	70
常勤専従	5,143	361	–	–	361	–	4,782	2,846	–	20	1,658	258	–	407	2	–	–	2	–	405	64	12	1	252	66	10
常勤兼務	697	144	–	–	144	–	554	481	–	6	51	17	–	195	2	1	–	1	–	193	48	10	–	87	42	7
非常勤	577	59	–	–	59	–	518	345	–	–	132	39	2	453	2	–	–	2	–	451	22	18	2	241	113	53
調理員	52,018	20,658	–	–	20,658	–	31,360	25,632	10	131	3,647	1,850	91	6,922	114	10	–	104	–	6,807	635	86	26	3,574	1,461	1,026
常勤専従	25,942	10,924	–	–	10,924	–	15,018	12,151	–	15	1,996	823	33	1,440	38	2	–	36	–	1,402	196	27	6	750	261	162
常勤兼務	2,272	677	–	–	677	–	1,595	1,295	10	–	171	100	20	589	12	1	–	11	–	577	118	6	4	233	114	101
非常勤	23,804	9,057	–	–	9,057	–	14,747	12,187	–	116	1,480	926	38	4,893	64	7	–	57	–	4,829	321	54	15	2,591	1,086	762
事務員	13,189	1,435	–	–	1,435	–	11,754	9,667	10	41	1,234	781	21	1,654	19	3	–	16	–	1,635	176	37	14	739	451	219
常勤専従	7,576	341	–	–	341	–	7,235	6,151	5	40	607	425	9	538	2	–	–	2	–	535	56	12	5	250	151	61
常勤兼務	744	54	–	–	54	–	690	634	–	–	29	26	–	371	9	–	–	9	–	362	50	17	3	160	93	38
非常勤	4,869	1,040	–	–	1,040	–	3,829	2,882	5	1	598	330	13	745	7	3	–	4	–	738	69	8	6	328	207	120
その他の職員	26,198	12,633	–	–	12,633	–	13,565	12,149	–	55	950	398	14	6,488	79	–	2	77	–	6,409	1,051	41	13	3,354	1,211	739
常勤専従	5,352	2,077	–	–	2,077	–	3,275	2,902	–	–	293	79	1	2,544	50	–	1	49	–	2,493	407	14	2	1,391	435	243
常勤兼務	1,505	222	–	–	222	–	1,284	1,089	–	–	109	79	6	1,040	2	–	–	2	–	1,037	183	6	2	493	219	135
非常勤	19,341	10,335	–	–	10,335	–	9,007	8,158	–	55	548	239	6	2,905	26	–	1	25	–	2,879	461	21	9	1,471	557	360
うち子育て支援員	–	–	–	–	–	–	–	–	–	–	–	–	–	964	9	–	–	9	–	955	134	9	2	459	180	172
常勤専従	–	–	–	–	–	–	–	–	–	–	–	–	–	284	3	–	–	3	–	281	50	3	–	128	54	46
常勤兼務	–	–	–	–	–	–	–	–	–	–	–	–	–	86	–	–	–	–	–	86	10	–	–	35	9	32
非常勤	–	–	–	–	–	–	–	–	–	–	–	–	–	594	6	–	–	6	–	588	75	5	2	296	117	93

資料 13 保育所等待機児童数調査

1. 待機児童数の推移

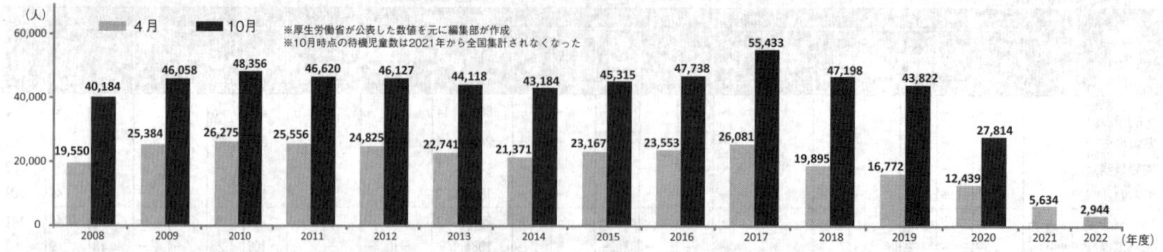

2. 都道府県・指定都市・中核市別 保育所等待機児童数（厚生労働省保育課調べ）

2022 年 4 月 1 日現在

都道府県	待機児童数
	人
北海道	22
青森県	0
岩手県	35
宮城県	75
秋田県	7
山形県	0
福島県	23
茨城県	8
栃木県	14
群馬県	1
埼玉県	296
千葉県	250
東京都	300
神奈川県	220
新潟県	0
富山県	0
石川県	0
福井県	0
山梨県	0
長野県	9
岐阜県	0
静岡県	23
愛知県	53
三重県	64
滋賀県	118
京都府	17
大阪府	134
兵庫県	311
奈良県	81
和歌山県	30
鳥取県	0
島根県	0
岡山県	79
広島県	8
山口県	14
徳島県	0
香川県	19
愛媛県	25
高知県	4
福岡県	100
佐賀県	8
長崎県	0
熊本県	9
大分県	0
宮崎県	0
鹿児島県	148
沖縄県	439
計	2,944

（注）各都道府県には指定都市・中核市を含む。

都道府県	保育所等数	利用定員数	利用児童数	待機児童数
	か所	人	人	人
北海道	752	46,977	41,620	22
青森県	319	21,272	18,459	0
岩手県	398	25,098	21,476	35
宮城県	407	24,584	22,044	75
秋田県	213	17,287	14,171	7
山形県	298	22,634	19,827	0
福島県	265	19,860	17,026	22
茨城県	730	60,120	53,411	5
栃木県	417	34,383	29,333	14
群馬県	334	31,418	28,467	1
埼玉県	1,350	89,605	82,343	268
千葉県	1,295	91,348	79,415	222
東京都	4,513	327,585	295,804	288
神奈川県	694	49,348	47,058	197
新潟県	516	44,244	36,041	0
富山県	203	20,300	16,612	0
石川県	240	25,142	20,532	0
福井県	179	18,607	15,778	0
山梨県	229	19,195	15,082	0
長野県	482	45,428	35,002	0
岐阜県	417	38,897	30,611	0
静岡県	611	43,919	39,203	23
愛知県	911	99,483	77,927	10
三重県	476	45,566	38,867	64
滋賀県	360	29,809	27,306	114
京都府	285	29,353	26,501	17
大阪府	641	58,661	57,404	121
兵庫県	563	47,066	45,167	40
奈良県	206	21,338	19,129	73
和歌山県	146	14,360	12,515	1
鳥取県	159	13,193	10,869	0
島根県	236	16,002	14,575	0
岡山県	220	19,204	16,965	43
広島県	316	25,309	20,437	0
山口県	314	23,390	21,034	14
徳島県	228	18,546	15,939	0
香川県	160	15,007	12,588	0
愛媛県	277	20,371	17,289	25
高知県	170	12,753	9,876	1
福岡県	644	60,129	56,464	92
佐賀県	341	26,391	23,858	8
長崎県	335	20,917	19,894	0
熊本県	503	35,594	32,346	9
大分県	249	17,226	14,946	0
宮崎県	326	21,727	19,782	0
鹿児島県	480	28,245	26,490	12
沖縄県	713	51,755	48,443	416
①都道府県計	24,121	1,888,646	1,665,926	2,239

（注1） 都道府県の数値には指定都市・中核市は含まず。
（注2） 保育所等数：保育所、幼保連携型認定こども園、幼稚園型認定こども園、地方裁量型認定こども園、小規模保育事業、家庭的保育事業、事業所内保育事業、居宅訪問型保育事業

指定都市 中核市	保育所等数	利用定員数	利用児童数	待機児童数
	か所	人	人	人
札幌市	554	35,610	33,043	0
仙台市	421	22,494	21,792	0
さいたま市	494	29,966	27,498	0
千葉市	344	19,269	17,613	0
横浜市	1,176	72,966	70,601	11
川崎市	546	35,301	34,555	0
相模原市	206	14,897	13,510	3
新潟市	286	24,808	21,874	0
静岡市	210	15,605	13,503	0
浜松市	201	17,461	14,497	0
名古屋市	752	54,554	49,174	0
京都市	422	31,870	29,949	0
大阪市	800	60,900	55,189	4
堺市	225	20,461	18,823	0
神戸市	488	30,043	29,324	0
岡山市	196	18,870	18,276	8
広島市	305	30,118	27,323	5
北九州市	255	18,784	17,049	0
福岡市	461	42,309	38,986	1
熊本市	267	21,460	21,128	0
②指定都市計	8,609	617,746	573,707	32
函館市	59	3,688	3,109	0
旭川市	96	6,456	6,247	0
青森市	108	7,081	6,384	0
八戸市	86	6,099	5,424	0
盛岡市	108	7,599	6,883	0
秋田市	102	7,822	6,940	0
山形市	96	6,643	5,772	0
福島市	82	5,436	5,550	0
郡山市	86	5,765	5,475	0
いわき市	90	6,830	6,525	1
水戸市	105	6,710	6,133	3
宇都宮市	154	11,117	10,989	0
前橋市	86	9,061	8,014	0
高崎市	105	9,549	8,807	0
川越市	96	5,891	5,428	8
川口市	196	11,960	10,829	19
越谷市	113	6,097	5,908	1
船橋市	168	14,496	13,090	28
柏市	102	8,889	9,275	0
八王子市	133	11,124	10,758	12
横須賀市	77	4,763	4,516	9
富山市	118	13,086	10,981	0
金沢市	136	13,664	12,350	0
福井市	93	9,820	8,198	0
甲府市	59	5,468	4,270	0
長野市	91	9,260	7,736	5
松本市	66	7,358	5,471	4
岐阜市	81	6,392	5,911	0
豊橋市	64	9,845	8,183	0
岡崎市	57	8,499	7,149	43
豊田市	80	10,519	7,286	0
一宮市	93	9,950	8,383	0
大津市	127	9,069	8,491	4
豊中市	118	8,552	8,593	0
吹田市	116	7,892	7,718	0
高槻市	108	6,676	6,860	0
枚方市	78	7,582	7,908	9
八尾市	53	6,311	6,139	0
寝屋川市	47	4,518	4,401	0
東大阪市	110	8,812	8,844	0
姫路市	113	12,926	11,716	43
尼崎市	147	8,783	8,716	76
明石市	125	8,529	8,381	100
西宮市	145	8,660	8,586	52
奈良市	70	7,391	6,170	8
和歌山市	61	7,620	6,841	29
鳥取市	68	6,351	5,458	0
松江市	86	6,914	6,359	0
倉敷市	141	12,429	11,405	28
呉市	67	4,212	3,693	0
福山市	157	14,009	11,842	3
下関市	59	5,532	5,023	0
高松市	117	11,438	10,093	19
松山市	122	8,366	7,813	0
高知市	124	11,213	9,871	3
久留米市	92	9,297	8,439	7
長崎市	127	10,593	9,546	0
佐世保市	99	7,390	6,348	0
大分市	153	11,977	11,417	0
宮崎市	160	12,411	11,930	0
鹿児島市	181	13,405	12,822	136
那覇市	157	12,212	10,869	23
③中核市計	6,514	538,007	490,266	673
①～③合計	39,244	3,044,399	2,729,899	2,944

資料：厚生労働省「保育所等関連状況取りまとめ（令和4年4月1日）」

資料 14　開所時間別保育所数（都道府県別）

2021 年 10 月 1 日現在

都道府県	総数	9 時間以下	9 時間超～9 時間半以下	9 時間半超～10 時間以下	10 時間超～10 時間半以下	10 時間半超～11 時間以下	11 時間超～11 時間半以下	11 時間半超～12 時間以下	12 時間超える
全国	29,995	108	53	192	760	4,276	4,169	14,831	5,606
北海道	1,075	15	10	25	65	255	63	600	42
青森県	472	–	–	–	4	20	54	321	73
岩手県	393	1	–	–	28	42	42	233	47
宮城県	506	–	–	–	8	73	43	306	76
秋田県	272	–	–	–	1	21	51	167	32
山形県	299	2	–	5	10	25	66	153	38
福島県	389	–	–	1	7	100	41	226	14
茨城県	627	–	–	–	3	93	157	248	126
栃木県	438	–	–	–	–	70	56	259	53
群馬県	468	–	2	–	4	148	91	208	15
埼玉県	1,474	–	–	–	–	130	104	878	362
千葉県	1,288	–	–	3	6	75	56	600	548
東京都	3,523	2	1	2	–	401	72	1,351	1,694
神奈川県	2,012	–	2	7	3	95	111	570	1,224
新潟県	720	1	–	1	15	86	272	303	42
富山県	295	–	–	5	29	25	20	146	70
石川県	350	–	–	1	4	40	27	239	39
福井県	284	–	–	2	8	92	40	132	10
山梨県	231	–	–	1	–	64	100	56	10
長野県	566	13	1	10	16	157	237	113	19
岐阜県	415	3	3	8	19	81	87	197	17
静岡県	683	1	–	2	25	127	110	393	25
愛知県	1,558	45	17	32	131	222	347	705	59
三重県	426	6	3	16	80	114	37	148	22
滋賀県	335	–	–	–	–	47	98	153	37
京都府	512	–	–	6	3	88	133	240	42
大阪府	1,573	–	–	16	2	174	221	925	235
兵庫県	1,090	–	–	17	8	192	165	642	66
奈良県	221	8	–	–	5	42	55	59	52
和歌山県	194	8	3	3	9	44	40	81	6
鳥取県	185	–	–	–	13	24	47	79	22
島根県	298	–	–	–	9	41	40	169	39
岡山県	457	–	–	1	37	23	109	271	16
広島県	689	–	1	–	17	146	103	371	51
山口県	301	–	–	3	26	46	55	160	11
徳島県	211	1	4	2	35	15	66	85	3
香川県	223	–	–	4	37	36	64	73	9
愛媛県	313	–	1	9	14	154	12	100	23
高知県	248	–	4	5	16	113	86	24	–
福岡県	1,054	2	–	1	24	69	76	722	160
佐賀県	260	–	–	–	–	16	68	172	4
長崎県	492	–	–	1	12	33	71	307	68
熊本県	624	–	–	–	2	58	127	408	29
大分県	335	–	–	1	8	133	19	148	26
宮崎県	420	–	–	–	9	45	64	277	25
鹿児島県	582	–	–	1	5	82	73	405	16
沖縄県	614	–	1	1	3	99	93	408	9

資料：厚生労働省「社会福祉施設等調査報告」。なお、2009 年版以降の同調査は作業が民間委託され、回収率が下がり全数調査とはいえなくなった。よって、2008 年以前の数値との年次比較は行えない。また、2015 年から、保育所数から保育所型認定こども園が除かれている。なお本表は、自治体が回答した基本票の数値である。（編集部）

資料 15　多様な保育（国庫補助）事業実施状況（都道府県別）

都道府県	①延長保育事業の実施状況						②病児保育事業の実施状況						③一時預かり事業の実施状況						④夜間保育所の設置状況		
	実施か所数（か所）			年間実利用児童数（人）			実施か所数（か所）			年間延べ利用人数（人）			実施か所数（か所）			年間延べ利用人数（人）			実施か所数（か所）		
	公営	民営	合計	公営	民営	合計	公営	民営	合計	公営	民営	合計	一般型	余裕活用型	合計	一般型	余裕活用型	合計	公営	民営	合計
北海道	143	860	1,003	3,858	27,662	31,520	16	51	67	2,192	6,934	9,126	404	8	412	138,818	606	139,424	3	4	7
青森県	1	435	436	33	12,799	12,832	4	26	30	161	4,796	4,957	174	2	176	31,239	118	31,357	0	2	2
岩手県	68	254	322	1,058	9,037	10,095	9	80	89	785	13,863	14,648	163	3	166	8,684	195	8,879	0	0	0
宮城県	135	488	623	2,672	10,065	12,737	6	28	34	2,368	3,651	6,019	135	38	173	73,633	2,410	76,043	0	0	0
秋田県	47	205	252	1,388	8,398	9,786	11	48	59	1,688	8,091	9,779	144	6	150	7,204	140	7,344	0	0	0
山形県	65	226	291	2,424	7,906	10,330	21	59	80	2,684	9,528	12,212	120	6	126	17,668	245	17,913	0	0	0
福島県	99	251	350	2,351	8,141	10,492	3	28	31	222	6,789	7,011	118	5	123	35,142	70	35,212	0	0	0
茨城県	86	446	532	2,267	16,866	19,133	6	144	150	2,741	26,062	28,803	227	4	231	69,158	295	69,453	0	0	0
栃木県	96	344	440	2,951	11,548	14,499	5	79	84	320	15,074	15,394	165	24	189	58,726	2,275	61,001	0	1	1
群馬県	85	276	361	2,112	9,999	12,111	5	104	109	353	22,593	22,946	172	1	173	23,967	13	23,980	0	1	1
埼玉県	356	1,250	1,606	13,009	33,633	46,642	7	103	110	502	15,859	16,361	400	27	427	155,273	1,193	156,466	0	1	1
千葉県	333	1,186	1,519	17,002	39,085	56,087	89	212	301	14,070	36,934	51,004	332	35	367	180,878	2,538	183,416	0	1	1
東京都	697	2,887	3,584	23,599	59,741	83,340	9	238	247	575	61,086	61,661	688	191	879	512,613	7,552	520,165	0	3	3
神奈川県	202	2,092	2,294	6,764	43,896	50,660	5	69	74	641	20,958	21,599	839	79	918	400,895	2,612	403,507	0	7	7
新潟県	290	357	647	10,070	14,937	25,007	15	38	53	2,208	15,423	17,631	216	2	218	47,828	115	47,943	0	0	0
富山県	114	183	297	2,892	8,551	11,443	28	137	165	6,466	25,265	31,731	158	0	158	14,102	0	14,102	0	0	0
石川県	108	213	321	3,465	8,303	11,768	26	93	119	3,517	20,168	23,685	193	20	213	15,220	663	15,883	0	3	3
福井県	110	149	259	2,201	5,091	7,292	9	32	41	531	7,560	8,091	139	3	142	21,116	26	21,142	0	0	0
山梨県	69	117	186	1,791	3,435	5,226	9	37	46	1,709	7,813	9,522	41	0	41	9,556	0	9,556	0	1	1
長野県	391	191	582	11,896	7,079	18,975	19	25	44	2,743	6,848	9,591	180	1	181	60,004	32	60,036	0	1	1
岐阜県	170	188	358	3,579	7,377	10,956	13	36	49	1,468	9,650	11,118	172	6	178	47,818	472	48,290	0	0	0
静岡県	190	516	706	4,803	15,421	20,224	16	77	93	2,194	13,791	15,985	320	71	391	84,341	5,222	89,563	0	0	0
愛知県	607	703	1,310	18,954	20,945	39,899	15	73	88	985	18,960	19,945	443	12	455	198,669	353	199,022	0	4	4
三重県	99	150	249	1,739	4,926	6,665	7	12	19	2,246	3,240	5,486	87	6	93	27,244	89	27,333	0	0	0
滋賀県	103	248	351	2,788	8,256	11,044	45	63	108	7,678	6,640	14,318	104	9	113	28,712	740	29,452	0	1	1
京都府	101	360	461	3,357	14,946	18,303	17	51	68	2,642	14,151	16,793	156	1	157	55,069	34	55,103	0	8	8
大阪府	310	1,514	1,824	12,826	50,721	63,547	149	408	557	19,340	114,510	133,850	495	2	497	211,256	114	211,370	1	8	9
兵庫県	247	1,011	1,258	4,757	22,086	26,843	21	110	131	2,509	33,126	35,635	554	96	650	144,910	8,017	152,927	0	1	1
奈良県	102	157	259	2,970	6,463	9,433	8	36	44	2,377	11,493	13,870	85	3	88	38,229	378	38,607	0	1	1
和歌山県	75	96	171	2,292	4,168	6,460	7	11	18	1,255	4,212	5,467	38	4	42	9,128	269	9,397	0	0	0
鳥取県	98	118	216	2,362	4,618	6,980	9	10	19	368	5,287	5,655	56	1	57	7,505	33	7,538	0	0	0
島根県	49	210	259	1,173	7,477	8,650	17	24	41	2,033	5,876	7,909	77	0	77	22,511	0	22,511	0	2	2
岡山県	147	278	425	3,169	12,227	15,396	8	39	47	702	11,448	12,150	171	0	171	79,336	0	79,336	0	2	2
広島県	159	383	542	3,860	11,920	15,780	9	48	57	1,281	15,453	16,734	253	16	269	55,529	1,400	56,929	0	1	1
山口県	77	200	277	2,593	8,894	11,487	4	31	35	939	16,517	17,456	143	18	161	32,338	677	33,015	0	0	0
徳島県	55	141	196	965	3,624	4,589	0	33	33	0	9,868	9,868	56	4	60	40,577	89	40,666	0	0	0
香川県	61	113	174	3,874	4,197	8,071	4	17	21	1,533	8,229	9,762	53	4	57	24,517	194	24,711	0	1	1
愛媛県	70	147	217	1,826	3,486	5,312	4	22	26	539	8,269	8,808	84	30	114	75,627	2,485	78,112	0	1	1
高知県	26	82	108	445	2,980	3,425	33	51	84	3,017	6,860	9,877	27	13	40	10,906	1,209	12,115	0	0	0
福岡県	99	1,004	1,103	3,206	32,788	35,994	5	75	80	201	39,168	39,369	292	13	305	75,590	398	75,988	0	4	4
佐賀県	30	221	251	927	8,180	9,107	5	16	21	717	2,479	3,196	63	9	72	10,313	767	11,080	0	0	0
長崎県	19	433	452	468	16,212	16,680	2	39	41	449	9,106	9,555	102	1	103	18,673	7	18,680	0	3	3
熊本県	59	514	573	1,534	21,252	22,786	7	38	45	1,037	8,861	9,898	61	7	68	16,981	196	17,177	0	3	3
大分県	29	243	272	567	8,171	8,738	5	26	31	1,339	13,122	14,461	121	1	122	23,290	139	23,429	0	0	0
宮崎県	14	306	320	282	8,147	8,429	1	28	29	299	8,690	8,989	170	0	170	17,488	0	17,488	0	1	1
鹿児島県	26	418	444	632	16,378	17,010	2	43	45	334	12,894	13,228	209	4	213	86,417	454	86,871	0	0	0
沖縄県	58	538	596	1,511	20,696	22,207	1	27	28	36	6,207	6,243	49	1	50	13,984	8	13,992	0	3	3
合計	6,575	22,702	29,277	201,262	692,728	893,990	716	3,075	3,791	103,994	753,402	857,396	9,449	787	10,236	3,338,682	44,842	3,383,524	4	69	73

（注）①延長保育事業は、2021年度。②病児保育事業、③一時預かり事業は、2021年度確定ベース。病児保育の実施か所数は「病児対応型」「病後児対応型」「体調不良児対応型」「非施設（訪問）型」の合計。年間延べ利用人数は「病児対応型」「病後児対応型」「体調不良児対応型」の合計。④夜間保育所の設置状況は、2022年4月1日時点。

資料：厚生労働省「各自治体の多様な保育（延長保育、病児保育、一時預かり、夜間保育）及び障害児保育の実施状況について」（R４調査結果）を元に、都道府県の数値に指定都市・中核市の数値を加算

資料 16　2021年度障害児保育実施状況・医療的ケア児の受入れ状況（都道府県別）

都道府県	障害児保育の実施状況						保育所等における医療的ケア児の受入状況											
	障害児受入施設数（か所）			実障害児数（人）			医療的ケア児受入施設数（か所）			実医療的ケア児数（人）			医療的ケアを行う看護師数（人）			医療的ケアを行う保育士数（人）		
	公営	民営	合計	公営	民営	合計	公営	民営	合計	公営	民営	合計	公営	民営	合計	公営	民営	合計
北海道	169	456	625	610	1,329	1,939	7	6	13	8	6	14	8	5	13	2	0	2
青森県	5	189	194	8	475	483	0	5	5	0	5	5	0	6	6	0	1	1
岩手県	72	141	213	226	297	523	1	4	5	1	4	5	1	4	5	0	1	1
宮城県	113	229	342	449	530	979	2	1	3	2	1	3	6	0	6	1	0	1
秋田県	40	153	193	224	409	633	0	1	1	0	1	1	0	1	1	0	0	0
山形県	62	138	200	233	472	705	1	1	2	1	1	2	1	1	2	0	1	1
福島県	109	115	224	456	285	741	2	1	3	2	1	3	2	3	5	0	0	0
茨城県	109	257	366	543	783	1,326	1	4	5	1	4	5	1	6	7	1	0	1
栃木県	97	202	299	476	585	1,061	0	2	2	0	2	2	0	2	2	0	0	0
群馬県	69	219	288	234	653	887	0	1	1	0	1	1	0	0	0	0	1	1
埼玉県	376	514	890	1,556	1,103	2,659	13	3	16	15	3	18	20	3	23	6	4	10
千葉県	314	539	853	1,653	1,442	3,095	15	8	23	19	11	30	18	7	25	3	1	4
東京都	730	1,837	2,567	3,196	4,925	8,121	51	16	67	62	19	81	87	19	106	15	4	19
神奈川県	152	1,144	1,296	791	3,193	3,984	1	2	3	1	5	6	1	2	3	0	3	3
新潟県	295	271	566	1,518	961	2,479	10	3	13	13	3	16	15	2	17	0	0	0
富山県	106	123	229	318	355	673	3	2	5	3	3	6	2	3	5	0	0	0
石川県	95	157	252	390	366	756	3	2	5	4	2	6	3	0	3	0	2	2
福井県	88	134	222	358	503	861	7	1	8	11	1	12	13	1	14	1	0	1
山梨県	66	71	137	262	163	425	2	2	4	2	2	4	2	1	3	0	1	1
長野県	337	97	434	2,032	357	2,389	9	1	10	9	3	12	11	2	13	0	0	0
岐阜県	177	133	310	1,028	783	1,811	4	2	6	5	2	7	5	1	6	4	1	5
静岡県	175	379	554	1,114	1,906	3,020	3	1	4	5	1	6	2	0	2	4	2	6
愛知県	648	600	1,248	4,085	2,765	6,850	11	3	14	12	4	16	16	2	18	1	0	1
三重県	172	143	315	1,152	422	1,574	10	0	10	10	0	10	11	0	11	1	0	1
滋賀県	108	209	317	1,109	1,168	2,277	16	3	19	24	3	27	26	2	28	0	0	0
京都府	102	343	445	1,183	2,061	3,244	6	4	10	7	4	11	12	7	19	0	3	3
大阪府	300	1,048	1,348	2,211	4,663	6,874	13	3	16	15	3	18	14	2	16	3	0	3
兵庫県	254	683	937	1,461	2,549	4,010	3	7	10	4	8	12	5	9	14	1	0	1
奈良県	94	87	181	602	374	976	4	0	4	4	0	4	4	0	4	2	0	2
和歌山県	94	74	168	878	850	1,728	1	1	2	1	1	2	1	1	2	0	0	0
鳥取県	79	60	139	312	148	460	3	1	4	4	1	5	5	1	6	0	0	0
島根県	40	111	151	92	273	365	2	2	4	2	2	4	2	2	4	0	0	0
岡山県	166	232	398	1,219	1,400	2,619	3	0	3	3	0	3	3	0	3	0	0	0
広島県	217	273	490	982	742	1,724	5	0	5	5	0	5	6	0	6	1	0	1
山口県	87	143	230	551	806	1,357	2	0	2	2	0	2	3	0	3	0	0	0
徳島県	71	72	143	492	322	814	0	0	0	0	0	0	0	0	0	0	0	0
香川県	91	84	175	553	395	948	3	1	4	3	1	4	4	2	6	0	0	0
愛媛県	124	93	217	700	441	1,141	0	0	0	0	0	0	0	0	0	0	0	0
高知県	103	81	184	294	215	509	4	0	4	5	0	5	5	0	5	0	0	0
福岡県	99	668	767	591	2,421	3,012	4	2	6	4	2	6	4	2	6	0	0	0
佐賀県	24	155	179	115	545	660	1	4	5	1	4	5	1	4	5	0	0	0
長崎県	19	274	293	127	753	880	2	5	7	2	5	7	3	4	7	3	1	4
熊本県	55	344	399	227	1,160	1,387	4	9	13	5	9	14	5	11	16	0	6	6
大分県	34	134	168	92	356	448	0	1	1	0	1	1	0	2	2	0	0	0
宮崎県	18	210	228	68	551	619	1	1	2	1	1	2	1	1	2	0	0	0
鹿児島県	15	209	224	54	530	584	0	7	7	0	8	8	0	5	5	0	3	3
沖縄県	73	472	545	400	1,397	1,797	6	1	7	7	1	8	9	0	9	2	0	2
合計	6,843	14,300	21,143	37,225	49,182	86,407	239	124	363	285	139	424	338	126	464	51	35	86

資料：厚生労働省「各自治体の多様な保育（延長保育、病児保育、一時預かり、夜間保育）及び障害児保育の実施状況について」（R４調査結果）を元に、都道府県の数値に指定都市・中核市の数値を加算

資料 17 認定こども園の状況（2022年4月1日現在）

内閣府子ども・子育て本部（2023（令和5）年3月24日）

1．園数（以下 括弧内は2021年4月1日時点の数）

（1）公立・私立別園数 ※都道府県別の内訳は別紙（本誌次頁）参照

（園）

公私の別	幼保連携型	幼稚園型	保育所型	地方裁量型	合計
公立	912（858）	97（88）	403（377）	2（2）	1,414（1,325）
私立	5,563（5,235）	1,210（1,158）	951（787）	82（80）	7,806（7,260）
合計	6,475（6,093）	1,307（1,246）	1,354（1,164）	84（82）	9,220（8,585）

（2）認定こども園となる前の施設形態

（園）

類型	幼稚園	認可保育所	認可外保育施設等	幼稚園＋認可保育所	幼稚園＋認可外保育施設等	新規開設	その他	合計
幼保連携型	77	202	0	37	1	48	3	368
幼稚園型	80	0	0	0	1	1	0	82
保育所型	0	194	0	2	0	5	1	202
地方裁量型	0	0	4	0	0	0	1	5
合計	157	396	4	39	2	54	5	657

（3）設置者別園数

（園）

設置主体		幼保連携型	幼稚園型	保育所型	地方裁量型	合計
公立		912（858）	97（88）	403（377）	2（2）	1,414（1,325）
私立	社会福祉法人	3,720(3,485)	1(0)	771(644)	3(3)	4,495(4,132)
	学校法人	1,838(1,745)	1,188(1,139)	24(22)	2(1)	3,052(2,907)
	宗教法人	1(1)	8(7)	26(23)	3(3)	38(34)
	営利法人	0(0)	0(0)	78(55)	42(41)	120(96)
	その他法人	2(2)	0(0)	45(37)	28(28)	75(67)
	個人	2(2)	13(12)	7(6)	4(4)	26(24)
	（私立計）	5,563(5,235)	1,210(1,158)	951(787)	82(80)	7,806(7,260)
合計		6,475(6,093)	1,307(1,246)	1,354(1,164)	84(82)	9,220(8,585)

※その他法人はNPO法人、公益法人、協同組合等

〈参考〉認定こども園数の推移（各年4月1日時点）

（園）

年度	認定こども園数	（公私の内訳）		（類型別の内訳）			
		公立	私立	幼保連携型	幼稚園型	保育所型	地方裁量型
2011年	762	149	613	406	225	100	31
2012年	909	181	728	486	272	121	30
2013年	1,099	220	879	595	316	155	33
2014年	1,360	252	1,108	720	411	189	40
2015年	2,836	554	2,282	1,930	525	328	53
2016年	4,001	703	3,298	2,785	682	474	60
2017年	5,081	852	4,229	3,618	807	592	64
2018年	6,160	1,006	5,154	4,409	966	720	65
2019年	7,208	1,138	6,070	5,137	1,104	897	70
2020年	8,016	1,272	6,744	5,688	1,200	1,053	75
2021年	8,585	1,325	7,260	6,093	1,246	1,164	82
2022年	9,220	1,414	7,806	6,475	1,307	1,354	84

2．支給認定別・年齢別在籍園児数

（1）支給認定別在籍園児数

（人）

類型	1号認定子ども	2号認定子ども	3号認定子ども	合計
幼保連携型	198,642(199,198)	385,750(367,968)	228,711(219,263)	813,103(786,429)
幼稚園型	104,463(106,716)	46,130(43,277)	12,389(11,586)	162,982(161,579)
保育所型	11,683(10,443)	71,271(62,547)	44,061(37,452)	127,015(110,442)
地方裁量型	1,423(1,306)	2,408(2,418)	1,249(1,326)	5,080(5,050)
合計	316,211(317,663)	505,559(476,210)	286,410(269,627)	1,108,180(1,063,500)

（2）年齢別在籍園児数

（人）

類型	0歳児	1歳児	2歳児	3歳児	4歳児	5歳児	合計
幼保連携型	28,371(27,094)	91,438(86,851)	108,902(105,318)	186,581(181,575)	196,107(189,475)	201,704(196,116)	813,103(786,429)
幼稚園型	702(647)	4,523(4,214)	7,164(6,725)	46,482(46,680)	50,652(50,349)	53,459(52,964)	162,982(161,579)
保育所型	5,819(4,816)	17,463(14,754)	20,779(17,882)	26,953(24,047)	28,001(24,426)	28,000(24,517)	127,015(110,442)
地方裁量型	158(172)	458(486)	633(668)	1,293(1,197)	1,263(1,233)	1,275(1,294)	5,080(5,050)
合計	35,050(32,729)	113,882(106,305)	137,478(130,593)	261,309(253,499)	276,023(265,483)	284,438(274,891)	1,108,180(1,063,500)

3．その他

（1）認可・認定を受けた利用定員

（人）

類型	1号認定子ども	2号認定子ども	3号認定子ども	合計
幼保連携型	284,860	402,860	267,513	955,233
幼稚園型	148,555	47,201	15,458	211,214
保育所型	18,726	79,568	52,713	151,007
地方裁量型	2,077	2,301	1,419	5,797
合計	454,218	531,930	337,103	1,323,251

（2）医療的ケアを必要とする子どもの数

（人）

	1号認定子ども	2号認定子ども	3号認定子ども	合計
子どもの数	266	283	115	664

（3）医療的ケアを行っている者の数

（人）

看護師（直接雇用）	看護師（外部委託）	養護教諭	認定特定行為業務従事者	保護者	合計
548	34	20	31	101	734

（4）幼保連携型認定こども園の職員の幼稚園教諭免許及び保育士資格の保有割合

保有資格	人数（人）	割合
両方保有	139,884	92.0%
一方のみ	12,084	8.0%
幼稚園免許のみ	2,475	1.6%
保育士資格のみ	9,609	6.3%
合計	164,052	100.0%

（別紙）都道府県別の認定こども園数（2022年４月１日現在）

都道府県	幼保連携型			幼稚園型			保育所型			地方裁量型			計			前年
	公立	私立	計	公立	私立	計	公立	私立	計	公立	私立	計	公立	私立	総計	
北海道	20	277	297	5	82	87	34	133	167	0	6	6	59	498	557	493
青森県	1	239	240	0	27	27	3	34	37	0	0	0	4	300	304	299
岩手県	13	105	118	1	10	11	9	1	10	0	0	0	23	116	139	130
宮城県	7	92	99	0	17	17	2	29	31	1	1	2	10	139	149	105
秋田県	11	73	84	0	15	15	4	8	12	0	1	1	15	97	112	107
山形県	4	73	77	0	26	26	3	14	17	0	0	0	7	113	120	109
福島県	30	76	106	0	12	12	3	1	4	0	0	0	33	89	122	116
茨城県	21	148	169	5	57	62	3	17	20	0	0	0	29	222	251	239
栃木県	3	119	122	0	23	23	2	6	8	0	2	2	5	150	155	150
群馬県	5	196	201	9	35	44	2	6	8	0	7	7	16	244	260	250
埼玉県	2	119	121	0	31	31	0	7	7	0	2	2	2	159	161	147
千葉県	34	90	124	12	72	84	9	12	21	0	7	7	55	181	236	216
東京都	9	36	45	3	58	61	18	35	53	0	8	8	30	137	167	162
神奈川県	12	133	145	0	91	91	0	11	11	0	3	3	12	238	250	230
新潟県	11	190	201	1	24	25	5	37	42	0	3	3	17	254	271	249
富山県	10	117	127	1	7	8	1	9	10	0	1	1	12	134	146	140
石川県	2	159	161	0	21	21	45	32	77	0	0	0	47	212	259	241
福井県	25	122	147	0	2	2	0	2	2	0	0	0	25	126	151	142
山梨県	0	58	58	1	16	17	5	16	21	0	1	1	6	91	97	85
長野県	7	39	46	1	16	17	41	10	51	0	7	7	49	72	121	94
岐阜県	28	51	79	0	6	6	30	25	55	0	0	0	58	82	140	138
静岡県	82	207	289	7	16	23	1	26	27	0	2	2	90	251	341	324
愛知県	26	207	233	1	8	9	35	24	59	0	1	1	62	240	302	288
三重県	16	52	68	0	1	1	11	2	13	0	0	0	27	55	82	69
滋賀県	38	76	114	12	4	16	6	6	12	0	1	1	56	87	143	130
京都府	20	109	129	0	7	7	4	15	19	0	0	0	24	131	155	142
大阪府	90	546	636	17	95	112	2	33	35	0	0	0	109	674	783	750
兵庫県	90	405	495	3	55	58	0	53	53	1	1	2	94	514	608	579
奈良県	43	48	91	4	5	9	0	1	1	0	0	0	47	54	101	91
和歌山県	6	44	50	1	3	4	17	8	25	0	0	0	24	55	79	74
鳥取県	17	24	41	0	4	4	4	5	9	0	1	1	21	34	55	50
島根県	2	20	22	6	1	7	14	22	36	0	2	2	22	45	67	64
岡山県	63	57	120	0	9	9	17	9	26	0	0	0	80	75	155	143
広島県	5	157	162	0	15	15	20	32	52	0	0	0	25	204	229	215
山口県	14	17	31	0	42	42	1	0	1	0	0	0	15	59	74	72
徳島県	18	42	60	0	1	1	17	2	19	0	0	0	35	45	80	73
香川県	41	42	83	3	10	13	4	1	5	0	3	3	48	56	104	96
愛媛県	15	42	57	1	20	21	9	19	28	0	6	6	25	87	112	108
高知県	9	9	18	0	14	14	0	5	5	0	2	2	9	30	39	37
福岡県	3	63	66	0	72	72	1	54	55	0	11	11	4	200	204	177
佐賀県	1	78	79	0	13	13	0	18	18	0	0	0	1	109	110	96
長崎県	6	103	109	1	35	36	2	34	36	0	0	0	9	172	181	172
熊本県	1	130	131	0	38	38	0	10	10	0	0	0	1	178	179	170
大分県	6	104	110	0	26	26	10	27	37	0	0	0	16	157	173	168
宮崎県	0	139	139	0	42	42	3	29	32	0	1	1	3	211	214	213
鹿児島県	2	232	234	1	18	19	5	27	32	0	2	2	8	279	287	274
沖縄県	43	98	141	1	8	9	1	44	45	0	0	0	45	150	195	168
合計	912	5,563	6,475	97	1,210	1,307	403	951	1,354	2	82	84	1,414	7,806	9,220	8,585

資料 18 児童発達支援・放課後等デイサービス事業所の状況（経営主体別）

2021年10月1日現在：社会福祉施設等調査報告

	定員	営業日数	総数	国・独立行政法人	地方公共団体	社会福祉協議会	社会福祉法人（社会福祉協議会以外）	医療法人	公益法人	協同組合	営利法人（会社）	特定非営利活動法人（NPO）	その他
児童発達支援事業	総数	総数	10,183	30	492	99	1,466	149	28	4	5,910	1,211	795
		1～9日	96	1	5	—	12	1	—	—	46	20	11
		10～19日	400	—	45	8	86	7	1	—	158	60	35
		20～29日	8,600	24	428	90	1,281	135	27	4	4,906	1,021	685
		30日	611	—	—	—	17	1	—	—	532	36	26
		不詳	476	4	13	1	71	5	—	—	269	75	38
	1～9人	総数	1,317	22	20	7	209	22	7	—	670	225	134
		1～9日	30	1	2	—	—	—	—	—	14	8	5
		10～19日	51	—	1	—	9	—	1	—	23	12	5
		20～29日	1,175	19	17	7	188	22	6	—	598	197	122
		30日	38	—	—	—	2	—	—	—	29	5	2
		不詳	22	2	—	—	9	—	—	—	6	4	1
	10～19人	総数	7,572	3	192	62	837	108	15	4	4,883	862	605
		1～9日	63	—	1	—	12	1	—	—	31	11	6
		10～19日	293	—	24	5	51	7	—	—	130	46	30
		20～29日	6,592	3	166	58	756	97	15	4	4,192	758	542
		30日	547	—	—	—	12	1	—	—	480	30	24
		不詳	76	—	—	—	6	1	—	—	49	17	4
	20～29人	総数	431	2	112	17	156	9	2	—	67	48	17
		1～9日	1	—	1	—	—	—	—	—	—	—	—
		10～19日	27	—	12	2	8	—	—	—	3	1	—
		20～29日	391	2	98	15	147	9	2	—	55	45	17
		30日	10	—	—	—	—	—	—	—	8	1	—
		不詳	2	—	1	—	1	—	—	—	—	—	—
	30人以上	総数	429	—	156	11	204	6	4	—	33	10	6
		1～9日	—	—	—	—	—	—	—	—	—	—	—
		10～19日	27	—	8	1	17	—	—	—	—	1	—
		20～29日	390	—	145	9	182	6	4	—	30	9	4
		30日	6	—	—	—	2	—	—	—	3	—	—
		不詳	6	—	2	—	2	—	—	—	—	—	1
	不詳	総数	435	2	12	3	60	3	—	—	257	65	32
		1～9日	1	—	—	—	—	—	—	—	1	—	—
		10～19日	1	—	—	—	—	—	—	—	1	—	—
		20～29日	52	—	2	1	7	—	—	—	31	11	—
		30日	10	—	—	—	—	—	—	—	10	—	—
		不詳	369	2	10	1	53	3	—	—	214	54	32
放課後等デイサービス事業	総数	総数	17,372	27	171	107	2,245	177	37	6	10,630	2,578	1,394
		1～9日	98	—	7	6	37	3	1	—	25	14	5
		10～19日	445	1	12	7	94	10	2	—	184	84	50
		20～29日	15,400	22	140	90	2,005	157	32	6	9,388	2,321	1,239
		30日	926	—	—	—	38	5	—	—	745	77	60
		不詳	504	3	12	4	71	1	1	—	288	82	41
	1～9人	総数	1,474	20	19	7	266	25	8	—	720	258	150
		1～9日	21	—	1	1	6	1	—	—	4	5	4
		10～19日	49	—	—	—	15	—	1	—	18	11	3
		20～29日	1,344	18	18	6	239	24	7	—	657	237	138
		30日	39	—	—	—	2	—	—	—	30	4	4
		不詳	20	2	—	—	3	—	—	—	11	2	1
	10～19人	総数	14,774	4	108	80	1,735	140	23	4	9,398	2,128	1,154
		1～9日	66	—	6	2	31	2	—	—	16	8	—
		10～19日	372	1	12	3	72	10	—	—	159	68	47
		20～29日	13,363	3	89	74	1,579	124	22	4	8,456	1,969	1,044
		30日	846	—	—	—	32	4	—	—	689	65	55
		不詳	127	—	1	—	21	—	1	—	78	16	8
	20～29人	総数	559	1	17	11	166	4	5	1	215	102	37
		1～9日	4	—	—	—	—	—	—	—	1	1	1
		10～19日	16	—	—	2	4	—	1	—	4	5	—
		20～29日	515	1	17	8	161	2	4	1	197	89	35
		30日	20	—	—	—	1	1	—	—	11	6	1
		不詳	5	—	—	1	—	—	—	—	2	1	—
	30人以上	総数	138	—	15	4	22	6	1	—	61	17	13
		1～9日	4	—	—	2	—	—	1	—	—	—	—
		10～19日	4	—	—	1	2	—	—	—	—	—	—
		20～29日	119	—	15	—	17	6	—	—	52	16	13
		30日	11	—	—	—	2	—	—	—	7	1	—
		不詳	1	—	—	—	—	—	—	—	1	—	—
	不詳	総数	427	1	12	5	58	2	—	1	237	72	40
		1～9日	4	—	—	—	—	—	—	—	4	—	—
		10～19日	5	—	—	—	1	—	—	—	4	—	—
		20～29日	59	—	1	2	10	1	—	1	25	9	8
		30日	9	—	—	—	—	—	—	—	8	1	—
		不詳	351	1	11	2	47	1	—	—	196	61	31

（注1）経営主体の「地方公共団体」には一部事務組合・広域連合を含む。「協同組合」には農業協同組合連合会・消費生活協同組合連合会を含む。「その他」にはその他の法人を含む。

（注2）営業日数は2021年９月中のものである。（編集部注）社会福祉施設等調査は2018年以降、全数調査から抽出・推計方式に変わったため、合計が合わない場合がある。

資料 19 放課後児童健全育成事業（放課後児童クラブ）の実施状況〈抄〉

＊各年5月1日現在（2021年のみ7月1日現在） 厚生労働省調査

（全都道府県計）

1 クラブ数、支援の単位数、利用定員数、登録児童数、実施市町村数及び実施小学校区数の状況

区分	2022年	2021年	増減
クラブ数	26,683か所	26,925か所	▲242か所
支援の単位数	36,209支援の単位	35,398支援の単位	811支援の単位
利用定員数	1,527,751人	1,498,667人	29,084人
登録児童数	1,392,158人	1,348,275人	43,883人
実施市町村数（割合）［全市町村数］	1,627市町村（93.5%）［1,741市町村］	1,624市町村（93.3%）［1,741市町村］	3市町村［+0市町村］
実施小学校区数（割合）［全小学校区数］	16,651小学校区（89.0%）［18,713小学校区］	16,643小学校区（88.1%）［18,885小学校区］	8小学校区［▲172小学校区］

注1：実施市町村割合は、各年の全市町村数に対する割合、実施小学校区割合は、各年の全小学校区数に対する割合である。
注2：全小学校区数は、文部科学省が実施する学校基本調査における公立の小学校の総数（ただし、分校を除く。）である。
なお、2022年全小学校区数は2022年8月24日時点の速報値である。
注3：「市町村」は、特別区を含む。以下同じ。
注4：クラブ数減少の大きな要因は、昨年度まで支援の単位数をクラブ数として報告していた自治体があり、当該自治体がその是正を行ったため。（以下、クラブ数の状況について同じ）

（参考）過去5年間のクラブ数、支援の単位数、利用定員数、登録児童数、実施市町村数の推移

区分	2021年	2020年	2019年	2018年	2017年
クラブ数（か所）	26,925	26,625	25,881	25,328	24,573
増減	300	744	553	755	954
支援の単位数（支援の単位）	35,398	34,577	33,090	31,643	30,003
増減	821	1,487	1,447	1,640	1,805
利用定員数（人）	1,498,667	1,453,579	1,382,973	1,320,297	1,254,714
増減	45,088	70,606	62,676	65,583	69,812
登録児童数（人）	1,348,275	1,311,008	1,299,307	1,234,366	1,171,162
増減	37,267	11,701	64,941	63,204	78,077
実施市町村数（割合）［全市町村数］	1,624(93.3%)［1,741］	1,623(93.2%)［1,741］	1,618(92.9%)［1,741］	1,619(93.0%)［1,741］	1,619(93.0%)［1,741］

2 設置・運営主体別クラブ数の状況

（か所）

区分	2022年	2021年	増減
公立公営	7,359（27.6%）	7,663（28.5%）	▲304
公立民営（合計）	13,114（49.1%）	13,183（49.0%）	▲69
社会福祉法人	3,502（13.1%）	3,693（13.7%）	▲191
公益社団法人等	1,324（5.0%）	1,230（4.6%）	94
NPO法人	1,867（7.0%）	1,878（7.0%）	▲11
運営委員会・保護者会	2,983（11.2%）	3,198（11.9%）	▲215
任意団体	282（1.1%）	274（1.0%）	8
株式会社	2,802（10.5%）	2,539（9.4%）	263
学校法人	204（0.8%）	214（0.8%）	▲10
その他	150（0.6%）	157（0.6%）	▲7
民立民営（合計）	6,210（23.3%）	6,079（22.6%）	131
社会福祉法人	1,980（7.4%）	1,917（7.1%）	63
公益社団法人等	443（1.7%）	432（1.6%）	11
NPO法人	1,125（4.2%）	1,066（4.0%）	59
運営委員会・保護者会	1,344（5.0%）	1,417（5.3%）	▲73
任意団体	75（0.3%）	85（0.3%）	▲10
株式会社	485（1.8%）	442（1.6%）	43
学校法人	338（1.3%）	311（1.2%）	27
その他	420（1.6%）	409（1.5%）	11
計	26,683（100.0%）	26,925（100.0%）	▲242

注1：（ ）内は全クラブ数（2022年：26,683、2021年：26,925）に対する割合である。
注2：公立民営・民立民営については、その運営主体ごとの内訳を記載している。

3 実施場所別クラブ数の状況

（か所）

実施場所	2022年	2021年	増減
小学校	14,161（53.1%）	14,391（53.4%）	▲230
学校の余裕教室	7,465（28.0%）	7,646（28.4%）	▲181
学校敷地内専用施設	6,696（25.1%）	6,745（25.1%）	▲49
児童館・児童センター	2,402（9.0%）	2,434（9.0%）	▲32
公的施設利用	1,490（5.6%）	1,532（5.7%）	▲42
民家・アパート	1,617（6.1%）	1,620（6.0%）	▲3
保育所	715（2.7%）	715（2.7%）	0
公有地専用施設	2,040（7.6%）	2,064（7.7%）	▲24
民有地専用施設	1,821（6.8%）	1,750（6.5%）	71
幼稚園	283（1.1%）	298（1.1%）	▲15
団地集会所	90（0.3%）	101（0.4%）	▲11
空き店舗	1,004（3.8%）	913（3.4%）	91
認定こども園	609（2.3%）	573（2.1%）	36
その他	451（1.7%）	534（2.0%）	▲83
計	26,683（100.0%）	26,925（100.0%）	▲242

注：（ ）内は全クラブ数（2022年：26,683、2021年：26,925）に対する割合である。

4 実施規模別支援の単位数の状況

（支援の単位）

実施規模	2022年	2021年	増減
10人以下	783（2.2%）	797（2.3%）	▲14
11人～20人	2,648（7.3%）	2,740（7.7%）	▲92
21人～30人	7,352（20.3%）	7,419（21.0%）	▲67
31人～40人	11,849（32.7%）	11,304（31.9%）	545
41人～50人	7,920（21.9%）	7,656（21.6%）	264
51人～60人	3,089（8.5%）	3,047（8.6%）	42
61人～70人	1,347（3.7%）	1,319（3.7%）	28
71人以上	1,221（3.4%）	1,116（3.2%）	105
計	36,209（100.0%）	35,398（100.0%）	811

注：（ ）内は全支援の単位数（2022年：36,209、2021年：35,398）に対する割合である。

【参考】実施規模別クラブ数の状況

（か所）

実施規模	2022年	2021年	増減
10人以下	618（2.3%）	645（2.4%）	▲27
11人～20人	1,999（7.5%）	2,068（7.7%）	▲69
21人～30人	3,790（14.2%）	3,995（14.8%）	▲205
31人～40人	5,810（21.8%）	6,089（22.6%）	▲279
41人～50人	4,731（17.7%）	4,888（18.2%）	▲157
51人～60人	2,720（10.2%）	2,728（10.1%）	▲8
61人～70人	1,808（6.8%）	1,805（6.7%）	3
71人以上	5,207（19.5%）	4,707（17.5%）	500
計	26,683（100.0%）	26,925（100.0%）	▲242

注：（ ）内は全クラブ数（2022年：26,683、2021年：26,925）に対する割合である。

5　利用定員の設定規模別支援の単位数の状況（支援の単位）

利用定員の設定規模	2022年	2021年	増減
10人以下	147 (0.4%)	198 (0.6%)	▲51
11人～20人	1,577 (4.4%)	1,641 (4.6%)	▲64
21人～30人	5,458 (15.1%)	5,240 (14.8%)	218
31人～40人	16,099 (44.5%)	15,420 (43.6%)	679
41人～50人	6,762 (18.7%)	6,572 (18.6%)	190
51人～60人	3,036 (8.4%)	3,083 (8.7%)	▲47
61人～70人	1,473 (4.1%)	1,522 (4.3%)	▲49
71人以上	1,521 (4.2%)	1,553 (4.4%)	▲32
設定していない	136 (0.4%)	169 (0.5%)	▲33
計	36,209 (100.0%)	35,398 (100.0%)	811

注：( )内は全支援の単位数（2022年：36,209、2021年：35,398）に対する割合である。

【参考】利用定員の設定規模別クラブ数の状況（か所）

利用定員の設定規模	2022年	2021年	増減
10人以下	113 (0.4%)	135 (0.5%)	▲22
11人～20人	1,094 (4.1%)	1,148 (4.3%)	▲54
21人～30人	2,706 (10.1%)	2,749 (10.2%)	▲43
31人～40人	8,681 (32.5%)	8,914 (33.1%)	▲233
41人～50人	4,044 (15.2%)	4,115 (15.3%)	▲71
51人～60人	2,449 (9.2%)	2,557 (9.5%)	▲108
61人～70人	1,729 (6.5%)	1,838 (6.8%)	▲109
71人以上	5,757 (21.6%)	5,346 (19.9%)	411
設定していない	110 (0.4%)	123 (0.5%)	▲13
計	26,683 (100.0%)	26,925 (100.0%)	▲242

注：( )内は全クラブ数（2022年：26,683、2021年：26,925）に対する割合である。

9　平日の終了時刻の状況（か所）

終了時刻	2022年	2021年	増減
17:00まで	97 (0.4%)	94 (0.3%)	3
17:01～18:00	4,585 (17.2%)	5,061 (18.8%)	▲476
18:01～18:30	5,782 (21.7%)	5,707 (21.2%)	75
18:31～19:00	14,174 (53.1%)	13,934 (51.8%)	240
19:01以降	2,042 (7.7%)	2,124 (7.9%)	▲82
計	26,680 (100.0%)	26,920 (100.0%)	▲240

注1：( )内は各年の総数に対する割合である。
注2：[2022年：26,680]、[2021年：26,920]は、平日に開所しているクラブ数

11　長期休暇等の終了時刻の状況（か所）

終了時刻	2022年	2021年	増減
17:00まで	259 (1.0%)	344 (1.3%)	▲85
17:01～18:00	5,006 (18.9%)	5,218 (19.5%)	▲212
18:01～18:30	5,712 (21.5%)	5,679 (21.2%)	33
18:31～19:00	13,667 (51.5%)	13,538 (50.5%)	129
19:01以降	1,904 (7.2%)	2,018 (7.5%)	▲114
計	26,548 (100.0%)	26,797 (100.0%)	▲249

注1：( )内は各年の総数に対する割合である。
注2：[2022年：26,548]、[2021年：26,797]は、長期休暇等に開所しているクラブ数

12　長期休暇等の開所状況（か所）

開所状況	2022年	2021年	増減
土曜日 〔上記のうち、毎週開所以外〕	23,845 (89.4%) 〔6,890〕	24,342 (90.4%) 〔6,579〕	▲497 〔311〕
日曜日	1,057 (4.0%)	1,107 (4.1%)	▲50
夏休み等	26,015 (97.5%)	26,110 (97.0%)	▲95

注1：( )内は全クラブ数（2022年：26,683、2021年：26,925）に対する割合である。
注2：〔 〕内は毎週開所以外のクラブ数である。

6　学年別登録児童数の状況（人）

学年	2022年	2021年	増減
小学1年生	435,938 (31.3%)	423,948 (31.4%)	11,990
小学2年生	384,977 (27.7%)	375,994 (27.9%)	8,983
小学3年生	295,006 (21.2%)	284,621 (21.1%)	10,385
小学4年生	158,215 (11.4%)	153,048 (11.4%)	5,167
小学5年生	77,978 (5.6%)	73,623 (5.5%)	4,355
小学6年生	40,044 (2.9%)	37,041 (2.7%)	3,003
計	1,392,158 (100.0%)	1,348,275 (100.0%)	43,883

注：( )内は各年の総数に対する割合である。

7　年間開所日数別クラブ数の状況（か所）

開所日数	2022年	2021年	増減
199日以下	37 (0.1%)	69 (0.3%)	▲32
200日～249日	2,796 (10.5%)	2,455 (9.1%)	341
250日～279日	7,324 (27.4%)	6,947 (25.8%)	377
280日～299日	16,209 (60.7%)	17,211 (63.9%)	▲1,002
300日以上	317 (1.2%)	243 (0.9%)	74
計	26,683 (100.0%)	26,925 (100.0%)	▲242

注：( )内は全クラブ数（2022年：26,683、2021年：26,925）に対する割合である。

8　平日の開所時刻の状況（か所）

開所時刻	2022年	2021年	増減
10:59以前	2,637 (9.9%)	2,566 (9.5%)	71
11:00～11:59	1,125 (4.2%)	1,116 (4.1%)	9
12:00～12:59	4,362 (16.3%)	4,750 (17.6%)	▲388
13:00～13:59	10,683 (40.0%)	10,925 (40.6%)	▲242
14:00以降	7,873 (29.5%)	7,563 (28.1%)	310
計	26,680 (100.0%)	26,920 (100.0%)	▲240

注1：( )内は各年の総数に対する割合である。
注2：[2022年：26,680]、[2021年：26,920]は、平日に開所しているクラブ数

10　長期休暇等の開所時刻の状況（か所）

開所時刻	2022年	2021年	増減
6:59以前	15 (0.1%)	18 (0.1%)	▲3
7:00～7:59	9,441 (35.6%)	9,221 (34.4%)	220
8:00～8:59	16,746 (63.1%)	17,179 (64.1%)	▲433
9:00～9:59	287 (1.1%)	312 (1.2%)	▲25
10:00以降	59 (0.2%)	67 (0.3%)	▲8
計	26,548 (100.0%)	26,797 (100.0%)	▲249

注1：( )内は各年の総数に対する割合である。
注2：[2022年：26,548]、[2021年：26,797]は、長期休暇等に開所しているクラブ数

13　障害児受入数別クラブ数の状況（か所）

受入数	2022年	2021年	増減
1人	4,843 (30.6%)	5,035 (32.4%)	▲192
2人	3,340 (21.1%)	3,436 (22.1%)	▲96
3人	2,394 (15.2%)	2,320 (14.9%)	74
4人	1,633 (10.3%)	1,522 (9.8%)	111
5人以上	3,591 (22.7%)	3,251 (20.9%)	340
計	15,801 (100.0%)	15,564 (100.0%)	237

注1：( )内は各年の総数に対する割合である。
注2：全クラブ数に対して、障害児を受け入れているクラブの割合は、2022年：59.2%、2021年：57.8%である。

14　障害児受入の定員設定別クラブ数の状況　（か所）

定員設定の有無	2022年	2021年	増減
障害児受入の定員無し	11,976 (75.8%)	11,530 (74.1%)	446
障害児受入の定員有り	3,825 (24.2%)	4,034 (25.9%)	▲209
計	15,801 (100.0%)	15,564 (100.0%)	237

注1：(　)内は各年の総数に対する割合である。
注2：[2022年：15,801]、[2021年：15,564]は、障害児を受け入れているクラブ数。

16　利用できなかった児童数（待機児童数）の状況　（人）

	2022年	2021年	増減
小学1年生	2,117 (13.9%) [39]	2,009 (15.0%) [33]	108 [6]
小学2年生	1,931 (12.7%) [25]	1,982 (14.8%) [11]	▲51 [14]
小学3年生	3,492 (23.0%) [36]	3,364 (25.1%) [16]	128 [20]
小学4年生	4,556 (30.0%) [53]	3,786 (28.2%) [33]	770 [20]
小学5年生	2,247 (14.8%) [26]	1,613 (12.0%) [26]	634 [0]
小学6年生	837 (5.5%) [17]	662 (4.9%) [14]	175 [3]
計	15,180 (100.0%) [196]	13,416 (100.0%) [133]	1,764 [63]

注：(　)内は各年の総数に対する割合である。[　]内は障害児数であり、内数である。

18　専用区画の有無の状況　（か所）

	2022年	2021年	増減
専用区画有り	26,181 (98.1%)	26,484 (98.4%)	▲303

注：(　)内は全クラブ数（2022年：26,683、2021年：26,925）に対する割合である。

20　雇用形態別放課後児童クラブ職員数の状況　（人）

	2022年	2021年	増減
放課後児童支援員	102,677 (56.2%)	99,162 (57.2%)	3,515
常勤職員	51,539 (28.2%)	50,504 (29.1%)	1,035
常勤職員以外	51,138 (28.0%)	48,658 (28.1%)	2,480
補助員	76,372 (41.8%)	74,113 (42.8%)	2,259
常勤職員	9,949 (5.4%)	11,350 (6.6%)	▲1,401
常勤職員以外	66,423 (36.4%)	62,763 (36.2%)	3,660
育成支援の周辺業務を行う職員	3,528 (1.9%)	2,308 (1.3%)	1,220
常勤職員	789 (0.4%)	517 (0.3%)	272
常勤職員以外	2,739 (1.5%)	1,791 (1.0%)	948
常勤職員　計	62,277 (34.1%)	62,371 (35.5%)	▲94
常勤職員以外　計	120,300 (65.9%)	113,212 (64.5%)	7,088
計	182,577 (100.0%)	175,583 (100.0%)	6,994

注1：(　)内は各年の総数に対する割合である。数値はボランティアを含めない。
注2：「育成支援の周辺業務を行う職員」は、2015年5月21日雇児発0521第8号厚生労働省子ども家庭局長通知の別紙「放課後児童健全育成事業実施要綱」（以下、「実施要綱」という。）の別添10「放課後児童クラブ育成支援体制強化事業」を活用して雇用している者をいう。以下、同じ。

22　1の支援の単位あたりの放課後児童支援員等の数の状況　（支援の単位）

	2022年	2021年	増減
1人	41 (0.1%)	23 (0.1%)	18
2人	4,594 (12.7%)	4,635 (13.1%)	▲41
3人	7,360 (20.3%)	7,055 (19.9%)	305
4人	7,246 (20.0%)	7,359 (20.8%)	▲113
5人以上	16,968 (46.9%)	16,326 (46.1%)	642
計	36,209 (100.0%)	35,398 (100.0%)	811

注：(　)内は各年の総数に対する割合である。人数は育成支援の周辺業務を行う職員及びボランティアを含めない。

25　登録児童数が20人未満のクラブにおける放課後児童支援員等の兼務の状況　（か所）

	2022年	2021年	増減
放課後児童支援員等が兼務しているクラブ	282 (12.3%)	272 (11.4%)	10

注：(　)内は登録児童数が20人未満の放課後児童クラブ数（2022年：2,301、2021年：2,324）に対する割合である。放課後児童支援員等は育成支援の周辺業務を行う職員及びボランティアを含めない。

15　障害児の学年別登録児童数の状況　（人）

学年	2022年	2021年	増減
小学1年生	13,428 (25.0%)	12,235 (24.4%)	1,193
小学2年生	13,626 (25.3%)	12,517 (25.0%)	1,109
小学3年生	11,576 (21.5%)	11,050 (22.1%)	526
小学4年生	7,686 (14.3%)	7,187 (14.3%)	499
小学5年生	4,630 (8.6%)	4,457 (8.9%)	173
小学6年生	2,867 (5.3%)	2,647 (5.3%)	220
計	53,813 (100.0%)	50,093 (100.0%)	3,720

注1：(　)内は各年の総数に対する割合である。
注2：全登録児童数に対する障害児の登録児童数の割合は、2022年：3.9%、2021年：3.7%である。

17　新1年生の受入開始の状況　（か所）

	2022年	2021年	増減
4月1日より受入	26,320 (98.6%)	26,569 (98.7%)	▲249

注：(　)内は全クラブ数（2022年：26,683、2021年：26,925）に対する割合である。

19　児童1人当たりの専用区画面積の状況　（か所）

	2022年	2021年	増減
1.65㎡以上	22,058 (82.7%)	22,227 (82.6%)	▲169

注：(　)内は全クラブ数（2022年：26,683、2021年：26,925）に対する割合である。

21　認定資格研修を修了した放課後児童支援員の数の状況　（人）

	2022年	2021年	増減
認定資格研修を修了した放課後児童支援員の数	96,075 (93.6%)	90,790 (91.6%)	5,285

注：(　)内は、市町村が条例によって定める基準における放課後児童支援員の人数（2022年：102,677、2021年：99,162）に対する割合である。

26　放課後児童支援員の資格の状況　（人）

	2022年	2021年	増減
設備運営基準第10条第3項1号	24,519 (23.9%)	24,304 (24.5%)	215
設備運営基準第10条第3項2号	849 (0.8%)	742 (0.7%)	107
設備運営基準第10条第3項3号	34,836 (33.9%)	32,979 (33.3%)	1,857
設備運営基準第10条第3項4号	24,052 (23.4%)	24,455 (24.7%)	▲403
設備運営基準第10条第3項5号	1,811 (1.8%)	1,817 (1.8%)	▲6
設備運営基準第10条第3項6号	166 (0.2%)	204 (0.2%)	▲38
設備運営基準第10条第3項7号	201 (0.2%)	82 (0.1%)	119
設備運営基準第10条第3項8号	71 (0.1%)	60 (0.1%)	11
設備運営基準第10条第3項9号	12,339 (12.0%)	11,509 (11.6%)	830
設備運営基準第10条第3項10号	3,753 (3.7%)	2,961 (3.0%)	792
その他	80 (0.1%)	49 (0.0%)	31
計	102,677 (100.0%)	99,162 (100.0%)	3,515

注1：(　)内は各年の総数に対する割合である。数値はボランティアを含めず、常勤・常勤以外を区別しない。
注2：設備運営基準第10条第3項
一　保育士（国家戦略特別区域法（平成二十五年法律第百七号）第十二条の五第五項に規定する事業実施区域内にある放課後児童健全育成事業所にあっては、保育士又は当該事業実施区域に係る国家戦略特別区域限定保育士）の資格を有する者
二　社会福祉士の資格を有する者
三　学校教育法（昭和二十二年法律第二十六号）の規定による高等学校（旧中等学校令（昭和十八年勅令第三十六号）による中等学校を含む。）若しくは中等教育学校を卒業した者、同法第九十条第二項の規定により大学への入学を認められた者
若しくは通常の課程による十二年の学校教育を修了した者（通常の課程以外の課程によりこれに相当する学校教育を修了した者を含む。）又は文部科学大臣がこれと同等以上の資格を有すると認定した者（第九号において「高等学校卒業者等」という。）であって、二年以上児童福祉事業に従事したもの
四　教育職員免許法（昭和二十四年法律第百四十七号）第四条に規定する免許状を有する者
五　学校教育法の規定による大学（旧大学令（大正七年勅令第三百八十八号）による大学を含む。）において、社会福祉学、心理学、教育学、社会学、芸術学若しくは体育学を専修する学科又はこれらに相当する課程を修めて卒業した者（当該学科又は当該課程を修めて同法の規定による専門職大学の前期課程を修了した者を含む。）
六　学校教育法の規定による大学において、社会福祉学、心理学、教育学、社会学、芸術学若しくは体育学を専修する学科又はこれらに相当する課程において優秀な成績で単位を修得したことにより、同法第百二条第二項の規定により大学院への入学が認められた者
七　学校教育法の規定による大学院において、社会福祉学、心理学、教育学、社会学、芸術学若しくは体育学を専攻する研究科又はこれらに相当する課程を修めて卒業した者
八　外国の大学において、社会福祉学、心理学、教育学、社会学、芸術学若しくは体育学を専修する学科又はこれらに相当する課程を修めて卒業した者
九　高等学校卒業者等であり、かつ、二年以上放課後児童健全育成事業に類似する事業に従事した者であって、市区町村長が適当と認めたもの
十　五年以上放課後児童健全育成事業に従事した者であって、市町村長が適当と認めたもの
注3：「その他」は、市町村が条例により、放課後児童支援員の資格要件として独自に定めるものを指す。

23　支援の単位ごとの実施規模別放課後児童支援員等の配置状況

（支援の単位）

実施規模	2022年	2021年	増減
登録児童数10人以下			
配置職員数１名	15 (2.1%)	7 (0.9%)	8
配置職員数２名	506 (70.1%)	509 (67.9%)	▲3
配置職員数３名	126 (17.5%)	170 (22.7%)	▲44
配置職員数４名	41 (5.7%)	46 (6.1%)	▲5
配置職員数５名以上	34 (4.7%)	18 (2.4%)	16
小計	722 (100.0%)	750 (100.0%)	▲28
登録児童数11人～20人			
配置職員数１名	17 (0.6%)	8 (0.3%)	9
配置職員数２名	1,415 (54.1%)	1,535 (57.0%)	▲120
配置職員数３名	812 (31.0%)	775 (28.8%)	37
配置職員数４名	259 (9.9%)	256 (9.5%)	3
配置職員数５名以上	113 (4.3%)	118 (4.4%)	▲5
小計	2,616 (100.0%)	2,692 (100.0%)	▲76
登録児童数21人～30人			
配置職員数１名	10 (0.1%)	14 (0.2%)	▲4
配置職員数２名	2,804 (38.5%)	2,890 (39.2%)	▲86
配置職員数３名	2,801 (38.5%)	2,733 (37.1%)	68
配置職員数４名	1,175 (16.1%)	1,185 (16.1%)	▲10
配置職員数５名以上	494 (6.8%)	543 (7.4%)	▲49
小計	7,284 (100.0%)	7,365 (100.0%)	▲81
登録児童数31人～40人			
配置職員数１名	9 (0.1%)	2 (0.0%)	7
配置職員数２名	3,491 (29.6%)	3,199 (28.4%)	292
配置職員数３名	4,438 (37.7%)	4,204 (37.4%)	234
配置職員数４名	2,532 (21.5%)	2,513 (22.3%)	19
配置職員数５名以上	1,306 (11.1%)	1,337 (11.9%)	▲31
小計	11,776 (100.0%)	11,255 (100.0%)	521
登録児童数41人～50人			
配置職員数１名	0 (0.0%)	3 (0.0%)	▲3
配置職員数２名	1,640 (20.8%)	1,524 (20.0%)	116
配置職員数３名	2,779 (35.2%)	2,576 (33.8%)	203
配置職員数４名	2,117 (26.8%)	2,077 (27.3%)	40
配置職員数５名以上	1,352 (17.1%)	1,439 (18.9%)	▲87
小計	7,888 (100.0%)	7,619 (100.0%)	269
登録児童数51人～60人			
配置職員数１名	0 (0.0%)	0 (0.0%)	0
配置職員数２名	433 (14.1%)	409 (13.4%)	24
配置職員数３名	888 (28.8%)	849 (27.9%)	39
配置職員数４名	862 (28.0%)	858 (28.2%)	4
配置職員数５名以上	898 (29.1%)	927 (30.5%)	▲29
小計	3,081 (100.0%)	3,043 (100.0%)	38
登録児童数61人～70人			
配置職員数１名	0 (0.0%)	0 (0.0%)	0
配置職員数２名	140 (10.4%)	117 (8.9%)	23
配置職員数３名	331 (24.6%)	256 (19.5%)	75
配置職員数４名	368 (27.3%)	397 (30.2%)	▲29
配置職員数５名以上	508 (37.7%)	546 (41.5%)	▲38
小計	1,347 (100.0%)	1,316 (100.0%)	31
登録児童数71人以上			
配置職員数１名	1 (0.1%)	0 (0.0%)	1
配置職員数２名	65 (5.3%)	42 (3.8%)	23
配置職員数３名	178 (14.6%)	145 (13.0%)	33
配置職員数４名	290 (23.8%)	241 (21.6%)	49
配置職員数５名以上	684 (56.2%)	686 (61.6%)	▲2
小計	1,218 (100.0%)	1,114 (100.0%)	104
合計	35,932	35,154	778

注1：(　) 内は各年、各人数規模の総数に対する割合である。配置職員数は育成支援の周辺業務を行う職員及びボランティアを含めない。
注2：合計数（2022年：35,932、2021年：35,154）は特定の調査基準日（2022年：5月13日（金）～15日（日）、2021年：5月14日（金）～16日（日））の間に開所した全支援の単位数である。

【参考】支援の単位ごとの実施規模別放課後児童支援員の配置状況

（1）放課後児童支援員

（支援の単位）

実施規模	2022年	2021年	増減
登録児童数10人以下			
放課後児童支援員数0名	7 (1.0%)	3 (0.4%)	4
放課後児童支援員数1名	261 (36.1%)	298 (39.7%)	▲37
放課後児童支援員数2名	392 (54.3%)	387 (51.6%)	5
放課後児童支援員数3名	43 (6.0%)	51 (6.8%)	▲8
放課後児童支援員数4名	14 (1.9%)	7 (0.9%)	7
放課後児童支援員数5名以上	5 (0.7%)	4 (0.5%)	1
小計	722 (100.0%)	750 (100.0%)	▲28
登録児童数11人～20人			
放課後児童支援員数0名	13 (0.5%)	9 (0.3%)	4
放課後児童支援員数1名	866 (33.1%)	999 (37.1%)	▲133
放課後児童支援員数2名	1,280 (48.9%)	1,287 (47.8%)	▲7
放課後児童支援員数3名	343 (13.1%)	303 (11.3%)	40
放課後児童支援員数4名	86 (3.3%)	62 (2.3%)	24
放課後児童支援員数5名以上	28 (1.1%)	32 (1.2%)	▲4
小計	2,616 (100.0%)	2,692 (100.0%)	▲76
登録児童数21人～30人			
放課後児童支援員数0名	38 (0.5%)	17 (0.2%)	21
放課後児童支援員数1名	2,018 (27.7%)	2,184 (29.7%)	▲166
放課後児童支援員数2名	3,379 (46.4%)	3,466 (47.1%)	▲87
放課後児童支援員数3名	1,371 (18.8%)	1,262 (17.1%)	109
放課後児童支援員数4名	371 (5.1%)	354 (4.8%)	17
放課後児童支援員数5名以上	107 (1.5%)	82 (1.1%)	25
小計	7,284 (100.0%)	7,365 (100.0%)	▲81
登録児童数31人～40人			
放課後児童支援員数0名	41 (0.3%)	23 (0.2%)	18
放課後児童支援員数1名	2,904 (24.7%)	2,905 (25.8%)	▲1
放課後児童支援員数2名	5,268 (44.7%)	4,984 (44.3%)	284
放課後児童支援員数3名	2,404 (20.4%)	2,304 (20.5%)	100
放課後児童支援員数4名	862 (7.3%)	786 (7.0%)	76
放課後児童支援員数5名以上	297 (2.5%)	253 (2.2%)	44
小計	11,776 (100.0%)	11,255 (100.0%)	521
登録児童数41人～50人			
放課後児童支援員数0名	32 (0.4%)	6 (0.1%)	26
放課後児童支援員数1名	1,557 (19.7%)	1,487 (19.5%)	70
放課後児童支援員数2名	3,276 (41.5%)	3,278 (43.0%)	▲2
放課後児童支援員数3名	1,894 (24.0%)	1,809 (23.7%)	85
放課後児童支援員数4名	827 (10.5%)	756 (9.9%)	71
放課後児童支援員数5名以上	302 (3.8%)	283 (3.7%)	19
小計	7,888 (100.0%)	7,619 (100.0%)	269
登録児童数51人～60人			
放課後児童支援員数0名	2 (0.1%)	4 (0.1%)	▲2
放課後児童支援員数1名	485 (15.7%)	501 (16.5%)	▲16
放課後児童支援員数2名	1,174 (38.1%)	1,144 (37.6%)	30
放課後児童支援員数3名	789 (25.6%)	792 (26.0%)	▲3
放課後児童支援員数4名	416 (13.5%)	371 (12.2%)	45
放課後児童支援員数5名以上	215 (7.0%)	231 (7.6%)	▲16
小計	3,081 (100.0%)	3,043 (100.0%)	38
登録児童数61人～70人			
放課後児童支援員数0名	0 (0.0%)	0 (0.0%)	0
放課後児童支援員数1名	185 (13.7%)	171 (13.0%)	14
放課後児童支援員数2名	518 (38.5%)	471 (35.8%)	47
放課後児童支援員数3名	333 (24.7%)	318 (24.2%)	15
放課後児童支援員数4名	189 (14.0%)	223 (16.9%)	▲34
放課後児童支援員数5名以上	122 (9.1%)	133 (10.1%)	▲11
小計	1,347 (100.0%)	1,316 (100.0%)	31
登録児童数71人以上			
放課後児童支援員数0名	1 (0.1%)	0 (0.0%)	1
放課後児童支援員数1名	98 (8.0%)	101 (9.1%)	▲3
放課後児童支援員数2名	363 (29.8%)	297 (26.7%)	66
放課後児童支援員数3名	293 (24.1%)	263 (23.6%)	30
放課後児童支援員数4名	208 (17.1%)	171 (15.4%)	37
放課後児童支援員数5名以上	255 (20.9%)	282 (25.3%)	▲27
小計	1,218 (100.0%)	1,114 (100.0%)	104
合計	35,932	35,154	778

注1：(　) 内は各年、各人数規模の総数に対する割合である。放課後児童支援員数はボランティアを含めない。
注2：合計数（2022年：35,932、2021年：35,154）は特定の調査基準日（2022年：5月13日（金）～15日（日）、2021年：5月14日（金）～16日（日））の間に開所した全支援の単位数である。

27　放課後児童支援員の配置状況　（支援の単位）

	2022年	2021年	増減
市町村が定める条例基準における放課後児童支援員を配置している	35,798（99.6%）	35,092（99.8%）	706
設備運営基準における放課後児童支援員を配置している	35,315（98.3%）	34,454（98.0%）	861

注：（　）内は特定の調査基準日（2022年：5月13日（金）～15日（日）、2021年：5月14日（金）～16日（日））の間に開所した全支援の単位数（2022年：35,932、2021年：35,154）に対する割合である。放課後児童支援員はボランティアを含めない。

28　放課後子供教室との連携の状況　（か所）

実施状況	2022年	2021年	増減
同一小学校区内で放課後子供教室を実施	13,879（52.0%）	13,994（52.0%）	▲115
うち放課後子供教室の活動プログラムに参加している	9,498（35.6%）	9,491（35.2%）	7
うち同一小学校内で実施	5,869（41.4%）	5,885（40.9%）	▲16
学校の余裕教室	3,248（22.9%）	3,255（22.6%）	▲7
学校敷地内専用施設	2,621（18.5%）	2,630（18.3%）	▲9

注1：「放課後子供教室」とは、文部科学省が実施する、放課後等に全ての児童を対象として学習や体験・交流活動などを行う事業。
注2：「同一小学校区内で放課後子供教室を実施」、「うち放課後子供教室の活動プログラムに参加している」における、（　）内は全クラブ数（2022年：26,683、2021年：26,925）に対する割合である。
注3：「うち同一小学校内で実施」における（　）内は、学校内で実施するクラブ数（2022年：14,161、2021年：14,391）に対する割合である。

29　基準条例に基づく運営内容の点検・確認の状況　（市町村）

	2022年	2021年	増減
点検・確認有り	1,547（95.1%）	1,533（94.4%）	14

注：（　）内はクラブ実施市町村数（2022年：1,627、2021年：1,624）に対する割合である。

30　市町村における対象児童の範囲　（市町村）

	2022年	2021年	増減
小学校１年生まで	0（0.0%）	0（0.0%）	0
小学校２年生まで	0（0.0%）	0（0.0%）	0
小学校３年生まで	48（3.0%）	48（3.0%）	0
小学校４年生まで	31（1.9%）	39（2.4%）	▲8
小学校５年生まで	3（0.2%）	1（0.1%）	2
小学校６年生まで	1,545（95.0%）	1,536（94.6%）	9
計	1,627（100.0%）	1,624（100.0%）	3

注1：（　）内はクラブ実施市町村数（2022年：1,627、2021年：1,624）に対する割合である。
注2：「対象児童の範囲」は、条例や要綱等において市町村が定めているものである。

31　対象としていない児童への対応　（市町村）

	2022年	2021年	増減
放課後子供教室により対応している	26（31.7%）	26（29.5%）	0
自治体独自の放課後児童対策により対応している	1（1.2%）	2（2.3%）	▲1
児童館により対応している	15（18.3%）	15（17.0%）	0
その他	18（22.0%）	18（20.5%）	0
特に対応していない	22（26.8%）	27（30.7%）	▲5
計	82（100.0%）	88（100.0%）	▲6

注：（　）内は対象児童の範囲が「小学校６年生まで」以外と回答した市町村数（2022年：82、2021年：88）に対する割合である。

Chapter 5

34　利用手続き（利用申込み・利用決定）の状況　（市町村）

利用申込み	2022年	2021年	増減
市町村のみで利用申込みの受付を行っている	15（0.9%）	16（1.0%）	▲1
クラブのみで利用申込みの受付を行っている	292（17.9%）	289（17.8%）	3
市町村もクラブも利用申込みの受付を行っている	1,320（81.1%）	1,319（81.2%）	1
計	1,627（100.0%）	1,624（100.0%）	3

注：（　）内はクラブ実施市町村数（2022年：1,627、2021年：1,624）に対する割合である。

利用決定	2022年	2021年	増減
市町村のみで利用決定を行っている	17（1.0%）	18（1.1%）	▲1
クラブのみで利用決定を行っている	282（17.3%）	286（17.6%）	▲4
市町村もクラブも利用決定を行っている	1,328（81.6%）	1,320（81.3%）	8
計	1,627（100.0%）	1,624（100.0%）	3

注：（　）内はクラブ実施市町村数（2022年：1,627、2021年：1,624）に対する割合である。

35　利用に係る優先的な取扱いの状況　（市町村）

	2022年	2021年	増減
利用に係る優先的な取扱いを行っている	816（50.2%）	816（50.2%）	0

注：（　）内はクラブ実施市町村数（2022年：1,627、2021年：1,624）に対する割合である。

（市町村）

利用に係る優先的な取扱いの対象（複数回答）	2022年	2021年	増減
ひとり親家庭	650（40.0%）[79.7%]	650（40.0%）[79.7%]	0
生活保護世帯	350（21.5%）[42.9%]	350（21.6%）[42.9%]	0
主として生計を維持する者の失業により就労の必要性が高い場合	155（9.5%）[19.0%]	161（9.9%）[19.7%]	▲6
虐待又はDVの恐れがあることに該当する場合など、社会的養護が必要な場合	437（26.9%）[53.6%]	435（26.8%）[53.3%]	2
児童が障害を有する場合	381（23.4%）[46.7%]	378（23.3%）[46.3%]	3
低学年の児童など、発達の程度の観点から配慮が必要と考えられる児童	649（39.9%）[79.5%]	653（40.2%）[80.0%]	▲4
保護者が育児休業を終了した場合	122（7.5%）[15.0%]	129（7.9%）[15.8%]	▲7
兄弟姉妹について同一の放課後児童クラブの利用を希望する場合	243（14.9%）[29.8%]	253（15.6%）[31.0%]	▲10
その他市町村が定める事由	219（13.5%）[26.8%]	223（13.7%）[27.3%]	▲4

注：（　）内はクラブ実施市町村数（2022年：1,627、2021年：1,624）に対する割合、[　]内は利用に係る優先的な取扱いを行っている市町村数（2022年：816、2021年：816）に対する割合である。

36　放課後児童クラブにおける利用料の徴収等の状況（か所）

	2022年	2021年	増減
利用料の徴収を行っている	25,810（96.7%）	25,985（96.5%）	▲175
利用料の減免を行っている	22,409［86.8%］	22,426［86.3%］	▲17

注1：（　）内は全クラブ数（2022年：26,683、2021年：26,925）に対する割合である。
注2：［　］内は利用料の徴収を行っているクラブ数（2022年：25,810、2021年：25,985）に対する割合である。
注3：おやつ代等の実費徴収のみ行うクラブを含む。

37　放課後児童クラブにおける月額利用料（か所）

利用料の月額	2022年	2021年	増減
2,000円未満	372（1.4%）	387（1.5%）	▲15
2,000～4,000円未満	4,247（16.5%）	4,447（17.1%）	▲200
4,000～6,000円未満	7,093（27.5%）	7,129（27.4%）	▲36
6,000～8,000円未満	5,398（20.9%）	5,504（21.2%）	▲106
8,000～10,000円未満	3,958（15.3%）	3,978（15.3%）	▲20
10,000～12,000円未満	2,077（8.0%）	1,970（7.6%）	107
12,000～14,000円未満	780（3.0%）	773（3.0%）	7
14,000～16,000円未満	478（1.9%）	440（1.7%）	38
16,000～18,000円未満	225（0.9%）	315（1.2%）	▲90
18,000～20,000円未満	167（0.6%）	91（0.4%）	76
20,000円以上	281（1.1%）	270（1.0%）	11
おやつ代等のみ徴収	734（2.8%）	681（2.6%）	53
計	25,810（100.0%）	25,985（100.0%）	▲175

注：（　）内は利用料の徴収を行っているクラブ数（2022年：25,810、2021年：25,985）に対する割合である。

（か所）

平均月額実費徴収金	2022年	2021年	増減
実費徴収なし	9,629（36.1%）	9,792（36.4%）	▲163
500円未満	421（1.6%）	478（1.8%）	▲57
500～1,000円未満	1,363（5.1%）	1,434（5.3%）	▲71
1,000～1,500円未満	3,384（12.7%）	3,175（11.8%）	209
1,500～2,000円未満	4,578（17.2%）	4,496（16.7%）	82
2,000～2,500円未満	5,202（19.5%）	5,399（20.1%）	▲197
2,500～3,000円未満	1,103（4.1%）	1,105（4.1%）	▲2
3,000～3,500円未満	570（2.1%）	538（2.0%）	32
3,500円以上	433（1.6%）	508（1.9%）	▲75
計	26,683（100.0%）	26,925（100.0%）	▲242

注：（　）内は全クラブ数（2022年：26,683、2021年：26,925）に対する割合である。

39　指定管理者制度による実施の有無（か所）

	2022年	2021年	増減
実施している	3,656（27.9%）	3,793（28.8%）	▲137
実施していない	9,459（72.1%）	9,390（71.2%）	69

注：（　）内は公立民営クラブ数（2022年：13,114、2021年：13,183）に対する割合である。

40　おやつの提供の状況（か所）

	2022年	2021年	増減
おやつの提供有り	23,794（89.2%）	24,326（90.3%）	▲532
おやつの提供無し	2,889（10.8%）	2,599（9.7%）	290
計	26,683（100.0%）	26,925（100.0%）	▲242

注：（　）内は全クラブ数（2022年：26,683、2021年：26,925）に対する割合である。

38　放課後児童クラブにおける利用料の減免等の状況

（1）利用料減免の対象（か所）

利用料減免の対象（複数回答）	2022年	2021年	増減
生活保護受給世帯	16,880（63.3%）［75.3%］	16,973（63.0%）［75.7%］	▲93
市町村民税非課税世帯	10,584（39.7%）［47.2%］	10,369（38.5%）［46.2%］	215
所得税非課税・市町村民税非課税世帯	3,087（11.6%）［13.8%］	2,920（10.8%）［13.0%］	167
就学援助受給世帯	6,912（25.9%）［30.8%］	6,511（24.2%）［29.0%］	401
ひとり親世帯	7,394（27.7%）［33.0%］	7,141（26.5%）［31.8%］	253
兄弟姉妹利用世帯	14,173（53.1%）［63.2%］	14,281（53.0%）［63.7%］	▲108
その他市町村が定める場合	9,582（35.9%）［42.8%］	9,726（36.1%）［43.4%］	▲144
その他クラブが定める場合	1,011（3.8%）［4.5%］	1,207（4.5%）［5.4%］	▲196

注：（　）内は全クラブ数（2022年：26,683、2021年：26,925）に対する割合、［　］内は利用料の減免を行っているクラブ数（2022年：22,409、2021年：22,426）に対する割合である。

（2）利用料減免の方法（か所）

利用料減免の方法（複数回答）	2022年	2021年	増減
生活保護受給世帯	17,309（64.9%）［77.2%］	17,404（64.6%）［77.6%］	▲95
利用料の免除	14,084（52.8%）［62.8%］	14,315（53.2%）［63.8%］	▲231
利用料の半額のみ徴収	912（3.4%）［4.1%］	838（3.1%）［3.7%］	74
所得に応じて複数段階で減額	46（0.2%）［0.2%］	37（0.1%）［0.2%］	9
その他	2,267（8.5%）［10.1%］	2,214（8.2%）［9.9%］	53
市民税非課税世帯	11,147（41.8%）［49.7%］	10,789（40.1%）［48.1%］	358
利用料の免除	5,830（21.8%）［26.0%］	5,974（22.2%）［26.6%］	▲144
利用料の半額のみ徴収	2,237（8.4%）［10.0%］	2,196（8.2%）［9.8%］	41
所得に応じて複数段階で減額	548（2.1%）［2.4%］	275（1.0%）［1.2%］	273
その他	2,532（9.5%）［11.3%］	2,344（8.7%）［10.5%］	188
所得税非課税・市町村民税非課税世帯	3,257（12.2%）［14.5%］	2,948（10.9%）［13.1%］	309
利用料の免除	958（3.6%）［4.3%］	713（2.6%）［3.2%］	245
利用料の半額のみ徴収	879（3.3%）［3.9%］	882（3.3%）［3.9%］	▲3
所得に応じて複数段階で減額	649（2.4%）［2.9%］	621（2.3%）［2.8%］	28
その他	771（2.9%）［3.4%］	732（2.7%）［3.3%］	39
就学援助受給世帯	7,284（27.3%）［32.5%］	6,883（25.6%）［30.7%］	401
利用料の免除	2,741（10.3%）［12.2%］	2,940（10.9%）［13.1%］	▲199
利用料の半額のみ徴収	2,384（8.9%）［10.6%］	2,055（7.6%）［9.2%］	329
所得に応じて複数段階で減額	34（0.1%）［0.2%］	32（0.1%）［0.1%］	2
その他	2,125（8.0%）［9.5%］	1,856（6.9%）［8.3%］	269
ひとり親世帯	7,516（28.2%）［33.5%］	7,270（27.0%）［32.4%］	246
利用料の免除	365（1.4%）［1.6%］	400（1.5%）［1.8%］	▲35
利用料の半額のみ徴収	2,021（7.6%）［9.0%］	1,961（7.3%）［8.7%］	60
所得に応じて複数段階で減額	393（1.5%）［1.8%］	186（0.7%）［0.8%］	207
その他	4,737（17.8%）［21.1%］	4,723（17.5%）［21.1%］	14
兄弟姉妹利用世帯	14,868（55.7%）［66.3%］	15,014（55.8%）［66.9%］	▲146
利用料の免除	571（2.1%）［2.5%］	588（2.2%）［2.6%］	▲17
利用料の半額のみ徴収	5,811（21.8%）［25.9%］	5,777（21.5%）［25.8%］	34
所得に応じて複数段階で減額	34（0.1%）［0.2%］	35（0.1%）［0.2%］	▲1
その他	8,452（31.7%）［37.7%］	8,614（32.0%）［38.4%］	▲162
その他市町村が定める場合	10,416（39.0%）［46.5%］	10,647（39.5%）［47.5%］	▲231
利用料の免除	3,900（14.6%）［17.4%］	3,796（14.1%）［16.9%］	104
利用料の半額のみ徴収	2,081（7.8%）［9.3%］	2,164（8.0%）［9.6%］	▲83
所得に応じて複数段階で減額	504（1.9%）［2.2%］	698（2.6%）［3.1%］	▲194
その他	3,931（14.7%）［17.5%］	3,989（14.8%）［17.8%］	▲58
その他クラブが定める場合	1,030（3.9%）［4.6%］	1,423（5.3%）［6.3%］	▲393
利用料の免除	59（0.2%）［0.3%］	46（0.2%）［0.2%］	13
利用料の半額のみ徴収	159（0.6%）［0.7%］	133（0.5%）［0.6%］	26
所得に応じて複数段階で減額	5（0.0%）［0.0%］	203（0.8%）［0.9%］	▲198
その他	807（3.0%）［3.6%］	1,041（3.9%）［4.6%］	▲234

注：（　）内は全クラブ数（2022年：26,683、2021年：26,925）に対する割合、［　］内は利用料の減免を行っているクラブ数（2022年：22,409、2021年：22,426）に対する割合である。

資料 20 放課後児童クラブ数及び登録児童数・待機児童数

2022年5月1日現在 厚生労働省調査

都道府県名	クラブ数（か所）	登録児童数（人）	利用できなかった児童数（人）	放課後児童支援員等数（人）	うち常勤職員数（人）	常勤職員の割合
北海道	610	27,777	164	3,080	1,355	44.0%
青森県	182	11,161	5	849	498	58.7%
岩手県	313	13,190	69	1,604	760	47.4%
宮城県	284	16,481	252	1,723	972	56.4%
秋田県	187	9,749	41	1,074	479	44.6%
山形県	266	12,500	62	1,355	763	56.3%
福島県	246	14,770	251	1,367	689	50.4%
茨城県	596	38,658	235	4,440	1,042	23.5%
栃木県	509	21,290	14	2,831	1,181	41.7%
群馬県	363	16,311	0	2,098	751	35.8%
埼玉県	1,159	51,576	1,030	7,059	2,681	38.0%
千葉県	793	43,730	745	5,817	1,875	32.2%
東京都	1,840	121,122	3,465	17,510	6,047	34.5%
神奈川県	506	24,090	467	3,510	628	17.9%
新潟県	338	16,638	25	1,931	945	48.9%
富山県	173	6,831	68	1,194	126	10.6%
石川県	242	10,187	0	1,122	445	39.7%
福井県	167	7,109	0	800	393	49.1%
山梨県	222	9,432	31	751	484	64.4%
長野県	302	17,598	0	1,578	595	37.7%
岐阜県	309	13,565	38	1,979	625	31.6%
静岡県	502	22,023	512	2,716	919	33.8%
愛知県	699	38,054	298	4,920	1,083	22.0%
三重県	448	18,051	52	2,921	740	25.3%
滋賀県	274	15,968	41	2,319	723	31.2%
京都府	252	14,453	18	1,566	621	39.7%
大阪府	530	28,893	199	3,033	880	29.0%
兵庫県	514	24,354	449	3,010	1,187	39.4%
奈良県	207	12,597	44	1,404	446	31.8%
和歌山県	143	6,142	116	782	267	34.1%
鳥取県	121	5,430	27	822	272	33.1%
島根県	177	6,531	90	1,136	352	31.0%
岡山県	241	9,439	3	1,723	613	35.6%
広島県	282	12,637	99	1,547	544	35.2%
山口県	268	13,800	378	2,011	449	22.3%
徳島県	189	8,174	80	1,093	529	48.4%
香川県	176	7,266	27	794	351	44.2%
愛媛県	181	8,804	189	1,223	254	20.8%
高知県	96	3,330	57	524	231	44.1%
福岡県	461	29,615	357	3,299	1,097	33.3%
佐賀県	283	11,851	173	1,550	577	37.2%
長崎県	243	10,002	24	1,340	542	40.4%
熊本県	338	13,147	181	1,736	722	41.6%
大分県	244	9,408	24	1,480	477	32.2%
宮崎県	228	8,563	140	1,154	543	47.1%
鹿児島県	430	16,489	121	2,274	860	37.8%
沖縄県	472	19,246	640	2,682	1,461	54.5%
都道府県合計	17,606	878,032	11,301	112,731	40,074	35.5%

指定都市名	クラブ数（か所）	登録児童数（人）	利用できなかった児童数（人）	放課後児童支援員等数（人）	うち常勤職員数（人）	常勤職員の割合
札幌市	248	24,024	0	2,042	631	30.9%
仙台市	238	15,008	20	1,264	956	75.6%
さいたま市	296	12,040	311	1,924	640	33.3%
千葉市	176	9,893	83	954	588	61.6%
横浜市	574	35,258	0	6,868	1,159	16.9%
川崎市	138	14,405	0	1,760	391	22.2%
相模原市	124	7,357	107	1,563	122	7.8%
新潟市	182	11,620	0	1,286	523	40.7%
静岡市	97	5,935	30	585	28	4.8%
浜松市	165	7,071	261	1,540	138	9.0%
名古屋市	239	8,764	37	2,511	463	18.4%
京都市	218	15,574	0	1,101	670	60.9%
大阪市	187	6,163	0	931	274	29.4%
堺市	92	8,417	0	1,378	96	7.0%
神戸市	240	16,752	0	1,936	506	26.1%
岡山市	210	8,829	167	1,398	356	25.5%
広島市	212	12,512	165	2,249	620	27.6%
北九州市	133	11,928	0	1,716	363	21.2%
福岡市	139	17,492	0	850	695	81.8%
熊本市	176	6,687	8	620	248	40.0%
指定都市合計	4,084	255,729	1,189	34,476	9,467	27.5%

（※）放課後児童支援員等は、育成支援の周辺業務を行う職員及びボランティアを含めない。

中核市名	クラブ数（か所）	登録児童数（人）	利用できなかった児童数（人）	放課後児童支援員等数（人）	うち常勤職員数（人）	常勤職員の割合
函館市	68	2,674	3	428	172	40.2%
旭川市	96	3,260	0	522	213	40.8%
青森市	51	3,160	0	238	210	88.2%
八戸市	48	2,024	0	252	140	55.6%
盛岡市	68	3,325	42	439	151	34.4%
秋田市	54	2,289	16	370	155	41.9%
山形市	78	3,944	0	369	230	62.3%
福島市	94	3,419	9	532	261	49.1%
郡山市	107	4,369	161	548	95	17.3%
いわき市	79	3,341	24	424	236	55.7%
水戸市	98	5,118	0	637	92	14.4%
宇都宮市	71	6,116	0	690	327	47.4%
前橋市	87	4,660	0	604	237	39.2%
高崎市	101	4,195	0	564	190	33.7%
川越市	86	3,371	0	267	193	72.3%
川口市	135	5,354	0	470	97	20.6%
越谷市	53	3,170	213	243	236	97.1%
船橋市	105	5,580	311	550	550	100.0%
柏市	89	3,876	40	320	171	53.4%
八王子市	90	6,419	0	760	169	22.2%
横須賀市	78	2,336	11	567	101	17.8%
富山市	126	6,356	47	862	217	25.2%
金沢市	103	5,185	8	666	217	32.6%
福井市	81	3,565	0	642	187	29.1%
甲府市	53	1,732	0	149	92	61.7%
長野市	87	8,435	0	989	374	37.8%
松本市	41	3,351	0	367	120	32.7%
岐阜市	46	3,517	38	336	72	21.4%
豊橋市	98	3,696	1	534	93	17.4%
岡崎市	51	3,180	129	652	164	25.2%
一宮市	60	3,377	0	537	32	6.0%
豊田市	72	3,928	0	856	73	8.5%
大津市	65	3,937	0	533	213	40.0%
豊中市	41	4,592	0	235	235	100.0%
吹田市	36	4,680	68	452	247	54.6%
高槻市	82	3,539	55	329	56	17.0%
枚方市	96	4,663	114	296	124	41.9%
八尾市	89	3,510	0	264	264	100.0%
寝屋川市	41	2,224	0	150	150	100.0%
東大阪市	56	4,334	98	557	206	37.0%
姫路市	121	4,465	34	560	55	9.8%
尼崎市	91	3,392	416	386	215	55.7%
明石市	28	3,701	0	331	113	34.1%
西宮市	97	4,248	116	524	218	41.6%
奈良市	47	3,907	0	564	152	27.0%
和歌山市	105	3,668	128	513	434	84.6%
鳥取市	76	3,048	0	422	197	46.7%
松江市	81	3,311	41	599	202	33.7%
倉敷市	163	5,759	55	954	398	41.7%
呉市	64	2,675	0	253	76	30.0%
福山市	72	6,087	0	383	383	100.0%
下関市	37	2,539	132	200	128	64.0%
高松市	135	5,012	161	981	199	20.3%
松山市	55	5,821	37	915	251	27.4%
高知市	90	3,909	64	312	252	80.8%
久留米市	49	4,546	0	256	99	38.7%
長崎市	96	6,606	0	947	341	36.0%
佐世保市	73	2,536	0	414	164	39.6%
大分市	70	5,316	0	561	149	26.6%
宮崎市	57	4,559	59	502	203	40.4%
鹿児島市	214	8,414	34	1,367	48	3.5%
那覇市	112	5,077	25	698	308	44.1%
中核市合計	4,993	258,397	2,690	31,842	11,947	37.5%
総合計	26,683	1,392,158	15,180	179,049	61,488	34.3%

（※）本調査における「利用できなかった児童」とは調査日時点において、放課後児童クラブの対象児童で、利用申し込みをしたが何らかの理由で利用（登録）できなかった児童を指す。
- 利用申し込み時点において登録できなかった児童が調査日時点において他のクラブを利用している場合には、本調査の待機児童数には含めない。
- 放課後児童クラブを調査日時点において利用しているが、第一希望のクラブでないなど、保護者の私的な理由により他のクラブに利用希望が出ている場合には、本調査には含めない。
- 他に利用可能な放課後児童クラブがあるにもかかわらず、特定の放課後児童クラブを希望するなど、保護者の私的な理由により待機している場合には本調査の待機児童数には含めない。
  ※他に利用可能な放課後児童クラブとは、以下2点を満たすものをいう。
  （1）開所時間が保護者の希望に応えている。（例：希望の放課後児童クラブと開所時間に差異がない）
  （2）立地条件が通所するのに無理がない。（例：通常の交通手段により、20～30分で通所が可能）
- 利用申し込み時点において登録できなかった児童の保護者が求職活動中の場合については、本調査の待機児童数に含めることとするが、調査日時点において、求職活動を休止していることの確認ができる場合には、含めない。
- 産休、育休明けの利用希望として事前に利用申し込みが出ているような、利用予約（利用希望日が調査よりも後のもの）の場合には、本調査の待機児童数には含めない。
- 保護者が育児休業中の場合については、放課後児童クラブの利用が可能となったときに復職することを、調査日時点などにおいて継続的に確認し、復職に関する確認ができる場合には、本調査の待機児童数に含める。ただし、それが確認できない場合には、待機児童数に含めない。
- 児童福祉法6条の3第2項を踏まえつつ、放課後児童クラブの対象児童は地域のニーズに応じて各自治体が定めている。

資料 21 認可外保育施設の現況（2021 年 3 月 31 日現在）2020（令和２）年度認可外保育施設の現況取りまとめ

厚生労働省

厚生労働省子ども家庭局において、令和３年３月 31 日現在の認可外保育施設の施設数、入所児童数の状況や、都道府県、指定都市、中核市、児童相談所設置市（以下「都道府県等」という。）が実施した指導監督の状況を取りまとめました。

※「認可外保育施設」とは、児童福祉法に基づく認可を受けていない保育施設のことで、「認証保育所」などの地方単独保育事業の施設も対象に含みます。

※指導監督は、これらの施設が、児童を保育するのにふさわしい内容や環境を確保しているかを確認するため、都道府県等が立入調査するものです。

※令和２年度末時点では、都道府県知事、指定都市市長、中核市市長又は児童相談所設置市市長への届出が義務付けられている認可外保育施設に対する立入調査は、原則として年１回以上行い、認可外の居宅訪問型保育事業については年１回以上集団指導を行うこととしました。また、やむを得ずに対象を絞る場合でもベビーホテルについては必ず年１回以上立入調査を行うこととされています。

※ベビーホテルとは、①夜８時以降の保育、②宿泊を伴う保育、③一時預かりの子どもが利用児童の半数以上、のいずれかを常時運営している施設をいいます。

Ⅰ 施設数、入所児童数の状況

１ 施設数の状況

（1）届出対象施設数

令和３年３月 31 日現在の届出対象施設数は前年と比較し 1,185 か所の増加となっている。

（単位：か所）

区 分	3年3月現在施設数	2年3月現在施設数	増減
ベビーホテル	1,115	1,255	▲140
事業所内保育施	8,426	8,210	216
うち院内保育施設	2,962	2,977	▲15
認可外の居宅訪問型保育事業	6,687 [事業者：443 個人：6,244]	5,454 [事業者：436 個人：5,018]	1,233 [事業者：7 個人：1,226]
その他の認可外保育施設	4,035	4,159	▲124
計	20,263	19,078	1,185

（2）入所児童数の規模別施設数

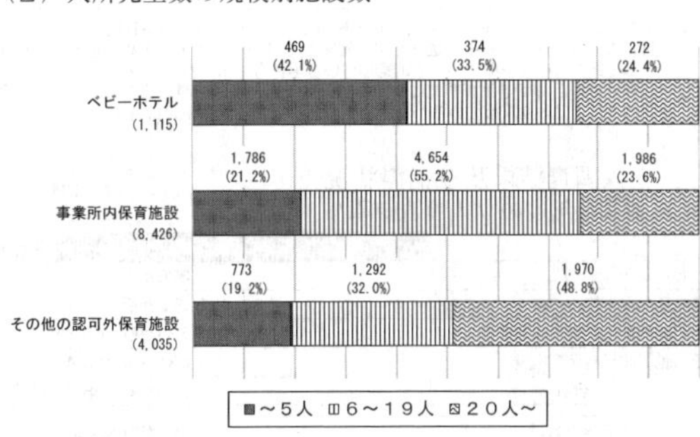

（3）届出対象施設数の変動状況、増減理由

（単位：か所）

区 分	ベビーホテル	事業所内保育施設	うち院内保育施設	認可外の居宅訪問型保育事業	その他の認可外保育施設	計
新設	95	437	61	2,245	356	3,133
移行	46	103	24	−	82	231
廃止・休止	▲185	▲272	▲88	▲1,012	▲352	▲1,821
転換	▲92	▲35	▲4	−	▲104	▲231
認可の施設・事業への移行（内訳は次表）	▲4	▲17	▲8	−	▲106	▲127
増 減	▲140	216	▲15	1,233	▲124	1,185

「新設」…令和２年度に新たに届出が提出された施設。
「移行」…令和２年度に、認可外保育施設における他の事業区分から移行した施設。
「転換」…令和２年度に、認可外保育施設における他の事業区分に転換した施設。
「認可の施設・事業への移行」…令和２年度に、認可保育所等の子ども・子育て支援新制度の施設・事業に移行した施設。

（4）認可の施設・事業への移行の内訳

（単位：か所）

区 分	ベビーホテル	事業所内保育施設	うち院内保育施設	その他の認可外保育施設	計
認可保育所（保育所型認定こども園を含む。）	1	0	0	78	79
幼保連携型認定こども園	0	1	0	1	2
小規模保育事業	3	3	0	26	32
事業所内保育事業	0	13	8	1	14
家庭的保育事業	0	0	0	0	0
計	4	17	8	106	127

２ 入所児童数の状況

（1）届出対象施設の入所児童数

就学前入所児童数は230,046人であった。

年齢別では、０～２歳児は135,885人、３歳以上の児童は93,651人、年齢不明が510人となっている。

なお、この他に両親が夜間働いているなどの理由で認可外保育施設を利用している小学校就学児も9,383人いる。

（単位：人）

区 分	3年3月現在入所児童数	2年3月現在入所児童数	増減
ベビーホテル	14,417	19,433	▲5,016
事業所内保育施設	115,516	114,065	1,451
うち院内保育施設	43,241	47,398	▲4,157
認可外の居宅訪問型保育事業	6,832 [事業者：2,521 個人：4,311]	6,147 [事業者：2,363 個人：3,784]	685 [事業者：158 個人：527]
その他の認可外保育施設	93,281	104,237	▲10,956
計	230,046	243,882	▲13,836

（2）年齢区分別入所児童数

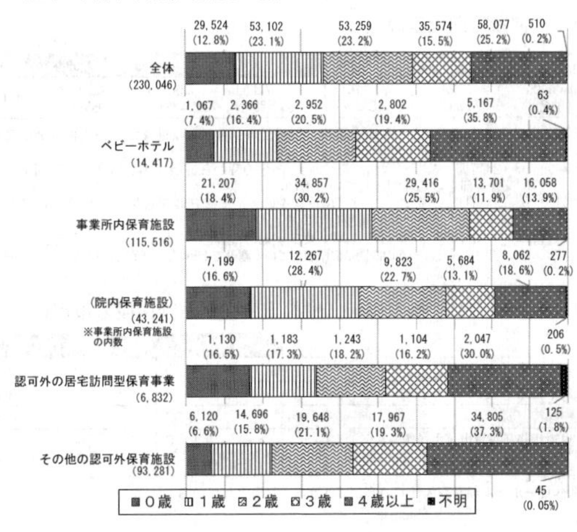

II　届出対象施設に対する立入調査の状況

立入調査が未実施の施設についても、都道府県等が以下の取組を実施している場合がある。

○施設から書類等の提出を求め、それを審査することで調査項目の一部について確認している場合。

○巡回支援（指導監督基準や死亡事故等の重大事故の防止に関する指導・助言）を行っている場合。

1　立入調査の実施状況

（1）立入調査の実施状況

	3年3月現在の届出対象施設数	実施か所数（実施率）	未実施か所数（未実施率）
ベビーホテル	1,115か所	584か所（52.4%）	531か所（47.6%）
事業所内保育施設	8,426か所	5,217か所（61.9%）	3,209か所（38.1%）
認可外の居宅訪問型保育事業	6,687か所 [事業者：443　個人：6,244]	811か所（12.1%） [事業者:113（25.5%） 個人：698（11.2%）]	5,876か所（87.9%） [事業者:330（74.5%） 個人:5,546（88.8%）]
その他の認可外保育施設	4,035か所	2,225か所（55.1%）	1,810か所（44.9%）
合計（※1）	20,263か所	8,837か所（43.6%）	11,426か所（56.4%）
参考（認可外の居宅訪問型保育事業を除いた数）	13,576か所	8,026か所（59.1%）	5,550か所（40.9%）
前年度合計（※2）	13,624か所	10,125か所（74.3%）	3,499か所（25.7%）

※1：新型コロナウイルス感染症拡大防止の観点から、31自治体が各管内の一部の施設に対する立入調査の実施を見送ったが、施設から書類等の提出を求め、それを審査することで調査項目の一部について確認している場合も「未実施か所数」に含まれている。

※2：認可外の居宅訪問型保育事業に対する年1回以上の集団指導の実施については、令和2年4月1日より求めているため、前年度合計である本数値には含まれていない。

（2）都道府県、指定都市、中核市、児童相談所設置市別の立入調査の実施率の分布

	100%	90%以上100%未満	80%以上90%未満	80%未満	届出対象施設数	実施か所数（実施率）
都道府県（47）	8	7	6	26	11,307か所	3,758か所（33.2%）
指定都市（20）	3	3	2	12	4,920か所	2,994か所（60.9%）
中核市（60）	8	12	7	33	3,228か所	1,955か所（60.6%）
児童相談所設置市（中核市を除く）(3)	0	0	0	3	808か所	130か所（16.1%）
合計（130）	19（14.6%）	22（16.9%）	15（11.5%）	74（56.9%）	20,263か所	8,837か所

2　立入調査結果及び指導状況

（1）令和2年度の立入調査結果

	指導監督基準に適合しているもの	指導監督基準に適合していないもの	計
ベビーホテル	320か所（54.8%）	264か所（45.2%）	584か所
事業所内保育施設	3,778か所（72.4%）	1,439か所（27.6%）	5,217か所
認可外の居宅訪問型保育事業	533か所（65.7%）	278か所（34.3%）	811か所
その他の認可外保育施設	1,434か所（64.4%）	791か所（35.6%）	2,225か所
合計	6,065か所（68.6%）	2,772か所（31.4%）	8,837か所
前年度合計	6,053か所（59.8%）	4,072か所（40.2%）	10,125か所

Chapter 5

（2）「指導監督基準に適合していないもの」についての最終的な指導状況

区　分	口頭指導	文書指導	改善勧告	公表	事業停止命令	施設閉鎖命令	合計
ベビーホテル	81か所	182か所	1か所	–	–	–	264か所
事業所内保育施設	677か所	762か所	–	–	–	–	1,439か所
認可外の居宅訪問型保育事業	138か所	140か所	–	–	–	–	278か所
その他の認可外保育施設	269か所	521か所	1か所	–	–	–	791か所
合計	1,165か所	1,605か所	2か所	–	–	–	2,772か所

（3）指導監督基準に適合していない主な項目

○ベビーホテル
1　施設及びサービスに関する内容の掲示：133か所
2　非常災害に対する具体的計画（消防計画）の策定・訓練の実施：108か所
3　サービス利用者に対する契約内容の書面による交付：88か所
4　安全確保への配慮：83か所
5　乳幼児の健康診断の実施：79か所

○事業所内保育施設
1　施設及びサービスに関する内容の掲示：460か所
2　非常災害に対する具体的計画（消防計画）の策定・訓練の実施：438か所
3　サービス利用者に対する契約内容の書面による交付：431か所
4　乳幼児の健康診断の実施：382か所
5　安全確保への配慮：372か所

○認可外の居宅訪問型保育事業
1　施設及びサービスに関する内容の掲示：139か所
2　サービス利用者に対する契約内容の書面による交付：116か所
3　保育に従事する者の資格等要件：90か所
4　職員の健康診断：72か所
5　非常災害に対する具体的計画（消防計画）の策定・訓練の実施：56か所

○その他の認可外保育施設
1　施設及びサービスに関する内容の掲示：337か所
2　非常災害に対する具体的計画（消防計画）の策定・訓練の実施：321か所
3　乳幼児の健康診断の実施：264か所
4　サービス利用者に対する契約内容の書面による交付：258か所
5　安全確保への配慮：255か所

<参考1>ベビーホテルについて

（1）開所時間別施設数

（単位：か所）

区分	24時間	宿泊	深夜	夜間	昼間のみ	計
施設数（割合）	212（19.0%）	92（8.3%）	73（6.5%）	250（22.4%）	488（43.8%）	1,115

「宿泊」…「24時間」開設のものを除き、午前2時から午前7時までの時間帯の全部又は一部を含んで開設しているもの。

「深夜」…「24時間」及び「宿泊」を除き、午後10時から翌日午前2時までの時間帯の全部又は一部を含んで開設しているもの。

「夜間」…「24時間」、「宿泊」及び「深夜」を除き、午後8時から午後10時までの時間帯の全部又は一部を含んで開設しているもの。

「昼間のみ」…「24時間」、「宿泊」、「深夜」及び「夜間」を除き、午前7時から午後8時までの時間帯の全部又は一部の時間帯に開設している施設であって、一時預かりをしているもの。

（2）保育時間帯別入所児童数

（単位：人）

区分	24時間保育されている者	主に夜間に保育されている者	主に昼間に保育されている者	保育時間帯が不明な者	入所児童総数
児童数（割合）	49（0.3%）	1,893（12.1%）	12,699（81.1%）	1,010（6.5%）	15,651

※小学校就学児を含むため、Iの2（1）の数と一致しない。

「主に夜間に保育されている者」…主に夜間（宿泊、深夜を含む）に保育されている者。

「主に昼間に保育されている者」…主に午前7時から午後8時まで保育されている者。

例）①午後5時から翌午前2時まで　→　「主に夜間に保育されている者」

②午前8時から午後10時まで　→　「主に昼間に保育されている者」

（3）都道府県、指定都市、中核市、児童相談所設置市別の立入調査の実施率の分布

	100%	90%以上100%未満	80%以上90%未満	80%未満	届出対象施設数	実施か所数（実施率）
都道府県（40）	19	0	6	15	635か所	179か所（28.2%）
指定都市（19）	9	3	3	4	251か所	218か所（86.9%）
中核市（52）	38	0	4	10	184か所	161か所（87.5%）
児童相談所設置市（中核市を除く）(3)	0	0	0	3	45か所	26か所（57.8%）
合計（114）	66（57.9%）	3（2.6%）	13（11.4%）	32（28.0%）	1,115か所	584か所（52.4%）

※ベビーホテルが設置されている114自治体を対象としている。

＜参考２＞企業主導型保育事業を行う施設について

企業主導型保育事業とは、多様な就労形態に対応する保育サービスの拡大を行い、保育所待機児童の解消を図り、仕事と子育ての両立に資することを目的とし、子ども・子育て拠出金を負担している企業等が、従業員のための保育施設を設置する場合に、整備費・運営費を助成する事業です。

本調査においては、「事業所内保育施設」に含まれます。

（１）施設数　（単位：か所）

総数	入所児童数の規模別施設数		
	～５人	６～19人	20人～
3,917	321	2,649	947

（２）入所児童数

企業主導型保育事業
63,679人

＜参考３＞届出対象外施設を含む認可外保育施設の状況について

（１）施設数　（単位：か所）

ベビーホテル	事業所内保育施設	うち院内保育施設	認可外の居宅訪問型保育事業	その他の認可外保育施設	計
1,176	8,493	3,010	6,687	4,305	20,661

（２）入所児童数　（単位：人）

ベビーホテル	事業所内保育施設	うち院内保育施設	認可外の居宅訪問型保育事業	その他の認可外保育施設	計
17,016	119,493	46,090	8,021	100,161	244,691

※小学校就学児を含む。

認可外保育施設の施設数・入所児童数の推移

１．届出対象施設数

区　分	令和２年度	令和元年度	平成30年度	平成29年度	平成28年度	平成27年度	平成26年度	平成25年度	平成24年度	平成23年度
認可外保育施設	20,263	19,078	12,027	9,666	7,916	7,054	8,163	7,993	7,863	7,840
ベビーホテル	1,115	1,255	1,261	1,347	1,412	1,427	1,593	1,610	1,670	1,682
事業所内保育施設	8,426	8,210	3,402	1,786	963	733	775	709	625	649
院内保育施設	2,962	2,977	611	466	433	345	366	330	294	311
認可外の居宅訪問型保育事業	6,687	5,454	3,250	1,977	903	59	－	－	－	－
その他の認可外保育施設	4,035	4,159	4,114	4,556	4,638	4,835	5,795	5,674	5,568	5,509

※令和元年７月１日から全ての事業所内保育施設が届出対象となった。（令和元年６月30日までは、雇用する労働者の監護する乳幼児のみの保育を行う施設は届出の対象外とされていた。）

２．届出対象施設の入所児童数

区　分	令和２年度	令和元年度	平成30年度
認可外保育施設	230,046	243,882	173,160
ベビーホテル	14,417	19,433	18,835
事業所内保育施設	115,516	114,065	45,789
院内保育施設	43,241	47,398	9,716
認可外の居宅訪問型保育事業	6,832	6,147	4,748
その他の認可外保育施設	93,281	104,237	103,788

※届出対象施設の入所児童数は、平成29年度以前は調査項目としていない。

資料 22 認可外保育施設数・入所児童数（都道府県別）

2021年3月31日現在

	自治体名	認可外保育施設		ベビーホテル		事業所内保育施設		うち院内保育施設		認可外の居宅訪問型保育事業		その他認可外保育施設	
		（か所数）	（人）	（か所数）	（人）	（か所数）	（人）	（か所数）	（人）	（か所数）	（人）	（か所数）	（人）
1	北海道	701	10,587	48	531	443	8,000	195	3,438	71	46	139	2,010
2	青森県	58	969	5	28	38	737	16	336	4	45	11	159
3	岩手県	103	1,238	4	75	60	871	28	534	6	7	33	285
4	宮城県	270	3,349	8	121	190	2,637	45	660	30	44	42	547
5	秋田県	59	663	2	26	38	474	14	185	4	0	15	163
6	山形県	107	1,786	7	30	57	841	29	443	3	0	40	915
7	福島県	193	3,480	14	239	101	1,800	43	1,049	12	2	66	1,439
8	茨城県	323	4,074	18	171	215	2,608	76	1,422	32	37	58	1,258
9	栃木県	204	1,852	9	73	135	1,265	46	553	31	9	29	505
10	群馬県	202	2,752	20	177	115	1,458	48	731	19	56	48	1,061
11	埼玉県	1,034	10,528	28	291	382	5,583	161	3,100	393	192	231	4,462
12	千葉県	934	8,636	42	348	414	4,729	151	2,164	365	210	113	3,349
13	東京都	5,471	40,603	437	7,643	740	7,436	185	1,503	3,425	3,414	869	22,110
14	神奈川県	1,963	19,970	58	882	506	7,241	171	2,557	964	1,453	435	10,394
15	新潟県	122	1,323	7	53	82	1,021	36	387	16	10	17	239
16	富山県	66	804	3	21	45	473	22	156	6	7	12	303
17	石川県	72	625	7	8	46	568	13	131	7	2	12	47
18	福井県	68	539	21	164	35	352	15	152	9	7	3	16
19	山梨県	80	760	1	2	60	595	19	228	5	5	14	158
20	長野県	220	2,508	25	109	116	1,609	50	904	37	69	42	721
21	岐阜県	246	2,888	8	63	173	2,079	60	872	13	15	52	731
22	静岡県	394	5,023	24	243	252	3,313	79	1,117	47	70	71	1,397
23	愛知県	934	11,619	40	318	515	6,484	146	1,869	166	173	213	4,644
24	三重県	196	2,096	11	41	119	1,349	42	603	18	8	48	698
25	滋賀県	122	1,934	3	44	82	1,215	32	559	8	3	29	672
26	京都府	323	2,741	17	99	136	894	54	682	111	213	59	1,535
27	大阪府	1,202	16,077	45	502	685	9,211	189	2,813	260	210	212	6,154
28	兵庫県	880	12,429	23	409	480	6,569	167	2,478	184	196	193	5,255
29	奈良県	141	1,647	3	15	77	1,157	36	608	38	98	23	377
30	和歌山県	98	1,061	8	141	74	782	34	488	4	0	12	138
31	鳥取県	54	1,037	0	0	41	887	14	235	2	0	11	150
32	島根県	55	772	1	6	33	562	21	397	9	7	12	197
33	岡山県	224	3,291	19	250	139	1,883	57	671	20	2	46	1,156
34	広島県	304	3,877	13	60	191	2,647	85	1,286	44	10	56	1,160
35	山口県	162	1,918	7	8	110	1,606	54	858	13	20	32	284
36	徳島県	88	1,549	2	12	61	1,019	31	270	7	0	18	518
37	香川県	106	1,419	6	79	73	937	25	367	8	9	19	394
38	愛媛県	132	2,440	9	95	82	1,591	35	631	12	6	29	748
39	高知県	73	726	6	30	43	413	30	307	9	1	15	282
40	福岡県	922	13,473	53	491	481	7,982	122	1,686	159	117	229	4,883
41	佐賀県	114	1,312	3	11	77	956	37	511	11	10	23	335
42	長崎県	111	1,589	2	38	75	1,184	34	361	10	27	24	340
43	熊本県	205	4,093	8	47	135	2,735	46	625	14	13	48	1,298
44	大分県	138	2,273	10	81	66	958	31	335	15	1	47	1,233
45	宮崎県	104	1,763	7	80	61	935	26	289	7	0	29	748
46	鹿児島県	275	3,945	8	143	215	3,111	90	1,169	17	0	35	691
47	沖縄県	410	10,008	15	119	132	2,759	22	521	42	8	221	7,122
	都道府県合計	20,263	230,046	1,115	14,417	8,426	115,516	2,962	43,241	6,687	6,832	4,035	93,281

資料：厚生労働省「令和２年度認可外保育施設の現況取りまとめ」を元に、都道府県の数値に指定都市・中核市・児童相談所設置市の数値を加算

2022年　保育問題日誌（2022.1.1～12.31）

作成　村山祐一（保育研究所／保育アナリスト）

	政府・自治体の動き	民間の動き	子どもをめぐる状況
一月	5日　読売「子への『懲罰権』削除　民法体罰の禁止明示―法制審決定へ」 10日　毎日「広島・山口・沖縄３県でまん延防止開始―全国8249人感染、前週比15倍」 14日　内閣府は「令和３年度保育士等処遇改善特例交付金交付要綱」及び「保育士等処遇改善特例事業等に関する自治体向けFAQ Ver. 1』公表。 15日　東京「濃厚接触待機期間14日間から短縮、一般→10日、警察・介護等→最短６日」 21日　毎日「過疎自治体５割超す―指定885市町村に人口減加速」 23日　朝日「国内感染５万人超東京１万人超」☆読売「広島の社福法人30億流出、県が特別監査」 24日　東京「子育て家庭に家事支援―24年度目標育児負担減や孤立防止」 25日　東京「まん延防止34都道府県へ、18道府県27日から追加、きょう正式決定」☆毎日「全国で４万4810人感染―都内自宅療養３万人」☆東京「受診せず自宅療養容認、厚労相若年対象、検査も自身で」 26日　毎日「予算資料３省で誤り―総務に続き文科・法務・国交、４閣僚が陳謝」 27日　東京「『保育所実地検査義務存続を』削除案に意見280件、改正夏以降に延期」☆毎日「意識不明事故も検証を―保育所・幼稚園　政府有識者会議が報告書」 29日　読売「感染８万人超す―大阪初の１万人」☆読売「濃厚接触者待機７日に短縮、エッセンシャルワーカー５日目解除」☆読売「新型コロナ自宅療養35万人、１週間余りで３倍超」 31日　厚労省児童福祉施設等の感染防止対策・指導監査の在り方に関する研究会は「報告書」公表	4日　毎日「東京・沖縄感染100人超、３カ月ぶり各地でオミクロン―米軍基地由来拡大か」 8日　毎日「介護現場８割人手不足」 11日　毎日「わいせつ保育士復帰に異論―再登録10年後に延長検討、残る不安」☆読売「コロナ禍高齢者虐待深刻『家庭内』最多１万7281件」☆読売社説「こども家庭庁―縦割り克服する体制を整えよ」 12日　朝日社説「介護等賃上げ―財源の話、選挙前こそ」 13日　朝日「自宅療養が急増」☆毎日「新型コロナ　学校、保育、介護も欠勤増―沖縄の社会生活危機」 14日　毎日社説「子どもと社会―『大人本位』を見直す時だ」 20日　保育研究所オンラインセミナー「保育の今と明日への展望―コロナ禍の実態から考える」開催 21日　東京「保育所指導監査にコロナの影―実地検査『削除』に保護者不安、後絶たない事故質向上に逆行」☆東京「自殺者なお２万人超、コロナ前より増」 22日　朝日「統計不正国交省10人処分、二重計上関与の幹部ら」 26日　毎日「保育現場見ずに監査？要件から『実地』削除へ―自治体コロナ名目に／識者ら『安全』懸念」 27日　保育３団体は「新型コロナウイルス感染症の急拡大にともなう現場の現状と課題等について」厚労省に要望 28日　毎日「保育休園働けぬ親、この感染増、検査逼迫追い打ち―スタッフ不足『自粛』も拡大、休業助成金不便の声」☆東京「『原発事故被ばく甲状腺がんに』当時６～16歳の６人東電提訴」 29日　読売埼玉「障害児通所で不正受給、指定取り消し八潮３事業所１億円」	3日　読売「母子自宅で死亡、夫が心中図る？―鹿児島」 11日　読売「２か月児の次男冷凍庫に―大阪・暴行容疑父を逮捕」 19日　読売「子ども感染急拡大、オミクロン、経路『家庭内』が半数」☆朝日「休校次々―感染者ゼロでも急拡大警戒、保護者困惑も」☆読売「子供の誤飲防げ―都がガイド作成」 20日　埼玉「学校などクラスター県内感染最多保育所は休園も」☆読売「歌舞伎町転落死、子２人に睡眠薬　母再逮捕―殺人未遂容疑」 22日　毎日「５～11歳ワクチン承認、子ども接種期待と不安と」☆埼玉「県内173校学級閉鎖」 25日　東京「保育所休園最多327か所―前週の４倍弱」☆日経「待機児童解消から転換、保育施設目立つ定員割れ、質向上・多様性確保に軸足―港区の子育て支援策」 27日　朝日「休園最多ペース、もう限界保育所も保護者も、保育士不足登園自粛要請も」☆朝日「社会の支え手瀬戸際、エッセンシャルワーカー逼迫、検査キット不足対応の足かせに」☆東京「学級閉鎖・休校首都圏相次ぐ―調査35区市のうち34」☆山形「新型コロナ県内保育施設休園相次ぐ、『地域の拠点園確保を』関係者社会機能維持へ提言」☆朝日名古屋「保育所休園次はうちでは、親は危惧、現場は対策手いっぱい」 28日　毎日「３か月長女傷害致死容疑母逮捕―埼玉県警」 29日　読売「子供の体力密なくUP、コロナで低下　縄跳び注目」 30日　東京「学校の集団感染急増、教育現場模索、１週間で317件昨年最多の３倍」
二月	1日　毎日「公立校教員2558人不足、21年度当初講師のなり手減少」 2日　読売「休校『５日程度』に短縮―文科省方針」 3日　東京「感染者家族待機７日に、最長17日から短縮」☆毎日「担任１割『臨時教員』文科省公立小中を初調査」☆読売「感染増速度は鈍化、学校・保育施設で拡大―厚労省」 4日　内閣府は「保育士等処遇改善特例事業等に関する自治体向けFAQ Ver. 2」発出☆東京「国内感染初の10万人超―累計300万人超え」 5日　東京「園児のマスク着用推奨、『２歳以上』は修正『発育に応じて』―分科会方針」☆毎日「近距離の合唱自粛を、緊急事態並み対応通知―文科省」 7日　厚労省事務連絡「保育所、放課後児童クラブ等の職員へのワクチン追加接種について」発出 8日　厚労省事務連絡「オミクロン株の特性を踏まえた保育所等における感染症対策等について」発出 9日　朝日「高級時計収賄の疑い、京都市の局長を逮捕、民間保育園監査めぐり」 15日　厚労省事務連絡「保育所等における新型コロナウイルスへの対応にかかるQ&Aについて（第13報）」発出 16日　朝日「コロナ死者最多236人、国内感染400万人超す」	3日　東京「厚労省通知は『原則開所』休園基準なし、保育所苦慮」☆毎日・名古屋「新型コロナ対策手詰まり相次ぐ休園、保育園悲鳴、職員『毎日プレッシャー』」 8日　毎日「臨時休園保育園３週連続で最多、全国777カ所」☆東京「『休園代替保育』促進へ支援」 7日　毎日「コロナ休園・学級閉鎖の２週間―在宅勤務は『修羅場』」 9日　東京「休校助成事前同意不要保護者勤務先介さず申請可―厚労省批判受け見直し」☆東京社説「子どもの感染増―対策徹底して守りたい」 10日　東京「厚労省通知『園児にマスク』疑問の声、正しい着用難しく『目配り必要』保育士負担増」☆朝日「少子化の町消えゆく保育の場―青森県・中泊町小泊地区の場合、撤退を検討中『日本各地で起きる問題』」☆東京社説「懲戒権の削除『親の暴力』なくすために」 17日　朝日「子どもへの性暴力第６部子どもたちの間で」連載 19日　毎日「岡山・女児虐待死、５歳のSOS届かず、児相保護解除対応検証へ」☆読売「解説『こども家庭庁』役割と課題」 20日　朝日「感染不安悩む『保活』内定したが…見送り、仕事諦められず入園、定員割れ自治体補助」	1日　朝日「休園644カ所最多、保育所等１週間で倍増」 3日　東京「児童虐待通告10万8050人21年まとめ摘発も最多2170件」 5日　朝日「第６波下の休校1114校、学年・学級閉鎖は4727校―文科省調査」 9日　毎日「４カ月児暴行され重体、母の元交際相手逮捕―大阪府警」 10日　朝日「大田区３歳衰弱死母親に懲役８年判決―東京地裁、背景に『被告の生育歴』『慣れ』指摘」☆読売「５歳娘裸で立たせ虐待―岡山１月死亡、母と男強要容疑」☆毎日「３歳落とし殺害容疑で兄を逮捕、沖縄・名護」 11日　西日本「離乳食発達に応じて変えよう」 12日　読売「０～５歳３姉妹愛知民家で死亡、殺人未遂容疑母を逮捕」 16日　朝日「幼児マスク厚労省が注意点―無理強いしない、体調変化に注意」☆毎日「児童生徒ら9.8万人感染１月、過去19カ月累計超す―文科省」 17日　埼玉「深谷市第２子保育無償化、３歳未満で県内初」☆毎日「乳児暴行死母逮捕―福岡・2018年の傷害致死容疑」☆毎日「薬剤誤投与乳児死亡―静岡県立こども病院会見し謝罪」 19日　朝日「全国の休校が減少717校、学年・学級閉鎖は増4895校」☆朝日「子乗せ電動自転車危ないのは『停止中』

	政府・自治体の動き	民間の動き	子どもをめぐる状況
二月	19日 毎日「まん延防止17道府県延長来月６日まで、５県解除決定 21日 読売「子供と親包括支援、『こども家庭センター』新設—政府方針市区町村に」 25日 朝日「ロシア、ウクライナ侵攻、主要都市軍施設を空爆」 26日 毎日「こども家庭庁の法案を閣議決定」☆埼玉「21年出生数84万２千人—人口動態速報値最少を更新	24日 朝日「休園で減収、止まらぬ貧困」☆全保連等実行委員会は「保育改善のための緊急アピール集会」開催 25日 読売「コロナ禍働く女性—保育と感染防止両立苦慮」 27日 東京「『子の訴え重視すべきだった』大和次男殺害母逮捕１週間、家裁の『施設入所却下』を疑問視」 28日 読売社説「こども家庭庁　理念に見合う組織になれるのか」	事故の８割—消費者庁」 21日 信濃毎日「５～11歳へのワクチン接種—医師と話し合い不安解消が重要」☆毎日「小１殺害容疑母逮捕、他の３人１歳までに死亡—神奈川県警」 22日 朝日「保育所休園759カ所に微増」☆毎日「新型コロナ医療・保育の現場苦悩、待機短縮『焼け石に水』人手不足変わらず」 24日 毎日「休校・休園子ども疲弊」
三月	1日 毎日「『令和臨調』６月発足、統治構造改革など提言」 2日 朝日「特別支援学校3740教室が不足、在籍者10年で16％増」 3日 読売「生活保護申請23万件、コロナ禍２年連続増」☆東京「国連総会ロシア非難決議、賛成141、棄権５孤立鮮明—ウクライナ侵攻」 4日 読売「まん延防止18都道府県延長、首相方針福岡など13県解除」 10日 厚労省は「保育所等における新型コロナウイルスによる休園等の状況」公表 16日 朝日「21年自殺者２万1007人、女性・若者の自殺減らず、『経済・生活問題』増」 18日 毎日「まん延防止18都道府県『21日解除』決定」☆東京「濃厚接触者特定不要に、政府が転換、出勤制限も求めず—基本対処方針改定」 19日 東京「地方公務員の非正規化進む、15年で1.5倍　4人に３人女性」 22日 厚労省は「令和３年度全国児童福祉主幹課長会議」開催 22日 厚労省事務連絡「保育所等における新型コロナウイルスへの対応にかかるQ&Aについて（第14報）」発出 23日 内閣府通知「認定こども園における利用定員の適切な管理について」発出☆東京「107兆円22年度予算成立10年連続で最大更新」 26日 東京「外国人『不就学』１万人、21年小中相当、東京最多3870人—文科省調査」☆埼玉「乳児遺棄致死、女児のリスク評価に誤り—美里町報告書」☆朝日埼玉「ひきこもり支援条例案可決—埼玉県、孤立・トラブル防止へ全国初」	5日 朝日「自民、こども基本法案提示、第三者機関『コミッショナー』は棚上げ、保守派反発強く」☆毎日「戦争止めよう東京でデモ」 6日 埼玉「危険な通学路７万６千カ所、全国緊急点検の最終集計」 7日 朝日社説「児童福祉法—子の利益優先の改正に」 8日 読売「休校に『独自基準』半数—121自治体　本社調査、『学び止めず運営』模索」 9日 読売「国際女性デー反戦訴える声」☆全保連常任幹事会は声明「ロシアのウクライナ侵略に抗議します」公表 10日 読売「東京大空襲77年、市民の犠牲『またか』、90歳ウクライナ侵攻に憤り」 12日 朝日「戦争報道子どもの心を気遣って」 16日 朝日「原則開園保育士の憂鬱」 17日 毎日「宮城・福島震度６強、２人死亡152人けが、新幹線脱線、停電最大223万戸」 19日 読売埼玉版「公立保育園統廃合の波、民間急増利用者25年に頭打ち」 24日 毎日「記者の目　福岡・園送迎バス熱中症死—安全対策現場任せ脱却を」 25日 毎日「児相の一時保護継続、違法—大阪地裁判決『虐待の検討不十分』」 27日 朝日「いま先生は第２部勤務の『線引き』は」５回連載☆毎日「赤ちゃんポスト15年後の『幸せ』」☆読売「コロナ禍少子化に拍車、昨年出生最少更新、育児・将来に不安、結婚も急減」 30日 東京「障害者虐待最多2400件20年度家族や施設職員から」 31日 毎日「論点—上がらない日本の賃金」☆朝日「値上げの春、食品・電気…年金は減」	1日 読売「保育所運営綱渡り—新型コロナ園児拡大、濃厚接触も自ら特定」☆朝日「３歳孫暴行死の疑い—大阪・寝屋川46歳の祖母逮捕」 2日 朝日「子の接種開始悩む保護者、５～11歳全国で本格化」 3日 京都「コロナ濃厚接触者特定市から委任、保育園多忙判断迷いも—臨時休園２月200園以上保護者仕事に影響、京都市」 4日 読売「登校の列に車児童３人軽傷—宇都宮」 6日 読売「３歳虐待夫婦逮捕、２年前死亡元交際相手の子」 7日 朝日「５歳の遺体床下に遺棄容疑—埼玉県警　本庄市、母親ら３人を逮捕」 11日 朝日「児童虐待2174件—10年で４倍増—昨年警察摘発」 12日 読売「子供コロナ感染２月最多20万人」 15日 東京「保育所休園全国513カ所、前週より減」 17日 熊本日日「緊張２年疲弊の保育士、『これ以上どうすれば』」 24日 東京「子どもの歩行中事故、死者・重症者の３割飛び出し」 25日 朝日「マグネットボール『法規制を』子の誤飲防止へ消費者庁提言」 27日 朝日「保育園の散歩『置き去り』多発、４年94件都に報告—保育士配置基準低すぎる」☆東京「医療的ケア児全国２万人、支援センター設置39都道府県に拡大—22年度中」 30日 朝日「保育中の置き去り調査へ—実態を把握　厚労相方針」 31日 朝日「保育園の申込者減少傾向続く—コロナ禍・少子化影響か」
四月	1日 朝日「保育中置き去り厚労省調査着手」 3日 東京「44都道府県で感染者増、新型コロナ前週比、再拡大警戒」 7日 毎日「小学校給食配送1.2万人分ピンチ—東大阪市車両確保できず」☆朝日「感染再拡大傾向明確に、２週間連続で増加—専門家会合分析」 11日 厚労省事務連絡「保育所等の園外活動における園児の見落とし等の発生防止に向けた取組の徹底について」発出 16日 読売「総人口64万4000人減、過去最大東京26年ぶり減少」 18日 読売「幼保施設４割浸水危険、避難計画２割未作成—本社調査」 20日 朝日「生煮えこども家庭庁設置法案論戦スタート、幼保一元化見送り、器が先行」☆日経「子ども向け予算先進国平均以下、政府引上げ探る—こども家庭庁法案審議入り」☆読売「自治体７割保育申込者減、少子化やコロナ禍—県都・政令市など本紙調査」☆福島民報「郡山でクラスター急増、保育現場悩む対策、保護者と感染食い止める」 21日 朝日「感染拡大に地域差—12道県で	2日 毎日社説「与党のこども基本法案—権利擁護につなげてこそ」☆読売「わいせつ教員厳しく排除、新法施行免許再取得の『審査』柱」 4日 東京社説「出生数最少に—効果的な対策をもっと」 6日 朝日「学習塾ターゲットは就学前」 9日 東京「コロナ禍『孤独感ある』４割、20～30代・低所得層に多く」 12日 朝日「保育士賃上げで立憲・国民法案、共同提出は今国会で初」 13日 埼玉「夫の育休収入減不安７割—取得普及に課題、民間調査」 17日 朝日「保育士届かぬ『9000円』、政権掲げる補助低調、私立、国基準超の人員、満額行き渡らず」☆読売「デジタル教科書全面移行『懸念』86％全国公立小中本社調査」 20日 朝日「保育士が大量退職、『休園』足立の私立認可保育園園児は転園」 21日 朝日社説「『こども』法案—実効性高める論戦を」☆読売「改正育児・介護休業法施行—男性育休増へ企業も変革」 22日 東京「子どもの権利条約批准28年—教員『内容知らない』３割、『適切な教材ない』声多く」☆朝日「感染	1日 朝日「佐賀市の水路で87歳と２歳死亡曽祖父とひ孫」☆朝日「通学路の安全一緒に確認—事故増える新年度」 5日 東京「保育園休園４週ぶり増—コロナ影響328カ所」 6日 毎日「小１『なりたい職業』男の子『警官』２年連続１位、女の子『医師』『保育士』上位」☆毎日「ため池に転落小１男児死亡—宮城」 7日 朝日「園児置き去り『慣れ』が怖い、記者が散歩に同行」 8日 読売「小６の６％家族の世話、ヤングケアラー厚労省調査」 10日 東京「学校給食の歴史」 13日 東京「長引くコロナ授業や部活制限／子どもの体力低下も—学校生活なお模索」 16日 朝日「慣らし保育また最初から？コロナ禍休園高止まり保護者不安」 17日 朝日「保育中に不明５歳男児死亡—放水路で発見・広島」☆毎日大阪「３人乗り自転車潜む危険—東大阪３歳死亡」 18日 埼玉「母と女児転落死か—朝霞集合住宅の敷地内に」 19日 朝日福岡「乳児の頭部外傷虐待見極め困難—福岡女児死亡立件に３年半、

	政府・自治体の動き	民間の動き	子どもをめぐる状況
四月	増加大都市圏減少、専門家組織GW警戒呼びかけ」 23日 読売「コロナ休園受け皿不足『代替保育』計画３%のみ」☆朝日「教員不足に社会人『特別免許活用を』文科省通知」 26日 政府は「原油価格・物価高騰等総合緊急対策」閣議決定、学校・保育所等給食負担軽減等も☆東京「旧こどもの城『改修中止』都の有識者一致」☆朝日「デジタル教科書浸透が課題、教員54%『使わない週も』文科省調査」 27日 読売「休日部活指導地域に移行、有識者会議提案―中学校25年度までに」	高止まり苦悩の両立、まん延防止解除１ヶ月」☆読売「双子虐待一部無罪を破棄―最高裁『検討不十分』差し戻し」 23日 読売「給食食材高騰で工夫―安価なメニュー・やむなく値上げ」☆毎日名古屋「『子どもの命守れない』人手不足配置基準見直し求める―県内保育士らがアンケート」 24日 埼玉「祭りや行事続々再開、GW中３年ぶり沸く地元、感染対策も」 26日 朝日「知床沖なお15人不明、３歳児を発見、死者11人に」	相次ぐ無罪」 21日 毎日「『学ぶ気わかない』54% 21年小中高生調査」 22日 新潟日報「ため池に近づかないで―全国で子どもの事故相次ぐ、県や専門家注意呼びかけ」 23日 朝日「保育中の事故防ぐには―広島の認可園５歳児死亡、場面ごと人数確認／施設の安全再点検」☆中国「広島園児死亡から１週間―設備に不備指摘の声も」 26日 日本海「園児の事故未然に防げ―県が『ヒヤリハット』事例集」 30日 毎日「砂浜に埋もれて未就学男児死亡―宮崎・日南」
五月	2日 内閣府等事務連絡「コロナ禍における『原油価格・物価高騰等総合緊急対策』について」発出 4日 読売「保育施設は毎月の避難訓練義務、幼稚園の訓練の少なさ懸念、津波・大雨洪水想定地域に４割―本紙調査」 5日 毎日「子ども41年連続減、人口推計1465万人過去最低更新」 12日 朝日「教員免許更新制７月廃止―改正法可決、来年度から新研修」☆東京「政府コロナ対応検証幅広く提言へ有識者初会合」 13日 朝日「『体育の授業屋内外ともマスク不要』文科相、熱中症リスク指摘」 14日 朝日「『こども家庭庁』法案可決、衆院内閣委財源・具体策見えず」☆中国「市立保育園『要改善』９割、園児死亡広島市が緊急点検、１人で外に出る恐れ」☆朝日「コロナ死者３万人に国内３カ月で１万人増加」☆東京「教諭の半数『勤務中休憩ゼロ』公立小・中アンケート」 15日 東京「ヤングケアラー支援手引―厚労省学校・自治体連携へ作成」 16日 読売「中小福祉法人の連携促進、推進制度４月開始」 18日 読売「設置法案衆院通過、こども家庭庁課題山積」 20日 厚労省事務連絡「マスクの着用の考え方及び就学前児の取扱いについて」発出☆東京「保育環境改善本腰を―こども家庭庁巡り現場が訴え」 21日 読売「マスク着脱基準明確化―政府が公式見解」☆読売「支援学校教室足りず、児童生徒増玄関転用も―全国の3740室で」 25日 厚労省事務連絡「保育所等における新型コロナウイルスへの対応にかかるQ&Aについて（第15報）」発出☆毎日「夏の登下校マスクなし―文科相学校に指導要請、熱中症対策」 28日 埼玉「障害福祉サービス５事業所を行政処分、不正受給や虐待等―埼玉県」	3日 朝日社説「揺らぐ世界秩序と憲法今こそ平和主義を礎に」 5日 毎日「記者の目―産み育てやすい社会へ試される国の本気度」☆毎日社説「『こどもの日』と平和―大切さ共に考える機会に」☆東京「私たちの声聞いて小中学生うったえ子どもの声尊重・反映を」☆東京「赤ちゃんポスト15年当事者の経験伝える」 6日 東京「ひとり親平均月収13万円『減った』25%休校など影響―第６波の２月」 10日 東京「『マスク外さない』子ども増、着用常態化で依存懸念」☆朝日「無届け保育施設１歳男児が死亡、のどにパンつまらせる」☆毎日「教員不足に緊急提言、現場の声発信働き方改善求め」 14日 京都滋賀「県内市町村８割が公立保育園で持ち帰り、おむつ廃棄に公費を」 16日 朝日「学校少しずつ制限緩和黙食だけど対面給食、修学旅行も」 18日 読売大阪「おむつ持ち帰り必要？―保育園『布』時代の名残、地域でばらつき」☆読売「妊娠・出産を考える―産後ケア」３回連載 19日 朝日「体育座りつらい『成長に悪影響』見直す動き」☆朝日「就学前の子どものマスク着用、一律推奨政府が見直し検討」 20日 読売「『社会人を教員に』活用模索、なり手不足で制度拡充」☆東京社説「コロナ検証会議―人選と期限に疑問残る」☆神戸「保育園おむつサブスク時代―事業者が購入、使い放題、準備手間いらず、県内にも拡大」☆朝日「大型連休感染急増せず」 22日 愛媛「コロナ禍の保育園―園児のマスク『日常』に、体調注視や消毒日々奮闘」 23日 埼玉「児童館利用コロナで半減―20年度、自粛・臨時休館響く」 30日 朝日「第６波増える女性の感染―女性の割合高い介護や保育現場で拡大」 31日 朝日「園児の置き去りITで防げ」	1日 神戸「チャイルドシートの誤使用５割超―固定ベルト緩みに注意」 2日 読売「コロナ禍幼児転落リスク―5、６月特に注意」☆朝日「10歳未満女児感染して死亡―栃木、ワクチン未接種」 4日 東京「多胎児家庭に保育スタッフ―NPO都内で訪問支援」 6日 東京「医療的ケア児保育施設まだ不足、看護師ら人材確保急務―支援法施行」☆東京「歩行者事故12歳以下１割減『手上げ横断』効果か」☆東京「貧困層の子『授業分からず』３倍、進学希望『中・高まで』４倍」☆埼玉「子ども１～２割うつ―コロナ禍調査家庭内抱え込みも」 9日 読売「小学男児に強制性交容疑―青森県警、障害児施設運営者逮捕」 10日 山陰中央新報「島根、急性アルコール中毒、消毒液なめ女児救急搬送―コロナ対策取扱いに注意」 11日 東京「川崎ごみ集積所乳児遺体を遺棄、容疑でタイ国籍女逮捕」 14日 読売「新型コロナ子供10万人感染４月―文科省」 16日 読売「福岡で乳児死亡あざ複数―県警母親に事情」 20日 埼玉「小５の78%登校日にゲーム、９年前に比べ14ポイント増加」 23日 産経大阪「保育園集団感染昼寝中に拡大か、電通大調査換気を助言」 25日 産経「子供の窒息・誤飲・搬送5829人　過去５年間調査０歳2217人『包み・袋』最多」 28日 読売「車内に３時間超１歳男児が死亡熱中症か―新潟」 29日 埼玉「母子３人無理心中か―所沢、帰宅した父親が発見」 31日 朝日「骨折の３歳児放置した疑い、母逮捕自宅で虐待か―埼玉・春日部」☆埼玉「用水路で４歳児死亡、自宅から外出し―加須」
六月	2日 朝日「園児置き去り報告急増、21年度は例年の２倍超都が注意喚起、全国実態把握遅れ」 3日 埼玉「物価高に自治体支援―給食費や燃料代補助」 4日 毎日「出生率1.30下落止まらず、21年出生数最少81万人、少子化想定超す速さ―人口動態統計」 6日 読売「学習端末でいじめ47件、１人１台配備、悪口書き込みなど109自治体本社調査」 7日 東京「小中校３割超『教員不足』21年度調査」 8日 朝日「防衛力強化・膨らむ財政出動―骨太の方針閣議決定」	1日 朝日社説「新しい資本主義―分配重視の理念消えた」 2日 毎日「小児検査有症状のみ―専門家組織見解　医療に負荷」 3日 毎日「食品値上げ１万品超―帝国データ調査」 4日 朝日「少子化保育現場に危機―『待機児童解消』から一転」 5日 毎日社説「加速する少子化、政策の抜本的見直しを」 8日 毎日「政府『室内は28度に』７年ぶり夏の節電要請」 11日 朝日「保育園見ずに監査　命守れる？『書面・オンライン可』厚労省案に高まる反発」	1日 読売「３歳娘の骨折放置疑い、母を再逮捕、昨年死亡虐待か―埼玉・春日部」 6日 読売「５歳虐待母ら再逮捕別の暴行容疑床下から別人の骨」 8日 東京「近視は５歳から急に進行、横浜市大などのグループ調査」 9日 毎日「マスク着用でリレー熱中症、気温21度神戸の小学校で６人搬送」 10日 埼玉「10～14歳の死因１位は自殺、新型コロナの影響か、専門家対策強化訴え」 11日 中日「子どもの食物アレルギー減少傾向、卵など早期摂取効果か、滋賀県内対象龍谷大など調査」

	政府・自治体の動き	民間の動き	子どもをめぐる状況
六月	9日 毎日「自立支援の年齢制限撤廃―改正児童福祉法成立―一時保護に司法」 11日 朝日「体育・登下校マスク外し熱中症対策を文科省改めて呼びかけ」☆朝日「部活動の安全　学校に重い責任」 14日 東京「コロナで出生数減長期化恐れ、仕事・結婚…若者不安増す―少子化白書支援の必要性指摘」☆朝日「東京の感染者数１千人を下回る―５カ月ぶり」 15日 厚労省部長通知「『児童福祉法等の一部を改正する法律』の公布について」発出、令和６年４月１日施行 16日 朝日「医療体制確保に課題、コロナ検証会議が報告書」☆朝日「こども家庭庁、来春新設、関連法成立、政策一元化財源なお不明」 18日 東京「葛飾区が５億円過大支給、補助金保育園70施設に４年間」 30日 読売「酷暑早すぎる、猛暑日151地点、全国搬送1193人・伊勢崎また40度」	17日 毎日社説「こども家庭庁発足へ―理念を実現できる体制に」 18日 朝日「もう１人保育士を！現場の叫び」 21日 福祉「保育所７割が経営不安―厚労省調査、少子化背景」 22日 朝日「保育士の処遇改善策実態と乖離―村山祐一帝京大元教授に聞く」 25日 読売「少子化加速年金財源に暗雲―子育て支援の拡充急務」☆朝日「生活保護減額『違法』３件目、東京地裁決定取り消し」 26日 朝日「６月なのに40.2度群馬・伊勢崎―全国初474地点で真夏日搬送相次ぐ」☆東京「物価高で生活苦85%、子育て中の困窮世帯」☆信濃毎日「7.10参院選―保育は今、信州の現場から」２回連載 28日 読売「教育無償化範囲に相違、各党の公約を比較」☆朝日「#保育園落ちた６年後の１票―匿名ブログ共感した人たちの思いは」☆東京社説「少子化対策―持続的な社会へ急務だ」☆毎日社説「記録的な猛暑―熱中症の防止を最優先に」	12日 毎日「２児放置疑い両親逮捕、パチンコへ４カ月次男死亡―釧路」 14日 東京「子ども交通事故登下校時が３割―交通安全白書通学路安全推進へ」 15日 読売「小学生のネット３時間以上51%―子供・若者白書」 19日 東京「エスカレーターで男児転落し重体、丸の内商業施設」 22日 読売「デジタル教科書―小中２～４割体に影響、6.5万人調査、目・首『疲れ』」 26日 東京「自転車の小１はねられ死亡―小田原」 27日 朝日「八街・児童死傷事故あす１年―7.6万カ所で危険確認対策へ」 28日 朝日「マグネットおもちゃ経産省『14歳以上に』事故多発販売業者に要請」 29日 東京「新型コロナ夏場も注意―常時換気の徹底が基本」 30日 朝日「２歳死亡祖母ら逮捕―大阪自宅に放置、外出の疑い」
七月	5日 朝日「熱中症搬送1.4万人先週10年以降で最多」 6日 内閣府等事務連絡「新型コロナウイルス感染症対応地方創生臨時交付金を活用した保育所・幼稚園・認定こども園等の支援について」発出 7日 内閣府は子ども・子育て会議第61回開催 8日 東京「21年保育事故最多2347件―死亡５件睡眠中やバス置き去り」 12日 こども家庭庁発足に向け内閣府等は「就学前のこどもの育ちに係る基本的な指針」に関する有識者懇談会開催☆読売「通級指導最多16万人超、小中校障害への理解広がる―20年度」 13日 読売「感染４カ月ぶり７万人超新型コロナ東京も１万人超え」 15日 政府は「新型コロナウイルス感染症対策の基本的対処方針」改定、濃厚接触者の待機期間変更 16日 東京「文科省不適切飲食調査へ―幼稚園連前会長ら逮捕で官房審議官ら数十人規模」 17日 厚労省事務連絡「保育所における災害発生時等における臨時休園の対応等に関する調査研究（周知）」発出☆朝日「新規感染最多11万人、14県で更新第６波超す」 21日 読売「新型コロナ感染30府県で最多全国15万人」 22日 朝日「濃厚接触者特定せず―千葉県通知保育所や幼稚園」 23日 朝日「濃厚接触待機最短３日検査キット無料配布第７波対策、自宅療養最多61万人」 24日 毎日「新型コロナ・第７波夏休み直撃最多20万人感染」 29日 東京「都の待機児童最少300人―23区内園庭のない施設増加、保育の質低下に懸念」☆朝日「感染最多更新23.3万人東京４万人」 30日 毎日「自宅療養100万人超す、新規感染者全国22万人」☆朝日「安全計画、保育施設も義務化―園児バス熱中症死１年、対策は」 31日 毎日「通園バス安全指針３県、置き去り防止策進まず―福岡熱中症死１年」	6日 東京「保育士必要、基準よりも『国は配置見直し着手を』」☆日経「進まぬ男性育休職場の壁なお、取得１割どまり収入減の不安も」☆朝日論点「こども家庭庁来春発足」 8日 毎日論点「増える非正規教員」 9日 毎日「安倍元首相撃たれ死亡―奈良で選挙演説中、41歳元海自隊員逮捕」 10日 朝日「都小学校PTA協脱退決定―全国協問われる意義」 11日 東京「参院選自民大勝改選過半数東京与野党分け合う、一人区野党4勝28敗」 13日 朝日「待機児童急減園は運営不安『隠れ待機』高止まり―本社調査」☆朝日「価格高騰の波給食にも、量減らせず現場は工夫、公費補助増か家庭の負担増か」☆朝日「水泳の授業進む民間委託」 14日 毎日「私立幼稚園前会長ら逮捕―警視庁、700万円横領の疑い6.5億円使途不明」☆東京社説「いじめ被害―園児にも起こり得る」 16日 読売社説「コロナ感染対策―個人任せではなく政府主導で」 19日 朝日「保育士処遇改善―現場からの声」 21日 東京「保育大手が公費不正受給―保育士水増し都内で1600万円」 22日 東京「こども庁→こども家庭庁名称変更に影響？旧統一教会系団体」☆毎日社説「安倍氏への銃撃事件―旧統一教会の問題解明を」 23日 毎日社説「新規感染が過去最多―重症者を守る医療体制に」 26日 朝日「待機児童減少保育の『量』優先『質』は低下」 28日 毎日社説「組織委元理事への捜査―『五輪とカネ』徹底解明を」☆全国保育団体連絡会は厚労省・内閣府と懇談し保育士増員と監査の規制緩和反対の署名を提出 29日 毎日社説「コロナ発熱外来の逼迫―対策を怠った責任は重い」	1日 朝日「２歳熱中症死祖母ら逮捕、部屋に11時間放置容疑―大阪」 2日 岩手日報「熱中症リスク高い幼児、『室内でも水分』専門家呼びかけ」☆毎日「乳児遺棄容疑で10代女性逮捕―神奈川の畑」 3日 東京「暑くてもマスク外せず学校『登下校・体育は不要』」 5日 南日本「キー閉じ込み注意　乳幼児車内取り残し、県内ヒヤリ事例炎天下命の危険」 8日 朝日「外で遊べない夏―保育暑さで中止基準３割、指定市・23区、熱中症予防と両立悩む現場」 18日 東京「深刻学童保育待機１万人『公設』不足『民間』高額」 19日 東京「小中学生10年で100万人減―共同通信調査、2020年956万人3000校減る」 22日 埼玉「乗用車に子ども置き去り―５人に１人が経験」 23日 東京「子どもの転落４割経験―窓・ベッド・抱っこひもすり抜け―消費者庁」☆岐阜「マスク熱中症も怖い―県内園児感染増で対策苦慮―室内での着用各園が判断」 27日 読売「手足口病、RSウイルス子供の感染増」☆埼玉「親の添い寝は避けて―睡眠時の乳児死亡で」 28日 毎日「濃厚接触特定やめる？―保育所・学校で広がる動き―感染拡大に不安の声も」☆毎日「『第７波』小児医療逼迫―夏の感染症増加も拍車、コロナ流行後『一番大変』」 29日 朝日「車に子ども置き去りどう防ぐ―福岡・園児バス熱中症死１年」 31日 朝日「車内の１歳児死亡、２歳姉も重体―神奈川・厚木」

月	日	政府・自治体の動き	日	民間の動き	日	子どもをめぐる状況
八月	9日	毎日「国家公務員給与上げ—人事院3年ぶりに勧告」☆埼玉「子ども感染対応手詰まり—県内保育施設76カ所閉所」	1日	毎日「コロナ人手不足深刻—保育園・公共交通維持『黄信号』」	1日	朝日「子どもから見た戦争想像して—子育て中の親、当時の作文朗読」☆東京「三男も殺害疑い再逮捕、母親否認—大和市」
	10日	朝日「人口61万人減過去最大、東京圏初の減少に—1月1日現在」	2日	読売「値上げ8月も拡大、食品2431品目」☆朝日「最低賃金31円引き上げ—過去最大平均961円に」	2日	読売「ひき逃げ1歳死亡—大阪74歳容疑者逮捕」
	15日	埼玉「医ケア児の知識なし66%—内閣府　企業型保育所を調査」	3日	毎日「不明金大半出金か幼稚園連元事務局長再逮捕へ—横領容疑、『機密費』年5000万円」☆毎日社説「臨時国会と『国葬』—会期延長し審議すべきだ」	3日	読売「子の水遊び盗撮対策を」☆朝日「車内に放置疑い母逮捕、重体の女児も死亡—神奈川・厚木」
	16日	東京「園児置き去り多発対策徹底を—厚労省防止策好例挙げ自治体に通知」	10日	朝日社説「コロナ対策—分科会開き論議尽くせ」	9日	朝日「保育士がつらいのは、手薄な配置基準　園児に寄り添えず発達の機会犠牲に」☆読売「コロナ10代以下2.2倍、小児病棟綱渡り」
	18日	埼玉「『無園児』国が初の対策へ家庭訪問、困り事把握—県内7万人利用せず」	11日	朝日社説「岸田新体制—教団との関係清算せよ」☆東京「安倍氏国葬で反対集会続々」	10日	東京「愛知・犬山の山中車内に小学生姉弟遺体、自宅に母遺体、父は不明」
	19日	毎日「全国4割の自治体、親任せ—保育園おむつ持ち帰り」2回連載	14日	毎日名古屋「新型コロナ第7波保育所綱渡り、自治体任せ『国は対応策を』」	12日	読売「防災ニッポン—大津波警報園児の避難は—訓練繰り返し避難法改善」
	20日	京都滋賀「コロナで保育施設・児童クラブ『第7波』全面休園減、市町判断基準を緩和か」☆朝日埼玉「川遊び事故後絶たず、夏に集中県警『注意を』」	17日	神戸「児童虐待高まる通報意識—県内児相への連絡10年前比で4倍」	13日	読売「ウィズコロナ保育所の奮闘『濃厚接触特定せず』広がる、登園自粛独自に」☆秋田魁新報「RSウイルス、手足口病子どもの感染症県内で増加傾向」
	26日	茨城「土浦・保育男児死亡—人員配置施設従わず、行政厳しい措置遅れる」	18日	毎日社説「組織委元理事逮捕『五輪マネー』の闇解明を」	15日	朝日大阪「戦争孤児救ってくれたママ—大阪大空襲後たどりついた『愛児の家』」
	27日	読売「文科省幹部6人懲戒、官房長ら幼稚園連から高額接待」☆東京「自宅療養最多156万人24日時点」	20日	第54回全国保育団体合同研究集会「子どもの命・平和守ろう—保育合研開幕つながる大切さ口々に」高知市にて開催	18日	埼玉「海水浴中流され死亡—新潟柏崎・川越の男児と祖父」
	30日	厚労省「保育所等関連状況取りまとめ（令和4年4月1日）」及び「『新子育て安心プラン』集計結果」公表☆読売「『恐怖今も』保育士のわいせつ後絶たず2003～20年64人が登録取り消し」	22日	埼玉「『無園児』保護者孤独感43%—NPO調査」☆読売社説「子どもの感染増—ワクチン接種をどう進めるか」	20日	読売「横断歩道に車、園児7人けが—沖縄」☆東京「炎天下『鍵閉じ込み』注意！子ども・ペット車内で熱中症相次ぐ」☆朝日「事故多発小さな交差点も、狭くて交通量少なくても」
	31日	毎日「上半期出生数38万人、初の40万人割れ、コロナ長期化響く—厚労省」☆読売「待機児童最少2944人—保育受け皿増加、少子化・コロナ預け控え定員割れも、多機能化模索」☆朝日「こども家庭庁予算1.5兆円、初の概算要求、未就園児支援本格化」☆東京埼玉「加須市水路安全対策に1億円補正予算案—10年で幼児ら6人死亡」	24日	朝日社説「第7波再燃『医療崩壊』直視せよ」	22日	毎日「2歳男児が不明自宅から外出か—富山」☆毎日「母娘殺傷中3少女逮捕、殺人未遂容疑『死刑になりたい』渋谷」
			25日	埼玉「突然の閉園に困惑、上尾の私立紅花保育園『保育士確保難しい』年度末園児66人転園へ」☆朝日「安心できる保育園どう選ぶ—コロナ下、見学不可でも現地へ様子確認を」	25日	読売「住宅に母娘遺体刺し傷33歳夫連絡つかず—大阪・堺」☆東京「4歳児虐待死疑い児相保護せず、同居の男逮捕—横浜」
			27日	赤旗「2022保育合研『保育施設での事故から考える』『働くことと子育て』」	27日	東京「学校再開で感染拡大懸念—10代増加恐れ、専門家『警戒を』」
			29日	朝日「親子の命守る『最後の砦』神戸の明照認定こども園、虐待や障害、支援必要な子3割」☆朝日社説「相次ぐ大雨—警戒怠らず復旧支援を」		
九月	1日	東京「葛飾区誤支給返還請求へ—補助金5億円72保育園に一転」	2日	朝日「上半期出生40万人割れ00年以降初」	2日	毎日「2児殺害容疑父親を再逮捕—愛知・犬山」
	2日	読売「未就園児支援へ調査—政府」	5日	朝日「待機児童ゼロ・無償化—保育士の負担軽減と待遇改善が先」☆朝日社説「待機児童対策『量』から『質』へ転換を」	6日	東京「バス置き去りか3歳死亡—静岡の幼稚園、5時間、熱中症疑い、登園園長ら2人で対応」
	5日	東京「第7波『ピークアウト』予測—対策の継続前提、緩めば高止まり」	6日	朝日「『見守りカメラ』使い方に警鐘—設置後に子ども置き去り死亡例も」☆東京「非正規公務員6割年収200万円未満—自治労連」	10日	朝日「児童虐待最多20.7万件本人の訴えは1.2%—21年度31年連続増」☆朝日「子のいる世帯、6割が『生活苦しい』—厚労省調査」☆読売「希望の子ども数『2』割る、調査で初18～34歳未婚女性」☆毎日「『結婚意思ない』過去最高—出生動向調査」
	6日	厚労省等事務連絡「保育所、幼稚園、認定こども園及び特別支援学校幼稚園部におけるバス送迎に当たっての安全管理の徹底について」発出	8日	東京「女児死亡『4つのミス』バス置き去り認定こども園陳謝」☆毎日社説「通園バスで置き去り死—教訓なぜ生かせなかった」☆毎日「公立教員の残業減らず月平均123時間—連合総研調べ」	12日	読売「働くママ75%に—厚労省調査」
	7日	東京「コロナ全数把握簡略化26日一律で導入、療養10日→7日へ短縮」	13日	読売「バス園児置き去り防げ—静岡放置死1週間、送迎バス国の安全手引きなし」☆朝日「重大事故直前の事例各地で」	13日	朝日「2歳次女逆さづりで暴行、容疑の父逮捕」
	9日	バス送迎の安全管理徹底に関する関係府省会議第1回開催	14日	毎日社説「待機児童が過去最少—保育の質に目を向けたい」	14日	日本海「鳥取県少子化対策アンケート・理想と現実の差拡大、子3人望むも育てられるのは2人、職場環境整備求める声大きく」☆東京「子どものベランダ転落秋に多発」☆読売「乳児遺体を遺棄容疑の男女逮捕—名古屋のホテル」
	10日	毎日「通園バス1万施設点検へ—首相指示、来月に再発防止策」☆東京「国連、障害児分離教育中止を—日本に勧告、精神科強制入院廃止も」☆朝日「国内感染2000万人超す第7波拡大2カ月で倍増」☆朝日「非課税世帯1600万世帯5万円給付物価対策—政府が決定」	15日	朝日「バス置き去り防ぐ現場模索—IT活用と人手充実両立急務」☆日経「待機児童ゼロ目前で模索—保育所子育て多機能拠点へ」	15日	読売「園バス車内45度超に、静岡女児死亡、県警現地で検証」☆読売「車内置き去り家庭でも注意」☆朝日埼玉「後絶たぬSNSでの子ども被害、昨年県内159人」☆毎日「自宅に置き去り3歳児の母逮捕—座間・遺棄容疑」
	13日	内閣府等事務連絡「新型コロナウイルス感染症対応地方創生臨時交付金における電力・ガス・食料品価格高騰重点支援地方交付金を活用した保育所・幼稚園・認定こども園等の支援について」発出☆厚労省事務連絡「保育所等における新型コロナウイルスへの対応にかかるQ&Aについて（第18報）」発出	17日	京都「保育所定員設定見直しへ、定員割れ相次ぎ、京都市来年1月以降」	16日	朝日「日没前後の事故10～12月に多発、横断歩行者の死亡増—警察庁」
	20日	保育情報9月号「実地検査に関わる規制緩和で、二度目のパブリックコ	18日	朝日「隠れ待機児童—多い『1、2歳児』『単願』『必要な地域に、増枠を』横浜」☆北海道「保育園進む定員割れ—札幌1366人、少子化の中市は	17日	読売大阪「里親委託解除基準は、不

	政府・自治体の動き	民間の動き	子どもをめぐる状況
九月	メント―政令での実地検査原則維持しつつ例外規定挿入か」 21日 埼玉「上尾市保育園閉園で一時公営化も検討」☆朝日「台風14号各地に爪痕、死者・不明4人重軽傷100人超」 26日 読売「全数把握見直し感染数割れる公表方法、市町村別なし多数」 29日 バス送迎安全管理徹底関係府省第3回会議開催、子ども政策担当大臣指示「緊急対策とりまとめに当たっての基本方針」公表 30日 東京「小金井市保育園廃園で専決処分、条例案継続審議決まり判断」	施設拡充」 19日 毎日「置き去り防止に苦慮、最後大人の確認頼み、園児にバスで訓練も」☆朝日「人手不足　保育現場の死角―静岡・園バス置き去りから見えるもの」 21日 朝日「保育事故防止『通知』だけ？現場、国に違和感」☆毎日「『職場にストレス』9割―スクールカウンセラー」 22日 読売「待機児童『最少』と言うけれど…保活まだまだ激戦」 25日 毎日「台風15号静岡2人死亡1人不明、土砂崩れ、断水5.5万戸」 30日 東京「来春入園『保活』ポイントは？」	服申し立て各地で、委託児童10年で1.8倍」☆東京「給食に漂白剤　教諭逮捕―埼玉の小学校」 19日 読売「カート突っ込み2歳重体2人けが―体験イベント見物中」☆東京「車2台衝突事故生後3カ月児死亡―新潟・聖籠町の町道」 23日 朝日「市営バス内に児童取り残し脱出し無事―沖縄」 25日 朝日「『魔の7歳』子ども目線で事故予防」☆朝日「千葉の小1女児自宅出た後不明、23日から」 29日 毎日「『教諭がいじめ』担任交代―滋賀・市立小」
十月	4日 内閣府は子ども・子育て会議第62回開催☆読売「教育機関への公的支出日本36位、OECD加盟37か国中」 5日 毎日「バスに置き去り安全装置を議論―国交省」 8日 東京「小金井市長辞職へ―保育園廃園問題、市議会が専決処分不承認」☆東京「小中教員残業減らない、負担減へ外部職員倍増したのに…」☆日経「老いる公園遊具修繕遅れ、全国39万基の半数、設置20年以上、子どもにケガのリスク」 13日 東京「通園バス安全装置義務化、来年4月から4.4万台対象―政府決定」 14日 東京「バス置き去り死、園に改善勧告へ―静岡県と牧之原市」 15日 朝日「摘出推定見直し閣議決定―民法改正案　親の懲戒権削除、体罰禁止明記も」 18日 東京「園バス安全装置全額補助―政府方針、上限20万円程度まで」 19日 京都「京都市保育士補助削減『働き続けられぬ』4割、待遇悪化切実な声」 21日 東京「『園庭あり』2割以下の区も」☆東京「都内感染『下げ止まり』専門家『第8波の到来懸念』」 27日 毎日「保育所実地監査緩和、安全守れる？」☆朝日「家庭電気代2割支援、1月以降財政負担兆円規模」☆朝日「パパ育休漂うひとごと感―出生時育児休業制度、課題は」 28日 東京「こども家庭庁―来年4月開始なのに…『若者の認知度3割』看板倒れ心配」☆朝日「小中の不登校最多24万人―文科省調査、コロナ禍のストレス指摘」 29日 読売「国が来年度モデル事業実施へ―未就園児にも定期保育を」	4日 朝日「子ども医療『無料』拡大、『全国一律に』『財源確立を』」 9日 東京「小金井市長保育園廃園巡り辞職、保護者ら『責任放棄』抗議集会」 10日 東京「夫の家事・育児1日2時間弱―20年で倍増でも妻の1/4」 12日 東京社説「内閣支持率続落―国民の声を聞き流すな」☆朝日「旧統一教会の解散命令要請―全国弁連、国に申し入れ書」 13日 朝日「配置基準保育士の悲鳴『4・5歳児30人に1人』70年超変わらず、園バス事故『人ごとじゃない』」 14日 毎日「前園長に禁錮2年求刑、保育士1年6月―福岡バス熱中症死」☆読売「チャイルドシート緩みに注意、誤って取り付け52%」 16日 読売社説「園児バス放置死―悲劇の再発防止に全力を尽くせ」 19日 読売「保活まずは見学」☆毎日「教員はロボットじゃない―働き方改革実名で訴え」 20日 東京社説「生活保護費判決『命のとりで』守らねば」 22日 読売「9月物価31年ぶり3%上昇、日用品上げ家計直撃」☆朝日「保育園に入りたい、残る課題は」 23日 毎日社説「通園バスの安全対策―置き去り防ぐ運用徹底を」 24日 朝日「記者解説―保育事故繰り返さぬため、保育士配置・待遇・園の質…公の責務を」 26日 読売「上野のパンダ愛され50年」☆毎日社説「旧統一教会の被害救済―実効性ある仕組み直ちに」 30日 読売「『子育て費用増』8割超、物価高、食費や電気代負担に―明治安田調査」	3日 朝日「園バス死亡こども園再開、当面送迎バス運行せず」 5日 読売「子どもの事故　成長に応じ防止」☆東京「市川の川に遺体女児か」→7日「遺体は不明小1女児DNA鑑定で特定」 6日 読売「園児出欠『目視』を重視、ICT頼り『入力が目的化』」 13日 毎日「保育所消える園児写真―園葛藤、個人情報流出を警戒」☆東京「中高生『持久力』低下、コロナ下外出、運動機会減影響か―スポーツ庁調査」☆毎日「園児死亡人的ミスの対処模索―車内放置技術強化し防ぐ」☆東京「保育中に乳児死亡、元認可外施設長書類送検―練馬」 19日 朝日「子の車内置き去り防止センサー次々」 25日 埼玉「子どもとネット良い関係は―睡眠、外遊び等優先を」☆南日本「コロナワクチン乳幼児接種悩む保護者、鹿児島県内」 26日 山梨日日「里親6割が共働き、仕事と両立できる環境を―山学短大特任教授ら全国調査」☆産経「保育施設子供の安全守るには」 27日 読売「子どもがマンガ『よい』85%―本社調査」☆読売「乳幼児コロナワクチン開始、子供接種伸び悩み―保護者不安解消がカギ」 28日 朝日「コロナ禍息苦しい子―マスク表情見えずトラブル、休む罪悪感消えた」☆読売「小中高生『紙の本読みやすい』電子書籍に比べ―読書傾向調査」 30日 読売「小学生の視力低下深刻　タブレット利用増が一因」☆朝日「『眠育』子の体と心を伸ばす、授業で睡眠学ぶ―福岡」
十一月	1日 朝日「休校時助成金3月まで延長―厚労省」 2日 読売「『こども白書』に一本化―来年から少子化・貧困など3分野」 3日 毎日「家庭庁準備室省庁に依頼、表記子供・子ども→こども」 7日 読売「内閣支持率最低36%―本社世論調査」 8日 朝日「保育園の実地検査急減―コロナ禍で実施困難／園増加で検査員不足」 10日 東京「保育士人員『安全』遠く、『配置基準、世界と比べて劣悪』」 12日 朝日「営業自粛・学校休校求めず―分科会第8波4段階に分類」 15日 山陽「園児遊具事故岡山市検証会議が報告書―見守り人数減死角に、再発防止立ち位置見直し提言」 16日 東京「東京新型コロナ感染1万人超、国内10万人超」 17日 読売「『いじめ』『暴力』過去最多―昨年度文科省調査」☆全国知事会は1歳児、4・5歳児の保育士配置基	1日 東京「教員『保護者・いじめ対応ストレス』4割超」 3日 東京「6カ月～4歳『接種推奨』小児科学会、ワクチンに見解」☆東京「保育士の配置人数引き上げを―保育団体など国会で訴え」☆全保連等「すべての子どもによりよい保育を！大集会」東京・日比谷野外音楽堂で開催 4日 東京「『改憲も軍拡も許さない』憲法公布76年、集会」 7日 毎日「子育て支援情報格差―収入急減世帯申請に開き」☆朝日「共働き妻の『ワンオペ』いつまで？家事育児夫の差4時間38分、15年変わらぬ負担」☆朝日社説「子育て支援―腰を据え、骨太な議論を」 9日 毎日「バス放置死前園長ら有罪『確認怠った過失重い』福岡地裁判決、全国で相次ぐ同様事案」 10日 埼玉「最後は人の目で確認を―バス置き去り死」☆朝日「五輪汚職」3回連載	2日 中日「『個々に寄り添えず』保育士の4割―人員不足で負担増、民間調査」 3日 東京「ベランダ転落？25階から3歳児死亡―幕張のタワーマンション」 6日 朝日「庭なき保育園奪われる遊び、待機児童減少でも環境に課題」☆東京「虐待被害『無園児』6割―過去15年、自治体検証」☆東京「2歳児窓から転落死か、マンション4階に自宅―豊中市」 11日 朝日「こどもホスピス日本で10年、医療的ケア児の預り増加」☆読売大阪「『魔の7歳』交通事故防げ、94年から最多」 14日 毎日「車内に9時間2歳死亡父が保育所に預け忘れる―大阪・岸和田」 15日 読売「4歳児ベランダ転落死、市営住宅10階母はゴミ出し中―青森」☆毎日「無理やりミルク飲ませ重体、傷害容疑で父逮捕―岡山」 16日 読売「子どもの転落防げベランダ椅子撤去、補助鍵―今月3人死亡」

	政府・自治体の動き	民間の動き	子どもをめぐる状況
十一月	準の早期実現等提言を政府に提出 18日　読売「こども家庭庁未就園児支援、来年4月発足」☆東京「学童保育利用最多134万人」 22日　読売「都内公立小教員130人欠員、病気、産休・育休増え」 23日　東京「保育園残業代未払い—港区職員58人に2875万円」 25日　東京「子育て支援新給付を検討—全世代社会保障論点整理」 30日　厚労省は「児童福祉施設の設備及び運営に関する基準等の一部を改正する省令」を公布（令和5年4月1日施行）☆厚労省事務連絡「保育所における看護師等の配置特例の要件見直しに関する留意事項について」発出☆東京「コロナ対策条件文科省黙食不要を明記」	12日　読売「マスクで保育、不安と葛藤」 13日　東京「平和実現へ9条守れ、首長の会防衛予算増を批判」 16日　朝日「子育て予算ぐらつく『倍増』『3兄弟』で唯一論議置き去り」 17日　朝日「介護福祉士育む場相次ぐ閉鎖」 19日　毎日「物価40年ぶり3.6%上昇、10月食品値上げラッシュ」 21日　朝日「後絶たない学校の『指導死』」☆読売社説「第8波の対策—自治体頼みで拡大を防げるか」 23日　朝日「支えてくれた保育士さんの力に、国の配置基準『改善を』立ち上がる保護者たち」 24日　毎日社説「深刻化するいじめ—子どもを守る体制見直しを」 25日　読売「五輪談合電通を捜査—東京地検」	18日　北海道「乳幼児の予防接種計画的に、10年前に比べて種類3倍」 19日　朝日「子どもの転落事故防ぐには—環境改善や法制化　社会の仕組み作りを」 20日　毎日「男子3割和式便器『イヤ』小学生調査」 21日　東京「子どものバランス力低下—愛知・コロナ『激しい運動減』影響？」 24日　読売「コロナ・インフル同時流行に備え—子どもが発熱したら」 25日　中国「子の転落事故どう防ぐ、高層住宅に住む乳幼児の割合広島が全国3位」 29日　朝日「困窮子育て世帯7割『家計とても厳しい』物価高に悲鳴」 30日　毎日「乳児抱っこし自転車危険—転倒死頭部大けが相次ぐ」☆埼玉「不登校が過去最多」
十二月	2日　読売「学童保育待機1万5千人超す」☆静岡「使用済みおむつ市が処分—藤枝市、来年度から市長意向、全認可保育施設で」 4日　東京「園児虐待問題園を特別監査—静岡県と裾野市」 5日　東京「園児暴行容疑3保育士逮捕、園と自宅捜査、虐待行為常態化か—静岡・裾野」 6日　朝日「保育園児虐待対応、厚労相『調査を検討』」☆読売「園児虐待、市が園長告発犯人隠避容疑、公表遅れ市長減給へ—静岡・裾野」 7日　厚労省等事務連絡「保育所等における虐待等に関する対応について」発出☆朝日「小中給食完全無償化256自治体に」 8日　埼玉「私立保育園を公営化—上尾市方針閉園後の1年間」 10日　東京「無償化で『少子化改善の兆し』親の2割『子増やしたい』—政府調査」☆日経「消えゆく公立幼稚園—5年で500施設以上閉鎖」 13日　東京「『うるさい』で遊び場閉鎖波紋、苦情1世帯で決定長野市に批判」 15日　厚労省事務連絡「保育所等における安全計画の策定に関する留意事項について」発出 17日　東京「子育て支援来年具体化、財源先送り高齢者負担増を先行—『全世代型』報告書」 19日　朝日「保育士ら配置増補助金拡充の方向—配置基準の改善、来年度は見送り」 20日　朝日「園児の頭をたたく保育施設行政指導—松戸市」 21日　読売「こども家庭庁430人体制来春発足」 23日　令和5年度政府予算案閣議決定☆厚労省事務連絡「児童福祉施設等における業務継続計画等について」発出 24日　東京「子ども予算『倍増』遠く前年度比2.6%増どまり」 26日　厚労省事務連絡「保育所等におけるインクルーシブ保育に関する留意事項等について」発出 28日　読売「不適切な保育、国が実態調査」	4日　朝日「保育士配置基準進まぬ改善—3党合意10年財源は待機児童解消・無償化に」 6日　朝日「バス放置死4人書類送検、前園長ら業務致死容疑—静岡・牧之原」 7日　朝日「園児暴行の容疑者『コロナで業務増』弁護士が接見—静岡・裾野」☆朝日「保育園虐待見えぬ全容、職場に相談『何もしてくれないことも』」☆埼玉「保育士の配置基準—見直しで健やかな育ちを」☆朝日社説「園児虐待—子を守る体制の整備を」 9日　東京「保育士なり手がいない多忙、低い待遇、早期離職も多く」☆読売社説「保育士逮捕—信じ難い虐待なぜ放置」 10日　朝日「コロナで打撃、病児保育どう守る」 11日　東京「防ごう医療崩壊—コロナ禍でみえた日本の脆弱性」☆北日本「『虐待常態化』指摘相次ぐ、富山本郷町保育園が説明会、『納得できぬ』保護者怒り、園長対応遅れ認め謝罪」 14日　東京「小金井の保護者、保育園廃園取り消し提訴『前市長の専決処分違法』」 16日　朝日「不適切保育防止へ保護者ら厚労相あて緊急要望」 19日　読売「保育士虐待『氷山の一角』人手不足『辞めてほしくても…』」☆東京社説「少子化対策—財源確保を怠る不誠実」☆毎日社説「政府の子育て支援策—政治の本気度が足りない」 21日　毎日「幼稚園連前会長有罪—東京地裁通帳偽造を認定」 24日　東京「保育園開設でも不正受給—グローバルキッズ、小金井市から150万円」 26日　読売「学校図書費自治体格差、小学校13倍　中学校27倍」 27日　毎日「心の病教員1万人超1ヶ月以上療養過去最多」 28日　東京「コロナ・インフル同時流行　年末年始発熱外来逼迫恐れ」 31日　東京社説「『戦』のない年にしたい—大みそかに考える」	1日　東京「1歳園児宙づり暴言、虐待15例、3保育士処分—静岡の私立保育園」 4日　毎日「2保育士園児虐待容疑—富山のこども園県警書類送検へ」 8日　朝日「熊本の乳児院で心理的虐待認定、職員が不適切発言」 13日　産経・大阪「『赤ちゃん忘れ』なぜ、車内放置死続発、疲労で記憶欠落『誰でも起こる』」 14日　毎日「小中学生8.8%『発達障害か』35人学級なら3人—文科省公立調査」 15日　南日本「倉庫に2歳児閉じ込め—鹿児島市の認可保育園PTSD発症」 16日　東京「子どもの体験活動所得格差—年収300万円未満世帯3人に1人『していない』」☆新潟日報「新潟で不適切保育—布団巻き付け、長時間叱責、中央区『ポポラー』園・市は非公表」 17日　毎日「支援員が園児に布団を巻き付け—新潟の保育園」☆毎日「園児虐待改善勧告従わず—日野・保育所、市『刑事告発も視野』」 18日　朝日「保育園『外の目』が重要—実地検査人手不足で低調、園児への暴行相次ぐ」 21日　東京「苦情の裏に地域での孤立—園児の声交流途絶え『騒音』に」 22日　読売「全て私立学習費1838万円、公立は574万円—幼稚園から高校、昨年度最高」 24日　毎日「小中の男女体力最低、コロナ活動制限影響か—スポーツ庁調査」 27日　朝日「慢性的人手不足ひずむ保育—激務が離職招く悪環境、各地で不適切なケース」☆朝日「園児暴行疑い3人処分保留釈放『忙しく余裕なかった』」

この日誌は月刊誌『ちいさいなかま』に毎号連載している保育問題日誌をまとめ、若干の追加を行う。『保育情報』や「切り抜き速報保育と幼児教育」を参考に若干項目を追加。

全国保育団体連絡会	162-0837　東京都新宿区納戸町26番3　保育プラザ　03-6265-3171 https://www.hoiku-zenhoren.org/
保育研究所	162-0837　東京都新宿区納戸町26番3　保育プラザ　03-6265-3173
一般社団法人 保育プラザJAPAN	162-0837　東京都新宿区納戸町26番3　保育プラザ　03-6265-3239 https://hoikuplaza.or.jp/

全国保育団体連絡会加盟団体一覧

団体名	〒	所在地	電話番号
全国保育問題研究協議会	113-0033	東京都文京区本郷５－30－20　サンライズ本郷 7F	03-3818-8026
全国幼年教育研究協議会	131-0033	東京都墨田区向島５－11－９－502	
全国障害者問題研究会	169-0051	東京都新宿区西早稲田２－15－10　関口ビル 4F	03-5285-2601
乳幼児の生活と教育研究会	156-0053	東京都世田谷区桜２－18－18　和光幼稚園内	03-3420-4352
全国学童保育連絡協議会	113-0033	東京都文京区本郷２－26－13　井口ビル 2F	03-3813-0477
全国福祉保育労働組合	111-0051	東京都台東区蔵前４－６－８　サニープレイスビル 5F	03-5687-2901
全国子どもと保育の明日を語る連絡会	273-0005	千葉県船橋市本町３－４－３　千葉保育センター内	047-424-8102
全日本民主医療機関連合会	113-8465	東京都文京区湯島２－４－４　平和と労働センター 7F	03-5842-6451
日本医療労働組合連合会	110-0013	東京都台東区入谷１－９－５　日本医療労働会館 3F	03-3875-5871
新日本婦人の会	112-0002	東京都文京区小石川５－10－20　小石川 M1 ビル	03-3814-9141
日本自治体労働組合総連合	112-0012	東京都文京区大塚４－10－７	03-5978-3580
全国民間保育園経営研究懇話会	162-0837	東京都新宿区納戸町 26－３　保育プラザ 303	03-6265-3174
赤ちゃんの急死を考える会	350-0023	埼玉県川越市並木 273－18　小山義夫方	0492-36-1976
全国小規模型保育連絡会	472-0011	愛知県知立市昭和３丁目 2-23　さくらんぼ保育園内	0566-82-4804

県名	団体名	〒	所在地	電話番号
北海道	北海道保育団体連絡会	065-0015	札幌市東区北 15 条東７－１－10　光星はとポッポ保育園内	011-742-4876
青森	青森保育団体連絡会	036-8233	弘前市山崎２－５－８　色摩明子方	0172-87-5759
岩手	岩手県保育連絡会	020-0105	盛岡市北松園４－１－５　北松園風の子保育園内	019-663-2217
宮城	宮城県保育関係団体連絡会	985-0029	塩竈市花立町１－16　あゆみ保育園内	022-365-4572
秋田	保育合研秋田県実行委員会	010-0041	秋田市広面釣瓶町 71－４　こばと保育園内	018-834-3429
山形	山形県保育関係団体連絡会	990-2401	山形市平清水福ノ神 451－11　たつのこ保育園内	023-633-3789
福島	福島県保育連絡会	960-8141	福島市渡利大豆塚７番地　さくら保育園内	024-521-4779
茨城	茨城保育運動連絡会	310-0853	水戸市平須町 1824－22　ひばり保育園内	029-243-1410
栃木	とちぎ保育連絡会	328-0101	栃木市都賀町大柿 927　石嶋陽子方	0282-92-7422
群馬	群馬県保育問題連絡会	370-1201	高崎市倉賀野 194　おひさま倉賀野保育園内	027-346-3899
埼玉	埼玉県保育問題協議会	338-0012	さいたま市中央区大戸６－７－19　ふじマンション 101	048-831-8866
千葉	千葉県保育問題協議会	273-0005	船橋市本町３－４－３	047-424-8102
東京	東京都保育問題協議会	162-0837	新宿区納戸町 26－３　保育プラザ３F	03-6265-3830
神奈川	神奈川県保育問題協議会	231-0032	横浜市中区不老町 3－12－9　加瀬ビル 201　703 号室	045-620-0492
新潟	子育て・保育ネットワークにいがた	959-0438	新潟市西蒲区下山 408　鎧郷保育園内	0256-88-2286
長野	長野県保育問題連絡協議会	394-0081	岡谷市長地権現町２－８－30　ひまわり保育園内	0266-27-2816
山梨	山梨保育運動連絡会	400-0025	甲府市朝日２－３－16　つくし保育園内	055-252-3666
富山	富山保育連絡会	931-8313	富山市豊田町１－１－８　富山協立病院内こばと保育園内	076-444-5687
石川	石川保育運動連絡会	920-0965	金沢市笠舞３－８－41　あゆみ保育園内	076-262-8816
福井	福井県保育団体連絡会	910-0026	福井市光陽２丁目 23－25　ゆきんこ光陽こども園内	0776-24-3584
静岡	静岡県保育団体連絡会	420-0871	静岡市葵区昭府１丁目 20－33　まつぼっくり内	054-270-3005
愛知	愛知保育団体連絡協議会	456-0006	名古屋市熱田区沢下町９－７　労働会館東館 308	052-872-1971

岐阜	岐阜県保育団体連絡会	508-0045	中津川市かやの木 2654－1　かやの木保育園内	0573-66-1533
三重	三重県保育団体連絡会	510-0943	四日市市西日野町八幡 1551－1　ことり保育園内	059-340-0500
滋賀	滋賀保育運動連絡会	520-2132	大津市神領３－15－１　たんぽぽ保育園内	077-544-7651
京都	京都保育団体連絡会	604-8854	京都市中京区壬生仙念町 30-2　ラボール京都５階	075-801-8810
奈良	奈良県保育運動連絡協議会	639-1198	大和郡山市北郡山町 248　市役所内職員労働組合気付	0743-55-5460
大阪	大阪保育運動連絡会	542-0012	大阪市中央区谷町７－２－２－202	06-6763-4381
兵庫	兵庫県保育所運動連絡会	650-0017	神戸市中央区楠町５－２－９	078-361-4089
和歌山	和歌山県保育運動連絡会	643-0002	有田郡湯浅町青木 564－1　ひまわり保育園内	0737-62-4997
岡山	岡山県保育団体連絡会	702-8032	岡山市南区福富中２－４－１　白鳩保育園内	086-262-3432
広島	広島県保育団体連絡会	730-0051	広島市中区大手町５－16－18　広島保育センター	082-247-1865
山口	山口県保育連絡会	754-0031	山口市小郡新町２－５－１　たんぽぽ保育園内	083-972-7066
鳥取	鳥取の保育を考える会	689-0601	東伯郡湯梨浜町泊 711　石井由加利方	0858-34-2719
島根	しまね保育連絡会	690-0025	松江市八幡町 263－12　わかたけ保育園内	0852-37-0200
香川	香川保育問題連絡会	760-0072	高松市花園町１－９－32　こぶし花園保育園内	087-831-5136
徳島	徳島保育団体連絡会	770-0807	徳島市中前川町４－11　すぎの子保育園内	088-625-5100
高知	高知県保育運動連絡会	780-0850	高知市丸の内２－１－10　高知城ホール 3F	088-822-4384
愛媛	愛媛県保育問題連絡協議会	792-0802	新居浜市新須賀町３－４－５　朝日保育園内	0897-32-4647
福岡	福岡県保育センター	810-0004	福岡市中央区渡辺通５－１－26　アロー 103 号館 307	092-761-5234
佐賀	佐賀保育を考える会	842-0192	神埼郡吉野ヶ里町三津 160　肥前精神医療センターしらゆり保育園内	0952-55-9220
長崎	保育ネットながさき	851-0121	長崎市宿町 150－1　つばさ保育所内	095-839-0283
熊本	熊本保育連絡会	862-0906	熊本市東区広木町 29－35　さくらんぼ保育園内	096-365-4150
大分	大分保育連絡会	870-0855	大分市豊饒 270－3　コスモスこども園内	097-547-2011
宮崎	宮崎保育団体連絡会	880-0037	宮崎市南方町御供田 1191　南方保育園内	0985-39-5400
鹿児島	子育てネットワークかごしま	895-2507	伊佐市大口里 11－1	0995-22-4567
沖縄	沖縄保育問題研究会	901-2216	宜野湾市佐真下 59－1　ぎのわんおひさま保育園内	098-943-0485

関係諸団体一覧

団体名	〒	所在地	電話番号
日本子どもを守る会	170-0005	東京都豊島区南大塚２－17－10　民教連内	03-5319-3645
日本母親大会連絡会	102-0084	東京都千代田区二番町 12－1　全国教育文化会館 B1	03-3230-1836
日本婦人団体連合会	151-0051	東京都渋谷区千駄ヶ谷４－11－９－303	03-3401-6147
日本民間教育研究団体連絡会	170-0005	東京都豊島区南大塚２－17－10	03-3947-5126
中央社会保障推進協議会	110-0013	東京都台東区入谷１－９－５　日本医療労働会館５F	03-5808-5344
障害者の生活と権利を守る会全国連絡協議会	169-0072	東京都新宿区大久保１－１－２　富士一ビル 4F	03-3207-5937
全日本教職員組合幼稚園部	102-0084	東京都千代田区二番町 12－1　全国教育文化会館 エデュカス東京	03-5211-0123
子どもの権利・教育・文化全国センター	102-0084	東京都千代田区二番町 12－1　全国教育文化会館 5F	03-5211-0133
全国労働組合総連合	113-8462	東京都文京区湯島２－４－４　全労連会館 4F	03-5842-5611
国民大運動実行委員会	113-8462	東京都文京区湯島２－４－４　平和と労働センター 9F	03-5842-5630
全日本建設交運一般労働組合	169-0073	東京都新宿区百人町４－７－２　全日自労会館 4F	03-3360-8021
NPO 法人家庭的保育全国連絡協議会	241-0005	神奈川県横浜市旭区白根４－３－８	(FAX) 045-489-6115
民主教育研究所	102-0084	東京都千代田区二番町 12－1　全国教育文化会館 5F	03-3261-1931
総合社会福祉研究所	543-0055	大阪府大阪市天王寺区悲田院町８－12　国労南近畿会館 3F	06-6779-4894

『保育白書』2023 年版　執筆者・編集委員一覧

秋山麻実（山梨大学）
石本史生（全国保育団体連絡会）
井上晶子（全国保育団体連絡会）*
岩狹匡志（大阪保育運動連絡会／保育の重大事故をなくすネットワーク）
岩藤智彦（保育研究所）*
大橋哲郎（全国保育団体連絡会）
大宮勇雄（全国保育団体連絡会会長／福島大学名誉教授）
小尾晴美（中央大学）
金田利子（NPO 保育福祉子育ちフォーラム）
川島　薫（NPO 保育福祉子育ちフォーラム）
小泉広子（桜美林大学）
小西祐馬（長崎大学）
逆井直紀（保育研究所）*
佐藤愛子（全国学童保育連絡協議会）
佐藤滋美（埼玉県熊谷市・第二くるみ保育園）
実方伸子（全国保育団体連絡会）*
浜田真一（NPO 保育福祉子育ちフォーラム）*
藤井真希（赤ちゃんの急死を考える会／保育の重大事故をなくすネットワーク）
村山祐一（保育研究所／保育アナリスト）*
若林俊郎（保育研究所）*

＊は『保育白書』編集委員

装幀　山田道弘

保育白書　2023 年版

2023 年 8 月 10 日　初版第一刷発行

編　集　全国保育団体連絡会／保育研究所
〒 162-0837　東京都新宿区納戸町 26 番 3　保育プラザ
電話　03-6265-3171　URL https://www.hoiku-zenhoren.org/

発行所　ちいさいなかま社
〒 162-0837　東京都新宿区納戸町 26 番 3　保育プラザ
電話　03-6265-3172　FAX　03-6265-3230

発売元　ひとなる書房
〒 113-0033　東京都文京区本郷 2-17-13　広和レジデンス 101
電話　03-3811-1372　FAX　03-3811-1383
Email：hitonaru@alles.or.jp

印　刷　東銀座印刷出版株式会社